개정판

법과학과 범죄수사론

Criminal Investigation

임준태 · 강소영

도서출판 대영문화사

개정판 머리말

이 책이 2007년에 『법과학과 범죄수사』(21세기사)라는 범죄수사학 분야 교재로 처음 출간된 이후, 한국에서 경찰학 및 형사사법학 분야에서 범죄수사학(Kriminalistik)이 점진적으로 학문 영역으로 자리 잡아가고 있다. 대중매체를 통해 국내외 범죄수사 실무 내용들이 일반인과 청소년들의 관심을 끌고 있으며, 특별한 범죄사건이 영화의 소재로 활용되고 있는 것은 이미 널리 알려진 사실이다.

최근 형사소송법 개정을 통해, 수사기관으로서 사법경찰과 검사와의 관계가 새롭게 정립되고 있다. 또한, 수십 년간 미제사건으로 회자되던 이른바 '화성연쇄살인사건'이 사건 현장 증거물에 유류된 피의자와 교정기관 재소자의 유전자검사를 통해 실체적 진실이 드러나게 됐다. 아직 규명되지 못한 많은 강력사건들이 정의의 심판을 받을 날까지 고도화된 법과학과 역량 있는 전문수사관의 열정을 기다리고 있다.

필자는 현장에서 근무하던 시절, 1995년 치과의사 모녀 살해사건을 계기로 법과학과 범죄수사학 분야에 남다른 관심을 갖게 됐다. 독일 유학 시절 범죄수사학, 법의학을 경험하고, 캐나다 BCIT에서 프로파일링, 지문학, 법곤충학, 현장감식론을 수강하면서 선진국의 상황을 직접 경험한 바 있다. 또한 경찰청 연구과제를 수행하면서, 독일 연방범죄수사청(BKA), 미국 시애틀경찰청(SPD), 캐나다 밴쿠버경찰청(VPD), 일본 경찰청 과학경찰연구소 및 도쿄 경시청 과학수사부서 등을 견학하면서, 관련 분야의 자료들을 연구해 보고한 바 있다.

2022년 1월 현재, 한국의 법과학, 과학수사 역량과 감정 및 분석 수준은 선진국 수준에 도달했다고 감히 주장할 수 있다. 그렇지만 예산, 조직/전문 인력 규모 면에서는 아직 많이 미흡하다는 것을 지적하지 않을 수 없으며, 국립과학수사연구원과 같은 전문 감정기관 및 경찰청 과학수사부서 등에 대한 투자를 획기적으로 확대해야 한다.

특히 억울한 죽음, 유족들이 사인(死因)을 다투고 있는 강력사건 등에 대해 수년이 지나도록 실체적 진실이 밝혀지지 않아서 혹은 수사 결과에 대해 납득하지 못하는 상황들이 상존한다. 실체적 진실 발견에 대한 피해자 가족들의 열망을 청취하면서, 현장에 처음 출동한 강력팀 요원들과 과학수사 요원들의 역량과 세심한 현장분석이 얼마나 중요한지 실감하고 있다. 자살로 단정하고 현장 상황을 면밀히 검토하지 않거나, 많은 단서를 소홀하게 다루거나, 심지어 시체의 온도조차 확인하지 않은 채 사건을 처리하는 등 많은 의문을 남긴 채 유족들로 하여금 한(恨)을 품게 하는 사례가 아직도 발생하고 있는 현실이다.

2015년 대영문화사에서 『법과학과 범죄수사론』이라는 제목으로 새롭게 출간한 이후 법과학 및 과학수사학 분야에 많은 비중을 할애하면서 이번에 개정판을 내기로 했다. 경찰청에서도 과학수사 요원을 특별 채용하는 등 범죄수사 역량을 향상시키기 위해 많은 노력을 기울이고 있다. 이러한 흐름에 맞춰 최근에 개정된 범죄수사 및 형사법 관련 내용들을 적극 반영했으며, 인신 구속 등 수사 절차의 요건과 한계와 관련해 헌법이 보장하고 있는 기본권도 아울러 소개했다. 또한, 오랫동안 미제사건으로 남아 있던 강력사건 사례에 대해서도 새롭게 밝혀진 내용을 토대로 개정했다.

특히 이번 개정판에서는 건국대학교 경찰학과 강소영 교수가 참여했고, 석사과정의 임수민 학생이 교정에 도움을 주면서 새로운 내용을 추가하고, 전공 학생들의 눈높이를 반영했다. 공동 집필진은 이 책이 형사사법 전공 교재로서만 아니라, 새롭게 떠오르고 있는 탐정학 분야의 교재로도 활용될 수 있기를 기대하고 있다.

아울러 이 책 출간을 맡아주신 도서출판 대영문화사 임춘환 사장님께도 감사드린다.

2022년 1월
동국관 서재에서
임준태 씀

초판 머리말

이 책이 2007년에 『법과학과 범죄수사』(21세기사)라는 범죄수사학 분야 교재로 처음 출간된 후 상당한 시일이 지났다. 1995년 세상을 떠들썩하게 했던 치과의사 모녀 살해 사건이 발생한 후, 수사기관의 과학수사 역량은 날로 향상되고 있다. 1990년대 말까지만 해도 주로 경찰교육기관의 실무 강좌 영역으로 인식됐던 범죄수사학이 많은 대학에서 경찰(행정)학 관련 전공 분야를 설치 운용함으로써, 높은 학문적 관심과 함께 대학의 정규 강좌로 자리매김하고 있다. 그런데, 일부 학자들과 출판사들이 수험 교재를 염두에 두고 저술, 출판하는 바람에 범죄수사학 및 법과학 교재의 차별성과 전문성이 다소 완화되는 경향이 없지 않다. 최근 들어 인기리에 방영되고 있는 외국의 범죄 수사 드라마 <CSI> 덕분에 범죄수사학에 대한 일반 독자들의 관심도 한층 높아지고 있다. 아울러 외국 학자들의 저서도 다수 번역, 출간되고 있다.

우리가 살고 있는 공간에서 범죄가 발생하지 않으면 좋겠지만, 범죄는 일상의 주제가 되고 있다. 상상을 초월할 정도의 엽기적이며 잔혹한 사건까지 발생하면서 삶의 영역에 대한 심각한 위협과 두려움(fear of crime)을 야기하고 있으며, 따라서 범죄 문제에 대한 개인 차원의 노력과 형사사법기관의 효율적인 대응 노력이 긴요시되고 있다. 연간 1,200여 건의 살인사건 및 수만 건의 각종 사건사고(교통사고, 화재, 사고사, 자살, 변사 등)가 빈발하고 있는 가운데, 해결되지 않았거나 억울한 죽음 혹은 무죄사건으로 종결되는 사례들이 적지 않다. 특히 억울한 죽음, 사인(死因)이 정확하게 밝혀지지 않은 사건을 둘러싼 관계자들의 고통을 감안하면, 형사사법기관의 전문적, 객관적 그리고 과학적인 수사활동을 통한 사건 해결 노력은 매우 중요하다.

우리나라 법정에서 외국의 법의학자가 특정 사건에 대해 증언하고, 국내 전문가들과 논쟁을 벌이는 일은 이제 낯설지 않은 상황이 됐다. 국내의 법과학(forensic science),

법의학(forensic pathology), 범죄수사학(criminalistics)의 학문적 토대와 수준이 글로벌 스탠더드(global standard)가 돼야 할 상황에 놓여 있다. 억울한 죽음을 과학적으로 규명해 줄 수 있는 법의병리학자들의 역량이 향상되고는 있지만, 전문 인력이 여전히 부족한 실정이다.

필자는 20여 년 전, 특정 사건을 계기로 법과학 및 범죄수사학에 많은 관심을 갖게 됐다. 독일, 스위스, 미국, 캐나다, 일본 등의 형사사법대학과 일선기관을 경험하면서 학문적으로 정립된 범죄수사학의 위상을 경험했으며, 이는 이 책을 집필하게 된 직접적 배경이 됐다.

오스트리아의 법률가이자 법과학자 그로스(Hans Gross)는 1893년에 범죄수사학 전문 교재(*Handbuch für Untersuchungsrichter als System der Kriminalistik*)를 출간한 바 있다. 독일 프라이부르크 법과대학 유학 시절, 그의 범죄수사학 저서를 처음 본 순간을 아직도 기억하고 있으며, 저서의 한 페이지를 본문에서 소개했다.

형사소송 절차가 지향하고 있는 적법절차 준수와 실체적 진실 발견을 위해 법과학과 범죄수사/과학수사의 역할은 날로 강조되고 있다. 과학적 수사 역량이 향상됨으로써 수사기관의 인권 침해가능성은 점점 줄어들 것이다. 해방 후 60여 년 동안 유지돼 온 난공불락의 검사 주재하의 수사 절차도 점차 개선될 것으로 기대한다. '시기상조설'이라는 매우 특이한 견해가 30여 년 동안 지속되고 있는바, 유감이 아닐 수 없다.

『법과학과 범죄수사론』이라는 이름으로 새로 나오는 이 책은 다양한 법과학 영역과 현장관찰 및 증거 수집활동, 특정 유형의 범죄 사례를 주로 다룬다. 국내에서 실무 교재로 출판됐던 1차 자료를 인용하고, 외국의 범죄수사학 문헌들을 활용했으며, 최근에 개정된 법령을 소개하고, 사건 사례를 반영했다. 특히 저자가 중점을 둔 것은 범죄수사학 및 범죄 현장에 대한 이해를 돕기 위해 사진 자료를 많이 활용했다는 점이다. 과학수사/감식 관련 용어들의 경우 외국어 표현 방식이 섞여 있어서 영어식 표현을 병행했다. 다소 미흡했던 법과학 영역에 대해 최신 문헌들을 참조해 보완했다. 그뿐만 아니라, 실패한 현장 수사 사례 및 법정에서 유무죄가 엇갈렸던 대표적인 사례들을 분석, 소개함으로써 전공 학습자들의 실무적 응용 역량을 향상시키는 데 일조하고자 했다. 교재의 부족한 내용은 향후 심도 있는 연구를 통해 지속적으로 보완, 개정할 것이다.

이 책은 제1장 범죄수사의 기초 이론, 제2장 증거와 과학수사, 제3장 초동수사와 현장관찰, 제4장 현장 수색과 증거 수집활동, 제5장 범죄 유형별 수사(살인사건), 제6장 수사 실패 사례 등으로 구성됐다.

끝으로, 이 책을 흔쾌히 출판해 준 대영문화사 임춘환 사장님께 감사의 말씀을 드리고, 필자의 지도교수셨던 카이제르(Günther Kaiser) 교수님과 연세대학교 이형국 교수님의 학은(學恩)에 깊이 감사드린다. 필자의 저서를 토대로 범죄수사학/법과학 강좌를 수강한 많은 학부/대학원생들에게도 감사의 마음을 전하며, 자료 수집과 원고 정리를 도와준 이상훈 석사에게도 고마움을 전한다. 그리고 오랜 외국 생활 속에서도 필자의 저서에 높은 관심을 갖고 격려해 주고 있는 아내와 두 자녀(지윤Jinny, 지수Jennifer)에게도 고마움을 전한다.

2015년 1월
밴쿠버 서재에서
임준태 씀

차 례

제2장 증거와 과학수사

제3장 초동수사와 현장관찰

제1장 | 범죄수사 기초 이론

제1절 서설

한국에서는 1997년을 전후해 강력범죄가 급격한 증가 추세를 보인 바 있었다. 이후 꾸준한 범죄 증가 추세를 보이는 가운데 2003년에는 2,004,329건이 발생한 바 있다(법무연수원, 2014: 44).[1] 지난 10년간 우리나라 전체 범죄의 발생 건수는 2010년 1,917,300건에서 2019년 1,767,684건으로 7.8% 감소했다. 검거 건수는 2010년 1,625,241건에서 2019년 1,479,904건으로 8.9% 감소했다. 죄명별로 보면, 지난 10년간 살인은 2010년 1,262건에서 2019년 847건으로 32.9% 감소했고, 강도는 2010년 4,402건에서 2019년 845건으로 무려 80.8%나 감소했다. 방화는 2010년 1,886건에서 2019년 1,345건으로 28.7% 감소했다. 이에 반해 성폭력은 2010년 20,584건에서 2019년 32,029건으로 55.9% 증가했다(법무연수원, 2021: 12).

한편, 강력범죄 유형에 따라서 재범자(再犯者) 비율이 65~80%에 달하는 등 심각성이 더해 가고 있다. 특히 강력범죄자 중 (동종/이종) 전과 4범 이상인 경우가 살인범의 경우 25.3%, 강도 38.1%, 방화 38.6% 그리고 성폭력의 경우 19%에 달한다(법무연수원, 2021: 83). 범죄의 질적 심각성 및 수법의 교묘화, 범죄 현장 증거 인멸의 고도화가 이

1) 법무연수원에서 발간한 「범죄백서 2013」에 따르면, 2003년도에 2,004,329건이 발생했으며, 이후 최근 2012년까지 연평균 200만 건 정도 발생하고 있다.

뤄지고 있어서, 적법 절차를 준수하면서 공정한 수사 절차를 이끌어 가야 할 사법경찰의 책임이 더욱 막중해지고 있다.

경기도 화성지역 일대에서 30여 년 전 발생한 10여 건의 연쇄살인사건의 경우 공소시효(公訴時效)가 대부분 완성됐다.[2] 관련 내용을 다뤘던 영화의 제목처럼 '살인의 추억'으로 오랫동안 남았으나, 첨단 과학수사 기법인 DNA 분석 기법을 적극 활용함으로써 최근 진범이 밝혀졌다. 그런데 같은 지역에서 수년 전 발생한 노○○ 양 피살사건의 경우, 단서조차 파악되지 않은 채 인근 지역 주민들에게 불안감을 야기한 바 있다.

거의 8년 동안 유·무죄(有·無罪)를 오가는 판결로 관심을 모았던 일명 '치과 의사 모녀 살인사건'에서는 경찰의 초동수사 실패로 범행 도구나 지문 등 결정적인 물증을 확보하지 못하고, 피해자의 사망 시각을 확인하는 데 실패함으로써 미제사건으로 남게 됐다. 대구 와룡산 인근에서 발생한 일명 '개구리 소년' 사건은 초동수사 과정에서의 실패로 영구 미제사건으로 남게 됐다. 특히 시신 매장 현장에 과학수사 인력이 뒤늦게 출동하거나 증거물 확보에 실패한 점도 지적하지 않을 수 없다(세계일보, 2002.11.09).

그뿐만 아니라 최근 인천에서 발생한 일명 '낙지 살인사건'의 경우, 1심에서는 무기징역, 2심에서는 직접 증거가 부족하다고 무죄, 3심에서는 "합리적 의심을 배제할 정도로 혐의가 증명되지 않는다"고 하면서 무죄가 선고 확정됐던 사건이다.[3] 이 사건의 경우, 피해자의 사망이 초기에 사고사로 처리됨으로써 화장(火葬)한 탓에 좀 더 정밀한 부검이 실시되지 못하는 등 사인 규명에 큰 허점이 발생했다.

한편, 김시훈사건, 김○○ 순경 사건의 경우에는 재판 도중에 진범이 체포돼 당사자들이 억울한 누명을 쓴 채 수감생활을 하다가 석방되는 등 경찰 수사에 대한 치명적 오점을 남긴 사례라 할 수 있다. 최근 들어 특정 범죄자에 의한 동종(同種) 혹은 유사(類似) 연쇄 흉악범죄[4]가 빈발하는 가운데, 일반적인 범죄수사 기법으로 해결하기에

2) 실화를 바탕으로 영화까지 만들어졌던 화성연쇄살인사건은 2019년 이춘재가 진범으로 밝혀지면서 살인의 추억이 일단락됐다. 1986년 화성에서 벌거벗겨진 여성 시신이 발견됐고, 경찰의 총력 수사에도 불구하고, 화성·수원 등 지역을 넓혀가며 같은 수법의 살인이 계속됐다. 1986년 9월 19일 안녕리의 70대 노인이 살해된 것을 시작으로, 4년 7개월 동안 10회에 걸쳐 여성 10명이 강간·살해됐다. 연인원 200여만 명의 경찰이 동원되고 용의자만 3천여 명이 조사를 받았지만 끝내 범인을 잡지 못했고, 공소시효까지 만료됐다.

3) http://www.jejusori.net/news/articleView.html?idxno=134364(2015.01.06. 검색).

4) 중앙일보, 2000.04.16: [연쇄살인 용의자 열 달 새 9명 살해] 소위 Serial Killer라고 일컬을 수 있는 일명 '정두영사건'의 경우, 열 달 사이에 철강회사 회장 부부 등 무려 9명을 연쇄살인한 것으로 밝혀진 바 있다(동아일보, 2014.07.18). "11개월간 20명 '엽기 살인' 30대 용의자 검거": 2003년 발생

과학수사 총출동… 개구리 소년 실종사건

국내에서 가장 다양한 과학수사 기법이 동원된 사례는 대구 '개구리 소년 실종사건'이다. 여기에는 일반 법의학을 비롯한 법의곤충학, 법의인류학, 토양학 등이 대거 적용됐다. 개구리 소년 사건은 1991년 3월 26일 고(故) 우철원 군(당시 13세) 등 소년 5명이 "개구리를 잡으러 간다"며 나갔다 실종돼 전 국민의 이목을 집중시켰다. 2002년 9월 26일 대구 와룡산에서 등산객에 의해 유골로 발견됐다.

시신 발견을 계기로 수사가 활기를 띠었다. 채종민 교수를 필두로 한 경북대 법의학교실은 물론, 법의곤충학자인 고신대 문태영 교수가 시신 발굴 현장에서 파리 같은 곤충의 껍질을 수거해 조사를 벌였다. 와룡산이 아닌 지역에서 사는 곤충의 잔해가 발견되면 다른 곳에서 숨진 뒤 시신이 옮겨진 것으로 볼 수 있기 때문이다. 유골과 옷가지에 묻은 흙이나 돌도 와룡산의 것인지 토양학 검사를 실시했다. 두 흙 성분이 다를 때 시신이 옮겨진 것으로 추정한다. 유골 머리에 난 상처 모양 분석은 공구 전문가에게 의뢰했다. 아이들을 묶었을 것으로 추정하는 옷의 매듭을 해석할 매듭 전문가도 참여했다.

채 교수는 미국 데이비슨대 헬렌 조 교수 등 저명 법의인류학자 3명과 고고학 전문 동물학자 등에게 자료 판독을 의뢰했다. 이런 노력에도 결정적 단서를 찾지 못했다. … 초기 단순 실종사건에 초점을 맞춰, 철저하고 과학적인 초동수사에 실패했기 때문이다. 현장 감식에 법의학자가 참여할 필요성과 과학수사의 중요성을 부각시켰다는 데 큰 의미가 있었다.

(경향신문, 2004.08.09. (특집) M1면 전병역 기자)

어려운 사건들이 점차 늘어나는 추세다. 즉, 범행 동기가 불분명하고, 불특정 다수인을 향한 무차별적 범행, 엽기적 살인사건,[5] 범죄 수법의 교묘화 등 범죄의 질적 심각성이 드러나고 있다. 정상적인 심리 상태 혹은 보통 평균인의 수준에서 저질러지는 범죄라면 수사관의 추리, 경험 그리고 능력에 따라 해결이 가능하겠지만, 이상심리자에 의한 특이한 범행인 경우[6] 합리적 추리가 어렵다. 범행 현장에 유류된 물적 증거(physical

---

한 서울 부유층 일가족 연쇄살인을 포함해 현재까지 밝혀진 것만 모두 20여 명을 살해한 희대의 살인범(유영철)이 경찰에 검거됐다; 연쇄살인범 정남규는 2004년 1월부터 2006년 6월까지 서울 서남부지역 등에서 어린아이나 부녀자 13명을 살해하고, 20명에게 중상을 입혔으며, 살인 미수 및 방화사건 등 모두 25건의 범행을 저질렀다. 이후 사형을 선고받고 복역 중 서울구치소에서 2009년 11월 자살했다; 연쇄살인범 강호순은 2005년 10월부터 2008년 12월까지 14개월 동안 부녀자 8명을 살해(장모와 처까지 살해)했으며, 이에 대해 2009년 4월 사형을 선고받고 복역 중에 있다.

5) 일명 '오원춘사건'의 경우, 지난 2012년 4월 1일 범인이 직장에서 귀가하던 20대 여성을 납치해 성폭행하려다 살인하고 시신을 300여 조각으로 훼손한 잔혹한 사건이었다. 1심에선 사형을 선고했으나 서울고등법원에서는 무기징역으로 감형하고, 신상 공개 10년과 전자발찌 착용 30년 명령을 선고한 바 있다. 그뿐만 아니라 살인범 박춘봉은 2014년 11월 동거녀를 살해한 후 시신을 잔혹하게 훼손해 유기하는 등 끔찍한 범죄를 저질렀으며, 이로 인해 많은 시민을 불안케 한 바 있다.

6) 2008년 12월 여덟 살짜리 여자 어린이를 잔혹하게 성폭행해 신체 기능에 심각한 장애를 입힌 범인 조두순('나영이사건'의 범인)은 범행 전에 술을 마셨다는 점이 정상 참작돼 대법원에서 12년형 선

evidence)와 피해자의 진술 등으로만 수사 방향을 추정하기가 대단히 어려워졌다(곽대경, 2001: 2-3).

유영철, 정두영, 정남규, 강호순 등이 저지른 엽기적 연쇄살인사건들로 인해 범죄에 대한 두려움(fear of crime)이 증가하고 있다. 이러한 범죄들을 해결하기 위한 전문화된 과학적 수사 기법의 도입·활용이 더욱 긴요해졌다. 범죄 현장을 중심으로 용의자 유형을 좁혀주는 데 도움이 되는 이른바 '심리학적 프로파일링 혹은 범죄 자유형 분석 기법(Psychological or Criminal Profiling)'과 같은 수사 기법들이 일선 수사 현장에 도입, 활용되고 있다.

증거재판주의에 충실하고 적법 절차를 준수하는 가운데, 피의자의 인권 침해를 최소화하면서 실체적 진실을 발견하기 위해서는 경찰의 과학수사 역량을 더욱 향상시켜야 한다. 형사사건에 관련된 증거물을 과학적으로 수집, 보전, 분석·감정하는 '법과학(forensic science)'은 과학수사를 뒷받침해 주는 중요한 사실과학이자 기초학문이다. 그래서 형사사건의 실체적 진실을 규명하는 데 필수적인 '법과학' 혹은 '법의학(forensic medicine)', '범죄감식(forensic identification, Erkennungsdienst)', '범죄수사학(Criminalistic, Kriminalistik)' 등 기초학문에 대한 교육을 강화할 필요가 있다.

로스쿨 및 법과대학, 경찰(행정)학과, 심지어 경찰실무 교육과정에서도 '범죄수사학', '법과학', '법의학' 강좌를 개설하는 등 법과학/법의학/범죄감식 분야 기초 및 전문교육이 강조되고 있다. 독일, 미국, 캐나다 등 선진 각국에서는 법과학 및 인접 학문이 학문적 위상을 가짐은 물론, 법과/의과대학 및 형사사법대학/학부의 정규 강좌로 정착된 지 오래됐다.

제2절 범죄수사와 경찰

1. 범죄란 무엇인가?

범죄학(형사정책)은 범죄의 원인을 규명하고, 범죄 현상을 분석한 후 적절한 범죄 대

고를 확정받았다. 김길태는 2010년 2월 부산에 여중생을 성폭행하려다 무참히 살해해 1심에서 무기징역을 받았다가, 2011년 4월 대법원은 무기징역으로 감형한 2심 판결을 확정한 바 있다.

책을 수립할 수 있는 지혜를 제공하는 학문이다. 그 가운데 일부를 담당해 범죄 사실을 탐지하고 범인을 발견, 검거하며 증거를 수집, 보존하는 절차를 연구하는 것이 범죄수사학(Kriminalistik)이라고 할 수 있다(김형청, 1991: 서문).

살인,[7] 강도, 절도, 상해, 폭력, 사기, 강간, 매춘과 같은 행위는 반사회적 행위로서 범죄가 되기 때문에 수사기관에 체포돼, 법원의 재판을 통해 처벌받아 마땅하다고 생각할 것이다. 특별한 법률적 소양이 없는 사람이라도 상식적으로 판단이 가능하다.

그런데, 음주운전한 자의 혈중(血中) 알코올 농도가 어느 정도(몇 퍼밀 ‰) 돼야 처벌되는지, 어떤 오염물질을 하천에 버렸을 때 혹은 소각했을 때, 외국환을 어떻게 거래했을 때, 어떤 소방 설비를 마련하지 않았을 때, 어떤 방식으로 근로자를 해고했을 때, 인터넷상에서 어떤 행위를 했을 때 처벌을 받거나 행정관청으로부터 불이익한 처분을 받게 되는지에 대해서 알기란 어렵다.

다시 말하면, 특별형법에 해당하는 외국환거래법, 건축법, 수산업법, 소방법, 의료법, 약사법, 마약류관리에 관한 법률, 조세범처벌법, 통신비밀보호법 등에 규정된 위법행위들은 그 분야에 종사하는 자나 전문적 지식을 가진 사람이 아니면 이해하기 어렵다. 이와 같이 '범죄'라는 단어를 일상적으로 사용하고 있지만, 그 의미를 제대로 이해하고 적용하는 것이 용이하지 않다.

그러면, 도대체 범죄란 무엇인가?

일반적으로는 형법규범을 통해 이해할 수 있는 바, 형법에 따르면 구성 요건에 해당하고, 위법한 책임능력자[8]의 행위가 범죄로 된다고 할 것이다. 예를 들면 21세의 남자(혹은 여자)가 다른 사람의 물건을 훔쳤다면, 형법 제329조의 절도죄가 성립한다.[9] 그런데 이러한 단순 절도행위도 구체적인 상황—행위자의 연령, 방법,[10] 대상, 행위가담

7) 우리나라 고조선사회에는 팔조금법(八條禁法)이 있었는 바, 그 내용은 사람을 죽인 자는 사형에 처하고, 남에게 상해를 입힌 자는 곡물로 배상하며, 남의 물건을 훔친 자는 노비로 삼고, 자속(自贖)하려는 자는 50만 전을 내어야 하는 등 엄격한 규범이었다.

8) 14세 미만자, 심신상실자나 강요된 행위에 의해서 법규범에 위반된 행위를 했다면, 그에게 죄책을 물을 수 없을 것이다.

9) 형법 제329조(절도) 타인의 재물을 절취한 자는 6년 이하의 징역 또는 1천만 원 이하의 벌금에 처한다.

10) 2인 이상이 범행 용구를 준비한 후, 시정장치(열쇠나 잠금장치 등)를 부수고 사무실이나 침실에 들어가 도둑질을 했다면, 특수절도죄(형법 §331)에 해당해 일반절도죄(형법 §329)보다 무거운 처벌이 가해질 것이다. 제331조(특수절도) ① 야간에 문호 또는 장벽 기타 건조물의 일부를 손괴하고 전조의 장소에 침입하여 타인의 재물을 절취한 자는 1년 이상 10년 이하의 징역에 처한다. ② 흉기를 휴대하거나 2인 이상이 합동하여 타인의 재물을 절취한 자도 전항의 형과 같다.

자의 규모, 시간 등-에 따라 다양한 범죄로 세분할 수 있다.

전통적인 범죄는 대부분의 국가에서 공통적으로 처벌하는 경향이지만, 범죄 유형-간통, 음주, 매춘 등-에 따라서는 그렇지 않은 경우도 허다하다.

한편, 형법전에 규정된 범죄라 할지라도 모두 처벌되는 것은 아니다. 폭행죄와 명예훼손죄와 같이 피해자와 가해자 간에 화해가 이뤄져서 처벌을 원하지 않는 경우 피해자의 의사에 반해 처벌할 수 없다(반의사불벌죄). 형법상 사자(死者) 명예훼손죄, 모욕죄, 비밀침해죄, 업무상비밀누설죄, 친족 간 권리행사방해죄와 같이 친고죄에 해당하는 경우에는 피해자의 고소가 있어야 처벌할 수 있다. 범죄의 성격상 형사소추를 할 경우 피해자의 명예 훼손이나 기타 불이익을 가져오게 할 우려가 있거나 범죄가 경미한 경우, 피해자의 처분에 의존해 처벌 여부를 결정하려는 경우 친고죄로 규정한다. 2012년 12월 18일 형법이 개정됨에 따라 2013년 6월 19일부터 성범죄에 대한 친고죄와 혼인빙자간음죄가 폐지되고, 성폭력 범죄 피해자가 '부녀' 또는 '여자'에서 '사람'으로 변경됐다.

흉악한 살인범죄를 저지른 이춘재 연쇄살인사건의 경우, 구(舊)형사소송법에서는 살인죄(사형)에 대한 통상의 공소시효(25년)가 적용돼 더 이상 처벌할 수 없었다. 그런데 태완이 황산테러사건(1999년) 이후,[11] 지속적으로 사형에 해당하는 살인죄에 대한 공소시효[12] 폐지 주장이 제기돼 오던 차에, 2015년 7월 31일에 폐지됐다. 사형에 해당하는 살인죄를 저지른 범죄자는 오랫동안 수사기관에 체포되지 않았더라도 언젠가는 체포돼 처벌받을 것이다. 더 이상 이춘재 연쇄살인사건처럼 공소시효[13] 완성으로 처벌되지 않는 사례가 없어지게 됐다.

한편, 위의 사례와 달리 처벌될 수 있는 범죄라 할지라도 수사기관이 사건을 제대로 해결하지 못해서 미제사건화된다거나, 심지어 경찰이 열정적으로 수사해서 범인을 검

11) '태완이법'은 1999년 5월 대구에서 발생했던 황산테러사건을 계기로 발의됐다. 태완 군(당시 6)은 길을 가던 중 황산 테러를 당한 뒤 49일간 투병 끝에 사망했다. 범인이 잡히지 않은 가운데 2015년 공소시효 만료가 임박했다. 이는 큰 사회적 논란이 됐고 살인사건에 대한 공소시효 폐지 여론으로 이어졌다. 서영교 당시 새정치민주연합 의원은 2015년 3월 공소시효 폐지 개정안을 발의했다. 하지만 태완군사건은 2015년 7월 10일 대법원이 태완 군 부모가 냈던 재정신청 기각 결정에 대한 재항고를 기각해 공소시효가 만료되고 말았다. 태완이법은 공소시효가 '만료되지 않은' 범죄에 대해서만 해당돼 정작 태완군사건은 태완이법을 적용받지 못했다.

12) 살인죄의 공소시효는 과거 15년이었다가 지난 2007년 12월 형법이 개정되면서 25년으로 늘어났다. 2015년 7월에는 사형에 해당하는 살인죄는 공소시효가 완전 폐지됐다. 형사소송법 제253조의2(공소시효의 적용 배제) 사람을 살해한 범죄(종범은 제외한다)로 사형에 해당하는 범죄에 대하여는 제249조부터 제253조까지에 규정된 공소시효를 적용하지 아니한다. [본조 신설 2015.07.31]

13) 공소시효란 확정판결 전에 일정한 시간의 경과에 의해 형벌권이 소멸되는 것을 말한다.

거했더라도, 적법 절차를 준수하지 않은 채 증거를 수집했다면, 재판 과정에서 위법수집 증거 배제 법칙(exclusionary rule)에 따라 피고인은 무죄로 풀려날 수도 있다. 또한, 시민들이 발생한 범죄와 피해 상황에 대해 신고하지 않아서 소위 암수범죄로 남게 된다면, 형사사법 당국은 범죄의 규모나 치안 수요를 정확하게 파악할 수 없게 되며, 적절한 대책도 수립할 수 없게 된다.

이와 같이 복잡다기한 현대 사회에서의 범죄문제는 그 개념 규정도 어렵거니와 실상을 파악해서 범죄 대책–수사, 재판, 처벌, 예방–을 세우는 것은 더더욱 어렵다. 범죄현상에 대해 시민들과 1차적으로 접촉하고, 공식적으로 대응하는 형사사법기관은 경찰이다. 점증하는 범죄문제에 효과적으로 대응하기 위해서는 과학적이고 전문적인 수사 역량을 갖춰야 할 것이다.

2. 범죄수사 절차의 중요성

범죄수사는 형사소송 절차의 출발점이라 할 수 있다. 통상적으로 경찰의 수사가 종료되면 검사의 공소 제기, 공판, 법관의 형벌 선고 및 확정, 형집행 단계로 이어진다. 수사 단계에서 실체적 진실 규명을 위해 필요한 각종 증거의 수집, 보존 및 범인의 체포 등이 이뤄진다. 이 단계에서 실체적 진실 규명 노력이 잘못되면, 공판 단계에 이르러 사실 관계를 확인한다는 것은 거의 불가능하다. 수사 단계에서 피의자를 비롯한 사건 관계인의 인권(기본권)에 대한 공권력의 침해가능성(강제력 행사)이 상존한다. 그래서 여러 법에서 수사 절차상 수사기관의 권한 행사 시에 엄격한 법적 통제 내지 인권보호 장치를 마련하고 있다.

실체적 진실을 적극적으로 규명하려는 수사기관과 자신의 범죄 사실을 숨기려는 피의자의 입장은 근본적으로 상반될 수밖에 없다. 수사기관은 진실 규명과 피의자 인권 보장이라는 상충적인 이상을 조화시켜야 하는 입장에 서 있다. 즉, 국가공권력은 적법 절차의 준수와 국가형벌권을 실현해 사법적 정의를 확립해야 할 위치에 있다. 적법 절차 준수와 실체적 진실 규명이라는 이념이 시대에 따라 중요성이 달라지는 경우도 있으나, 오늘날 한국에서는 적법 절차 준수를 통한 인권 보장이 좀 더 강조되고 있는 경향이다.

증거재판주의의 확립에 따라 피의자의 자백을 통한 유죄 입증이라는 관행들은 점차 줄어들고 있으며, 과학적이고 객관적인 증거를 통한 범죄 사실 입증 노력이 강화되고 있다. 사건의 실체 규명을 위해 범인의 체포 및 검거, 증거의 발견, 수집 및 분석과 관련해 기술적(technical)이고 과학적인 측면이 중시된다. 범죄수사 절차를 둘러싼 법률적 측면－적법/위법 수사의 한계, 임의수사 및 강제수사의 한계와 법적 평가, 판례 동향－을 이해해야 하며, 범인의 발견/체포와 압수, 수색 등을 통한 증거의 발견/수집/보존이라는 수사활동의 기술적 측면도 이해할 필요가 있다.

헌법적 형사소송법의 자리매김, 공판중심주의, 국민참여재판의 실시, 국민의 존엄과 가치 및 인권 의식의 고양은 수사 패턴의 변화를 요구하고 있다. 이에 과학수사의 기초가 되는 물리, 화학, 생물학은 물론 범죄심리학 및 수사학, 법과학, 법의학 등의 지식이 일상적으로 필요하게 됐다. 수사환경의 변화에 따라 수사 방법의 과학화, 합리적 그리고 합법적 수사가 강조되고 있다(김형청, 2008: 서문).

3. 범죄수사 활동에 대한 평가

1) 범죄수사 활동에 관한 랜드재단의 연구

1970년대 후반, 미국의 국립법집행 및 형사사법연구소(The National Institute of Law Enforcement and Criminal Justice)에서는 랜드(RAND)재단 지원하에 주요 도시 경찰관서에서 실행되고 있는 범죄수사에 관한 전국적 연구를 수행했다. 목적은 전반적인 경찰기능에 관한 효과성(effectiveness)과 관련되는 다양한 활동을 평가할 뿐만 아니라, 어떻게 경찰수사가 조직되고 관리되고 있는지 측정하는 것이었다. 연구 결과는 경찰수사 활동에 대한 평가였다(Lyman, 1999: 11).

(1) 연구의 디자인

랜드재단 연구의 초점은 살인, 강도 그리고 피해자가 원하지 않은 상태에서 침입한 강간범죄와 같은 심각한 범죄들, 즉 지표범죄(index offenses)에 관한 수사였다. 덜 심각한 다른 범죄들(약물사범, 도박 그리고 매춘 등)은 연구에 고려되지 않았다. 전국적인 조사가 실시됐는데, 법집행공무원 150명 이상을 고용하고 있는 혹은 인구 100,000명 이상이 거주하는 관할구역을 담당하는 모든 자치도시와 카운티 경찰관서들의 수사활동을 평가했다. 25개 이상의 경찰관서에서 관찰과 인터뷰가 실시됐다. FBI가 관리하는 통일범죄보고서(UCR)가 수사활동의 결과를 측정하기 위해 사용됐다(Lyman, 1999: 11).

수사활동에 할당된 자료들은 캔자스시경찰서(Kansas City Police Department)에서 운영하고 있는 컴퓨터화된 네트워크로부터 입수했다. 전국적인 범죄조사로부터 얻은 자료들과 UCR 자료들이 효과적인 체포활동과의 관련성과 각 경찰관서들 간의 전반적인 관계들과 연결됐다. 최종적으로 특별한 사건들이 어떻게 해결되는지에 관해 알아보기 위해 사례들을 분석했다(Lyman, 1999: 12).

(2) 연구의 시사점

상당히 많은 정책적 시사점이 연구를 통해 제시됐다.

첫 번째 권고 사항으로서 사후(事後) 체포활동은 검찰과 좀 더 긴밀하게 조화를 이뤄야 한다는 것이다. 이것은 수사관들을 검찰청에 파견함으로써 혹은 수사관들의 직무활동에 관해 검찰로 하여금 더 많은 지시를 할 수 있도록 허용함으로써, 더 나아가서 기소(起訴)할 수 있는 범죄들을 증가시킴으로써 달성할 수 있었다.

두 번째 권고 사항은 순찰경찰관들에게 초동수사(初動搜査)를 수행할 때 더 많은 책임감을 부여하도록 하는 것이었다. 이것은 수사관들을 위해 좀 더 큰 사건을 추려낼 수 있는 능력을 제공할 뿐만 아니라, 수사관들에 의한 중복성을 제거할 수 있도록 하는 것이었다. 연구에 따르면, 많은 사건이 초동수사 단계에서 거의 종결될 수 있다고 한다. 그래서 순찰경찰이 그러한 사건들을 잘 처리할 수 있도록 훈련을 받아야 한다는 것이다.

세 번째 권고 사항은 잠재지문(潛在指紋) 처리를 위한 법과학적 자원을 증가시키는 것과 지문 파일을 좀 더 효과적으로 찾아낼 수 있는 시스템을 발전시키는 것이었다.

마지막으로 다음과 같이 제안하고 있는 바, 경찰관서가 추적하기로 결정한 사건들을 수사하는 것에 관해, 통상적인 사무적인 기술을 필요로 하는 사건들과 특별한 수사상의 능력을 요구하는 사건들 간에 구별이 있어야 한다는 것이다. 두 번째 범주에 속하는 수사활동은 전문화된 수사부서에서 처리해야 한다는 것이다(Lyman, 1999: 12).

(3) 연구 결과의 요약

- 경찰이 수사를 실행할 때, 검찰과 좀 더 긴밀하게 협조한다.
- 초동수사에서 순찰경찰의 수사상 역할을 확대한다.
- 잠재지문 현출을 위해 절차, 조직 그리고 탐색할 수 있는 추가적인 자원을 제공한다.
- 사무적으로 처리할 수 있는 사건과 전문적으로 훈련을 받은 수사관들을 요하는 사

건을 구별한다.

2) 범죄수사 활동에 대한 다른 연구 성과

랜드재단의 연구뿐만 아니라 몇몇 다른 연구가 시사점을 제시하고 있다. 뉴욕경찰에 관한 블록과 와이드먼(Block & Weidman, 1975)의 연구와 그린버그(Bernard Greenberg) 등이 수행한 중범죄수사를 위한 의사결정모델 연구(Greenberg et al., 1977)에 따르면, 순찰경찰이 초동수사 중에 대부분의 범인을 체포하고 있으며, 수사관을 위해 도움을 제공할 수 있다는 생각을 지지하고 있다(Lyman, 1999: 12).

(1) 범죄수사에 관한 경찰집행연구포럼의 연구

1983년 경찰집행연구포럼(The Police Executive Research Forum: PERF)에서는 주거침입 절도사건과 강도사건을 수사하는 과정에서 수사관들과 순찰경찰이 수행하는 역할에 관해 2년간에 걸친 연구를 수행했다. 세 지역에 걸쳐 조사했는데, 조지아주 드칼브 카운티(DeKalb County), 플로리다주 세인트피터스버그(St. Petersburg), 그리고 캔자스주 위치타(Wichita)다.

PERF는 다음과 같은 결론을 내렸다. 수사관들과 순찰경찰 모두 주거침입 절도사건과 강도사건을 해결하는 데 동등하게 기여하고 있었다. 그런데, 대부분의 사건에서 사건 종결에는 4시간 정도면 충분했다고 한다(물론 며칠 이상 걸리는 경우도 있었다). 주거침입 절도와 강도사건의 75%는 사건 해결 단서가 부족한 것에 기인해 이틀 정도 연기됐다. 나머지 사건들에서, 수사관들은 용의자를 확인하고 체포하기 위해 수행한 추적수사(follow-up)에서 중요한 역할을 한 것으로 나타났다. 그런데, 수사관들과 순찰경찰이 용의자의 신원을 확인하기 위해 정보원(情報員), 목격자 그리고 경찰관서에 있는 다른 자료 출처와 같은 정보원(情報源)으로 나온 단서들을 확인하기보다는 피해자가 제공하는 정보에 너무 많이 의존하고 있다는 것이 확인됐다.

PERF 연구의 함축성은 다음과 같이 제안하고 있는 바, 유사한 연구 결과들처럼, 초기의 인식만큼 수사에서 낭비적 요소와 잘못 운영된 것이 많지 않았다. 몇몇 관리 운영상의 변화는 권고될 수 있었다는 점이다. 용의자를 확인하고 체포하는 데 전문 수사관에 의한 추적수사 활동의 가치는 또한 초기의 연구에서 제시한 것보다 훨씬 더 큰 것으로 인식됐다(Lyman, 1999: 13).

(2) 다른 권고 사항

PERF 연구는 또한 사건을 해결할 때, 적절한 물리적 증거의 수집과 활용을 매우 강조해야 한다고 권고했다. 비록 용의자의 신원을 확인하는 데 물리적 증거가 좀처럼 사용되지 않을지라도, 다른 것을 확인하는(corroborating) 데 물리적 증거가 효과적일 수 있다. 비록 모든 경찰관서에서 증거 수집 전문가들에 대한 광범위한 훈련을 실시할 수는 없지만, 많은 관서가 증거 수집 전문가들을 투입해야 할 상황을 규정하는 정책들을 확립해 왔다(Lyman, 1999: 13). 과거에는 많은 경찰관서에서 필요 이상의 많은 증거를 수집하는 결과를 야기하면서 증거 수집 기법을 과도하게 활용해 왔다.

PERF 연구에 의한 다른 권고 사항은 피해자에게 물리적 부상이 없는 주거침입 절도와 강도사건과 같은 일상적인 사건들에서, 증거 수집 전문가들을 활용하는 정책과 가이드라인을 개발하는 것이다. 이러한 정책은 만약 용의자가 다른 신원 확인 수단들을 통해 발견될 수 있다면, 물리적 증거는 별로 활용되지 않을 것 같다는 가정에 근거한다(Lyman, 1999: 13).

PERF 연구의 또 다른 권고 사항에 따르면, 경찰관들이 이웃 지역의 동향을 잘 조사 파악함으로써 목격자를 발견하는 쪽으로 더 많은 노력을 기울여야 한다. 이것은 연구된 도시지역에서 근무하고 있는 순찰경찰에 의한 일반적인 직무 관행으로 알려진 것은 아니었다. 왜냐하면, 초기의 정보는 주로 목격자와 피해자를 인터뷰함으로써 취득할 수 있기 때문이다.

마지막으로 PERF는 순찰경찰로 하여금 용의자를 찾아내고 확인하기 위해 그들이 근무하고 있는 경찰관서의 기록과 정보원(情報員)들을 좀 더 광범위하게 활용할 것을 권고했다(Lyman, 1999: 14).

제 3 절 범죄수사의 개념과 이념

1. 범죄수사의 개념

1) 범죄수사의 어원

수사(搜査)를 의미하는 investigate라는 단어는 라틴어 vestigare, 즉 탐지하다(track),

추적하다 혹은 흔적을 발견하다(trace)라는 단어로부터 유래됐으며, 명사형인 investigation은 '토론(discussion)', '탐구(research)'에 해당한다. 『웹스터(*Webster*) 사전』에 따르면, "찾다, 조사하다(to search into); 상세하게 조사하다(examine in detail); 체계적으로 조사하다(inquire into systematically)"라는 뜻으로 풀이된다(Burnstein, 1999: 22).

2) 범죄수사의 의의

범죄수사(criminal investigation)라는 용어는 두 가지 영역을 갖고 있다. 첫째, 수사는 사건이 발생하는 동안에 무엇이 일어났는지 정확하게 확인하는 것을 포함하고 있다. 둘째, 범죄수사는 범죄행동과 관련돼 있다. 범죄수사를 좀 더 적절하게 실행하기 위해서는 어떤 행위가 범죄에 해당하는지 알 필요가 있다. 즉, 범죄행위는 일반형법 혹은 특별형법을 위반한 것이다(Arcaro, 2000: 3).

범죄수사는 수사기관이 범죄에 관한 증거를 수집해 범인을 찾아내는 일련의 절차다. 즉, 범죄행위는 이미 과거에 지나간 사실을 그 후에 수사관이 확인하고, 그것을 법원에 대해서 입증하는 것이다. 범죄수사에는 법률적 절차상의 연구인 형식적 의의와 수사 그 자체에 대한 기술상의 연구인 실질적 의의가 있다(경찰교과서편찬위원회, 1970: 14).

(1) 형식적 의의

수사를 어떤 수단과 방법으로 행할 것인가 하는 수단 또는 형식에 관한 절차 면, 즉 범죄수사에 임하는 수사기관이 어떤 권한으로 어떤 활동을 하게 되는 것인가 또는 수사 대상으로 된 피의자의 권리와 의무에 관한 것이다. 법률상의 권리 의무로서 형사소송법, 기타 절차법에서 규정된 범죄수사를 형식적 의미의 범죄수사라 한다(경찰교과서편찬위원회, 1970: 14).

(2) 실질적 의의

수사를 통해서 무엇을 명백히 할 것인가, 구체적으로 문제된 사건이 과연 범죄가 될 것인가, 그리고 범죄가 된다면 범인은 누구인가 그 동기는 무엇이며, 어떤 수단과 방법으로 이뤄졌는가, 그리고 용의자로 지목된 者는 과연 진범(眞犯)인가 혹은 어떤가에 관한 수사의 실체 면이다. 이것은 사실의 인정인 동시에 진위 판단의 실질적인 것으로서, "사실의 진상을 명백히 하고, 따라서 형벌 법령을 적정하고 신속하게 적용한다"는 입법이 목적하는 바를 사실상의 활동으로 실현하는 실질적 의미의 범죄수사라 할 것이다

(경찰교과서편찬위원회, 1970: 14-15).

(3) 형사소송법적 관점

형사소송 절차의 일환인 수사(Ermittlung, investigation)란 형사사건에 관해 범죄 혐의 유무를 명백히 함으로써 공소 제기와 유지 여부를 결정하기 위해 또는 공소를 제기하고 이를 유지, 수행하기 위한 준비(공소 후 수사)로서, 범죄 사실을 인정받기 위해 범죄 사실을 조사하고, 필요한 범인을 발견·확보하며, 증거를 발견·수집·보전하는 수사기관의 활동을 말한다(이재상, 1999: 169). 즉, 수사는 발생한 범죄 사실을 실체적 진실에 가깝게 구성하기 위해 수사기관이 범인을 확정하고 증거를 수집하는 과정을 뜻한다.

형사 절차는 공식적으로 수사에 의해 개시된다. 수사의 본질을 공소 제기를 위한 준비로 이해하는 입장과 사실 확인을 위한 활동 그 자체로 보는 시각이 있다(배종대·홍영기, 2020: 93). 수사는 주로 공소 제기 전에 하는 것이나, 공소 제기 전에 제한되는 것은 아니다. 공소 제기 후에도 공소를 유지하거나 또는 공소 유지 여부를 결정하기 위한 수사는 허용된다(이재상, 1999: 170).

일반적으로 수사란 범죄 혐의가 있다고 사료되는 때에 그 혐의의 진위 여부를 확인하고, 범죄가 발생했다고 인정되는 경우 범인을 발견, 확보하며 증거를 수집, 보전하는 수사기관의 활동을 가리킨다(신동운, 1993: 23). 그런데 범죄 혐의 유무, 진위 여부에 대한 조사는 내사(內査) 단계라고 할 수 있다. 이러한 내사를 하기 위해서는 상당한 정도의 범죄정보, 진정, 투서, 신문기사 등의 수사 단서가 있어야 한다. 이를 수사 개념에 포함시킬 것인가 여부에 대해서는 다소의 논란이 있다.

한편 수사경찰이란 경찰의 여러 기능 가운데서 특히 범죄수사의 직무를 맡아 수행하는 경찰을 말하며, 사법(司法)경찰이라고도 한다. 수사경찰의 성격에 대해서는 그 작용면에 착안해 학설이 나뉜다.

- 행정작용설(行政作用說): 수사경찰은 사법권의 작용의 한 분야이기는 하되 그 성격은 행정작용에 속하며, 행정법학의 연구 대상이 된다는 것이다.
- 사법작용설(司法作用說): 수사경찰은 사법권의 작용의 한 분야이며, 형사소송법학의 연구 대상이 된다는 것이다.

(4) 경찰학자들의 관점

범죄수사는 ① 체포에 이르도록 해주는 증거 수집에 의해서 범죄자를 검거하는 것이며, ② 공판정에서 유죄 판결을 얻기 위한 목적으로 증거의 수집과 제출 그리고 증명하는 것에 관련된 경찰활동이다(Thibaut et al., 2004: 222).[14] 경찰활동을 분석하는 일단의 학자들은 범죄수사를 다음과 같이 개념 정의하는데, 즉 "신원을 확인하고, 체포하며 그리고 의심받고 있는 용의자에 대해 유죄를 입증할 수 있도록 정보와 자료를 수집하는 것"이라고 한다. 그리고 미시간대학의 터너(Ralph F. Turner) 교수는 "범죄수사는 과거 사건을 재구성하는 것이다"라고 했다(Osterburg & Waed, 2000: 5).

한편, 미국의 경찰학자인 윌슨(Orlando W. Wilson)은 "수사라고 하는 것은 경찰이 범인을 확인 · 체포하고 범죄자를 기소할 수 있도록 증거를 발견 · 수집 · 보존 · 평가하는 절차"라고 정의하고 있다(Wilson et al., 1997: 596). 그 밖의 개념 정의들은 수사관의 특별한 책임을 확인함으로써 좀 더 명확해질 수 있다. 이러한 범죄수사는 경찰의 주요한 기능이며, 수사 절차의 기본적인 목적은 완전하고 공평한 조사를 통해 범행 현장에서 사건을 재구성하는 것이다.

2. 범죄수사의 기본 이념

수사 절차의 기본 이념은 실체적 진실 발견과 기본적 인권의 보장이 양대 주축을 이루고 있으며, 두 이념이 조화를 이룰 수 있도록 노력해야 한다. 현행법상 수사의 지도원리는 실체적 진실주의, 무죄 추정의 법리, 필요최소한도의 법리, 적법 절차의 법리 등을 들 수 있다.

1) 실체적 진실발견주의

형사소송 절차를 일관하는 기본 이념이다. 대륙법계의 직권주의 소송구조하에서 다소 강하게 중시되고 있으며, 검사의 객관 의무가 있는데, 여러 측면에서 한계가 있다. 예를 들면, 인간 능력의 한계, 다른 중요한 이익과 충돌, 인권 보장적 측면에서 가해지는 절차상의 제약 등이 있다. 또한 군사상 비밀, 공무상 비밀, 업무상 비밀 등으로 수사

---

14) Investigation is the police activity concerned with (1) the apprehension of criminals by the gathering of evidence leading to their arrest and (2) the collection and presentation of evidence and testimony for the purpose of obtaining convictions.

상 실체적 진실을 밝히는 데에는 한계가 있을 수 있다.

2) 인권 보장 및 적법 절차

범죄수사 절차를 지배하는 또 하나의 이념은 기본적 인권의 보장이다. 증거를 수집하고 범인의 신병을 확보하는 과정에서 필연적으로 신체의 자유가 침해되는 등 여러 가지 기본권이 제약된다. 헌법과 형사소송법에는 형사소송 절차나 수사 절차상 인권 유린이 없도록 국민의 기본권을 보장하기 위해 임의수사 원칙을 선언하고 있다. 강제처분은 법에 특별한 규정이 있을 때에만 극히 예외적으로 허용되고 있으며(강제수사법정주의), 인권 보장에 만전을 기하려고 노력하고 있다.

3) 범죄통제모델과 적법절차모델

비록 형법이 치료-복귀라는 철학에 효과가 있더라도, 그것은 여전히 응보(복수)와 처벌에 기본적으로 충실하고 있다.

파커(Herbert L. Parker)와 같은 학자는 처벌(處罰, punishment)과 처우(處遇, treatment)를 명백하게 구별했는데, 처벌은 다른 사람을 보호하기 위한 것이며, 처우는 처우받고 있는 개별 범죄자에게 유익하고, 그를 개선하기 위한 것이라고 했다(Jeffery, 1977: 18). 일찍이 파커는 형사사법 시스템에서 두 가지 서로 다른 모델을 구별해 제시했는데, '범죄통제모델'과 '적법절차모델'이다.

(1) 범죄통제모델

범죄의 수사와 예방에 강조점을 두면서 행정적 효율성에 중점을 둔 것이 범죄통제모델(crime control model)이다(Jeffery, 1977: 52). 소위 경찰과 입법당국에 의해 지지되고 있는 범죄통제모델은 판결이 이뤄지는 절차에 대해서는 거의 관심을 갖지 않은 채, 경찰활동의 효율성(efficiency)에 토대를 두고 있다. 범죄 억제, 신속한 체포 및 높은 체포율과 및 유·무죄에 대한 신속한 재판, 범죄자에 대한 유죄 선고율 등 효율적 요소를 중시한다.

이 모델에 따르면, 경찰은 광범위한 수사권을 행사해야 하며, 아주 전문화된 기법을 구사할 수 있도록 훈련을 받아야 한다. 그래서 범죄자가 법률적 전문성에 입각해 도망가지 못하도록 해야 한다. 범죄통제모델은 체포 후에 검사가 기소를 결정해야 한다는 견해에 근거한다. 높은 가석방 및 보호적 유치는 반드시 일반 시민들을 보호하기 위해 실시해야 하며, 유죄 입증은 법원에 의해 처리해야 한다는 것이다.

(2) 적법절차모델

범죄 혐의를 받고 있는 개별 인간의 권리가 강조되고 보호받아야 한다는 측면에서 형사사법적 당사자주의 시스템에 토대를 둔 것이 적법절차모델(due process model)이다(Jeffery, 1977: 52). 이 모델은 변호사들이 지지하는 것으로서, 당사자주의적 시스템과 용의자를 체포하고 유죄의 심증을 형성하는 절차에 대해 중점을 두고 있다. 효율성이라는 목적보다는 절차가 요구되고 있다. 이 모델에 따르면, 체포는 상당한 이유(pro-bable cause)에 근거해 이뤄져야 하며, 만약 신문 과정에 지체가 있더라도, 불법하게 취득된 증거는 법정에서 허용해서는 안 된다. 경찰활동은 전문적인 경찰조직에 의해서가 아니라 반드시 법원(Court)에 의해 신중하게 통제받아야 한다. 경찰의 수사 권한은 반드시 제한을 받아야 하며, 수사 과정 중에 피의자를 위한 변호가 제공돼야 한다(Jeffery, 1977: 53).

한편, 적법절차모델에서는 예비심문, 최소한의 가석방, 법원에 의한 유죄 입증 평가 그리고 전심(前審) 법원의 오류에 대한 항소법원의 일반적 평가가 유죄 확인 절차에서 필수적인 요소라는 것을 주장하고 있다.

3. 범죄수사 관련 법령

수사 절차에는 국민의 기본권을 제한하는 조치들이 불가피하게 수반된다. 그렇지만, 국가는 형벌권을 행사하는 과정에서 국민들의 기본권이 최소한도로 침해되도록 노력하는 것이 바람직하다. 우리 헌법에서는 형사 절차에 관해 “누구든지 … 법률과 적법한 절차에 의하지 아니하고는 처벌 … 을 받지 아니한다.”고 규정함으로써, 국가형벌권 실현을 추구하는 형사 절차가 엄격한 의미의 성문 법률에 의해 규율돼야 함을 선언하고 있다(헌법 제12조 제1항 2문 후단). 동시에 적법 절차는 헌법적 원리가 형사 절차-범죄수사 절차-를 규율하는 기본적 토대를 구성하고 있음을 나타낸다(신동운, 2014: 19).

1) 헌법

우리 헌법에서는 기본권 보호-인신 보호를 위한 사법 절차적 기본권-차원에서 형사소송 절차(수사 절차 포함)에 관해 중요한 내용들을 비교적 상세하게 규정하고 있다.

헌법은 입법권자를 비롯한 국가 권력이 반드시 존중해야 하는 헌법상의 기속 원리를 명문화하는 제도 외에도, 여러 가지 사법 절차적 기본권을 보장함으로써 수사 및 재판 과정에서 인신의 자유가 부당하게 제한되지(침해되지) 않도록 노력하고 있다(허영, 2020: 403). 헌법이 형사 절차와 관련해 보호하고 있는 기본권 내용은 구체적으로 다음과 같다.

표 1-1 형사 절차와 관련한 기본권을 규정하고 헌법 내용 발췌

제12조 ① 모든 국민은 신체의 자유를 가진다. 누구든지 법률에 의하지 아니하고는 체포·구속·압수·수색 또는 심문을 받지 아니하며, 법률과 적법한 절차에 의하지 아니하고는 처벌·보안처분 또는 강제노역을 받지 아니한다.
② 모든 국민은 고문을 받지 아니하며, 형사상 자기에게 불리한 진술을 강요당하지 아니한다.
③ 체포·구속·압수 또는 수색을 할 때에는 적법한 절차에 따라 검사의 신청에 의하여 법관이 발부한 영장을 제시하여야 한다. 다만, 현행범인인 경우와 장기 3년 이상의 형에 해당하는 죄를 범하고 도피 또는 증거 인멸의 염려가 있을 때에는 사후에 영장을 청구할 수 있다.
④ 누구든지 체포 또는 구속을 당한 때에는 즉시 변호인의 조력을 받을 권리를 가진다. 다만, 형사 피고인이 스스로 변호인을 구할 수 없을 때에는 법률이 정하는 바에 의하여 국가가 변호인을 붙인다.
⑤ 누구든지 체포 또는 구속의 이유와 변호인의 조력을 받을 권리가 있음을 고지받지 아니하고는 체포 또는 구속을 당하지 아니한다. 체포 또는 구속을 당한 자의 가족 등 법률이 정하는 자에게는 그 이유와 일시·장소가 지체없이 통지되어야 한다.
⑥ 누구든지 체포 또는 구속을 당한 때에는 적부의 심사를 법원에 청구할 권리를 가진다.
⑦ 피고인의 자백이 고문·폭행·협박·구속의 부당한 장기화 또는 기망 기타의 방법에 의하여 자의로 진술된 것이 아니라고 인정될 때 또는 정식재판에 있어서 피고인의 자백이 그에게 불리한 유일한 증거일 때에는 이를 유죄의 증거로 삼거나 이를 이유로 처벌할 수 없다.

제13조 ① 모든 국민은 행위 시의 법률에 의하여 범죄를 구성하지 아니하는 행위로 소추되지 아니하며, 동일한 범죄에 대하여 거듭 처벌받지 아니한다.
② 모든 국민은 소급입법에 의하여 참정권의 제한을 받거나 재산권을 박탈당하지 아니한다.
③ 모든 국민은 자기의 행위가 아닌 친족의 행위로 인하여 불이익한 처우를 받지 아니한다.

제16조 모든 국민은 주거의 자유를 침해받지 아니한다. 주거에 대한 압수나 수색을 할 때에는 검사의 신청에 의하여 법관이 발부한 영장을 제시하여야 한다.

제27조 ① 모든 국민은 헌법과 법률이 정한 법관에 의하여 법률에 의한 재판을 받을 권리를 가진다.
③ 모든 국민은 신속한 재판을 받을 권리를 가진다. 형사피고인은 상당한 이유가 없는 한 지체없이 공개재판을 받을 권리를 가진다.
④ 형사피고인은 유죄의 판결이 확정될 때까지는 무죄로 추정된다.

제28조 형사 피의자 또는 형사 피고인으로서 구금되었던 자가 법률이 정하는 불기소처분을 받거나 무죄 판결을 받은 때에는[15] 법률이 정하는 바에 의하여 국가에 정당한 보상을 청구할 수 있다.

15) 이춘재 연쇄살인사건 중 8차 사건에서 억울한 누명을 쓰고 20년간 복역한 윤모 씨는 최근 재심 절차를 거쳐, 무죄 확정 판결을 받고, 형사보상을 청구해 지급받은 바 있다.

적법 절차의 원칙, 형사절차법률주의, 강제수사 법정주의, 고문을 받지 아니할 권리 및 불리한 진술거부권, 영장주의 및 영장 제시 요구권, 변호인의 조력을 받을 권리, 체포·구속 시 이유와 권리를 고지받을 권리 및 변호인의 조력을 받을 권리가 있음을 고지받을 권리, 체포·구속적부심사청구권, 자백 배제 법칙 및 자백 보강 법칙, 무죄 추정의 법리, 국회의원의 불체포특권 등이다. 이러한 인신 보호를 위한 사법 절차적 기본권은 인간의 권리로 볼 수 있는데, 국민만이 아니라 외국인도 당연히 그 주체가 된다.

그뿐만 아니라, 국가형벌권 행사(범죄수사를 위한 공권력 발동)와 관련, 헌법상 보장된 기본권으로서 주거의 자유, 사생활 비밀(privacy)과 자유 및 통신비밀 보장 규정은 수사 절차를 진행할 때 인권 보장 및 기본적 인권 침해를 최소화해야 한다는 일종의 가이드라인 역할을 하고 있다. 특히 현대 사회에서 인터넷, 스마트폰 등 모바일 기기를 이용한 정보통신 활동 내역(대화, 메시지, 금융 거래 등)은 범죄수사에서 매우 중요한 대상이 되고 있다.

2) 법률

형사 절차를 규율하는 대표적인 일반 성문 법률은 「형사소송법」이며, 수사 절차(수사기관, 체포, 구속, 압수·수색, 수사 단서－고소·고발, 변사자 검시, 진술거부권, 변호인 선임, 피의자 신문 등)에 관한 일반적인 내용을 상세하게 규정하고 있다.[16)]

16) 형사소송법 [제2편 제1심 제1장 수사]
제195조 검사와 사법경찰관의 관계 등
제196조 검사의 수사
제197조 사법경찰관리
제197조의2 보완수사 요구
제197조의3 시정조치 요구 등
제197조의4 수사의 경합
제198조 준수 사항
제198조의2 검사의 체포·구속장소 감찰
제199조 수사와 필요한 조사
제200조 피의자의 출석 요구
제200조의2 영장에 의한 체포
제200조의3 긴급체포
제200조의4 긴급체포와 영장청구기간
제200조의5 체포와 피의 사실 등의 고지
제200조의6 준용규정
제201조 구속
제201조의2 구속영장 청구와 피의자 심문

제202조 사법경찰관의 구속기간
제203조 검사의 구속기간
제203조의2 구속기간에의 산입
제204조 영장 발부와 법원에 대한 통지
제205조 구속기간의 연장
제208조 재구속의 제한
제209조 준용규정
제210조 사법경찰관리의 관할구역 외의 수사
제211조 현행범인과 준현행범인
제212조 현행범인의 체포
제213조 체포된 현행범인의 인도
제213조의2 준용규정
제214조 경미사건과 현행범인의 체포
제214조의2 체포와 구속의 적부심사
제214조의3 재체포 및 재구속의 제한
제214조의4 보증금의 몰수
제215조 압수, 수색, 검증
제216조 영장에 의하지 아니한 강제처분
제217조 영장에 의하지 아니하는 강제처분
제218조 영장에 의하지 아니한 압수
제218조의2 압수물의 환부, 가환부
제219조 준용규정
제220조 요급처분
제221조 제3자의 출석 요구 등
제221조의2 증인신문의 청구
제221조의3 감정의 위촉과 감정 유치의 청구
제221조의4 감정에 필요한 처분, 허가장
제221조의5 사법경찰관이 신청한 영장의 청구 여부에 대한 심의
제222조 변사자의 검시
제223조 고소권자
제224조 고소의 제한
제225조 비피해자인 고소권자
제228조 고소권자의 지정
제229조 배우자의 고소
제230조 고소기간
제231조 수인의 고소권자
제232조 고소의 취소
제233조 고소의 불가분
제234조 고발
제235조 고발의 제한
제236조 대리고소
제237조 고소, 고발의 방식

또한 검찰청조직과 검사 직무에 관한 「검찰청법」,[17] 「사법경찰관리의 직무를 수행할 자와 그 직무에 관한 법률」[18]을 들 수 있다. 그 외 특별 절차에 관한 법률과 수사

제238조 고소, 고발과 사법경찰관의 조치
제240조 자수와 준용규정
제241조 피의자 신문
제242조 피의자 신문 사항
제243조 피의자 신문과 참여자
제243조의2 변호인의 참여 등
제244조 피의자 신문조서의 작성
제244조의2 피의자 진술의 영상 녹화
제244조의3 진술거부권 등의 고지
제244조의4 수사 과정의 기록
제244조의5 장애인 등 특별히 보호를 요하는 자에 대한 특칙
제245조 참고인과의 대질
제245조의5 사법경찰관의 사건 송치 등
제245조의6 고소인 등에 대한 송부 통지
제245조의7 고소인 등의 이의신청
제245조의8 재수사 요청 등
제245조의9 검찰청 직원
제245조의10 특별사법경찰관리

17) 검찰청법 제4조(검사의 직무) ① 검사는 공익의 대표자로서 다음 각 호의 직무와 권한이 있다. <개정 2020. 2. 4.>
1. 범죄수사, 공소의 제기 및 그 유지에 필요한 사항. 다만, 검사가 수사를 개시할 수 있는 범죄의 범위는 다음 각 목과 같다.
가. 부패범죄, 경제범죄, 공직자범죄, 선거범죄, 방위사업범죄, 대형참사 등 대통령령으로 정하는 중요 범죄
나. 경찰공무원이 범한 범죄
다. 가목 · 나목의 범죄 및 사법경찰관이 송치한 범죄와 관련하여 인지한 각 해당 범죄와 직접 관련성이 있는 범죄
2. 범죄수사에 관한 특별사법경찰관리 지휘 · 감독
제47조(검찰청 직원의 사법경찰관리로서의 직무 수행), 제54조(교체 임용의 요구) ① 서장이 아닌 경정 이하의 사법경찰관리가 직무 집행과 관련하여 부당한 행위를 하는 경우 지방검찰청 검사장은 해당 사건의 수사 중지를 명하고, 임용권자에게 그 사법경찰관리의 교체 임용을 요구할 수 있다. ② 제1항의 요구를 받은 임용권자는 정당한 사유가 없으면 교체 임용을 하여야 한다.

18) 제5조(검사장의 지명에 의한 사법경찰관리) 의거, 10호. 등대에서 근무하며 등대 사무에 종사하는 6급부터 9급까지의 국가공무원도 특별사법경찰관리 직무를 수행한다. 또한 제7조(선장과 해원 등)에 따르면, ① 해선(海船)[연해항로(沿海航路) 이상의 항로를 항행구역으로 하는 총톤수 20톤 이상 또는 적석수(積石數) 2백 석 이상의 것] 안에서 발생하는 범죄에 관하여는 선장은 사법경찰관의 직무를, 사무장 또는 갑판부, 기관부, 사무부의 해원(海員) 중 선장의 지명을 받은 자는 사법경찰리의 직무를 수행한다. ② 항공기 안에서 발생하는 범죄에 관하여는 기장과 승무원이 제1항에 준하여 사법경찰관 및 사법경찰리의 직무를 수행한다.

절차에 관해 특별한 내용을 규정하고 있는 특별형법에 해당하는 다양한 법률들이 있다(신동운, 2014: 20-21).

3) 하위 법령

형사 절차는 다수의 소송행위들이 시간적으로 결합하면서 연속적으로 진행되기 때문에 형사 절차-수사 절차-는 기술적인 특성을 띠게 된다. 우리 헌법은 이러한 점을 고려해 형사절차법률주의를 표방하면서도 일정한 예외를 인정하고 있다. 따라서 성문법률이 아닌 대법원규칙-「형사소송규칙」-으로도 형사 절차를[19] 규율할 수 있도록 하

19) 형사소송규칙[시행 2021.01.29.] [대법원규칙 제2949호, 2021.01.29., 타법개정]
[제2편 제1심 제1장 수사]
제93조 영장청구의 방식
제94조 영장의 방식
제95조 체포영장청구서의 기재 사항
제95조의2 구속영장청구서의 기재 사항
제96조 자료의 제출 등
제96조의2 체포의 필요
제96조의3 인치·구금할 장소의 변경
제96조의4 체포영장의 갱신
제96조의5 영장전담법관의 지정
제96조의11 구인 피의자의 유치 등
제96조의12 심문기일의 지정, 통지
제96조의13 피의자의 심문절차
제96조의14 심문의 비공개
제96조의15 심문장소
제96조의16 심문기일의 절차
제96조의18 처리시각의 기재
제96조의19 영장 발부와 통지
제96조의20 변호인의 접견 등
제96조의21 구속영장청구서 및 소명자료의 열람
제96조의22 심문기일의 변경
제97조 구속기간 연장의 신청
제98조 구속기간 연장기간의 계산
제99조 재체포·재구속영장의 청구
제100조 준용규정
제101조 체포·구속적부심청구권자의 체포·구속영장등본 교부 청구 등
제102조 체포·구속적부심사청구서의 기재 사항
제104조 심문기일의 통지 및 수사 관계서류 등의 제출
제104조의2 준용규정
제105조 심문기일의 절차

고 있다(헌법 제108조).

최근에 형사소송법이 세부 내용을 행정입법에 위임하는 경우가 있다. 현행 형사소송법 제195조[20]에서 검사의 사법경찰관리에 대한 수사 지휘에 관한 구체적 사항은 대통령령으로 정하도록 하고 있다. 이와 관련, 2011년 12월 30일 『검사의 사법경찰관리에 대한 수사지휘 및 사법경찰관리의 수사준칙에 관한 규정』[대통령령 제23436호]을 제정했으며,[21] 최근에 수사권 조정 과정을 거치면서, 이 법령을 『검사와 사법경찰관의 상호협력과 일반적 수사준칙에 관한 규정』[대통령령 제31089호, 2020.10.07. 제정] [시행 2021.01.01.]으로 개정해, 시행하고 있다.[22]

제106조 결정의 기한
제107조 압수, 수색, 검증 영장청구서의 기재 사항
제108조 자료의 제출
제109조 ~~준용규정~~
제110조 압수, 수색, 검증의 참여
제111조 제1회 공판기일 전 증인신문청구서의 기재 사항
제112조 증인신문 등의 통지
제113조 감정유치청구서의 기재 사항
제114조 감정에 필요한 처분허가청구서의 기재 사항
제115조 ~~준용규정~~
제116조 고소인의 신분관계 자료 제출

20) 형사소송법 제195조(검사와 사법경찰관의 관계 등) ① 검사와 사법경찰관은 수사, 공소 제기 및 공소유지에 관하여 서로 협력하여야 한다. ② 제1항에 따른 수사를 위하여 준수하여야 하는 일반적 수사준칙에 관한 사항은 대통령령으로 정한다. [본조신설 2020.02.04.]

21) (舊)사법경찰집무규칙(법무부령)을 대체한 것이다.

22) 수사준칙 제1장 총칙

제1조(목적) 이 영은 「형사소송법」 제195조에 따라 검사와 사법경찰관의 상호 협력과 일반적 수사준칙에 관한 사항을 규정함으로써 수사 과정에서 국민의 인권을 보호하고, 수사 절차의 투명성과 수사의 효율성을 보장함을 목적으로 한다.

제2조 적용 범위

제3조(수사의 기본 원칙) ① 검사와 사법경찰관은 모든 수사 과정에서 헌법과 법률에 따라 보장되는 피의자와 그 밖의 피해자 · 참고인 등(이하 "사건관계인"이라 한다)의 권리를 보호하고, 적법한 절차에 따라야 한다.

② 검사와 사법경찰관은 예단(豫斷)이나 편견 없이 신속하게 수사해야 하고, 주어진 권한을 자의적으로 행사하거나 남용해서는 안 된다.

③ 검사와 사법경찰관은 수사를 할 때 다음 각 호의 사항에 유의하여 실체적 진실을 발견해야 한다.

1. 물적 증거를 기본으로 하여 객관적이고 신빙성 있는 증거를 발견하고 수집하기 위해 노력할 것
2. 과학수사 기법과 관련 지식 · 기술 및 자료를 충분히 활용하여 합리적으로 수사할 것
3. 수사 과정에서 선입견을 갖지 말고, 근거 없는 추측을 배제하며, 사건관계인의 진술을 과신하지 않도록 주의할 것

그뿐만 아니라, 「검찰청법」 제11조는 검찰사무에 관해 필요한 사항을 법무부령[23]으로 정하도록 규정하고 있는바, 검찰사건사무규칙, 검찰압수물사무규칙, 검찰보고사무규칙 등과 같은 각종의 법무부령이 제정돼 있다.[24]

또한 최근에 행정안전부령으로 「경찰수사규칙」이 제정, 시행되고 있다.[25]

한편, 경찰청에서도 (일반)사법경찰의 수사에 관해 필요한 사항을 정함으로써 수사사무의 적정한 운영을 기하기 위해 행정규칙인 『범죄수사규칙(경찰청훈령)』[26]을 제정,

---

④ 검사와 사법경찰관은 다른 사건의 수사를 통해 확보된 증거 또는 자료를 내세워 관련이 없는 사건에 대한 자백이나 진술을 강요해서는 안 된다.
제4조 불이익 금지
제5조 형사사건의 공개 금지 등
제2장 협력
제6조 상호협력의 원칙
제7조 중요사건 협력 절차
제8조 검사와 사법경찰관의 협의
제9조 수사기관협의회
제3장 수사
제1절 통칙
제2절 수사의 개시
제3절 임의수사
제4절 강제수사
제5절 시정조치 요구
제6절 수사의 경합
제4장 사건 송치와 수사 종결
제1절 통칙
제2절 사건 송치와 보완수사 요구
제3절 사건 불송치와 재수사 요청
제5장 보칙

23) 헌법적 근거가 없는 대통령령이나 법무부령, 경찰청훈령 등과 같은 행정입법은 수사기관 자체 내의 업무처리지침－일종의 행정규칙－을 규정한 것에 불과하다. 따라서 형사소송법의 법원(法源)을 구성하지 못한다(신동운, 2014: 23).

24) 제11조(위임규정) 검찰청의 사무에 관하여 필요한 사항은 법무부령으로 정한다.[전문개정 2009. 11.02.]

25) 경찰수사규칙 [시행 2021.01.01.] [행정안전부령 제233호, 2020.12.31., 제정] 제1조(목적) 이 규칙은 경찰공무원(해양경찰청 소속 경찰공무원은 제외한다)인 사법경찰관리가 「형사소송법」 및 「검사와 사법경찰관의 상호협력과 일반적 수사준칙에 관한 규정」 등 수사 관계 법령에 따라 수사를 하는 데 필요한 사항을 규정함을 목적으로 한다.

26) (경찰청) 범죄수사규칙[시행 2019.11.14.] [경찰청훈령 제954호, 2019.11.14., 일부개정]
제1장 총칙
제2장 내사 및 수사의 개시
제3장 임의수사

시행하고 있다. 그 외 경찰청에서는 수사긴급배치규칙,[27] 지문 및 수사자료표 등에 관한 규칙,[28] 피의자 유치 및 호송규칙,[29] 지명수배 등에 관한 규칙, 수사본부 설치 및

제4장 체포 및 구속
제5장 압수와 수색
제6장 검증
제7장 통신수사
제8장 증거
제9장 수배와 공조
제10장 송치와 이송
제11장 범죄 피해자 보호
제12장 특칙
제13장 마약류 범죄 관련 보전 절차 등

27) (경찰청) 수사긴급배치규칙[시행 2021.02.09.] [경찰청훈령 제1006호, 2021.02.09., 타법개정] 제2조(정의) 긴급배치라 함은 중요사건이 발생하였을 때 적시성이 있다고 판단되는 경우 신속한 경찰력 배치, 범인의 도주로 차단, 검문검색을 통하여 범인을 체포하고 현장을 보존하는 등의 초동 조치로 범죄수사자료를 수집하는 수사활동을 말한다.

28) (경찰청) 지문 및 수사자료표 등에 관한 규칙 [시행 2021.06.28.] [경찰청훈령 제1021호, 2021.06.28., 일부개정]

제2조(정의) 이 규칙에서 사용하는 용어의 정의는 다음 각 호와 같다.
1. "지문"이라 함은 손가락 끝마디의 안쪽에 피부가 융기(隆起)한 선 또는 점(이하 "융선"이라 한다)으로 형성된 무늬를 말한다.
2. "지문자동검색시스템(Automated Fingerprint Identification System: AFIS)"이란 주민등록증발급신청서 · 외국인의 생체정보 · 수사자료표의 지문을 원본 그대로 암호화하여 데이터베이스에 저장하고, 채취한 지문과의 동일성 검색에 활용하는 전산시스템을 말한다.
3. "전자수사자료표시스템(Electronic Criminal Record Identification System: E-CRIS)"이란 피의자의 지문으로 신원을 확인하고 수사자료표를 전자문서로 작성해 암호화하여 데이터베이스에 저장 · 관리하는 전산시스템을 말한다.
4. "범죄경력관리시스템(Criminal Records Information Management System: CRIMS)"이란 작성된 수사자료표를 범죄 · 수사 경력으로 구분 · 암호화하여 데이터베이스에 저장해 범죄 · 수사 경력 조회 · 회보 · 관리에 활용하는 전산시스템을 말한다.
5. "현장지문"이라 함은 범죄 현장에서 채취한 지문을 말한다.
6. "준현장지문"이라 함은 범죄 현장 이외의 장소에서 채취된 지문을 말한다.

제14조(지문 채취 방법) ① 수사자료표, 별지 제9호 서식의 지문 신원확인조회서를 작성함에 있어 지문 채취는 지문의 융선과 삼각도가 완전히 현출되도록 채취하여야 한다.
② 별지 제1호 서식의 수사자료표 지문란에는 오른손 첫째 손가락의 지문을 채취하되 손가락의 절단 · 손상 등의 사유로 지문을 채취할 수 없는 경우에는 다음 각 호에 정한 순서에 의하여 지문을 채취한다.
1. 왼손 첫째 손가락
2. 오른손 둘째 · 셋째 · 넷째 · 다섯째 손가락
3. 왼손 둘째 · 셋째 · 넷째 · 다섯째 손가락

③ 제1항에 따른 지문 채취를 할 때에는 「경찰관 인권행동강령」에 따라 국민 주권과 인권을 존중하고 적법 절차를 준수하여야 한다.

운영 규칙30) 등을 제정 시행하고 있다.

4. 형사소송법상 범죄수사의 원칙

1) 임의수사의 원칙

수사 방법은 임의수사(任意搜査)와 강제수사(强制搜査)로 나뉜다. 형사소송법은 비례성 원칙에 따라 임의수사를 원칙으로 한다(배종대 · 홍영기, 2020: 111). 임의적인 조사에 의한 수사, 즉 강제력을 행사하지 않고 (피의자인) 상대방의 동의나 승낙을 받아서 행하는 수사를 말한다. 임의수사가 되기 위해서는 피의자 자신의 동의 또는 추정적

제15조(자료전산화) 경찰청 범죄분석담당관은 수사자료표의 지문자료는 전자수사자료표시스템에, 주민등록증발급신청서 등의 지문자료는 지문자동검색시스템에 입력하여 디지털 이미지로 관리한다.
제16조(지문의 분류) 지문 분류에 사용되는 용어, 융선, 문형 및 분류 방법은 별표 1과 같다.

29) (경찰청) 피의자 유치 및 호송 규칙 [시행 2021.07.15.] [경찰청훈령 제1025호, 2021.07.15., 일부개정] 제1조(목적) 이 규칙은 피의자(피고인, 구류 처분을 받은 자 및 의뢰입감자를 포함한다. 이하 같다)의 유치 및 호송에 필요한 사항을 규정함을 목적으로 한다.

30) (경찰청) 수사본부 설치 및 운영 규칙[시행 2021.02.09.] [경찰청예규 제1006호, 2021.02.09., 타법개정]
제1조(목적) 이 규칙은 살인 등 중요사건이 발생한 경우에 경찰 수사 기능을 집중적으로 운용함으로써 종합수사의 효율성을 제고하기 위하여 「범죄수사규칙」 제16조에 따라 설치하는 수사본부의 구성 및 운용에 관하여 필요한 사항을 규정함을 목적으로 한다.
제2조(수사본부 설치 대상 중요사건) 수사본부 설치 대상이 되는 중요사건(이하 "중요사건"이라 한다)의 범위는 다음 각호와 같다.
1. 살인, 강도, 강간, 약취유인, 방화사건
2. 피해자가 많은 업무상 과실치사상 사건
3. 조직폭력, 실종사건 중 중요하다고 인정되는 사건<2010.06.07., 개정>
4. 국가중요시설물 파괴 및 인명 피해가 발생한 테러사건 또는 그러한 테러가 예상되는 사건
5. 기타 사회적 이목을 집중시키거나 중대한 영향을 미칠 우려가 있다고 인정되는 사건
제6조(수사본부의 설치장소) 수사본부는 사건 발생지를 관할하는 경찰서 또는 지구대 · 파출소 등 지역경찰관서에 설치하는 것을 원칙으로 한다. 다만, 지방경찰청장은 관계기관과의 협조 등을 위해 필요하거나 사건의 내용 및 성격을 고려하여 다른 곳에 설치하는 것이 적당하다고 인정될 때에는 다른 장소에 설치할 수 있다.
제9조(수사본부장) ① 본부장은 다음 각호의 어느 하나에 해당하는 자 중에서 지방경찰청장이 지명하는 자가 된다.
1. 지방경찰청 수사업무담당부장 또는 지방경찰청차장
2. 지방청 형사 · 수사과장 또는 사건관계 과장
3. 사건관할지 경찰서장
② 합동수사본부의 본부장은 기관별 대표자 중에서 관계기관과 협의하여 시 · 도경찰청장이 지명한다.
③ 본부장은 수사본부 수사요원을 지휘 · 감독하며, 수사본부를 운영 관리한다.

동의가 필요하다(배종대 · 홍영기, 2020: 113). 수사 방법은 원칙적으로 임의수사에 의한다. 강제수사는 특별한 경우 예외적으로 허용되며,[31] 무죄 추정의 법리, 최소한도의 법리를 준수한다.

피의자 신문(형사소송법 제200조 1항),[32] 피의자 신문을 위한 보조 수단으로서 임의동행,[33] 피의자 이외의 자(참고인 등)에 대한 조사(동법 제221조 ①항), 감정의 위촉,[34] 사실조회,[35] 승낙의 임의성이 인정되는[36] 승낙수색 등이 있다.

위법한 임의동행에 정당방위 음주 측정 거부 · 경찰 폭행 무죄

경찰이 음주의심 운전자를 지구대로 임의동행하면서 '임의동행 거부권'이 있음을 고지하지 않은 뒤 실시한 음주 측정에 따라 음주운전 혐의로 기소된 40대가 '무죄' 판결을 받았다. 법원은 적법한 절차를 밟지 않아 불법 체포에 해당하며 그에 따라 수집한 증거 역시 위법해 증거로 볼 수 없다고 했다.… 판사는 "경찰관은 임의동행을 할 경우 작성해야 할 임의동행 확인서를 작성하지 않았고, 피고인에게 동행을 거부할 수 있는 권리가 있다고 알리지도 않았다"며 "피고인이 자발적으로 수사관서에 동행했다고 볼 수 없다"고 지적했다.

(http://www.incheonilbo.com/news/articleView.html?idxno=694482/인천일보, 2016.02.22.)

---

31) 학설(배종대 · 홍영기, 2020)에 따르면, 법률에 강제수사로서 규정돼 영장이 필요한 것은 강제수사, 그렇지 않은 것은 임의수사로 보는 것을 형식설이라고 한다. 형식적으로 체포, 긴급체포, 구속, 수색/압수/검증, 증거보전, 증인신문이 강제수사가 될 수 있다고 한다.

32) 피의자 신문(interrogation)은 검사 또는 사법경찰관이 피의자를 출석시켜 사실에 대해 묻고 진술을 듣는 것을 말한다. 진술거부권이 있기 때문에 피의자는 수사기관의 신문에 대응할 것인지 자발적으로 결정할 수 있다. 이러한 의미에서 피의자 신문은 가장 대표적인 임의수사 방법인 셈이다. 검사 또는 사법경찰관은 피의자를 신문하기 전 진술거부권을 고지해야 한다(법 제244조의 3).

33) 수사기관이 수사 대상자에게 동행 요구를 할 수는 있다. 이때에는 당해 요구에 응하지 않아도 된다는(불응) 것을 알려야 한다. 이를 고지하지 않고 동행하게 하거나, 수사 대상자가 언제든지 자유롭게 돌아갈 수 있는(퇴거할 수 있는) 상황이었음이 인정되지 않는 한 이는 불법체포에 해당한다(배종대 · 홍영기, 2020: 117). 대판 2006.07.06. 2005도6810 참조.

34) 검사 또는 사법경찰관은 수사에 필요한 경우, 감정 또는 통역, 번역을 위촉할 수 있다(법 제221조 ②항).

35) 수사에 관하여 공무소 기타 공사단체(公私團體)에 조회하여 필요한 사항의 보고를 요구할 수 있다(법제 제199조 ②항). 대표적인 것으로 전과 조회, 신원 조회 등이 있다. 조회를 받은 상대방은 보고 의무가 있지만, 영장 등으로 이를 강제할 수단이 없기 때문에 이는 임의수사에 속한다고 해석한다(배종대 · 홍영기, 2020: 125).

36) 임의제출물, 유류물의 영치가 이에 해당하는 바, 증거가 될 수 있는 물건 등을 임의수사의 방식으로 수사기관이 확보할 수 있다. 소유자, 소지자 또는 보관자가 임의로 제출한 물건 또는 유류한 물건인 경우에는 영장 없이 압수할 수 있다(법 제108, 218조). 이를 계속 압수하기 위해서는 사후영장을 받을 필요도 없다고 한다(대판 2020.04.09. 2019도17142; 2019.11.14. 2019도13290).

2) 강제수사 법정주의와 영장주의

강제처분(强制處分)에 의한 수사를 강제수사라고 한다. 강제수사는 법률에 규정된 경우에 한해 예외적으로 허용된다. 강제처분 법정주의라고도 일컬어지며, 헌법상의 원칙이다. 즉, 강제처분은 법률에 특별한 규정이 없으면, 하지 못한다(형사소송법 제199조). 강제처분을 할 당시에 법원 또는 법관에 의해 영장(令狀)이 발부돼 있을 것을 요한다(사전영장주의). 이에는 예외가 인정된다.

(1) 대인적 강제처분

대인적(對人的) 강제수사로서 체포는 수사 초기 단계에서 피의자를 단기간 수사관서 등에 일정한 장소에 인치(引致)하는 강제처분이다. 구속은 수사와 재판을 위해 피의자, 피고인의 신병(身柄)을 확보하기 위한 강제처분이다.

① **체포(逮捕, arrest)**

죄를 범했다고 의심될 만한 상당한 이유가 있는 피의자를 짧은 시간 동안 수사관서 등 일정한 장소에 인치하는 제도다. 수사 초기에 피의자의 신병을 확보하기 위한 구속의 전 단계 처분으로서 체포기간이 단기간이고, 요건이 완화돼 있는 점에서 구속과 구별된다(이재상, 1999: 215).

형사소송법은 피의자 체포에 관해 '체포영장에 의한 체포'를 원칙으로 한다. 체포영장을 발부하기 위한 요건 혹은 체포 사유로서는 피의자가 죄를 범했다고 의심할 만한 상당한 이유(고도의 개연성, probable cause)가 있어야 하고(체포 혐의의 상당성), 피의자가 수사기관의 출석 요구에 응하지 아니하거나 응하지 아니할 우려(출석 요구 불응)가 있는 때에는 지방법원 판사의 체포영장을 발부받아 피의자를 체포할 수 있다(동법 제200조의 2 제1항).

체포에는 체포영장에 의한 통상체포,[37] 영장 없는 긴급체포 및 준(準)현행범체포가 있다. 대인적 강제수사는 사전영장을 전제로 하는 것이 원칙이지만, 긴급한 상황에서 형사 절차의 효율성을 위해 예외적으로 긴급체포를 인정한다.

긴급체포는 영장을 발부받기 위해 시간을 지체할 수 없는 긴급한 경우, 중(重)범죄 피의자에 대해 영장 없는 인치를 일시적으로 허용하는 제도다. 중대한 범죄(피의자가

---

37) 이 상황에서의 체포는 상당한(probable) 범죄 혐의가 있고, 법정된 사유가 있을 경우, 사전에 발부받은 영장에 의해 비교적 단기간 피의자를 인치하는 대인적 강제수사다.

사형, 무기 또는 장기 3년 이상의 형에 해당하는 죄를 범하고 도피 또는 증거 인멸의 염려가 있을 때)를 저질렀다고 의심될 만한 상당한 이유가 있는 피의자를 수사기관이 법관의 체포영장을 발부받지 않고 체포하는 것을 말한다. 사건의 중대성, 긴급성, 구속 사유를 고려한다. 체포한 때로부터 48시간 이내에 구속영장을 청구해야 한다.

현행범인 체포는 범죄의 실행 중이거나 실행 직후인 자를 말한다. 한편 준(準)현행범은 현행범인은 아니지만, 현행범인으로 간주되는 자다. 형사소송법에 따르면(§211) 범인으로 호창(呼唱)돼 추적되고 있는 때, 장물이나 범죄에 사용됐다고 인정함에 충분한 흉기 기타의 물건을 소지하고 있는 때, 신체 또는 의복류에 현저한 증적(證迹)이 있는 때, 누구임을 물음에 대해 도망하려 한 때를 현행범인으로 간주한다. 판례에 따르면, "현행범인으로 체포하기 위해서는 행위의 가벌성, 범죄의 현행성, 시간적 접착성, 범인/범죄의 명백성 외에 체포의 필요성, 즉 도망 또는 증거 인멸의 염려가 있어야 한다. 즉, 이러한 요건을 갖췄는지 여부는 체포 당시의 상황을 기초로 판단하여야 한다."고 했다.[38] 한편, 50만 원 이하의 벌금 구류 또는 과료에 해당하는 경미범죄에 대해서는 현행범인의 주거가 불분명할 때에만 체포가 허용된다(제214조).

체포된 피의자를 구속하고자 할 때에는 검사는 체포한 때로부터 48시간 이내에 구속영장을 청구해야 하고, 그 기간 내에 구속영장을 청구하지 아니한 때에는 피의자를 즉시 석방해야 한다. 체포 요건은 체포 후에도 계속 존재해야 하므로, 체포의 필요성이 없어지면 즉시 석방해야 한다. 체포 후 피의자 등은 체포의 적부심사를 청구할 수 있다(제214조의 2 ①항).

"아이가 숨 쉬지 않아요"… 8살 딸 몸엔 멍, 부모 긴급체포

인천경찰청 여성청소년수사대는 … 20대 A(27) 씨 부부를 긴급체포해 조사하고 있다고 3일 밝혔다. A 씨 부부는 전날 ○○시 ○○구 ○○동 한 주택에서 딸 B(8) 양을 학대해 숨지게 한 혐의를 받고 있다. …이들은 전날 오후 8시 57분쯤 자택에서 "딸아이가 숨을 쉬지 않는다"며 119에 신고했다. A 씨 부부는 … "언제부터 숨을 쉬지 않았는지는 모르겠다"고 말했다. … 경찰은 소방당국의 공동 대응 요청을 받고 현장에 도착한 뒤 B 양의 얼굴과 팔 등 몸 여러 곳에서 멍 자국을 발견하고 이들 부부를 긴급체포했다.

(https://www.nocutnews.co.kr/news/5509681/노컷뉴스, 2021.03.03.)

38) 대판 2016.02.18. 2015도13726.

② 구속(拘束)

구속은 피의자 또는 피고인의 신체 자유를 일정한 장소에 제한하는 강제처분이다. 피의자 또는 피고인의 신체 자유를 체포에 의해 장기간에 걸쳐 제한하는 강제처분이다. 특히 피의자 구속이란 수사 절차에서 수사기관(검사와 사법경찰관)이 판사가 발부한 구속영장에 의해 피의자를 구인(拘引) 또는 구금(拘禁)하는 강제수사다(제201조). 한편, 피고인 구속은 공소 제기 후 법원이 공판 절차에서 피고인을 구속하는 강제처분이다(제70조).

구속의 목적은 형사 절차를 진행하는 데 반드시 필요한 인신과 증거의 확보에 있다. 구속은 비례성 원칙을 가장 준수해야 하는 수사 방법이다. 목적 달성에 적합하고, 필요성이 인정된다 하더라도 신체 자유의 제한은 매우 엄격한 기준에 따라서 허용된다. 구속은 형사소송의 진행과 형벌의 집행을 확보함을 목적으로 한다. 피의자의 자유 제한을 통해 형사소송에의 출석 보장, 증거 인멸에 의한 수사와 심리의 방해를 제거하며, 확정된 형벌 집행을 확보하기 위한 제도다(이재상, 1999: 226).

10년 키워준 친할머니 살해한 10대 형제 구속…"도주 · 증거 인멸 우려"

10년 가까이 키워준 친할머니를 살해한 대구 10대 형제가 구속됐다. 31일 대구지법 서부지원 허○○ 부장판사는 존속살인 혐의를 받는 이 모(18) 군과 동생(16) 등 2명에 대해 "도주와 증거 인멸 우려가 있으며, 소년으로서 구속할 부득이한 사유가 있다"고 구속영장을 발부했다. …형제는 … 흉기로 70대 친할머니의 얼굴과 머리, 어깨, 팔 등을 30회 이상 찔러 살해한 혐의를 받고 있다.

(https://view.asiae.co.kr/article/2021083118104063965/아시아경제, 2021.08.31.)

구속은 피의자가 죄를 범했다고 의심할 만한 상당한 이유(범죄 혐의의 상당성)가 있고,[39] (a) 일정한 주거가 없을 때, (b) 증거를 인멸할 염려가 있을 때 혹은 (c) 도망 또는 도망할 염려가 있을 때, 어느 하나에 해당하는 사유가 있는 경우 할 수 있다(형사소송법 제70조와 201조). 사법경찰관이 피의자를 구속한 때에는 10일 이내에 검사에게 인치

39) 수사 개시의 단서가 될 수 있는 수준의 범죄 혐의만으로는 부족하고, 피의자가 유죄 판결을 받을 만한 높은 개연성을 전제로 한 현저한 범죄 혐의가 필요하다는 주장이 있다(배종대 · 홍영기, 2020: 133). 이는 압수, 수색 등 대물적 강제수사의 요건인 구체적 혐의는 물론, 공소 제기에서 요구되는 충분한 혐의보다도 엄격한 요건이라는 주장이다. 그런데 이는 미국 등에서 허용되고 있는 체포 요건(probable cause/grounds)보다 한국에서는 엄격하게 해석하는 것이 아닌가 하는 평가다.

하지 아니하면 석방해야 한다. 검사의 구속기간도 10일이지만, 지방법원 판사의 허가를 얻어 10일을 초과하지 않는 한도에서 1회에 한해 구속기간을 연장할 수 있다(형사소송법 제202조, 203조, 205조). 이와 같이 수사 단계의 피의자 구속기간은 최대 30일이다.

한편, 구속 전 피의자 심문 절차－구속영장 실질심사－를 마련해 강제수사를 제한함으로써 피의자 인권 보호에 크게 기여하고 있다. 즉, 구속영장이 청구된 피의자가 구속사유를 갖추고 있는지 여부를 평가하기 위해 판사가 직접 피의자를 심문(審問)하는 제도를 말한다. 대상은 이미 체포된 자로서 구속영장이 청구된 피의자 또는 체포되지 않고 곧바로 구속영장이 청구된 피의자다.

구속영장의 실질심사는 필요적 변호 절차이기 때문에 반드시 변호인이 있어야 하며, 피의자에게 변호인이 없는 때에는 판사가 직권으로 변호인을 선임한다. 구속영장 청구가 있을 때에 반드시 거쳐야 하는 필요적 절차다(배종대 · 홍영기, 2020: 136). 영장청구를 받은 판사는 피의자를 심문한 후 피의자에게 구속 요건이 충족됐다고 인정하는 때에는 구속영장을 발부한다. 구속영장청구서가 접수된 날로부터 피의자의 심문기간을 거쳐, 구속영장[40]이 발부된 날까지는 검사와 사법경찰관의 구속기간에 포함되지 않는다.

구속된 피의자에게 사후 구제 수단으로서 구속적부심사 제도가 인정되고 있다. 즉, 수사기관에 의해 체포/구속된 피의자에 대해, 법원이 그 체포/구속의 적법성을 심사해 부적법한 경우에 석방할 수 있도록 한 제도다(제214조의2 ①항).

한편, 구속적부심사의 청구가 있는 경우, 법원이 내릴 수 있는 결정에는 구속된 피의자의 출석을 보증할 만한 보증금 납입을 조건으로 삼아 석방하는 것도 포함된다(제214조의2 ⑤). 피의자는 원래 보석청구권이 없지만, 구속적부심사를 청구한 경우, 법원의 직권에 의한 보석[41]은 가능하다(직권/재량에 의한 피의자 보석). 이 보석 결정은 공소제기 이후에도 효력이 유지된다.

한편, 신체 또는 정신의 감정을 위해 일정 기간 동안 병원 기타 적당한 장소에 피의자를 유치하는 일종의 대인적 강제처분으로서 감정 유치 제도가 있다.

---

40) 구속영장의 유효기간은 7일이다. 즉 영장을 발부받은 후 7일 안에 구속이 집행돼야 한다. 법원 또는 법관이 상당하다고 인정하는 때에는 7일을 넘지 않는 기간을 정할 수 있다(형사소송규칙 제178조 영장의 유효기간).

41) 보석은 일정한 조건을 전제로 피고인에 대한 구속 집행을 정지해, 구속된 피고인을 석방하는 제도다. 공소 제기된 피고인을 대상으로 하는 것이므로, 수사 절차에서 다뤄지는 피의자 보석과는 다소 차이가 있다.

감정 유치를 위해 구속 사유가 전제되는 것은 아니지만, 수사 대상자의 신체 자유를 현저하게 제한하므로, 범죄 혐의가 있을 때에만 허용된다. 판사가 발부하는 감정유치장(제172조 ④항)은 강제수사의 요건인 영장의 일종이다. 감정유치장 집행에는 구속영장 집행에 관한 규정이 준용된다.

(2) 대물적 강제처분

① 일반론

증거 수집과 범죄수사를 위해 필요한 때에만 인정될 수 있다. 현행법상 대물적(對物的) 강제수사의 방법은 압수, 수색 및 검증이다. 압수/수색의 대상은 수사 목적에 이용될 수 있는 것으로서, 옮겨질 수 있는 물건이다. 이들은 증거 방법(Beweismittel)으로서 의미 있는 물건이나 몰수할 것으로 예상되는 물건 등을 수집, 보전, 조사하는 강제처분이다.

대물적 강제수사는 단순한 주관적 혐의만으로 정당화될 수 없으며, 구체적인 객관적인 사실에 의해 뒷받침돼야 한다. 그러나 압수/수색에 필요한 범죄 혐의(죄를 범했다고 의심할 만한 정황)는 인신 구속에서 요구되는 정도(상당한 이유)에 미치지 않아도 된다는 평가다(배종대 · 홍영기, 2020: 160). 압수/수색은 대체로 수사 개시 단계에서 구속에 앞서 사안과 피의자를 특정하거나 구속의 요건을 확인하기 위한 수단으로 이용될 수 있기 때문이다.

대물적 강제수사 방식의 허용성 여부가 과거에 비해 더욱 중요하게 다뤄지고 있다. 진술 위주(진술 및 구두 증거)의 증거 방법에서 벗어나, 증거/물증(physical evidence)에 의한 사실 인정 원칙이 강조되고 있다. 법과학 및 과학수사 기법의 발달과 더불어 물증의 의미가 증가하고 있는데, 범죄 현장을 중심으로 한 초동수사가 중요하다는 인식과 함께, 수사 개시와 더불어 압수/수색을 실행하는 경우가 많아지고 있다(배종대 · 홍영기, 2020: 153).

② 압수(押收, seizure)

증거 방법으로 의미가 있는 물건이나 몰수가 예상되는 물건의 점유를 취득하는 강제처분이다. 즉, 압수의 목적물은 증거물이나 몰수물이다. 압류, 영치(領置)[42] 및 제출명

42) 영치는 소유자 등이 임의로 제출한 물건이나 유류한 물건을 계속해 점유하는 것이다. 제출명령은 일정한 물건의 제출을 명하는 강제처분이다.

령의 세 종류가 있다. 압류는 강제력을 사용해 유체물(有體物)[43]의 점유를 점유자 또는 소유자의 의사에 반해 수사기관 또는 법원에 이전하는 강제처분을 말한다.

③ 수색(搜索, search)

압수할 물건 또는 체포할 사람을 발견할 목적으로 주거, 물건, 사람의 신체 또는 기타 장소에 대해 행하는 강제처분을 말한다. 즉, 특정인이나 압수할 물건을 발견하기 위해 일정한 공간을 뒤져 찾는 강제처분이다. 수색은 주로 압수와 함께 행해지는데, 실무상으로도 압수/수색영장이라는 단일한 영장을 발부, 사용한다(배종대 · 홍영기, 2020: 156).

최근 들어 인터넷, 가상공간, 컴퓨터, 스마트폰 등 모바일 기기 등 정보통신 수단을 이용한 혹은 기반으로 한 범죄가 증가하면서, 압수 수색 대상으로 많은 비중을 차지하고 있다. 정보 자체는 유체물이 아니지만, 기술적으로 정보를 가져오는 것도 가능하기 때문에 특히 디지털정보 등은 압수 대상이 된다(배종대 · 홍영기, 2020: 158).

정보자료 혹은 흔적증거란 정보를 담고 있는 것으로서, 법적 또는 기술적 방식을 이용해 확보될 수 있는 흔적이나 표식을 말한다. 지문, 족적, 혈흔과 같은 것이 사례가 되는데, 유체물이 아니어서 압수 대상이 되기 어렵다는 견해도 있다. 이러한 정보자료를 취득하는 것은 수사에 활용될 수 있는지 여부를 검토하기 위한 단서 확보라는 측면이 강하다. 따라서 이를 영장 없이 획득한 것은 위법한 수사가 아니라는 평가다.

한편, 자료의 매개체로서 유체물은 압수 대상물이 되는 데 문제가 없다고 하는데(배종대 · 홍영기, 2020: 158), 예를 들어 지문이 묻어 있는 지갑/술잔, 디지털정보(digtal情報)[44]가 담겨 있는 메모리 카드 등이 이에 속한다. 특히 전기통신에 관한 압수/수색을 실시하는 경우, 그 정보 기록의 작성 기간을 영장에 기재하도록 하고 있다. 즉, 휴대폰이나 컴퓨터로 문자를 주고받은 내역 등을 압수할 때에는 특정한 기간 제한이 엄격하게 다뤄진다.

---

43) 모든 종류의 유체물은 물론 동 · 식물 등도 압수 대상이다. 대상이 되는 물건 개념이 민법보다 외연이 넓어서, 시 · 공간을 물리적으로 점하는 대상에 국한되지 않는다. 따라서 '디지털정보'도 이 개념에 속하게 됐다(배종대 · 홍영기, 2020: 157).

44) 디지털정보(전자정보, 전자 기록, 전산자료)는 유체물이 아니지만, 수색 및 압수할 수 있는 대상이다. 현대 사회의 많은 범죄 관련 증거에는 전자 기록에 포함돼 있을 가능성이 높다. 대체로 디지털 저장매체 안에 포함된 정보를 압수하기 위한 절차이지, 그 휴대폰, 노트북 등 매체 자체에 대한 재물 수사를 위한 방식은 아니라고 한다(배종대 · 홍영기, 2020: 165).

경찰 '연구원 채용 비리 의혹' 관련 강원연구원 압수 수색

경찰이 연구원 채용 비리 의혹과 관련해 3일 강원연구원을 압수 수색했다.

강원경찰청 반부패경제범죄수사대에 따르면 이날 압수 수색은 2시간에 걸쳐 이뤄졌다. 경찰은 박○○ 전 원장이 재임 중 사용했던 법인 명의의 휴대전화를 압수했으며 디지털 포렌식 분석을 마친 뒤 박 전 원장 등을 불러 조사할 방침이다.…강원경찰청 관계자는 … "공공기관 채용 관련 사안인 만큼 면밀하게 수사하겠다"고 밝혔다.

(http://www.kwnews.co.kr/nview.asp?aid=221090200180./강원일보, 2021.09.03.)

④ 검증(檢證)

검증은 사람, 장소, 물건의 성질・형상(形狀)을 보고 만지는 등 오관(五官)의 작용에 의해 인식하는 강제처분이다. 법원의 검증(증거조사의 일종, 영장 불필요)과 수사기관의 검증(증거를 수집, 보전하기 위한 강제처분, 영장 필요)이 있다. 수사기관의 검증은 강제수사이며, 검증영장을 요건으로 한다.

검증의 대상은 압수/수색과 달리 유체물에 국한되지 않는다. 무체물이나 흔적, 정보, 인체, 장소 등 어떤 것이라도 검증 대상이 될 수 있다(배종대・홍영기, 2020: 176). 검증 절차는 원칙적으로 압수/수색과 동일하다. 검증을 위해서는 지방법원 판사가 발부하는 검증영장이 있어야 한다. 검증을 위해서는 특별한 요건하에서 신체검사, 사체 해부, 분묘 발굴, 물건의 파괴, 기타 필요한 처분을 할 수 있다.

수사기관은 체포(통상체포, 긴급체포, 현행범인체포) 혹은 구속 현장에서, 영장 없이 타인의 주거나 타인이 간수하는 가옥, 건조물, 항공기, 선박과 자동차 내에서 피의자를 수사(수색)할 수 있다. 체포 혹은 구속 현장에서 압수, 수색, 검증을 할 수 있다. 그리고 범행 중 또는 범행 직후의 범죄 장소에서 긴급을 요해 법원판사의 영장을 받을 수 없는 때에는 영장 없이 압수, 수색 또는 검증을 할 수 있다. 혈액분석이나 X선 촬영분석 같은 전문적 지식과 경험을 필요로 하는 것은 검증이 아니라, 감정(鑑定)[45]이다(배종대・홍영기, 2020: 178).

45) 감정은 특별한 전문지식이 있는, 수사기관 이외의 제3자(expert)가 자신의 전문지식을 이용해 사물을 분석하거나 사실판단을 하는 말한다. 예를 들면, 지문분석, DNA 분석, 정신감정 같은 것이다. 감정은 검증과 달리, 피의자의 권리 침해를 수반하지 않으므로 영장을 발부받아야 하는 수사 방법은 아니다. 피의자의 동의가 필요한 것도 아니라고 한다. 수사기관이 전문가의 능력을 필요로 할 때 감정을 촉탁할 수 있다.

3) 수사 비공개의 원칙

수사 개시와 실행은 공개하지 않는다. 수사 밀행의 원칙을 의미한다. 알 권리와의 조화가 필요한 대목이며, 기소(起訴) 전에 범죄 사실을 공개하면, 자칫 '피의사실공표죄'가 성립될 수 있다는 점에 유의한다. 공판 절차 혹은 재판 절차의 공개주의와 대조되며, 수사 관계자의 프라이버시를 보호한다. 즉 피해자, 증인 보호, 관계자의 명예를 존중해야 한다.

4) 자기부죄 강요금지의 원칙

자기부죄 강요금지(自己負罪强要禁止)의 원칙이란 피의자의 진술거부권(헌법, 형사소송법), 자백 강요 금지, 고문의 절대적 금지 원칙에 따라서 준수해야 할 원칙을 말한다.

5. 범죄수사의 조건

수사의 조건이라 함은 수사 개시 조건과 수사 실행 조건을 말한다. 즉, 수사권의 발동, 행사에 관한 조건을 수사의 조건이라 한다. 수사는 임의수사(任意搜査)와 강제수사(强制搜査)를 불문하고 대개의 경우, 인권 침해적 처분을 수반하는 경우가 많으므로 수사에서 수사권 발동과 행사에 대한 실증법적 내지 이론적 제한이 필요하다. 수사의 조건에는 수사의 필요성과 수사의 상당성이 거론된다(이재상 외, 2021: 211).

1) 수사의 필요성

공소 제기 가능성이 전혀 없는 사건에 대해서는 수사의 필요성이 없다(임동규, 2013: 121). 수사 목적을 달성하기 위해 필요한 때에만 허용된다. 수사의 필요성이 존재하지 않음에도 불구하고 행하는 수사처분은 위법한 수사처분이다. 형사소송법은 수사의 필요성을 수사의 조건으로 명시하고 있다. 피의자 신문, 참고인 조사, 감정, 통역 번역의 위촉, 공무소(公務所)에 대한 조회와 같은 임의수사는 수사에 필요한 때가 조건이 된다. 피의자의 구속, 수사기관에 의한 압수, 수색, 검증과 같은 강제수사의 경우에는 구속의 필요성, 압수, 수색, 검증의 필요성이 조건이 된다.

2) 수사의 상당성과 수사 비례의 원칙

수사의 상당성은 수사의 신의칙(信義則)과 수사 비례의 원칙을 내용으로 한다(이재상, 1999: 177).

수사의 신의칙은 수사는 신의(信義)에 따라 성실히 해야 한다는 원칙이다. 수사 비례의 원칙[46]이란 수사처분은 그 목적을 달성하기 위한 최소한도에 그쳐야 한다는 원칙을 말한다. 이는 강제수사의 경우에 특히 강조된다. 강제수사는 필요한 최소한도 내에서만 허용돼야 하며, 수사의 결과에 의한 이익과 수사로 인한 법익 침해가 부당하게 균형을 잃어서는 안 된다. 그래서 수사의 상당성은 수사권 발동 내지 수사 실행의 조건이 된다. 즉 "모기를 잡기 위해서 칼을 빼어서는 안 된다 혹은 참새를 잡기 위해 대포를 쏴서는 안 된다"는 표현을 상기하면 된다.

3) 수사의 조건과 범죄 혐의

범죄 혐의란 범죄 사실 존재의 개연성을 말하며, 이는 주관적 혐의와 객관적 혐의로 구분할 수 있다. 전자는 수사기관이 범죄의 혐의를 주관적으로 인정한 경우이며, 주관적 혐의는 자의적이서는 안 된다. 후자는 범죄 혐의가 증거에 의해 객관적으로 뒷받침되는 경우로서, 객관적 혐의는 그 혐의가 합리적이고 현저해야 한다. 결국 수사는 합리적 구체적 사실에 근거를 둔 수사기관의 주관적 범죄 혐의에 의해서 개시된다(이재상, 1999: 175).

제4절 범죄수사의 목적과 대상

1. 범죄수사의 목적

범죄수사는 형사소송 절차의 이념인 실체적 진실 발견이라는 목적을 달성하려는 사

46) 수사 비례의 원칙은 형사 절차 전반을 지배하는 원리다. 수사 절차는 전적으로 비례성 원칙에 종속돼야 한다. 이 원칙은 범죄 사실을 규명함으로써 형벌권을 행사해야 할 목적과 그에 따른 수단이 피의자의 권리를 침해하는 정도 사이에 비례 관계가 있어야 함을 말한다. 이에는 적합성 원칙, 필요성 원칙(또는 최소 침해의 원칙) 그리고 균형성 원칙(또는 상당성 원칙)으로 구성된다(배종대 · 홍영기, 2020: 95).

법경찰의 주요한 기능이며, 수사 절차의 기본 목적은 완전하고 공평한 조사를 통해 범행 현장에서 사건을 재구성하는 것이다. 범죄의 변화하는 성질 때문에, 범죄수사의 목적이 아마도 일반 사람들이 상상하는 것보다 훨씬 더 복잡할 수 있다. 범죄수사의 목적은 다음과 같다.

1) 피의사건의 진상 파악

피의사건의 진상 파악은 수사기관이 수사의 단서를 통해 범죄에 관한 주관적 혐의점을 발견하고, 그에 관한 범인 및 범죄 사실에 관한 진위(眞僞)를 명백히 함으로써 객관적 혐의로 발전시키는 것이다. 이와 관련, 수사의 목적은 다음과 같이 제시되고 있다.

- 범죄를 발견하는 것(detect crime) 혹은 범죄가 저질러졌는지 여부를 확인하는 것
- 범죄 용의자를 찾아내고 확인하는 것(locate and identify suspects in crimes).
- 범죄에 책임 있는 자를 확인하기 위해 자료와 증거를 합법적으로 입수하는 것
- 범죄에서 증거, 서류를 찾아내고 이를 보존하는 것(locate, document, and preserve evidence in crimes)
- 범죄 용의자를 체포하는 것(arrest suspects in crimes)
- 절취된 재물을 다시 찾는 것(recover stolen property)
- 기소하기 위해 철저하게 범죄사건을 준비하는 것(prepare sound criminal cases for prosecution)(Lyman, 1999: 14; Bennett & Hess, 2004: 5)

2) 기소 여부의 결정과 공소 제기

수사를 통해 파악된 진상을 토대로 이에 대한 법률적 평가를 거쳐 기소 여부를 결정한다. 기소하기로 결정된 사건에 대해서는 검거된 범인과 증거를 토대로 공소가 제기되고, 필요 시에는 공소 유지를 위한 추가 수사가 행해진다.

3) 형사소송법 목적의 실현

절차 면에 관한 목적인 공공복리의 유지와 기본적 인권 보장이며, 실체 면에 관한 목적인 실체적 진실발견주의는 형사 절차의 일환인 범죄수사에 관해서도 그대로 타당하다. 죄를 지은 범인을 국가 형벌권을 발동해서 처벌－유죄 판결－하는 데 그 목적이 있다.

2. 범죄수사의 대상

범죄수사를 통해 무엇을 명확하게 할 것인가? 수사의 대상, 즉 수사의 실체 면에 관해 다음과 고려할 수 있다(경찰교과서편찬위원회, 1970: 17-19; 김형청, 1986: 17-25).

첫째, 범죄행위의 유무에 따르는 사실적 내용(즉 사실적 실체 면)과 둘째, 그 행위가 형벌 법령에 비춰 범죄의 구성 요건을 충족하는지 여부에 대한 법률적 내용(즉 법률적 실체 면)에 관한 것이다.

1) 사실적 실체 면

범죄행위의 유무에 따르는 범죄의 사실적 내용이다. 범죄가 발생하고 또한 혐의가 있을 것으로 의심됐을 경우, 사건의 범인은 누구인가, 그리고 범인은 어떠한 행위를 했는가 하는 점을 명확하게 해야 한다. 수사의 사실적 실체 면은 구체적인 행동-과거에 저질러진 역사적 사실로서의 행위-을 명확하게 밝혀내는 활동이다.[47] 수사관은 사람의 행동을 이해하고 파악해야 한다. 과거에 저질러진 범행을 재현하는 데에는 세 가지 요소를 고려해야 하는데, 수사 요소(6W 원칙-누가, 언제, 어디서, 왜, 어떻게 했나, 어떻게 됐나?), 행위의 필연성(그 범행이 일어나지 않으면 안 됐던 조건) 그리고 사건의 형태성(사건이 전체적으로 집약되는 것) 등이다.

(1) 범죄수사의 요소

범행 재현에 필요한 요소들이 충족돼야 하는데, '수사의 요소'라고 하며, 형사소송 절

표 1-2 범죄수사의 요소

4하(何)의 원리	6하(何)의 원리	8하(何)의 원리
1. 주체: 누가 2. 일시: 언제 3. 장소: 어디서 4. 행위: 무엇을 했나	1. 주체: 누가 2. 일시: 언제 3. 장소: 어디서 4. 범행 동기: 왜 5. 수단 방법: 어떻게 했나 6. 범행 결과: 어떻게 됐나	1. 주체: 누가 2. 공범: 누구와 3. 일시: 언제 4. 장소: 어디서 5. 범행 동기: 왜 6. 객체: 누구에게 7. 수단 방법: 어떻게 해서 8. 범행 결과: 어떻게 됐나

47) 한편 경찰작용의 본질로 거론되는 위험 방지(Gafahrenabwehr)의 경우, 장래에 발생할 가능성이 있는 위험한 행위 혹은 상태를 지향하고 있다.

차에서는 '요증(要證)사실'이라고도 한다. 사실 인정에는 이와 같은 요소들이 완비돼야 한다. '4하 원리(4W)', '6하 원리(6W)', '8하 원리(8W)' 등으로 설명될 수 있는데, 일반적으로는 '6하 원리'가 통용되고 있다(김형청, 1986: 19).

"아이가 숨 쉬지 않아요"··· 8살 딸 몸엔 멍, 부모 긴급체포

소송에서 당사자의 입증을 필요로 하는 사실 ··· 민사소송법에서는 사안을 판단하는 데 필요한 증명을 요하는 사실을 말한다. 사실에는 외부로 나타난 사실과 내심의 사실이 있다. 내심의 사실이란 고의나 과실, 선의 또는 악의를 뜻한다. 예외적으로 법규나 경험 법칙도 증명의 대상이 되기도 한다. 변론에서 당사자 간에 다툼 없는 사실, 즉 자백과 자백 간주(의제자백), 공지의 사실, 법원에 알려진 사실 등은 증명을 요하지 않는 불요증사실(不要證事實)이다.

형사소송법에서는 엄격한 증명을 요하는 주요 사실을 말한다. 형벌권의 존재 여부와 그 구성요건에 해당되는 사실, 책임 능력과 고의 및 과실, 심신미약 · 자수 · 자복 · 중지 미수 등 형의 가중 또는 감면의 이유가 되는 사실 등이 여기에 속한다.

엄격한 증명이란 증거 능력이 있으며 공판정에서 적법한 증거조사를 거친 증거에 의한 증명을 말한다. 민사소송법에서와 마찬가지로 공지의 사실, 법률상 추정된 사실은 증명을 요하지 않는다. 그러나 민사소송법의 경우와는 달리 당사자 간에 다툼 없는 사실, 특히 피고인이 자백한 경우에도 그 임의성과 함께 엄격한 증명을 필요로 한다.

요증사실의 진위 판단은 증거에 의해 법원의 자유로운 심증판단에 따라 이뤄진다. 요증사실의 관계에 따라 증거는 직접증거와 간접증거로 구분된다. 요증사실의 진위가 불명확할 때 해당 사실이 존재하지 않는 것으로 취급돼 소송의 당사자 가운데 어느 한쪽이 입게 되는 위험 또는 불이익을 입증책임이라 한다.

(http://100.naver.com/100.nhn?docid=793046/두산백과, 2021.09.07. 검색)

수사의 요소를 구체적으로 설명하면 다음과 같다(笹內純一, 1965: 68-72; 김형청, 1986: 19-22에서 재인용). 연역적인 추리는 종종 "누가(who), 무엇을(what), 어디서(where), 언제(when), 어떻게(how), 그리고 때때로 왜(why)" 형태 질문에 대한 결과로써 기술된다. 조사해야 할 대상은 다음과 같다.

① 범인은 누구인가(주체, who)

범인이 누구인가 하는 것을 파악하는 것이다. 범인을 확정할 때, 그 자가 범인이라는 적극적인 증거를 수집하고, 수사 선상에 올라 있는 자들에 관한 알리바이(alibi) 수사를 해야 한다. 범인은 주소, 이름 등을 허위로 진술하는 경우가 많기 때문에, 지문, 전과 경력, 신상정보 등을 조회하고, 친척이나 지인들을 조사한다. 범인을 확정할 때, 공범(共犯) 유무, 그리고 가담한 범인의 숫자도 파악한다(김형청, 1986: 20).

② 언제(범죄의 일시, when)

범죄의 일시(日時)는 공소시효(公訴時效: 어떤 범죄사건이 일정한 기간의 경과로 형벌권이 소멸하는 제도) 성립 여부나 적용 법령 등에 기준이 되기 때문에, 증명할 수 있는 증거를 수집하고 구체적으로 특정한다. 범인은 범행 일시를 고의로 조작해 나중에 알리바이를 주장하는 경우가 있다(김형청, 1986: 21). 범행 시간(time)은 종종 수사상 그리고 기소 과정에서 중요한 이슈가 되므로 상당한 주의를 기울여야 하며, 또한 모든 가능한 상황을 견줘봐야 한다(Osterburg & Ward, 2000: 49).

③ 어디서(범행의 장소, where)

범행 장소(공간, place)가 없는 범죄는 없기 때문에 구체적으로 특정하는 것이 중요하다. 살인사건(살해 후 시체 이동 및 매장)과 같은 경우에는 종종 살해 현장(crime scene)과 시체가 유기된 장소(body dump site)가 다를 수 있기 때문에 주의를 요한다(김형청, 1986: 21).

④ 왜?(범행의 동기, why, motive)

범행 동기를 파악하는 것은 사건 해결의 성패를 결정할 수 있다. 최근에 빈발하는 일명 '무동기적 범행(묻지마범죄)'은 불특정 혹은 다수인을 대상으로 하고 있다. 살인과 방화의 경우, 수사 초기부터 범행 동기를 추정함으로써 범인을 추정하고, 수사의 방향, 범위를 결정해 수사를 전개하는 것이 일반적이다(김형청, 1986: 22).

⑤ 어떻게 해서(범행의 수단과 방법, how)

범죄수사에서, 범행 방법의 수준, 특수성, 동일성 등을 추정함으로써 단서를 얻을 수 있다. 대체로 범인은 경험하고, 숙달된 자신 있는 방법을 택하기 때문에, 수법수사(*modus operandi*)를 활용하는 것이 유용하다.

⑥ 무엇을 했나(범죄행위, what)

범죄 사실에 대해서는 형법, 기타 형벌 법령에서 여러 가지 특별한 구성요건을 규정하고 있다. 범죄행위와 관련해 피해자를 확인하는 것은 수사에서 대단히 중요하다. 범죄가 완성되지 않은 경우에는 그것이 장애 미수인지, 중지 미수인지 혹은 불능 미수인지 여부를 확인해야 한다.

(2) 행동의 필연성

사람이 어떤 행동을 할 때 그러한 행동할 수밖에 없었던 이유와 경위 혹은 조건을 가지기 마련이다(김형청, 1986: 22). 사람의 행동에는 이유와 원인 없이 행해지는 것이 없다. 타인의 행동을 이해할 수 있는 배경에는 이와 같은 원리가 전제돼 있기 때문이다. 이것을 인간 행동의 필연성(必然性)이라고 한다. 범죄 일시 하나를 명백하게 파악하는 데에도, 왜 그 때를 선택했을까 그리고 그 시간이 행동상에 어떠한 영향을 끼쳤을까 하는 문제에 의문을 갖고 조사를 하게 되면, 행동의 필연성이 좀 더 명백해진다(경찰교과서편찬위원회, 1970: 19).

(3) 사건의 형태성

사건이 전체적으로 집약된 것을 사건의 형태성(形態性)이라고 한다(경찰교과서편찬위원회, 1970: 19). 수집된 자료의 일부(증거)가 질서 있게 수집돼 형태성을 갖는 것이 중요하다. 사건 전체와 수집된 모든 자료가 연관성을 맺도록 종합된 형태로 정비하도록 한다(Nemeth, 2003: 26).

2) 사건의 법률적 내용

범죄가 될 행동을 명확하게 파악하는 동시에, 그러한 행동을 법률적으로 평가해서 범죄 성립 여부를 확정해야 한다. 행위가 형벌 규정에 비춰 범죄의 구성요건을 충족하는가 여부를 규명하는 것이다. 범죄라는 것은 형벌 법령에 열거된 유책하고 위법한 행위인 바, 일반적으로 범죄행위를 판단함에는 다음과 같은 것들이 포함된다.

- 형벌 법령에 규정된 구성요건에 해당하는 행위인가?
- 위법(違法)한 행위인가?
- 책임성(責任性) 있는 행위인가?
- 가벌성(可罰性) 있는 행위인가? 등을 명확히 해야 한다(김형청, 1986: 24).

수사관은 수사의 각 단계에서, 범인의 행동 사실을 포착하고 그 사실의 존부와 진위(眞僞)를 검토하는 동시에, 그 사실에 대해 법률을 적용했을 경우에는 어떤 요건에 부합되는지를 평가해야 한다. 수사의 법률적 평가라고 하는 것은 이와 같은 '범죄 사실의 법률적 평가'를 의미한다(경찰교과서편찬위원회, 1970: 20).

제5절 범죄수사의 성질 및 수사 개시의 단서

1. 범죄수사의 성질

1) 사실의 진상을 탐지하는 활동

일상생활에서 그 무엇을 알고자 하는 활동과 본질적으로 다를 것이 없다. 다만 범죄수사는 사람에게 형벌을 부과하는 데 필요한 구체적 진실을 찾아내는 것이기 때문에, 그것이 틀림없다고 확신하는 정도까지 추궁해야 한다. 이것은 실체적(實體的) 진실발견주의와 일맥상통한다(日本 警察廳 編, 1971: 24-26; 김형청, 1986: 14-17에서 재인용).

2) 형사 절차의 일환

범죄수사는 직접적으로 공소 제기를 위한 준비 활동인 동시에 국가가 행하는 형벌권 행사의 일환인 것이다. 공소 제기의 준비 활동뿐만 아니라, 소송 수행에 대한 자료를 수집하는 것도 범죄수사의 목적이 된다(김형청, 1986: 15).

3) 심증 형성을 지향하는 활동(하강 과정)

수사관은 무엇보다도 사실의 진실성에 대해 확신 있는 판단을 얻어야 한다. 수사관이 도달한 종국적 판단이 법관의 심증(心證)도 획득할 수 있는 것이 돼야 한다. 확신 없는 판단을 형사 절차에 올려놓아서는 안 된다(김형청, 1986: 15). 이처럼 범죄수사는 수사관 자신의 심증을 형성하는 것을 지향하는 활동이다.

4) 획득한 판단을 증명하는 활동(상승 과정)

수사관 자신이 획득된 증거에 의해 확실한 심증을 얻었을 때, 형사 절차에 올려놓으면서 심증의 진실성을 증명해야 한다. 수사관의 증명된 심증은 검사(檢事)에게 영향을 미쳐 공소 제기가 이뤄지게 하고, 다시 법관의 심증에 영향을 미쳐 유죄 판결이 선고되는 것이다(김형청, 1986: 16).

5) 범죄수사의 두 가지 과정

범죄수사는 두 가지의 성질이 다른 단계를 통해 행해진다. 제1단계는 수사관 자신이 사건의 진상을 확인하는 하강(下降) 과정이다. 제2단계는 수사관이 획득한 판단을 법관에게 틀림없다는 심증(beyond a reasonable doubt)을 가지도록 증명하기 위해 필요한 증거를 수집하는 상승(上昇) 과정이다. 수사는 마치 음료수를 얻기 위해 우물을 파는 것 같아서 지하수를 발견(범인과 범죄 사실을 발견)하는 하강 과정과 퍼 올린 지하수가 음료수로서 적합한가를 시험(법관의 심증 형성과 판단)하는 상승 과정과 같다고 한다(경찰교과서편찬위원회, 1970: 16).

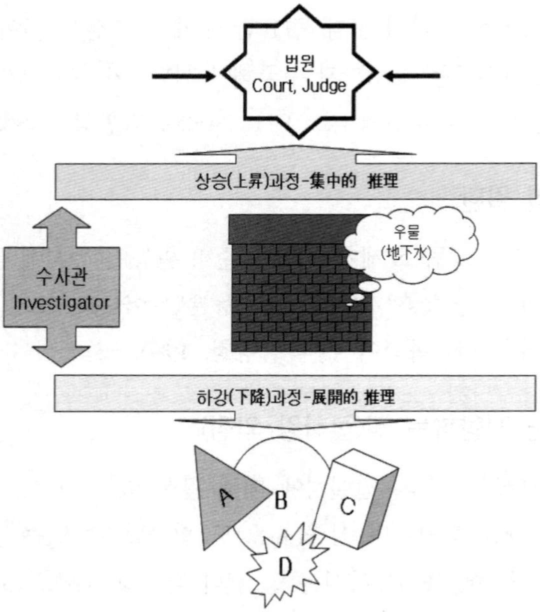

범죄수사의 두 가지 과정

자료: 김형청(1986: 17).

이론상 하강 과정과 상승 과정으로 구분했지만, 반드시 하강 과정을 거쳐서 상승 과정의 수사를 해야 한다는 식의 고정적인 것은 아니다. 즉, 처음부터 현행범인(現行犯人)을 체포했을 경우와 같이 좋은 증거를 입수했을 때에는 이미 상승 과정이 시작됐다고 봐야 한다. 하강 과정에서의 수사는 수사관이 자유자재로 진전시킬 수 있지만, 그 다음 상승 과정의 수사가 완전히 성공하지 않는다면, 비록 진범인(眞犯人)을 체포했다 하더라도 유죄 판결을 기대할 수 없는 것이다(김형청, 1986: 16). 수사의 두 가지 과정을 그림으로 나타내면 위와 같다.

2. 범죄수사 개시의 단서

1) 수사 단서의 의의

범죄 혐의가 있다고 사료될 만한 근거가 단서(端緖, clue)이며, 수사 개시의 원인이 된다. 수사 단서는 수사 기술의 이론상으로 볼 때, 범죄징표의 노출 면이라고 할 수 있다. 많은 범죄의 흔적 중에서 처음으로 수사관이 알게 된 것이 단서다. 수사는 이러한 단서를 출발점으로 삼아 추리와 자료 수집의 교호적 발전에 의해 진행된다(경찰교과서편찬위원회, 1970: 38). 수사 단서는 범죄의 혐의가 있다고 생각되는 원인인 동시에 수사 방식을 결정하는 자료다(경찰교과서편찬위원회, 1971: 37).

수사의 단서에는 수사기관 자신의 체험에 의한 경우와 타인의 체험 청취에 의한 경우가 있다(이재상, 1999: 179). 현행범인의 체포, 변사자의 검시, 불심검문, 다른 사건 수사 중의 범죄 발견, 출판물(잡지의 기사 등), 풍설(風說) 등에 의한 탐지, 인터넷상에 떠도는 이야기, 세평(世評)은 전자에 속한다.

후자에는 고소, 고발, 자수,[48] 진정, 피해 신고, 범죄 신고, 익명의 신고, 투서, 전화, 구두의 통지, 관계 기관으로부터 통보 등이 포함된다. 이 중 가장 중요한 단서는 피해자나 목격자의 신고 혹은 진술이다(김형청, 1986: 78).

한편, 범죄 인지(犯罪認知)란 수사기관이 고소, 고발, 자수 이외의 수사 단서가 있는 경우에 범죄 혐의가 있다고 판단해 수사를 개시하는 것을 말하며, 입건이라고도 한다(이재상, 1999: 179).

2) 변사자의 검시[49]

(1) 변사의 개념과 검시

변사자(變死者)는 자연사인지 아닌지가 판명되지 않은 것으로서 혹시 범죄에 기인한

48) 자수는 범인이 스스로 수사기관에 대해 자기의 범죄 사실을 신고해 그 수사와 소추(訴追)를 구하는 의사 표시를 말한다.

49) 변사자가 받는 검시에는 두 가지 의미가 혼용된다. '검시(檢視, postmortem investigation)'는 수사기관이 범죄 때문에 발생한 죽음인지 법률적 상황을 파악하기 위해 시체 및 그 주변 환경을 종합적으로 조사하는 것이다. '검시(檢屍, postmortem examination)'는 의사가 죽음에 대한 의학적 판단을 위해 시체에 대해 의학적 검사를 하는 것이다. 의사의 검시는 검안(檢案: 시체를 훼손하지 않고 외부만 검사, postmortem inspection)과 부검(剖檢: 시체를 해부해 검사, autopsy)으로 나뉜다(문국진, 1990: 70).

것이 아닌가 하는 의심 있는 사체를 말하며,[50] 범죄와는 관계없다고 해석하는 견해도 있다. 그러나 검시(檢視)의 성질에 비춰볼 때 범죄에 기인한 사망이라는 의심이 있는 사체를 의미한다고 볼 수 있다(이재상, 2001: 180).

한편, 경찰청 훈령인 「변사사건처리규칙」 제2조[51]에서 구체적으로 정의하고 있다. '변사'란 자연사 이외의 다음 어느 하나에 해당하는 사망으로 그 원인이 분명하지 않은 죽음을 말한다.

가. 범죄와 관련됐거나 범죄가 의심되는 사망

나. 자연재해, 교통사고, 안전사고, 산업재해, 화재, 익사 등 사고성 사망

다. 자살했거나 자살했다는 의심이 드는 사망

라. 연행, 구금, 심문 등 법 집행 과정에서 발생한 사망

마. 보건, 복지, 요양 관련 집단수용시설에서 발생한 사망

바. 마약, 농약, 알코올, 가스, 약물 등에 의한 급성 중독이 의심되는 사망

사. 그 밖에 사인이 밝혀지지 않은 사망

변사자의 검시(檢視, Leichenschau)란 사람의 사망이 범죄로 인한 것인가를 판단하기 위해 수사기관이 변사자의 상황을 조사하는 것을 말한다. 변사자 또는 변사의 의심 있는 사체가 있는 때에는 그 소재지를 관할하는 지방검찰청 검사가 검시해야 한다.[52] 사법경찰관은 변사자 또는 변사한 것으로 의심되는 사체가 있으면, 변사사건 발생 사실을 검사에게 통보해야 한다(수사준칙).[53]

---

50) 변사의 의심이 있는 사체는 자연사 또는 통상의 병사(病死)가 아니라는 의심이 있지만, 범죄에 기인한 것인지 여부를 알 수 없는 사체를 말한다. 따라서 익사 또는 천재지변에 의해 사망한 것이 명백한 사체는 검시의 대상이 될 수 없다. 범죄로 인해 사망한 것이 명백한 사체는 바로 수사를 개시하므로 이론적으로는 검시의 대상은 되지 않는다고 평가한다(대법원 판례 입장, 2003. 06.27. 2003도1331). 同旨 이재상 외(2021: 21).

51) 변사사건처리규칙[경찰청훈령 제921호, 2019.03.28., 제정]

52) 형사소송법 제222조(변사자의 검시) ① 변사자 또는 변사의 의심 있는 사체가 있는 때에는 그 소재지를 관할하는 지방검찰청 검사가 검시하여야 한다. ② 전항의 검시로 범죄의 혐의를 인정하고 긴급을 요할 때에는 영장 없이 검증할 수 있다. ③ 검사는 사법경찰관에게 전2항의 처분을 명할 수 있다.

53) 검사와 사법경찰관의 상호 협력과 일반적 수사준칙에 관한 규정[대통령령 제31089호, 2020.10.7., 제정] 제17조(변사자의 검시 등) ① 사법경찰관은 변사자 또는 변사한 것으로 의심되는 사체가 있으면 변사사건 발생 사실을 검사에게 통보해야 한다. ② 검사는 법 제222조 제1항에 따라 검시를 했을 경우에는 검시조서를, 검증영장이나 같은 조 제2항에 따라 검증을 했을 경우에는 검증조서를 각각 작성하여 사법경찰관에게 송부해야 한다. ③ 사법경찰관은 법 제222조 제1항 및 제3항에 따

(2) 변사자 처리 요령

경찰관은 변사자 또는 변사로 의심되는 시체를 발견하거나 시체가 있다는 신고를 받았을 때에는 즉시 관할 경찰서장에게 보고해야 한다(범죄수사규칙 제56조 변사사건 발생보고).[54]

또한 변사체의 처리 시에는 사인을 규명해 자·타살 여부를 명확히 해야 한다. 신원 불상 변사자는 긴급사건 수배에 준해 수배하고, 십지지문을 채취, 신속히 조회해서 신원을 파악해야 한다.[55] 즉, 경찰관은 검시할 때에 다음의 사항들을 면밀히 조사해야

라 검시를 했을 경우에는 검시조서를, 검증영장이나 같은 조 제2항 및 제3항에 따라 검증을 했을 경우에는 검증조서를 각각 작성하여 검사에게 송부해야 한다. ④ 검사와 사법경찰관은 법 제222조에 따라 변사자의 검시를 한 사건에 대해 사건 종결 전에 수사할 사항 등에 관하여 상호 의견을 제시·교환해야 한다.

54) 경찰수사규칙[행정안전부령 제233호, 2020.12.31., 제정] 제27조(변사자의 검시·검증) ① 사법경찰관은 법 제222조 제1항 및 제3항에 따라 검시를 하는 경우에는 의사를 참여시켜야 하며, 그 의사로 하여금 검안서를 작성하게 해야 한다. 이 경우 사법경찰관은 검시 조사관을 참여시킬 수 있다. ② 사법경찰관은 법 제222조에 따른 검시 또는 검증 결과 사망의 원인이 범죄로 인한 것으로 판단하는 경우에는 신속하게 수사를 개시해야 한다.

제29조(검시의 주의 사항) 사법경찰관리는 검시할 때에는 다음 각 호의 사항에 주의해야 한다.

1. 검시에 착수하기 전에 변사자의 위치, 상태 등이 변하지 않도록 현장을 보존하고, 변사자 발견 당시 변사자의 주변 환경을 조사할 것
2. 변사자의 소지품이나 그 밖에 변사자가 남겨 놓은 물건이 수사에 필요하다고 인정되는 경우에는 이를 보존하는 데 유의할 것
3. 검시하는 경우에는 잠재지문 및 변사자의 지문 채취에 유의할 것
4. 자살자나 자살로 의심되는 사체를 검시하는 경우에는 교사자(教唆者) 또는 방조자(幇助者)의 유무와 유서가 있는 경우 그 진위를 조사할 것
5. 등록된 지문이 확인되지 않거나 부패 등으로 신원 확인이 곤란한 경우에는 DNA 감정을 의뢰하고, 입양자로 확인된 경우에는 입양기관 탐문 등 신원 확인을 위한 보강 조사를 할 것
6. 신속하게 절차를 진행하여 유족의 장례 절차에 불필요하게 지장을 초래하지 않도록 할 것

55) 변사사건처리규칙[경찰청훈령 제921호, 2019.03.28., 제정]

제17조(변사자 신원을 확인하는 표준 업무 처리 절차) ① 변사 사건 담당자는 변사자의 신원을 확인하기 위하여 다음 각 호의 사항을 이행하여야 한다.

1. 소지품 확인과 수사
2. 유족 등 관계자 확인과 수사
3. 지문 감정 결과 분석과 수사

② 제1항의 조치에도 변사자의 신원이 즉시 확인되지 않는 경우에는 다음 각 호의 사항을 이행하여 신원을 확인하여야 한다.

1. DNA 감정 결과 분석과 수사
2. 치과 진료·수술 기록 등 신체적 특징점 수사
3. 유류품 소지 경위나 변사자 행적 등 보강 수사
4. 변사자 수배

한다.

- 변사자의 등록기준지 또는 국적, 주거, 직업, 성명, 연령과 성별
- 변사 장소 주위의 지형과 사물의 상황, 변사체의 위치, 자세, 인상, 치아, 전신의 형상, 상처, 문신 그 밖의 특징
- 사망의 추정 연월일, 사인(死因: 특히 범죄행위에 기인 여부)
- 흉기 그 밖의 범죄행위에 사용됐다고 의심되는 물건
- 발견 일시와 발견자, 의사의 검안과 관계인의 진술, 소지 금품 및 유류품
- 착의 및 휴대품, 참여인, 중독사의 의심이 있을 때에는 증상, 독물의 종류와 중독에 이른 경우 등

경찰관은 변사자에 관해 검시, 검증, 해부, 조사 등을 했을 때에는 특히 인상, 전신의 형상, 착의 그 밖의 특징 있는 소지품의 촬영, 지문의 채취 등을 해서 향후의 수사 또는 신원조사에 지장을 초래하지 않도록 해야 한다.[56]

검시의 결과 범죄 혐의가 인정될 때에는 수사가 개시된다. 따라서 변사자 검시는 전형적인 수사의 단서에 해당한다.

한편, 사법경찰관이 변사체를 검시한 결과 사망 원인이 범죄로 인한 것이 아니라는 점이 명백히 인정됐을 때에는 시체를 신속히 유족 등에게 인도해야 한다. 즉, 사법경찰관은 변사자에 대한 검시 또는 검증이 종료된 때에는 사체를 소지품 등과 함께 신속히 유족 등에게 인도한다. 다만, 사체를 인수할 사람이 없거나 변사자의 신원이 판명되지 않은 경우에는 사체가 현존하는 지역의 특별자치시장・특별자치도지사・시장・군수 또는 자치구의 구청장에게 인도해야 한다.[57]

(3) 중점 관리사건 처리

변사사건 책임자는 다음의 각 사건 유형 중 어느 해당하는 경우에 대해서는 특별한 사정이 없는 한 부검을 위한 영장을 신청해야 한다. 즉, 부검(剖檢)[58]이 필요한 사건

5. 실종 등 다른 사건과의 관련성 수사 등

56) (경찰청) 범죄수사규칙[경찰청훈령 제1026호, 2021.07.15., 일부개정] 제58조(검시의 요령과 주의 사항 등)

57) 경찰수사규칙[행정안전부령 제233호, 2020.12.31., 제정] 제31조(사체의 인도).

58) 검안만으로 사인(死因) 또는 사망의 종류를 추정할 수 없어 좀 더 구체적인 검사가 필요한 경우 시체를 해부해 내부장기 및 조직의 절개, 채취가 가능한 시체검사로서 그 목적에 따라 병리해부, 행

유형들이다.[59]

1. 타살이 의심되는 변사사건
2. 소지품 확인 등에도 불구하고 현장에서 즉시 신원이 확인되지 않는 변사사건
3. 집단 변사, 아동 학대로 의심되는 변사 등 사회적으로 이목이 집중되거나 집중될 것으로 예상되는 변사사건
4. 고도로 부패돼 시체의 손상 여부를 확인할 수 없고 사인이 명확하지 않은 변사사건 등[60]

(4) 부검 고려사건 처리

한편, 변사사건 책임자는 다음의 각 사건 유형 중 어느 하나에 해당하는 경우에는 범죄 관련성을 판단하기 위해 우선적으로 부검을 위한 영장 신청을 고려해야 한다.

1. 영아나 아동의 돌연사
2. 구금, 조사 등 법 집행 과정에서 발생한 사망
3. 마약, 농약, 알코올, 가스, 약물 등에 의한 중독이 의심되는 사망
4. 익사, 추락으로 추정되는 사망으로 목격자나 CCTV가 없는 경우
5. 탄화, 절단, 백골화된 변사체
6. 유가족이 사망 원인에 의혹을 제기하는 사망
7. 다른 범죄와 관련성이 있는지 의심되는 교통 사망 사고
8. 재산 규모에 비해 과도한 금액의 보험이 가입된 사람의 사망
9. 검안 의사, 검시 조사관, 변사사건 책임자 중 1명 이상이 사인에 대한 의견을 달리하는 경우
10. 그 밖에 정확한 사인 파악 등에 필요한 경우 등[61]

한편, 익사(溺死)·소사(燒死)·감전사·추락사·약물 또는 가스 중독사, 산업재해

정해부 및 사법해부 등으로 나눌 수 있다(문국진, 1990: 73).

59) 과거에는 실무상 '사법검시Ⅱ'로 분류, 부검이 필요한 사건 유형으로 다음과 같은 사건들을 예시했다. 살인, 강도살인(강도치사), 상해(폭행)치사, 강간살인(강간치사), 방화치사 등 중요 강력사건에 기인한 변사(變死)사건으로, 범죄에 기인된 여부가 불명확하거나 사인 불명 등 부검이 필요한 변사사건, 유족이 사인을 다투는 사건, 사회의 이목을 끄는 변사사건 또는 중요 인사에 대한 변사사건을 대상으로 부검을 실시하도록 했다.

60) 변사사건처리규칙[경찰청훈령 제921호, 2019.03.28., 제정] 제22조.

61) 변사사건처리규칙[경찰청훈령 제921호, 2019.03.28., 제정] 제22조.

사, 교통사고 사체(다만, 도주 차량에 의한 사체, 표류 익사체, 암장 사체 제외)를 포함하고 원거리, 도서지역 등 검사의 직접 검시로 시간이 현저하게 지연되는 지역의 모든 변사사건인 경우, 즉 의사의 소견, 유족, 발견자, 목격자 등의 진술 및 현장조사 결과 범죄에 기인하지 아니했거나 범죄 사실이 특정돼 고의 또는 과실에 기인한 변사체로서 부검의 필요가 없거나 유족(遺族)이 사인(死因)을 다투지 아니하는 변사사건에 한정해 부검을 실시하지 않을 수도 있다.

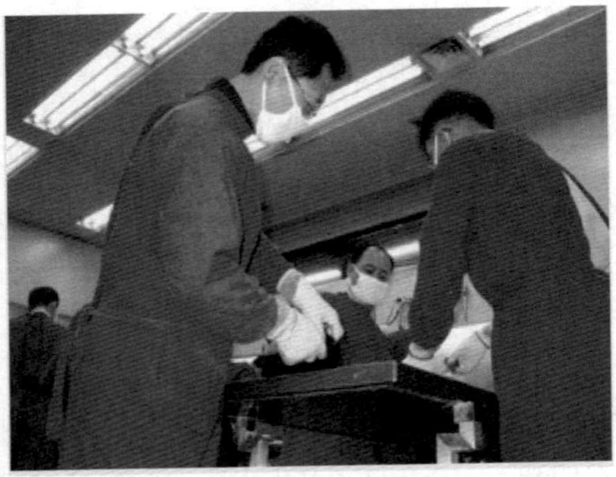

부검팀원들이 시신을 부검하고 있는 장면

(5) 검시에 연속된 수사

한편, 경찰관은 검시를 한 경우에 범죄로 인한 사망이라 인식한 때에는 신속하게 수사를 개시하고 소속 경찰관서장에게 보고해야 한다. 따라서 변사자 검시는 수사가 아니라 수사 전의 처분, 즉 수사의 단서에 지나지 않는다. 이러한 의미에서 검시는 범죄 혐의가 있어서 수사가 개시된 경우에 실시하는 수사상의 처분인 검증과 구별된다(이재상, 2001: 180).

수사에 필요한 때에는 압수・수색・검증 영장을 발부받아 검증하되 의사에게 시체의 해부를 위촉해야 한다. 다만, 긴급을 요할 때에는 영장 없이 검증을 할 수 있으나 이 경우에는 사후에 지체 없이 영장을 발부받아야 한다. 사법경찰관은 형사소송법 제222조 제1항 및 제3항에 따라 검시를 했을 경우에는 검시조서를, 검증영장이나 같은 조 제2항 및 제3항에 따라 검증을 했을 경우에는 검증조서를 각각 작성해 검사에게 송부해야 한다.[62]

62) 검사와 사법경찰관의 상호 협력과 일반적 수사준칙에 관한 규정[시행 2021.01.01.] [대통령령 제

3) 불심검문과 자동차검문

(1) 불심검문

불심검문(不審檢問) 또는 직무질문(職務質問)이란 경찰관이 거동(擧動)이 수상한 자를 발견한 때에 이를 정지시켜 질문하는 것을 말한다. 「경찰관직무집행법」 제3조에 따르면, “경찰관은 수상한 거동 기타 주위의 사정을 합리적으로 판단하여 어떠한 죄를 범하였거나(사법경찰 영역) 범하려고 하고 있다고 의심할 만한 상당한 이유가 있는 자(행정경찰 영역) 또는 이미 행하여진 범죄나 행하여지려고 하는 범죄행위에 관하여 그 사실을 안다고 인정되는 자를 정지시켜 질문할 수 있다.”고 규정하고 있다. 불심검문은 범죄가 발각되지 않은 경우에 범죄수사의 단서가 될 뿐만 아니라, 특정범죄에 대한 범인이 발각되지 않은 때에는 범인 발견의 계기가 되므로 수사와 밀접한 관련을 맺고 있다(이재상, 1999: 181).

(2) 자동차검문

범죄의 예방과 검거를 목적으로 통행 중인 자동차를 정지시켜 운전자 혹은 동승자에게 질문하는 것을 말한다. 자동차검문(自動車檢問)에는 교통검문, 경계검문 및 긴급수배검문이 있다.[63] 교통검문은 도로교통법 위반의 단속을 위한 검문을 말하고, 경계검문은 불특정한 일반 범죄의 예방과 검거를 목적으로 하며, 긴급수배검문은 특정범죄가 발생한 때에 범인의 검거와 수사정보의 수집을 목적으로 행하는 검문을 말한다(이재상, 1999: 186).

4) 고소 및 고발 등

(1) 고소

고소(告訴)란 범죄의 피해자 또는 그와 일정한 관계가 있는 고소권자(법정대리인, 배우자, 친족 등)가 수사기관에 대해 범죄 사실을 신고해 범인의 처벌을 구하는 의사 표

31089호, 2020.10.07., 제정] 제17조.

63) 교통검문의 법적 근거는 도로교통법 제47조의 일시정지권에 있다. 그러나 모든 차량의 검문을 내용으로 하는 경계검문과 긴급수배검문에 대한 직접적인 근거 규정은 없다고 한다. 그렇지만 경계검문은 경찰관직무집행법 제3조 1항에 근거를 가지며, 긴급수배검문은 동법과 형사소송법 제199조의 임의수사에 관한 규정에 근거를 가진다고 해석하는 것이 타당하다는 견해가 있다. 따라서 경계검문도 수사의 단서가 된다고 할 수 있다(同旨 이재상 외, 2021: 227).

시(서면 또는 구술)를 말한다. 고소는 의사 표시이므로 법률행위적 소송행위로서의 성질을 갖는다(이재상, 1999: 187).

자기 또는 배우자의 직계존속은 고소하지 못한다(형사소송법 제224조). 고소는 수사의 단서에 불과하나 사자 명예훼손죄, 모욕죄 등의 친고죄(親告罪)에서는 고소가 있어야 공소를 제기할 수 있어(형법 제312조 1항) 소송 조건이 되기도 한다. 고소기간 제한은 없으나, 친고죄에 대하여는 범인을 알게 된 날로부터 6월을 경과하면 고소하지 못한다(형사소송법 제230조 1항). 고소 또는 그 취소는 대리인으로 하여금 하게 할 수 있으며(형사소송법 제236조), 고소 취소는 제1심 판결 선고 전까지 할 수 있다(형사소송법 제232조 1항).

(2) 고발

고발(告發, accusation)이란 범인 또는 피해자(혹은 고소권자) 이외의 제3자가 수사기관에 범죄 사실을 신고해 그 소추(訴追)를 요구하는 의사 표시를 말한다. 단순한 피해 사실의 신고는 고발이라고 할 수 없다(이재상, 1999: 189). 제3자는 누구나 범죄가 있다고 생각될 때는 고발을 할 수 있다. 공무원이 직무 수행상 범죄를 발견한 때에는 고발의 의무가 있다. 그러나 직무 집행과 관계없이 우연히 범죄를 발견한 경우에는 해당하지 않는다. 고발은 일반적으로는 수사의 단서에 불과하지만, 특별법에 의해 고발이 소송 조건이 되는 경우가 있다. 예컨대 관세범·조세범에 대한 소관 공무원의 고발 같은 것이다. 자기 또는 배우자의 직계존속에 대해서는 고발하지 못한다(형사소송법 제235조). 고발의 경우는 대리를 인정하지 않으며 기간에 제한이 없다.

(3) 시민의 신고

수사 단서의 대부분은 신고로부터 나온다. 신고 접수를 형식적·기계적으로 처리하거나 소홀히 해서 중요 사항을 파악하지 못해 수사의 기회를 놓치거나 번잡(煩雜)함을 피하기 위해 소극적인 태도를 보이면 시민들의 신고율을 저하시키는 결과를 초래할 수 있다. 따라서 선별적으로 검토해 신고 내용의 경중(輕重)을 가리는 것이 필요하다(김형청, 1986: 79).

5) 이해 대립자로부터의 청취

범인으로 지목된 자와 이해관계가 대립되는 자로부터 단서를 청취하는 경우는 그 사람을 모해(謀害) 혹은 과장(誇張)의 폐해가 많기 때문에, 여러 가지 사정을 참작해서 신고를 수리한다(김형청, 1986: 79).

3. 수사의 수단

수사의 수단은 수사상 자료, 즉 범죄의 흔적으로서 남겨진 징표를 수사기관이 입수하는 방법을 말한다. 수사의 수단은 경험적이고, 기능적이고 임기응변적인 실무기술로서 듣는 수사, 보는 수사 그리고 추리수사 등 세 가지 종류로 분류할 수 있다(김형청, 1986: 95).

1) 듣는 수사

범죄의 흔적은 사람의 기억에 남는다. 직접 접촉하고 또한 타인의 경험을 전문(傳聞)한 자의 기억을 증거화하는 수사의 수단은 사람을 신문(訊問: 인터뷰)하는 것이다. 세분해 보면, 용의자 조사, 직접 경험자 조사, 전문자(傳聞者) 조사 그리고 풍설의 탐문(探聞) 등이다(김형청, 1986: 95).

(1) 용의자의 조사

용의자(容疑者)란 수사 단계에서 각종의 수사선(搜査線)을 종합해 범인으로 추정된 자를 말한다(경찰교과서편찬위원회, 1970: 50). 따라서 그 수가 많고 특정의 범위가 막연한 것이지만, 수사 진전에 따라서 범위가 축소될 수 있으며, 참고인으로 지목됐던 자가 나중에 용의자로 변하는 경우도 있다. 용의자도 피의자와 같이 소송상의 묵비권(默秘權)이 인정된다(경찰교과서편찬위원회, 1970: 51). 용의자에 대한 조사 및 신문의 목적은 용의자 중에서 범인을 특정하는 데 있다.

(2) 참고인의 조사

참고인(參考人) 조사의 목적은 직접 경험한 사실 또는 직접 경험자로부터 전해 들은 사실을 정확하게 함으로써 진술 내용을 증거자료로 하는 데 있다. 참고인의 진술에서 지각(知覺)의 착오, 회상의 착오, 표현의 착오를 일으키는 심리적 경향이 있는 바, 정확하게 회상하고 표현할 수 있도록 세심한 주의를 기울인다(경찰교과서편찬위원회, 1970: 52).

2) 보는 수사 - 현장관찰 등

범죄의 흔적은 현장 또는 물건의 형상과 이동에 따라 남겨진다. 그 흔적을 증거화하는 수사의 수단을 광의의 현장관찰이라고 한다. 세분하면, 범행 장소의 관찰, 장소에서의 물건 입수 및 그 관찰, 물건의 수색 및 발견, 물건 형상의 관찰, 감식적인 검사 등이다(김형청, 1986: 96).

현장관찰은 두 가지 목적을 갖고 있다. 하나는 목적한 증거물을 발견하기 위한 수색이고, 다른 하나는 물건 또는 장소의 현상을 관찰하는 수사의 수단이다(경찰교과서편찬위원회, 1970: 49).

3) 추리수사

추리수사(推理搜査)는 결국 듣는 수사, 보는 수사(이 중에는 시각뿐만 아니라 일체의 감각 및 과학적 수사도 포함된다)를 보조하고 보충하고 지침을 주는 것이다. 즉, 협의의 수사 수단인 것이다. 보통 수사 수단이라고 하는 것은 결국 진술, 증거 수집 및 현장관찰이라 할 수 있다(김형청, 1986: 96).

(1) 추리수사의 의의

추리(推理, inference)는 사리를 미뤄 생각하는 것으로서, 이미 알고 있는 판단으로부터 새로운 판단을 이끌어 내는 사유작용(思惟作用)이다(김형청, 1986: 60). 수사상의 추리는 범죄에 의한 표현된 각종의 범죄 흔적 또는 범죄정보 기타 수사활동에 의해 수집되는 각 방면의 사정을 종합해서 그것을 판단하고 분석해 새로운 판단을 내리도록 하는 작용을 말한다.

(2) 추리의 요소

추리에 의해 사실을 확정하는 경우, 범죄수사상 여섯 가지 정도(6何)의 내용을 고려해야 한다(김형청, 1986: 62-63). 즉, 범죄의 주체, 범죄의 일시, 범죄의 장소, 범행 동기, 범죄의 행위와 방법 그리고 범죄의 결과 등이다. 이와 같은 추리의 요소를 통해 과거의 사실을 형사재판 과정에서 입증해야 한다. 형사소송법에서는 요증사실(要證事實)이라고 한다.

(3) 추리의 종류

① 연역적 추리(전개적 추리, deductive inference)

하나의 사실로써 다수의 가능한 사실을 추론하는 것이다(경찰교과서편찬위원회, 1970: 27). 즉, 하강 과정에서, 하나의 자료로써 많은 종류의 각종 각양의 추리의 선을 전개해 진상 규명으로 목적의 일점(一點)에 도달하는 추리 방식이다(김형청, 1986: 63).

② 귀납적 추리(집중적 추리, inductive inference)

다수의 사실로써 하나의 결론을 추론하는 것이다. 즉, 상승 과정에서 입증하려고 하는 사실을 초점으로 삼아, 그 사실을 증명할 증거가 갖춰졌는가의 여부를 검토하는 방식이다. 예를 들면, 상정한 다수의 용의자 중에서 합리성 있는 추리를 해서 한 사람의 진범인에 도달하는 추리 방식이다(김형청, 1986: 63).

제 6 절 범죄수사의 가능성과 수사선

1. 범죄수사의 가능성

범죄는 "인간의 행동이다"라는 법칙과 "범죄는 인간의 사회적 행동인 동시에 자연현상을 수반한다"라는 원리에 따라서, 범죄자는 현장에 반드시 흔적을 남긴다. 특히 프랑스의 법과학자 에드몽 로카르(Edmond Locard)가 제시한 "모든 접촉한 것은 흔적을 남긴다(Every contact leaves a trace)"는 원칙을 모든 범죄 현장에 적용한다면 수사가 가능해진다. 범죄수사가 가능한 근거는 다음과 같다.

1) 범죄의 흔적

범죄행위는 그 과정에서 범죄의 흔적을 남긴다. 만일 전혀 그 흔적을 남기지 않는 범행이 있다면, 그것은 완전범죄(完全犯罪)라고 할 수 있으며, 범죄수사의 대상이 되지 않을 것이다. 그런데 수사에 완전수사가 없는 것과 마찬가지로, 완전히 범죄의 흔적을 남기지 않는 완전범죄라는 것도 객관적으로 존재할 수 없다(경찰교과서편찬위원회, 1970: 29).

2) 인과관계

범죄의 흔적과 범죄와의 중간에는 일정한 원인과 결과, 즉 '인과관계(因果關係)'가 개재돼 있어서 추리의 대상이 될 수 있다. 만약 범죄와 범적(犯跡)이 무법칙한 꿈속에서 행해진 일 같다면, 보통 사람의 추리작용으로써 수사를 진전시키더라도 절대로 성공할 수 없다.

3) 범죄수사의 3대 근간

범죄의 흔적은 인간 행동에 관한 법칙에 따라서 범죄 현장에 남겨진다(에드몽 로카르의 법칙). 이것을 반대로 검토해 보면, 범죄 흔적에 인간 행동에 관한 법칙을 이용, 정확하게 추리만 한다면 수사는 가능하다. 그러면 범죄가 어떠한 원리와 법칙에 따라 범적을 남기게 되는가? 다음과 같은 세 가지 원칙이 범죄수사를 가능케 한다(경찰교과서편찬위원회, 1970: 29).

(1) 범죄는 인간의 행동이다

인간의 생물학적 특징과 심리학적 특징에 관한 흔적을 현장에 남기게 된다. 최근 연쇄 강력범죄에 대해 범인의 심리적 특징을 중심으로 수사를 전개하는 프로파일링(criminal profiling) 기법이 활용되고 있다. 인간의 생물학적 특징(개인의 신원 확인에 매우 유용함)은 주로 물리적 증거 형태로 범죄 현장에 남아 있는 경우가 있다.

(2) 범죄는 사회적 행동이다

사회적 제반 법칙에 따라 흔적을 남기게 된다. 인간은 사회적 존재이기 때문에, 타인과 교제하면서 가정, 학교, 직장, 지역사회 등 사회적 관계에 따른 사회적 지문을 갖고 있다.

(3) 범죄는 자연 현상을 수반한다

자연과학의 법칙에 따라서 흔적을 남기게 된다.

이와 같은 세 가지 원리는 수사 기술상 추리의 3대 근간이 되며, 수사는 범죄의 흔적을 수집, 정리해서 과거의 행위로 된 범죄를 추리와 상상으로 재현 · 확인하는 활동인 것이다(김형청, 1986: 66).

2. 범죄수사상의 수사선

1) 수사선의 의의

수사선(搜査線)이라고 하는 것은 수사에 공통되는 수사상의 추리의 선인 것이다. 동시에 추리를 따라 수사를 진전시키는 줄거리이기도 하다. 그리고 또한 '수사의 촉각', '수사의 안테나'라고 하기도 한다(경찰교과서편찬위원회, 1970: 42). 수사 단서로써 알게 된 기초 사실에 의해 모든 추리와 각종의 수사 자료가 수집되는 것이고, 거기에서 새로이 무수한 추리와 상정이 떠오르는 것이다. 수사는 이처럼 선을 쫓아 진전되는 것이므로, 실무상에서 어떤 사람이 수사 선상에 떠올랐다는 것은 이러한 추리 선상에 구체적인 인물이 추리의 대상이 됐다는 것을 의미한다. 인간의 추리는 무궁무진하고 수사상의 수사선 또한 복잡하다(경찰교과서편찬위원회, 1970: 43).

2) 수사선의 원리와 정형(3원리, 10개형)

"범죄가 인간의 사회적 행동인 동시에 자연 현상을 수반한다"라는 원리에 따라 수사 경험 법칙상 다음과 같이 수사선을 분류해 정형화할 수 있다.

(1) 제1원리: 개인 특징에 관한 수사선

범죄는 인간의 행동이다. 인간은 생물학적, 심리학적 특징을 갖고 있다. 이것을 개인 특징에 관한 수사선으로 삼아, 그것을 새로이 2개 선으로 분류하면, 다음의 수사선이 정형화된다(경찰교과서편찬위원회, 1970: 43).

• 제1형 – 신체적 특징에 관한 개인 식별선

인상(印象), 지문, 혈액형, 연령, 성별, 기타 신체적 특징이 해당된다.

• 제2형 – 사람의 성격에 관한 행동 방식(수법)의 선

수법(手法, *modus operandi*), 습벽, 동기, 범행 후의 행동, 회화(會話), 성격 그리고 가정환경 등이 이에 해당된다.

(2) 제2원리: 사회 관계에 관한 수사선

범죄는 인간의 사회적 행위다. 인간은 사회적인 존재이며, 사회환경 중에서 죄를 범

하고, 사회에 영향을 남긴다. 이것을 인간의 사회적 관계에 관한 수사선으로 삼아, 그것을 새로이 3개형으로 분류하면 다음의 수사선이 정형화될 수 있다.

• 제3형 인간의 사회환경으로부터 추리해 범인을 특정하는 선

성명, 주거, 교우 관계, 직업, 배회처, 비행 경력, 혼인 경력 등이 해당한다.

• 제4형 인간의 행동 방식으로부터 추리해 범인을 특정하는 선

행적(제3형의 주거 및 배회처와 관련), 수법(제2형과 관련), 집단성(제3형의 주거/배회처와 교우 관계), 행동 방식, 사용 물건, 문서장부, 상거래 절차 등이 해당된다.

• 제5형 범죄의 사회적인 파문으로서 관계자의 기억에 남겨지는 선

동기, 사회적 배경, 풍설(風說) 등에 의해 범인으로 지목되는 자, 풍설 등에 의한 범행 윤곽, 인심의 동향 등이 해당된다(경찰교과서편찬위원회, 1970: 44).

(3) 제3원리: 자연과학에 관한 수사선

범죄는 물건 기타의 자연 현상을 수반한다. 이것은 자연과학의 모든 성과를 수사에 이용한 수사선으로 삼아, 그것을 새로이 5개 형으로 분류하면 다음의 수사선이 정형화된다.

• 제6형 물건의 특징에 관한 수사선

제조자, 판매자, 소지자, 특징, 이화학적 검사, 물건과 사회 관계, 인체의 일부인 물건 등이 해당된다.

• 제7형 물건의 이동(移動)에 관한 수사선

전(前) 소지자와 현(現) 소지자의 확정, 물건의 소재 장소, 물건의 이동 경로, 물건의 이화학적 변화, 물건 형상의 변화 등이 해당된다.

• 제8형 현장관찰에 관한 수사선

범행 현장의 형상, 범행의 유형, 피해 상황, 유류 물건, 지리 관계(지리감, 연고감 추정), 사회 관계 등이 해당된다.

• 제9형 문서(文書)의 특징으로써 추리할 수 있는 수사선

문서의 특징, 문서 내용/이동 그리고 인영(印影)이 해당된다.

• 제10형 기타 자연 현상(법의학, 이화학, 기상학 등)에 관한 수사선

일시(日時)의 결정, 기상, 수류(水流) 및 조류(潮流), 지형, 전기, 폭발연료, 법의학적 현상, 약품 관계, 기계 등이 이에 해당된다(경찰교과서편찬위원회, 1970: 43-46).

제7절 범죄수사의 '3S 원칙'과 수사 실행상의 원칙

수사를 실행할 때 과학적 · 합리적으로 연구하고 수사 방법의 정당성을 검토하면서 신중하고, 계획적, 보편타당하게 기본 원칙을 설정 · 준수할 필요가 있다.

1. 범죄수사의 '3S 원칙'

수사 기술상의 3대 법칙 혹은 범죄수사의 '3S 원칙'은 보통 '범죄수사의 3대 원칙'이라고도 한다.[64]

1) 수사 급속 착수의 원칙(Speedy Initiation)[65]

범죄의 흔적은 시간의 경과에 따라 자연적으로 혹은 인위적으로 멸실된다. 그러므로 모든 범죄수사는 가급적 신속(급속)하게 착수해 죄증(罪證)이 인멸되기 전에 수사를 해야 한다. 범죄 발생 시부터 수사 개시까지 오랜 시간이 경과된다면, 여러 가지 원인으로 모든 범죄 흔적이 멸실되고 희박해져서 수사가 곤란해질 수 있다. 수사 경험상 살인사건은 약 2주일 내에 어떠한 단서를 얻지 못하면 미궁으로 빠질 개연성이 높다고 한다(김형청, 1986: 67). 다른 강력사건도 이와 크게 다르지 않다. 수사는 빠르면 빠를수록 그만큼 용이해진다.

---

64) '범죄수사의 3S 원칙'이라는 용어는 미국이나 독일 수사 관련 문헌에서 직접 소개되고 있는 것은 아니다. 1970년대 한국의 경찰전문학교 경찰교과서편찬위원회에서 수사 관련 직무 교재를 만드는 과정에서 일본의 경찰 관련 교재에서 사용되던 것을 번역 소개한 것으로 추정된다.

65) 경찰교과서편찬위원회에서 소개한 내용에는 영어식 표현이 없었다. 1986년 경찰대학의 김형청 박사가 범죄수사론(부교재)을 집필하면서, 영어식 표현이 등장하고 있다. 필자가 일본의 관련 문헌을 입수하지 못했기 때문에, 일본에서도 그러한 영어식 표현을 사용하고 있는지는 알 수 없다.

2) 현장 보존의 원칙(Scene Preservation)

범죄 현장은 무언(無言)으로 범인과 범행을 말해 준다고 할 수 있다. 종종 죽은 자는 말이 없다고 하지만, 범죄 현장은 많은 정보를 알려주고 있다 할 것이다. 그래서 '범죄 현장은 범죄 흔적 혹은 증거의 보고(寶庫)'라고 일컬어진다(경찰교과서편찬위원회, 1970: 30).

범죄의 현장이나 물건 등은 변화하는 본질을 갖고 있다. 눈, 비 등 자연적 원인뿐만 아니라 범인 등 인위적 원인에 의한 현장 변경이 가능하다. 그래서 수사관은 개인 보호 장구 등을 반드시 착용해서 현장이 오염되는 것을 방지하는 등 적극적으로 그 현장을 보존해야 하며. 현장 접근은 접근 권한이 있는 자에게만 허용하고 이는 현장통제(물리적 경계선 또는 차량 등 이용)를 통해 제한해야 한다(경찰청, 2020a: 76). 또한 잘 보존된 현장의 철저한 관찰로 범죄의 흔적을 잘 포착해야 한다. 특히 임장수사를 요하는 살인, 방화, 강도 등 사건 현장에는 변화를 일으킨 흔적이 있고, 물리적 증거가 될 만한 물건, 족적, 지문 등이 많이 남겨져 있을 수 있다(경찰교과서편찬위원회, 1970: 30).

수사관은 현장이 말해 주고, 제공해 주는 것을 듣고 보고, 그것을 근거로 추리하고 상상하면 수사가 가능해진다. 범죄 현장은 범인 자신이 또는 제3자에 의해 흩어져 버리는 경우가 있는데, 무엇보다도 현장 보존에 최대한의 주의를 기울인다. 따라서 초동조치의 중요성을 인식하고, 현장이 파괴되지 않도록 특히 유의해야 한다(김형청, 1986: 67).

3) 시민 협력의 원칙(Support by the Public)[66)]

범죄의 흔적은 목격자(witness)나 전문자(傳聞者)의 기억에 오래 남는다. 범죄 현장을 증거의 보고라고 한다면, 목격자 혹은 시민들이 살고 있는 사회는 증거의 바다다. 시민들의 기억에 남은 범죄 흔적이 사회의 파문으로써 사람의 입과 귀를 통해 많은 사람에게 전파된다. 수사관은 시민들이 자진 협력해 그 기억을 수사 과정에서 진술하고 협력해 줄 수 있도록 해야 한다.

지역사회 경찰활동(community policing) 철학에서도 시민과 경찰 간의 상호 협력적 자세를 중요시하고 있다. 수사를 용이하게 하려면, 개별 사건 수사뿐만 아니라 평소에

66) 경찰교과서편찬위원회 교재에서는 '민중 협력(民衆協力)의 원칙'이라는 표현으로, 김형청 박사는 주민 협력(住民協力)의 원칙으로 표현하고 있다. 오늘날에는 '시민 협력의 원칙'으로 표현하는 것이 적절할 듯하다.

시민들의 협력을 얻도록 해야 한다. 특히 사건 수사 시에 시민들의 적극적인 협조를 얻기 위해 다음과 같은 방침에 유의한다(경찰교과서편찬위원회, 1970: 30-31).

- 수사기관의 방침이나 활동을 항상 시민들에게 주지시켜 이해를 얻는다.
- 수사기관에 대한 시민들의 의식구조를 끊임없이 조사해 개선 반영한다.
- 성실한 사건 해결과 시민의 권익 보호를 통해 신뢰받는 풍토를 조성한다.
- 수사관 자신의 솔선적인 법규 준수, 건전한 생활 태도로 공중으로부터 존경을 받을 수 있도록 한다.
- 조사나 면접 시 공손한 언행과 태도로 시민들의 호응을 받도록 한다.

이상의 3개 원칙은 범죄수사를 성공적으로 수행하는 조건이 된다.

2. 수사 실행의 5원칙

1) 수사 자료 완전 수집의 원칙

수사 자료는 ① 범죄와 인과관계를 갖는 자료로서, ② 사안 판단의 이유와 근거를 갖고 있으며, ③ 범죄 사실을 증명하는 증거가 된다(日本 警察廳, 1971: 118: 김형청, 1986: 50에서 재인용). 따라서 수사관은 관련된 수사 자료를 완전하게 그리고 모두 수집해야 한다. 더 많은 사실을 알게 될수록, 문제에 대해서 좀 더 명료하게 그리고 구체적으로 알 수 있다(경찰교과서편찬위원회, 1970: 21).

사건 해결의 관건이 되는 자료를 누락하거나 멸실하는 일이 없도록 해야 한다. 즉, 수사의 제1 원칙인 기초수사를 철저히 해서 대소·경중을 막론하고, 수사 자료를 완전히 수집해 문제 자체를 명확하게 해야 한다.

2) 수사 자료의 면밀한 감식 및 검토의 원칙

수집된 자료를 면밀히 감식(鑑識)67)하고 검토하는 것은 제2의 원칙이다. 수사 자료가 수사상 귀중한 가치를 갖는 것은 그 자료가 수사상의 문제점을 명확하게 해야, 그것을 해결하는 데 중대한 구실을 하기 때문이다. 예를 들면, 범행 현장에 유류된 흉기(凶

67) 감식(鑑識, identification)이란 수사 자료(證據, evidence)인 사물의 성질, 상태, 관계, 이동(異同), 특징, 용도, 원인, 기능 등을 감정해 식별하는 작용을 말한다(日本 警察廳, 1971: 187: 김형청, 1986: 50에서 재인용).

器)에 대해서, 다만 그 흉기가 존재했다는 것이 가치 있는 것이 아니라, 그것이 범행 사실을 무언(無言)으로 말해 주고, 범인이 누구라는 것을 증명해 줌으로써 자료가 귀중하다는 것이다(김형청, 1986: 51).

> 범행 현장에 남긴 담배꽁초(butt)만으로는 사건 전체를 추정하기에 어려움이 있으나 혈액(blood) 및 타액(saliva) 감정 등 과학수사를 통해 범인의 혈액형을 정확하게 알아낸다면, 수사 범위를 줄이는 역할을 할 수 있다. 또 다른 예로 범죄 현장에서 발견된 장갑의 미세 증거를 분석한 결과 유리가루가 많이 부착돼 있다면, 용의자는 유리를 다루는 사람일 가능성이 높다고 추정할 수 있다(경찰청, 2020a: 158). 이처럼 수사 자료는 수사 방향 설정 시 중요한 역할을 할 수 있기 때문에, 수집된 자료를 면밀히 감식, 검토하는 것이 중요하다.

수사 자료의 감식 및 검토 방법은 자료의 종류나 성질에 따라서 다양해질 수 있다. 특히 수사관의 상식적인 검토나 경험적인 판단에만 단순히 의존할 것이 아니라, 법과학(법의학), 감식과학 또는 과학시설을 적극적으로 활용해야 한다(경찰교과서편찬위원회, 1970: 21).

3) 적절한 추리의 원칙

문제점이 명확해진 다음에는 그 해결책을 세워야 한다. 여러 가지 방법을 강구하고 추측하고 예견한다. 수집된 자료를 모아서 정리하고, 그것이 종료되면 이를 기초로 사건에 대해서 가상적인 추측과 판단을 해보고, 입증한다(경찰교과서편찬위원회, 1970: 21). 추측과 짐작을 할 때 유의해야 할 부분은 다음과 같다.

- 수집된 자료를 근거로, 합리적 판단(혹은 추측)을 한다.
- 추측은 모든 경우를 감안해 검토한다. 즉, 추측은 어디까지나 가상적인 판단으로서, 그것만으로는 사실 여부를 정확하게 알 수 없다. 그래서 험증적(驗證的) 수사에 의해 진실 여부가 확인될 때까지 그것을 진실이라고 주장하거나 확신해서는 안 된다(경찰교과서편찬위원회, 1970: 22).

예컨대 절도범의 경우, 그 침입 방법이 매우 교묘하거나, 현금만을 노린 흔적이 있거나 하는 상황을 수사관이 알았다면, 그러한 상황으로 봐서 "범인은 전과자(前科者)일 것이다"라는 추측을 할 수 있다. "범인은 전과자다"라는 추측이 더 많은 현실적 사실(자료)에 들어맞을수록 그 추측이 진실이라는 확률이 높아지고 사건 해결의 가능성이 높아진다. 사건의 추측은 이와 같이 수사관의 직감이나 경험이 주요 원천이 되기도 한다(김형청, 1986: 54). 하지만 이 경우 역시 진실 여부가 확인될 때까지 "범인은 전과자다"라고 주장하거나 확신하지 않도록 유의해야 할 것이다.

4) 험증적 수사의 원칙

사건에 대한 추측은 반드시 하나로 한정되는 것은 아니다. 더 많은 추측을 할 때 해결가능성이 높아진다. 예를 들면, 범인을 추측하는 경우에 많은 용의자가 상상될 수 있고, 또 사건 형태에서도 치정, 원한, 물욕 등이 추측될 수 있다. 과연 어느 추측이 정당할 것인가에 대해 하나하나 모든 측면에서 검토(검증)해야 한다. 추측한 사항에 대해서 잘 연구해 험증할 가치가 있는지 여부를 검토하고, 가치가 있을 때 어떠한 방법으로 험증할 것인가를 생각한다(김형청, 1986: 55). 예를 들면, "A가 범인이다"라는 추측을 험증하자면, 다음과 방식으로 해야 할 것이다(경찰교과서편찬위원회, 1970: 23).

(1) 먼저 무엇을 확인할 것인가? 즉, 수사 사항을 결정한다

어떠한 사건에서 추측의 진실성을 확인할 수 있는 추론이 많으면 많을수록 그 수사는 정밀화돼 진실에 접근하게 된다. 예를 들면, "A가 주거침입 절도 범인이다"라는 것이 정당하면,

- A는 범행 시각인 11월 00일 00시경에 집에 있지 않았을 것
- A는 금전이 필요한 상황에 처해 있을 것
- A는 범죄 현장에 남긴 족적과 부합되는 신발을 신고 다닐 것
- A는 피해자의 집 사정을 잘 알고 있어야 할 것 등과 같은 추론이 세워져야 한다. 이러한 추측(혹은 추론)의 진실성을 확인하는 것이 수사 사항이 되는 것이다.

(2) 수사 사항을 어떠한 방법으로 수사할 것인가?

수사 사항이 결정되면 어떤 수단과 방법으로 이행할 것인가를 연구해야 한다. 구체적인 수사 방법은 사건의 내용과 성질에 따라 달라질 수 있다. 대체적으로 위에서 언급한 주거침입 절도범의 사례를 들어 설명한다면,

- 용의자(suspect) A의 가족 또는 이웃사람을 통해, 범행 당시의 상황을 조사하거나 탐문(探聞)한다.
- A의 평소 소행, 성격, 금전 관계, 사업자금의 출처와 흐름 등을 조사한다.

- A와 피해자와의 관계 혹은 피해자 집의 출입 상황을 조사한다.
- A의 신발의 종류를 조사하고, 가능한 한 그 족적(足迹, footprint)을 입수한다. 이와 같은 방법이 결정돼 수사 방침이 세워지면 수사가 계획적으로 추진된다(경찰교과서편찬위원회, 1970: 24).

(2) 현실적으로 확인하는 수사를 실행한다

수사 방침(수사 사항과 방법)이 세워지면 방침에 따라 수사가 실행된다. 수사 결과가 수사관이 추측한 사실을 입증할 수 있는 것이라면, 그 추측 사항은 일응 인정된다. 그 반대로 추측을 깨뜨리는 것이라면, 그 추측은 인정할 수 없게 된다. 위의 절도범 사례에서, 용의자 A가 현장 족적에 부합되는 운동화를 소지하고 그 사실이 명확하게 되면, 먼저 추측한 "A는 범인이다"라는 추측은 일응 정당한 추측이 된다. 그러나 만약 어떠한 수사를 해도 A의 주변에서는 거기에 맞는 운동화가 없다면, 그 추측은 맞지 않는 것이 된다. 물론 이와 같은 확인 수사는 한두 번에 걸친 조사를 통해서 진실이라고 단정할 수 없다. 수사 과정에서 어떠한 사실이 진실이라고 인정되기 위해서는 사실에 대해 합리적 의심이 제기될 여지가 없을 때까지 진실성이 보장돼야 한다(경찰교과서편찬위원회, 1970: 24).

수사 실행을 통해 새롭게 수집된 자료는 기존의 추측을 확실하게 하는 경우도 있고, 부정하는 것일 수도 있다. 수사 실행에 의한 자료 수집은 위에서 언급한 수사의 순서를 반복하는 기초가 된다. 수사는 직선적이라기보다는 항상 순환적으로 행해지는 것이다(김형청, 1986: 58). 이러한 것을 그림으로 표현해 보면 다음과 같다.

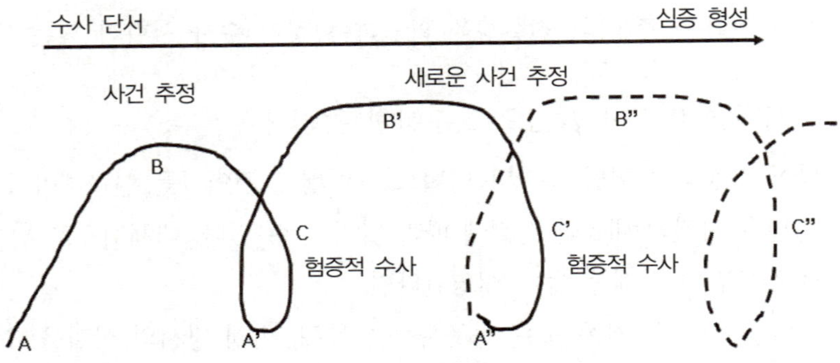

수사의 실행과 순환

이처럼 험증적 수사를 반복하는 동안 수사 초기에 추정된 "A가 범인이다"라는 극히 막연했던 추측이 점차 그 진실성과 개연성이 높아진다. 마지막에는 그 추측에 잘못이 없었다는 사실에 확신을 갖게 되며, 이와 같이 확신을 얻는 것을 심증 형성(心證形成)이라고 한다.

5) 사실판단 증명의 원칙

수사 절차는 형사 절차의 일환으로서 획득한 확실성 있는 판단(심증 형성)은 수사 종결돼 검찰로 송치해 형사재판에 기소돼 심리된다. 따라서 수사관의 판단을 형사 절차에 옮기기 위해서는 그 판단이 주관적으로 편중돼서는 안 되고, 다른 누구라도 그 판단이 진실이라는 것을 인정할 수 있도록 객관적으로 증명해야 한다. 수사관의 주관적 판단이나 주장은 객관화되도록 해야 한다(경찰교과서편찬위원회, 1970: 25).

3. 수사 실패의 원인

수사는 하나의 원칙이나 규칙에 따라 이뤄지는 것은 아니며, 사건마다 동일한 것은 없다. 수사 방법이 잘못돼 수사가 곤란해지는 경우가 종종 발생한다. 현장에 남겨진 범죄 흔적이 멸실되고, 증거 수집이 곤란하게 하면, 수사가 어려워지고 불가능하게 될 수 있다. 수사가 실패하는 원인은 자연적(自然的) 원인과 인위적(人爲的) 원인이 있다. 수사관의 책임에 속하는 경우와 그 밖의 원인에 속하는 경우가 있을 수 있다. 수사 실패의 원인을 살펴보면 다음과 같다(경찰교과서편찬위원회, 1970: 31).

1) 기초수사 및 증거 수집의 불충분 착수

급속 착수(急速着手)의 원칙을 무시했거나 기초수사가 불충분하거나 수집해야 될 자료를 완전히 수집하지 못한 경우를 들 수 있다. 현장 보존의 불완전, 현장관찰의 미흡 그리고 시민 협력의 원칙에 위배해 탐문수사 기타 정보 수집이 불충분했을 때, 기타 정보 수집이 불충분했을 때 수사가 실패할 수 있다.

2) 수집된 자료의 불충분한 검토 등

수집된 자료를 충분하게 검토하지 않아서 수사나 재판(증명)에서 그 가치가 적절하게 효과를 발휘하지 못한 경우에 실패할 수 있다. 즉, 과학적인 감정의 불충분했거나 수집된 자료가 수사에 제대로 활용되지 않았을 때, 자료의 멸실 및 증거 가치를 상실함으로써 증명력을 발휘하지 못했을 때 등이다. 정보의 정확도 검토가 불충분했거나 자료의 분실, 멸실 혹은 증거 가치를 상실해 증명력을 발휘하지 못했을 경우 실패한다.

3) 범죄 사실이나 범인의 추정 등의 부실

범죄 사실이나 범인의 추정 등의 판단에 근거가 없고, 그 가설적 성격을 망각한 경우에 수사가 실패할 수 있다. 예를 들면, 육감에 의존해 결정하거나, 선입견을 과신하고 거기에 합치되도록 주력했다거나, 반증에 대해서 소홀했다면 실패할 수 있다.

4) 검증적 수사의 불이행 혹은 불철저

검증적 수사를 제대로 이행하지 않았거나 철저하지 않았을 경우에 실패할 수 있다. 즉, 형식적 조사, 신문(訊問)으로 결말지었거나, 다른 증거와 대비하지 않았을 때 등이다.

제8절 범죄수사기관의 권한과 상호 관계

수사기관이라 함은 법률상 범죄수사의 권한이 인정된 국가기관으로서, 검사 및 사법경찰이 그 대표적이다. 탄핵주의적 형사소송 제도가 확립됨으로써 재판기관, 소추기관 및 수사기관이 분리돼 있다.

1. 수사기관의 종류

현행법상 수사기관으로는 검사, 사법경찰관리가 있다. 사법경찰관리는 특별사법경찰관리(特別司法警察官吏)와 일반사법경찰관리(一般司法警察官吏)로 구분된다.

1) 검사

검사(檢事)는 소추기관인 동시에 수사기관이다. 최근 수사권 조정 및 관련 법령 개정 등을 통해,[68] 범죄수사에서 과거(2020년 이전)와는 상당히 다른 제한적 수사기관의 역할을 수행하게 됐다.

2) 일반사법경찰관리

(1) 경찰청 소속 사법경찰관리

경찰공무원 가운데, 경무관, 총경, 경정, 경감, 경위는 사법경찰관(司法警察官)에 속한다. 사법경찰관은 검사의 지휘를 받아 수사를 행하는 수사기관이다. 경사, 경장, 순경은 사법경찰리(司法警察吏)에 속한다. 사법경찰리는 사법경찰관의 지휘를 받아 수사를 보조하는 기관이다. 다만 사법경찰리도 상사로부터 구체적 사건에 관해 특정한 수사명령을 받으면 사법경찰관의 사무를 취급할 권한이 인정된다. 이를 실무상 '사법경찰관사무취급'이라고 한다. 이는 판례상 인정된 제도다.[69]

(2) 검찰청 소속 사법경찰관리

검찰청 직원으로서 일반사법경찰관인 검찰수사서기관, 수사사무관, 마약수사사무관은 검사의 지휘를 받아 범죄수사를 행한다(형사소송법 제245조의9, 검찰청법 제46조).[70] 검찰총장 및 각급 검사장의 지명을 받은 검찰주사/마약수사주사, 검찰주사보/마약수사주사보는 사법경찰관의 직무를, 검찰서기/마약수사서기, 검찰서기보/마약수사서기보는 사법경찰리의 직무를 행한다(검찰청법 제47조 제1항).

한편, 검찰청 소속 사법경찰관 중 5급 이상의 공무원들(사무관/서기관)로 하여금 일정한 범주의 형사사건들[71]을 처리할 수 있도록 검사에 준하는 권한과 의무를 부여하는 '검사의 직무대리' 제도를 운영하고 있다(검찰청법 제32조 제4항).

---

68) 형사소송법 개정, 고위공직자범죄수사처 설치 및 운영에 관한 법률(약칭: 공수처법) 제정[시행 2021.01.01.] [법률 제17646호, 2020.12.15., 타법개정], 검찰청법 개정 등이 검찰개혁 차원에서 진행됐다.

69) 대법원 1969.12.09. 선고 69도1884 판결.

70) 형사소송법 제245조의9(검찰청 직원) ① 검찰청 직원으로서 사법경찰관리의 직무를 행하는 자와 그 직무의 범위는 법률(검찰청법 제46조, 47조 참조)로 정한다. ② 사법경찰관의 직무를 행하는 검찰청 직원은 검사의 지휘를 받아 수사하여야 한다. ③ 사법경찰리의 직무를 행하는 검찰청 직원은 검사 또는 사법경찰관의 직무를 행하는 검찰청 직원의 수사를 보조하여야 한다. ④ 사법경찰관리의 직무를 행하는 검찰청 직원에 대하여는 제197조의2부터 제197조의4까지, 제221조의5, 제245조의5부터 제245조의8까지의 규정을 적용하지 아니한다.

71) 검사직무대리는 「법원조직법」에 따른 합의부 심판사건을 제외한 사건 중 불구속 송치사건 중 약식명령을 청구할 인지(認知)사건 및 고소・고발사건, 불기소처분 의견으로 송치된 사건 등을 처리할 수 있다. 검사직무대리 운영규정(대통령령) 제5조(직무 범위) 참조.

한편, 1895년 근대식 형사사법 제도의 근간이 된 법령으로서「재판소구성법(裁判所構成法)」법률 제1호에 규정된 사법경찰 관련 내용들-경찰, 판사 및 검사와의 관계를 규정-은 매우 시사적이다.

> 제37조 판사는 범죄의 죄질에 따라 첫 조사가 필요하다고 생각될 때에는 직접 조사하며 또 판사나 경찰관에게 조사하도록 할 수 있다(判事ᄂᆞᆫ 犯罪罪質에 依ᄒᆞ야 初査ᄅᆞᆯ 要ᄒᆞᆷ으로 思料ᄒᆞᄂᆞᆫ 時ᄂᆞᆫ 親行ᄒᆞ며 又ᄂᆞᆫ 判事 或 警察官으로 ᄒᆞ야곰 行케 ᄒᆞᆷ을 得ᄒᆞᆷ)……
> 제39조 검사는 그의 직무상 사법경찰관(司法警察官)에게 명령할 수 있다(檢事ᄂᆞᆫ 其職務로 司法警察官에게 命令ᄒᆞᆷ을 得ᄒᆞᆷ).

그뿐만 아니라, 1895년 3월 25일 제정된「재판소구성법」의 하위법령인「재판소처무규정통칙(裁判所處務規定通則)」(칙령 제50호)에 따르면, 전국 21관찰부(한성부, 갑산부 제외)의 경찰관(警務官: 경찰서장급)은 당해 지방재판소에 검사가 결원(缺員)일 때에는 법부(法部: 법무부)에 통보해 경무관으로 하여금 검사 직무를 임시 대변할 수 있도록 했다(「警務官의 檢事職務代行을 禁止하는 件-法部訓令 1896년 2월 4일」). 그러나 결원이 없을 때에는 이 규정을 적용치 않도록 했다.

> 【재판소처무규정통칙】 제9조 재판소 판사의 결원이 있을 때에는 판사, 검사 또는 서기가 그 이유를 법부대신에게 통보한다. 검사의 결원이 있을 때에는 판사가 법부대신에게 통보한다. 그 결원의 검사가 임명되기까지 판사는 다른 판사 또는 경무관(警務官)에게 임시로 그 직무를 수행하도록 할 수 있다. 서기의 결원(缺員)이 있을 때에는 판사가 전항의 규례를 행하고 그 결원을 보충 임명할 때까지 다른 관리에게 임시로 그 직무를 수행하도록 할 수 있다.

3) 특별사법경찰관리

한편, 경찰공무원으로서 사법경찰관리로 규정된 자 이외에 법률로써 일반사법경찰관리를 정할 수 있다(형사소송법 제245조의 10). 이 규정에 따르면, 특별사법경찰관리란 특수 분야(산림, 해사, 전매, 세무, 군 수사기관, 소방 등 특별한 사무)의 수사를 담당하는 사법경찰관리를 말한다. 그런데 경찰청 소속 (일반)사법경찰관과는 달리, 모든 수사에 관해 검사의 지휘를 받는 지위에 놓여 있다.[72]

---

72) 형사소송법 제245조의10(특별사법경찰관리) ① 삼림, 해사, 전매, 세무, 군수사기관, 그 밖에 특별한

특별한 사항에 관해 「사법경찰관리의 직무를 행할 자와 그 직무 범위에 관한 법률」 등에 따르면, 교도소, 구치소, 소년원 또는 소년분류심사원, 보호감호소 출입국관리업무, 소방업무, 식품안전/식품단속업무, 등대사무(light house), 문화재관리, 환경, 근로감독, 해사, 국립공원, 국가정보원, 대통령경호, 자치경찰사무에 종사하는 일정 공무원들 가운데, 4~7급 공무원은 사법경찰관으로서, 8~9급 공무원은 사법경찰리로서의 직무를 수행할 수 있도록 정하고 있다. 특히 동법 제7조에 따르면, 선박의 선장 및 사무장, 항공기의 기장과 승무원 등에게 사법경찰관 및 사법경찰리로서 직무 수행 권한(선박 및 항공기 안에서 발생하는 범죄사건 처리)을 부여하고 있다.[73]

2. 수사기관의 권한

1) 검사의 권한

범죄를 수사하고, 사법경찰관리를 지휘 · 감독하며, 공소(公訴) 제기 여부를 결정 및 공소를 유지한다. 법원에 대한 법령의 정당한 적용 청구와 재판 집행의 지휘 · 감독의 역할도 수행한다.[74] 즉 범죄수사, 공소의 제기 및 그 유지에 필요한 사항에 관한 권한을 갖고 있다.

사항에 관하여 사법경찰관리의 직무를 행할 특별사법경찰관리와 그 직무의 범위는 법률로 정한다.

② 특별사법경찰관은 모든 수사에 관하여 검사의 지휘를 받는다.

③ 특별사법경찰관은 범죄의 혐의가 있다고 인식하는 때에는 범인, 범죄 사실과 증거에 관하여 수사를 개시 · 진행하여야 한다.

④ 특별사법경찰관리는 검사의 지휘가 있는 때에는 이에 따라야 한다. 검사의 지휘에 관한 구체적 사항은 법무부령으로 정한다.

⑤ 특별사법경찰관은 범죄를 수사한 때에는 지체없이 검사에게 사건을 송치하고, 관계 서류와 증거물을 송부하여야 한다.

⑥ 특별사법경찰관리에 대하여는 제197조의2부터 제197조의4까지, 제221조의5, 제245조의5부터 제245조의8까지의 규정을 적용하지 아니한다.[본조신설 2020.02.04.]

73) 동법 제7조(선장과 해원 등) ① 해선(海船)[연해항로(沿海航路) 이상의 항로를 항행구역으로 하는 총 톤수 20톤 이상 또는 적석수(積石數) 2백 석 이상의 것] 안에서 발생하는 범죄에 관하여는 선장은 사법경찰관의 직무를, 사무장 또는 갑판부, 기관부, 사무부의 해원(海員) 중 선장의 지명을 받은 자는 사법경찰리의 직무를 수행한다. ② 항공기 안에서 발생하는 범죄에 관하여는 기장과 승무원이 제1항에 준하여 사법경찰관 및 사법경찰리의 직무를 수행한다.[전문개정 2008.06.13.]

74) https://www.spo.go.kr/site/spo/08/10803000000002018100812.jsp. 검찰청 사이트(2021.09.06. 검색)

(1) 제한적 수사권

검사는 범죄 혐의가 있다고 사료되는 때에는 범인, 범죄 사실과 증거를 수사할 수 있는 수사권(搜査權)을 갖는다(형사소송법 제196조). 수사 실행을 위해 피의자 신문, 참고인 조사, 체포, 구속, 압수·수색·검증, 영장청구권, 증거보전청구권 등의 권한을 갖고 있다. 그런데, 최근 검찰청법 개정을 통해 직접 수사할 수 있는 범죄 유형이 제한됐다. 검사가 수사를 개시할 수 있는 범죄 유형(검찰청법 제4조, 검사의 직무)은 부패범죄, 경제범죄, 공직자범죄, 선거범죄, 방위사업범죄, 대형참사 등 대통령령으로 정하는 중요범죄, 경찰공무원이 범한 범죄, 그리고 상기의 범죄 및 사법경찰관이 송치한 범죄와 관련해 인지한 각 해당 범죄와 직접 관련성이 있는 범죄다. 이처럼 검사의 (직접)수사는 원칙적으로 중요 사건에 제한되고 있다.

(2) 수사지휘권

검사는 범죄수사에 관해 특별사법관리를 지휘·감독할 직무와 권한이 있다(검찰청법 제4조 제1항). 검찰수사서기관, 수사사무관 및 마약수사사무관은 검사를 보좌하며 형사소송법 제245조의9 제2항[75]에 따른 사법경찰관으로서 검사의 지휘를 받아 범죄수사를 한다.

한편, 검사의 수사지휘권(搜査指揮權)의 내용으로 보완수사 요구권, 시정조치 요구권 등을 제시하고 있는데(배종대·홍영기, 2020: 60), 종전(2020년 이전)에 경찰청 소속 사법경찰관에 대해 갖고 있었던 수사지휘권이 대폭 제한됐다. 이로써 경찰이 사건을 검사에게 송치하기 전에 경찰활동을 제어하던 포괄적 수사지휘권은 폐지됐다고 평가하고 있다.

일정한 경우에 한해 수사감독권을 행사할 수 있는데, 검사의 영장청구권(청구 여부 결정을 위한 보완수사 요구 권한 포함), 긴급체포에 대한 사후승인권 및 긴급체포 피의자의 석방 보고 의무 등이 그 사례가 된다(이재상 외, 2021: 201).

(3) 보완수사 및 시정조치 요구권

검사는 송치사건의 공소 제기 여부 결정 또는 공소의 유지에 관해 필요한 경우 혹은 사법경찰관이 신청한 영장의 청구 여부 결정에 관해 필요한 경우 사법경찰관에게 보완

75) 형사소송법 제245조의9(검찰청 직원) ② 사법경찰관의 직무를 행하는 검찰청 직원은 검사의 지휘를 받아 수사하여야 한다.

수사를 요구할 수 있다. 보완수사 요구를 받은 사법경찰관은 정당한 이유가 없는 한 지체 없이 이를 이행하고, 그 결과를 검사에게 통보하야 한다(형사소송법 제197조의2 제1항, 제2항).

검사는 사법경찰관리의 수사 과정에서 법령 위반, 인권 침해 또는 현저한 수사권 남용이 의심되는 사실의 신고가 있거나 그러한 사실을 인식하게 된 경우에는 사법경찰관에게 사건 기록 등본의 송부를 요구할 수 있다. 송부 요구를 받은 사법경찰관은 지체 없이 검사에게 사건 기록 등본을 송부해야 하며, 사법경찰관의 송부를 받은 검사는 필요하다고 인정되는 경우에 사법경찰관에게 시정조치를 요구할 수 있다(형사소송법 제197조의3 제1항).

(4) 수사종결권

검사는 공소 제기 여부를 결정하는 수사종결권(搜査終結權)을 보유하고 있다. 따라서 특별사법경찰관은 조사한 사건의 관련 서류와 증거물 일체를 검사에게 송부하게 돼 있다.[76]

2) 사법경찰관의 권한과 임무

수사경찰(사법경찰)은 범죄수사를 기본 임무로 하며, 이 임무를 수행하기 위해 다음과 같은 활동을 한다.

(1) 범죄 사실의 수사

사법경찰관리는 수사기관으로서, 수사의 주체다(형사소송법 제195조 및 197조).[77] 최근 수사권 조정 과정을 거치면서, 형사소송법의 관련 규정들이 대폭 개정됨으로써 사법경찰의 수사주체성이 확립됐다.

사법경찰은 범죄에 대한 공소가 제기, 유지될 수 있도록 범죄 사실을 탐지, 발견해 범인을 검거하고 조사한다. 사건의 진상과 피의자의 범죄 사실을 밝혀 입증할 수 있는 인적 · 물적 증거를 수집한다.

---

76) 형사소송법 제245조의10 … ⑤ 특별사법경찰관은 범죄를 수사한 때에는 지체 없이 검사에게 사건을 송치하고, 관계 서류와 증거물을 송부하여야 한다.

77) 이창현 교수는 사법경찰관리의 수사 개시 및 수사진행권이 있으며, 사법경찰관에게 수사의 주체성을 인정하고 있다(이창현, 2014: 197). 같은 견해로서 정웅석 · 백승민 교수, 백형구 변호사 등은 사법경찰관의 수사주체성을 인정하고 있다.

경찰이 범죄 혐의를 인정한 사건을 검사에게 송치해야 하는 기본 구조는 유지된다. 즉, 사법경찰관은 범죄를 수사한 때에 범죄 혐의가 인정되면, 검사에게 사건을 송치하고, 그 밖의 경우에는 그 이유를 명시한 서면과 함께 관계 서류와 증거물을 검사에게 송부해야 한다(제245조의 5). 특히 수사 결과 범죄 혐의가 인정되지 않을 때, 스스로 수사를 종결할 수 있는 1차적 수사종결권을 사법경찰이 보유하게 됐다(배종대 · 홍영기, 2020: 60).

(2) 법령의 집행 등

사법경찰은 체포/구속, 압수/수색/검증영장을 신청하고 집행한다. 범죄수사는 원칙적으로 임의수사에 의하되, 판사가 발부한 영장의 집행에 의한 강제수사를 요하는 경우가 많다. 형사소송법, 기타 범죄수사에 관한 법령이 정하는 바를 집행하며, 범죄수사 활동은 오로지 이들 법령의 테두리 안에서 집행한다.

3. 수사기관 상호 간의 관계

1) 상호 협력 관계

개정 형사소송법(2020.2.4.) 제195조(검사와 사법경찰관의 관계 등)에 따르면, 원칙적으로 검사와 사법경찰관은 수사, 공소 제기 및 공소 유지에 관해 상호 협력 관계로 새롭게 자리매김하게 됐다. 1953년 형사소송법 제정 이후 최근까지 유지된 검 · 경의 상하 관계, 지휘 관계가 협력 관계로 개선된 것이다.

즉, 검찰의 사법경찰에 대한 수사지휘권을 폐지하고, 검 · 경 협력 의무를 신설했다. 그러나 특별사법경찰관리에 대한 검사의 수사지휘권은 유지했다. 이러한 관계 개선 내용을 대통령령인 『검사와 사법경찰관의 상호 협력과 일반적 수사준칙에 관한 규정』[대통령령 제31089호, 2020.10.7., 제정][78]을 통해 구체화하고 있다.

---

78) 『검사와 사법경찰관의 상호 협력과 일반적 수사준칙에 관한 규정』[대통령령 제31089호, 2020.10.07., 제정] 제6조(상호 협력의 원칙)에 의해 ① 검사와 사법경찰관은 상호 존중해야 하며, 수사, 공소 제기 및 공소 유지와 관련하여 협력해야 하고, ② 검사와 사법경찰관은 수사와 공소 제기 및 공소 유지를 위해 필요한 경우 수사 · 기소 · 재판 관련 자료를 서로 요청할 수 있다. ③ 검사와 사법경찰관의 협의는 신속히 이루어져야 하며, 협의의 지연 등으로 수사 또는 관련 절차가 지연되어서는 안 된다.

2) 사법경찰관의 1차적 사건종결권과 검사의 직접 수사 대상 제한

2021년 1월 1일부터 시행된 개정 형사소송법은 경찰에 1차적 수사권을 부여했다. 검찰에는 부패·경제·공직자·선거·방위사업·대형참사 등 6대 중요 범죄, 경찰공무원의 범죄, 경찰이 송치한 범죄 및 이들 범죄와 관련해 추가로 인지한 범죄로만 직접 수사 범위를 제한했다.[79]

사법경찰관은 고소·고발 사건을 포함해 범죄를 수사한 때에, 범죄의 혐의가 있다고 인정되는 경우(기소 의견)에는 지체 없이 검사에게 사건을 송치하고, 관계 서류와 증거물을 검사에게 송부해야 한다.[80]

그 밖의 경우(범죄 혐의가 없다고 인정해 '불송치 결정'한 경우)에는 그 이유를 명시한 서면과 함께 관계 서류와 증거물을 지체 없이 검사에게 송부해야 한다. 이 경우 검사는 송부받은 날부터 90일 이내에 사법경찰관에게 반환해야 한다. 불기소 의견으로 고소인 등에 통지한 사건에서, 고소인/고발인/피해자 또는 법정대리인이 이의신청하면 관련 사건을 송치한다(§245의 5, §245의 7). 경찰은 자체적으로 수사를 1차적으로 종결할 수 있는 권한을 갖게 됐다.

3) 검사의 수사 절차상 지휘 및 감독권 신설

수사 절차와 관련, 검사의 축소된 권한을 보완하고 사법경찰에 대한 검사의 지휘감독권을 일부 유지하기 위해 보완수사 요구권,[81] 사건기록 송부 요구권 및 시정조치 요

---

79) 검사와 사법경찰관의 상호 협력과 일반적 수사준칙에 관한 규정[시행 2021.01.01.] [대통령령 제31089호, 2020.10.07., 제정] 제51조(사법경찰관의 결정) ① 사법경찰관은 사건을 수사한 경우에는 다음 각 호의 구분에 따라 결정해야 한다.

1. 법원 송치 2. 검찰 송치 3. 불송치 가. 혐의 없음 1) 범죄 인정 안 됨 2) 증거 불충분 나. 죄가 안 됨 다. 공소권 없음 라. 각하 4. 수사 중지 가. 피의자 중지 나. 참고인 중지 5. 이송

④ 사법경찰관은 제1항 제4호에 따른 수사 중지 결정을 한 경우 7일 이내에 사건 기록을 검사에게 송부해야 한다. 이 경우 검사는 사건 기록을 송부받은 날부터 30일 이내에 반환해야 하며, 그 기간 내에 법 제197조의3에 따라 시정조치 요구를 할 수 있다.

80) 제245조의5(사법경찰관의 사건 송치 등).

81) 형사소송법 제197조의2(보완수사 요구) ① 검사는 다음 각 호의 어느 하나에 해당하는 경우에 사법경찰관에게 보완수사를 요구할 수 있다. 1. 송치사건의 공소 제기 여부 결정 또는 공소의 유지에 관하여 필요한 경우; 2. 사법경찰관이 신청한 영장의 청구 여부 결정에 관하여 필요한 경우; ② 사법경찰관은 제1항의 요구가 있는 때에는 정당한 이유가 없는 한 지체 없이 이를 이행하고, 그 결과를 검사에게 통보하여야 한다. ③ 검찰총장 또는 각급 검찰청 검사장은 사법경찰관이 정당한 이유 없이 제1항의 요구에 따르지 아니하는 때에는 권한 있는 사람에게 해당 사법경찰관의 직무 배제 또는 징계를 요구할 수 있고, 그 징계 절차는 「공무원 징계령」 또는 「경찰공무원 징계령」에 따른다.

구권,82) 직무 배제 및 징계요구권, 체임요구권 등을 신설했다. 검사는 사법경찰의 사건 불송치가 위법·부당한 경우, 재수사 요청을 할 수 있으며, 이때 사법경찰은 재수사해야 한다(§245의 8).

검사의 지휘감독권을 제한적으로 보장하기 위해 현행 형사소송법, 검찰청법 등에서는 검사의 사법경찰에 대한 직무 배제 및 징계요구권, 체임요구권, 구속장소감찰권, 영장청구권, 긴급체포에 관한 승인권을 부여하고 있다.

검사와 사법경찰이 동일한 범죄 사실을 수사하게 된 때에, 검사는 사법경찰에게 사건을 송치할 것을 요구할 수 있다. 이때 사법경찰은 지체 없이 송치한다. 다만 검사가 영장을 청구하기 전에 동일한 범죄 사실에 관해, 사법경찰이 먼저 영장을 신청한 경우에는 사법경찰이 계속 수사할 수 있다(§194의 4 수사의 경합).

한편, 사법경찰이 신청한 영장을 검사 단계에서 정당한 이유 없이 판사에게 청구하지 아니한 경우, 사법경찰은 각급 고등검찰청(영장심의위원회)에 영장 청구 여부에 대한 심의를 신청할 수 있다(신설).

4. 수사권 독립 논쟁

형사소송법은 검사와 사법경찰의 수사의 주체로 규정하고 있다. 법집행 현실에서는 대부분의 수사(97% 정도)가 사법경찰관의 독자적 판단에 따라 개시, 진행되고 있다. 이것은 전국적으로 구성된 방대한 경찰조직을 토대로 시민생활과 직접 접촉하면서 수행되는 경찰활동의 당연한 결과라고 할 수 있다. 과거 법제도와 법집행 현실 간의 괴리가 일부 존재했는데, 양자의 조화를 꾀하기 위해 사법경찰관에게 검사의 지휘·감독으로부터 독립한 수사 주체로서의 지위를 부여하자는 입법론적 논의가 진행됐다. 이를 대체로 '수사권 독립 논쟁'이라고 했다(신동운, 2014: 73).

---

82) 형사소송법 제197조의3(시정조치 요구 등) ① 검사는 사법경찰관리의 수사 과정에서 법령 위반, 인권 침해 또는 현저한 수사권 남용이 의심되는 사실의 신고가 있거나 그러한 사실을 인식하게 된 경우에는 사법경찰관에게 사건기록 등본의 송부를 요구할 수 있다.; ② 제1항의 송부 요구를 받은 사법경찰관은 지체 없이 검사에게 사건기록 등본을 송부하여야 한다.; ③ 제2항의 송부를 받은 검사는 필요하다고 인정되는 경우에는 사법경찰관에게 시정조치를 요구할 수 있다.; ④ 사법경찰관은 제3항의 시정조치 요구가 있는 때에는 정당한 이유가 없으면 지체 없이 이를 이행하고, 그 결과를 검사에게 통보하여야 한다.; ⑤ 제4항의 통보를 받은 검사는 제3항에 따른 시정조치 요구가 정당한 이유 없이 이행되지 않았다고 인정되는 경우에는 사법경찰관에게 사건을 송치할 것을 요구할 수 있다.; ⑥ 제5항의 송치 요구를 받은 사법경찰관은 검사에게 사건을 송치하여야 한다.

수사권 독립 논쟁은 '수사권의 유무' 자체에 관한 논의라기보다는 대부분의 영미법계 국가처럼 수사 절차상 검사의 지휘 · 감독으로부터 독립해 범죄수사권(수사 개시, 수사 진행 및 종결권)을 행사할 수 있도록 할 것인가의 문제다.

이와 관련, 검사와 사법경찰 간의 개선된 관계 설정을 위한 논의, 즉 경찰에 독자적인 수사권을 부여해야 한다는 '수사권 독립론'은 광복 직후부터 최근까지 정치적 격변기마다 수십 년 동안 진행돼 왔다.

특히 지난 참여정부 시절에는 대통령선거 공약 실천 차원에서 검찰 · 경찰의 양 기관이 직접 참여한 수사권조정협의체가 만들어져 이 이슈가 본격적으로 논의된 바도 있었다(박노섭 외, 2013: 82). 이후 제18대 국회는 2010년 2월 사법제도개혁특별위원회를 가동해 검찰과 경찰 사이의 수사권 배분과 관련한 입법적 조정을 적극적으로 시도한 바 있다.

그렇지만, 두 기관의 첨예한 대립으로 인해 결국 형사소송법에 구체적인 내용을 정하지 못하고, "검사의 지휘에 관한 구체적 사항은 대통령령으로 정한다"는 백지위임의 형태로 문제 해결을 행정입법에 미뤘다. 수년 전 대통령령을 통한 수사지휘 규정은 검찰과 경찰 사이의 수사권 배분에 새로운 변화를 가져온 것이 아니라는 해석과 함께, 기존의 법집행 실무 현실을 그대로 전제한 가운데 이를 조문화한 것일 뿐이라는 평가도 있었다(신동운, 2014: 73-74).

한편, 최근 '수사 기소 분리' 및 검찰 개혁에 대한 국민적 여망을 반영해 형사소송법 등의 개정이 성사됐다. 1953년 형사소송법이 제정된 이래, 검사 주도하의 수사 구조가 최근(2020년 2월 4일) 형사소송법 개정을 통해 검 · 경 간에 상당한 변화가 일어났다. 이를 계기로 지난(至難)했던 수사권 독립 논쟁(혹은 수사권 조정론)은 역사적으로 일단락됐다.

여기에서는 그간의 논쟁을 정리하고, 선진 각국의 경찰과 검찰과의 관계를 소개한다.

1) 찬성론

수사권 독립 긍정설의 입장(경찰도 수사 권한을 보유하는 방안)에서는 다음과 같은 내용들을 제시하고 있다.

① 특별한 경우를 제외하면, 현실적으로 경찰이 대부분의 범죄수사를 실행하고 있다. 경찰이 범죄의 예방과 진압 및 수사를 일원적인 체제로 진행하는 것이 진행 상황이 급박하고 피해 확산이 광범위한 현대형 범죄에 효율적으로 대처할 수 있

다(김재환, 2013: 57). 즉, 범죄 예방은 경찰의 역할로 돼 있는바, 예방과 수사를 함께 맡는 것이 효율적이다.

② 소수의 검사 및 검찰청의 제한된 인적·물적 자원으로 많은 수의 범죄를 그리고 모든 범죄수사를 지휘한다는 것은 사실상 불가능하다. 방대한 경찰조직이 능동적으로 수사하는 것이 더 효과적이다(배종대·홍영기, 2020: 58).

③ 수사권 독립은 현재의 책임과 권한의 불일치 문제를 해소하는 것이다.

④ 경찰의 책임 의식과 사기를 향상시켜 경찰 수사에 우수 인력을 유치할 수 있게 된다.

⑤ 검사는 법률전문가이지만 모든 수사의 전문가는 아니며, 범죄수사를 위한 과학적 장비와 전문지식의 확보는 방대한 경찰조직을 통해 가능하다(김재환, 2013: 57). 즉, 사안을 인지하고 증거를 수집하는 것은 경찰의 작용이고, 검사는 그 정보를 토대로 사안을 구성하고 기소하는 역할을 하는 것이 타당하다.

⑥ 중복 수사에 의한 인권 침해나 비경제성을 방지해야 한다.

⑦ 법무부의 외청인 검찰이 행정안전부 외청인 경찰을 지휘하는 것은 정부조직 편성의 원리에 반한다.

⑧ 검찰권의 비대화를 해소하고, 견제와 균형의 원리를 확보할 수 있다. 검사의 사전 지휘로 인한 사건 처리 지연을 방지하고 외부기관의 통제가 거의 없는 검사와 검찰청 소속 사법경찰관리에 대한 견제와 감시가 가능하도록 함으로써[83] 국민의 인권 보장을 도모할 수 있다.

⑨ 미국, 영국, 캐나다, 오스트레일리아 및 일본의 경우에도 경찰에 독자적인 수사권이 부여돼 있다. 다른 나라의 입법례에서도 검찰이 공소권과 수사권을 독점하는 예는 드물다.

⑩ 수사권과 공소권을 분리함으로써 권력의 집중을 막고 공소의 객관성을 확보할 수 있다는 점, 검찰조직 및 그 구성원에 대한 수사를 할 수 있는 주체가 제도적으로 막혀 있다면 검사의 불법에 대응할 수 없다는 등[84]이 주된 논거다(박노섭 외, 2013: 82).

---

83) 2014년 12월까지 최근 10여 년 동안 검찰의 수사 과정에서 자살한 사망자가 84명 정도에 달했다는 자료는 검찰이 과연 '인권보호기관'인지에 대한 심각한 의문을 야기하고 있다(2014년 12월 14일 YTN 방송자료).

84) 검찰 권력의 비대화를 방지하고, 권력기관/형사사법기관 간 견제와 균형을 유지하기 위해 최근에 고위공직자범죄수사처를 신설한 목적도 이러한 연장 선상에 있다 할 것이다.

2) 반대론

경찰의 수사권 독립 주장을 반대하는 견해로서 다음과 같은 내용이 제시되고 있다.

① 수사는 공소 제기를 목적으로 하는 준비행위이므로 소추행위와 분리될 수 없다. 법관과 대등한 법률전문가로서의 자격을 가지고 신분이 보장된 검사에게 수사지휘권을 인정함으로써 수사의 공정성을 담보하고, 검사로 하여금 수사의 쟁점을 미리 정리하게 함으로써 신속한 수사가 가능하게 된다.

② 상대적으로 적법 절차와 인권 존중의 요청에 충실하기 어려운 경찰에게 수사권을 독립해 부여할 수 없다. 특히 강제수사로 인한 권리 침해가 예상된다(배종대 · 홍영기, 2020: 59). 검찰의 통제에 의해 경찰에 의한 인권 침해를 방지할 수 있다.

③ 경찰은 법률지식이 부족하고 법률전문가[85]가 아닌 사법경찰관으로 하여금 독자적 수사를 하게 할 경우 수사의 합목적성에 치우쳐 인권 침해의 가능성이 높다(김재환, 2013: 57).

④ 국민의 경찰에 대한 불신이 높다. 최근 경찰에서 담당하기 어려운 회계, 조세, 금융 등 경제범죄의 영역이 늘어나고 있다.

⑤ 수사권 독립은 경찰의 정보 기능과 결합해 경찰권의 비대화를 초래한다.[86] 경찰에 수사권을 부여하기에는 아직 경찰 권력의 집중화를 막는 지방분권화가 완전하게 이뤄지지 않았다. 경찰은 범죄뿐만 아니라 각종 분쟁에도 개입하는 문화적 특수성이 있기에 독자적인 수사권을 갖게 되면, 특히 일반 시민과 가까운 영역에서 무소불위의 권한을 행사할 우려가 있다.

⑥ 경찰에 의한 영장청구권은 헌법 개정을 요하는 것으로 신병 구속을 신중하게 처리하고자 하는 헌법의 적법 절차 조항의 변질을 초래한다.

⑦ 경찰법 및 경찰관직무집행법에 이미 경찰의 수사권이 규정돼 있고, 사실상 독자적인 수사 권한을 행사하고 있다(신동운, 2014: 73). 경찰은 즉결심판청구권을 가지고 있어 수사종결권이 전혀 없다고 보기 어렵다.

⑧ 경찰과 검찰의 수사 충돌과 경쟁이 야기될 수 있다는 점 등을 그 논거로 삼고 있다.

---

85) 이러한 우려와 문제점을 개선하기 위해 경찰청에서는 매년 20여 명의 변호사를 경찰간부로 특별채용해 수사부서에 배치하고 있다.

86) 최근 경찰 개혁 조치의 일환으로 정보경찰의 직무 범위를 구체화하고, 정보 수집 활동 방식을 대폭 개선했다. 그뿐만 아니라 2021년 7월부터 전면적인 지방자치 경찰제도를 시행하게 됐다. 이러한 경찰조직의 개혁과 변화 모색을 통해 그동안 수사권 조정 과정에서 우려됐던 이슈들이 많이 해소된 것으로 평가한다.

한편, 검찰실무가들 사이에서는 검찰의 수사 권한 확대는 세계적인 추세라고 단언하기도 하며, 사법경찰을 검찰에 흡수해야 한다는 극단적 주장마저 제기된 바 있다(박노섭 외, 2013: 82-83).

광의의 반대론 입장에 속하는 소위 '시기상조설'은 지금으로부터 40여 년 전인 백형구 변호사를 중심으로 1980년대 초반에 제기된 내용이었다. 경찰 수사를 독립시키기 위해서는 전제 조건으로서 일정한 제도적 보장이 필요하다는 견해다. 즉, 일정한 조건으로서 사법경찰관리의 자질 향상 및 전문화, 정치적 중립성의 보장, 인권 의식의 철저화, 국민의 신뢰 회복 등이 열거되고 있다. 또한 경찰의 지방분권화와 즉결심판청구권의 폐지 등을 전제로 경찰의 수사권 독립 문제를 검토해야 한다는 견해도 이에 포함할 수 있다(박노섭 외, 2013: 82).

3) 수사권 조정

수년 전 경찰에서는 각계의 전문가들로 구성된 경찰혁신위원회를 구성, 오랫동안 외국 수사제도와의 비교분석 등 심도 있는 연구를 통해 '견제와 균형', '분권과 자율'에 충실한 합리적인 '민주분권적 수사권 조정 방안'을 마련했다. 그 골자는 형사소송법 일부 조항 개정을 통해 '경찰 수사의 일반적 근거 조항을 마련, 경찰의 수사 주체성을 인정하며, 검·경 간 명령 복종 관계를 상호 협력 의무로 개선'하는 것을 주요 내용으로 한다.

구체화된 수사권 조정 방안으로서 다음과 같은 내용이 제시된 바 있다. 수사권 독립을 찬성하는 입장에서 제시될 수 있는 구체적인 개혁 방안은 다음과 같다.

① 영미식으로 영장청구권87) 및 수사 종결을 포함한 완전한 독자적 수사권을 부여하는 방안

② 일본식으로 경찰을 원칙적으로 수사를 담당하는 제1차적 수사기관으로 하고, 검찰은 경찰 수사에 대한 보충적·보정적인 수사를 담당하는 제2차적 수사기관으로 하며, 양자를 '상호 협력 관계'로 설정하는 방안

③ 그리고 중요한 범죄를 제외한 통상의 범죄나 일정한 경미 범죄에 한해 독자적 수사권을 부여하는 방안 등이 제시됐다(박노섭 외, 2013: 83).

수사권 조정 혹은 독립 문제는 외국의 입법례나 검·경의 기관이기주의적인 주장에

87) 미국, 영국, 캐나다, 오스트레일리아 등 영미법계 국가에서는 법집행관(경찰 포함)이 직접 치안판사에게 영장을 청구할 수 있다(검사를 경유하지 않음).

치우쳐 해결될 문제는 아니다. 권력 집중과 권한 남용에 대한 견제와 균형, 국민의 기본적 인권 보장, 수사의 신속성, 공정성 및 적정성 확보 등의 관점에서 접근해야 한다.

이처럼 경찰의 수사권 독립 문제는 오랜 논쟁거리였지만, 2020년 2월 형사소송법 등의 개정을 통해 상당 부분 진전됐다. 사법경찰의 1차적 수사종결권이 인정되고, 검・경 간 상호 협력 관계로 개선됐다. 사법경찰과 행정경찰을 조직적 분리하기 위한 방안으로 경찰청 소속으로 국가수사본부를 설치했다. 영장 청구를 둘러싼 검찰의 독점적 지위도 일정 부분 견제할 수 있는 제도가 마련됐다. 더욱이 검찰의 직접 수사 대상 범죄 유형을 대폭 축소함으로써 수사와 기소의 분리 원칙에 근접했다.

4) 선진 각국의 사례

특히 선진 각국의 검찰과 경찰과의 관계를 살펴보면, 영미법계 국가에서는 대체로 경찰에 수사권을 부여하고, 검찰은 기소 업무에 치중하고 있는 실정이다.[88]

캐나다 연방기소 업무 연례회의에서는 다음과 같이 언급한 바 있다. "검사의 혐의 평가 책임과 경찰의 수사 책임은 상호 의존적임을 인정함으로써, 검사와 경찰 간 협조와 효율적인 의사소통은 적절한 사법 운영에 필수적이다. … 경찰은 범죄사건 수사에 대해서 절대적 통제권을 갖고 있으며, 검사는 당해 범죄의 기소에 대해서 절대적 통제권을 갖고 있다."

한편, 대륙법계 국가에서는 검찰에 수사지휘권을 행사할 수 있는 여지를 두고 있다.[89] 이와 관련 영국, 미국, 독일, 프랑스, 일본의 형사사법 체계가 시사하는 바가 많

---

88) 오스트레일리아의 하원에서, 본(B. H. Vaughn)은 다음과 같이 주장한 바 있다: "수사권과 소추권은 한 사람에게 귀속돼서는 안 된다.… 이는 보통법 원칙에 절대적으로 반하고 형사사법 체계를 흔드는 것이다(an investigator and prosecutor cannot be wrapped in the same person… that is absolutely opposed to common law principles and strikes at the criminal justice system)"- The Hon. B. H. Vaughn, House of Representatives(Hansard 19/11/92: 9372); 캐나다 온타리오주 대법관을 지낸 마틴(G. Arthur Martin)이 주도한 위원회 보고서(일명 The Martin Report, 1993)에 따르면, 경찰의 권한(power of the police)을 '견제(check)'하는 기관으로서 검사의 역할을 제시하면서, "검사와 경찰 간의 상호독립성은 많은 장점을 갖고 있다. …… 국가의 수사 그리고 기소 권한의 분리는 두 기관의 권력 남용에 대한 중요한 안전장치"라고 언급한 바 있다.

89) 대륙법계에서는 검사 자신이 수사를 실행하는 방식을 일부 유지하고 있다. 검사에게 수사를 실시할 수 있는 권한이 부여돼 있는 경우다. 검사는 그들 자신(own investigations)의 수사를 주도할 수 있다. 많은 사건에서, 검사는 경찰보다 경쟁적 우위(competitive advantage over the police)를 갖고 있는 범죄사건 영역에서 수사를 실행한다. 그러한 범죄 유형에는 대규모 경제범죄, 정치인들의 부정부패사건 등이 포함된다(임준태, 2016).

다 할 것이다.

수년 전 개최된 UN 산하기관 연례회의에서 참석한 각국의 전문가들은 경찰·검찰 상호 관계에 대해서 체계적인 견제와 균형을 유지하는 형사사법 메커니즘을 권고한 바 있다. 양 기관이 어떤 사건 처리에 대해서 갈등적 관점을 갖고 있을 정도로 서로 다른 책임을 맡고 있기 때문에, 경찰과 검찰(기소관) 간의 갈등은 형사사법 체계에 관한 견제와 균형을 위한 적절한 기능을 위한 증거로서 인식돼야 한다고 강조했다. 양측이 형

표 1-3 각국의 수사 직무 관련 검사와 사법경찰과의 관계

국가	수사의 주체	경·검 관계
영국	• 경찰이 수사의 주체 • 모든 범죄에 대한 독자적 수사 개시·진행·종결권 행사	• 과거에는 경찰이 수사·기소를 모두 담당, 1985년 국립기소청을 창설해 수사·기소 분리 • 경찰과 검찰은 상호 협의하고 조언·자문하는 대등 협력 관계 ※호주·뉴질랜드·캐나다 등도 이와 유사
미국	• 경찰이 수사의 주체 • 모든 범죄에 대한 독자적 수사 개시·진행·종결권 행사	• 전통적인 권력분립 사상에 따라 수사권은 경찰에, 기소권은 검찰에 배분 • 경찰과 검찰은 상호 협의하고 조언·자문하는 대등 협력 관계
일본	• 경찰이 1차적·본래적 수사 주체 • 모든 범죄에 대한 독자적 수사 개시·진행권 행사 ※예외적으로 경미범죄에 대해 종결권까지 행사	• 경찰은 1차적·본래적 수사권자, 검찰은 2차적·보충적 수사권자 및 기소권자 • 경찰과 검찰은 상호 협의하고 조언, 자문하는 대등 협력 관계 • 다만, 검사는 수사의 효율화, 적정한 공소 제기를 위해 일정한 범위 내에서 지시 및 지휘권을 보유 ※경찰 수사 단계에서 검사가 구체적 사건에 대해 지휘할 수 없음.
독일	• 경찰이 일반적 수사권 행사의 주체 • 모든 범죄에 대해 주체적으로 수사 개시·진행권 행사	• 검사가 사법경찰에 대해 촉탁·위임할 수 있고, 사법경찰은 이를 충족시켜야 할 의무가 있음. • 다만, 검사는 자체 수사 인력이 없으므로 사실상 경찰과 협력 관계 유지
프랑스	• 경찰이 독자적인 일반적 수사권 행사의 주체 • 모든 범죄에 대해 주체적으로 수사 개시·진행권 행사	• 경찰은 독자적 수사권 보유, 수사판사가 중죄수사 및 강제수사권자, 검사는 일부 경죄의 임의수사 및 소추권자 • 사법경찰이 수사를 할 때 수사판사 또는 검사의 지시가 있는 이를 준수해야 함. • 다만, 검사와 수사판사는 자체 인력이 없이 직접 수사는 하지 않으므로 사실상 경찰과 협력 관계 유지

자료: 경찰청(2018: 41).

사소송 절차에서 각자의 책임을 이해하고 존중하는 노력이 이뤄져야 함을 강조했다(임준태, 2016).

제9절 유능한 현장 수사관의 자질

영국 경찰에서는 범죄 현장 수사관이 되기 위해 필요한 기술들을 다음과 같이 소개하고 있다.

범죄 현장 수사관의 업무라는 것은 자극적이며, 몰입할 수 있는 측면을 갖고 있으면서도, 한편으로 또한 종종 일상적이고 반복적이다. 그리고 불만족스럽고 지저분한 일일 수 있다. 이러한 업무에 관해 알아보기 위한 결정을 하기 전에, 해당 지역경찰관서의 과학적 수사 지원부서로부터 관련된 업무의 유형에 대한 약간의 지식을 얻는 것이 절대적으로 필요하다. 많은 경찰관서는 하루 동안 적합한 인물로 하여금 해당 관서의 범죄 현장 수사관 중의 한 요원을 따라다니게 할 것이다. 이것은 이러한 업무 유형이 개별 경찰관에게 적합한지 그렇지 않은지 확인하는 가장 좋은 방법이 된다.90)

훌륭한 범죄 현장 수사관이 되기 위해 필요한 기술과 관련한 적성을 제시하고 있다. 완벽한 범죄 현장 수사관과 같은 것은 거의 없다. 부분적으로 각 과학적 수사 지원부서들은 지역경찰의 요구를 지원하기 위한 약간씩 다른 업무 실태와 우선순위들을 갖고 있다.

다음에서 제시하고 있는 기술과 능력들은 성공적인 범죄 현장 수사관의 중요한 적성 중의 일부라고 이해할 수 있다:

훌륭한 손놀림, 색맹이 아니어야 하며, 사물을 자세하게 볼 수 있는 눈, 방법론적 접근, 상황을 분석하고 측면적으로 사고할 수 있는 능력, 압력에 대한 신뢰성, 문서 및 구두로 의사소통을 잘 할 수 있는 훌륭한 대인관계 기술들, 종종 힘든 상황에서도 오랫동안 유연하게 일할 수 있도록 준비된, 적응하고 개선될 수 있는 능력, 개인적으로 혹은 팀의 일원으로서 일할 수 있는 능력 등이다.91)

어떤 특징이 전문적인 범죄수사관을 가장 잘 정의할 수 있을까? 물론, 그 기준은 한

90) http://www.forensic-training.police.uk/skills_general.html.
91) http://www.forensic-training.police.uk/skills_aptitude.html

법집행기관에서 다른 기관에 이르기까지 다양하다. 그러나 공통적인 것들은 확인될 수 있다. 이러한 성질들을 알아보기 위해 많은 경찰관서에서는 수사관들을 임명할 때, 감독자의 성과평가 시스템으로 그 적합성을 평가하고 있다. 이를 통해 경찰관리자는 가장 필요로 하는 자질을 갖고 있는 지원자를 선발할 수 있다.

국립사법연구소(National Institute of Justice)의 연구 결과에 따르면, 가장 일반적으로 요구되는 소질은 다음의 사항들이다(Lyman, 1999: 16).

동기(motivation), 직관(intuition), 안정성(stability), 판단력(judgement), 팀워크(teamwork), 길거리 지식(street knowledge),[92] 끈기(persistence), 신뢰성(reliability), 지능(intelligence), 헌신적 자세(dedication), 정직성(integrity) 등이다(Lyman, 1999: 17).

수사관들은 전문가다. 순찰경찰관 그들의 근무시간을 일상적으로 질서 유지와 일반

표 1-4 수사 직무 수행에 관련된 요소들

정보의 수집(gathering information) 범죄 현장 관리 및 의사소통 기술	체포(arrests) 양적 · 질적 체포
범죄 현장활동(field operations) 잠복, 순찰, 범죄 패턴 분석, 정보원 활용, 길거리 지식(street knowledge)	일반 시민과 피해자 만족 (public-victim satisfaction) 범죄 감소, 범죄에 대한 공포 감소
개인적 소질(personal traits) 동기(motivation), 직관(intuition), 안정성(stability), 판단력(judgement), 팀워크(teamwork), 길거리 지식(street knowledge), 끈기(persistence), 신뢰성(reliability), 지능(intelligence), 헌신적 자세(dedication), 정직성(integrity)	기소(prosecutions) 양적 내용, 법정에서의 증언하기(presentation of testimony), 유죄 인정 비율(percent of conviction)
개인적 직무성취도(personnel performance) 결근(absenteeism), 불평(complaints) 포상(awards), 헌신(dedication)	자격(qualification) 교육(education), 훈련(training) 해당 부서에서의 이전 직무(previous assignments in department)

자료: National Institute of Justice(1987); Lyman(1999: 17).

92) http://www.culture.ca/showcase/200401/shp0129000012004e.html(2007.01.26. 검색) Street "knowledge" refers to modern urban common sense that comes from life experience, and is passed on through oral tradition. It comes up from street level to be disseminated throughout the culture. News and issues of a community, social and political issues are debated and discussed in barber shops, record stores, basketball courts, and on the front steps of residential buildings. Street knowledge does not refer simply to neighbourhood gossip.

적인 서비스(예를 들면 응급구조, 잃어버린 어린이 찾아주기, 교통통제 등)를 제공하는데 보내는 반면에, 수사관은 법집행과 우선적으로 관련된 활동들을 책임지고 있다. 예를 들면, 범죄정보를 수집하고, 체포를 실행하며, 기소와 재판을 위한 사건들을 준비한다(Lyman, 1999: 17).

제2장 증거와 과학수사

제1절 증거재판주의

오늘날 형사소송 절차는 증거재판주의가 원칙이다. 즉, 형사소송법 제307조는 "사실의 인정은 증거에 의하여야 한다. 범죄 사실의 인정은 합리적인 의심이 없는 정도의 증명에 이르러야 한다."고 천명하고 있다. 형사소송을 통해 확정되는 구체적 법률 관계는 사실 관계의 구체적인 파악을 전제로 한다(이재상, 1999: 447). 실체적 진실 발견을 이념으로 하는 형사소송에서 법관의 자의(恣意, Willkuer)에 의한 사실 인정은 허용될 수 없으며, 반드시 증거에 의해야 한다. 따라서 형사소송 절차에서는 공식적으로 증거가 제시돼야 하는 것이 원칙이며, 법원은 모든 증거 방법의 가치를 드러내어 명확하게 해야 한다. 증거 재판 원칙을 확립하고 실체적 진실을 발견하기 위해서는 수사기관의 증거 수집활동이 과학적 · 합리적으로 이뤄져야 한다.

수사 단계에서 과학적 방법에 의한 범죄 증거의 발견, 수집 및 보존은 실체적 진실 발견과 피의자 인권 보호 차원에서 중요하다. 또한 강력범죄 수사와 관련해 검 · 경의 수사 실패(무죄 판결) 및 인권 침해 사례는 과학적 수사 방법의 중요성을 더욱 절감케 한다. "오늘날 우리 사회에는 고문이 거의 사라진 것처럼 보인다. 그 고문이 사라진 자리에 법의학이 인권을 지키며 자리를 잡았다"고 평가될 만큼(문국진 · 강창래, 2011: 17) 수사 절차에서 과학수사, 법과학 및 법의학의 역할은 중요하다.

점증하는 범죄 추세에 대해 효과적으로 대응하기 위한 사법경찰 단계의 '과학적 수사' 혹은 '수사 방법의 과학화'는 더 이상 늦출 수 없는 현안 과제다. 선진 각국에 비해 범죄사건 해결률이 높다고는 하지만,[1] 여전히 미제사건이 쌓여가고 수사 실패 및 무죄 선고 가능성은 상존한다. 전체 형사사건 가운데 97% 이상이 경찰 단계에서 1차적으로 처리되고 있는 현실에서(서보학, 2005: 198), 경찰 수사의 전문성 확보 및 과학적 수사 역량은 매우 긴요한 과제가 아닐 수 없다. 현장관찰을 비롯한 과학적인 초동수사는 증거재판주의를 뒷받침하는 중요한 요소가 될 뿐만 아니라, "실체적 진실 발견과 인권 보호"라는 형사소송의 이념에도 부합된다.

한편, 미국 법원은 판결을 통해 과학적 수사 방법에 대해 기준을 제시하고 있는데 참고할 만하다. 증거분석에 관한 전문가 증언을 위해 과학수사반원들은 무엇을 유의해야 하는가? 다음 두 가지 법원 판례가 있다.

1923년, 워싱턴 D.C. 연방항소법원(District of Columbia Court of Appeals)은 과학적 증거의 인정에 대한 가이드라인을 제시했다. Frye v. United States(거짓말탐지기에 관한 선구적) 사건에서,[2] 변호인 측은 거짓말을 하는 동안 혈압 변화를 측정한 기구에 관한 증거가 받아들여지지 않는 것에 대해 항의했다. 법원은 법정 증언의 토대가 된 주장이나 이론은 반드시 "당해 사건이 속하는 특별한 영역에서 일반적인 승인을 얻을 수 있도록 충분히 확립 검증돼야 한다"라며, 거짓말탐지기 결과를 받아들일 수 없다고 판결했다. 프라이에 사건의 기준은 오랫동안 일반적인 실무 관행이 됐다(Ramsland, 2001: xiii).

하지만 이러한 기준은 일반적 승인을 하는 주체, 근거 등에 대한 합리적인 기준을 제공하지 못했으며, 과학적 증거 판단을 위해 증언할 과학·기술 전문가들을 선정할 수 있는 권한을 판사가 갖도록 함으로써 법정에서 유사 과학이 난립하게 되는 결과를 가져오기도 했다(경찰청, 2020a: 34).

1) 일본의 경우, 2002년도 형법 범죄 총 발생 건수는 2,853,739건(살인 1,396건, 강도 6,894건 등)이었으며, 이 중 20.7%가 검거됐다(警察廳, 2003: 353). 독일의 경우 2013년 한 해 동안 발생한 총 범죄는 5,961,662건(국가적 법익 침해사건 및 교통과실 범죄는 제외)이었다. 즉, 같은 해 살인사건 2,122건, 강도 47,234건, 성폭행 7,408건, 중상해 127,869건, 경상해 378,747건, 절도 2,382,743건(전체 범죄의 40.0% 차지) 및 사기범죄가 937,891건 발생했다. 경찰은 3,249,396건을 해결해 54.5%(1993년에는 43.8%)의 사건 해결률을 기록한 바 있다(Bundesministerium des Innern, *PKS*, 2013: 4).

2) Frye v. United States, 293 F. 1013(D.C. Cir. 1923).

피고인 프라이예(James Alphonzo Frye)는 제1차 세계대전 퇴역군인으로서, 2급 살인 혐의를 받고 기소됐는바, 관련 내용에 관해 자백했다가 이를 번복했다. 이후 1심 재판 과정에서 자백은 잘못된 것이며, 알리바이(alibi)도 있다고 주장했다. 물론 자백의 신빙성에 관한 의문을 남기면서 알리바이 입증에도 실패했다. 변호인 측은 피고인이 거짓말탐지기 테스트(a systolic blood pressure deception test)를 받았으며, 테스트의 결과에 관해 증언해 줄 수 있는 전문가 증인을 소환하고자 했다.

1심 법원은 최고 혈압 측정에 의한 거짓말 테스트를 통해 자신의 진실에 관한 증거를 제출하려는 피고의 신청을 기각했다. 또한 거짓말 테스트에 관해 증언해 줄 전문가 증인을 법정에 출두케 하려는 것도 기각했다. 결국 그 전문가 증언은 하급심에서 받아들여지지 않았으며, 2급 살인 혐의가 인정돼 1922년 종신형을 선고받았다. 이후 피고인은 연방항소법원에 상소했는바, 항소법원에서는 피고가 증거로 제출하려고 시도했던 거짓말 테스트 결과에 대해, 그러한 증거가 "당해 과학기술 영역이 속하고 있는 특별한 분야에서 일반적으로 수용될 수 있도록 충분히 입증돼야 한다"는 요건을 충족시키지 않았기 때문에, 1심 법원에 의해 그 테스트 결과가 적절하게(properly) 기각됐다는 것을 확인했다. 그 결과 프라이예에게 유죄가 확정됐다. 즉, 이 사건을 계기로 확립된 프라이예 입증 기준이라 함은 과학적 증거의 인용 여부를 결정할 수 있는 테스트로서, 과학기술에 근거한 전문가 의견은 그 기술이 관련된 과학기술 공동체에서 신뢰할 만한 것으로 일반적으로 받아들여지고 있는 상황에서만 허용된다는 것이다.

미국 Hardee County 보안관실에서
거짓말탐지기를 시연하는 모습
자료: www.hardeeso.com/poly.html
(2007.04.19. 검색)

한편, 몇몇 유형의 증거에 대해－특별히 행동과학(behavioral science)으로부터－프라이예 사건의 결과는 많은 주(州)에서 1993년 Daubert v. Merill Dow Pharmaceuticals, Inc. 사건[3]에 관한 미국 연방대법원의 획기적인 판결에서 인용된 기준으로 대체됐다. 만약 증거가 충분히 신뢰할 만해 받아들여질 수 있다면, 프라이예 사건의 기준은 심리

3) Daubert v. Merrell Dow Pharmaceuticals, 509 U.S. 579(1993); 113 S. Ct. 2786; 125 L. Ed. 2d 469.

(審理) 법관의 판결에 대한 책임에 선행 조건이 될 필요가 없으며, 법관에게 부과되지 않는다고 대법원은 판결했다. 게다가 '과학적'이라는 것은 과학의 방법과 절차에 기초한 것을 의미하게 됐다. 그리고 법관은 다음과 같이 판단해야 한다고 했다(Ramsland, 2001: xiii).

- 그 이론이 검증될 수 있는지 여부
- 잠재적인 오류(誤謬) 확률이 알려져 있는지 여부
- 그것이 동료들에 의해 재심사됐는지 그리고 관련된 과학공동체 내에서 광범위한 승인을 이끌어 낼 수 있는지 여부
- 그것이 논란이 되고 있는 이슈와 관련이 있는지 여부
- 기술적인 조작을 통제할 수 있는 기준들이 있는지 여부

다시 말하면, 법원은 사이비 과학을 배척할 것이다.

> 도버트(Jason Daubert)와 슐러(Eric Schuller)는 심각한 결함을 안고 태어났다. 그들은 자신을 임신하고 있던 중에, 어머니가 벤덱틴(Bendectin)이라는 구토억제제(anti-nausea drug)를 복용했기 때문에 자신들이 심각한 결함을 안고 태어나게 됐다고 주장하면서, 약품 제조사인 메렐도 제약사(Merrell Dow Pharmaceuticals) 등을 상대로 소송을 제기했다. 1980년대, 임신 중이었던 시기에 벤덱틴이라는 약을 복용했던 임산부의 아이들에게 출생상의 결함을 야기했다는 관련 소송이 무려 1,700여 건이나 제기됐다.
>
> 이에 1심 법원(District Court)에서는 원고 측 전문가 증언이 역학조사 증거(epidemiological evidence)에 근거하지 않았기 때문에, 당해 약품의 부작용을 확인하기 위해 받아들여지지 않는다고 판결했다. 2심 연방항소법원 역시 Frye v. United States 사건 내용에 근거해, 일반적으로 과학공동체 내에서 신뢰할 만한 것으로 수용되지 않는다면, 과학기술에 근거한 전문가 의견은 받아들일 수 없다고 하면서, 1심 판결에 동의, 지지했다(제약회사인 피고 측의 주장을 받아들임). 이에 도버트 등 원고는 제9순회항소법원(the Ninth Circuit)의 판결을 심사해달라고 연방대법원에 상고했다. 이 사건의 쟁점은 프라이예 테스트가 연방증거법에 적용함으로써 대체됐는가 여부였다. 이에 대해 연방대법원 다수 의견은 프라이예 기준이 아니라 연방증거법이야말로 전문가의 과학적 증언 수용 여부에 관한 기준을 규정한다고 판결했다. 도버트사건에서, 연방대법원은 1975년 연방의회에서 연방증거법이 제정된 것을 계기로, 특히 전문가 증언에 관한 내용을 규정한 연방증거법 제702조에 따라, 프라이예 테스트는 대체됐다는 것을 확인했다. 즉, 프라이예 테스트가 더 이상 룰(rule)이 아니라는 것으로 판단했다.
>
> 연방증거법 제702조는 일반적 수용성에 근거해 전문가 증언을 인정하도록 하지 않았다. 당해 본문은 또한 만약 과학적, 기술적 혹은 다른 전문화된 지식이 문제가 되고 있는 증거를 이해하기 위해 혹은 사실을 판단하기 위해 사실에 관해 다투는 자를 도와준다면, 지식, 기술, 경험, 훈련 혹은 교육을 통해 전문가(expert)로서 자격이 있는 증인(witness)은 의견의 형태로 증언할 수 있다고 규정하고 있다.

제2절 증거의 의의와 종류

1. 증거의 의의와 목적

1) 증거와 증명

증거(證據)는 증거 방법과 증거 자료의 두 가지 의미를 포함하는 개념이다. 증거 방법은 사실 인정의 자료가 되는 유형물 자체를 말한다. 즉, 증인, 감정인, 증거물, 증거서류 등과 같이 사실의 인정에 사용될 수 있는 유체물 자체를 말한다. 따라서 증거 방법은 증거조사의 객체가 된다(신동운, 1993: 558). 한편, 증거 자료는 증거 방법 조사를 통해 알게 된 내용(증인 신문에 의한 얻게 된 증언 등)이다(이재상, 1999: 447). 증거의 다양한 유형에 관한 논의를 전개하기 위한 단계에 접어들기 위해서는 먼저 증거와 증명에 관한 단어의 의미를 고려해야 한다. 증거와 함께, 증명은 또한 범죄수사와 관련된다. 특정한 범죄를 저지른 자를 확인하기 위한 노력 중에서, 이 두 가지는 전형적으로 동시에 수사해야 하는 것이다.

(1) 증거

『웹스터(*Webster*) 사전』에 따르면, 증거(證據, evidence)는 "법정에서 문제가 되고 있는 논점과 관계가 있는 혹은 확인할 수 있는 목격자의 진술, 물건, 기타 …"로 정의하고 있다. 법집행관들과 검사들은 일상적인 원칙에 근거해 증거를 다루고 있다. 범죄수사관이 증거를 확인하고, 수집하고, 보존하며 성공적으로 활용할 수 있도록 하는 것은 중요하다(Lyman, 1999: 40). 증명과 증거의 차이에 따르면, 증명은 증거의 결과 혹은 산출물인 반면에, 증거는 증명에 관한 도구 혹은 매개물이다.

(2) 증명

증명(證明, proof)은 증거 수집 절차의 종점 혹은 증거 수집 절차의 최종 결과다. 단순히 말해서, 증거에 의해 사실 관계가 확인되는 과정을 증명이라고 한다(경찰청, 2020a: 30). 따라서 더 많이 충분하고 혹은 사건과 관련 있는 증거일수록, 더 높은 증명의 정도(degree of proof)로 법원과 배심원을 설득할 수 있다(Lyman, 1999: 40).

2) 증거의 역할

범죄 현장에서 수집된 증거는 다음과 같이 매우 중요한 목적에 활용할 수 있다(Ramsland, 2001: 10).

- 범죄가 저질러졌음을 증명할 때: 물리적 증거는 범죄 구성요소들을 증명하거나 혹은 범죄가 저질러졌다는 것을 드러낼 수 있다(사례: 마약 거래의 의심을 받고 있는 자의 주거에 대해 발부된 수색영장은 마약 거래를 보여주는 많은 양의 코카인, 저울, 마약 매매에 필요한 부속품, 거래 기록들 그리고 신발 상자에 숨겨진 많은 양의 현금을 드러나게 했다)(Lyman, 1999: 41).
- 범죄에 관해 단서가 될 만한 것을 보여줄 때
- 피해자 혹은 용의자의 신원을 확인할 때, 혹은 그러한 사건 관계자의 신원을 확인하기 위해 그리고 어떻게 상호작용했는지를 알기 위해 어떤 형태의 수사가 행해져야 할지를 결정할 때: 물리적 증거는 범죄 현장에서 용의자를 알게 해 주는 것에 사용될 수 있다(사례: 주거침입 절도사건의 피해자 주거지 외부에 있는 진흙에서 발견된 신발 자국은 그 동네에서 알려진 범죄자의 신발 자국과 일치하는 것으로 밝혀졌다).
- 목격자에 의해 제공된 증언을 확실히 증명하기 위해: 물리적 증거로 목격자의 증언이 지지될 수 있다(사례: 한 이웃 주민이 밤 1:30경에 유리가 깨지는 소리를 들었다고 경찰관에게 말했다. 수사관은 나중에 깨진 유리창 틀을 그 집 인근에서 발견했다. 목격자의 증언을 활용함으로써 범행 시점을 판단하는 것이 가능해졌다).
- 무고한 용의자의 결백을 증명하는 것을 도와주기 위해: 물리적 증거는 무고한 사람을 제외시키는 데 사용될 수 있다.
- 추가적인 수사를 위한 실마리를 제공하기 위해
- 용의자에게 압력을 가해 자백하기 위해: 물리적 증거에 직면한 용의자들은 범죄에 관해 자백한다(사례: 비록 편의점 강도 용의자가 강도짓을 할 때 스키용 마스크를 착용했더라도, 범죄를 저지르는 동안에 보이지 않게 숨겨놓은 카메라에 자신의 재킷의 찢어진 가장자리가 촬영됐을 때, 범인은 자신의 범행을 인정했다).
- 물리적 증거는 형사사건에서 법관이나 배심원들에게 강력한 긍정적 효과를 갖게 될 수 있다(사례: 니켈로 도금된 38 구경 칼리버 권총이 검사를 위해 첫 번째 배심원에게 넘겨졌다. 동료 배심원이 앞쪽으로 몸을 기울이면서, 범죄에 사용됐다고 검

사가 주장하는 그 무기를 만지고 잡아볼 기회를 갖고자 기대하면서 보고 있었다)(Lyman, 1999: 42).

2. 증거의 종류

1) 직접증거와 간접증거

- 직접증거(indirect evidence, unmittelbarer Beweis): 범죄사실, 공소사실 등을 직접적으로 증명하는 증거를 말한다. 예를 들어 주요 범죄사실에 대한 피고인의 자백, 주요 증인(피해자 등)의 범죄사실에 대한 증언, 범행 장면이 촬영된 CCTV 등이 이에 해당한다(경찰청, 2020a: 39).
- 간접증거 혹은 정황증거(circumstantial evidence): 입증 요지와의 관계로 직・간접 여부가 결정된다. 간접증거는 범죄사실, 공소사실 등을 간접적으로 증명하는 증거를 말하며, 범죄 현장에서 채취한 지문, DNA, 족적 등이 이에 해당한다(경찰청, 2020a: 39).

> 화질이 좋지 않아 단순히 피의자와 피해자가 같이 현장에 있었다는 것을 증명하는 CCTV 영상 자료는 간접증거이지만, 이에 대한 화질 개선 등의 영상분석 결과 직접적인 범행 장면이 촬영된 것이 밝혀진다면 직접증거가 된다. 같은 증거라도 입증 요지와의 관계에서 직・간접 여부가 결정되기 때문에 간접증거라고 하더라도 감정, 분석 등을 통해 입증 요지를 뒷받침하는 직접증거가 될 수 있다(경찰청, 2020a: 39).

2) 진술증거와 물리적 증거

증거 유형에는 두 가지 종류가 있다. 법정에서의 선서에 의한 증언 관련 증거(혹은 진술증거)와 물리적 증거(physical evidence, '실질적 증거') 등이다.

(1) 증언 관련 증거 혹은 진술증거

증언 관련 증거는 범죄 현장 가까이에서 뭔가를 목격한 사람으로부터 얻어지는 증거다. 진술(陳述)증거 혹은 인적(人的) 증거(personal evidence 혹은 人證)라고 한다. 즉, 사람의 진술 내용이 증거로 되는 것을 말한다. 이에는 진술과 진술을 기재한 서면이 포함되는데, 증인의 증언 혹은 감정인의 감정이 이에 해당된다(이재상, 1999: 448). 증언

증거는 보통 하나의 질문 혹은 연속된 질문에 대한 대답으로서, 진술 혹은 증언으로써 제공되는 자료로 해석될 수 있다(Lyman, 1999: 40). 이러한 진술증거는 본래증거(증인이 직접 실험한 사실을 진술하는 경우의 증거)와 전문(傳聞)증거(타인으로부터 전해 들은 사실을 진술하는 경우)로 나뉜다(이재상, 1999: 449). 증인 혹은 목격자들은 서로 분리・유치하고, 신문을 해야 하며, 수사본부로 이송해 공식적인 서면화된 진술을 받아야 한다. 그런데 종종 그러한 목격자들의 진술이 신뢰하기 어려울 때도 있으며, 그들이 말한 일부의 내용은 한 알의 소금처럼 취급될 수도 있다(Ramsland, 2001: 8).

(2) 물리적 증거

물리적 증거(physical evidence 혹은 物證)란 물건의 존재 또는 상태가 증거로 되는 것을 말한다. 범행에 사용된 흉기 또는 절도의 장물이 이에 해당된다(이재상, 1999: 448). 즉, 물리적 증거는 모양, 크기 혹은 부피를 갖고 있는 어떤 것이다. 범죄수사에서 매우 중요하며, 많은 형태를 띠고 있다(Lyman, 1999: 40). 그것은 모발 한 가닥 혹은 의복의 섬유와 같이 아주 미세한 것이 될 수 있으며, 혹은 혈흔이 비산(飛散)된 자동차의 백 시트(back seat) 전체 혹은 심지어 집 전체처럼 큰 것일 수도 있다(Lyman, 1999: 41). 한편, 물리적 증거는 다음의 다섯 가지 유형으로 분류할 수 있다(Ramsland, 2001: 9).

- 일시적 증거(temporary): 변질되거나 손실될 수 있는 유형의 물리적 증거다.
- 조건적 증거(conditional): 범죄 현장의 특별한 조건과 관련돼 있는 물리적 증거다.
- 연관증거(associative): 용의자 혹은 피해자를 범죄 현장과 연관지어주는 물리적 증거다.
- 유형증거(pattern): 혈액, 자국, 타이어 흔적, 잔류물 혹은 수법증거(*modus operandi*)와 같은 물리적 증거다.
- 흔적/이동성 증거(trace/transfer): 어떤 물건의 표면과 물리적 접촉을 통해 만들어진 물리적 증거다.

충분한 감정 및 분석시설을 운영할 수 있을 정도의 재정력을 갖고 있는 형사사법 관할 내에서, 물리적 증거는 증거를 어떻게 수집하는지에 대해 훈련을 받은 범죄 현장 수사 전문가, 과학수사관 그리고 감식전문가 혹은 과학적 분석을 담당하고 있는 법과학 전문가들에게 달려 있다(Ramsland, 2001: 9).

따라서 수사관은 물리적 증거를 수집하고 그것을 효과적으로 이용하는 방법에 대해 관심을 가져야 한다. 물리적 증거(실질증거)는 무한한 가치를 갖고 있는데, 물리적 증거를 통해서 ① 범죄의 발생 또는 범죄의 핵심을 입증할 수 있고, ② 피해자 또는 범죄현장과 관련이 있는 용의자를 식별할 수 있으며, ③ 범죄와 관련된 사람의 신원을 확인할 수 있다. ④ 죄 없는 사람의 무죄를 입증할 수 있고, ⑤ 피해자의 증언을 입증할 수 있으며, ⑥ 용의자로부터 자백을 얻을 수 있을 뿐만 아니라, ⑦ 물리적 증거는 목격자의 진술보다 신뢰성이 높으며, ⑧ 법원의 판결은 물리적 증거를 더 중요시하고 있다.[4]

3) 확인증거와 관련 증거

증거는 또한 몇 가지 방식으로 분류할 수 있다. 일반적으로, 증거 분류에 공통적으로 사용되는 두 가지 유형이 있는데, 범죄가 저질러진 것을 확인해 주는 증거(*corpus delicti*)와 관련 증거(associated evidence)다(Lyman, 1999: 42).

코르푸스 델릭티(*corpus delicti*)라는 용어는 단순히 범죄가 저질러졌다는 것을 확인해 주는 증거를 언급하는 것이다. 예를 들면 문설주에 남아 있는 쇠 지렛대 자국은 일종의 코르푸스 델릭티로 간주된다.

반대로, 관련 증거는 범죄와 용의자를 연관시키는 것이다. 지문, 발자국, 혈흔, 섬유 기타 등등이 포함된다.

4) 본증과 반증

- 거증책임(擧證責任)을 지는 당사자가 제출하는 증거를 본증(本證, Hauptbeweis)이라 한다.
- 본증에 의해 증명하려고 하는 사실의 존재를 부인하기 위해 제출하는 증거를 반증(反證, Gegenbeweis)이라 한다(이재상, 1999: 449).

5) 개별증거와 군집증거

개별증거란 개인적·개별적 특성을 갖는 증거로, 지문, DNA, 족적, 필적 등이 이에 해당한다. 군집증거란 군집 특성을 갖는 증거로, 같은 물질이 얼마든지 있는 것(공장 등에서 대량으로 생산된 것)을 말한다. 미세증거(섬유, 페인트 등), 족적(문양), 약·독

---

4) http://www.csi.or.kr/forum/medical/read.html?page=1&block=1&key=&keyfield=&uid=12. 황적준 박사의 논문: "생물학적 증거물의 채취."

물 등이 이에 해당한다. 일반적으로 개별증거는 군집증거보다 증명력이 높지만, 군집증거의 축적을 통해 개별증거 수준의 증명력을 확보할 수도 있다(경찰청, 2020a: 39).

3. 증거 이동 이론

범죄수사의 중요한 이론 중의 하나는 증거 이동 이론(證據移動理論, the transfer of evidence theory)이다. 증거 이동 이론은 프랑스의 법의학자 로카르(Edmond Locard, 1877~1966) 박사의 교환 법칙에 의해 공식화된 이론이다. 그는 "모든 접촉은 흔적을 남긴다"고 주장했으며, 이 이론은 오늘날 법과학의 기초가 됐다. 이 이론에 따르면, 두 가지 물건이 만날 때마다 약간의 증거, 그렇지만 아주 미세한 증거가 남게 된다. 어떤 물건이 다른 물건에 접촉하게 되면, 한 물건에서 다른 물건으로 물질의 이동이 발생한다는 것이다. 즉, 범인이 자신의 주변에 있는 것들과 접촉을 할 때 흔적증거가 남게 된다. 이 이론은 증거를 들여다놓지 않고 범죄 현장에 들어올 수 있는 사람은 없으며, 어떤 증거의 유형을 뒤에 남기지 않고 범죄 현장을 떠날 수 있는 사람도 없다는 것을 가정하고 있다(Lyman, 1999: 66).

이 이론에 관한 사례들은 다음과 같다(Lyman, 1999: 41).

- 강간범은 정액, 음모, 의복의 섬유 혹은 피해자의 손톱 밑에 남겨진 피부의 작은 조각과 같은 증거를 남긴다. 게다가 그들은 혈액, 피해자로부터 나온 모발 그리고 의복의 작은 조각들을 피해자로부터 빼앗아온다.
- 주거침입 절도범은 범죄 현장에 도구흔(tool marks), 신발 자국이나 지문과 같은 증거를 남긴다.
- 살인행위는 범죄 현장에 모발, 혈액, 타액(saliva), 의복의 섬유 등의 증거를 남긴다. 그리고 살인 무기 그 자체에도 증거를 남긴다. 모든 범죄행동은 동일한 범죄 현장에서 동시에 용의자와 피해자를 알게 해 주는 어떤 형태의 증거를 뒤에 남길 것이라고 기대할 수 있다.

미세증거는 육안으로 곧바로 찾아낼 수 없는 모발 혹은 섬유와 같은 아주 작은 혹은 현미경으로 볼 수 있을 정도로 미세한 물질로 정의된다. 이것은 일반적으로 육안(肉眼)으로 곧바로 띄지 않는 아주 작은 혹은 현미경으로 볼 수 있을 정도의 미세한(microscopic) 물질을 일컫는다. 그래서 그러한 증거는 범죄 현장에서 찾아내기가 무척 어렵다. 미세증거는 육안으로 관찰하기 어렵다는 성질 때문에, 범죄자 또한 눈에 보이는 흔적이나 물질은 제거하더라도, 미세증거들은 발견하지 못하고 그대로 남겨둔 채로 현장을 떠나기도 한다. 미세증거의 중요성을 일깨워주는 것으로서, 윌리엄스(Wayne Williams), 게이시(John Gacy)와 번디(Ted Bundy)와 같은 연쇄살인범의 사례를 들 수 있다. 이들은 그들의 소유물에서 발견된 흔적증거 혹은 범행 수법 때문에 체포됐다(Lyman, 1999: 66).

> "완전범죄가 가능할까요?"…… "그건 불가능하다. 언젠가는 밝혀집니다. 어떤 범죄든. 프랑스의 법의학자 에드몽 로카르(Edmond Locard)가 남긴 유명한 법칙이 있잖소. '모든 범죄는 흔적을 남긴다.'" <CSI>나 살인사건을 다루는 드라마에서 자주 나오는 말이다. 원래는 이런 말이다. "Every contact leaves a trace(모든 접촉은 흔적을 남긴다)." 범인은 피해자의 흔적을 가져가고, 범죄 현장과 피해자에게는 범인의 흔적이 남는다. 그래서 '교환의 법칙'이라고 한다. 로카르는 1912년에 자기 애인을 목 졸라 죽인 에밀 거빈 사건을 해결하면서 자신이 말한 이 법칙을 증명했다. 로카르는 완벽한 알리바이를 가진 거빈의 손톱 밑에서 채취한 물질에서 피해자의 피부조직과 분홍색 분가루를 찾아냈다. 당시에는 피부조직을 검사할 과학적인 능력은 없었지만, 분홍색 가루는 피해자가 쓰던 것임이 틀림없었다. 이것을 증거로 범인에게서 자백을 받아냈고, 더불어 유죄 판결로 이끌었다(문국진 · 강창래, 2011: 143-144).

제3절 다양한 법과학 영역과 과학수사

흔히 과학수사와 관련, 법의학 · 법과학 · 범죄 감식 · 범죄수사학(과학수사학) 등의 용어가 혼용되고 있는데, 그 개념을 상세하게 살펴볼 필요가 있다.

1. 법과학의 개념과 법과학자들의 역할

1) 법과학의 개념

법과학(法科學, forensic science)[5]은 감정 · 감식에 관한 과학을 총칭하며, 사건 및

5) Forensic science는 법정 변론을 위해 이용되는 과학, 즉 법정과학이라는 개념으로 이해된다(同旨 유영찬, 2002: 22).

사고와 관련된 증거물에 대해 전문 인력이 과학적인 실험과 해석을 통해 수사나 재판에 중요한 정보 또는 자료를 제공함을 목적으로 하는 응용과학의 한 분야로서 각종 증거물을 과학적으로 분석해 감정하는 학문이다.

소송사건에 관련된 증거물을 감정해 과학적인 판결을 할 수 있도록 지원하는데, 재판과학(裁判科學) 또는 감정과학(鑑定科學)이라 일컬어지기도 한다.

현대 과학수사에서 가장 중요한 역할을 한다고 할 수 있으며, 자연과학의 이론과 기술을 범죄수사나 재판상의 증거물에 활용해 법관이 법정에서 판결을 내리는 데 이용하는 학문이다. 과학적 방법을 법률적인 쟁송에 응용한 것이다. 법과학적 방법은 민사소송 혹은 형사소송 등 다양한 분야에서 활용될 수 있다(Ramsland, 2001: 9).

원래 'forensic'이라는 단어는 라틴어 forensis에서 유래됐다. 그 의미는 'forum'이라는 뜻이다. forum이라는 단어는 고대 로마의 공회용(公會用) 광장, 포럼, 재판소, 법정이라는 뜻을 갖고 있으며, forum은 정부 차원의 공개토론이 열리던 곳이었다. 또한 재판이 열리던 곳이며, 일종의 법원이기도 했다. 오늘날 forensic이라는 단어는 아직도 법정 혹은 공공의 토론 및 논쟁에 사용되며, 증거에 관한 과학적 조사(검사)를 뜻하기도 한다(Osterburg & Ward, 2000: 29). 이 경우 법과학은 법정 안에서 그 갈등 상황을 해결하기 위해 자연과학 및 물리학적 지식을 응용하는 것을 의미한다.[6] 대중매체(방송, 영화 등) 덕분에 forensic이라는 용어가 요즘은 일반적인 단어가 됐으며, 배심원과 같은 평범한 사람들이 사용하는 단어의 일부가 됐다.

법과학은 국가마다 분류가 다르지만 크게 법의학(forensic medicine)과 협의의 법과학으로 분류한다(유영찬, 2002: 22). 이 분류에 따르면 협의의 법과학은 법의학 이외의 분야로서, 범죄 현장에서 채취한 증거물을 과학적으로 분석한다. 협의의 법과학을 과학수사학(혹은 범죄수사학, criminalistics)이라고 부르기도 하며, 주로 분석 대상인 증거물에 대해 법생물학, 법이화학, 문서감정학, 거짓말탐지학 기타 특수기술 분야로 다시 나눌 수 있다.

법과학적 분석 내용에는 증거물 확인(identification), 증거물의 개별화(individualization), 원인 규명(determination of cause), 그리고 범죄의 재구성(reconstruction)이 포함된다(유영찬, 2002: 30-31).

6) http://www.forensic-science.com/(2021.09.07. 검색).

표 2-1 법과학의 분류 개념

법과학(forensic science)	
과학수사학(criminalistics) 분야	법의학(forensic medicine) 분야
• 마약분석/독물학 • 액체화학(wet chemistry)/기계화학(instrumental chemistry) • 무기와 공구흔(firearms and toolmarks) • 문제가 되는 문서(questioned documents) • 지문(fingerprints)/장문/입술 흔적 • 사진(photography) • 법생물학/DNA • 흔적증거(trace evidence) • 자국증거(imprint evidence) • 디지털 증거(digital evidence) • 거짓말탐지기(lie detector) • 음성분석학(voice spectroscopy) • 범죄 현장 재구성(crime scene reconstruction)	• 인류학(anthropology) • 병리학(pathology) • 혈청학(serology) • 독물학(toxicology) • 치과학(odontology) • 정신병리학(psychiatry)

자료: Osterburg & Ward(2010: 21).

2) 다양한 법과학 영역과 법과학자의 역할

그렇다면 법과학자는 어떤 사람인가? 법과학자는 물리적 증거를 조사하고, 그러고 나서 그 조사 결과에 대해 법정에서 증언하게 된다. 조사 결과에 대해 전문가로서 증언하거나 더 나아가 그 결과에 대해 해석하거나 그 의견을 제시하는 사람으로 정의된다. 법과학자와 다른 과학자를 구별할 수 있는 유일한 특징은 법정에 출두해 그들이 발견한 사실을 증언하며, 조사하고 발견한 결과물의 의미에 대해 의견을 제시할 사람으로 어느 정도 기대되고 있다는 점이다. 법과학자는 조사한 대상이 무엇이냐에 대해 증언할 뿐만 아니라, 그것이 무엇을 의미하는지를 증언하게 된다. 법과학은 갈등을 해결해야 할 상황에서 법을 위해 과학을 활용하는 것이다. 진정한 법과학자는 경찰관이 아니며, 그들이 조사한 결과에 대해 한쪽으로 치우치지도 않는다. 그들은 사실에 관한 객관적인 조사자다. 법과학자는 국가가 공적(公的)으로 운영하는 과학수사실험실에서 근무하지만, 많은 법과학자가 사설(私設) 연구소에 근무하기도 한다. 매우 다양한 물리적 증거가 존재한다. 그래서 여러 분야에 대해 특별한 전문교육과 훈련을 받은 다양한 법과학자들이 활동하고 있다.[7] 법과학자는 신원 확인과 분석을 도와주기 위해 범죄 현장 혹

7) http://www.forensic-science.com/(2021.09.07. 검색).

은 그 후 과학수사실험실에서 활동하기도 한다. 이러한 법과학 전문가에 대해 간단히 언급하면 다음과 같다(Ramsland, 2001: 17-18).

(1) 법의병리학

- 사망의 원인과 방법을 밝혀낸다: 자연사, 자살, 사고사 그리고 살인에 의한 사망
- 사망의 시점을 밝혀낸다.
- 살인을 저지를 때 사용된 흉기의 종류를 밝혀낸다.
- 몸에 가해진 상처가 사망 후에 가해진 것인지 아니면 사망 전에 가해진 것인지를 밝혀낸다.
- 피해자의 신원을 확인한다.
- 피해자의 연령을 확인한다.
- 절단된 혹은 부패된 시체와 해골의 성(性), 신장, 몸무게 그리고 연령을 확인한다.
- 처녀인지, 강간을 당했는지, 임신을 했는지 그리고 수간(獸姦)이 이뤄졌는지를 확인한다(Osterburg & Ward, 2000: 56-57).

상해나 사망사건에서 종종 도움을 요청받는 의료전문가는 법의병리학자다. 법의병리학(法醫病理學, forensic pathology)은 병리학의 세부 전공 분야다. 그것은 사람들이 어떻게 그리고 왜 죽었는지를 연구하는 학문이다. 법의병리학 분야에 대한 가장 중요한 연구 영역은 사망사건 수사다. 그러나 일부 법의병리학 프로그램은 또한 신체적 그리고 성적 학대를 판단하기 위해 생존한 사람들에 대한 조사도 포함하고 있다. 법의병리학을 전공한 의사는 일반적으로 정부기관에 고용되고 있다(Swanson et al., 2000: 229).

(2) 법의혈청학

법의혈청학(法醫血淸學, forensic serology)은 역사적으로 법의학의 한 분과 학문으로 인식돼 왔다. 지금은 범죄증거분석실이 많이 확산됐다. 법의혈청학은 혈액, 정액, 타액과 같은 신체의 혈청을 연구하며, DNA와 혈흔 패턴 분석에 관한 정보를 제공한다(Ramsland, 2001: 18). 특히 피(혈액 및 혈흔)는 과학수사관에게 중요한 관심 사항이 됐다(Osterburg & Ward, 2000: 57). 신체는 한 번 찔리면 피가 스며 나오거나 무차별적으로 뿌려지는 경향이 있다. 평균적인 인체에는 항상 4.7리터의 피가 콸콸거리며 순환한다.

법의혈청학은 혈흔(피)을 조사하고 확인하는 것 외에도 정액, 타액, 땀 그리고

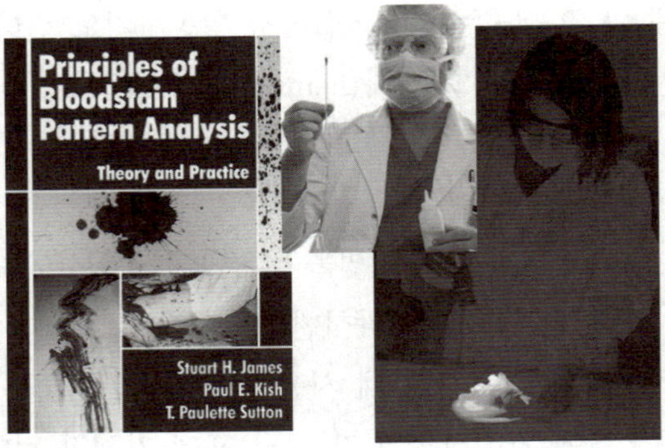

법의혈청학자들의 분석활동과 혈흔 패턴 분석 교재 사례

안양 초등생 살해용의자 검거…차량 트렁크 혈흔이 결정적

경기도 안양경찰서는 16일 안양 초등생 이○○(10), 우○○(8) 양을 납치 · 살해한 뒤 암매장한 혐의로 정모(39. 안양 6동. 대리운전기사) 씨를 검거했다고 밝혔다. …경찰에 따르면 정씨는 지난 14일 탐문조사에서 "어린이들이 실종된 당일인 지난해 12월 25일 집에 있었다고 진술했다." 그러나 경찰이 렌트카 업체를 조사하는 과정에서 정 씨가 25일 오후 10시쯤 차를 빌려 다음 날인 26일 반납한 사실이 드러났다. … 해당 차량의 트렁크에서 혈흔을 발견해 국과수에 DNA 감정을 의뢰한 결과 숨진 이 양과 실종된 우 양의 것으로 확인됐다… 경찰은 정씨를 상대로 자세한 범행 동기와 우양의 소재 등에 대해 집중 추궁하고 있다.

(http://www.nocutnews.co.kr/news/426168?c1=191&c2=193/노컷뉴스, 2008.03.16.)

심지어 사람의 배설물을 확인하고 범주화하기 위해 활용된다.

(3) 법치과학

법치과학(法齒科學, forensic odontology)은 치아, 의치(義齒, 틀니), 치흔(齒痕), 깨문 자국(bite marks)과 신원 확인을 위한 치과적 구조를 조사한다(Osterburg & Ward, 2000: 57). 법치과학은 19세기 중반, 피해자에게 남아 있는 치흔을 확인하기 위한 수단으로서 광범위하게 연구됐다. 깨문 자국이 특이하기 때문에 그것들은 오늘날 증거로써 활용된다. 용의자의 신체이든 혹은 피해자의 신체이든 간에, 그러한 증거는 폭행, 강간 그리고 살인과 같은 범죄에서, 용의자와 연관시킬 수 있다(Lyman, 1999: 11). 개인적 특성이 아주 강한 치아흔(혹은 이빨 자국)은 주거침입 절도범죄 현장에서 발견된 부분적으로 먹다 남은 음식에서 종종 남는다. 폭행, 살인사건 그리고 일부 성폭행사건들에서 깨문 상처(bite wounds)는 자국(impression)에 해당한다(Weston et al., 2000: 29).

법치과학은 다음과 같은 목적으로 깨문 자국에 대해 연구하는 분야이기도 하다.

- 특정한 사람에 대해 깨문 자국을 연관시키는 것
- 삽입한 치아, 탈락된 치아 그리고 성행위를 조사함으로써 개인의 신원을 확인할 수 있으며, 은(銀)으로 아말감했거나 다른 유형의 금속으로 복원한 것이 존재한다면 X선을 통해 비교할 수 있다.
- 치아를 통해 사람이 나이를 추정할 수 있다(Osterburg & Ward, 2000: 57). 치아는 신체에서 가장 단단한 물질이다. 그리고 치아는 가장 오랫동안 유지되며, 그 흔적을 통해 개인의 신원을 확인할 수 있는 개인적 특성들을 보여준다. 치아의 흔적은 지문과 같이 신뢰할 만한 신원 확인 수단이다. 만약 시체가 심각하게 절단됐거나 혹은 부패했더라도, 그 치아들은 일반적으로 그 특성을 그대로 유지하고 있다. 그것들은 심지어 아주 뜨거운 불에도 견딘다.

치아 특성을 기술하는 것은 다음과 같은 사항을 보여준다(Ramsland, 2001: 58).

- 얼마나 많은 치아가 남아 있고, 만약 있다면 어떤 치아들이 없어졌는지
- 최근의 부상 혹은 광범위한 치과적인 치료
- 특별한 종류의 치과적 치료가 있었는지
- 부분적 혹은 전체적인 틀니를 한 증거
- 토끼 이빨처럼 앞으로 나온 치아뿐만 아니라, 치아 사이가 꽉 찬 혹은 벌어진 특성들
- 교합(咬合)의 유형(아래윗니의 교합)
- 연령(치아가 닳은 부위, 느슨해진 치아, 치근의 투명성 등)
- 조각들, 부서진 것 혹은 다른 손상들

법치과학자들은 필요하다면, X선을 촬영하고 종종 상의한다.

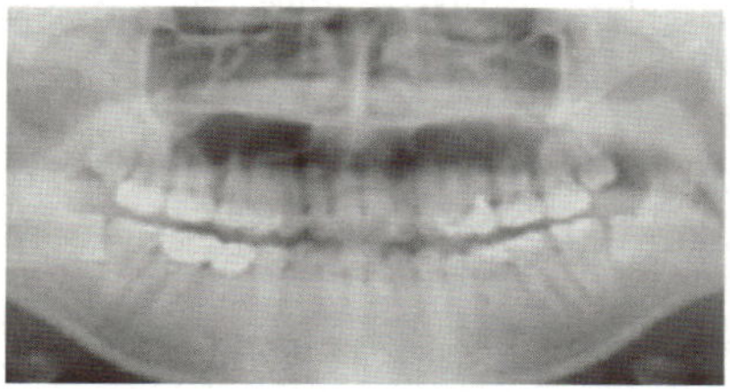

생전 치과 치료

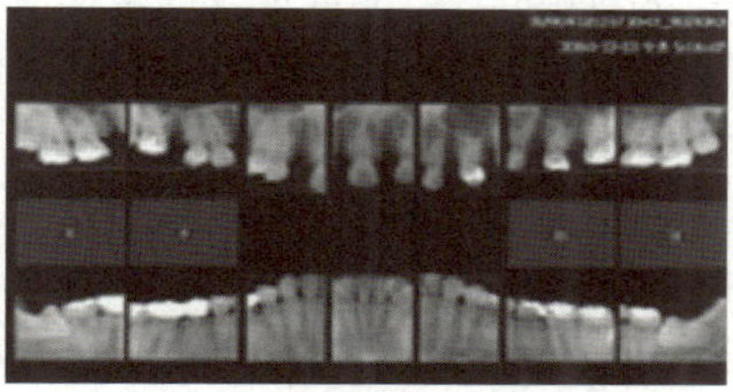

사후 치과 치료

생전/사후 치과 자료[8]

한 사건에서 나이가 많은 어떤 남자의 뼈가 사막에 흩어진 채 발견됐는데, 신원을 확인할 수 없어 그 뼈와 치아를 데이터뱅크에 송부했다. 우측 치아에 특징이 있는 고객이 다니는 치과병원으로부터 그것을 확인할 수 있었다. 육안으로 조사해서 그 신원을 알 수 없는 사건에서, 치아를 확인하고 대조하는 작업은 신원을 확인하는 데 유일한 방법이 될 수 있다. 만약 시체가 부패해 뼈만 남게 되면, 그때에는 인류학적인 방법이 활용된다. 뼈의 구조를 통해 전문가는 성별, 신장, 살아 있을 때 입은 상처, 인종 그리고 연령을 판단할 수 있다. 골절된 부위에 대한 X선 촬영 혹은 개인의 치료 기록과 일치될 수 있는 질병에 관한 증거를 비교함으로써 개인의 신원 확인이 가능하다(Ramsland, 2001: 59).

[거꾸로 본 치아] 법의학 적용

치아는 얼굴처럼 사람마다 다르다. 국립과학수사연구소 이동주(李東周) 법의관은 “이빨 모양이 같은 사람이 태어날 확률은 약 7경분의 1로 수십만 년에 한 명 꼴”이라고 말했다. 지문이 같은 사람이 태어날 확률은 1백억분의 1. 따라서 지문보다도 더 희귀한 것이 ‘같은 이빨’인 셈이다. 게다가 치아는 미라에서도 발견되듯 열이나 부패한 시체에서도 보존이 가능해 손상이 심한 사체에서도 신원 확인이 가능하다. 괌 KAL기 참사나 삼풍백화점 사태처럼 대규모 참사 때도 희생자 신원 확인에 결정적인 도움을 줬던 것도 바로 치아. 단 생전에 치아에 대한 사진이나 기록이 필요한데 한번이라도 치과 검진을 받은 사람은 기록이 남아 확인이 가능해진다.

살인범 검거에 도움을 주는 것 역시 피해자의 치아다. 범인 검거의 첫 단계가 피해자 신원 확인. 이 법의관은 “생전의 웃는 모습이 나온 사진으로도 감별이 가능하다”라고 설명했다. 고대의대 한길로(韓吉路) 교수는 “치아는 연령 감정도 가능한데 오차 범위는 2년 미만”이라고 말했다. 이빨 자국인 치흔도 범인 판단의 단서를 제공한다. 서울대의대 이윤성(李允聖) 교수는 “범행 현장에 있던 껌・담배꽁초・깨물어 먹은 과일 자국 등을 통해서도 용의자 중 누가 범인인지 가릴 수 있으며, 특히 강간범인 경우 가해자에게 남긴 치흔이 결정적인 증거가 되기도 한다”고 들려준다.

치아는 유전자인 미토콘드리아 DNA란 중요한 정보도 갖고 있다. 미토콘드리아 DNA는 어머니로부터만 유전되는 특징이 있어 어머니가 같은 형제 사이에는 똑같다. 정신대(일본군 위안부) 희생자였던 훈 할머니의 신원도 한국에 있던 여동생과 미토콘드리아 DNA가 같다는 사실로 밝혀졌던 것(중앙일보, 1999.04.21.).

(4) 독물학

독물학(毒物學 혹은 毒劇物學, toxicology)은 독성(poison)에 관한 연구 분야다. 화학

---

8) https://nfs.go.kr/site/nfs/05/10504000000002017082110.jsp. 국립과학수사원(2021.09.07. 검색).

적 분석을 통해 독물의 출처 확인, 사람과 동물에 대한 독물의 작용, 그러한 독물을 배출하는 조건에 대한 처치 등과 관련된 연구다. 국내에서는 국립과학수사연구원 법과학부의 법독성학과에서 관련 연구를 담당한다. 법독성학과는 사인 규명 및 규제물질 감정과 관련해 각종 생체 시료 감정, 현장증거물 중 의약품, 독극물, 부정 불량식품, 마약류 및 환각성 유해화학물질 감정을 수행하고 있다.[9]

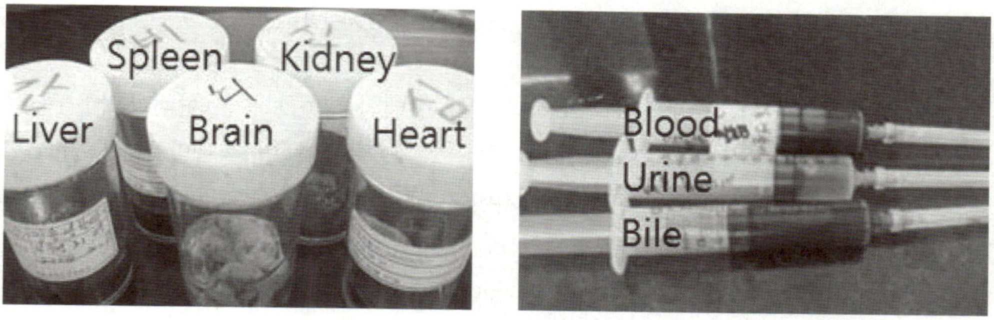

약독물 감정을 위해 의뢰된 생체 시료[10]

특히 중요한 것은 독물의 종류를 확인하는 작업이다. 그다음에는 사람을 죽일 정도였는가? 그 정도가 아니었느냐와 같이 독물의 양(量)이 중요하다. 독물을 조사함으로써 법의병리학자는 사망에 관한 다른 모든 원인을 제외시킬 수 있다(Osterburg & Ward, 2000: 57). 많은 독물의 결과가 치명적인 질병 징후와 흡사하다. 그래서 만약 사망에 관해 어떤 의심스러운 것이 있다면, 검시관은 부검하는 동안 조직을 얇게 절개해 그것을 독성학자에게 송부한다. 종종 청산칼리(cyanide, 시안화물)[11] 중독사건에서 심한 아몬드 냄새와 같은 특이한 냄새가 난다(Ramsland, 2001: 134). 그러나 다른 경우에는 확실한 표시가 없는 경우가 많다.

---

9) https://nfs.go.kr/site/nfs/05/10502020000002017083103.jsp. 국립과학수사원(2021.09.07. 검색).
10) https://nfs.go.kr/site/nfs/05/10502020000002017083103.jsp. 국립과학수사원(2021.09.07. 검색).
11) 정식 명칭은 시안화칼륨(potassium cyanide). 청산가리로 많이 알려져 있다. 청산가리, 청산칼륨 · 청산칼리라고도 하는데, 이는 일본식 발음이다. 칼륨의 시안화물로 결정성 무색 가루이며 겉보기에 설탕과 비슷하다. 화학식은 KCN이며 주요 용도는 금의 제련과 전기도금, 염색공장 염료 배합에 사용되며 유기합성에도 사용된다. 치사량은 0.15g으로 복용 시 침, 위산 등과 같이 산성의 물질을 만나게 되면 시안화수소가 발생하게 되는데, 시안화수소는 헤모글로빈이 산소와의 결합을 방해한다. 결국 뇌 내로 산소 전달이 되지 않아 사망한다.

시안화칼륨의 모습과 용기 그리고 중독 사망한 모습

독성학자들은 부검으로부터 신체조직과 액체 상태의 샘플(보통은 혈액과 소변)을 준비한다. 그리고 샘플을 상대로 다양한 실험을 한다. 예를 들면 흰독말풀(jimsonweed, 유독식물)을 섭취한 어린아이의 조직은 사망을 야기할 정도로 충분히 강력한 기분 전환 물질이었는지를 살펴보기 위해 송부된다. 심지어 뼈도 분석할 수 있다. 그러한 뼈들 안의 디곡신(digoxin) 침전물은 약물의 과다 복용을 암시한다. GHB 혹은 로힙놀(Rohypnol)과 같은 강력한 진정제가 사용된 성폭행사건에 대해서도 실험실에서 분석을 실시한다(Ramsland, 2001: 134).

(5) 법인류학

법인류학(法人類學, forensic anthropology)은 주로 법적 문제가 제기된 백골 시신의 유골을 대상으로, 개인 식별 목적의 연구를 하는 분야다(경찰청, 2020b). 골학(骨學, osteology: 뼈에 대한 연구)에 대한 지식과 함께, 법률의 지원 아래 일반적으로 물리적 고고학적 인류학으로부터 나온 방법을 활용한다(Ramsland, 2001: 67). 신원을 확인하는 데 도움을 줄 수 있는 해골(骸骨)을 검사한다. 컴퓨터를 동원해 얼굴 영상을 형상화하고 얼굴 골격을 복구하는 등의 법미술적인 것뿐만 아니라, 사망 시점에 관한 이슈를 다룬다(Ramsland, 2001: 18). 법인류학은 사람의 유해(遺骸)를 확인함으로써 의사와 경찰 전문가들을 도와줄 수 있기 때문에 어떤 형태의 살인사건을 수사하는 데 매우 가치가 있다(Gilbert, 2001: 317).

그들은 병리학, 치과학 그리고 살인사건 수사관들과 함께 팀을 이뤄서 잔류물을 확인하고, 잘못된 행위에 관한 증거를 제시하며, 사망 시점 추정을 도와주는 등 범죄사건을 해결하는 데 도움을 줄 수 있도록 전문화돼 있다(Ramsland, 2001: 67). 법인류학자의 기술은 특히 분해된 혹은 부패된 사람의 유해에 대한 정보 제공에 적합하다. 이러한 전문가는 종종 다음과 같은 사항을 판단할 수 있다(Gilbert, 2001: 317).

- 사람과 사람이 아닌 동물의 유해를 구분하는 것
- 나이, 성, 인종 그리고 사망 시점을 판단하는 것
- 사후 시간이 경과한 것을 추정하는 것
- 피해자에게 가해진 외상(外傷)의 존재와 성질을 판단하는 것
- 유골(遺骨)과 존재하고 있는 치아에 근거해 일치 여부를 확인하는 것

법인류학자는 또한 의학과 법률이 흥미롭게 교차하는 영역에서 시체를 복원해 주고, 인간의 유해(遺骸, remains)와 관련이 있는 다른 많은 임무를 수행한다. 신체를 복원하기 위한 계획에는 반드시 인류학자들이 포함돼야 한다. 라인(Stanley Rhine) 박사는 그의 저서 『뼈의 탐구(*Bone Voyage*)』에서 "그런 전문가들은 사망 전후에, 심지어 어떤 사람이 죽어가고 있는 과정에서 뼈에 난 상처들을 구별할 수 있다"고 언급한다. 사람

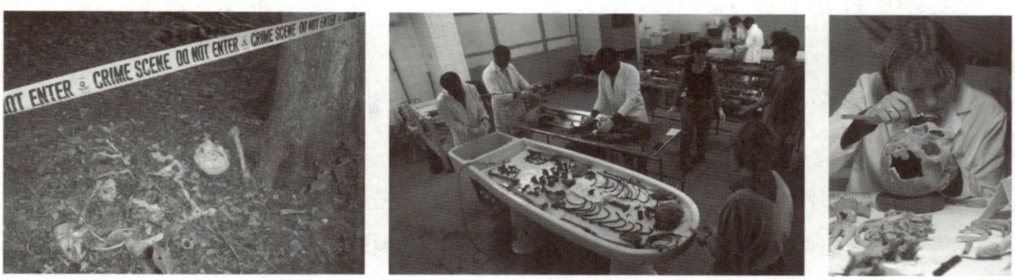

법인류학의 연구 대상으로서 뼈가 있는 범죄 현장과 인골의 분석

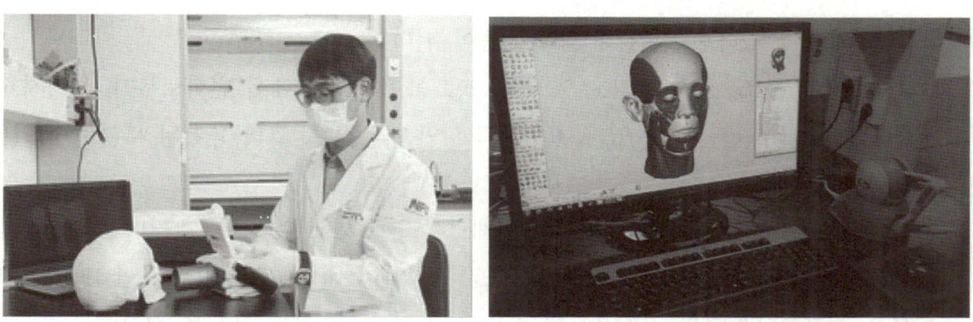

좌: 법치의학 및 법의인류학 감정, 우: 머리뼈를 이용한 신원 확인을 위한
3차원 모형(얼굴 복원) 제작 시스템[12]

12) https://nfs.go.kr/site/nfs/05/10504000000002017082110.jsp. 국립과학수사연구원(2021.09.07. 검색).

> 1987년 로스앤젤레스에서, 여자의 해골 잔류물이 어떤 집 시멘트 기초에서 상자에 들어 있는 채로 발견됐다. 그녀는 여러 군데 찔렸다. 굳기 전, 젖은 시멘트가 그 여자 얼굴의 윤곽을 담고 있었다. 경찰조각가(police artist)는 이것을 사자(死者)의 마스크(death mask)를 만드는 데 사용했다. 그리고 그 모습을 스케치한 후 이것을 일반 시민들에게 보여줬다. 어떤 남자가 있음직한 이름을 갖고 나타났다. 그것은 작업장에서 나온 그 여자의 지문과 콘크리트 안에 남아 있는 지문들을 그들이 대조할 수 있다는 것을 의미했다. 고무실리콘이 그 여자의 손 모양틀 안으로 부어져서 건조됐다. 그것을 제거하자 뚜렷한 융선 패턴이 나타났다. 그것을 통해 신원이 확인됐다. 이것과 함께, 그들은 그녀의 손에 남아 있는 방어흔을 확실하게 이해할 수 있었다(Ramsland, 2001: 66).

들의 뼈인지 여부를 확인하기 위해 뼈를 조사하는 것으로부터 법의학적 인류학적 조사가 시작되며, 뼈를 처리하고, 신원 확인에 책임이 있게 될 사람들의 관점에서 관리의 연속성(chain of custody)이 확립된다. 그러고 나서, 그 뼈들은 분석을 위해 실험실로 이송된다.

수사관이 알아야 할 기본적인 신원 확인 요소들은 다음과 같은데, 이런 것들은 종종 뼈를 통해 알게 된다(Ramsland, 2001: 68).

- 성별: 남성의 골반은 여성보다 좁다. 두개골(눈구멍 위의 융기된 부분)과 목덜미의 어떤 모양은 남성의 경우에 훨씬 더 크다.
- 연령: 석회화(calcification), 뼈가 서로 결합돼 있는 단계, 골반에서 연속적인 변화, 관절염과 같이 뼈에 관한 질병의 증거, 그리고 치아가 닳은 이유를 통해 연령을 알 수 있다.
- 이전의 외상(外傷, trauma): 만약 뼈가 부서졌거나 골절됐다면(fractured) 그리고 병원 기록이 있다면 신원 확인에 도움이 된다.
- 인종: 얼굴 구조, 특히 코와 눈이 안쪽으로 들어간 모양에서 변화로부터 세 가지 인종 중의 하나로 판단할 수 있다. 흑인종과 황인종의 경우, 코의 융기된 부분이 백인종보다 넓다.
- 신장(身長, height): 완전한 상태의 시체로부터 측정할 수 있다. 그러나 해체됐거나 혹은 불완전한 해골은 그 조각들을 서로 결합해야 한다. 트로터(Midred Trotter) 박사는 해골이 된 뼈의 길이로부터 신장을 결정할 수 있는 공식을 고안해 냈다. 이 공식은 연골조직(cartilage)이 없는 건조된 뼈에 적용되며, 뼈를 측정하고 계산할 수 있는 판을 사용하는 것이며, 일반적으로 다음과 같다.

대퇴골(넓적다리, femur) 길이×2.38>+61.41cm=신장(height)
경골(정강이뼈, tibia) 길이×2.52>+78.62cm=신장(height)
종아리뼈(비골, fibula) 길이×2.68>+71.78cm=신장(height)

만약 이 세 가지 뼈가 활용 가능하다면, 이 모든 것을 측정하고 그 결과는 평균을 내는 데 활용할 수 있다. 그 사람이 마른 형인지, 중간 정도 혹은 뚱뚱한 편인지를 추정하는 데 두개골판(해부학적 용어-table)이 활용 가능하다(Ramsland, 2001: 69).

녹스빌(Knoxville)에 소재한 테네시대학교(University of Tennessee)에 설치된 법인류학부에는 PMI(사후 사망 시간 추정)를 분석할 수 있는 전문 연구시설이 있다. 보호구역으로 이뤄진 2½ 에이커에 달하는 벌판이 사람의 시체가 분해돼 가는 과정을 연구할 수 있도록 조성돼 있다. 이와 같은 연구시설은 전 세계 어느 곳에도 없다. 외부 사람들은 이곳을 '시체 농장(The Body Farm)'이라고 부르고 있다. 거기에서 일하는 사람들은 그것을 단순히 연구시설이라고 여기고 있다(Ramsland, 2001: 38).

시체 농장의 설립자 바스 박사

이 연구시설의 설립자는 바스(William M. Bass) 박사다. 그는 백골화(白骨化, skeletal)된 시체의 신원 확인과 곤충학 분야 전문가로 높이 평가받고 있는 사람이다. 많은 시체가 주로 구더기와 함께 발견되기 때문에 경찰은 그에게 자문을 받고 있으며, 이런 연유로 그러한 전문기술이 필요했다.

놀랍게도 당시에는 그러한 주제에 관한 서적이 매우 드물었다. 그래서 바스 박사는 연구용 송장(시체, cadavers)에 관한 소유권을 대학으로부터 요구했다. 그는 곧 땅의 한 구역을 취득했고, 연고(緣故)가 없어서 유가족이 시체 인도를 요청하지 않는 몇몇 시체를 취득해 그 시체들을 자연 상태 그대로 노출시켰다.[13] 그러한 조건하에서 시체에 어떤 변화가 일어나는지에 관해 매우 중요한 법의학적 정보를 얻게 됐다.

"우리가 연구하기 전에, 시체에 관해 아무도 시간상의 경계를 확립해놓지 않았다"라고 그는 지적한다. "어떻게 시체가 부패·분해되는지에 대해서는 수많은 요인이 영향을 미친다. 우리는 영향을 미치는 두 가지 중요한 요인이 바로 기후와 곤충이라는 것을 발견했다. 사람이 사망하면 곧바로 부패하기 시작한다. 소화 시스템에 있는 효소가 조직을 먹기 시작한다. 그러면 시체는 썩기 시작하고, 냄새가 발산된다. 썩어가는 시체에 유인되는 최초의 동물은 다름 아닌 금파리(blowfly)다. 그 파리들은 시체에 내려앉아 알을 까고, 그 알은 구더기로 성장한다. 그 구더기들은 어느 정도 예측 가능한 방법으로 썩어가는 시체를 먹어치운다"고 한다(Ramsland, 2001: 38). 이러한 정보를 측정하고 기록함으로써, 그 실험시설은 국가적인 인정을 받게 됐다.

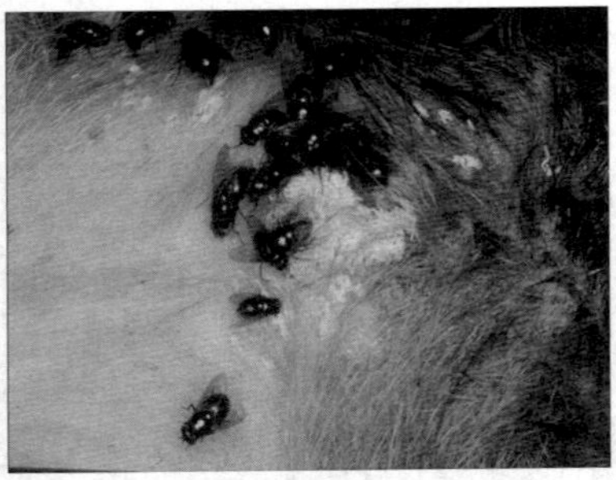

시체에 제일 먼저 날아드는 금파리[14]

시체의 부패를 촉진시키는 데에는 다양한 요인이 있다. 시체의 분해 개시와 진행을 촉진하는 요인은 시체의 생화학적 자기 분해, 박테리아의 성장 및 부패를 증진시킨다(Shkrum et al., 2007: 41). 이에는 열(heat),[15] 환경적 조건(environmental medium), 신

13) http://edition.cnn.com/2000/HEALTH/10/31/body.farm/. CNN. Pastoral putrefaction down on the Body Farm. October 31, 2000(2021.09.07. 검색).

14) http://en.wikipedia.org/wiki/Blow-fly(2007.01.18. 검색); http://forensic-topics.com/yahoo_site_admin/assets/images/060.22475633_std.jpg(2015.01.06. 검색).

15) 따뜻한 환경에서는 분해가 촉진되며, 온도가 올라갈수록 부패 개시가 빨라진다. 그런데 아주 높은 온도에서는 오히려 효소의 비활동성 및 박테리아 숫자 감소로 인해 부패가 지연된다. 냉동 상태가 반드시 부패를 지연시키는 것은 아니다. 냉동된 시체는 그것이 해동(解凍)할 때, 박테리아가 증식함으로써 빠르게 부패할 수 있다.

체의 특성(체질),[16] 의복과 시체를 덮고 있는 상태,[17] 시체의 위치,[18] 그리고 손상된 부위[19] 등에 따라서 부패의 속도가 달라진다(Shkrum et al., 2007: 41).

환경적 조건에 따른 시체의 부패 속도를 측정하는 중요한 원리로서, 캐스퍼의 법칙(Casper Rule)이 알려져 있다. 이에 따르면, 시체는 놓여 있는 상태에 따라 부패가 진행되는 속도에서 차이가 있다는 뜻이다. 공기 중에 노출돼 있는 시체보다, 물속(水中)에 있는 시체의 경우 부패가 더디게 진행된다. 땅속에 매장돼 있는 시체는 수중보다 훨씬 더 느리게 진행된다. 예를 들면, 공기 중에 1주일 정도 노출돼 부패가 진행된 시체의 상태는, 수중에서는 2주일 정도 잠겨 있는 그리고 땅속에 8주일 정도 매장돼 있는 시체의 상태와 비슷하다는 뜻이다(Shkrum & Ramsay, 2007: 41). 그래서 1(공기 중): 2(수중): 8(땅속)이라는 공식이 활용된다. 역으로 살펴보면, 공기 중에서는 수중보다는 2배 빨리 부패가 진행되며, 땅속보다 8배 빨리 진행된다는 의미다.[20] 이러한 경향은 부패를 촉진하는 유기체(organisms)는 산소를 필요로 하는데, 공기가 이러한 역할을 할 수 있기 때문에 발생한다(Macey, 2010: 58).

한편, 시체가 땅속 깊이 매장돼 있으면, 시간이 경과하는 동안 시체의 보존 상태가 양호한 상황이 된다. 온도가 낮아지면서 부패가 지연되고, 곤충이나 다른 동물들의 활동에 덜 노출될 수 있기 때문이다(Shkrum & Ramsay, 2007: 41).

테네시대학에서 시체의 각 부패 단계가 분석되면, 자료들이 점점 확대돼 데이터뱅크에 추가되며, 법집행기관이 활용하게 된다. 그래서 거의 300여 구의 시체가 이러한 연구에 활용된다. 시체는 차량의 트렁크에 실려 있기도 하고, 태양에 직접 노출된 채로 놓아두기도 하며, 텐트나 플라스틱 밑에 놓아두기도 하고, 진흙 속에 매장하기도 하며, 비계(scaffold)에 매달아놓기도 하고, 관(棺) 속에 넣어두기도 하며, 어두운 냉장고에 보

---

16) 유아와 어린이들은 빨리 차가워지면서, 부패가 지연된다. 생전에 비만이었던 시체의 경우, 지방(fat)이 열 손실을 막는 효과가 있어서 오히려 부패 속도를 증가시키는 수가 있다.

17) 무겁고 두꺼운 의복은 열을 유지하기 때문에, 시체의 부패 속도를 가속화시킬 수 있다. 그런데 외부에서 꽉 조이는 의복을 통해 강하게 압박하는 경우, 조직에서 발산되는 가스의 확산을 막고, 혈관 내에서 박테리아의 확산을 막음으로써 지연될 수 있다.

18) 혈관 내 혈액의 증가는 박테리아 성장과 분해를 촉진시킨다. 혈액이 손실되면 부패가 지연된다. 부패는 머리, 목 그리고 가슴 상부에서 더 잘 진행된다.

19) 손상된 부위는 박테리아 서식 장소를 제공하면서 부패가 빨라진다.

20) http://www.forensicmed.co.uk/pathology/post-mortem-interval/(2015.01.06. 검색). 이 법칙에 따르면, 시체가 있는 장소에 따라 공기: 물속: 땅속의 부패 속도가 1 : 2 : 8이다. 즉, 공기 중에 있을 때 하루가 걸리는 정도의 부패는 물속에서 이틀, 땅속에서는 여드레가 걸린다는 뜻이다(문국진 · 강창래, 2011: 168).

관되기도 하고, 시체 운반용 가방에 지퍼로 닫아놓기도 하며 혹은 물속에 잠그기도 한다. 어떤 시체는 심지어 방부 처리되기도 한다. 프로젝트가 진행되는 동안 그 임무가 부여된 연구원은 이러한 시체 분해 과정에 대한 여러 측면을 일정한 간격으로 정확하게 디지털로 기록하게 된다. 임무를 수행하는 사람은 다양한 냄새의 변화를 기록할 수 있는 32개의 센서가 장치된 전자코(electronic nose)를 또한 활용할 수 있다(Ramsland, 2001: 39).

미국 테네시대학의 시체 농장 입구

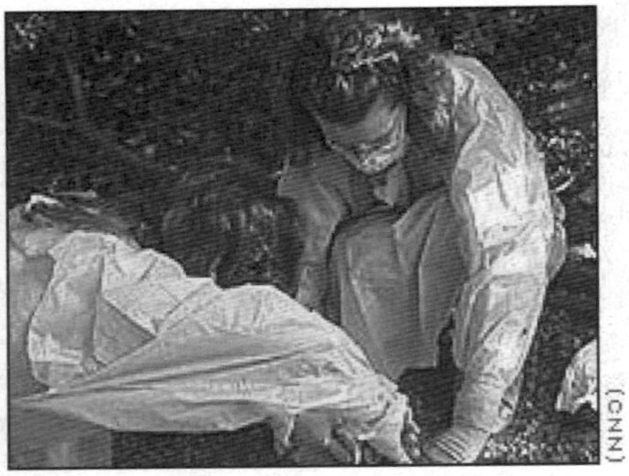

시체 농장에서 실습 중인 연구원들

(6) 법의정신병학

법의정신병학(法醫情神病學, forensic psychiatry)은 범죄자의 정신 상태와 예상되는 의도에 관한 연구 분야이며, 법집행 부서, 법원 그리고 교정기관 등에 적용될 수 있다(Osterburg & Ward, 2000: 57). 한편 정신건강 전문가/범죄학자/프로파일러는 범죄 현장으로부터 잠재적 범행 동기와 범죄행동을 분석함으로써, 증거가 어떻게 해석될 수 있는지 판단하는 데 도움을 준다. 이들은 연쇄범죄자가 다음에 무엇을 저지를 것인지를 또한 예측할 수 있다. 신원 확인을 가능케 해 주는 범죄자의 유형과 특징을 좁혀준다. 그리고 수수께끼 같은 범죄의 측면들을 설명해 준다(Ramsland, 2001: 17).

(7) 법곤충학

법곤충학(法昆蟲學, forensic entomology)은 사망 시점 혹은 시체가 매장된 현장 확인을 도와주기 위해 곤충의 성장 단계를 연구하는 분야다(Ramsland, 2001: 17). 그야말로 곤충을 다루는 동물학의 한 분과 학문이다. 시체에서 발견된 곤충의 종류는 시체가 움직였다는 것을 증명해 줄 수 있다. 예를 들면 시골지역에서 발견된 해부용 시체가 '도시형 파리'들로 꽉 차 있는 것으로 밝혀졌을 때, 이 시체는 도시에서 옮겨졌다는 것을 알 수 있다. 환경-내부 대 외부-은 시체가 부패하는 과정에서 발견될 수 있는 곤충의 특별한 종류에 영향을 미칠 수 있다. 다른 서식지에 익숙해진 종(種)들에 관해 아는 것은 아마도 존속하는 동물의 역사에 관한 정보를 제공하는 데 도움이 된다 (Osterburg & Ward, 2000: 401).

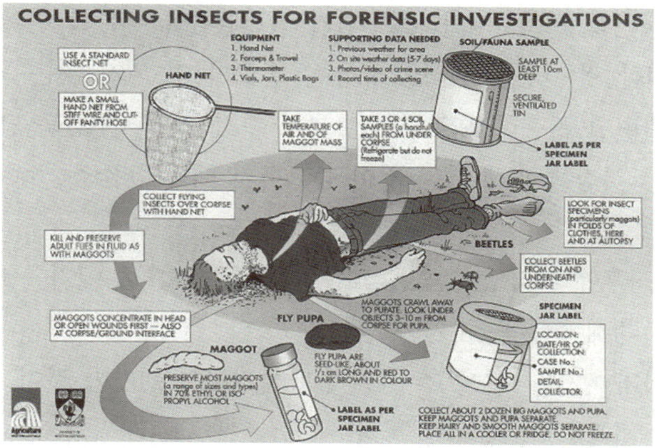

시체 주변에 서식하고 있는 곤충과 수사를 위한 채집 사례

만약 곤충학자가 시체에서 곤충을 발견하는 데 실패한다면, 이것은 아마도 시체가 실제로 이동됐다는 것을 암시할지도 모른다. 용의자의 부인(否認) 진술이 허위임을 보여주는 것일지도 모른다. 곤충학자는 생태적 문제로서, 시체가 발견된 장소를 연구한다. 지역성의 관점에서 곤충의 존재와 발견을 해석하게 된다. 다시 말하면, 시체에서 발견된 곤충의 밀도는 그것이 발견된 환경의 밀도와 일치한다. 만약 그것이 그렇지 않다면, 그때에 그 시체가 다른 장소로부터 이동됐다는 것을 추측할 수 있게 해 준다. 시체가 움직였다면, 살인사건 현장은 아주 중요해질 수 있다. 이러한 종류의 수사에서 곤충학적 조사는 시체 그 자체보다는 오히려 그러한 시체가 발견된 장소에서 실행돼야 한다. 시체의 존재는 그 시체 밑 토양의 구성 요인의 종류에 영향을 미칠 수 있으며, 이러한 변화는 시체가 옮겨진 후에도 수사가 가능할 정도로 남아 있을 것이기 때문이다.

살인사건의 피해자들이 어떤 특별한 자동차로 이곳에서 저곳으로 운반됐다는 것을 보여줄 수 있는 사건들이 있다. 이와 유사하게, 수사관의 관심은 종종 어떤 장소에 누가 혹은 무엇 때문에 그렇게 자주 갔는지에 집중된다. 아주 작은 곤충과 다른 유기체는 의복류에서 혹은 차량 내부에서 그리고 다른 자동차에서 의도하지 않은 상태에서 수집될 수 있다. 이러한 곤충들의 존재는 종종 사람 혹은 자동차가 어떤 특별한 장소에 자주 들렀다는 것을 보여준다. 이러한 종류의 관련된 증거는 큰 잠재력에도 불구하고 대체로 간과돼 왔다(Osterburg & Ward, 2000: 401).

곤충의 분비물 혹은 물어뜯은 자국은 종종 어떤 패턴을 갖게 된다. 마치 어떤 공구에 의해 가해진 것과 같은 자국을 보인다. 유사한 패턴이 다른 살인사건이 발생한 후 곧바로 관찰됐다면, 정신적으로 문제가 있는 자가 연관됐음을 추론할 수 있다. 만약 절단된 패턴이 곤충에 의한 것이라면, 이러한 추론은 별로 득이 되지 않는 노력이 될 것이다.

사망 시간과 관련된 곤충학적인 정보는 특히 수사 과정 중 신문 단계에서 효과적으로 활용된다. 사망 시점에 관해 아는 것이 중요하기 때문이다(Osterburg & Ward, 2000: 42).

- 피해자에게 최후에 나타났던 혹은 피해자와 마지막으로 얘기를 나눴던 것으로 보이는 사람에 대해 의문을 가져야 한다.
- 법의병리학자가 사망 시간을 추정한 것과 목격자가 평가한 것이 서로 갈등을 빚을 때에는 사망 시점을 잘 살펴야 한다.

법곤충학자는 곤충이 알을 낳는 단계에서부터 유충(幼蟲)으로 성장해 완전히 성충이 되는 과정까지 연구한다. 그들은 인간의 송장(送葬, 시체 이동)을 어떤 곤충이 나타났다가 그리고 예상될 만한 스케줄에 따라서 떠나는 일종의 생태적 시스템으로 간주한다. 예를 들면 곤충학자들은 집파리의 알(卵)이 24시간 이내에 구더기로 부화한다는 것을 안다. 각 성장 단계에 필요한 시간에 관한 특별한 지식을 통해 곤충의 종이 관찰되고 기록되고(가능하면 컬러 사진으로 촬영), 사망 시점을 추정할 수 있는 전문가가 될 수 있게 해 준다.

곤충학자들은 범행 현장에 임장(臨場)해 특별한 곤충의 종들을 수집한다. 그뿐만 아니라 부검(剖檢) 때에도 그렇게 해야 한다. 그러한 증거물이 신뢰할 만하기 때문에, 송장으로부터 취득된 특별한 곤충 종의 생활주기는 반드시 사본을 떠놓아야 한다. 알과 유충 형태의 곤충에 대한 증거는 종종 확인하기가 어렵거나 불가능할 수 있다. 확인하기가 어려운 곤충 종에 대해서는 DNA 분석을 통해 확인이 가능하다(Osterburg & Ward, 2000: 405).

유○○ 사망 시간 미스터리 '구더기 샘플'로 푼다

전북경찰청 과학수사대(CSI)가 법곤충학을 통해 유○○ 전 ○○그룹 회장의 사망 시간을 추정하는 정밀조사에 나서 관심이 집중되고 있다. 전북경찰청 CSI는 유 씨의 사망 현장과 시체에서 파리 유충의 번데기 탈피각과 구더기를 채취하고, 현장의 습도와 온도 등 주변 환경 조사를 진행하고 있다고 28일 밝혔다. 전북경찰청 CSI는 이를 통해 논란이 되고 있는 유 씨의 사망 시점을 유추한다는 계획이다.

2009년부터 법곤충학 연구를 시작한 전북경찰청 CSI는 시체에서 발견된 곤충의 종류와 발육 상태를 통해 사망 시간과 원인, 장소를 추정하는 국내 유일의 수사기관이다. 전북경찰청 CSI 관계자는 "발견된 곤충의 종류를 유전자 검사를 통해 정확히 확인하고 냉장 보관된 시체 등에서도 성장을 멈춘 구더기 등을 채취해 사망 시점을 유추할 계획"이라고 말했다. 이 관계자는 "가장 중요한 것은 사망 현장의 습도와 온도 등 환경적인 요소"라며 "이를 위해 곤충 증거 채취와 함께 사망 현장의 환경 조건 등에 대해서도 CSI 대원들을 파견해 조사하고 있다"고 덧붙였다. 현철호 검시관은 "시체가 발견된 시점과 유 씨의 시체로 확인된 시점에 차이가 있어 법곤충학적 접근이 늦기는 했지만 번데기 탈피각과 시체에서 나온 구더기의 종류와 성장 단계를 확인하면 더 정밀한 사망 시점을 추측할 수 있다"며 "1~2주 정밀분석을 진행할 예정"이라고 말했다.

(https://www.seoul.co.kr/news/newsView.php?id=20140729003006/
서울신문, 2014.07.29.)

(8) 법미술가/조각가

용의자의 얼굴을 스케치해 정보를 제공한다. 어떤 사람의 얼굴을 찾아낼 수 있도록 얼굴 영상을 형상화하는 데 컴퓨터를 사용하고, 부패된 잔류물에 근거해 2차원, 3차원 얼굴 영상 복원 기법(superimpose)을 활용한다(Ramsland, 2001: 17). 『법미술학과 도해(*Forensic Art and Illustration*)』의 저자인 테일러(Karen T. Taylor)에 따르면, 법미술학(forensic art)에는 다음 네 가지 유형이 있다고 한다(Ramsland, 2001: 69).

① 합성 이미지(composite imagery): 목격자의 리포트로부터, 경찰 단계에서 스케치하는 것

② 이미지 수정 및 이미지 확인(image modification and image identification): 사진의 질을 향상시키는 것과 조작하는 것, 색이 바랜 사진을 업데이트하는 것과 같은 분야

③ 재구성(복원)을 도와주기(reconstruction aids): 사후 시체의 유류물을 확인하는 데 도움을 주는 방법으로서, 예를 들면 해골로부터 2차원 혹은 3차원적인 얼굴을 복원하는 것

④ 증명을 도와주기(demonstration aids): 법정에서 소송사건을 증명하기 위한 시각적 정보, 예를 들면 차트(charts)나 범죄 현장 재구성(crime scene reconstruction) 등이다.

실종된 사람들을 위해 목격자의 증언을 통해 합성그림(composite drawings)이 작성되는 경우가 있다. 다른 방법을 활용했어야 할 정도로 나쁜 조건에서 많은 시체가 발견됐을 때, 특히 생존할 당시 주변에서 그 사람의 모습에 관한 설명을 할 수 있는 사람이 없는 경우다. 해골 잔류물에 대해 사용된 이러한 것들 중의 하나는 '수퍼임포즈(superimpose)'[21]로 알려져 있다. 이것은 시각적으로 정밀하게 비교하기 위해 한 이미지 위에 다른 하나를 올려놓는 것을 의미한다(Ramsland, 2001: 70).

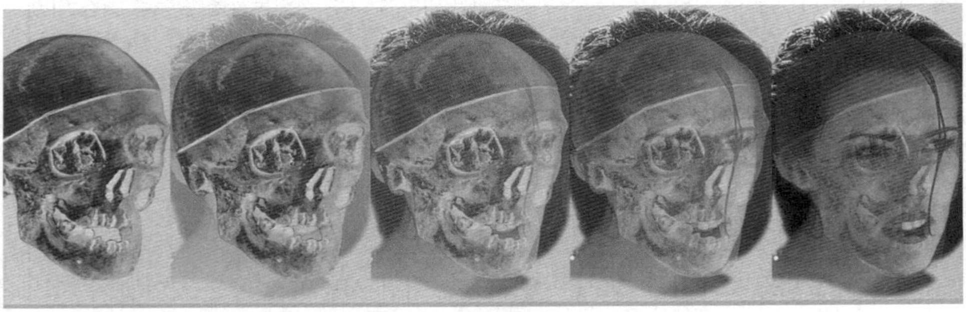

수퍼임포즈를 이용한 감정 기법[22]

1985년, 법인류학 팀이 아우슈비츠에서 실험을 했던 멩겔레(Josef Mengele)라는 나치 전범(戰犯, Nazi war criminal)의 유골로 알려진 것을 감식하기 위해 브라질에 있는 상파울루로 갔다. 게하르트(Wolfgang Gerhard)라는 이름을 갖고 있는 무덤에서 그 유골들이 발굴됐다. 그리고 두개골을 포함해 대부분의 뼈가 부숴져 있었고, 무질서하게 돼 있었다. 그 팀원들은 멩겔레의 생존 당시의 기록들을 거의 갖고 있지 않았다. 거기에는 단지 치아를 보충한 것들의 숫자들만 있었다. 광범위한 조사를 통해 그 뼈들이 60~70세 정도 되는 백인 남성의 오른손 뼈들이라는 것이 증명됐다. 뼈를 측정한 추정치 또한 멩겔레의 신장의 0.5cm 이내에 있었다. 그것은 계속 조사를 하기에 충분했다. 인류학자들은 '비디오 해골 수퍼임포즈'라고 불리는 기법을 사용하기로 결정했다. 흩어진 뼈들을 함께 합치면서, 그들은 30곳의 비교할 지점에 핀으로 표시를 했다. 그

21) 위에 놓다, 겹쳐 놓다(on); 덧붙이다, 첨가하다; <영화 · TV>에서 2중으로 인화하다(두 화상을 겹쳐 인화해 새 화면을 만들기).

22) Roxana Ferllini, *Silent Witness*(Willowdale, Ontario: Firefly Book, 2000), 표지 그림.

들은 멩겔레의 얼굴 사진에도 그와 같은 것을 실시했다. 그리고 두개골과 사진을 해골과 사진을 나란히 놓았다. 양쪽에서 그들은 사진을 찍었다. 만약 30군데 모든 지점이 잘 맞아 들어가면, 그때에 나치 전범에 관한 긍정적인 신원 확인이 됐다고 말할 수 있었다. 카메라로 찍은 것들이 기록되고 나서 그 이미지를 수퍼임포즈했다. 그리고 전문가들이 주의 깊게 일치하는 지점들을 조사했다. 최종적으로, 그들은 발굴된 두개골이 전범이었던 멩겔레의 것임을 발표했다. 얼마 후 멩겔레의 치과 X선을 찾아냈으며, 두개골에 남아 있었던 치아들과 비교됐다. 그들은 비디오 수퍼임포즈 기법을 도와주는 일치점들을 증명했다(Ramsland, 2001: 70-71).

법인류학자 혹은 법미술학자는 포렌식 조각(forensic sculpture)으로 알려진, 얼굴 복원작업을 하기 위해 동원될 수 있다.

물리적 작업이 시작되기 전에 미술가 혹은 인류학자들은 그것을 연구하기 위해 사건에 관한 모든 정보를 수집한다. 예를 들면 로마노프(Romanov)라는 암살된 러시아 왕가로부터 나온 뼈들이 발견됐을 때, 그들이 총격과 총검으로 살해됐으며, 총기의 개머리판으로 난폭하게 부서졌다는 것을 알고 있으면, 이는 수많은 부상 부위를 설명하는 데 도움이 된다. 또한 인류학자는 성별, 연령, 인종 그리고 얼굴이 어떻게 보였을 것인지에 대해 판단하는 데에 도움을 줄 수 있는 다른 모습들에 대해 좀 더 상세한 내용을 제공할 것이다. 그 사람이 사망하기 전에는 어떤 모습이었는지를 판단하기 위해 미술가들은 치아를 포함해 두개골의 다양한 부분을 연구한다. 없어진 치아들이 사망하기 전 혹은 후에 빠졌는지 여부를 알기 위해 분석된다(Ramsland, 2001: 72).

포렌식 조각은 연쇄살인범 게이시(John Wayn Gacy)가 살해한 7명의 피해자들의 신원을 확인하기 위해 사용됐다. 1973년 다양한 부패 과정에 있는 28개 구의 시체가 살인범의 집 밑에서 혹은 정원에서 발견됐다(나중에 5구는 물에서). 실종된 소년들의 부모가 그들의 아이들이 게이시가 주장하는 바와 같이, 일종의 동성연애에 관련됐을 것으로 믿는 사람들이 거의 없었기 때문에, 그들은 수사에 도움을 거의 주지 않았다. 수사관은 수많은 시체의 신원을 확인하기 위해 치과 기록, 지문 그리고 X선을 사용해야 했다. 6주 정도 지나서, 시체들의 절반 정도가 겨우 안 될 정도로 신원 확인이 됐을 때, 그들은 법인류학자 스노(Clyde Snow)를 불렀다. 스노는 실종된 사람들의 기록에 있는 묘사돼 있는 특징들과 비교될 수 있는 35군데 참고자료에 근거해 각 두개골에 대해 측정한 것들을 모으고 차트를 만들었다. 예를 들면 왼손잡이인 15피트 11인치 정도 되는 한 해골의 두부(머리)에 상처가 있고, 왼쪽 팔이 골절됐다는 것을 확인했다. 이러한 모든 것이 실종된 이전의 해병대원이었던 탈스마(David Talsma)와 일치했다. 1년이 지나서, 신원 확인을 해야 할 9구의 시체가 아직 남아 있었다. 그래서 스노는 7개의 두개골에 관한 작업을 도와주도록 조각가 개틀리프(Betty Pat Gatliff)를 초청했다. 그녀의 첫 번째 단계는 피부 가죽의 두께를 확인하는 것이었으며, 그렇게 함으로써 그녀는 다양한 중요한 지점들에 연필지우개를 풀로 붙였다. 그러고 나서 그녀는 어떤 측정치에 따라서 찰흙으로 된 모델링을 적용했다. 그렇게 함으로써 입과 양쪽 볼이 어떤 모습으로 보일까 하는 것에 대한 아이디어를 갖게 됐다. 그러고 나서 코를 만들고, 가짜 눈을 삽입하고, 적절한 색깔의 가발을 씌웠다. 한 명의 피해자의 신원이 확인됐으며, 다섯 구의 시체가 임시적으로 확인됐다(Ramsland, 2001: 73-74).

두개골 분석을 위해 시간이 덜 소요되는 2차원 얼굴 복원 방식(two-dimensional reconstruction)이 사용된다. 이 방식은 테일러(Karen T. Taylor)가 개척자라고 할 수 있다. 이러한 방식은 3차원적인 접근 방식과 동일한 정보를 포함하고 있다. 그러나 마커(markers)가 추가된 후에 기술이 갈라졌다(Ramsland, 2001: 74).

1971년 가족 연쇄살인범으로 알려진 리스트(John List)가 뉴저지에 있는 자신의 집에 다섯 구의 시체를 매장 유기했다. 모두 건조된 상태로 발견됐다. 15년이 지난 후 뺨, 이중 턱 그리고 축 처진 눈처럼 그 당시 그의 나이에 맞는 특징을 합성하고 화질을 개선하는 등 오래된 리스트의 사진을 수정했고, 비록 그것이 3차원적인 연출까지는 이뤄지지 않았지만, 어떤 사람은 이 사진으로 그를 알아봤다. 그래서 그는 결국 체포됐다. 체포를 하는 데 도움이 됐던 것은 좀 더 화질이 개선된 사진에 근거해 그를 알아챈 사람이었다(Ramsland, 2001: 75-76).

<얼굴 이동(Face Lift)>이라는 프로그램에서, 밀러(Teri Miller)는 어린 시절 납치됐던 피해자가 성장했을 때 어떤 모습인지를 알아보기 위해 컴퓨터의 도움으로 과거 영상의 질을 높이는 일에 몰두했다. 피해자의 어머니의 사진뿐만 아니라, 피해자가 성장해 가는 동안 얼굴이 변해 가는 모습에 대해 포렌식 미술가들이 알고 있는 것에 근거를 둔 프로그램을 사용함으로써, 밀러는 치수를 재조정하고, 신원 확인을 도와줄 수 있는 컴퓨터 합성을 만들어 간다.

이것은 실제로 힘든 작업으로 보인다. 하지만, 체중의 증감, 변장, 머리 염색 등을 통해 그들의 신원 확인을 어렵게 한 것으로 악명이 높은 도망 다니는 범죄자를 이미지 조작(image manipulation)을 통해 체포할 수 있다. 이러한 포렌식 미술가들은 몸무게, 주름살의 형태와 같은 특별한 가족적 특성들을 참고해 가면서 사람들의 연령을 가장 중요하게 여긴다. 만약 사진을 활용할 수 없다면 스케치를 한 것이 동일한 목적으로 사용될 수 있다(Ramsland, 2001: 75).

(9) 다른 분야의 법과학자

- 회계사: 범행 동기를 추론하고 용의자의 신원을 확인하기 위해 금융 범죄 수사를 수행한다.
- 법탄도학(法彈道學, ballistics) 전문가: 화기류(火器類)의 기능과 탄환 발사에 관한 지식을 갖고 있는 사람을 말한다(Ramsland, 2001: 17). 탄도학은 1835년, 살인사건을 해결하기 위해 보 스트리트 러너(Bow Street Runner)의 고다르(Henry Goddard)에 의해 처음으로 수행됐다. 그 이후, 화약의 연소, 탄환과 테두리에 남는 자국과 같은 증거가 피해자와 사용된 무기류 그리고 용의자를 연관시킬 수 있는 귀중한 증거로 받아들여졌다(Lyman, 1999: 11).
- 식물학자: 범죄 현장에서 식물의 성장을 연구하고, 식물의 종자를 연구한다.
- 흔적분석 전문가: 유리, 페인트 조각, 섬유, 염료와 같은 증거 조각들의 분자 성분을 연구한다.
- 지문학자: 지문을 분석한다.
- 지질학자: 시체가 어디에 있었는지에 관한 정보를 제공하기 위해 토양의 성분을 분석한다.
- 지리학적 프로파일러: 연쇄 범죄자가 거주하고 있을 법한 장소를 확인하는 데 도움을 주는 컴퓨터화된 모델을 사용한다.
- 언어학자: 분리된 메시지를 단독 범인과 맞추기 위해 범행의 근본 의도를 조사하고, 범인의 교육 수준과 지식의 출처에 관한 뭔가를 가르쳐 주기 위해 구어체 혹은 문어체 단어들을 분석한다(Ramsland, 2001: 17).

한편, 우리나라의 국립과학수사연구원(법의학부, 법과학부, 법공학부)[23]에서는 다음과 같이 다양한 법과학 분야 업무를 수행하고 있다.[24]

- 법의학부: 대표적으로 부검 및 검안, 법치의학 및 법의인류학 감정
- 법과학부: 유전자 분석, 신원 확인, 법생물, 약품분석, 독물분석, 생체 시료 중 마약류 감정, 마약류 압수품 분석, 환각성 유해화학물질 감정, 미세증거물 감정, 화학적 지문 감정, 변사체 화학 감정

---

23) 법의학부에는 검시과, 법의검시과가 설치돼 있으며, 법과학부에는 유전자과, 독성학과, 화학과가 설치돼 있다. 법공학부에는 안전과, 디지털과, 교통과가 있다.

24) https://nfs.go.kr/site/nfs/05/10501010000002017091511.jsp. 국립과학수사연구원(2021.09.08. 검색).

• 법공학부: 화재 원인 분석, 안전사고(추락, 붕괴, 폭발, 감전 등) 현장 조사, 흔적 관련 감정 및 연구, 디지털 증거물 분석 및 복원, 영상/음성 판독 및 개선, 생체정보 계측 및 식별, 필적/인영/문서 위변조 여부 판독, 교통사고 해석, 교통범죄 분석

2. 법의학의 개념과 역사

1) 법의학의 개념과 영역

법의학(法醫學, forensic medicine, Rechtsmedizin)은 법률의 시행과 적용에 관련된 의학적 또는 과학적 사항을 연구하고 이를 적용하거나 감정하는 의학의 한 전문 분야에 속한다(Gauner, 2004: 676). 법률상의 문제를 해결하는 데 필요한 의학적 사항을 연구하는 학문으로서 재판의학, 법정의학(法廷醫學, Gerichtliche Medizin) 또는 감정의학(鑑定醫學)이라고도 하며(Osterburg & Ward, 2000: 56), 영・미에서 말하는 forensic medicine, legal medicine, medical jurisprudence, 독일의 Gerichtliche Medizin, Rechtsmedizin이 이에 해당한다. 이와 같이 법의학[25]은 의학의 오랜 학문 분야로서, 과학(범죄)수사학과 함께 공동의 임무를 통해 아주 밀접하게 연관돼 있다(Wirth & Strauch, 2000: 1). 또한 법률적으로 중요한 사실 관계를 해결하기 위해 이론, 연구 그리고 실무 속에 의학적 지식과 방법의 응용을 내용으로 담고 있다(Schwerde, 2000: 1).

즉, 법의학은 의심스러운 사망사건에 관해 사망의 시점과 원인을 수사하는 것과 같은 민사 혹은 형사사건에서 사실을 확인하기 위해 의학적 지식의 적용을 다루는 의학의 한 분과 학문이다. 그것은 또한 법의병리학(forensic pathology)으로 알려져 있다.[26] 특히 범죄수사나 형사재판에 필요한 각종 증거물에 대해 의학적 감정을 시행하는 응용의학의 한 분과다(우상덕, 1987: 1-2).

법의학은 형사상 문제에 가장 많이 이용된다. 즉, 변사자에 대한 검안・부검 및 법의

---

25) 한편, 이윤성 교수의 견해에 따르면, 법의학은 법률의학과 법정의학으로 구분하는데 법률의학(法律醫學, legal medicine, Rechtsmedizin)은 의료행위와 관련된 법률 문제, 법을 만드는 데 필요한 의학적 지식, 교통사고나 노동 재해에서 생긴 장애나 후유증을 판정하는 일 따위가 주된 업무여서 반드시 법의학 전문인이 아니더라도 의학 전반이 참여하는 법의학이고, 법정의학(forensic medicine, Forensische Medizin, 裁判醫學)은 재판과 관련된 부분, 예컨대 사망 원인을 밝히거나 친자를 감정하거나 독극물을 검출하는 등의 일을 주요 대상으로 하는 전문적인 법의학이라 할 수 있다([네이버 지식백과] 「법의학의 세계」, 법의학이란?(2003.10.15., ㈜살림출판사).

26) http://www.medicinenet.com/script/main/art.asp?articlekey=10606. MedicineNet.(2021.09.17. 검색).

학적 증거물의 검사로 살인·상해에 대한 중요한 증거를 제공받아 범인 색출, 죄의 유무 판정, 형량(刑量)의 결정 등에 응용된다.[27] 이처럼 법 운영에 결정적으로 중요한 자료를 제출하는 만큼 고도로 숙련된 경험과 과학적 지식이 요구된다.

법의학의 기법

"죽은 자는 말이 없다"고 한다. 그러나 죽은 자를 대신해 말을 하는 게 법의학이다. 그래서 법의학을 '망자(亡者)의 대변인'이라고 한다. 대표적인 것이 '사체 검증'으로 시반(屍斑, livor mortis: 사체에 나타나는 반점)과 시강(屍强: 사체가 굳어지는 현상)이 핵심이다. 지난 1995년 발생한 '치과 의사 모녀 살해사건'의 범인으로 지목됐던 치과 의사 이○○ 씨는 법의학이 동원된 재판을 거치면서 1심 사형(死刑), 2심 무죄(無罪) 등 생사를 넘나들다 결국 무죄 확정됐다. 사망 시간이 10시간 이상 지나면 시반은 위치 이동을 하지 않는 특징이 있다. 당시 시반의 위치 등을 토대로 사망 시간에 대한 논란이 빚어졌다. 이는 범행 시각이 이 씨의 출근 시각 이전인지 여부를 확인하는 근거가 됐다. 박종철 군 사건에서 보듯 부검은 대표적인 사체감식법이다. 얼마 전 서울지법에서 소위 '수지 김 씨 살해사건'의 윤○○ 씨가 살인 혐의로 징역 15년형을 선고받은 것도 법의학 지식을 바탕으로 한 전문적인 감식에 따른 것이다. 윤 씨는 당초 말다툼 도중 아내인 김 씨가 넘어지면서 죽었다고 주장했으나 사체 감식 결과 김 씨가 '끈에 의한 질식사'로 숨진 것으로 판명됐다(국민일보, 2002.10.17.).

법의학의 세부 분야에는 법의병리학(forensic pathology: 시체를 검사), 법의혈청학(forensic serology),[28] 법의독물학(forensic toxicology: 혈액과 같은 인체에서 얻은 시료로 독극물을 검출), 법치과학(forensic odontology: 치흔 감정이나 치아로 개인을 식별), 그리고 법의정신병학(forensic psychiatry), 임상법의학(clinical jurisprudence)[29]이 포함된다.[30] 살인사건 수사에 도움을 줄 뿐만 아니라, 다른 범죄사건 수사에도 도움을 준다.

법의학자(법의학을 위한 전문의, 법정 의학자 그리고 법정 의사와 같은 의미로 쓰인

27) http://kr.encycl.yahoo.com/final.html?id=73934.

28) 법의혈청학은 혈액·타액·정액·질액·모발·치아 및 골격 등 인체의 분비물 또는 조직을 재료로 한 혈액검사를 중심으로 혈청형·백혈구형(HLA型)·타액형·지문 분류·모발 분류 및 인류학적 검사 등을 실시해 개인을 식별함으로써 범인 색출·친생자 감정(親生子鑑定) 등에 기여하는 학문을 말하며, 일명 과학수사학 또는 감식학(鑑識學)이라고도 한다.

29) 임상법의학은 의료사고가 일어난 경우에 질병 또는 손상과 사인(死因)과의 관계, 의료행위와 사인과의 관계를 분석해 의료행위의 과실 유무를 판단하는 학문이다.

30) 이윤성 교수는 이외에도 백골을 검사해 개인을 식별하거나 사망의 원인을 알아내는 법인류학(法人類學), 지문 검사나 탄도 검사와 같이 범죄수사에서 증거를 확보하는 감식학 등을 포함시키기도 한다.

다)는 의사로서, 의학교육 프로그램에 입각해 수년 동안 전문의사가 되기 위한 폭넓은 교육을 이수했으며, 또한 주무기관인 의사협회에서 실시하는 시험에 합격한 사람이다. 전문지식을 근거로 법의학자는 경찰이나 법원에 대해 전문 감정인으로서 활동하기도 한다(Wirth & Strauch, 2000: 1).

> 검시관(檢屍官, coroner) 시스템은 원래 영국에서 유래됐다. 해당 부서는 원래 'crowner'로서 혹은 국왕을 위해 세금을 거두는 공무원으로서 설치됐다. 사람의 사망 방식은 세금을 거두는 데 중요한 의미를 가졌다. 왜냐하면 어떤 유형의 사망사건에서 국왕은 재산을 몰수했기 때문이다. 따라서, 상속재산에 대해 검시관은 친척들에게 이익을 주는 방식에서 사망 원인에 대한 "정의를 내릴" 수 있었다. 결국에 그 관청은 사망사건 수사관 근무부서가 됐으며, 그 시스템이 미국에 전해졌다. 미국의 각 주는 그러한 직무를 수행하는 데 각자의 방식을 갖게 됐다. 어떤 지역에서는 의학적 교육 배경을 갖지 않은 자가 선거로 뽑히기도 한다. 어떤 주(州)에서는 의학 분야 학위를 갖고, 병리학적(부상 후 신체상에 나타나는 변화에 관한 지식) 훈련을 받은 법의전문의가 검시관을 대체했으며, 다른 주에서는 검시관이 또한 법의전문의이기도 하다.
>
> 범죄 현장에서, 법의관은 부검 사유가 있는지 여부를 결정한다. 그때 그는 예를 들면 사망자의 눈을 보고, 간을 경유해 시체 온도를 측정하는 것과 같이 약간의 기초적인 검사를 실시한다. 그는 또한 사진사에게 다양한 각도에서 특수한 사진 촬영을 지시한다(Ramsland, 2001: 18-19).

2) 법의학의 역사

법의학은 동서양이 다 같이 의학에 속하지 않고, 율과(律科)에 속한 형률(刑律)의 일부로서 발달했다. 고대 이집트, 그리스 및 로마의 문화와 고대 인도, 중국 문화의 발달을 연구한 사료(史料)에 따르면, 광의의 법의학으로서 평가되는 사항이 당시에 이미 존재했던 사실들이 각종 역사 자료에 나타난다. 즉, 모세(Moses) 법전과 탈무드(Talmud) 법전 등에 법의학적인 사실이 기재됐고, 히포크라테스(Hippocrates), 아리스토텔레스(Aristoteles), 갈레노스(Galenos) 등이 또한 법의학적 용어를 사용했다. 그 밖에 로마 시대에는 안티스티우스(Antistius)라는 의사가 암살당한 카이사르(Gaius Julius Caesar)의 시체를 부검하고 23군데의 부상(흉부의 제2창상을 치명상으로 판정)을 확인했다.[31] 의사들은 거의 수천 년 동안 부검을 실시해 왔다. 2세기경에 활동했던 갈레노스와 같은

31) Roman physician Antistius performed an autopsy and found that of the 23 wounds, none were fatal except the second wound in the breast. in: http://bambooinnovator.com/2014/03/16/autopsy-report-on-julius-caesars-death-gave-rise-to-the-term-forensic-in-latin-which-means-before-the-forum(2015.01.08. 검색).

사람을 포함해, 그리스의 의사들은 기원전 5세기경 초반에 범죄자, 전쟁사망자 및 동물에 관해 부검을 실시했다(Houck, 2007: 49).

서유럽에서 법의학 감정을 정식으로 한 것은 이탈리아의 외과의사 볼로냐(Bologna)의 루카(Hugo of Lucca)가 1249년에 재판관의 명령으로 법의감정(法醫鑑定)을 행한 것이 시초라고 한다.32) 유럽의 기독교 사회에서는 부검을 억제했으며, 적어도 1490년 교황 알렉산더(Alexander) Ⅴ세의 갑작스런 사망 때까지는 그랬다. 당시 그의 후계자가 교황을 독살했는지 여부가 문제됐던 사건이다. 그렇지만, 부검을 통해 독살의 증거를 찾아내지는 못했다. 교황 식스토(Sixtus) Ⅳ세 재위 기간(1471~1484)에 유럽 전역에 전염병이 확산돼 수백만 명이 사망했다. 그래서 교황은 전염병의 원인과 잔인한 질병에 대한 치료법을 찾을 희망을 갖고, 볼로냐대학 및 파두아대학의 의과대학 학생들로 하여금 부검을 실시하도록 허용했다(Houck, 2007: 49).

법률상 의사의 감정을 명기한 것은 신성로마제국 카를(Karl) Ⅴ세(Holy Roman Emperor Charles V, 1500~1558) 치하에서 제정된 「카롤리나 형법전(Constitutio Criminalis Carolina: Criminal law of Holy Roman Emperor Charles V)」이었다. 이 법전에 따르면, 사망사건 조사 시에 의학적 증언(감정, medical testimony)을 요구했는데, 상처의 조사를 통해 장기조직 병리(상처 깊이, 방향 그리고 범위)에 관한 내적 상관 관계를 외부적 손상과 연관짓도록 허용했다. 비록 이것이 현대적 의미의 부검에 관한 초기적 형태였지만, 형법전이 완전한 부검을 요구하거나 혹은 반드시 권장하지는 않았다(Bryant, 2003: 524). 이 형법전은 학문적 영역으로서 법의학(legal medicine)의 발전을 고무하면서 법의학적 부검을 허가했다(Finkbeiner et al., 2009: 4). 그래서 법의병리학(medical pathology) 활용이 진흥됐다. 비록 당시에는 완전한 부검이 실시됐던 것은 아니지만, 그것은 재판상의 심리를 실시하기 위해 상당수의 의학적 감정서를 의무화함으로써 선구적인 신호가 됐다(Houck, 2007: 49-50).

중세시대 교회에 의해 부검이 억제된 것이 절대적인 것은 아니었다. 교황 클레망(Clement) Ⅵ세는 1548년 전염병의 희생자들에 대한 부검을 의무화했다. 그 첫 번째 부검은 대규모 재앙과 관련됐다(Bryant, 2003: 524).

독일과 프랑스에서는 16세기 후반에 부검을 포함해 사망사건 조사가 좀 더 일반화됐다(Finkbeiner et al., 2009: 4). 법의학이 더욱 전문화된 것은 프랑스의 법의학 시조(始

32) http://kr.search.yahoo.com/search?fr=kr-front&p=%B9%FD%C0%C7%C7%D0.

祖)로 알려진 파레(Ambroise Paré, 1509~1590)의 역할을 들 수 있는데, 그는 1562년에 법의학적 검시 및 해부를 했다.[33]

1790년대, 최초의 영국 병리학 교과서들이 출판됐다. 베일리(Matthew Baillie)의 『병리해부학(*Morbid Anatomy*)』(1793)과 헌터(John Hunter)의 『혈액, 염증과 총상에 대한 연구(*A Treatise on the Blood, Inflammation, and Gun-Shot Wounds*)』(1794) 등이다. 그다음의 획기적인 발전은 전설적인 독일의 피르호(Rudolph Virchow, 1821~1902)로서, 1858년 『세포병리학(*Cellular Pathology*)』이라는 책에서, 사망자의 신체 조직에 대한 현미경 조사를 확대해 검사할 수 있도록 추가시켰다. 그는 근대 병리학의 아버지로 불렸으며, 범죄수사에서 처음으로 모발을 분석하기도 했다. 피르호의 기여야말로 근대 부검 절차의 시작을 알리는 신호가 됐다(Houck, 2007: 50).

3. 과학수사학

1) 과학수사학

과학수사학(Kriminalistik, 범죄수사학 혹은 犯罪徵證學)은 법과학 분야 중의 하나다. 과학수사학이라는 용어와 법과학은 종종 혼용되거나 서로 바꿔 사용되기도 한다.[34] 법과학은 다양한 과학적 분야, 예를 들면 약학, 독성학, 인류학, 곤충학, 공학, 치과학 그리고 물론 과학수사학 분야를 포함한다. 과학수사학(혹은 범죄수사학)에 대한 정확한 개념 정의와 그 적용 범위를 한계짓는 것은 매우 어렵다. 왜냐하면, 지역별·나라별로 다양하기 때문이다.[35] 과학(범죄)수사학의 사전적 의미는 "…탄도학적 실험, 혈액과 신체 조직의 분석 및 다른 대상물의 분석을 포함해, 물리적 증거를 분석하기 위해 실험실로 송부하는 것과 관련된 범죄수사에 관한 과학"이다(Gauner, 2004: 402).

즉, 과학수사학 혹은 범죄수사학은 화학, 물리학, 생물학 등 자연과학의 응용을 통해

---

33) 암브로즈 파레(Ambroise Paré)는 프랑스의 이발사 의사(barber surgeon)였다. 그는 80세까지 살면서 여러 프랑스왕(Henry II, Francis II, Charles IX, Henry III) 치하에서 그 역할을 수행했다. 그는 외과 의사 및 근대 법의병리학의 아버지로 여겨졌다. 그리고 수술 기술 및 특히 부상자를 돌보는 군의관의 개척자로 추앙을 받았다. 해부학자이면서 몇몇 외과수술 도구를 발명하기도 했다.

34) 오스트리아의 법과학자 그로스(Hans Gross)의 저서인 『*Kriminalistik*』을 미국에서는 "Criminal Investigation"이라는 용어로 번역해 사용하고 있다. 그래서 Kriminalistik 혹은 Criminalistic을 범죄수사학이라고 명명해도 무방할 듯 싶다.

35) http://science.enotes.com/forensic-science/criminalistics(2007.01.08. 검색).

과학과 법률이 관련된 문제에서 물리적 증거를 감정하고 평가하는 것이다. 예를 들면 혈흔, DNA 그리고 탄환의 궤적과 같은 물리적 증거에 대해 과학을 적용한 것이다(Ramsland, 2001: 2). 그래서 과학수사학은 법과학의 한 부분으로 이해되고 있으며, 궁극적인 목적은 법정에서의 증언이다. 과학수사관은 종종 전문가로서 증언하기 위해 법정에 소환되기도 한다. 법과학자처럼, 과학수사관은 법률과 관련된 자연과학적 문제들을 처리한다(Darby, 1984: §36).

과학수사학은 법과학의 한 분야로서, 범죄수사관(investigator) 혹은 재판이 진행되는 동안 법관과 배심원을 돕기 위해 미세한 물리적 증거를 발견하고 이를 기록, 과학적으로 검사하고 해석하는 것과 관련이 있다(Burnstein, 1999: 328-329). 과학수사학은 다음과 같은 목적으로 활용된다(Osterburg & Ward, 2000: 30).

- 물질, 물체 혹은 기구를 확인하기 위해
- 범죄 현장에서 발견된 증거와 어떤 용의자로부터 취득해 이미 알려진 비교 대상 샘플 간의 관계를 확립하기 위해, 게다가 범죄 현장 혹은 피해자와 용의자를 연관시키기 위해
- 범죄가 어떻게 일어났는지를 재구성하기 위해
- 용의자의 혐의를 벗겨줄 수 있는 증거를 밝혀냄으로써 무고한 사람을 보호하기 위해
- 법정에서 전문가 증언을 제공하기 위해

종종 그러한 조그마한 미세한 것들을 육안으로도 볼 수 있지만, 그러한 미세한 것들을 육안으로 보기 위해서는 과학적 도구의 사용이 더욱더 빈번해진다.

과학(범죄)수사학은 형법 혹은 형사법과 밀접하게 연관돼 있다. 특히 독일 대학에서는 과학(범죄)수사학이 법학적 문제로 평가됐기 때문에 법학의 한 분야(형사법 계열의 강좌)로서 취급돼 왔다. 실제로 이 분야에서 최고 권위자로 알려진 사람은 다름 아닌 포이에르바흐(Paul Johann Anselm Ritter von Feuerbach, 1775~1833)라는 학자였다. 그는 법철학자로서, 안스바흐(Ansbach)라는 지역의 항소법원장으로서 그리고 형사학자로서 근대 독일 형법학 이론에 큰 업적을 남겼다(Weihmann, 1996: 18-19). 법 응용의 한 방법으로서 과학(범죄)수사학을 활용했는데, 이와 같은 실증주의적 증거법 원칙이 규문주의 소송 절차에서 활용됐다.

학문으로서 과학(범죄)수사학의 위상은 여러 가지 형태로 논쟁의 여지가 있는데, 특

히 범죄학과 형법과의 관계에서 논해지고 있다. 자유민주주의 사회에서는 형사정책(Kriminalpolitik), 형법(Strafrecht), 범죄학(Kriminologie), 그리고 과학(범죄)수사학이 서로 관련을 맺고 있다. 즉

- 형법은 구성요건을 규정하고, 책임을 결정하며, 소송 절차를 확정한다. 그리고 행형(行刑, Strafvollzug)을 규정한다.
- 범죄학은 범죄 발현 형태를 설명하고, 그러한 원인에 대한 설명을 제공한다.[36)]
- 과학(범죄)수사학은 범죄 방지와 증거 발견, 증거 보전 그리고 입증을 통한 형사범 소추의 방법을 제공하며, 자연과학 및 정신과학을 활용한다(Weihmann, 1996: 23).

2) 과학수사

현대 사회의 범죄는 신속화 · 광역화 · 흉포화해지는 반면에 도시화 · 산업화, 인구 증가에 따른 개인주의 및 익명성의 증가로 인증(人證)의 확보나 탐문에 의한 자료의 수집에는 한계가 있으므로 과학수사를 통한 명확한 물증의 확보가 필수적이다. 또한 과학기술의 발전은 범죄의 다양화 · 지능화를 수반하고 있어 그에 따라 수사 방법도 과학화해야 하므로 결국 과학기술이 진보된 사회에서는 과학수사가 보편적인 수사 방법이 된다. 과학수사는 수사의 모든 단계에서 활용될 수 있으며, 특히 범인의 식별, 증거의 수집 분석 등 수사의 가장 중요한 분야에 결정적 기여를 할 수 있다.

그렇다면, 과학수사란 무엇인가? 한 마디로 정의하기는 어렵다. 종래 과학수사는 감정 · 감식을 지칭하는 의미로만 통용되기도 했으나, 현재에서는 수사 방법의 개선을 위한 의미로 과학적 방법을 이용하거나 과학적으로 행하는 모든 수사를 의미한다.[37)] 일반적으로 범인의 발견과 범죄 증거를 수집할 때 과학적 지식과 기술, 현대적 시설, 장비, 과학 기자재를 이용해 합리적 · 조직적으로 범죄를 수사하는 수사 방법을 말한다(이삼재, 1983: 15). 흔히 개인적 직관력, 짐작 혹은 감(感)에 의존하는 이른바 육감(六感) 수사에 상대되는 개념으로 쓰이고 있다. 이와 같은 과학수사는 '과학을 이용한 수사'와

36) 범죄학은 심리학적 관점을 포함하고 있으며, 그것은 범죄 동기, 범죄자의 소질 그리고 증거를 해석하는 데 도움을 주는 범죄행동을 분석하기 위해 범죄 현장을 분석하는 것을 포함한다. 예를 들면 용의자 소유의 자동차 범퍼의 움푹 들어간 자리에서 발견된 페인트가 뺑소니사건 피해자의 시체에서 발견된 페인트와 일치할 때, 범죄수사학의 관점에 따르면 그 용의자는 범죄자와 연관성이 있게 된다. 그런데 그 용의자의 자백이 허위로 밝혀졌을 때, 범죄와 연관된 평범한 사람의 입장에서 속임수를 쓰려는 아이디어는 범죄학을 통해 설명할 수 있다. 즉, 그 범인이 무엇을 숨기고 있는 파악하기 위해 수사관은 그 사건을 추가적으로 조사하게 된다고 설명하고 있다(Ramsland, 2001: 1).

37) http://user.chollian.net/~shinss/forensic/fs-1.html.

'수사 방법의 과학화'로 대별된다.

(1) 과학을 이용한 수사

① 과학적 지식의 이용

이학 · 화학 · 물리학 · 생물학 · (법)의학 · 약리학 · 기계공학 · 전자공학 · 전기공학 · 정보공학 · 광물학 · 토양학 · 곤충학 · 섬유학 · 식품가공학 · 기상학 · 건축학 등의 자연과학 분야의 지식은 물론이요, (범죄)심리학 · 사회학 · 논리학 · 통계학 · 회계학 · 음향학 · 음악학 · 체육학 · 철학 등의 인문 · 사회과학을 모두 포함하는 모든 분야의 과학적 지식이 이용된다.[38]

② 감식 기자재 등의 이용

수사 자료의 검출 · 채집 · 감별 등을 위한 감식 기재 · 재료와 기술이 끊임없이 개발돼 수사활동에 이용되고 있다. 지문 감식, 화재 감식, 혈액 · 모발 · 뼈 등의 감식, 정액(精液) · 타액(唾液) · 땀 등 분비물의 감식, 총기 · 탄알의 감정, 문서 · 필적 · 인영(印影)의 감정, 잠재 지문 · 족흔적 · 윤적(輪跡, 바퀴흔) · 혈흔의 검출 등을 위한 기기 및 재료, 자 · 타살의 감별, 거짓말탐지기 활용, 수퍼임포즈, DNA 분석 기법 등이 개발돼 있다(이삼재, 1983: 16). 특히 이러한 전문적인 감식 기법 활용 및 장비 조작에 대한 교육을 활성화해야 할 것이다.

(2) 수사 방법의 과학화: 과학적으로 행하는 수사

수사 법칙에 따른 수사를 진행하고, 행태연구(行態硏究), 범죄수법분석(犯罪手法分析) 등 수사에서의 합리성 · 타당성을 추구하는 것이다.[39] 즉, 합리적 · 조직적으로 행하는 수사를 말한다. 오늘날에는 컴퓨터의 활용으로 지문원지(指紋原紙), 수법원지(手法原紙) 등의 집중적인 관리와 각종 조회 및 수배, 공조 제보 등의 제도를 갖춰 수사의 과학화를 도모하고 있다. 공조(共助) 제도를 활용한 조직 수사는 과학수사의 중추적 역할을 하고 있으며, 조직 수사 체계의 완비와 효율화가 더욱 긴요시되고 있다.

---

38) 이러한 측면에서는 법과학(forensic science)과 법의학(forensic medicine)은 쉽게 구분되며, 법과학이 넓은 개념이라 할 수 있다. 또한 범죄 감식(forensic identification)은 법과학적 · 법의학적 지식을 활용한 수사 방법이라 할 수 있다.

39) http://kr.encycl.yahoo.com/final.html?id=17570.

3) 감정 · 감식

법과학 감정 · 감식은 특수한 지식과 경험을 가진 법과학 전문가가 그 경험과 지식에 의해 알 수 있는 사실과 그 사실로부터 얻은 판단을 법원 또는 범죄수사기관에 제공하는 측면에서 소송법상의 감식에 속하나, 일반적으로 과학지식과 기술을 이용하는 것만을 국한해 과학수사에서의 감정 · 감식이라 한다.[40]

(1) 감정

감정(鑑定, expert evidence)이란 소송의 제3자가 특별한 지식 경험에 속하는 법칙 또는 이에 바탕을 둔 원리에 입각해 구체적 사실의 판단을 하는 것을 말한다(우상덕, 1987: 16–17). 감정인이란 법원에 대해 사실 인정의 자료를 공술하거나 서류로써 제출하는 제3자를 지칭하며, 법원이 명하거나 수사 단계에서는 검사 또는 사법경찰관이 위촉(촉탁)하기도 한다. 형사소송법 제169조에 "법원은 학식 경험 있는 자에게 감정을 명할 수 있다.", 동법 제221조에는 "검사 또는 사법경찰관은 수사에 필요한 때에는 피의자가 아닌 자에게 감정을 위촉할 수 있다."라고 규정돼 있다.

(2) 감식

감식(鑑識, identification, Identifizierung)이란 아직 감정에 이르기 전에 솔선해서 범행 현장에 대한 사진 촬영, 지문 채취, 범행과 관계 있는 것으로 인정되는 물체에 대해 증거물의 수집, 가치 판단 및 그 검사(檢査)를 행하고, 범죄의 특징을 판단하는 등 광범위에 걸친 검사, 식별을 행하는 것을 말한다(우상덕, 1987: 18). 현재는 경찰의 수사 담당 및 감식 담당 직원이 행한다.[41] 특히, 범죄 감식의 경우 자연과학 · 정신과학 지식과 기술을 응용하고, 조직적인 시설자료를 활용해 범죄 사실을 밝히고 방증을 수집하는 방법이다.[42]

4) 과학수사실험실

과학수사실험실은 범죄수사학이라고 할 수 있는 법과학 분야에서 교육받고 훈련을 받은 전문가들이 근무하는 곳이다. 수사 도중에 경찰에 의해 취득한 물리적 증거를 검

40) http://user.chollian.net/~shinss/forensic/fs-1.html.
41) 일선경찰관서의 '과학수사계(과거에는 감식반으로 칭함)' 소속 수사경찰관이 우선적으로 맡고 있다.
42) http://kr.encycl.yahoo.com/final.html?id=4406.

다양한 법과학적 분석작업

자료: 국립과학수사연구소

사하는 과학수사실험실은 지금은 법과학실험실로 알려져 있다. 실험실의 전문요원들은 종종 법과학자로서 알려져 있다.

과학수사실험실은 범죄에 관한 범죄자의 영향과 그 반대 및 범죄행동의 다른 측면을 연구하는 사법행정 내의 하부 시스템이다. 과학수사실험실의 산출물은 그것의 입력물, 즉 범죄 현장에서 수집된 그리고 검사를 위해 실험실로 송부된 물리적 증거에 달려 있다. 물리적 증거로부터 자료를 밝혀내는 것은 실험실의 작업 내에서 법과학 부원들의 의사 결정 책임 범위 내에 있다. 사건의 정황에 따라 일반적인 전략은 분석을 요구하는 것이다. 과학수사관은 합리적 범주에 근거한 가장 가능한 재구성을 제공한다(Weston et al., 2000: 76).

제4절 범죄의 징표와 증거 유형

1. 범죄징표의 의의

범죄징표(犯罪徵表)는 범죄 현상에 수반한 외적·내적으로 나타나는 일체의 표현이다. 이론상으로는 범인의 순수한 심리적인 것도 범죄징표라 할 수 있으며, 현실적으로는 지각 작용으로 파악할 수 없는 현상도 포함된다(경찰교과서편찬위원회, 1970: 52).

1) 범적

수사 기술의 대상이 될 범죄징표는 수사 자료로 되는 것이어야 한다. 즉, 수사 수단에 의해 수집되는 것이어야 한다. 따라서 수집되는 범죄의 징표는 주로 외적으로 표현되는 징표다. 이 외적 징표를 보통 범죄의 흔적이라고 하며, 이것이 범적(犯跡)이다.

2) 범죄징표의 형태

범죄의 외적 징표를 범죄 흔적이라 하더라도, 그 의미의 범적은 범죄행위 후에 만들어진 남겨진 흔적만을 말하는 것은 아니다. 범죄에 이르는 그 과정은 물론 범인 자신의 개성을 외적으로 특정시킬 수 있는 사회환경과 같이 흔적이라고 부를 수 없는 것까지 포함됐다는 것을 주의해야 한다(경찰교과서편찬위원회, 1970: 53). 외적 징표는 유형적인 것도 있고, 심리적 또는 사회환경과 같이 무형적인 것도 있다. 물건과 같이 자연과학의 대상이 되는 것도 있고, 사람의 기억과 같이 진술에 의해 간접적으로 이해되는 것도 있다. 수사선의 정형화에서는 제1원칙인 사람의 특징, 제2원칙인 사회 관계, 그리고 제3원칙인 물건 및 자연 현상의 원칙 등의 분류에 따라 범인 지명의 목적에 대한 그 전부를 동원할 수 있다(경찰교과서편찬위원회, 1970: 54).

2. 생물학적 증거와 신원 확인

1) 신체적 특징과 인체측정법

사람은 일면 동물학적 존재이므로, 독자적인 신체적 특징을 가지고 있다. 이론적으로는 인간의 신체 각 부위의 치수 또는 형상이 정확하게 동일한 사람은 둘이 존재할 수는 절대 없으므로 그것을 정확하게 측정한다면 인간의 차이점을 확정시킬 수 있다.[43] 이 이론을 이용해 개인 식별 방법을 창안한 사람이 바로 프랑스 경찰국장이었던 베르티용(Alphonse Bertillon, 1853~1914)이었으며, '인체측정법(人體測定法, anthropometry)'을 창안했다. 인체측정법은 경찰이 범죄자를 식별(혹은 신원을 확인)하기 위해 사용된 최초의 과학적인 시스템이었다.[44]

---

43) 이 세상에서 정확하게 치수(size)가 같은 사람은 한 사람도 없다고 말한 사람은 1840년 벨기에의 통계학자 케틀레(Lambert Adolphe Jacques Quetelet, 1796~1874)였다고 한다(김형청, 1986: 168 각주에서 재인용).

44) http://en.wikipedia.org/wiki/Alphonse_Bertillon(2007.03.05. 검색).

1883년 베르티용은 프랑스의 경찰에서 서류를 담당하는 서기(書記)였다. 그는 근무 부서의 자료들을 좀 더 잘 정리하기를 원했다. 특히 상습범죄자의 기록에 관해 그랬다. 범죄자가 체포돼 오면, 그는 각 범죄자들을 소, 중, 대로 분류하기 위해 11가지 분리된 측정을 했다. 새로운 범죄자에 대해 비교될 수 있도록 그 측정치를 카드에 기록했다. 그의 아이디어에 따르면, 두 사람은 결코 정확하게 동일한 측정치를 갖지 않는다는 것이었다. 그리고 그것으로 과학적 방법을 범죄수사에 소개했다. 이것을 인체측정학이라고 불렀으며, 그의 시스템은 종종 베르티용식 인체측정법(Bertillonage)으로 언급됐다. 이 방법은 유럽에서 급속하게 인기를 끌었다. 그렇지만 지문(指紋)에 의한 신원 확인 방식이 더 정확하다는 것이 입증되면서 그의 방식은 점차 사라지게 됐다(Ramsland, 2001: 112).

인체측정법은 19세기 및 20세기 초반에 범죄수사학에서 얼굴 특징을 통해 범인의 신원을 확인하는 데 처음 사용됐다고 한다.[45] '머리 크기를 측정하는 도구'가 1910년대 초반에 활용되기도 했다. 당시 활용됐던 인체측정법에서는 신장, 머리의 폭, 가슴 등 신체의 11개 부위[46]가 측정됐다고 한다. 경찰이 범인 수배(手配)에 사용하고 있는 '인상서(人相書)'라는 것도 불완전하기는 하지만 그 원리를 상식적으로 응용한 것이다. 그러나 베르티용[47]의 인체측정법은 신장, 완폭(腕幅), 좌고(坐高)를 비롯해 11개 부분의 치수를 기준으로 삼아 그것을 복잡한 분류 방법으로 세분하는 것이므로 너무나도 복잡해 수사상 이용하기 어려운 난점이 있을 뿐만 아니라, 범죄 현장에 사람의 특징에 관한 정확한 수치나 현상이 남겨진다는 것은 거의 바랄 수 없는 실정이므로 수사 기술상 개인의 특정을 좀 더 알 수 있는 정확한 방법이 요청됐다(김형청, 1986: 168).

2) 인상

(1) 피의자의 인상

사회생활에서 개인 식별을 할 경우, 인상(人相)에 근거하는 것이 가장 많다. 사람의

45) http://en.wikipedia.org/wiki/Anthropometry(2007.03.05. 검색).

46) 인체측정법에서 측정한 11개 부위는 1. Height, 2. Stretch: Length of body from left shoulder to right middle finger when arm is raised, 3. Bust: Length of torso from head to seat, taken when seated, 4. Length of head: Crown to forehead, 5. Width of head: Temple to temple, 6. Length of right ear, 7. Length of left foot, 8. Length of left middle finger, 9. Length of left cubit: Elbow to tip of middle finger, 10. Width of cheeks, 11. Length of left little finger 등이다.

47) 일부 국내 범죄수사 관련 문헌들에서 인체측정법의 고안자를 '벨존(Belzon)'이라고 소개하고 있는데, 정확한 표기가 아님을 밝혀둔다.

이름을 속일 수도 있지만, 인상만은 생물학적 특징이므로 변경하기 쉽지 않기 때문이다(경찰교과서편찬위원회, 1970: 54). 종종 범죄 혐의를 받고 있는 자가 도피 혹은 위장하기 위해 성형 수술을 하는 경우도 있다. 피의자 인상서 또는 범죄 수법 자료로서 보통 다음과 같은 사람의 특징을 수사상에 사용해 왔다. 얼굴 모양, 얼굴색, 머리 모양, 머리색, 눈 모양, 눈썹 모양, 콧날, 코의 높고 낮음, 귀 모양, 수염, 입 그리고 입술 등이다.

(2) 알려진 피의자의 사진

인상서는 개인의 인상을 기억하는 자의 진술을 듣고 범인 인상의 특징을 재구성하고 있다. 그런데 사람은 누구나 남의 인상을 종합적으로나 인상적(印象的)으로밖에 관찰하지 않으므로 용이하게 그 특징을 기억에 환기시켜 표현하지 못할 뿐만 아니라 종종 기억의 착오, 표현의 착오가 있어서 인상서를 토대로 수사의 목적을 달성하기는 어렵다. 과거 어떤 사건의 선례를 보면, 범인을 목격했다는 사람들 중에 후일 검거된 범인을 보고 다음과 같은 통계가 나왔다고 한다.

- 동일하다는 자: 4명
- 동일한 것 같다는 자: 6명
- 흡사하다는 자: 29명
- 틀린다는 자: 1명 등

이것은 극단적 사례일지 모르나, 어쨌든 사람의 진술을 근거로 작성되는 인상서는 신뢰도를 의심받지 않을 수 없다(김형청, 1986: 170). 범행 수법 기록을 통한 검색은 종종 이전에 체포될 때에 작성된 용의자의 사진들을 제공한다. 일명 '머그샷(mug shots)'으로 알려져 있는 사진들을 활용할 수 있다. 두 명 혹은 그 이상의 목격자를 활용 가능할 때, 그들 가운데 한 명으로 하여금 범죄자의 신원을 확인할 수 있는 기본적인 단서를 위해 사진을 보도록 하는 것이 가능하며, 그리고 나중에 신원 확인을 위해 나머지 목격자들을 확보해놓는 것이 가능하다. 목격자로 하여금 용의자 여부를 확인하도록 하는 것이다(Weston et al., 2000: 106-107).

(3) 몽타주 사진

피의자 사진은 범인이 특정되고, 그 자의 사진이 입수되지 않는 한 사진에 의한 인상서는 이용할 수 없다. 이런 경우, 피해자와 목격자들의 기억에 근거한 피의자의 특징을 종합해 재현한 그림(실제로는 police artist가 그린 얼굴 그림)을 몽타주 사진이라 해서 수사에 많이 이용하고 있다. 몽타주 사진을 작성하기 위해서는 인상을 알고 있는 피해자나 기타 목격자의 기억을 되살려 이를 토대로 범인의 인상, 그 특징들을 종합해 범인의 얼굴 모양과 유사한 얼굴 모습을 그려낸다(김형청, 1986: 170).

몽타주 작성에 관한 훈련을 받은 경찰관은 용의자의 특징 묘사와 시행착오적인 관찰을 하면서, 피해자 혹은 목격자와 함께 노력해 합성된 얼굴을 스케치한다. 최근에는 몽타주 작성용 컴퓨터 소프트웨어가 활용 가능하다. 대표적인 것으로는 'Suspect I.D.(용의자 신원 확인)'라고 불리며, 캘리포니아주 샌디에이고의 이미지웨어(Imageware)라는 회사에서 생산되고 있다. 이 프로그램을 사용해 목격자의 진술에 의해 컬러로 된 합성 얼굴이 그려진다(Weston et al., 2000: 107).

(4) 통면수사법

인간의 기억이 인상 본위라는 데 착안해 수사에 이용하는 것이 통면(通面)이다. 사람이란 누구나 남의 인상에 대해 정확하게 기억한다든가 확실한 특징을 지적하지는 못하지만, 당해인을 직감적으로 같다든가 혹은 흡사하다든가 하는 식의 감각은 갖게 된다. 통면은 어디까지나 종합적인 인상이므로 확신할 것은 아니다. 예를 들어 증인은 심리적 작용으로, 피의자로서 체포된 자를 보면 선입견에 사로잡혀 "동일인일 것이다"라는 심리적 경향이 있다.

이와 같은 불확정을 시정하기 위해서는 피의자 또는 피의자의 사진만을 보이지 말고 여러 사람 또는 여러 사람의 사진을 함께 보여 그중에서 알아내도록 해야 한다. 이와 관련해 선진 각국에서는 이른바 '라인업(line-up, 容疑列)' 제도를 활용하고 있다. 참고

라인업(line-up)의 사례(실제 용의자 포함)48)

인이 동일인이라든가 혹은 흡사하다고 하더라도 그것만을 신용하지 말고, 다른 증거와 종합해 판단한다.

3) 혈액형과 혈흔

(1) 혈액형

혈액형(blood type)이란 몸의 구석구석을 관통하는 혈관 중 혈액의 구성물질이 서로 조합을 거부하는 등 질적 차이를 나타냄으로써 나타나는 형(型)을 가리킨다. 혈액형은 혈청의 교차응집(交叉凝集)상의 특징이다. 이러한 혈액형에 대해서는 1901년 오스트리아 의학자 란트슈타이너(Karl Landsteiner)가 처음 발견한 이후 계속 세밀한 분석이 이뤄지고 있다. 현재 우리나라에서는 A형, B형, AB형, O형의 4개형이 있고, 외국에서는 MN식의 3형과 FQEG를 종합한 표현형이 사용되고 있다(김형청, 1986: 172).

사람의 혈액에 관한 연구는 20세기 초반에 울렌후트(Paul Uhlenhuth)라는 독일 의사에 의해 크게 확장됐다(Lyman, 1999: 10). 그는 동물의 어떤 종(種)의 혈액과 다른 종의 혈액을 구별할 수 있는 것을 가능케 하는 혈청(serum)을 발견해 냈다. 결과적으로 이러한 과정은 인간의 혈액 흔적을 연구하고, 다른 모든 동물의 혈액으로부터 인간의 혈액을 구별해 내는 것을 가능케 하도록 발전됐다.

그런데 혈액형은 개인을 특정시키는 데 그 분류의 수가 너무도 적다. 즉, 혈액형이 동일하다는 것만은 개인 특정의 증명이 안 된다. 그러나 혈액형이 다른 경우에는 과학적으로 동일인이 아니라는 것이 증명된다. 혈액형은 혈액 외에 눈물, 콧물, 땀, 정액(semen),[49] 침(타액 혹은 saliva), 소변 등에서도 검출될 수 있다(경찰교과서편찬위원회, 1970: 55). 따라서 그러한 것들이 부착돼 있을 가능성이 있는 물건 등은 혈액 검출의 유력한 자료가 된다는 데에 유의한다.

(2) 혈흔을 통한 범죄수사

① 범죄 현장 혈흔의 가치

혈액(blood)은 범죄자, 피해자 그리고 범죄가 진행되는 동안에 무엇이 일어났는지에

48) http://2014summerreading.blogspot.ca/(2021.09.09. 검색).

49) 속옷을 검사하면서, 용의자의 정액 흔적에 대해 적어도 현미경을 통해 그 구조와 형태에 대해 확인 가능한 원래 그대로의 정자(精子) 한 마리의 존재는 강간 범인을 기소하는 데 확실하게 증명해 줄 수 있도록 도와준다(Osternburg & Ward, 2000: 34).

관한 아주 많은 정보를 밝혀줄 수 있는 흔적이다. 혈액은 일반적으로 많은 심각한 대인(對人)범죄 유형－살인, 흉악한 폭행, 강도 그리고 강간범죄 등－에서 중요한 단서가 되는 물질이다(Osterburg & Ward, 2000: 83).

폭행 현장에 처음 도착한 경찰관은 종종 피해자를 구조하는 가운데 현장의 혈흔(血痕, blood stain)을 지워 버리는 경우가 있다. 몇몇 사건에서, 일부 혈흔 증거들에 발을 들여놓지 않고서 그리고 범죄 현장 주변에 혈흔을 옮기지 않으면서, 범죄 현장을 걸어다니는 것이 매우 어려운 경우가 있다. 수사관은 종종 의복류와 다른 물건들에 남아 있는 혈흔을 찾지 못하거나 범죄 현장에서 중요한 증거를 수집하는 데 실패할 수 있다.

피해자와 범인 둘 다 모두 상처를 입었을 때 증거로서 혈액, 그 흔적들과 잔류물의 혼합물이 종종 범죄 현장에 존재한다. 게다가 증거는 사람에게서 나오는 것뿐만 아니라 동물에서 나온 것일 수도 있다. 혹은 일반 액체가 혈액을 희석시킬 수 있다. 이러한 유형의 사람 흔적(human trace)과 관련된 몇몇 문제에도 불구하고 핏방울과 피가 튀겨진 것들은 용의자의 규모를 줄이는 데 도움을 준다. 용의자의 신원 확인을 도와주며,

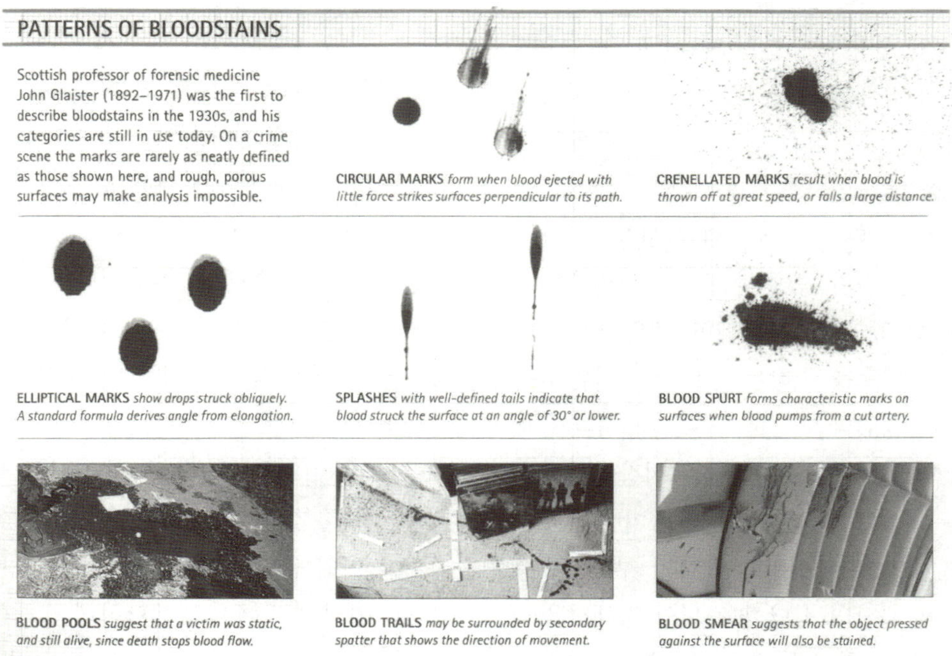

다양한 위치와 각도에서 비산된 혈흔들

자료: Platt(2003: 85).

피해자와 범인 간의 중요한 움직임을 이해하는 데 도움을 주기도 한다(Weston et al., 2000: 24).

'고OO 양 실종사건' 친부 자택서 혈흔 추정 얼룩 발견…경찰, 국과수 검사 의뢰

전주 고○○ 양(여 · 5) 실종사건을 수사 중인 경찰이 고 양 친부의 자택에서 혈흔으로 추정되는 얼룩을 발견, 국립과학수사연구원에 정밀 검사를 의뢰했다.…경찰은 친부 고 씨의 아파트 복도에서 혈흔으로 추정되는 얼룩을 발견해 채취했다. 이 얼룩은 말라붙은 상태여서 면봉을 이용해 조심스레 떼어낸 것으로 전해졌다. 경찰은 시약으로 혈흔 유무를 감별하는 화학발광검사법(루미놀 테스트)을 통해 얼룩에서 혈흔일 때의 반응과 유사한 발광 현상을 보이는 것을 확인했다. 하지만 경찰은 이 얼룩이 사람의 혈흔으로 볼 수 있는 근거는 부족하다며 신중한 입장을 보이고 있다. 경찰이 사용한 시약은 혈액 속 철 성분을 통해 발광하는 특징을 보이는데, 동물 역시 인체의 혈흔에서 같은 반응이 나타나기 때문이다. 또한 철 성분을 포함한 녹슨 금속 등에서도 발광하기 때문에, 현재로써는 이 얼룩을 고○○ 양 실종과 연관 짓기는 힘들다는 게 경찰의 입장이다. 이에 따라 검붉은 얼룩에 대한 국과수의 검사 결과를 기다려야 할 것으로 보인다.

(https://ilyo.co.kr/?ac=article_view&entry_id=285325/일요신문, 2017.12.24.)

② 현장에서 혈흔 테스트하기

종종 대물(對物) 범죄 현장에서도 혈흔 테스트는 활용 가능하다. 부수고 침입하는 과정에서 주거침입 범인 스스로 자신의 몸에 상처를 내는 수가 있다. 예를 들면 자동차 부품 절도범처럼 부주의하게 서두르면서 범죄를 저지르는 과정에서 여분의 증거물을 남기는 경우가 있다. 범행 현장에서 곧바로 흘린 피는 쉽게 식별할 수 있지만, 태양광선, 열, 공기 중에 떠다니는 박테리아 그리고 다른 요인들에 의해 시간이 지나면서 변할 수 있다. 그렇게 되면, 확인하기가 어려워진다. 혈흔은 물로 씻어내거나 피 묻은 곳에 페인트를 칠하는 등으로 제거될 수 있기 때문에, 그러한 상황에 대한 어떤 의심도 하지 않았다면, 전혀 모른 채 지나가 버릴 수 있다.

다행스럽게도 최근에는 현장에서 화학적 시약을 사용해 매우 감도가 높은 간단한 현장 테스트를 함으로써 아주 미량의 유류물에 대한 검사를 할 수 있다. 혈흔에 대한 '예비 테스트'는 법정에 제출할 수 있는 정도의 가치는 거의 없다. 그렇지만 예비 테스트는 수사상의 상당한 정도의 잠재성을 갖고 있으며, 범죄 현장에서도 간단하게 실시할 수 있다. 혈흔에 대해 다음의 몇 가지 간단한 예비 색깔 테스트들이 있다(Osterburg & Ward, 2000: 83).

- 루이코-맬라카이트 그린(Leuco-Malachite Green) 테스트
- 약화된 페놀프탈레인(Phenolphthalein) 테스트
- 루미놀(Luminol) 테스트
- 테트라메틸 벤지딘(Tetramethyl Benzidine) 테스트 등

의심이 되는 자국에 대해 다른 테스트가 실시되면 추가적인 정보를 얻을 수 있다. 예를 들면 헤민 크리스탈 테스트(Hemin Crystal Test)를 하게 되면, 자국에 남아 있는 혈흔의 존재를 정확하게 증명할 수 있다. 항체(precipitin) 테스트를 실시해 보면, 정확한 출처(사람, 동물 혹은 양자 간의 혼합 혈흔 여부)를 확인할 수 있다. 혈흔의 자국과 잔류물이 충분하게 보존돼 있고 잔류량이 충분하면 혈액형을 확인할 수 있다. 게다가 1989년경에는 DNA 테스트가 현실화됐다. 이러한 테스트들이 모든 범죄 현장에서 가능한 것은 아니다. 종종 실험실의 장비를 필요로 하면서, 주의 깊게 통제된 조건들을 요하는 경우도 있다. 단서가 될 수 있는 물질이 아주 적은 양이고 제한돼 있으면, 가급적 현장에서 테스트하는 것을 지양하는 것이 바람직하다. 비록 미세하고 조그마한 혈액 샘플을 통해 테스트가 가능한 경우도 있지만, 몇몇 사건에서는 항체 테스트가 불가능한 경우도 있다(Osterburg & Ward, 2000: 83).

③ 혈흔의 조사를 통한 수사상 활용

용의점이 있는 혈흔에 관한 각각의 조사에 대해 수사상 가치의 수준은 다양하다.

㉠ 수사상의 활용

수사관의 관점에서, 관심 사항은 혈흔 테스트가 어떻게 이뤄졌는가보다는, 그들이 취하고 있는 수사상의 관점이 문제다. 다음의 실무상의 결과들은 의심이 가는 혈흔에 대해 조사한 것을 토대로 이뤄진 것이다.

- 범죄 현장이 어디에 위치하고 있는지 확인된다.
- 범행 수단이 된 흉기가 확인된다.
- 범죄자와 피해자 간의 관련성이 확인된다. 그들 가운데 한 명 혹은 둘 다 범죄 현장에 연관돼 있음을 알게 해 준다.
- 범죄의 재구성(어떻게 그러한 범죄가 저질러졌는지)이 실현된다.
- 알리바이 부재증명(현장)이 증명되거나 입증된다.

- 혈흔 테스트에 대한 결과가 제시된 이후, 피의자 신문이 진행되는 동안 용의자가 자백이나 범죄를 인정하게 된다(Osterburg & Ward, 2000: 84).

㉡ 범죄 현장 위치의 확인

살인사건에서 피해자의 시체는 종종 폭행이 일어났던 바로 그 장소에서 발견된다. 범행이 진행되는 동안, 만약 최초의 범행 현장이 발견된다면, 수사는 이 단계를 따라 나아간다. 시체가 이동했다는 것은 범인이 살해 현장으로부터 자신의 범행을 부인하기 위한 주도면밀한 시도를 했다는 것을 의미한다.

혈흔이 존재했던 것으로 인해 수사관들을 긴장시켰으며, 그들에게 의심을 불러일으켰던 몇몇 상황을 사례로 들면 다음과 같다(Osterburg & Ward, 2000: 84).

- 구더기가 들끓는 다른 한 집에서, 부엌쪽 마루가 유독 티끌 한 점 없이 깨끗하게 정리돼 있다.
- 오로지 한쪽 벽면에만 새롭게 페인트가 칠해져 있다.
- (방 가운데 긁힌 자국이 거의 없고, 방의 경계 지점과 광택이 나는 곳 사이에서 색깔의 차이가 있는 것으로 봐서) 그전에 바닥에 확실히 깔려 있었던 것으로 추정되는 깔개(혹은 양탄자)가 없어졌다.
- 침대 커버가 발견되지 않을 뿐만 아니라, 이에 대한 충분한 설명이 없다.
- 범죄가 발생하기 며칠 전에 깨끗한 상태로 있었다고 보고됐더라도, 자동차의 시트 커버가 없어졌다.
- 석탄 저장고에서 몇 톤 정도의 석탄이 이동됐으며(보통 있어야 할 장소에서 떨어진 곳으로 삽질을 해서 다른 쪽으로 옮긴 흔적이 있다), 사용하기 불편한 장소로 옮겨져 있다.
- 케첩이 부엌 바닥에 발라져 있고, 카펫 쪽으로 닦아낸 적 흔적이 있다. 법정에서 비록 증거로 채택되지 않더라도, 혈흔에 대한 예비 테스트는 상당히 중요한 수사상의 가치를 지닌다. 최초의 범행 현장이 밝혀지게 되면, 추가적인 정보들이 활용 가능해진다(Osterburg & Ward, 2000: 85).

㉢ 무기나 범행 도구 확인하기

비록 법률에서는 범행 시 사용된 무기가 법정에 증거로 제출되는 것을 요구하지는 않지만, 일반적으로 그러한 범행 관련 도구를 찾기 위한 밀도 있는 수색을 실시해야 한다. 예상치 못할 정도로 놀라운 범행 도구를 휘둘러서 상처를 내거나 다치게 했다면, 법관에게 충분한 심증 형성을 하게 될 것이다.

법의병리학자와 수사관은 많은 사건에서 피해자의 신체에 나타난 상처를 관찰하면서, 범행에 사용된 무기의 유형에 관해 어떤 결론에 도달할 수 있다. 찾는 것이 무엇인지를 알고 수색하는 것이 훨씬 더 성공적일 수 있다. 해머나 곤봉, 칼, 얼음 깨는 송곳, 무거운 부츠 혹은 스파이크 힐(끝이 뾰족한 여자 구두)에 혈흔이 존재한다면, 이것은 폭행과 공격의 수단으로 이용됐을 가능성을 보여주는 것이다. 혈액형을 확인할 수 있으면 증거적인 가치가 강화될 수 있다. 범인이 흔적을 제거하기 위해 상당한 정도의 주의를 기울였음에도 불구하고, 무기나 흉기에는 잔류 흔적이 종종 남아 있다.

반면에 피해자를 찌르거나 베었던 흉기를 주의 깊게 세척했다고 한다면, 이는 범인의 입장에서는 상당히 효과적일 수 있다. 만약 완전히 그렇게 했다면, 수사관이 아주 섬세한 시약을 사용해서 혈흔을 검출하는 데 실패할 수 있다. 다행히 대부분의 범죄자는 자신들이 사용한 무기나 흉기에 육안(肉眼)으로 보기에 혈흔이 보이지 않으면, 만족해 한다. 그래서 그러한 흉기나 무기에는 보이지 않는 추적 가능한 혈흔이 항상 남아 있기 마련이다. 피해자의 배를 짓밟아서 사람을 살해한 사건과 관련되는 것으로 여겨지는 부츠의 경우, 부츠의 밑창이나 구두끈 내외부에 혈흔의 자국이 남아 있을 수 있다. 육안으로 보기에 어떤 혈흔이 명백하지 않더라도, 아주 주의 깊은 수사관이라면, 용의점이 있는 무기나 흉기를 과학수사실험실에 제출할 실익이 있을 것이다(Osterburg & Ward, 2000: 85).

㉣ 관련되는 증거 발견하기

혈흔을 발견하거나 혈액형을 분류함으로써 혹은 DNA 성분을 분석함으로써 피해자와 범인을 연결시켜 주는 것은-혹은 그들 모두를 범죄 현장으로 결부시켜 주는-관련되는 증거의 사례들이다. 범죄 현장에서 피해자의 혈흔이 범인의 옷이나 신체에서 발견되는 것이나 그 반대로 범인의 혈흔이 피해자에게서 발견되는 경우는 상당히 이례적이다. 물리적 증거를 분석하는 과정에서 과학수사실험실의 감정 능력이 요구된다. 혈흔에 대해서는 양 극단(단순한 것과 복잡한 것)을 이루는 두 가지 수사 기법상의 가능성이 존재한다. 예를 들면 다음의 사례처럼 ① 단지 평범하게 육안으로 관찰함으로써 테스트가 가능해 혈흔을 추적하는 경우, ② 혈흔이 유형화되거나 혹은 DNA 분석에 의해 상당히 의미 있는 수사상의 결과들이 제공될 수 있는 경우다.

특히 동물 혈흔의 경우, 출처를 확인하는 것은 어떤 상황에서 상당히 중요하다. 예를 들면 미국에서 제2차 세계대전 중에 쇠고기가 부족해 검사받지 않은 헛간에서 불법 도축을 하는 사례가 종종 발생한 바 있었다. 때마침 쇠고기 값이 오르자 가축 절도와 불법 도축사건이 발생했다. 또한 야생동물 사냥철에 사냥된 동물은 상당히 은밀하게 운반되고 있다. 어떤 특이한 장소에서 동물의 피를 조사하는 것은 소유자를 찾아내어(헛간이나 자동차 등) 추가적인 수사를 진행할 수 있게 한다. 밀렵을 감시하는 공무원들이 이러한 수사 기법을 활용하면 상당한 정도의 이점을 갖게 될 것이다(Osterburg & Ward, 2000: 85-86).

㉤ 어떻게 범죄가 발생됐는지 재현하는 데 도움

범죄를 재현하는 것은 점차로 과학수사실험실의 중요한 기능이 되고 있으며, 혈액과 혈흔 패턴을 유형화하는 연구도 실현되고 있다. 많은 형사재판 관할권 내에서 자백을 증명하는 것은 좀 더 심각한 범죄 유형에도 필수적이다. 독립적인 증거를 통해 증명하는 것은 모든 범죄사건에서도 요구된다. 종종 혈흔을 조사하는 것은 이러한 잠재성을 갖게 된다. 혈액형을 해석하는 것에 대한 맥도넬(Herbert L. MacDonell)의 주장에 따르면, 혈흔이 비산(飛散)되는 특징과 혈흔의 튀겨진 흔적에 대한 해석은 몇 가지 사항을 결정하기 위해 이용된다고 한다(Osterburg & Ward, 2000: 86-87).

- 피를 흘리는 시점에서, 핏자국을 담고 있는 표면과 최초의 흘린 피 간의 거리
- 최초에 흘린 피의 지점
- 혈흔을 남기는 데 충격을 가한 물건의 유형(곤봉 혹은 권총)과 그러한 공격을 가한 방향
- 피를 흘리는 동안 사람 혹은 물건의 이동 방향
- 칼에 베인 상처나 총에 맞은 상처의 숫자
- 동맥에서 혈액을 분출하는 심장의 박동
- 피를 흘리는 동안에 피해자 혹은 물건의 위치
- 피해자의 움직임 또는 피를 흘리면서 뒤따라 움직이는 물건

한 사건에서 자신은 피범벅이 된 상태의 피해자를 발견했으며, 도움을 구하기 위해 시체를 끌고다녔기 때문에 옷에 핏자국이 남게 됐다고 주장하는 사람이 있었다. 이 사람의 옷에 피가 튀긴 흔적을 조사하기 위해 맥도넬의 전문 감정이 요청됐다. 피고인은

자신의 옷에 남아 있는 혈흔의 패턴은 단순히 피해자와 접촉해서 생긴 것이라고 진술하고 있지만, 맥도넬은 그러한 혈흔이 피고인의 주장한 바와 같은 결과로 생긴 것이 아니라는 것을 증명했다. 그것은 몽둥이나 칼로 찌르면서 피가 나올 때, 아주 높은 속도로 피가 튀기면서 남게 된 자국이라는 점을 증명했다.

ⓑ 알리바이를 확인하거나 증명하기

혈흔이 용의자의 집이나 혹은 자동차 혹은 의복류에서 발견되면, 용의자는 그것을 매우 당황스럽게 여기면서, 그러한 존재에 대해 종종 설명하려고 한다. 전형적인 알리바이에는 최근 정육점을 방문한 사실, 야외 요리, 사냥 여행 혹은 코피를 흘린 사실 등의 내용이 포함된다. 그러한 알리바이는 과학수사실험실에서 혈액형 혹은 DNA 내용을 분석하는 등 혈흔의 출처(동물의 피, 사람의 피 혹은 둘 다)를 확인함으로써 증명되거나 부인될 것이다. 용의자가 종종 아주 단순하게 와인, 케첩 혹은 철(鐵) 성분이 들어간 물질이 그러한 원인이 됐다고 변명할 수 있지만, 수사관이 현장에서 초동수사의 일환으로 간단하게 캐탈리틱 컬러 테스트(Leucomalachite Green Test: 혈흔 존재 예비 테스트의 일종)를 해보면 곧바로 확인할 수 있다(Osterburg & Ward, 2000: 88).

ⓢ 용의자 신문하기

보통의 용의자들은 수사 기법상의 단순한 혈흔검사와 매우 중요한 증거 가치가 있는 혈흔검사 간의 어떤 특별한 차이를 잘 모른다. 효과적인 신문(訊問)에서 사전에 필수적인 요소 중의 하나는 존재하는 증거가 용의자에게 불리하게 활용될 수 있다는 점을 이해하고, 적어도 그러한 증거가 활용될 수 있다는 점을 믿어야 한다는 것이다. 만약 자백에 대해 다른 조건들이 충족된다면, 공식적인 유죄 선언으로 이어질 수 있다 (Osterburg & Ward, 2000: 88).

ⓞ 증거적 가치

과학수사실험실에서 용의점이 있는 혈흔이 사람의 본래 피를 포함하고 있다고 발견해 내는 것은, 법정에서 피고에게 불리하게 작용할 수 있다. 따라서 혈액형에 관한 과학수사실험실의 증언은 훨씬 더 중요성을 가질 수 있다. 용의자의 의복류에 남아 있는 유죄의 증거가 될 만한 흔적들이 피해자의 혈액과 같은 유형의 것(그리고 용의자의 것과는 다른)이라고 판단함으로써 법관의 유죄 심증 형성에 많은 기여를 할 수도 있다. 이것은 또한 DNA 분석 결과로부터 도출된 판단에도 적용될 수 있다.

4) 지문

(1) 지문의 개념과 가치(2대 특성)

도대체 지문(指紋, fingerprint)이란 무엇인가? 물건을 잡는 것과 접촉감을 도와주는 손(손가락과 손바닥)과 발(발가락, 발바닥 그리고 뒤꿈치)에 있는 마찰 융선(隆線)은 태어나기 전 태아 때 형성되며, 일생 동안 변화되지 않는다.[50] 지문이란 지두(指頭) 장측부(掌側部)에 존재한 피부가 융기한 선 또는 점으로 이뤄진 각종의 문형(紋形) 및 그의 인상(印象: 마찰 융선에 의해 찍히는 것)을 말한다.

신체에서 나오는 땀 혹은 손가락의 융선 안에 존재하는 기름기가, 만지고 있는 물체 위의 표면에 이동함으로써 야기되는 자국으로, 융선의 윤곽이 옮겨지는 형태로 나타난다. 이러한 패턴들이 자국을 남기는 방법은 아미노산(amino acid)과 혼합된 땀으로부터 나온다. 즉, 피부에 달라붙어 있는 기름기가 뭔가를 만짐으로써 나온다. 어떤 표면을 만지면, 아주 조그마한 자국을 남기면서 융선(ridge)과 계곡 모양에 존재하는 땀을 옮기게 된다. 종종 그것은 부분적인 자국이지만, 어떠한 실마리를 제공하기에 충분할 수 있다. 만약 그것이 가시적인 것이라면, 현재지문(顯在指紋)이다. 만약 그렇지 않으면, 잠재지문(潛在指紋)이다. 범죄 현장에 있는 지문들은 보통 잠재지문이며, 지문은 손가락 끝(指端)에 있는 융선과 움푹 들어간 패턴에 따라서 대조된다. 융선은 각 사람마다 특이한 방식으로 시작하고, 정지하고, 분리돼 소용돌이 모양으로 나타난다(Ramsland, 2001: 114-115).

현출된 지문의 모습

지문을 이용해 용의자의 신원을 확인하는 것은 체포되기 전 그리고 범행 중인 용의자를 체포하는 데 가장 효과적인 방법 가운데 하나임이 증명됐다. 범죄 용의자를 확인

---

50) 이른바 지문의 2대 특성 중 '종생불변'에 해당하는 말이다(Osterburg & Ward, 2000: 62).

하는 것 외에, 지문을 활용하는 것은 이전의 범행 유형과 범죄 횟수를 정확하게 알게 해 준다. 지문은 초창기부터 실무에의 적용가능성 때문에 범죄자 신원 확인에 거의 절대적으로 관련돼 왔다. 흥미롭게도 FBI의 민간인 지문 파일은 범죄자의 파일보다 세 배나 많다. 그러한 파일들은 일반적으로 실종된 사람, 기억상실증 피해자 그리고 미확인 사망자의 신원을 확인해 줌으로써 인도주의적 이점을 사회에 제공하고 있다.

만약 어떠한 사건에서 사람의 지문이 파일에 있다면, 주요 재난사건의 피해자는 신속하게 그리고 절대적으로 신원이 확인될 수 있을 것이다. 범죄를 해결하는 데 인간의 손가락과 손바닥 위에 선명하게 그려진 환상적인 말발굽(蹄狀紋, loop) 모양, 소용돌이(나선형, 渦狀紋, whorl) 모양, 그리고 활 모양(弓狀紋, arch)에 의한 지문의 가치만큼 흥미진진한 발전은 거의 없었다. 비록 초기의 신원 확신 시스템에서 실수가 있었지만, 아직까지 두 사람이 동일한 지문을 갖고 있다는 것을 아무도 발견해 내지 못했다(Lyman, 1999: 158-159).

금세기에 들어서 지문은 범죄 현장 수사에서 가장 중심을 차지하게 됐다. 몇몇 실제 과학수사반원은 지문을 현출하는 과정에 가장 많은 시간을 보낸다고 한다(Ramsland, 2001: 112). 지문이 가장 정확한 개인 식별법이라는 것은 널리 알려진 사실이며, 과학적인 수사 방법에서 중요한 역할을 차지하고 있다. 과거 수세기 동안, 범죄자들은 그들의 지문을 왜곡하고 없애려고 노력해 왔다(Ramsland, 2001: 117). 제대로 된 지문 채취 기법은 용의자의 신원을 확인하는 데 그 가치를 강화시켜 주고 있으며, 이 지문들은 매우 중요하다(Weston et al., 2000: 26).

지문법(dactylography)의 제1법칙은 만인부동(萬人不同, There are no two identical fingerprints)이다.[51] 제2법칙은 종생불변(終生不變, Fingerprints are not changeable)이다.[52] 이러한 지문의 2대 특성 때문에 개인 식별을 하는 데 절대적인 가치가 있다. 지문은 수사에서 없어서는 안 될 중요한 것이다. 비록 피부의 표피(epidermis)가 벗겨지거나, 느슨해지거나, 상처에서 새살이 돋아나오거나 혹은 거칠게 되더라도, 지문은 사람들의 신원을 확인하는 데 가장 좋은 방법이다(Ramsland, 2001: 54). 부분적인 것이 아니라, 완전한 잠재지문이 현출되면, 용의자의 각 손가락에 있는 지문 유형과 현장에 남긴 잠재지문의 패턴이 서로 다를 때, 용의자는 확실하게 지문의 출처로부터(용의선상) 완전히 배제된다(Osterburg & Ward, 2000: 70).

51) 이 원칙을 최초로 발견한 사람은 갤턴 경(Sir Francis Galton, 1822~1911)이다(김형청, 1986: 171).
52) 이 원칙을 최초로 발견한 사람은 독일의 인류학자 벨케르(Hermann Welker)다(김형청, 1986: 171).

성형 수술한 범인을 지문 감식을 통해 신원을 확인한 사례

시카고 갱스터였던 딜링(John Dilling)이란 자는 1933~1934년까지 아주 많은 범죄를 저질렀다. '공공의 적 1번'이라는 이름이 붙여지도록 했다. 그는 결국 체포돼 중(重)구금에 처해졌지만, 도망쳐 숨어버렸다. 그는 성형 수술을 하는 한 팀에게 5,000달러를 지불하면서 얼굴 모양을 바꿨다. 그리고 자신의 지문(指紋)을 산(酸, acid)을 이용해 지워 버렸다.

어느 날 저녁, 그가 비오그래프(Biograph)라는 극장을 빠져나갈 때, FBI 요원들이 그의 앞을 가로막고 투항하라고 명령했다. 그가 뭔가 잡으려고 하자, 요원들은 그에게 총을 쏴서 사망시켰다. 시체안치실로 그를 이송한 후 정밀 조사를 실시했다. FBI 요원들은 그의 지문을 채취하고, 그의 계략을 밝혀낼 수 있었다. 산(酸)으로 지워 버린 손 주변에, 신원 확인이 가능할 정도로 충분한 숫자의 융선 패턴들이 남아 있었기 때문이다(Ramsland, 2001: 117).

범죄 현장에 지문 남긴 10대들 6년 만에 덜미

6년 전 범죄 현장에서 지문 흔적을 남긴 10대들이 경찰의 끈질긴 수사 끝에 덜미를 잡혔다. 부산 연제경찰서는 새벽 시간 식당에 침입해 금고를 턴 혐의(특수절도)로 A(22) 씨 등 2명을 불구속 입건했다. A 씨 등은 2012년 12월 5일 오전 3시께 부산 연제구 연산동 한 삼겹살집 창문을 뜯어내고 침입해 소형 금고에 있던 현금 12만 원을 훔쳐간 혐의를 받고 있다. 당시 16세 청소년이었던 이들은 가출 후 생활비를 해결할 목적으로 돈을 훔쳤다. 경찰은 금고에서 지문을 채취했으나, 성인이 아닌 탓에 이들의 지문은 신분 확인 시스템상에 등록돼 있지 않았다. 그러나 6년이 지난 뒤 경찰이 국과수에 지문 재감정을 의뢰하면서 이들은 덜미를 잡혔다. 경찰은 "주민등록증 발급 시 등록되는 지문을 통해 신분을 특정했다"면서 "이후에도 10여 차례 절도 행각을 벌인 사실을 확인했다"고 말했다.

(http://www.busan.com/view/busan/view.php?code=20180629000181/
부산일보, 2018.06.29.)

(2) 지문 활용의 역사

초기에는 범인을 구별하는 데에 낙인찍기, 상처내기, 구별이 되는 옷 그리고 사진이 활용됐다. 예를 들면 절도범들은 종종 범죄를 저지른 손이 절단됐다. 게다가 로마제국은 군인들의 신원을 확인하고 탈주를 방지하기 위해 문신용 바늘을 활용했다(Lyman, 1999: 159). 좀 더 최근에는 법집행 공무원이 용의자 얼굴 혹은 사진에 의해 범인을 확인하는 데 매우 의존했다. 이러한 시스템을 활용하면서 사진 촬영술은 기억에 관한 부담을 덜어줬다. 그러나 사람들의 얼굴 모습은 변하기 때문에 범죄자의 신원을 확인하는 데 대한 정답은 아니었다.[53] 역사를 통해, 사람들은 손가락과 손바닥 끝에 돌출된 융선

53) http://www.onin.com/fp/fphistory.html(2021.09.09. 검색).

(friction ridge)을 알게 됐다. 비록 개인의 신원 확인에 관한 정확한 과학적 기원이 어느 정도 불명확했지만, 기록들은 그 적용이 확장돼 고대 문명으로까지 거슬러갈 수 있음을 보여주고 있다. 예를 들면 노바 스코티아(Nova Scotia)에 있는 절벽의 표면 위에 선사시대 인디언들의 상형문자가 투박하게 표시된 융선 모양으로 된 손으로 존재했고, 고대 바빌론 시절에 상업적 거래가 기록된 점토판에 지문에 관한 참고가 포함돼 있다(Lyman, 1999: 159).

법적인 범주에서 1세기경, 로마의 법률가 퀸틸리아누스(Quintilianus)는 살인사건 재판에서 피묻은 지문을 찾아냄으로써, 아버지를 살해한 것으로 재판을 받고 있던 소년을 성공적으로 변호했다(Swanson et al., 2003: 13). 이렇듯 지문은 법적으로 그리고 과학적으로 긴 역사를 갖고 있다.

지문을 최초로 이용한 나라는 고대 8세기경 중국 당(唐)나라로서, 그 시절의 것으로 확인된 문서들에서도 상업적 거래를 위해 계약서에 찍힌 지문이 참고됐다. 역사상 그러한 사례들은 빈번하게 있었다. 그러나 사람을 확인하는 데 매우 귀중한 도움을 주는 것으로서 지문을 활용한 초창기의 동기는 과학적 증명이 부족했다(Lyman, 1999: 159).

14세기경에는 페르시아의 공문서, 19세기에는 영국의 공문서상에서도 사용됐다. 과학적 측면에서는 1684년 영국에서 그루(Nehemiah Grew)가 처음으로 손과 발에 있는 땀구멍과 융선으로 이뤄진 어떤 시스템에 깊은 관심을 갖게 됐다. 2년 후, 말피기(Marcello Malpighi) 역시 이와 비슷한 관찰을 하게 됐다(Swanson et al., 2000: 13).

1686년 이태리 볼로냐대학의 해부학 교수였던 말피기는 새로이 발명된 현미경을 사용하는 법을 발견했다. 그는 손바닥 표면 위에서 '위로 올라온 어떤 선들'을 관찰했다. 그는 손가락 끝에 "활 모양과 나선 모양으로 그려진 것"을 알게 됐고, 이러한 지문의 추가적인 연구가 수행되기 전까지 거의 100년 이상 걸렸다.

1823년, 브레슬라우(Breslau)대학 해부학 교수인 푸르킨예(John Evangelist Purkinjě)는 "특히 각 손가락의 마지막 지골(指骨)"에서 융선 패턴의 다양성에 관해 논평한 논문을 발표했다. 그는 이러한 패턴의 모호한 구분을 아홉 가지 다양한 것으로 구체적으로 기술했다. 그리고 그러한 광범위한 분류 방식을 대략적으로 만들었다(Lyman, 1999: 159).

최초의 공식적인 지문의 활용은 1858년 인도 벵갈에 있는 후글리 지방(Hooghly District)을 담당했던 영국의 허셸(William Herschel)이라는 행정관청의 책임자에 의해서였다. 계약서는 그들의 설명뿐만 아니라 지문을 첨부하도록 인도인들에게 요구했다. 비록 허셸이 지문이 개인 식별에 사용됐다는 것을 알고 있었는지에 대한 증거는 없지만,

그는 토착민의 마음속에 이러한 절차가 부정직한 것을 억제시키기에 충분히 인상적이라는 것을 믿고 있었다. 허셸은 지문에 관한 연구를 계속했고, 1877년 지문을 이용해 죄수의 신원을 확인하기 위한 허가를 요청하는 보고서를 상관에게 제출했다.

지문에 의한 신원 확인이 시행되기 이전인 1870년경, 프랑스의 인류학자인 베르티용(Alphonse Bertillon)은 신체의 어떤 뼈 부분에 관한 크기를 측정하고 기록하는 시스템을 개발했다. 이 시스템은 베르티용 시스템으로 불렸고 이후로 거의 30년 동안 인정받아 왔으나, 1903년 윌 웨스트(Will West) 사건에서 시행한 지문 대조의 결과로써 잘못된 것으로 선언됐다(Lyman, 1999: 160).[54]

윌 웨스트(Will West) 사건

웨스트(William(Will) West)가 리벤워스(Leavenworth) 교도소에 입감됐다. 그는 이전에 투옥된 것을 부인했다. 그런데 교도소 기록담당 공무원은 어쨌든 재소자를 이 베르티용(인체측정치) 기구에 데리고 갔다. 윌 웨스트의 베르티용 측정치로부터 나온 공식을 조회하면서, 그는 이전에 투옥됐던 웨스트에 관한 파일을 발견했다. 그의 인체측정치들은 거의 동일했으며, 그의 사진은 새로 입소한 재소자와 비슷하게 보였다.

실제로, 이전에 투옥됐던 다른 웨스트는 이미 교도소에 있었으며, 살인죄로 종신형을 복역하고 있었다. 결과적으로 두 웨스트의 지문이 대조됐다. 그리고 그들의 지문이 다르다는 것이 발견됐다(Lyman, 1999: 160).

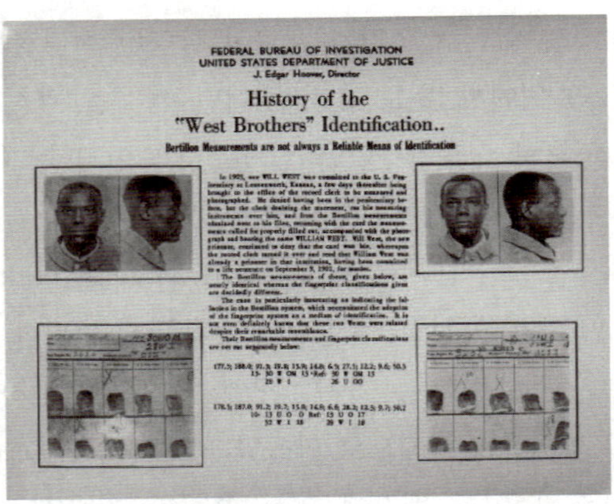

베르티용 인체측정법의 오류를 확인시킨 웨스트 형제들("West Brothers")의 사진(1903년)과 지문들[55]

54) http://www.onin.com/fp/fphistory.html(2007.03.21. 검색).
55) http://1.bp.blogspot.com/_T6Ty4sR04Cg/TDN-PT-yKcI/AAAAAAAAABE/y78Qvxvc-xM/s1600/2008.40.26+West+Brothers+Case.JPG(2015.01.09. 검색).

베르티용 시스템의 잘못을 찾아내기 위한 수단으로서 지문의 가치가 인정됐으며, 범죄 용의자의 개별화된 신원 확인에 관한 신뢰성이 확립됐다. 1875년에서 20세기로 접어드는 시점 사이에, 지문과 관련해 몇몇 새로운 발전이 문서화됐다. 예를 들면 일본 도쿄(東京)에 있는 쓰키지(築地)병원의 폴즈(Henry Faulds) 박사가 1880년에 발표한 논문은 지문학의 장래 가능성, 즉 범죄 현장에 남긴 지문을 통해 범죄자의 신원을 확인할 수 있는 잠재성에 관해 논의했다.

미국에서 처음으로 문서화된 지문을 사용한 것은 1882년이었다. 미국 지질학 연구자인 톰슨(Gilbert Thompson)이 뉴멕시코주의 현장 프로젝트의 수행을 맡으면서, 위조를 막기 위해 자신의 지문을 물자 배달 요청서에 사용했다. 그 후 영국의 인류학자로 알려진 갤턴(Francis Galton)이 『지문(*Fingerprints*)』이라는 책을 출판했다. 또한 그는 지문 패턴 분류에 관한 과학적 방법을 고안해 냄으로써 그 분야에 기여했다.

1891년 범죄자의 신원 확인을 위한 수단으로서 지문 감식을 위한 첫 번째 파일이 설치됐다. 부체티크(Juan Vucetich)라는 아르헨티나의 경찰관이 갤턴 경에 의한 패턴에 근거를 뒀다. 부체티크 시스템은 스페인어권 국가들 사이에서 사용된 시스템들의 기초가 되고 있다. 1890년에서 1924년 사이에 미국에서 지문의 공식적인 사용이 단계적으로 확대됐다. 특히 1903년 뉴욕주 교도소 시스템은 범죄자의 신원 확인을 위해 미국에서 최초로 지문의 실무적 사용을 채택했다(Lyman, 1999: 160).

(3) 개인 신원 식별 수단으로서 지문분류법의 변천

① 지문분류학의 역사

범죄를 해결하기 위한 도구로서, 지문의 역사에 관한 상식을 얻기 위해 다음과 같은 연대표(time line)를 살펴보자.

- 1000년: 어떤 자를 살인사건에 짜맞추기 위해 손바닥이 찍힌 것이 이용됐다는 것을 로마의 공소관이 보여줬다.
- 1823년: 프로이센의 해부학 교수인 푸르킨예(Johnnnes Evangelist Purkinjě)는 아홉 가지 기본적인 지문 형태를 정의했으며, 지문분류법을 최초로 고안한 인물이다.
- 1858년: 허셸(William Herschel)이 지문의 개인적 특성을 인식했다. 그것들을 계약서를 법적으로 인증하는(authenticating) 데 사용했다.
- 1880년 스코틀랜드의 의사인 폴즈(Henry Faulds)가 가루를 갖고 지문을 가시화할 수 있는 방법을 발견했고, 지문을 범죄 현장에서 용의자를 가려내고, 진짜 범인을

기소하는 데 사용했다.

- 1892년: 갤턴(Francis Galton) 경이 지문에 관한 최초의 책을 출판했으며, 지문의 법과학적 유용성을 소개했다. 지문에는 세 가지 중요한 형태가 있으며, 그 지문으로부터 60,000여 가지의 종류를 고안해 낼 수 있다고 제안했다.
- 1901년: 헨리(Edward R. Henry) 경은 런던 수도경찰청(Scotland Yard)의 책임자였는데, 갤턴의 연구를 참고해 좀 더 세련된 지문 분류 시스템으로 다듬었다.
- 1903년: 캔자스에 있는 리벤워스(Leavenworth) 교도소에서, 인체측정학이 쌍둥이였던 두 사람들(Will West 사건)을 구별하는 데 실패했다. 그러나 지문을 통해 그 속임수가 해결됐다. 이 사건으로 지문 분류는 신원을 확인하는 데 주도적인 수단이 됐다.
- 1910년: 예닝스(Thomas Jennings)는 미국에서 지문 증거로 유죄가 입증된 최초의 범인이 됐다. 그는 주택에 침입해 주인에게 총격을 가하고, 젖은 페인트에 4개의 선명한 지문을 남겼다. 이 유죄 선고에 대해 항소가 이뤄졌지만, 항소법원은 지문이 강력한 과학적 근거를 갖고 있다는 것을 인정했다.
- 1923년: 미국 의회는 지문 기록을 FBI에서 국가적으로 저장할 수 있는 시스템을 확립했다. 오늘날 수백만 건의 지문 기록이 그곳에 있다(Ramsland, 2001: 113-114).

갤턴과 부체티크의 시스템

1888년에 다윈(Charles Darwin)의 사촌인 갤턴(Francis Galton, 1822~1911) 경은 범죄자의 신원 확인에 관심이 있었다. 갤턴은 우연히 허셸의 지인을 만나러 가게 됐다. 허셸은 이렇게 관심이 되살아난 것을 통해 지문이 실무적으로 활용될 것으로 기대하면서, 그가 갖고 있었던 모든 파일을 넘겨줬다. 1892년 갤턴은 지문학에 관한 결정적인 책인 『지문(*Fingerprints*)』을 출판했다. 그 책은 지문의 독특성에 대한 통계적인 증명을 보여줬으며, 지문을 통한 신원 확인에 관한 많은 원칙을 제시하고 있었다.

1894년 아르헨티나의 부체티크(Juan Vucetich, 1858~1925)는 『지문비교검사(*Dactiloscopia Comparanda*)』라는 책을 출판했으며, 이 책은 그의 지문 분류 방식의 대강을 담고 있었다. 1892년 부체티크의 제자인 알바레즈(Alvarezr) 경감은 두 자녀를 때려서 숨지게 한 어떤 여자의 사건에서 부체티크의 시스템을 사용한 지문 분류 방식에 근거해 남아메리카에서 처음으로 유죄를 이끌어 냈다(Swanson et al., 2000: 13).

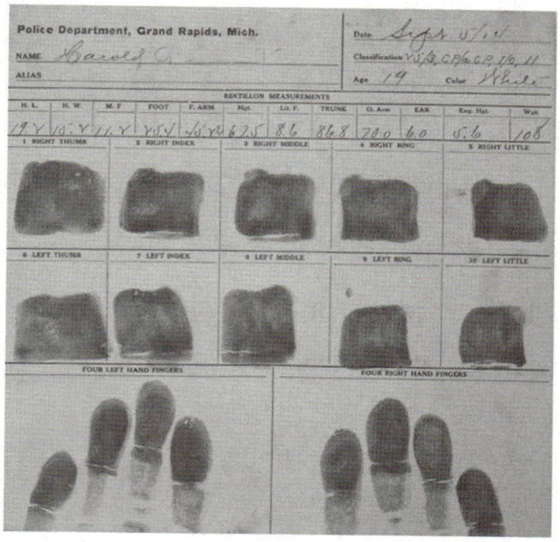

1914년 미시간주 그랜드 래피드(Grand Rapids) 경찰서의 19세 피의자 지문카드

② 갤턴 등의 기여

갤턴(Francis Galton, 1822~1911) 경은 찰스 다윈의 사촌이었으며, 영국 빅토리아(Victoria) 여왕 시절, 인류학자, 우생학자, 적도탐험가, 지리학자, 발명가, 기상학자, 유전학자, 심리학자 겸 및 통계학자였다. 1888년 왕립연구원에서의 논문과 1892, 1893, 1895년에 각각 발간된 세 권의 책에서 갤턴은 두 사람이 동일한 지문을 가질 확률을 추정했다. 그리고 지문들 간의 유전가능성과 인종적 차이점들을 연구했다. 그는 지문들 사이에 공통적인 패턴을 확인하면서, 오늘날까지 유지되고 있는 분류 시스템을 고안해 냈고, 그 기법(1907년까지 지속됐던 허셸과 폴즈 간에 우연하게 활기찼던 논쟁)에 관해 글을 썼다. 과학적 기반을 둔 연구는 갤턴이 처음이었다.56)

말년의 갤턴(Francis Galton) 경

56) http://en.wikipedia.org/wiki/Francis_Galton(2021.09.09. 검색).

③ 각국의 지문 분류 방식과 한국

1880년도 일본 도쿄 쓰키지(筑地)병원에 근무하던 영국인 의사 폴즈(Henry Faulds)는 범죄 현장에서 발견된 현장 지문에 대한 중요성을 역설했다. 1901년 7월 1일 영국인 헨리(Sir Edward Richard Henry)는 헨리식 지문분류법을 창안해 현재 영어를 사용하는 국가에서 대부분 사용하고 있다. 헨리식은 우수무지(右手拇指, right thumb, 엄지, 1번)로부터 좌수소지(左手小指, left pinky/little as number 10) 순으로 채취하고, 지문 2개씩 묶어서 조 편성을 하며, W.L 등 영문자를 부여해 1차 분류, 2차 분류 순으로 한다.[57)]

다음의 함부르크식(혹은 Roscher식)은 1903년 독일 함부르크 경찰청에 근무하던 로세르(Gustav Roscher, 1852~1915)가 창안한 것으로[58)] 좌수(左手) 시지(示指)부터 무지(拇指) 순으로 채취하고, 지문마다 번호 1개씩 부여하는 방법으로 독일과 일본, 중국, 한국에서 사용하고 있다(경찰대학, 1978: 464). 미국에서는 FBI 분류식이 추가되고 지문의 특징을 컴퓨터로 분류 판독하는 판독기(AFIS)가 발명되는 등 지문 제도의 발전은 계속되고 있다.

로세르(Gustav Roscher) 박사는 오랫동안 에센(Essen)이라는 도시의 지방법원에서 검사로 근무했다. 1893년 경찰의 경정급(Polizeirat) 간부로 전직해, 1900년에 함부르크경찰국장(Direktor der Hamburger Polizeibehörde, Polizeichef)으로 임명됐다. 이후 프랑스 법인류학자인 베르티용(Alphonse Bertillon)이 발전시킨 개인 신원 식별 시스템인 '인체측정학'을 함부르크 경찰청에 도입하기도 했다. 1903년 지문분류법(Daktyloskopie)을 도입했으며, 개인 신원 식별을 위해 인체측정 시스템(anthropometrische System)을 지문 날인 절차(Fingerabdruckverfahren)로 대체했다. 그는 *Handbuch der Daktyloskopie. Für den Selbstunterricht bearbeitet*(Leipzig 1905) 및 *Groβ-stadtpolizei. Ein praktisches Handbuch der deutschen Polizei*(Hamburg 1912)이라는 책을 저술한 바 있다.[59)]

한편 한국에서는 다음과 같은 지문관리의 역사를 살펴볼 수 있다. 지문 제도는 1910년 11월 11일 조선총독부 법무국 행형과(行刑課)가 각 교도소에서 채취한 재소자 지문을 관리한 것에서 시작했다. 그 후 경찰에서는 1931년 경기도 경찰부 형사과에 지문계

57) http://en.wikipedia.org/wiki/Henry_Classification_System(2021.09.09. 검색).
58) http://en.wikipedia.org/wiki/Fingerprint(2021.09.09. 검색) 지문 분류에 관한 내용을 소개하고 있다.
59) http://de.wikipedia.org/wiki/Gustav_Roscher(2021.09.09. 검색).

를 신설해 피의자에 대한 지문 채취 및 관리를 해왔다. 1945년 8월 15일 해방 당시 법무국 보관 지문원지, 즉 법무원지 약 40만 매와 경찰원지 약 50만 매 합계 90만 매를 1946년 4월 1일 미 군정청 수사국 감식과로 통합했다. 치안국, 치안본부로 이어지면서 감식과(경찰청 과학수사센터)에서 주민 지문원지 및 전과자의 지문원지를 수집 관리해 오늘에 이른다(경찰대학, 1978: 464).60)

5) 유전자 지문

그동안 지문을 통해 용의자의 신원 확인에 성공했기 때문에, 법집행에 가장 효과적인 방법 중에 하나라는 것이 입증됐다. 그런데 법과학에서 극적인 발전—유전자 지문의 분석—으로 오늘날 지문 기술이 빛을 잃게 될지 모른다(Lyman, 1999: 172). DNA(deoxyribonucleicacid, 데옥시리보핵산)는 개인 간에 존재하는 놀랄 만한 다양성을 찾아낼 수 있는 수단을 과학자들에게 제공했다. DNA 기법은 비교적 최근에 법집행기관에서 활용되기 시작했다. 분자생물학자들을 위한 도구로서 1970년대에 개발됐는데, 유전자의 꼬여진 가닥으로부터 파생된 경이적인 것으로 등장하면서, 1985년 법과학 분야의 관심 대상으로서 최초로 적용됐다(Osterburg & Ward, 2000: 88). 상당수의 법집행기관에서는 DNA 분석이야말로 지문과 경찰용 무전기가 출현한 이래 엄청난 발전으로 간주되고 있다. 이러한 기술의 결과들은 형사사법 시스템을 도와주면서, 범죄자의 신원에 관해 명확한 판단을 할 수 있도록 도와준다.

(1) DNA는 무엇인가?

모든 생명체에서 데옥시리보핵산(deoxyribonucleic acid: DNA)으로 알려진 유전물질 안에 차이점의 원천이 되는 것이 들어 있다. 모든 살아 있는 유기체에서 DNA는 그 유기체의 유전적 복사 혹은 '설계도(blue print)'를 보여준다.

인간에게는 23개 쌍으로 된 각 부모로부터 물려받은 염색체가 있으며, 수태(受胎)가 되는 순간부터 각 쌍의 하나는 어머니로부터, 한 쌍의 다른 하나는 아버지로부터 받은 것이다. 그래서 사람이 태어날 때, 그의 유전자는 어머니와 아버지의 유전자의 조합으로 이뤄져 있다. 이 때문에 일란성 쌍둥이를 예외로 하고 두 사람이 정확하게 같은 경우는 없다.

60) 2007년 3월 현재 지문 대조군은 주민등록자와 범죄자, 주요 외국인 등 4천 9백만 명에 달한다.

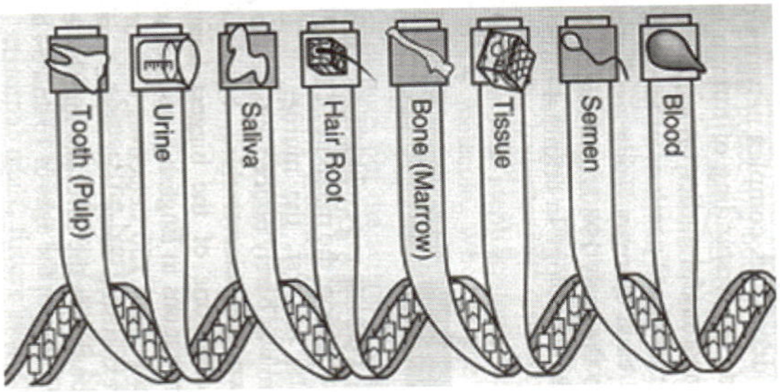

DNA 증거의 다양한 출처들
자료: Lyman(1999: 173).
Figure 6.8에서 인용함.

(2) DNA를 수사에 처음 활용한 사례

DNA의 발견과 그것의 복잡한 정보 네트워크를 해독할 수 있는 능력은 인간의 조상에 관해 이해하는 데 전환점으로 여겨지고 있다. 이 테크놀로지가 초창기에는 중요하게 여겨지지 않았다. 1985년, 일상적인 수사활동이 "어떤 유전자 DNA 구조의 한 부분이 지문처럼 각 사람에게 독특하다는 것"을 과학자들에게 보여줬다. 1980년대 초반으로 돌아가 보자. 영국에서 발생한 살인사건－나르버러 살인사건(The Narborough Murders)－을 재평가해 보면, 이 사건은 DNA 테크놀로지를 처음으로 범죄수사에 활용한 사건이었다(Lyman, 1999: 174).

나르버러 살인사건 이후, DNA 테크닉은 미국에서 종종 성공적으로 활용됐다. 1988년 12월에 FBI의 Crime Laboratory가 공공 분야에서 최초로 DNA 증거분석을 실시할 수 있게 됐다. 1987년 초반에 성폭행과 관련된 Andrews v. State 사건(1988)[61]을 필두로 해서 이후 많은 형사사건에서 성공적으로 활용됐다(Lyman, 1999: 175).

플로리다주 앤드루스(Andrews) 사건은 미국 법정에서 최초로 DNA 증거가 적용돼 유죄가 선고된 사례다. 1986년 앤드루스(Tommy Lee Andrews: 당시 24세)는 플로리다주 올란도에 거주하는 27세 되는 여성의 집에 침입했으며, 1986년 5월 피해자를 칼로 찌르고 강간했다. 그 후 한 여성의 집 밖에서 기웃거리던 중, 인근 지역에서 발생했던 강간사건들의 용의자로 체포돼 여러 건의 강간 혐의로 기소됐다. 피해자는 배심재판 과정에서 앤드루스를 범인으로 지목했다.[62] 기소를 담당했던 베리(Tim Berry) 검사는 그 용의자에 대한 사건이 좀 더 확실하게 기소할 수 있도록 DNA 분석 전문회사와 접촉하고, 자신이 맡은 사건에 DNA 프로파일링을 활용하고자 했다. 그런데, 1980년 후반 미국 법정에서는 'DNA 타이핑'이 기존에 없었던 새로운 분석 기법이어서 당해 사건은 인

61) Andrews v. State, 533 So. 2d 841(Fla. Dist. Ct. App.1988).
62) http://www.nytimes.com/1988/02/06/us/rapist-convicted-on-dna-match.html(2021.09.09. 검색).

정 여부에 대한 심리를 거쳐야 했다.

당시 라이프코드사(Lifecodes Inc.)라는 회사에서 DNA 분석이 진행됐으며, 세 가지 DNA 샘플이 관련됐다. 하나는 현장에서 발견된 강간범의 정액, 다른 하나는 피해자의 혈액에서 채취된 것 그리고 세 번째 것은 체포된 이후 앤드루스라는 범인으로부터 채취한 것이었다. 재판 과정에서 과학자 베어드(Michael Baird), 생물학자 하우스먼(David Houseman) 등 유전자 분석 전문가들은 현장에 남긴 정액에서 발견된 DNA와 앤드루스의 혈액에서 발견된 DNA가 일치한다고 그래프와 차트를 사용해 가면서 입증했다. 전문가들은 DNA 실험 결과가 일반적인 지문이 개인의 신원을 확인해 주는 것과 동일한 정도의 정확성을 제공한다고 증언했다. 그 결과, 인근에서 발생했던 6건의 강간사건 가운데 2건이 앤드루스에게 맞아떨어졌다.[63)]

DNA 분석기법을 최초로 활용한 영국의 살인사건(The Narborough Murders)

1983년 11월 영국의 나르버러(Narborough)라는 지역에서 15세 된 여자아이가 살해된 채 발견됐다. 이 사건에는 법과학적 범죄 감식을 완전히 혁명적으로 바꿔놓았던, 즉 DNA 조각들을 지도로 작성한 과학적인 발견이 적용됐다.

만(Linda Mann)의 살인은 라이체스터셔(Leicestershire)로 알려진 지역 외부로 거의 알려지지 않았다. 그러나 그것은 곧 영국 역사상 가장 큰 살인사건 수사 중의 하나가 됐다. 150명이 넘는 수사팀이 꾸려졌고, 살인사건이 발생한 지역에 거주하는 13~34세에 이르는 모든 남성이 기록됐으며, 모든 사건에서 신문을 받았을 정도로 수사는 철저했다.

그럼에도 불구하고, 살인사건의 용의자는 체포되지 않았다. 그러고 나서 1986년 7월, 15세 된 애시워스(Dawn Ashworth)라는 여자아이가 같은 라이체스터셔에 난폭하게 강간을 당한 후 목졸려 살해됐다. 수법(*Modus Operandi*: MO)에 따르면, 동일한 살인범이라는 것을 암시하고 있었으며, 당국에 연쇄살인의 가능성 쪽으로 경고하고 있었다. 이번에는 전국에서 200여 명이 넘는 수사관이 그 사건에 배치됐다. 살인에 관한 단어가 거의 모든 영국에서 중대한 관심사항이 되기 시작했다. 그러나 여전히 수사관들은 살인범이 누군지에 대해 중요한 단서를 발견해 낼 수 없었다. 마침내 상황적 증거를 통해 살인사건에 연관된 17세 된 병원 취사실 잡역부가 체포됐다.

신문이 끝난 다음, 용의자는 두 번째 살인사건을 인정했다. 그러나 두 피해자가 동일한 범인에 의해 살해됐을 것이라는 경찰의 믿음에도 불구하고, 첫 번째 살인사건은 부인했다. 사건에 대한 최종적인 해결은 아주 가까운 곳에 떨어진 라이체스터대학교에서 밝혀졌다. 1980년 초반 이래 유전자 연구 분야에서 활동하고 있는 제프리스(Alec J. Jefferys)라는 대학의 과학자가, DNA 분자에 토대를 둔 인간의 신원 확인 절차를 최근 발견했다. 나르버러 살인사건에서, 제퍼리스 박사는 만(Linda Mann)의 신체에서 채취한 정액 샘플을 분석했다. 그러고 나서 애시워

63) https://forensics.knoji.com/brief-history-of-the-development-of-dna-forensic-testing/.Knoji(2021. 09. 09. 검색).

스 범죄 현장에서 나온 샘플을 분석했다. 그 테크닉은 두 살인사건에 대해 동일한 DNA 이미지를 밝혀줬다. 그러고 나서 용의자의 혈액 샘플로부터 대조할 DNA 지문을 취득했다. 놀랍게도 용의자가 이미 자백한 살인사건을 포함해 용의자의 DNA를 두 건의 살인사건과 일치시키는 데 실패했다. 용의자는 구금 상태에서 석방됐다. 알게 된 사실은 동일한 사람이 두 명의 10대를 살해했다는 것이며, 수사관들은 유전자 지문을 통해 살인범을 찾아내기로 마음먹었다. 따라서 1987년 1월, 그 지역에 사는 17세~40세에 이르는 모든 남성에게 혈액 샘플을 제출하도록 요청했다. 1987년 9월, 경찰이 그 지역에 사는 제빵공 피치포크(Colin Pitchfork)를 체포하고 그에게 살인 혐의로 기소하기 전까지 4,500여 개가 넘는 샘플이 조사됐다.

피치포크는 오랜 기간 성폭행 범죄와 외설스러운 노출 전력을 갖고 있었다. 그리고 그의 혈액 샘플을 조사하는 과정에서, 동료를 설득시켜 그 자신을 위해 혈액 샘플을 속여서 제출토록 했다고 한 정보원이 경찰에 알려왔다. 용의자의 혈액에 대해 정당한 테스트가 실시되자 두 살인사건 현장에서 발견된 지문과의 동일성이 확인됐다. 오로지 DNA 지문과 결정적인 자백에 근거해서, 피치포크는 두 건의 살인사건에 대해 유죄가 인정됐다(Gilbert, 1990).

담당 검사에 따르면, 그 DNA 실험은 부권(父權) 확인 사건에서 이미 10여 년 동안 유효한 것으로 입증됐으며, 강간범에게 유죄를 용이하게 선고할 수 있도록 도와줬다고 언급했다. 또한 두 사람이 동일한 DNA 조각(fragments)을 가질 수 있는 확률은 10억분의 1이라고 주장했다.[64] 결국 1988년 2월 5일, 배심원단은 피고인 혈액의 DNA 지문에 근거해 유죄를 평결했다. 앤드루스는 두 가지 별개의 배심원 재판에서 DNA 증거를 적용받고, 두 건의 강간사건에서 유죄가 입증됐다.

앤드루스는 2012년 10월, 석방할 것인지 아니면 다시 성범죄자 치료시설에 수용해야 할지 여부에 대한 결정을 받기 위해 재판에 회부됐다. 그렇지만, 배심원단은 성범죄자 교정시설에 다시 입감해야 한다고 평결했다.

1988년 2월 재판 및 2012년 치료시설 수용 처분 관련 법정에 출석한 앤드루스

64) http://www.nytimes.com/1988/02/06/us/rapist-convicted-on-dna-match.html. 뉴욕타임스(2021.09.09. 검색). (2015.01.08. 검색).

'살인의 추억' 화성 연쇄살인마 잡은 DNA 분석…한국 과학수사 세계적 수준

영원한 미제 사건으로 남을 줄 알았던 '화성연쇄살인사건'은 첫 사건이 발생한 지 33년이 지난 2019년 9월 진범 이춘재(58)가 검거되면서 일단락됐다. 난제(難題)의 실마리는 경찰이 국립과학수사연구원에 1990년 발생한 9차 살인사건 피해자의 속옷 감정을 의뢰하면서 풀렸다. 국과수는 증거물에서 이춘재의 DNA를 검출했고, 경찰은 다른 증거물에 대해서도 감정을 의뢰하며 그가 사건의 진범임을 확인할 수 있었다.

이춘재를 붙잡은 DNA 분석 기법은 미궁에 빠졌던 또 다른 사건의 진범을 잡는 데 일조했다. 지난달 서울 동대문경찰서는 2001년 동대문구의 한 주택 창틀을 부수고 침입해 자고 있던 10대 여성을 성폭행한 혐의를 받는 40대 남성을 구속했다. 당시 기술로는 DNA를 검출하기 어려웠던 증거물을 국과수가 재감정하면서 용의자를 찾을 수 있었다. 시간을 뛰어넘어 '미싱 링크(잃어버린 고리)'를 밝힌 주역이 바로 국과수였다. … 박남규 국과수 원장은 "한국의 과학수사 역량은 세계 어느 나라와 비교해도 경쟁력이 떨어지는 분야가 없다"며 자부심을 보였다.

(https://www.mk.co.kr/news/society/view/2021/08/787011/ 매일경제. 2021.08.13.)

(3) DNA 분석

혈액이나 정액에서 발견된 유전자 패턴은 지문처럼 독특하다. 신체상의 액체에 관한 전통적인 혈청학적 테스트의 경우, 종종 범죄에서 충분하게 용의자를 배제하고 혹은 포함시키고 할 정도로 개인 식별이 정확하지 않다. 그러나 DNA 분석은 좀 더 결정적인 분석을 제공한다. 각 사람들의 DNA에서 발견된 이러한 독특한 유전적 패턴은 높은 정확성으로 용의자를 범죄와 연관시킬 수 있는(혹은 용의자를 범죄로부터 배제시킬 수 있는) 것을 가능케 했다. 일란성 쌍둥이 사건을 제외하고, 모든 사람의 DNA 패턴은 다르다(Lyman, 1999: 177).

최근 수십 년 동안 개발된 가장 흥미진진하고 귀중한 수사상의 도구들 가운데 하나로, 심지어 지문 현출 기술보다 훨씬 더 중요한 것으로 입증됐다. 이러한 과학은 실제로 범죄 용의자와 피해자 간의 확실한 신원 확인을 가능케 해 준다(Lyman, 1999: 179).

DNA 분석에 적합한 다른 여러 종류의 생물학적 증거들이 있는데, 혈액(만약 백혈구가 있다면), 모발(만약 모근이 존재한다면), 타액(침), 피부(만약 핵이 있는 상피세포가 존재한다면), 뼈 그리고 소변 등이다(Osterburg & Ward, 2000: 89).

(4) DNA의 중요한 기여

특히 강간사건에서, 관련된 증거로써 피고인이 사정한 정액이 범죄 현장, 피해자의 의복 혹은 신체에 남아 있는지에 대해 조사할 수 있다. 이를 발견한다면 범죄 현장과 용의자를 결부시킴으로써 입증할 만한 증거를 갖게 되며, 배심원들을 설득시킬 수 있게 될 것이다(Osterburg & Ward, 2000: 88). 일치된 DNA가 발견되면 피고인에게 유죄를 선고할 수 있다.

- 세계무역센터(World Trade Center) 폭파범 중 한 명에게 보낸 편지봉투를 붙이기 위해 핥은 침(타액)에서, 수사관은 DNA를 용의자와 연결시킬 수 있었다.
- 이민자들이 거주자(resident)와 연관돼 있는지 여부가 DNA 대조를 통해 법적으로 입증됐을 때, 이민자를 미국에 체류할 수 있도록 허용함으로써 가족들을 결합시켜 줬다.
- DNA 연구를 통해 살인범 혹은 강간범으로 유죄가 잘못 선고된 억울한 사람들을 자유롭게 했다. 뉴욕에 있는 예시바(Yeshiva)대학의 무죄 확인 프로젝트(Innocence Project)는 셰크(Barry Scheck)에 의해 기초가 마련됐는데, DNA 테스트를 통해 무죄임이 밝혀져 8명의 죄수를 석방토록 도와줬다.
- 부권 확인 소송(paternity suits)은 주로 DNA 테스트를 통해 해결됐다(Lyman, 1999: 182). 이처럼 DNA 프로파일링은 무고한 시민을 보호하는 데에도 강력한 법과학적 도구처럼 보인다.

그런데 다시 말하면 피해자를 조작하는 등 반대되는 상황에 적합하도록 모발, 혈흔 그리고 정액과 같은 샘플은 악의적으로 손에 넣을 수 있다. 그러고 나서 체포될 자를 선택해 범죄자로 만들기 위해 그러한 물질을 범죄 현장에 갖다 놓을 수 있다. 그래서 용의자가 실제로 범죄를 저질렀는지 혹은 적어도 그렇게 할 수 있는 기회와 동기를 가졌는지를 증명하기 위해 DNA 분석 결과에 관한 독립된 증거를 수집하는 데 상당한 주의가 필요하다(Osterburg & Ward, 2000: 89).

6) 기타 신체적 특징

(1) 불구 기타의 특징

범인을 특정하는 데 불구(不具), 기타 신체적 특징은 중요한 단서가 된다. 보통 단신, 장신(長身, 長軀), 꼽추, 절름발이 등을 들 수 있고, 대머리, 외짝 눈, 혹, 흑점, 주근깨, 화상흔, 수술흔, 구흔(灸痕), 문신(tattoo) 등도 중요한 개인 식별의 요소가 된다(김형청, 1986: 172).

(2) 귀와 머리 모양

귀의 모양, 이형(耳型)의 형상 등은 예상 외로 매우 다양하다. 확대 사진으로 비교해 보면 지문과 같을 수는 없지만 개인 특정에 어느 정도 이용할 수 있다고 한다. 최근에는 귀 모양 분석을 통한 신원 확인 기법이 활용되기도 한다(김형청, 1986: 173).

한 사건에서 요원들이 미술작품이 내려져 도둑맞은 벽에서 남겨진 귀 지문(headprints)을 조사하고 있다. 자국을 채취하기 위해 그들은 각 용의자의 귀에 로션을 바른다. 그리고 손으로 떠받친 유리 조각을 그곳에 누른다. 각각의 지문을 세트하기 위해 그들은 분말을 입히고 깨끗한 테이프를 붙인다. 범죄 현장에서 채취한 자국과 이것을 비교한다.

실제 사건에서 얼굴 자국이 피해자를 확인하는 데 도움을 줬으며, 그러한 자국은 용의자를 체포하는 데 도움을 줬다. 1984년 캘리포니아의 공군기지에서 질레트(Juana Gillette)라는 여자가 갑자기 사망했다. 그녀의 남편인 군 간부 질레트(Ronald Gillette)는 그녀가 아팠을 때 복용한 약 때문에 죽었을 것이라고 주장했다. 부검이 실시됐으며, 그녀가 복용한 약물이 결정적인 사망 원인이 아니었다는 것이 판명됐다. 그 집에 관한 수색을 통해 움푹 들어간 탄두가 들어 있음직한 세탁용 플라스틱 백(bag)이 발견됐다. 그래서 그들은 백의 내부를 뒤집었다. 비스듬하게 불빛을 비추면서, 백에 사망한 부인의 얼굴이 아직까지 찍혀 있는 선명한 윤곽을 볼 수 있었다. 이것은 그의 부인이 숨이 막혀 질식사(suffocated)했음을 암시하는 것이다(Ramsland, 2001: 118-120).

(3) 치아의 특징과 깨문 흔적

치형(齒型)도 개인 특정에 유용하게 활용된다. 치아에는 의치(義齒), 금관(金冠), 그 밖의 기공을 가한 것이 있으므로, 치과의 혹은 치과적 치료 경력 등에 대해 조사하면 개인 특정에 매우 유력한 단서를 찾을 수 있다. 특히 시체의 신원 확인에 절대적으로 필요하다. 이와 관련해 법치과학(forensic orthodontology) 분야가 과학수사에 중요한 역할을 한다(김형청, 1986: 173).

범죄사건에서, 이러한 작업은 치아 정보에 관한 자료를 제공하는 사람인 법치의학자(혹은 치과의사)의 몫이며, 이러한 유형의 일치 여부를 비교한다. 그들은 고인이 된 사건을 확인하는 데 도움을 줄 뿐만 아니라, 깨문 흔적과 용의자의 이빨 자국 간의 관련성에 대해 법정에서 증언하기도 한다.

치아는 신체에서 가장 단단한 물질이고 가장 오랫동안 유지되기 때문에, 그리고 그러한 특징들이 개인별로 독특하기 때문에, 종종 치아는 일치 여부를 판단하는 데 가장 먼저 사용되는 수단이 된다.

왜 치아가 그렇게 독특할까? 사람이 나이가 들어감에 따라, 그들의 치아는 점점 닳아진다. 그리고 어떤 방식으로 망가지기도 한다. 이러한 특징들은 특정한 사람과 쉽게 연관지을 수 있도록 해 준다. 치아충전재, 치아를 금으로 씌운 것, 치아고정물 혹은 치아의 손실과 같은 것은 깨문 흔적을 훨씬 더 개별화시켜 준다. 한 강간사건에서, 어린 소녀가 강간범을 깨물었다. 후에 그 남자가 강간범이라는 것을 확인시켜 준 것은 다름 아닌 그녀의 치아고정물에 의해 남겨진 흔적이었다.

사람들은 성장해 오면서, 자신의 치아에 대해 차트화(chart)해 왔으며, 그리고 그 치아들 가운데, 어떤 치아가 치료를 필요로 하는지 알기 쉽도록 해왔다. 치과 의사들은 성인의 32개 치아 각각에 번호를 매겨왔다. 각각의 치아는 다섯 개의 표면을 갖고 있으며, 이러한 부분에 관한 모든 치과적 정보가 치과 기록에 들어간다. 전문 감정은 긍정적인 확인 결과를 얻어내기 위해, 치과적 기록과 용의자 간의 충분히 많은 유사점에 의존한다. 그리고 30에서 76가지 정도의 비교할 수 있는 요소들−치아의 폭, 깨문 가장자리(테두리)의 커브, 입 모양, 치아의 배열(공간)−을 갖고 있다(Ramsland, 2001: 109).

몇몇 사건에서, 한번 깨문 자국이 일치한 것으로 확인되면, 다른 테스트들은 신원 확인을 좀 더 철저히 하는 쪽으로 실시된다. 예를 들면 씹는 껌에 남아 있는 치흔은 또한 타액(침)으로부터 DNA을 제공받기도 한다. 치즈 같은 물질에 남아 있는 치흔은 3차원적인 흔적을 제공한다. 그것은 비교할 수 있는 많은 점을 제공한다. 뉴욕시 경찰청(NYPD)에 법치과학적 자문을 해주는 레빈드(Lowell Levind) 박사에 따르면, 깨문 흔적을 분석하는 것은 치아들의 사이즈와 배열을 살펴보는 것이다. 그것은 또한 입의 근육조직(musculature)과 깨문 사람의 정신 상태에 관한 상세한 정보를 제공한다. 경험이 풍부한 치과 의사는 이러한 정보를 제공할 수 있다. 이러한 것은 1970년대 중반, 연쇄살인범 번디(Ted Bundy)로 하여금 살인을 중단시켰던 한 형사사건에서 확인할 수 있다. 누가 도대체 번디가 자신의 치아로 인해 처벌을 받게 되리라고 생각했을까?

범죄 현장에서 치흔 분석을 위한 첫 번째 단계는 그것이 동물에 의한 것인지 혹은 사람에 의한 것인지를 판단하는 것이다.

피해자 신체 혹은 피부에 용의자가 깨문 자국이 있다면, 그것을 측정하고 기록한다. 그리고 면봉으로 그 주변에 있는 어떤 가능한 타액의 흔적을 채취해야 한다. 피부에 남아 있는 깨문 흔적을 분석하기 위한 방법은 그 자국을 우선 자(scale)를 대고 촬영하는

1978년 1월 15일에, 레비(Lisa Levy)와 보먼(Martha Bowman)은 플로리다주립대학교에 있는 여학생 클럽에서 공격을 당했다. 한 남자가 그들을 곤봉으로 때리고 도망갔다. 그는 나중에 번디(Ted Bundy)로 밝혀졌다. 그 악명 높은 연쇄살인범은 미국을 돌아다니면서, 야만적으로 사람을 칼로 도려낸 자였다. 번디가 지문을 남기지 않았지만, 그는 하나의 확인될 만한 흔적을 남겼다. 그는 레비의 왼쪽 엉덩이를 깨물었다. 번디의 이빨에 의한 치흔과 일치 여부 확인이 가능할 정도로 충분히 이 자국은 선명했다. 그의 깨문 자국은 균형이 맞지 않는 줄을 이루고 있었다. 그리고 몇몇 이 빠진 자국을 갖고 있었다. 피해자로부터 나온 치흔과 번디의 이빨에 의한 치흔의 이와 같은 닮은 점은 피해자 엉덩이의 치흔이 오로지 번디로부터만 나올 수 있다는 높은 가능성을 제공했다. 이 사건은 플로리다 형사법 역사에서, 범인의 신원을 확인하기 위해 치흔에 의존한 최초의 사건이 됐다. 그것은 또한 번디와 피해자를 연관시킨 물리적 증거에 관한 최초의 한 부분이었다(Ramsland, 2001: 110-111).

것이다. 그리고 그것을 좀 더 명확하게 하기 위해 컴퓨터를 이용해 선명하게 한다. 만약 가능하다면, 흔적 채취용 실리콘을 움푹 들어간 곳에 주입, 사용할 수 있다. 시체에 있는 깨문 자국을 도려내어서 보존하기 위해 포르말린 용액에 넣는다. 그러고 나서, 용의자의 치아를 대상으로 치아틀(mold)을 만든다. 치과 의사는 이것을 컬러 슬라이드로 만들기 위해 사용한다. 용의자의 입을 최대한 벌리게 한 후 촬영하고, 용의자가 깨문 방식대로 또한 촬영한다. 깨문 샘플로 치아틀(cast)을 만든다. 그러는 동안 DNA 테스트용 타액을 수집한다. 치아 가운데 어떤 것이 최근에 닳아졌거나 혹은 최근에 부서진 것처럼 보이면, 그 마모된 것과 용의자의 나이를 판단한다. 왜냐하면, 용의자는 깨문 치흔을 없애기 위한 무슨 행동을 했을 수 있기 때문이다. 가장 선명한 흔적을 남긴 치아들은 대체로 앞쪽에 위치한다. 또한 그 자국이 일치하지 않으면, 깨문 흔적 증거를 통해 용의자를 용의 선상에서 제외할 수 있다.

피부에 남아 있는 깨문 흔적을 확인하는 데 중요한 문제들 가운데 하나는 깨문 흔적들이 타박상(멍)을 남긴다는 것이다. 이것은 자칫하면 명확성을 흐리게 한다. 만약 피해자가 격투를 하는 동안에 움직이고 있었다면, 그것은 또한 깨문 흔적을 왜곡시킬 수 있다. 깨문 자국이 만들어질 때, 피부의 생리 현상과 피해자의 위치는 그 상세함과 모양에 영향을 미친다(Ramsland, 2001: 111-112).

(4) 사람의 모발

모발(hair)의 감정은 우선 인모(人毛)인가 혹은 수모(獸毛, 동물의 털)인가를 확정해야 한다. 인모로써 남녀의 구별, 연령, 건강 상태 등을 추정할 수 있다. 모발도 개인 식별의 자료로 활용될 수 있는데, 과학적 수사에 유력한 자료를 제공한다. 채취된 모근(毛根)을 통해 DNA 분석이 가능하다. 종종 모발에 미세 마약 성분이 잔류하고 있어 범죄 연루 여부를 확인할 수 있다. 두발의 선단 절단 부분의 감정으로 조발(調髮)한 일수의 추정과 기계를 사용한 것인가 혹은 가위를 사용한 것인가 또는 이발소를 특정할 수도 있다. 또한 모발에 부착된 포마드, 정액, 때 등을 감정함으로써 그 자의 직업, 습벽, 범행 등을 추정할 수 있다(김형청, 1986: 173).

- 인간의 모발은 피부 밑에 위치한 모낭(毛囊, follicle)에 심겨진 뿌리로부터 자란다. 비록 개인에 따라서 다양하지만, 한 달에 0.5인치 정도 자란다. 사람의 모발은 장기간 동안 그 구조적인 형태를 유지한다. 모발은 재난을 당한 피해자 그리고 절단된 시체에 대해 중요한 신원 확인 출처를 제공하면서 부패에도 견딘다. 일반적으로 모발 증거는 여전히 형사사건에서 유용하다.
- 만약 범인이 개(犬)로부터 공격받았다면, 동물로부터 나온 모발은 범인의 의복류에 남아 있게 될 것이다. 이러한 모발에 대한 확인과 비교는 범죄 현장에서 용의자를 확정하는 데 기여할 수 있다.
- 성폭행 및 강간사건에서, 용의자의 신체 혹은 의복류에서 피해자의 것으로 보이는 음모 혹은 피해자에게서 발견된 용의자의 음모는 성폭행사건이 발생했다는 것을 입증하는 데 도움이 된다. 피해자의 의복류 혹은 신체상에서 보이는 머리 부분의 모발은 용의자 모발의 색깔을 확인하는 데 도움이 된다.
- 범죄 피해자의 손상된 모발은 사용된 흉기류의 유형에 관한 단서를 제공할 수 있다. 흉기류의 조각 혹은 그것으로부터 나온 페인트 등은 모발에서 보일 수 있다.
- 용의자의 자동차로부터 발견된 모발과 뺑소니 사건의 피해자로부터 나온 모발을 비교해 보는 것은 그 자동차가 사고에 관련됐다는 것을 확인시켜 줄 수 있다(Palmiotto, 2004: 140-141).

사람의 모발은 머리의 많은 부분으로부터, 눈썹으로부터, 무릎, 성기 부분, 턱수염, 팔 그리고 가슴 부분에서 나온다. 종종 특정한 모발은 신체의 특정한 부위에서 나온다고 판단할 수 있다. 머리에서 나온 모발은 보통 그 직경(直徑)이 통일적이다. 다른 한편 눈꺼풀이나 눈썹에서 나온 모발은 짧고 억센 기가 있다. 턱수염에서 나온 모발은 올이 거칠고 굽은 것이 많다. 등쪽 모발과 가슴쪽 모발은 그 줄기를 따라 두께 면에서 다양

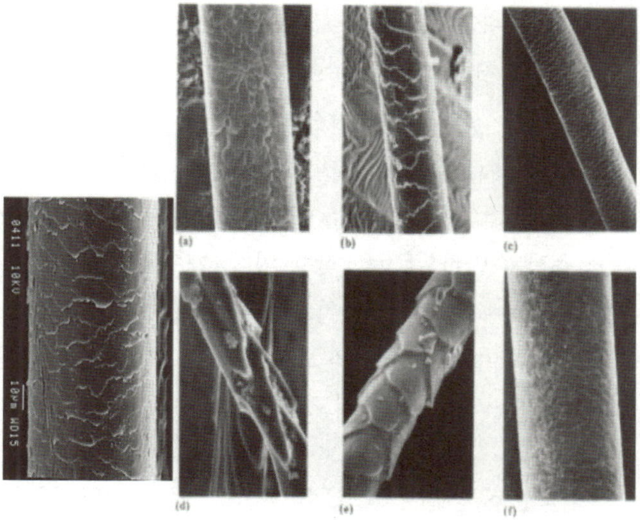

사람의 모발과 동물의 털 비교
자료: Safterstein(2001: 191).

하며, 가늘면서 뾰족한 끝을 갖고 있다. 무릎과 팔 부위의 모발은 짧고 약간의 색소를 함유하고 있다. 성기 주변에서 발견된 모발은 빳빳하다. 모발은 성별, 인종별 차이를 판단하는 데 도움을 준다. 실험실에서는 모근(毛根)으로부터 나온 발정 호르몬(folliculin) 세포를 분석해 Y 및 X 염색체를 통해 성별(性別)을 구분한다. 모발을 통해 주로 색소의 분포와 다른 특징을 살펴봄으로써 그 사람이 백인, 흑인, 황인종 혹은 혼혈 계통 여부를 확인할 수 있다.

모발이 증거로 수집됐을 때에는 특별한 절차들이 반드시 뒤따라야 한다. 범죄 현장에서 발견된 모발은 채집 및 운반해야 하는데, 핀셋으로 이동시켜야 한다. 모든 모발 샘플은 깨끗하게 접혀진 종이 위 혹은 알약 상자와 같이 깨끗한 용기 안에 넣어야 한다. 비교하기 위해 피해자와 용의자 둘 다로부터 나온 모발을 수집하는 것은 중요하다. 어떤 상처 주변의 모발은 용기 안에 넣는다. 살아 있는 사람에게서 나온 모발을 수집할 때에는 다른 모발이 수집되기 전에, 성기 주변 털과 머리 부분의 털을 빗으로 빗어야 한다. 잘라야 할 필요가 있으면 가능하면 피부에 근접하게 자르는 것이 좋다. 적어도 샘플당 20여 개씩을 채취해야 한다. 모발 샘플을 얻기 위해 수사관들은 주의할 필요가 있다. 핀셋 혹은 족집게를 사용하는 것이 모발을 손상시킬 수 있으므로, 증거를 오염시키지 않도록, 다른 부위를 샘플로 채취하기 전에 반드시 깨끗하게 해야 한다(Palmiotto, 2004: 141).

(5) 음성의 특징

사람의 음성도 개인 식별의 자료로 활용된다. 음성의 이동(異同)을 과학적으로 감정하는 분야인 성문분석(聲紋分析)이 획기적으로 발전하고 있다. 말투, 사투리 등은 그 사람의 출생지, 주거지, 직업, 교육 수준, 습벽, 교양 등을 판별하는 데 중요한 자료가 된다. 성문(聲紋, voice print)은 각 개인을 독특하게 식별할 수 있는 사람의 목소리에 관한 측정될 만한 특징을 갖고 있다. 개인의 독특한 성문은 기록될 수 있으며, 식별을 위해 사용할 수 있다. 이러한 특성들은 말하는 사람의 입과 목구멍의 물리적 형태에 근거하고 있으며, 수학적 공식으로 표현될 수 있다. 성문은 사용자 인증을 위해 개인 식별용 시스템(voice ID)에서도 사용된다.[65)]

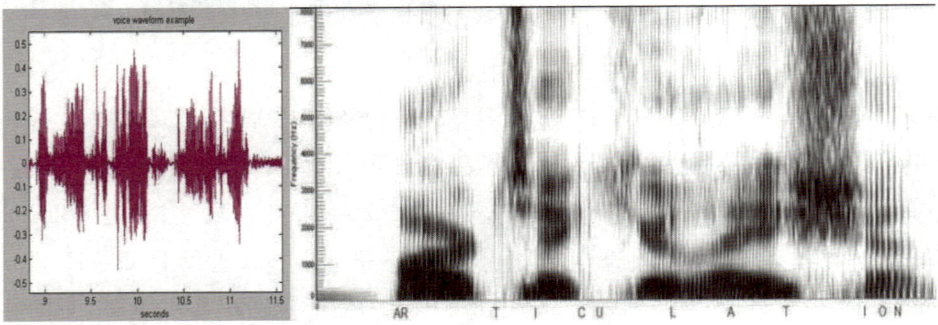

개인의 독특한 성문을 프린트한 모습[66)]

성문분석 시스템은 1940년대 후반에 벨(Bell)연구소를 중심으로 군사정보 목적으로 개발됐다. 오늘날 법과학적 기법으로 활용되기 시작한 것은 1960년대에 접어들어서였다. 성문분석을 통한 개인 신원 확인은 다양한 범죄사건에서 활용되고 있는데, 살인 · 강간 · 강탈 · 마약 밀거래 · 도박사건 수사 · 정치적 부패사건 · 돈세탁 · 세금 포탈 · 주거침입 절도 · 폭파협박범 · 테러행위 및 조직범죄단 활동 등의 수사에 활용된다. 음파분석으로 알려져 있으며, 녹음테이프 필터링 및 강화, 테이프의 진위 여부, 총성의 음파분석, 대화의 복원 그리고 어떤 다른 음성과 관련해 문제가 되고 있는 다른 사건분석을 포함해 법과학 분야에서 큰 역할을 하고 있다.

65) http://searchsecurity.techtarget.com/sDefinition/0,,sid14_gci946211,00.html(2021.09.09. 검색).
66) http://www.sqa.org.uk/e-learning/WebTech02CD/page_popup17.html(2021.09.09. 검색).

(6) 동작

사람의 동작(動作)에는 각자 특징이 있는데, 보행 자세, 손 젓는 버릇, 앉는 방식, 머리 흔드는 버릇, 잔손질 등을 통해 특정인을 추정할 수 있다. 물론 이것은 생물학적 특징은 아니지만, 생물학적 특징에 준하는 것이라고 한다(김형청, 1986: 173).

사람은 걸을 때 혹은 뛸 때 나름대로 특유의 걸음걸이나 걷는 모양을 갖는다. 걸음걸이의 패턴은 "진행하는 방향, 걸음걸이 선, 발자국의 선, 발자국의 각도, 기본적인 각도, 스텝(step)의 길이 그리고 스텝"을 포함하고 있다. 방향선은 각 개인에 의해 취해지는 경향을 의미한다. 걸음걸이 선(線, line)은 통상적으로 방향선과 일치한다. 만약 보행자가 무릎을 넓게 벌리고 서로 떨어지게 하면서 걷는다면, 종종 지그재그식이 된다. 발자국의 라인은 발자국의 세로축에 의해 형성되며, 우측 및 좌측 발에 의해 서로 다르다. 스텝의 길이 혹은 간격은 두 개의 연속적인 발뒤꿈치 중심부 간의 거리다. 걸음걸이 선이 지그재그식이라면, 스텝의 길이는 발뒤꿈치 중심부의 반대편에 위치하는 방향선 끝부분 간의 길이다. 스텝의 폭은 두 발 간의 바깥쪽 윤곽 간에서 계산된다(Palmiotto, 2004: 138).

CCTV에 촬영된 범인의 걸음걸이 패턴과 용의자의 걸음걸이를
의학 · 공학적으로 분석해 동일인 여부를 판단67)

걸음걸이 특성 '법보행 분석' 하반신 몽타주로 불려

강서구 건설업자 청부살인사건 해결의 주요 단서는 경 씨를 살해한 김 씨의 안짱걸음이다.…법보행 분석은 갈수록 치밀해지는 범죄에 대응하기 위해 걸음걸이로 용의자를 특정하는

67) http://www.kcsi.go.kr/kcsi/main/csiMenu.do#csiCnt. KCSI(2021.09.09. 검색).

과학수사 기법이다. 사람마다 다른 걸음걸이의 특성을 분석해 동일인 여부를 가려주는 식. 사람이 걸을 때 사용하는 발목, 무릎, 고관절 등 주요 관절점의 특성을 추출, 서로 다른 영상에 찍힌 인물의 동일인 여부를 확인할 수 있다고 한다. 이번 사건처럼 범인이 얼굴을 가리거나 옷을 갈아 입어도 보행 특성을 살펴 동일 인물인지를 가려낼 수 있다. 용의자 얼굴이 CCTV에 잡혔지만 'CCTV 속 인물은 내가 아니다'라며 잡아떼는 용의자 주장을 반박할 수 있는 근거가 되기도 한다.…

(https://www.hankookilbo.com/News/Read/201808060106773398/
한국일보. 2018.08.07.)

3. 범죄심리의 징표를 통한 범죄자 추적

1) 범죄심리

(1) 범죄심리의 응용

인간은 육체적인 동시에 심리적인 존재다. 범죄는 인간이 일정한 심리 과정을 거쳐서 육체로써 행동하는 것이다. 따라서 이론적으로 범죄에는 심리적 징표를 수반해 심리적인 흔적을 남기는 경우가 있다. 그래서 수사상 범죄자의 심리를 이해하고 범죄징표를 발견하는 데 노력해야 한다. 범죄심리에 관한 지식은 단순히 범죄징표 발견에만 이용되는 것이 아니라 진술 심리, 도주 및 증거 인멸, 위장 등의 심리가 수사 과정에 활용된다(경찰교과서편찬위원회, 1970: 56). 이와 관련해 범죄심리학 혹은 법심리학(forensic psychology), 이상심리학(abnormal psychology) 분야가 경찰 수사 과정에서 적극 활용되고 있다.

(2) 범죄자의 인격과 성격

범죄자의 인격이라고 하는 것은 범행 당시에 형성되는 인간의 심리적 태도를 말한다. 성격은 유전적 소질이나 선천적 경향이 있는 것이 아니라, 대체로 10세 전후까지 사이에 형성되는 것이다.

① 범죄자의 성격

범죄자의 성격이라는 것은 소위 사회환경적인 것으로 가정환경, 교우 관계, 교육 정도, 직업 관계 및 집단 관계 등과 같은 수사 자료를 제공해 줌으로써, 수사관의 추리를 용이하게 해 준다.

② 성격상의 특징

인간에게는 신체적인 특징이 있는 것과 마찬가지로 성격에도 특징이 있다. 성격은 언어, 동작, 수법 등으로 외부에 표현되는 바, 마치 지문을 수사에 이용하는 것처럼 범인 특정에 이용할 수 있다. 심리적 특징은 지문과 같이 고정 불변의 것이 아니고, 사람의 개성 이외에도 성별, 연령별, 직업, 단체생활, 기타 환경 등에 따라 변화성이 풍부하다(경찰교과서편찬위원회, 1970: 56).

2) 범행의 심리

범행의 심리는 수사상에서 보통심리와 이상심리로 구별된다. 보통심리는 인간이 정상적인 심리 과정을 거쳐서 범행한 것이고, 이상심리는 범행의 심리상 합리적인 일관성을 잃은 것이다.[68]

(1) 보통심리

범행의 심리는 동기, 결의, 범행 중, 범행 후의 과정에서 각각 징표를 수반한다.

① 범행의 동기

인간의 행동은 욕망 달성을 위한 행위이므로, 반드시 무엇인가의 동기가 있다. 일정한 범죄의 흔적에 의해 범인의 사회적 환경을 심리적으로 추리하고, 범행 동기로서 범인의 범위를 한정하는 경우에 그 동기가 수사에 이용되는 것이다. 범행 동기를 수사에 이용하는 것은 주로 범인 불명 살인사건(종종 연쇄 강력범죄자, serial offender), 방화사건 등의 경우다(경찰교과서편찬위원회, 1970: 57).

② 범행의 결의

범행 환경에서의 동기에 대립하는 결의로서, 행동으로 옮겨지는 것이다. 보통 범행의 결의에 이르기까지 심리적 갈등이 있게 마련이다. 단지 정신병자 혹은 이상성격자나 상습범인 확신범의 경우에는 이러한 심리적 갈등이 외적으로 나타나는 예가 적다. 또한 우발적(격정적)인 범행인 경우에도 단시간 혹은 순식간에 행동하는 것이라서 갈등 현상이 현저하지 않다. 범행 결의의 제1단계는 심적 갈등으로서 불안, 초조, 친지와의 상의, 흉기나 용구의 준비, 모의 현장 사전 확인 등의 사전 행동을 보인다. 그래서 이 문

68) 이러한 관점에서 최근 빈발하는 연쇄강간, 연쇄살인, 연쇄방화사건들은 일종의 이상심리자에 의해 저질러진다고 추정해 볼 수 있다.

제에서는 사전 알리바이(alibi) 조작, 증거 소멸의 위장행위 등이 행해진다(경찰교과서 편찬위원회, 1970: 58).

③ 범행 중의 심리

인간의 행위는 심리적인 것이므로, 행위 그 자체로써 심리 상태를 추리할 수 있다. 범행 그 자체의 유형으로서 범인의 심리를 추리하는 데는 다음과 같은 법칙이 있다. 범인은 목적 달성을 위해 필요한 가장 용이한 행동을 취하려고 한다. 이를 토대로 범행의 유형, 범인의 목적과 동기를 추리한다. 범인은 심리를 표현하는 방법으로 행동한다. 이러한 원리에 따르면, 범행 방법에서 추리해 계획적인 범행인가 우발적인 범행인가를 상정할 수 있고, 사용 물건, 출입처, 수법, 회화 등을 통해 범인의 심리적 특징을 추리할 수 있다.

수법수사(手法搜査)는 이와 같은 법칙에 따라 "범행은 습득된 기술에 따라서 행해지는 경향이 강하다"라는 법칙을 이용하는 것이다(植松正, 1955: 216; 김형청, 1986: 179에서 재인용). 수법은 상습 범인이나 직업 범인에게는 고정된 범행 기술로 돼 있는데, 범인의 입장에서는 이미 숙달된 수법(잘하는 방법, 잘 아는 대상과 장소)에 따라서 범행을 하는 것이 용이하고 성공률이 높기 때문이다. 수법은 종종 범인의 직업, 습벽을 잘 알려주는 경우가 있다.

④ 범행 후의 심리

범행 중에 범인은 정도의 차이는 있을지라도 흥분과 긴장에 사로잡힌다. 그래서 범행이 끝나면 목적을 달성했다는 심리로 흥분과 긴장이 해소되면서 일시 안도감을 갖게 된다. 그러나 보통의 경우, 회오(悔悟)와 체포당한다는 공포감으로 범행 후에 이상한 심리적 특징을 남기게 된다. 이를 착안해 수사에 이용할 수 있다. 특수한 꿈과 잠꼬대, 피해자에 대한 위자(慰藉, 성묘나 장례 참례), 친지 등에의 고백, 교회에서의 예배, 자살, 도주, 증거 인멸 및 조작(알리바이 위장), 변명 준비 등을 들 수 있다. 아무리 범인이 침착하게 범행을 저질렀다고 해도, 중요한 단서들이 범행 현장 어디에선가 반드시 남겨질 수 있다(경찰교과서편찬위원회, 1970: 59). 또한 범죄자는 자기가 범행한 장소를 다시 한번 찾아가 보려는 강한 잠재의식적 요소를 갖게 돼 자기의 범행 장소를 재방문하는 경우가 있으며, 이것은 절도나 방화살인사건 같은 범죄에서 흔히 볼 수가 있다고 한다(Abrahamsen, 1960: 35: 김형청, 1986: 180에서 재인용).

(2) 이상심리

범죄심리는 어디까지나 정상적인 보통인의 심리를 표준으로 한 것이다. 수사관은 "자기 자신이 범인이라면, 어떠한 심리가 될 것인가"라고 연구를 해본다면, 대체로 심리 추리는 가능하다. 그러나 대부분의 범죄에서 수사관이 상상하는 것과 똑같은 심리 과정을 밟는 것은 아니다. 특히 범죄자 중에는 특이한 성격의 소유자, 정신병자에 가까운 이상성격자, 그리고 본격적인 정신병자(schizoid personality disorders, antisocial personality disorders 등)도 포함돼 있다(경찰교과서편찬위원회, 1970: 59). 그러므로 수사관의 심리적 추리는 어디까지나 가정적인 것이다. 각종 수사 자료를 검토해 보고, 범행심리에 합리적인 일관성이 없다고 인정될 경우에는 우선 정신병자 등의 행동으로 추정할 수 있다. 이러한 범죄 경향에 대응하기 위해 강력범죄 수사관에게 범죄심리학적 소양이 매우 요구되고 있다.

4. 물리적 증거와 범죄자 추적

사건 현장에서 수집한 실질 증거의 대부분은 정확하게 그 출처를 알 수 없기 때문에 특성에 따라 다음과 같은 항목별(class)로 분류한 후에 여러 분석 방법을 이용해 각각을 식별하게 된다. 전형적인 물리적 증거 유형은 다음과 같다.

1) 흔적/자국증거

흔적증거(imprints and impression) 유형에는 족적(足迹, footprints), 윤적(輪迹, 타이어흔), 물어뜯은 흔적(교흔/치흔), 공구흔(tool marks) 또는 흉기흔 등이 있다. 여기에서는 족적 및 공구흔에 대해 상술한다.

(1) 발자국

신발과 함께 만들어지는 발자국은 일종의 물라주(moulage),[69] 혹은 주물형 자국이며, 데이터베이스상에서 비교할 수 있다. 개인적 특징을 제공할 수 있으며, 또한 용의자의 신발과 대조할 수 있다. 그러한 자국은 일반적으로 진흙과 같은 부드러운 물체에 남는다. 혹은 편평한 표면에 쌓인 먼지 위에 만들어진다. 만약 그러한 자국들이 보인다면,

---

69) 범죄 증거로서의 발·타이어 자국의 석고 뜨기; 그 석고형(型).

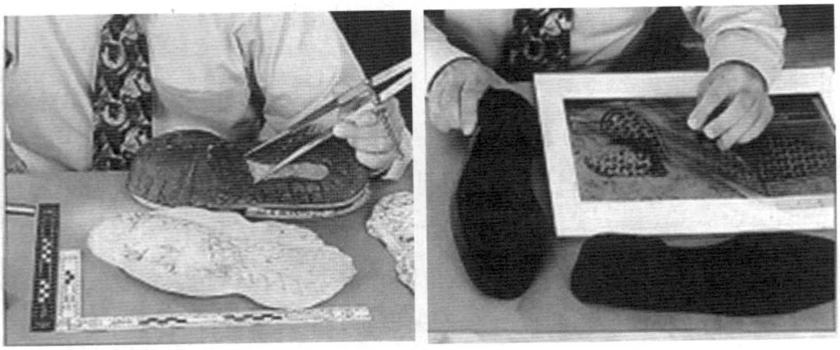

범죄 현장에서 채취한 족적을 용의자의 신발과 대조하는 모습

그것들은 가시적인 자국 혹은 잔류물 자국(residue prints)이라고도 불린다. 그리고 만약 보이지 않는다면, 그것은 잠재적인 자국인 것이다.

가시적인 자국은 일반적으로 신발이 다른 무엇인가에 의해 더럽혀졌을 때 만들어진다. 즉, 신발이 다른 물체 표면에 올려졌을 때 신발 자국과 같은 자국의 윤곽을 남긴다. 만약 신발 자국이 먼지로 만들어진 것이라면, 채취하기 위해 전기로 된 '먼지추출기'가 사용된다. 그것은 필름 밑에 먼지 입자들이 달라붙도록 하는 채취용 필름 위에 고전압을 사용함으로써 작동된다. 대부분의 경우, 편평한 표면 위에 활용될 수 있지만, 심지어는 섬유, 신문 그리고 시체에도 활용 가능하다(Ramsland, 2001: 120).

- 3차원적인 발자국은 찰흙, 모래 그리고 눈(雪)과 같은 부드러운 물질로부터 채취 가능하다. 처음에 사진을 촬영하고, 그다음에 치과용 석고 혹은 실리콘 주물용 물질로 틀(cast)을 만든다.
- 그 자국은 우선 스프레이로 고정할 필요가 있다. 그러고 나서 그 틀이 쉽게 들어 올려질 수 있도록 분말을 뿌린다.
- 주물용 물질이 틀 안에 담겨 있도록 강철 프레임으로 된 댐을 만든다.
- 그러고 나서 팬케이크 반죽처럼 될 때까지 주물용 물질을 섞는다.
- 주물용 물질이 틀 안에 꽉 찰 때까지, 자국 위에 바로 붓기보다는 자국의 가장자리 주변에 반죽을 붓는다.
- 도중에 보강용 스크린을 그 틀 안에 올려놓는다.
- 그것을 제거하기까지 약 30분 정도 틀을 맞춰 놓는다.
- 그것을 조사하기 위해 깨끗하게 만들기 전까지 충분히 단단해지도록 한다. 타이어 흔을 채취하기 위한 석고 뜨기도 이 방식으로 진행된다.

밟고 지나간 흔적이 데이터베이스에 보관돼 있는 알려진 패턴과 비교할 수 있다. 만약 그것이 착용한 패턴 혹은 손톱이 들어간 흔적처럼 개별화될 만한 표시를 갖고 있다면, 매우 좋은 것이다. 한편, 스노프린트 왁스(Snow Print Wax)라고 불리는 물질을 사용해 눈(雪) 위에서 석고를 뜨는 것과 흔적을 채취하는 방법이 있다. 그러한 자국들은 아주 부서지기 쉽기 때문에 세심한 주의가 필요하다.

잠재적인 신발 자국은 지문처럼 취급된다. 그리고 비스듬한 빛(斜光線)을 비추거나 레이저 광선으로 종종 발견할 수 있다. 종종 신발에 금속 성분이나 광물질들이 붙어 있는 경우가 있는데 신발 자국을 가시적인 것으로 만들기 위해 화학적인 처리를 할 수 있다. 피가 묻었던 신발 자국은 깨끗하게 됐더라도 루미놀을 사용해 조사할 수 있다. 실험실로 돌아가서, 신발 자국은 사이즈를 측정해야 한다. 심지어 특별한 유형의 신발, 상표와 그 신발 자국이 짝을 이룰 수 있도록 밟은 흔적을 조사해야 한다. 착용한 흔적 혹은 다른 종류의 개별화될 자국들을 기록해야 한다. 발자국은 지문만큼 독특하다고 설명된다. 걷거나 달릴 때 발자국 간의 간격에서부터 발가락으로 걸은 치수에 이르기까지 사람들은 각자가 특징적인 밟은 흔적을 남긴다. 수사관은 이것을 발견하게 된다(Ramsland, 2001: 121).

1999년 캐나다 연방경찰(RCMP)은 발자국에 관한 데이터뱅크를 만들기 위해 수천 명의 사람을 참여시킨 바 있었다. 참여자들에게 양말과 신발을 벗도록 했다. 발자국 전문가인 케네디(Robert Kennedy)는 참여자들이 잉크가 없는 패드 위에서 걷도록 했다. 그러고 나서 특수 처리된 종이 위에 그들의 발을 누르라고 했다. '맨발 형태학(barefoot morphology)'이라는 개념은 각 개인들이 발의 무게 지탱 부분에 독특한 패턴을 갖고 있다는 아이디어에 근거한다. 이 연구에서는 두 사람이 같은 맨발의 형태를 갖고 있는 경우는 없었다는 것을 보여줬다. 그러나 과학적 근거에 기해서 이러한 주장을 펼치기 위해서는 데이터베이스가 계속해서 확장될 필요가 있다. 범죄수사에서 용의자의 발이 신발 내부의 닳은 부분과 연관될 수 있다. 한편 용의자가 양말을 신고 걸을 때에도 용의자는 자국을 남기게 된다. 그러나 융선 같은 것은 나타나지 않는다. 그것은 무게에 기초를 둔 형태학에 가깝다. 개별적 특성을 향상시키기 위해 그들은 또한 충분히 선명하게 보이는 자국 위에 남아 있는 주름살 흔적(marks)을 살펴보기도 한다(Ramsland, 2001: 122).

(2) 흉기 자국 및 도구흔

잠재적인 일치가능성에 대해 단지 신체의 일부분만이 독특한 흔적들을 남기는 것은 아니다. 흉기 자국(instrumental impressions) 등의 상처 역시 종종 사용된 무기들과 대조할 수 있다. 램프, 나이프 그리고 망치와 같은 물건은 치명적인 상처를 만들어 내는 무기로써 모두 확인할 수 있다. 깨문 자국을 주물 형태로 채취할 수 있는 반면에, 칼에 의한 깊은 상처는 힘으로 밀어넣음으로써 그 깊이를 측정하는 것이 가능하지만, 이 경우 칼날의 모습을 정확하게 유지하고 있다는 것은 그다지 신뢰할 만하지 않다. 그 칼의 복제품을 통해 칼날의 길이를 관찰하는 것이 가능하다(Ramsland, 2001: 122-123).

다른 사건에서, 한 남자의 머리에 치명적인 상처를 낸 해머를 대조하기 위해 컴퓨터로 된 시뮬레이션을 사용하기도 한다. 이러한 각각의 사건에서, 일치 여부 확인은 신체에 남아 있는 자국과 어떤 특별한 도구들을 대조함으로써 이뤄진다. 모든 무기가 추적 가능한 흔적들을 남기는 것은 아니다. 그러나 어떤 치명적인 상처와 관련해 그러한 절차를 진행하는 것은 최소한 그 일치 여부를 확인하는 것이다. 이런 유형에 관한 대부분의 상처분석은 무딘 흉기에 의한 외상과 함께 이뤄진다. 거기에는 타박상(contusion), 열상(裂傷, 찢어진 상처, laceration), 그리고 찰과상(abrasion)이 있다.

찌른 상처(stab)는 추적하기가 어렵다. 충격에 의한 상처를 분석하는 데에는 다른 방식이 요구된다. 반면, 해머 · 야구 방망이와 같이 날이 없는 무딘 무기는 확실히 구별되

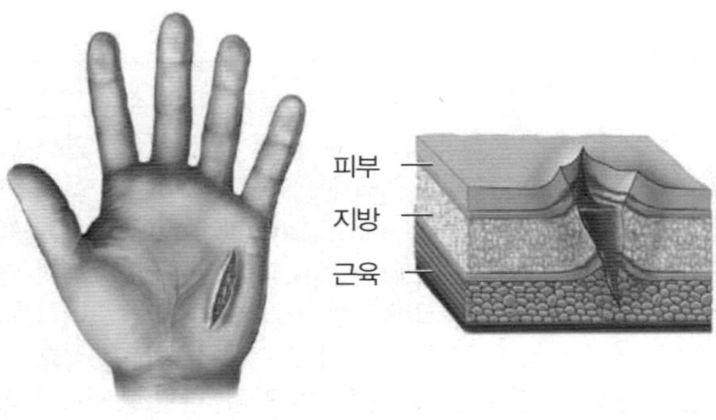

찢어진 상처(裂傷)의 모습

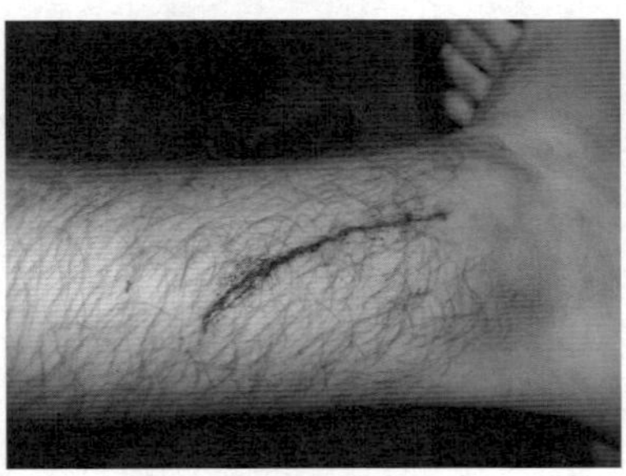

찢어진 상처의 모습

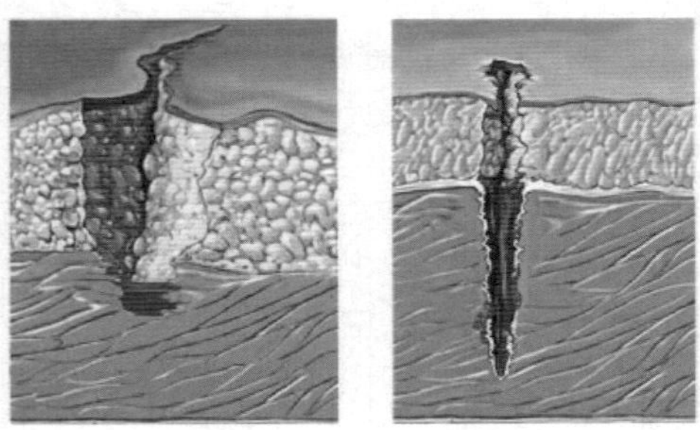

찢어진 상처(좌)와 찔린 상처(우)의 원리[70]

는 흔적을 남긴다. 무기와 실질적인 대조를 한다는 것은 피부 조직 혹은 모발과 같은 것이 부착돼 있는 무기나 범죄 현장에서 부서진 무기의 일부분을 찾는 것을 의미한다. 다른 유일한 방법은 만약 도구들이 뼈를 관통했는지 그리고 구별이 될 만한 흔적을 남겼는지 여부를 살펴보는 것이다(Ramsland, 2001: 123).

도구흔 혹은 공구흔 분석(tool mark analysis)은 과학수사실험실의 다른 부서에서 종종 화기류 분석을 병행한다. 도구흔은 일반적으로 '비교 마이크로그래피'라고 불리는 현미경 비교법의 복합분광기 시스템 위에서 관찰된다. 비교 마이크로그래피는 정확한 육안검사를 위해 이미지를 함께 근접시킨다. 도구흔 분석은 1932년 린드버그(Charles A. Lindbergh)의 아이 납치사건에서 중요한 열쇠가 됐는데, 집에서 만든 사다리가 그것을 만들었던 도구들과 일치됐다. 그리고 1950년대에 실시됐던 연구를 통해 5천여 개의 끌(chisel) 가운데 두 개의 도구가 동일한 흔적을 만드는 일이 없었다는 점이 증명됐을 때, 이러한 유형의 수사를 과학 수준에 이르도록 끌어올렸다.

그 아이디어는 하나의 도구가 만들어져서 사용될 때, 그 도구는 날(blade) 혹은 가장자리를 특징짓는 조그마한 홈(nick)과 토막을 필요로 한다는 것이다. 도구에 나 있는 조그마한 홈은 그 도구쪽으로 추적될 수 있는 줄무늬 패턴을 만들어 낸다. 예를 들면 사망한 사람의 뼈에서 발견된 것과 같이 문제가 되고 있는 도구흔이 실험실에서 동일한 도구에 의해 만들어진 흔적과 대조된다. 동일한 흔적이 움푹 들어간 도구흔과 일치된다. 만약 도구를 발견할 수 없다면, 그때에는 최소한 동일한 모델로부터 나오는 종류별 특징과 대조할 수 있다. 그러나 용의자의 도구가 입수 가능하다면 그 확인이 가장 정확하다.

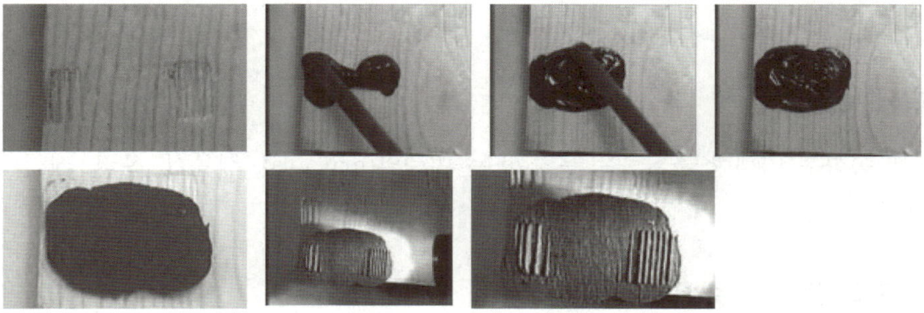

실리콘을 이용한 공구흔 채취 모습

70) http://www.nlm.nih.gov/medlineplus/ency/images/ency/fullsize/19616.jpg(2021.09.09. 검색).

다른 접근은 자르거나 깨기 위해 사용했던 물건의 흔적들을 발견하기 위해 그 도구의 날을 조사하는 것이며, 혹은 의심되는 금속의 정확한 유형 여부를 실험하기 위해 절단된 물건 위에서 화학적 즉석 테스트를 사용하는 것이다. 범죄 현장에 있는 모든 도구흔적을 주의 깊게 사진 촬영해야 한다. 그리고 가능하다면, 그것들이 발견된 부분을 실험실로 가져간다. 만약 그렇지 않으면 도구흔으로 몰드를 만든다. 몇몇 사건에서, 예를 들면 연쇄적인 주거침입 절도범죄와 같이 하나의 도구흔이 여러 범죄와 연관될 수 있다. 물론 톱과 절단 흔적이 일치하는 것이 반드시 살인사건을 의미하는 것은 아니다. 그것은 단지 누군가가 특별한 도구로 신체를 절단했다는 것을 의미한다. 종종 심지어 과학과 직관을 함께 동원해도 모든 것을 해결할 수는 없다(Ramsland, 2001: 135-136).

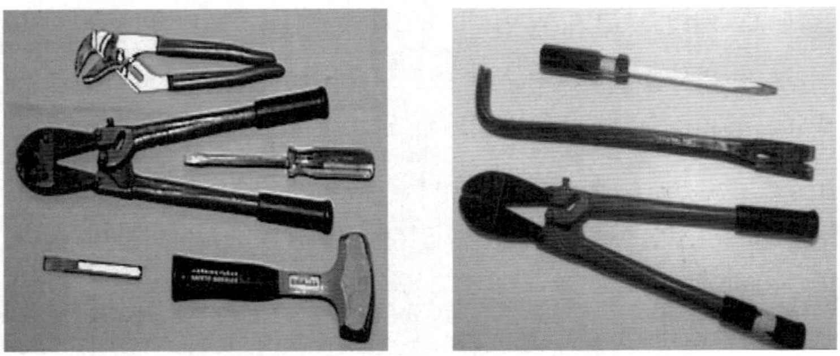

범행에 사용될 수 있는 다양한 도구들(공구)

2) 무기류와 관련된 증거

이 유형에는 탄도학적 증거, 탄환, 총기 및 화약, 폭발물, 화약잔류물(powder residues) 등이 있다.

3) 미세물질 증거

이에 속하는 미세한 물질로는 토양 또는 미네랄(minerals), 섬유질, 유리, 페인트, 금속 등이 있다.

4) 기타 물리적 증거

약물 및 화합물(drugs and chemicals), 목재 및 기타 식물, 플라스틱 제품, 차량 전구, 석유 제품, 서류, 성문(聲紋), 언어분석, 안전 및 절연체, 로프/줄 그리고 테이프, 세탁 및 건조흔, 잔류된 유골, 제품의 일련번호도 수사상 중요한 단서로 활용될 수 있다.

5. 사회적 지문을 통한 범죄자 추적

1) 사회적 지문

범죄는 인간의 사회적인 활동이다. 따라서 범죄가 행해질 경우에는 반드시 사회 관계와 무엇인가의 관련을 갖게 된다. 사회 관계 중에는 범행의 동기가 되는 것, 범인의 성격을 결정하는 것, 범인의 도주로(逃走路)에 관련되는 것 등이 있다. 사람의 신체적 특징의 대표적인 것으로 지문(指紋, fingerprint)이 있는 것처럼, 사회 관계를 구성하는 데에도 그물과 같이 이리저리 얽힌 문상(紋狀)으로 이뤄져 있다. 그것을 수사 기술상 사회적 지문이라고 칭한다. 범인의 지문이나 인상이 판명된다면 범인을 특정할 수 있다. 범죄수사상 개인 특정을 진전시킬 경우에도 사회 관계에 의한 개인 특정이 많이 활용된다. 사람의 사회적 지문이라고 하는 것은 출생에서부터 현재에 이르는 과정의 관계, 즉 종적 관계에 배열되는 것과 현재의 관계, 즉 횡적 관계에 서게 되는 것이 있다(경찰교과서편찬위원회, 1970: 61). 그래서 종적 관계와 횡적 관계에서 수많은 요소가 혼재돼 무수한 형(型)을 이루고 있다. 따라서 이와 같은 사회적 집단 관계를 사람의 사회적 지문이라고 할 수 있다.

2) 사회적 지문의 요소

(1) 성명

인간의 사회적 지문의 대표적인 것이 바로 성명(이름)이다(경찰교과서편찬위원회, 1970: 61). 성명은 인간의 사회적 특정에 관한 부호인 것이다. 사람은 어려서부터 성명을 불러왔고, 사회에서도 성명으로써 교제를 하게 된다. 그래서 원칙적으로 성명을 특정해 체포할 수 있다는 것은 당연하다. 그러나 예명(藝名), 별명(別名), 호(號), 위명(僞名) 등을 사용할 수 있음에도 유의한다(김형청, 1986: 184).

(2) 가족

인간의 가족 관계는 출생과 동시에 시작된다. 출생지와 생년월일(연령), 양친, 친척 관계 등이 범인을 특정하는 데 대단히 중요한 역할을 한다. 가족 관계에 접촉하는 지인, 교우 관계도 범인을 특정하는 데 도움이 된다(경찰교과서편찬위원회, 1970: 61).

(3) 주거

인간은 보통 일정한 생활의 본거지를 갖고, 대부분의 경우 거기에서 가족과 더불어 생활한다. 주거 이외에 일시적인 거소가 있고, 여행지에서의 생활도 있다. 인간이 생활하는 데에는 일정한 '루트(route)'가 있다. 범죄수사상 배회처라는 것은 어느 특정인이 보통 생활하고 또는 배회하는 주거, 거소, 체재지(滯在地), 방문처 등을 말한다. 이와 같은 지역은 범인을 특정하는 데 유효한 동시에 지명 범인, 체포 시에 예비조사로서 필요하다(경찰교과서편찬위원회, 1970: 62).

특히 범행 장소(crime scene, encounter, attack, murder and body dump site)들 간의 유기적인 관련성을 분석해, 용의자가 거주하고 있을 법한 공간, 친숙한 공간을 파악해 냄으로써 사건 해결을 시도하는 지리학적 프로파일링 기법(geographic profiling)이나 일상활동이론 등에서는 범인의 주거지가 중요한 역할을 한다.

(4) 경력

손가락의 지문은 대체로 종생불변(終生不變)하지만, 사회적 지문은 변화, 성장하는 특성을 갖고 있다. 그 변화는 인간의 경력이라는 일반 경력과 비행 경력 등으로 나눠볼 수 있다. 일반 경력에는 출생 가정의 사회적 지위, 교육 경력, 혼인 관련 경력, 질병에 대한 경력 그리고 주거 경력을 들 수 있다(경찰교과서편찬위원회, 1970: 62). 한편 비행 경력에는 범죄 경력, 가출 및 부랑(浮浪), 방탕, 도박, 폭력적 행동, 동물 학대,[71] 허언, 기만, 가정 불화, 주벽(酒癖), 마약 각성제 사용, 불량 교우 등이 해당된다.

(5) 직업

직업은 성명과 같이 인간을 사회적으로 특정짓는 유력한 요소가 된다. 범인 불명(犯人不明) 사건 수사에서는 범인의 직업을 추정하는 자료를 수집해야 한다. 직업은 인간의 경제생활상 수입을 얻기 위한 계속적인 행동이므로, 각각 그 직업에 따라 인간의 생활양식에 뿌리깊은 형(型)을 형성하고 있다. 따라서 착의(着衣), 회화(會話), 운동의 방식, 기타 많은 직업을 추정하게 하는 자료가 있는 것이다.

71) 종종 연쇄 강력범죄자의 과거를 추적 조사해 보면, 범인들이 어린 시절 동물을 학대한 경험이 있다는 것을 발견할 수 있다.

- 착의를 통해 봉급생활자, 노동자, 목수, 화류계 여성 등을 판별할 수 있다.
- 조발 상태는 착의와 같이 현저하지는 않으나, 남녀 모두 두발형은 어느 정도 직업상 특징이 반영된다.
- 회화(대화)는 인간 행동에서 가장 변화하기 쉬운 반면에, 가장 그 사람의 생활 내용을 잘 나타낸다. 회화에는 발음, 사투리(방언), 외국어, 전문용어 등과 같이 개인적인 특징과 직업에 따라 화제가 다르므로 회화의 내용은 직업을 추정하는 유력한 자료가 된다. 특히 은어 사용에도 주의한다.
- 범행 방법을 통해 어느 정도 범인의 직업상 특징을 알아낼 수 있다. 범인은 가장 용이하고 평이한 방법으로 자신의 범죄를 저지르려는 경향이 있다(수법수사 시 활용). 과거에 경험하고 습득된 방법으로 범죄를 범한다. 직업상 평소 상용하는 방법은 가장 잘 습득된 것이므로, 범죄수사 시에는 범행 방법과 사용했던 용구들을 잘 살펴보면, 범인의 직업을 추정할 수 있다.
- 직업에 수반한 신체적 특징을 단서로 활용한다. 직업상 오랜 세월을 경과하면 관습에 의한 신체적 특징이 형성된다. 예를 들면 문서 작성이 빈번한 직업군 종사자의 경우에는 손가락에 특징이 있으며, 농민의 손바닥, 좌업자(坐業者)의 굽은 등(背), 소매치기 상습자의 연약한 손, 어부나 토공의 그을린 얼굴, 운동가나 막노동자의 발달된 근육 등이다.

또한 직업상 취급했던 재료가 신체에 부착됐을 때, 그 부착물 즉 의류, 손톱에 낀 때, 콧물, 분뇨 등에서 검출된 것으로 직업을 추정할 수 있다.[72)]

3) 사회적 파문(풍설)

범죄는 사회적 행동이다. 그래서 사회생활에 파문을 던진다. 대표적인 것이 풍설이다. 풍설은 범죄수사의 단서일 뿐만 아니라, 수사 실행의 자료로써도 귀중하다(경찰교과서편찬위원회, 1970: 64). 풍설에는 개인적 것으로 그치는 것도 있고, 신문 등의 언론 보도기관에 의해 세론화(世論化)돼 확대되는 경우도 있다. 풍설은 우연성이 강하고 근거가 희박한 경우가 많으므로 수사 자료로 활용할 때에는 신중해야 한다.

---

72) 재봉업자-실밥, 목수-톱밥, 이발업자-머리카락, 세탁업자-손톱 때가 없다. 미장이-흙가루, 생선업자-고기 냄새, 고기비늘 등을 사례로 들 수 있겠다(김형청, 1986: 186).

6. 물건과 자연 현상

1) 자연 현상에 의한 징표

범죄수사에서 감식이 차지하고 있는 분야는 범죄의 징표들 중에서 자연 현상에 속하는 부분이다. 흔히 범죄징표를 ① 인간, ② 사회 그리고 ③ 자연 현상 등 세 부분으로 구분하고 있는데, ①의 경우, 인간 그 자체가 육체적인 동시에 물체적인 존재이므로, 법의학적 검사의 대상이 된다. ②의 경우, 전문가의 감정을 받지 않으면 수사관의 지식만으로 알 수 없는 것이다. 이러한 경우, 전문가의 지식과 경험을 활용해야 한다(경찰교과서편찬위원회, 1970: 64). 특히 물체의 성질 변화 또는 자연 현상과 같이 전문적 수사 방법에 의하지 않고서는 이해하지 못하는 것이 많다. 여기에서는 물건과 자연 현상에 의한 범죄의 징표를 다룬다.

(1) 일시(日時)의 확정

범죄수사에서 범죄와 범죄 사실에 관한 날짜와 시간을 정확하게 확정하는 것은 중요하다. 사회적으로 특별한 행사(사건)를 기준으로 날짜를 결정하고, 배가 고픈 것처럼 생리적 현상 및 일출·일몰 시간과 같은 자연 현상을 기준으로 시간을 결정할 수 있다.

① 연월일의 확정

연월일(年月日) 또는 요일(曜日)은 일력(月曆)에 의해 결정된다. 종종 월일에 대해 기억 착오나 고의로 허위 진술을 하는 경우가 있음에 유의한다. 사람들의 평상시 대화 중에 나온 말이나 각종 인쇄물의 인쇄 일자 등은 월일(月日)을 확정하는 데 거의 결정적인 자료가 될 수 있다(경찰교과서편찬위원회, 1970: 65). 알리바이 조작이 예상되는 사건에 대해서는 일시의 결정을 되도록 많은 자료를 통해 면밀하게 검토하고 판단해야 한다. 월일을 추정할 수 있는 단서로는 일기(日記), 편지의 날짜(우체국 소인), 금전 출납, 예금통장, 운전일지, 신문기사, 출근부, 숙박부, 장례, 천재(天災) 등이 있다.

② 시간의 확정

살인사건, 방화사건, 알리바이 사건 등 반증이 필요한 경우에, 시간의 확정은 매우 중요하다. 시간 확정에 도움이 되는 단서로는 다음과 같은 것이 있다(경찰교과서편찬위원회, 1970: 65).

- 식사로부터 추정 시간(위 내용물의 소화 정도 분석)

- 라디오 시보(時報)와 프로그램[73]
- 버스, 기차 혹은 여객선의 정기적인 출발/도착 시간
- 신문, 우유 등 정기 배달물
- 시계를 본 전후의 시간 관계
- 기상, 식사, 출근 등 생활양식
- 경찰, 수위, 경비원 등의 순찰 시간 등

(2) 물건의 특정

범죄에는 여러 가지 물건이 수반된다. 흉기 같은 물건뿐만 아니라 파괴의 대상이 되는 것도 있다. 각종 물건을 특정하는 것이 수사상 필요하게 된다. 물건의 특정에는 본질적으로 두 가지 사항이 제시되고 있는데, 그것은 물건의 구성 물질과 물건의 동일성 여부다.

① 물건의 구성 물질

물건을 구성하고 있는 물질이 무엇인가 하는 문제다. 즉, 목재라고 하면 무슨 나무인가? 또는 유류(油類)라고 한다면 그 유질(油質)이 무엇인가를 과학적으로 확정하고 그 구성 물질을 수사의 자료화하는 것이다(경찰교과서편찬위원회, 1970: 66). 물질의 성분 분석을 통해 수사상의 유력한 단서를 얻는 경우가 대단히 많다.

② 물건의 동일성 여부

물질검사와는 별도로 물건의 동일성을 확정하는 문제다. 예를 들면 A가 소지하고 있는 지갑과 수일 전까지 B의 집에 있었던 지갑과 동일한 것인지 여부에 관한 문제, 또는 A문서의 필적과 B문서의 필적의 이동(異同)을 문제로 하는 경우다(경찰교과서편찬위원회, 1970: 66).

2) 문서

현대 사회는 문서의 시대라고 할 정도로 많은 문서가 작성돼 유통되고 있다. 따라서

73) 필자가 경험한 어떤 사건에서, 피의자를 목격한 참고인이 그 조우 시간을 기억해 낼 때, 당시 사무실 주변에서 방송된 특정 라디오 프로그램은 매우 중요한 단서가 되기도 했다. 피의자는 알리바이를 조작하기 위해 허위로 진술했으나, 참고인을 통해 정확한 조우 시간을 파악해 냄으로써 범행 시간을 추궁, 자백을 받아냈다.

범죄수사는 문서장부에 대한 지식과 문서 작성 절차의 지식이 필요하다. 특히 지능범(혹은 화이트 칼라) 수사에서는 필요성이 강조되고 있다. 서류에 손으로 쓴 글씨, 프린팅 혹은 타이핑된 것에 대한 조사(추가적으로 종이 그 자체)는 유용한 정보를 발견해 내는 데 좋은 기회를 제공한다(Osterburg & Ward, 2000: 97).

(1) 문서의 동일성 구분

문서의 동일성 구분은 다음 세 가지 문제로 고찰할 수 있다.

- 그 문서가 위조문서인가의 확정
- 그 문서가 부분적으로 말소, 가필돼 있는가의 여부 확정
- 그 문서의 작성자 또는 변조자가 누구인가의 확정

문서의 동일성 인정에는 문자가 기재돼 있는 종이의 지질(紙質) 감정과 사용된 잉크의 감정 외에 문자의 감정이 필요하다(경찰교과서편찬위원회, 1970: 68). 문서 감정에는 전자 프린트기, 타자기 등의 문자 특징 비교와 육필(肉筆)인 경우에는 필적(筆跡) 감정이 있다.

(2) 육필 감정

사람이 직접 손으로 쓴 글씨나 손으로 프린팅한 서류에 대한 조사, 감정하는 것이다. 육필의 필적 감정은 사람의 글씨체 습벽의 특징을 발견함으로써 비교하는 것이다. 필적 감정에는 보통 감정과 과학 감정을 병행한다. 필적 감정의 기술로서 수사관이 주의해야 할 사항과 용의자에게 질문해서 확인해 봐야 할 내용은 다음과 같다.

- 용의자가 필기를 한 것인가, 프린트한 것인가 혹은 서류에 서명한 것인가? 몸값을 요구하기 위해 유괴한 사건에서 익명의 편지들과 의문시되고 있는 사인(死因)에 대해 이러한 질문이 제기된다.
- 그 서류가 진정한 것인가? 이러한 질문이 영수증, 계산서, 자살 관련 서류, 편지, 일기 그리고 위조의 의심을 받고 있는 유언서와 연관돼 제기된다.
- 거기에는 추가된 부분이나 삭제된 부분이 있는가? 만약 그렇다면 처음 문서가 작성되는 시점에 그렇게 된 것인지, 아니면 다른 시기에 그렇게 됐는지? 이러한 의문들은 위조사건에서 제기된다.
- 그 서류가 한 사람 혹은 그 이상의 사람들에 의해 작성된 것인지, 아니면 프린트된

것인지? 이러한 문제는 민사사건에서 종종 제기될 수 있다(Osterburg & Ward, 2000: 98).

- 필적 감정의 효과는 다른 과학적 검사와 같이 절대적인 것은 못 된다. 상당한 과오가 있다는 것을 전제로 해야 한다. 따라서 문서의 이동(異同)을 필적 감정만으로 인정하는 것은 위험하다. 그래서 다른 수사 자료와 함께 판정하는 것이 좋다.
- 비교 필적을 입수한다. 문제가 되고 있는 문서와 비교하기 위해 입수할 필적은 본인이 자연적으로 이미 작성한 문서다. 문제시되고 있는 문서와 비교점이 많은 것을 입수하지 않으면 필적 감정의 정확성을 기대하기 어렵다. 또한 수사 개시 후 본인에게 비교 필적을 작성하게 할 경우, 다시 말하면 시필(試筆)하게 하는 경우, 고의로 필적 글씨체를 변경하지 못하도록 방지해야 한다(경찰교과서편찬위원회, 1970: 69).

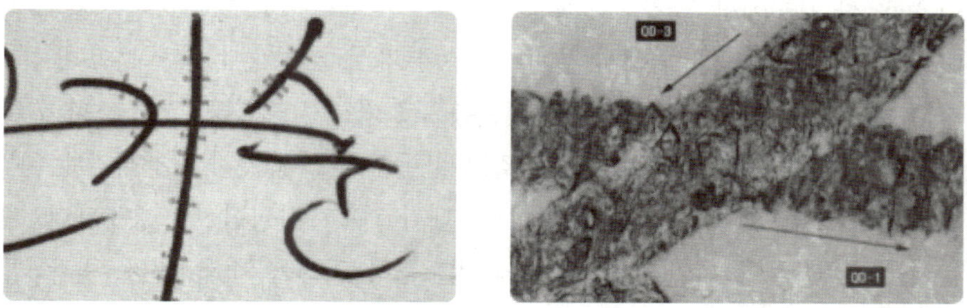

과학적인 실험 및 관찰을 통해 문서 분석, 검사, 감정[74]

(3) 타이핑된 것을 조사하기

범죄를 저지르는 과정에서 서류가 작성됐다면, 타이프라이터(타자기)를 활용했을 가능성이 매우 높다. 유괴나 몸값을 요구하는 문서, 협박 편지, 위조된 문서 그리고 은행 강도와 관련된 문서들은 다음과 같은 의문을 제기한다(Osterburg & Ward, 2000: 98).

- 타자기의 모델과 제조회사를 확인할 수 있을까? 이러한 정보는 그러한 활용 가능한 도구를 갖고 있는 사람들로 질문 대상의 범위를 좁힐 수 있게 한다.
- 의문시되고 있는 문서가 특별한 기계를 통해 타이핑됐는지 알 수 있을까? 만약 그렇다면, 관련된 증거가 발견됐을 것이다.

74) http://www.kcsi.go.kr/kcsi/main/csiMenu.do#csiCnt. KCSI(2021.09.09. 검색).

- 최초의 문서에 타이핑하기 위해 사용된 그 기계와는 달리, 어떤 타자기에 의해 추가 혹은 변경됐는가? 이러한 질문은 종종 민사 관련 문서에서 제기된다.
- 문서가 작성된 시점 이후에 타자기가 제조됐는가? 이것은 종종 (절대적이지는 않지만) 형사사건보다는 민사사건에 오히려 관련될 수 있다.

(4) 종이와 다른 사항을 조사하기

수사관은 종종 손으로 쓴 증거와 타자기로 친 서류 증거에 대한 잠재적 가치에 익숙해져 있다. 하지만 가끔 서류(서류 그 자체)에 대해 추가적인 조사를 함으로써 다른 정보가 발견될 수 있는지에 관해 질문하고 신문하기도 한다. 수사관은 다음과 같은 질문을 하고 확인해야 한다.

- 만약 맨 위에 있는 종이가 발견되지 않았다면, 문서를 써가는 과정에서 그 종이 바로 밑에 있는 다른 종이 한 장이, 원래 쓰려고 했던 내용을 복원하는 데 활용될 수 있을까? 한 사건에서, 순찰경찰관이 자동차를 정지시켰다. 그리고 운전자에게 접근하기 전에 종이받침대 위에서 정지시킨 자동차 번호판의 숫자를 적었다. 그 운전자는 순찰경찰관이 접근하지 못하도록 총으로 쏴서 살해했다. 그리고 나서 순찰차 쪽으로 다가가, 자기에게 불리할 것 같은 자동차 번호판 숫자가 적혀 있는 맨 위의 종이를 찢어 버렸다. 나중에 그 종이받침대가 과학수사실험실로 송부됐다. 거기서 글씨를 쓴 자국이 남아 있는 종이에 비스듬히 광선을 비춰보면서(빗각 투영법, oblique) 복원해 육안으로 볼 수 있도록 하고 사진 촬영을 했다. 결국 종이받침대는 필요한 대조 가능한 내용을 제공해 줬다. 자동차 번호판 숫자가 밝혀졌고, 살해범은 체포됐다.
- 스크래치 마크로 글씨를 덮어씌움으로써 지워진 글씨들이 복원될 수 있을까? 어떤 위조사건에서 호텔, 전화번호 및 방(房) 번호 그리고 투숙객의 이름이 지워진 것이 적외선(infrared) 사진 촬영 기법을 통해 밝혀졌다.
- 기계적인 수단 혹은 화학적인 방법으로 삭제한 것을 복원할 수 있을까? 이러한 것들은 진술서 혹은 선서서(宣誓書), 투표용지, 수표 그리고 영수증 등에서 발견할 수 있다.
- 종이 한 장이 다른 것과는 달리 찢어졌는가? 이러한 의문 사항에 대해 조각그림 맞추기 퍼즐(jigsaw puzzle)[75]과 같은 증거가 해답을 준다.
- 어떤 회사가 그러한 종이를 만들었는가? 언제 그 종이가 제조됐는가? 그러한 정보

는 종종 민사사건과 결부될 수 있다. 그러나 종종 위조범죄에서도 그러한 정보를 담고 있는 경우가 있다.

제4절 법과학과 범죄수사학의 발자취

1. 유럽에서 범죄수사의 발전

1) 수사관의 변천

(1) 고대 시절의 유럽

범죄수사에 관한 방대한 역사는 먼 과거적 관점에서 평가될 수 있다. 어떤 그룹에 의해 정당하게 받아들여질 수 없는 것으로 간주되는 행위는 항상 개선돼 왔다. 예를 들면 부족(tribe) 혹은 씨족(clan)으로 알려진 초기의 그룹에서도, 바람직하지 않은 행동을 탐지해 내고 해결하려는 방법들이 존재해 왔다. 비록 오늘날 활용되는 것에 비하면 원시적인 것이지만, 그 당시에 활용된 방법은 개인이나 가족 단위에 대해 기본적으로 책임을 부과하고 있었다. 만약 특정한 가족의 한 구성원이 부족의 도덕적 규율을 위반했다면, 다른 나머지 가족은 그러한 행위를 탐지하거나 찾아내고, 체포하며, 심지어 그 위반한 구성원에 대해 형벌을 집행하는 책임이 부과됐다. 이러한 고대사회에서는 개인적 구성원들의 범죄적 행위에 대해 전 공동체가 책임을 지는 것이 생소한 현상이 아니었다.

문명화된 사회가 발전되면서, 사회적 그리고 문화적 전통들이 공식적인 법률로 편찬돼 왔다. 그러한 초기의 사례는 「함무라비법전(The Laws of Hammurabi)」인데, 이는 기원전 2100년 바빌론(Babylon) 왕조 시절에 만들어졌다. 그러한 법전(codification)은 법률에 복종하는 것을 거부하는 사람들을 찾아내기 위한 수단을 필요로 했다. 고대 시절에 범죄를 탐지해 내고 수사하는 일에 관계된 대다수의 요원은 군대에 소속된 사람들이었다. 이집트, 로마 그리고 그리스가 문명화돼 가는 과정에서 보면, 이러한 범죄행위를 규명하고 탐지하는 책임이 거의 전적으로 군대의 특정 부서에 부여됐다(Gilbert, 2001: 2).

---

75) 찢어진 종이를 모아서 원래 모양대로 맞추다 보면, 마치 조각그림 퍼즐을 맞추는 것과 비슷하다는 뜻.

(2) 19세기까지 유럽의 상황

중세 시대에 범죄수사에 관한 임무는 정부의 책임에서 전임자에게로 이동됐다. 다시 말하면 집단이나 그룹의 책임으로 이전된 것이다. 즉, 10인조(frankpledge)[76] 시스템으로 알려진 상호보증(mutual protection) 시스템은 동료들에 대한 통제 임무를 개인 각자에게 책임으로 부여했다. 공동체들은 10가족(十戶)으로 구성된 소그룹으로 세분됐다. 흔히 십호반(十戶班, tithing)으로 알려진 각 하위 그룹의 구성원은 그룹 구성원의 부정적인 행위를 탐지해 내고 통제하는 책임을 지게 됐다. 한편 영국의 경우, 1066년경에 노르망디공(Duke of Normandy)이 영국을 정복하면서 범죄수사와 공공의 안전 유지 직무가 다시 정부의 책임과 관할로 이동됐다.

노르망디공의 통치 시절부터 1700년대 초반까지의 상황에 따르면, 오늘날 우리가 알고 있는 '범죄수사(criminal investigation)'라는 것은 대체로 알려지지 않았다. 그 시절에 존재했던 것은 주로 범죄 예방(crime prevention)쪽에 목표가 맞춰진 노력들이었다. 범죄가 한 번 발견되면, 심각성 여부에 상관없이, 추가적인 후속적인 수사가 효과적으로 수행되지 않았다. 17세기경에는 법 집행이 정부와 상인들의 재정적인 지원을 받는 순찰로 결합되기 시작했다. Watches(경계, 망보기, 감시)로 알려진 이러한 초기의 순찰은 사회 저층민들이 수행했다.

나쁜 보수와 심지어 정직성이라는 최소한의 기본적인 특성들조차 결핍된 그러한 사람들이 맡은 순찰 임무는 거의 완전히 비효과적이었다. 그러한 야경꾼들은 범죄를 억제하는 데 실패했을 뿐만 아니라, 범법행위를 탐지하는 활동에도 실패했다. 그러나 몇몇 사건에서 그들이 참여함으로써 사건을 해결하는 데 도움을 주기도 했다. 초기 영국의 치안판사(magistrate)였던 콜로퀴혼(Patrick Coloquhon)은 "일반 시민을 보호하기 위해 수당을 지급받는 바로 그 사람들은 많은 경우에 억압적이었을 뿐만 아니라, 정당한 근거 없이 돈을 강탈하면서, 범죄를 탐지하고 억제하기는커녕 종종 범죄가 저질러지는 것을 도와주거나 부추기고 혹은 은폐하기도 했다"라고 말했다.

17세기 후반경, 범죄 피해자는 개인적으로 돈을 주고 소규모 법원 공무원들로부터 수사상의 서비스를 제공받을 수 있었지만, 그 결과는 좀처럼 만족할 만한 수준이 되지 못했다.

---

76) <영국법 · 역사> 10인조(組)(성인 남자 10인 한 조로, 개개인의 행위에 연대 책임을 지는 제도); 10인조의 한 사람.

18세기로 접어들면서, 대규모 인구 이동이 유럽에서 시작됐다. 시골 농촌지역에서 대규모 도시로 인구의 급격한 이동은, 불가피한 부정적인 결과들을 낳게 됐다. 특히 영국과 프랑스(특히 런던시와 파리시)는 선례가 없을 정도로 급격한 범죄 증가를 경험하게 됐다. 시민들은 피해를 당할 것이라는 공포심을 무릅쓰지 않고서는 감히 거리로 나갈 수 없는 지경에 빠졌다. 그 기간에 대한 초창기 역사적 설명은 증가하는 범죄 동향에 대한 언급으로 꽉 차 있었으며, 정부나 일반 시민들 모두 그 문제에 대한 뚜렷한 해결책을 갖고 있지 않았다.

영국 런던 시내의 범죄 문제가 상당히 심각한 수준으로 변하면서, 범죄꾼들에게 런던시의 일부 지역을 내주는 꼴이 되기도 했다. 1876년경 파이크(Luke Owen Pike)가 저술한 『영국에서 범죄의 역사(*History of Crime in England*)』라는 책에 따르면, "실제로 범죄지역이 있었고, 법집행 공무원들조차 엄청난 도전에 직면하고 있었으며, 거주자로서의 기본권을 갖고 있지 않으면 어떤 사람의 생명도 안전하지 못했다."

유럽의 여러 나라는 혹독하고 종종 야만적인 처벌 수단에 의지해서라도 사회적 질서를 유지하려고 애를 썼다. 문자 그대로 수백 가지의 범죄 유형이 사형에 해당하는 범죄로 규정되기에 이르렀다. 사슴 한 마리를 절도하거나 은행에서 발행된 지폐를 위조하거나－심지어 아주 사소한 물건을 절취하더라도－곧바로 사형에 처해질 수 있는 범죄가 됐다.

영국 정부는 엄청난 범죄의 증가를 막아보기 위해 '의회 차원의 보상 시스템(Parliamentary Rewards System)'으로 알려진, 범죄에 대한 공소관과 증인들을 위한 비용을 마련하기 위한 효과적 시스템을 만들었다. 이러한 개념은 다양한 중범죄에 대한 재정적 현상금을 부가했다. 중범죄 용의자가 유죄 선고를 받는 경우에, 그 보상금(대체로 영국 화폐 단위로 40파운드)이 그 범죄자를 체포하고 기소하는 데 책임이 있는 법집행 공무원에게 지급됐다. 게다가 범죄를 수사하고 체포하는 데 관계된 사람들에게는 유죄 선고된 자의 말(馬), 가구, 무기, 돈 그리고 심지어 개인적인 옷가지까지 빼앗아 보상금으로 지급됐다. 이러한 시스템은 불행을 가져올 정도의 실패로 증명됐다. 경찰관(police officer)은 의회 차원의 보상을 기대하면서, 오로지 중범죄자만을 체포한다고 비난을 받았다. 결국 이 시스템은 1818년경에 폐지됐다(Gilbert, 2001: 2-3).

2) 19세기 전후 범죄수사학의 발전

1900년대 이전까지 범죄수사는 거의 전적으로 사람들 간의 상호 작용에 의존하고 있었다. 수사관은 무죄 혹은 유죄의 혐의가 있는 사람들에 대한 정보를 취득하기 위해 조사자로서 혹은 설득자로서 그들의 수사 기술과 기법을 사용했다. 이러한 정보 및 자료의 수집 형태는 종종 정보원(情報員)을 이용하는 것을 포함해, 범죄수사 현장에서 단지 수단에 불과했다. 오늘날 강조하는 것과는 딴판이었다.

비록 많은 과학수사실험실이 1900년대 초반경 전 유럽에 걸쳐 존재했지만, 미국에서 가장 오래된 법과학실험실은 1923년경 로스앤젤레스 경찰청 내에 설립된 것이다. 다른 대규모 경찰관서에서도 곧 법과학부서를 설치했으며, 종종 아주 놀라운 사건들을 처리하기도 했다. 예를 들면 시카고 경찰에서는 1929년경 악명 높았던 성 발렌타인데이(St. Valentine's Day) 살인사건들이 발생하면서, 사업가와 시민의 지원을 받아 노스웨스턴 대학교에 과학수사실험실을 설치했다. 1935년경 하우프트먼(Burno Hauptman) 납치사건 재판으로 이어지면서, 계속적인 광범위한 관심과 범죄수사학 분야 발전이 이뤄졌다(Gilbert, 2001: 17).

대서양을 경비행기로 최초로 무착륙 비행했던 미국의 영웅 린드버그(Charles A. Lindbergh)의 어린 아들 살인사건에 대해 하우프트먼이라는 범인에게 유죄를 선고한 판단은 다름 아닌 법과학적 증거에 기초한 것이었다. 1930년대 미국 연방수사국(FBI)에서 과학수사실험실을 설치한 것은 미국 전역에 걸쳐 법과학실험실의 급격한 증가에 엄청난 충격을 가져왔다. 1980년대 후반까지 미국에는 300개소가 넘는 공공기관 성격의 법과학실험실이 운영되고 있었다. 90여 년이라는 비교적 짧은 기간 동안, 범죄수사학은 범죄수사에서 필수불가결한 토대가 됐다. 해마다 수천여 명의 형사상의 유죄자가 수사관의 노력에 의해 곧바로 추적되고 있다. 왜 그리고 어떻게 이러한 범죄수사학이 발전했는가를 평가하기 위해서는 19세기 유럽의 상황을 파악해야 한다(Gilbert, 2001: 18).

1890년대 말 수사관이 직접 출현함으로써, 이에 실제로 범죄가 부응하면서 증가하는 것처럼 보인다는 비판이 경찰에 대해 제기됐다. 그러나 이러한 현상은 유럽 각국 경찰의 효율성의 증가 때문이었다. 현장에서 수사관들이 더욱더 많이 활동하고 수사를 함으로써 더 많은 범인이 체포됐기 때문이다.

2. 피르호: 법의병리학

루돌프 피르호(Rudolf Ludwig Carl Virchow, 1821~1902)는 독일 프로이센 지역에서 태어났다. 의사이면서 병리학자, 인류학자, 공중보건 개혁을 위한 활동가, 사회개혁가이면서 정치가였다. 특히 19세기경, 의학·병리학 분야에서 가장 저명한 의사 중의 한 명이었다. 또한 세포이론을 발전시키는 데 기여한 업적으로도 유명하며, '병리학의 아버지'로도 일컬어진다. 공중보건 분야 발전뿐만 아니라 사회개혁, 인류학의 발전에도 크게 기여했다.

젊은 시절의 피르호(좌)와
노년 시절의 피르호(우)

그의 위대한 업적의 하나는 모든 유기체가 질병을 갖는 것이 아니라, 단지 특정한 세포들 혹은 세포들의 그룹이 질병에 걸린다는 것을 관찰한 것이다. 일반적인 장기 혹은 조직에서가 아니라, 주로 개별적인 세포들 안에서 질병이 발생한다는 것을 강조했다. 모든 질병은 정상적인 세포의 변화와 관련되는데, 다시 말하면 모든 병리는 궁극적으로 세포병리라고 주장했다.[77] 그는 신체상의 조직이나 장기에서 질병의 영향을 설명하기 위해 세포이론을 적용함으로써, 병리학적 진행-세포병리학-에 관한 현대적 개념을 개척했다.

한편, 피르호는 세포병리학에 관한 자신의 지식을 토대로 처음으로 체계적인 부검 방식을 발전시켰다. 현대적 의미의 부검은 그가 이룩해놓은 기법을 여전히 유지하고 있다. 그의 가장 중요한 최초의 부검은 1845년 50세 된 한 여성의 시체를 대상으로 한 것이었다. 시체에서 상당한 양의 특이한 백혈 세포를 발견했다. 1847년, 그것에 관해 자세한 설명을 제시했으며, 그 조건을 백혈병으로 명명했다. 1857년에 실시한 부검 중의 다른 하나는 척추디스크 파열에 관한 것이었다.[78]

수많은 시체를 해부(혹은 검시, postmortem examinations)한 경험을 토대로, 1876년 그의 방식에 관한 내용을 작은 책으로 출판했다. 그 책은 장기 내부에 있는 비정상적인

77) http://www.ncbi.nlm.nih.gov/pmc/articles/PMC2603088/(2021.09.09. 검색).
78) http://en.wikipedia.org/wiki/Rudolf_Virchow(2021.09.09. 검색).

것들을 조사하기 위해 그리고 좀 더 추가적인 조사와 증명을 위해 중요한 조직의 일부를 떼어놓는 등 전문적으로 부검할 수 있는 기법들을 소개하고 있었다. 이전의 다른 절차와 다르게, 모든 신체 부분을 신체 장기와 하나씩 분리시키는 완전한 수술을 실시했으며, 이러한 방식은 표준적인 방식이 됐다. 그는 또한 범죄수사에서 모발을 최초로 분석했다. 그리고 1861년 그것에 관해 최초로 법과학적 보고서를 작성했다. 어떤 살인사건에서 전문 감정인으로 소환된 그는 피해자로부터 수집된 모발 샘플을 활용했다. 이를 통해 그는 결정적인 증거로써 모발의 한계를 최초로 인식하게 된 학자가 됐다. 그는 모발이 한 개인에게서 다를 수 있고, 개별적인 모발은 특징적 형태를 갖고 있으며, 서로 다른 사람으로부터 나온 모발이 현저하게 유사할 수 있다는 것을 발견했다. 따라서 모발 분석에 근거한 증거는 결정적이지 않다고 결론내렸다. 당해 사건과 관련된 그의 증언 내용은 다음과 같다.

"피고인에게서 발견된 모발은 그렇게 표시될 정도의 어떠한 특색 혹은 개별성을 갖고 있지 않다는 것을 보여줬으며, 그 모발이 피해자의 머리에서 처음부터 나온 것이라는 확실성을 갖고서 주장할 권리는 아무에게도 없다."[79]

3. 오르필라: 법독물학

매튜 오르필라(Mathieu Joseph Bonaventure Orfila, 1787~1853)는 스페인 미노르카(Minorca)라는 섬에서 태어났다. 독성학자(독물학자)이자 화학자였으며, 독성학(독물학, science of toxicology)의 기초를 세웠다.[80] 종종 '독물학(독성학)의 아버지'로 불렸으며, 19세기 법의학계의 대표적인 인물이다. 그는 통상적인 법의학 분야에 화학적 분석을 접목했으며, 질식, 시체 부패 그리고 시체 발굴에 관해 연구했다. 법과학적 사건에서, 혈액의 존재를 확인할 수 있는 테스트를 발전시키는 데 도움을 줬다. 혈흔과 정액 흔적을 확인하기 위해 현미경을 사용한 첫 번째 사람들 중의 한 명으로 인정받고 있다. 그는 또한 공중보건 시스템과 의학교육을 개선하기 위해 노력했다.[81]

오르필라가 살던 시절에 주로 사용됐던 독물의 유형은 바로 비소(砒素, arsenic)였다. 그런데 독물의 존재 여부를 실험할 수 있는 신뢰할 만한 방법이 없었다. 그는 새로운

79) http://en.wikipedia.org/wiki/Rudolf_Virchow(2021.09.09. 검색).
80) http://en.wikipedia.org/wiki/Mathieu_Orfila(2021.09.09. 검색).
81) http://www.nlm.nih.gov/visibleproofs/galleries/biographies/orfila.html(2021.09.09. 검색).

방법을 고안해 냈다. 첫 논문 「독물 연구(Traité des poisons)」에서 기존에 존재하던 방식에서 정확성을 훨씬 더 강화하면서, 새롭게 다듬었다.[82] 1840년, 라파르제(Marie-Fortunée LaFarge)[83]라는 여성이 비소를 사용해 남편을 살해한 사건으로 재판을 받게 됐다. 이상하게도 살해범에게서 비소를 찾을 수 있었고, 음식에서도 비소가 발견됐음에도 불구하고, 시체(남편)에서는 아무것도 발견되지 않았다. 결국 오르필라는 사건을 조사하기 위해 법원의 요청을 받게 됐다. 그는 '마시시험법(Marsh test)'이라고 하는 당시 활용됐던 테스트가 부정확하게 실시됐으며, 범인이었던 라파르제에게 유죄가 입증될 수 있는 비소가 실제로 시체에 있었다는 것을 확인했다.[84]

오르필라는 프랑스로 공부하러 가기 전, 발렌시아(Valencia)와 바르셀로나(Barcelona)에서 의학을 공부했다. 첫 번째 중요 저작은 1814년에 출판했는데, 주로 독물학에 관한 주제에만 집중된 것이었다. 그 후 스페인에서 의학 교수직을 하려는 시도가 실패한 후 프랑스로 돌아갔다. 그는 프랑스 루이 18세 치하인 1816년에 왕립의사가 됐다. 1817년, 그는 파리의 아테네(Athénée)에서 화학교수가 됐다. 그리고 「화학의 의학적 적용」에 관한 논문을 출판했다. 1819년에는 프랑스 시민권자가 됐다. 그리고 법의학 교수

법독물학 분야에서 개척자 역할을 한 오르필라

82) http://en.wikipedia.org/wiki/Mathieu_Orfila(2021.09.09. 검색).

83) 라파르제(Marie-Fortunée LaFarge, 1816~1852)는 프랑스 여성이며, 1840년 비소를 사용해 남편을 살해한 것으로 유죄가 선고됐다. 그 사건은 곧 유명해졌는데 당시 일간신문의 보도를 통해, 일반에게 공개됐던 첫 번째 사건 중의 하나가 됐기 때문이다. 또한 법독물학적 증거에 의해 유죄가 입증된 최초의 피고인이 됐다. 그런데 이 사건은 종종 잘 알려진 드레퓌스(Dreyfus) 사건에 비견되고 있을 정도로, 그녀에 대한 유죄 선고에 관한 의문은 프랑스 사회를 양분했다.

http://en.wikipedia.org/wiki/Marie_Lafarge(2015.01.11. 검색).

84) http://en.wikipedia.org/wiki/Mathieu_Orfila(2015.01.11. 검색).

로 임명됐으며, 4년 후 법화학 교수가 됐다. 오르필라는 널리 알려진 형사사건에서 의학 전문가로서 활동하기를 요청받았다. 그리고 유명해졌으며, 종종 논쟁 대상 인물이 되기도 했다. 법과학적 방법론을 정확하게 하면서, 그는 무덤 주변에 있는 토양 속의 비소가 시체 안으로 스며들 수 있으며, 중독된 것으로 잘못 판단될 수 있다고 주장했다. 많은 연구를 수행했으며, 모든 시체 발굴 사건에서 토양검사가 절차의 한 부분이 돼야 한다고 주장했다.[85]

4. 그로스: 법과학

한스 그로스(Hans Gross, 1847~1915) 박사는 오스트리아 그라츠(Graz)라는 지역에서 태어났다. 오스트리아의 법률가였는데, 그의 경력은 형사사법 분야의 많은 영역에 걸쳐 업적을 남겼다. 즉, 여러 번에 걸쳐 검사, 예심판사, 수사관 그리고 범죄수사학자, 교수로서 근무한 적이 있다. 현대적 의미의 법과학 분야 초기 학자 중의 한 명이었으며, 범죄수사학 분야의 창시자로서 인정을 받았다. 오스트리아 그라츠대학의 법학 교수로 그리고 프라하대학의 교수로 재직하기도 했으며, 그라츠에 범죄학연구소를 설립하기도 했다.[86] 1893년에 뮌헨에서 출판된 『범죄수사학의 체계로서 예심판사, 경찰관, 군경찰을 위한 기본서』[87]라는 책이야말로 범죄수사 실무와 법률 적용을 위한 응용과학으로서 범죄수사학 분야 탄생으로 기록됐다. 즉, 법과학 분야의 기초 교과서격이었다고 할 수 있다.

이 업적은 현장 수사관을 위한 표준 가이드가 됐다. 그것은 범죄사건 해결을 위한 수단으로서, 오로지 정보원에 의존하기보다는 오히려 증거를 활용하는 쪽으로 반복적으로 강조하고 있다(Gilbert, 2001: 26). 이후 광범위하게 사용된 '과학(범죄)수사학'이라는 용어는 그에게서 유래했다고 할 수 있다. 이전까지는 통합되지 않았던 범죄수사 분야의 지식 체계를 결합함으로써, 그의 노력은 범죄수사에 대해 성공적으로 활용될 수 있었다. 그로스는 또한 혈흔 분석과 유리 파편에 대한 분석을 포함해 다양한 범죄수사학 분야의 전문가였다.

---

85) http://www.nlm.nih.gov/visibleproofs/galleries/biographies/orfila.html(2021.09.09. 검색).

86) http://en.wikipedia.org/wiki/Hans_Gross(2021.09.09. 검색).

87) 원명은 *Handbuch fuer Untersuchungsrichter, Polizeibeamte, Gendarmen, als System der Kriminalistik*(*A practical textbook for examining magistrates, police officers and lawyers adapted from the System der Kriminalistik*)이다.

HANDBUCH

FÜR

UNTERSUCHUNGSRICHTER

POLIZEIBEAMTE, GENDARMEN

U. S. W.

VON

Dr. HANNS GROSS

ZWEITE VERMEHRTE AUFLAGE.

GRAZ.

VERLAG VON LEUSCHNER & LUBENSKY,

그로스와 『범죄수사학의 체계로서 예심판사, 경찰관 및 군경찰을 위한 기본서』의 표지 (제2판, 1894년)

5. 베르티용: 인체측정학

비록 범죄수사학의 기초자라고 일컬어질 수 있는 사람이 한 명의 개인만은 아니지만, 프랑스의 알퐁스 베르티용(Alphonse Bertillon, 1853~1914)은 의심의 여지 없이 범죄수사, 특히 감식 분야(혹은 피의자, 피해자의 신원 확인)의 토대를 마련한 사람이라고 할 수 있다. 그뿐만 아니라 법과학 분야 발전에 큰 도움을 제공했다(Gilbert, 2001: 18). 그는 프랑스의 인류학자이자 범죄학자로서, 1880년 소위 '베르티용 시스템(The Bertillon System)'을 고안해 냈다.

베르티용이 개인의 신원을 확인할 수 있는 시스템을 고안해 냄으로써, 19세기경에 범죄수사에서 기술 발전이 아주 활발해지기 시작했다. 그는 파리경찰청의 범죄자 신원 확인 부서의 책임자였다(Lyman, 1999: 6).

베르티용은 1853년 4월 24일 프랑스 파리에서, 사회 및 인류학파의 기초를 다진 유명한 물리 및 통계학자의 둘째아들로 태어났다. 1879년 그가 군대생활을 마친 지 얼마 되지 않아서 그의 부친은 파리경찰청의 하급 서기직을 보장해 줬다. 그의 주요 직무는 체포된 그리고 수배된 용의자에 대한 신체적 특징을 기술하는 카드를 복사하는 일이었다(Gilbert, 2001: 18).

그는 당시에 존재했던 범죄자의 신원 확인 방식이 불완전하다는 것을 곧 알아차리게 됐다. 성명, 신장, 몸무게 그리고 머리색과 같은 기본적인 요소들을 단순히 기록하는 것만으로는 상습적인 범죄자의 신원을 확실하게 확인할 수 없다는 것을 알게 됐다. 왜냐하면 그러한 상습 범죄자들은 자신의 이름과 신체적 외모를 수시로 바꿨기 때문이다. 그것은 프랑스 경찰이 몇 세기 동안 해결할 수 없는 문제였다. 비록 프랑스 경찰이 체

인체측정학을 고안한 베르티용

포된 범인을 일상적으로 사진 촬영했지만, 이는 실무적으로 1840년경에 시작됐던 것이다. 당시에는 조잡하고 제대로 명확하지 않은 이미지를 토대로 용의자를 확인하기란 상당히 어려운 일이었다.

과거의 범죄자들을 확인하는 문제는 상당히 어려운 일이어서, 그 당시에 체포된 용의자를 확인할 수 있었던 프랑스의 어떤 경찰관에게도 금전적인 보상이 이뤄졌다. 부친과 함께 인류학에 대해 흥미를 가진 것은 실제로 대단한 행운이었다. 왜냐하면, 그것 덕분에 베르티용은 방법은 단순했지만, 놀라울 정도로 논리적인 새로운 범죄자 신원 확인 방식을 고안해 낼 수 있었기 때문이다. 그는 신원 확인에 대한 절대 확실한 방법은 변하지 않으면서, 쉽게 변경되지 않는 신체적 특징에 토대를 둬야 한다고 생각하고 있었다. 인류학을 통해 인간의 골격(骨格, 해골)은 초반부 몇 년 동안 성장한 후에 고정되면서 개별화된다는 것을 증명해 줬다. 그래서 베르티용은 사람 골격의 독특성에 기초를 둔 인체측정학(anthropometry)이라는 신원 확인에 관한 그의 방법을 구축했다. 11개 측정 부위는 그 당시 눈의 색깔, 모발색 그리고 피부색과 함께 기록됐다.

베르티용은 그의 기록 시스템을 사용해 가면서, 서로 다른 두 명의 용의자가 동일한 측정치를 가질 수 있는 확률은 4,194,304분의 1이라고 계산해 냈다. 따라서 과학적 원리에 토대로 둔 범죄자 신원 확인 방법이 탄생했던 것이다. 비록 그의 방법이 당시에 활용되고 있었던 다른 어떤 신원 확인 방법보다 탁월했지만, 그는 자신이 고안해 낸 방식의 장점을 경찰관들에게 설득시키는 데 상당한 어려움을 겪었다. 파리 경찰의 책임자와 수사 부서의 책임자 둘 다 단순한 과학적 이론이 경찰 실무에 주제넘게 뛰어드는 것이라고 비난하고 있었다. 인체측정법이라는 시스템은 결국 1882년에 가서야 채택됐고, 공식적으로는 1888년경에야 겨우 인정을 받았다. 베르티용은 1888년에 사법적 신원 확인 부서의 책임자로 승진했다.

그가 담당했던 부서는 프랑스 경찰의 신원 확인 부서였으며, 현장 수사관으로 하여금 증거 수사를 하는 데 도움을 주는 곳이었다. 베르티용은 경찰상 필요한 사진 촬영술 발전에 많은 연구 시간을 투입했다. 그는 현대 경찰에서 활용하고 있는 용의자 사진 촬영법인 '머그샷(mug shot: 얼굴의 전면과 좌우 양 측면을 찍는 것)' 혹은 체포된 용의자에 대한 표준화된 사진촬영법 발전에 큰 기여를 했다. 그는 카메라로부터 상당 부분 떨어진 거리에 각각 앉아 있는 용의자의 얼굴 전면과 양 측면 모습 둘 다 촬영하도록 하는 새로운 방식을 도입하기 위해 파리 경찰을 설득했다.

비록 미터법 사진이 정확한 측정에 대해서는 신뢰할 수 없었지만, 그것은 현장을 상당히 정확하게 표현했다. 베르티용의 유명한 말하는 초상화(인물사진, speaking picture, portrait parlé)는 소위 인체측정학의 부산물로서, 사람의 머리와 외모에 관해 상세한 내용을 제공함으로써 개인을 식별하는 데서 경찰을 도와줬다. 기본 토대는 머리 각 부분의 독특한 점을 강조하기 위한 것이었다. 초상화는 아직도 경찰 실무에서 활용되고 있는데, 피해자로 하여금 용의자를 설명하고 묘사할 수 있도록 도와주기 위해 문장으로 표현하는 것과 신원 확인용 키츠(kits) 두 영역에서 사용되고 있다(Gilbert, 2001: 18-21).

1902년 베르티용은 유럽 대륙에서 살인사건을 해결하기 위해 지문 증거를 최초로 사용한 범죄 감식 분야 전문가로 알려졌다.[88] 또한 자외선 사진촬영법의 초기 선구자로서 의심스러운 문서를 조사하고 확인할 수 있는 이러한 기법을 사용하는 방법을 발전시켰다.

1914년 그가 사망할 때, 당시 인체 측정 방식에서 상당히 우수한 것으로 알려진 지문분류법을 결코 받아들이지는 않았다. 인체측정법은 유럽과 미국의 경찰관서에서 거의 20여 년 넘게 광범위하게 활용되고 있었다. 그런데 초기 지문분류학(science of fingerprint)이 점점 더 잘 알려지면서 인체측정법은 범죄자의 신원을 확인하는 표준 방법에서 점점 멀어지게 됐다. 오늘날 잘 알려진 윌 웨스트(Will West) 사건은 그야말로 인체측정법이 신속하게 사라지게 하는 데, 아마도 가장 중요한 계기가 됐다.

인체 측정에 대한 베르티용 방식은 상당히 짧은 기간 동안 존재했었다. 그러나 그것은 여전히 모든 신원 확인 및 분류 방식에 대한 미래의 모든 방법의 토대가 되고 있다. 지문이 분류되고 체계적으로 파일화되고 있는 오늘날의 방식은 베르티용의 방식과 연

88) http://en.wikipedia.org/wiki/Alphonse_Bertillon(2021.09.09. 검색).

결될 수 있다. 인체측정법의 진짜 가치는 경찰의 신원 확인 및 기록 유지 방식에 대한 영향력에 있다. 최초로, 경찰 당국은 경찰 문제에 대한 그 적용에서 과학의 가치를 깨닫게 된 것이다. 베르티용은 1914년 2월 13일 스위스의 뮌스털링겐(Münsterlingen)에서 사망했다.

6. 부체티크: 지문 분류

후앙 부체티크(Juan Vucetich, 1858~1925)는 지문 분류 방식의 발전에 초기의 개척자였다. 아르헨티나에서 1898년 당시 사람들로부터 최초의 완전한 시스템이라고 신뢰를 받을 수 있는 지문 분류 시스템을 소개했다. 아직도 그때의 방식이 활용되고 있거나 많은 남아메리카 경찰관서에서 수정·개선된 형태로 활용되고 있다.

1889년에 그는 인체 측정 관련 부서의 책임자로 임명됐다. 신원 확인 방법으로서 베르티용 방식을 채택했다. 1891년경, 10개의 손가락에 기초한 지문 분류 방식을 고안해냈다. 그로부터 얼마 되지 않아서, 유일한 사건 해결 단서로서 지문에 근거해 유죄를 입증시킨 남아메리카 최초의 사람이 됐다. 그는 신원 확인 혹은 신원 식별에 대한 지문의 가치를 매우 강하게 신뢰했다. 1919년 7월 20일, 아르헨티나 전체 국민을 대상으로 지문 분류를 하자는 제안이 법률화됐으며, 프로젝트의 책임자로 임명됐다. 그는 아주 유명한 법과학자로서 그리고 지문 분류 분야에서 토대를 마련한 사람으로 알려져 있다(Gilbert, 2001: 23).

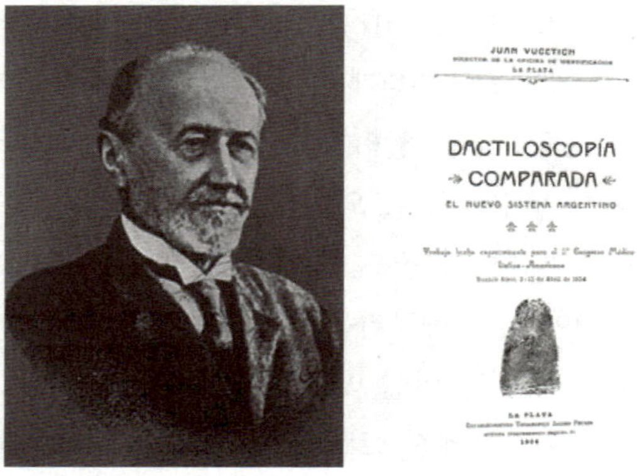

지문 분류의 대가 부체티크와 그의 저서 표지[89)]

89) https://en.wikipedia.org/wiki/Juan_Vucetich. wikipedia(2021.09.09. 검색).

7. 갤턴: 지문 분류

프란시스 갤턴(Francis Galton, 1822~1911)은 지문 분류에 관해 결정적인 연구 결과를 출판한 최초의 인물로 알려져 있는데, 지문이 개인별 불변성 및 독특성 둘 다 가지고 있다는 사실을 증명하기 위해 엄청나게 많은 과학적 자료를 수집했다(Gilbert, 2001: 24). 당시에 사용되던 지문분류법이 그에 의해 상당히 다듬어졌으며, 1901년 영국 수도경찰청(Scotland Yard)에서 정식으로 채택했다(Lyman, 1999: 7).

그는 수학적으로 두 개의 지문이 동일한 것으로 판명될 확률은 거의 64,000,000분의 1 정도라고 증명했다. 다윈(Charles Darwin)의 4촌이었던 갤턴은 한 번도 실험을 해보지 않은 물리학자였다. 주요 연구 관심 분야는 통계학적 연구 및 인류학 분야였다. 그는 자신의 생애 후반에 잘 알려지지 않은 합성사진 분야를 연구하기도 했다. 수백 명의 사람 얼굴에 대해 수퍼임포즈(superimpose)를 했으며, 모든 범죄자에게 공통적으로 나타날 수 있는 인류학적 특징들을 증명하고자 노력했다. 갤턴은 수많은 과학적 성취 덕분에 영국 정부로부터 기사 작위(knight)를 수여받았다(Gilbert, 2001: 24).[90]

8. 헨리: 지문 감식

에드워드 헨리(Edward Richard Henry, 1850~1931)는 지문의 과학성에 대한 또 다른 중요한 개척자였다. 인도 벵갈(Bengal) 지역의 경찰관서에서 책임자로 근무할 때, 범죄자의 신원 확인에 관해 특별한 관심을 가졌다. 인체 측정 방법의 불만족스러움을 발견했으며, 갤턴의 원칙에 입각한 그의 수많은 과업을 마련하면서 갤턴 밑에서 연구를 했다. 지문 분류 방식에 관한 부체티크의 체계를 연구한 후 헨리는 지문의 패턴과 모양에 토대를 두면서 과학적 방법을 고안해 냈다.

지문학 발전에 기여한 헨리 경[91]

1901년 출판된 『지문의 분류와 활용(*Classification and Uses of Finger-Prints*)』이라는 자신의 책에서 그것을 설명하고 있다. 헨리의 업적은 범죄자의 신원 확인 수단으로서 지문 분류

---

90) http://criminaljustice.state.ny.us/ojis/history/ph_henry.html(2007.03.21. 검색).
91) https://www.wikidata.org/wiki/Q3719966. wikidata(2021.09.09. 검색).

방식을 영국 수도경찰청(Scotland Yard)으로 하여금 채택하도록 설득하는 데 중요한 요소로 신뢰를 받았다는 점이다. 헨리는 1903년 런던수도경찰청장(Commissioner)이 됐다. 지문 분류 방식에 대한 헨리의 방식은 영어권 거의 모든 국가에서 최근까지 활용되고 있다. 그런데 그것은 100,000명분 이상의 지문 수집에는 부적당한 것으로 밝혀졌다. 따라서 헨리의 본래 시스템은 미국 연방수사국(FBI)의 확장된 시스템과 결합돼 있다(Gilbert, 2001: 24-25).

9. 도일: 추리소설 분야

아서 코난 도일(Arthur Connan Doyle, 1859~1930)은 스코틀랜드 에딘버러에서 태어났으며, 런던 베이커가(Baker家)의 셜록 홈즈(Sherlock Holmes)와 그의 친구 왓슨(John H. Watson) 박사를 주인공으로 한 가공의 추리소설 작가로 알려져 있는 인물이다. 도일은 전업 소설작가가 되기 위해 의사직을 그만둔 사람이다. 자신의 소설에서 과학적으로 상당히 훈련을 받은 유명한 수사관을 주인공으로 등장시켰다. 그래서 법과학적 원칙을 토대로 한 범죄수사를 대중화했다.

셜록 홈즈는 도일의 첫 번째 소설, 즉 1887년 출판된 『스칼렛에 관한 연구(*A Study in Scarlet*)』에서 처음 소개된 주인공이다. 그 소설은 미래의 과학수사적 혹은 법과학적 발견에 대해 놀라울 정도로 정확하게 예측한 것이었다. 예를 들면 『홈즈의 모험(*The Adventures of Sherlock Holmes*)』이라는 책의 '정체성 사건(A Case of Identity)'에서 가공적인 소설상의 수사관이 전문적인 타이프라이터가 작성한 서류를 추적했다. 그 작품은 1893년에 출판됐는데, 법과학자들이 그러한 가능성을 수사하기 전이었다. 베르티용

추리소설가 코난 도일

을 포함해, 당시의 유능한 많은 과학수사관이 셜록 홈즈 시리즈의 열광적인 독자들이었다. 도일은 56가지의 단편과 범죄수사에 대한 과학적인 방법을 응용한 차분한 셜록 홈즈의 모습을 그려낸 4개의 소설을 발표했다(Gilbert, 2001: 25).

10. 란트슈타이너: 법의혈청학

사람의 혈액에 관한 연구가 20세기 초반에 파울 울렌후트(Paul Uhlenhuth)라는 독일인 의사에 의해 대단히 확장됐다. 그는 동물의 어떤 종(種)의 혈액과 다른 종의 혈액을 구별할 수 있는 것을 가능케 하는 혈청(serum)을 발견해 냈다. 결과적으로 이러한 과정은 인간의 혈액 흔적을 연구하고, 다른 모든 동물의 혈액으로부터 인간의 혈액을 구별해 내는 것을 가능케 하도록 발전됐다(Lyman, 1999: 11).

카를 란트슈타이너(Karl Landsteiner, 1868~1943)는 오스트리아의 의사(medical doctor)이자 연구자이면서 법의병리학자였다. 그는 사람 혈액의 응집 현상(agglutination)을 1910년 발견해 냈다. 이러한 발견을 통해 혈액이 갖고 있는 어떤 특색, 즉 A, B, AB 그리고 O형이라는 혈액형의 지정이 가능하도록 해 줬다. 란트슈타이너의 업적을 통해 법의혈청학의 특수성, 인간의 신체에서 나오는 액체에 대한 과학적 연구 분야를 개척할 수 있었다.

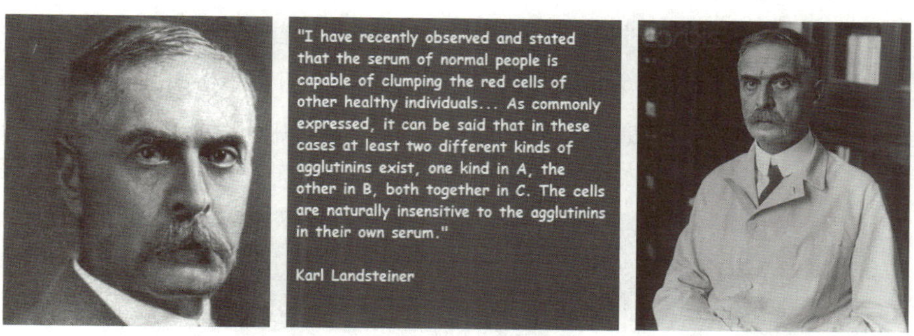

법의혈청학 발전에 기여한 란트슈타이너

란트슈타이너 박사의 발견은 예를 들면 라테스(Leone Lattes)와 같은 다른 범죄수사학자로 하여금, 건조된 혈흔을 통해 혈액형을 밝혀내는 방법을 발전시킴으로써 범죄수사를 도와줬다. 란트슈타이너는 ABO식 혈액형 분류 방식을 연구한 덕분에, 생리학·의

학 분야에서 1930년 노벨상을 수상했다.[92]

11. 고다르: 법탄도학

칼뱅 고다르(Calvin Hooker Goddard, 1891~1955) 박사는 미국의 군(軍)물리학자이자 군병원 행정관리자로서 그리고 역사학자로서 발사된 총기로부터 탄환을 추적하고, 관련된 증거를 추적하는 시스템의 표준을 발전시켰다. 무기류를 조사하고 비교하는 데 관련된 전문성 부족으로 인해 낙담해 하면서, 그는 1922년에 미국 뉴욕경찰청 내에 법탄도학(Forensic Ballistics) 부서를 창설했다(Gilbert, 2001: 25).

범죄수사학 분야의 동료인 웨이트(Charles Waite), 그래벨(Philip Gravelle) 그리고 피셔(John Fisher)의 도움을 받아가면서, 그 부서는 현미경을 통해 탄환을 비교하는 방법을 완성시켰으며, 비교할 목적으로 소형 권총 및 화약 그리고 탄환을 처음으로 완전하게 수집 · 정리했다. 제2차 세계대전 중 군(軍)으로 다시 요청을 받았으며, 고다르는 도쿄(東京)에 있는 극동지역사령부 내 군헌병 범죄수사실험실을 발전시켰다. 그는 매우 유명한 전문감정가로서 사코-밴제티(Sacco-Vanzetti) 사건 재판에서 증언을 한 바 있으며, 악명 높은 성발렌타인데이(St. Valentine's Day) 대량학살사건에 대한 수사 과정의 자문관으로서 역할을 수행하기도 했다(Gilbert, 2001: 26).

영국에서는 1835년, 살인사건을 해결하기 위해 보스트리트 러너(Bow Street Runner)의 고다르(Henry Goddard)가 처음으로 탄도학적 수사 기법을 활용했다. 그때 이후, 화약의 연소, 탄환과 테두리에 남는 자국들과 같은 증거가 피해자와 사용된 무기류, 그리고 용의자를 연관시킬 수 있는 귀중한 증거로 받아들여졌다(Lyman, 1999: 11).

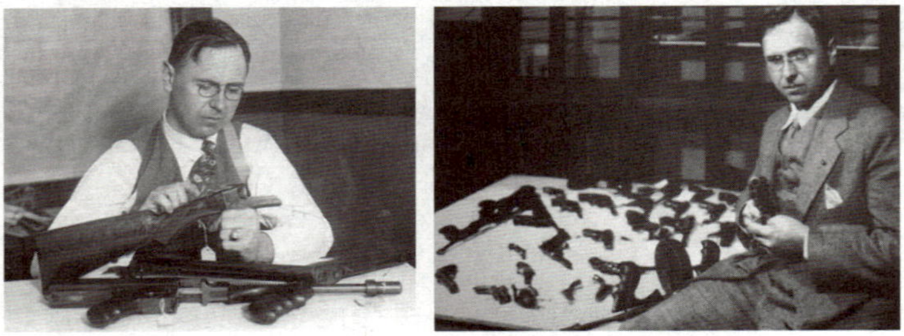

미국의 법탄도학자 고다르

92) http://fixquotes.com/authors/karl-landsteiner.html(2021.09.09. 검색).

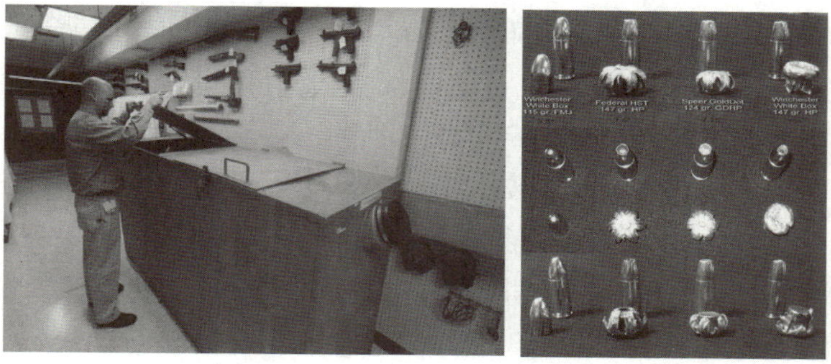

총기 발사 실험실과 다양한 총기류에서 발사된 탄환의 모습

12. 하인들: 범죄수사학

로베르트 하인들(Robert Heindl, 1883~1958)은 독일의 범죄수사학자로서, 여러 범죄수사 부서의 책임자로 근무한 바 있다. 독일에서는 1900년경 지문분류법이 소개됐는데, 그가 주도적으로 노력한 결과였다. 목격자의 관찰과 진술에 대한 신빙성은 하인들로 하여금 당혹하게 만들었다. 과학적으로 통제된 일련의 실험에서, 그는 목격자들은 용의자의 신장(키)을 약 5인치 이상 그리고 연령은 약 8년 이상으로 과대평가하는 것으로 나타났다. 그는 또한 남성이 여성보다 더 정확한 인식력을 갖고 있다는 것을 밝혀냈다. 상당한 역사적 연구를 한 후, 하인들 박사는 이집트인이 베르티용의 초상화와 아주 유사한 신원 확인 방법을 사용하고 있었다는 사실을 밝혀냈다. 그 후 그는 아주 초기에 문명화된 사회 이래, 범죄자의 신원 확인 방법을 발전시키기 위해 끊임없는 노력을 해왔다는 것을 문서로 정리한 바 있다. 하인들 박사는 범죄수사 분야를 끊임없이 지원하고 도와준 법과학자였다. 과학적 방법론이 적용될 수 있었던 현장에서의 문제를 연구함으로써 신속하게 대응해 왔으며, 종종 그 해결책을 제시하기도 했다. 모든 알려진 타이어 패턴에 대한 분류법을 포함하고 있는 그의 저서는 그러한 증거와 관련된 초기 사건들 중의 하나에서 성공적으로 활용됐다(Gilbert, 2001: 26).

13. 로카르: 범죄수사학

에드몽 로카르(Edmond Locard, 1877~1966)는 세계에서 맨 선두에 있는 범죄수사학자 중의 한 사람으로, 프랑스의 리용(Lyons)에 세계적으로 알려진 범죄수사학연구소

(Institute of Criminalistics)를 설립했다.[93] 그는 특히 미세한 증거물 분석에 관심을 갖고 있었다. 땀구멍학(poroscopy)의 초기 연구자로서, 그는 각 개인별로 땀구멍의 숫자, 크기 및 위치가 다양하다는 것을 증명했다(Gilbert, 2001: 26).

많은 경찰학 관련 책을 저술하는 외에도, 로카르 박사는 『범죄수사학 백과사전(*Traité de Criminalistique*)』의 저자였으며, 과학 관련 저널에 수많은 논문을 발표했다. 그는 후일 명성을 얻게 된 수많은 범죄수사학자 및 수사관에 대한 훈련 책임을 맡았다. 로카르의 원칙은 "모든 접촉한 것은 흔적을 남긴다(Every contacxt leaves a trace)"는 것이다. 다시 말하면, 범죄자와 피해자 혹은 범죄 현장 간에 서로 왕래하는 조그마한 흔적이라도 남게 된다는 뜻이다. 이는 모든 범죄수사관이 충분히 기억할 가치가 있는 것이다(Gilbert, 2001: 27).

로카르 박사는 구르뱅(Emile Gourbin) 사건, 즉 어떤 남자가 자신의 애인을 목 졸라 살해한 사건으로 기소됐던 사건을 조사할 때, 그러한 원칙을 확인했다고 한다. 구르뱅은 그 당시 알리바이를 갖고 있었지만, 로카르 박사는 그 남자의 손톱 밑을 문질러서 그 사망한 여인의 얼굴에 발랐던 파우더로 덮여 있던 피부 조각 일부를 발견했다. 그 결과 구르뱅은 자백했다(Ramsland, 2001: 3). 번디(Ted Bundy)가 피해자를 살해했던 것으로 확실하게 의심을 받았던 대부분의 증거는 98가지의 서로 오고간 실과 같은 섬유질이었는데, 어떤 것은 범인의 자동차에서 발견됐고, 어떤 것은 범인의 옷에서 발견된 것들이었다.

범죄수사학자 로카르 박사

93) http://www.latent-prints.com/Locard.html(2021.09.09. 검색).

14. 라이스: 범죄수사학

루돌프 라이스(Rudolph Reiss, 1875~1929)는 독일 · 스위스 범죄학의 개척자이며, 법과학자, 교수, 법사진학 분야 전문가 그리고 저술가로 알려져 있다. 독일에서 고등학교를 마치고, 더 공부하기 위해 스위스로 갔다. 22세 되던 해에 화학 분야 박사를 취득하고, 곧바로 세계적인 탁월함을 인정받았다. 초기 베르티용의 학생으로서, 법사진학 분야를 전공했다. 그래서 이 분야와 관련된 대학의 교육과정에서 처음 강의를 한 학자 중의 한 명이었다. 경찰학 분야 대학교수로서 그리고 몇몇 과학수사실험실 책임자로서, 법과학 분야 발전에 기여했다. 그는 잉크를 번지게 하는 것과 위조된 지문, 그리고 족적을 보전하는 방법을 발전시키는 등의 업적으로 유명하다(Gilbert, 2001: 27).

1906년, 스위스 로잔대학교에서 법과학 및 범죄학 담당 교수로 임명돼 수년 동안 가르쳤다. 은퇴할 때까지 유고슬라비아에 있는 실험실을 이끌기도 했다. 1909년에는 로잔대학교에서 최초로 법과학 프로그램과 '법과학연구소(Institut de police scientifique-Institute of forensic science)' 설립자가 됐다. 법과학 분야에 관한 두 권의 책을 출판했는데, 1903년 파리에서 『법사진학(*Photographie judiciaire-Forensic photography*)』을, 1911년에 『법과학핸드북 Ⅰ: 절도사건과 살인사건들(*Handbook of forensic science I: Thefts and homicides*)』을 각각 출판했다.94)

법과학 교육 및 법사진학 분야에 기여한 라이스

1914년 세르비아 시민에 대한 오스트리아-헝가리제국 및 독일과 불가리아 군대가 저지른 범죄를 조사하기 위해 저명한 범죄학자로서 세르비아에 가게 됐다. 세르비아왕

94) http://en.wikipedia.org/wiki/Archibald_Reiss(2021.09.09. 검색).

국의 수사경찰을 현대화하는 데에 기여했으며, 내무부뿐만 아니라 세르비아 국립은행에서 위조통화 전문가로서 상당한 시간을 보냈다. 전쟁 후, 라이스는 세르비아에서 최초의 경찰학교 설립에 기여했으며, 법과학을 강의했다. 또한 세르비아 범죄학의 창시자로서 간주되기도 한다. 그가 설립한 연구소는 2009년에 100주년을 맞이한 바 있다.

15. 소더만: 범죄수사학

해리 소더만(Harry Soderman, 1902~1956)은 스웨덴에서 출생했으며, 1928년 프랑스 리용(Lyon)대학에서 로카르(Edmond Locard) 교수의 학생으로서 과학박사 학위를 취득했다. 여러 해 동안 스톡홀름(Stockholm)에서 민간인 신분의 범죄수사관으로 활동했다. 후일 1931년 스톡홀름대학의 경찰학연구소(The Institute of Police Science)의 책임자가 됐다. 과학수사실험실의 책임자로서, 뉴욕경찰청이 1934년 그들의 실험실을 설립하는 데 도움을 줬다. 뉴욕경찰청의 오코넬(John O'Connell) 경감과 공동으로, 소더만은 1935년 『현대 범죄수사론(*Modern Criminal Investigation*)』이라는 책을 저술했다. 그것은 고전적인 교과서가 됐는데, 수천여 명의 수사관에게 실무적 방법으로 법과학적 자료를 제공했다. 그는 또한 경찰학 분야에 관한 수많은 매뉴얼을 저술했으며, 무기류를 조사하는 것에서부터 용의자의 의복류에서 먼지를 수집하는 것에 이르기까지 다양한 주제에 관해 경찰관을 훈련시켰다. 소더만은 국제형사경찰기구인 인터폴(Interpol)의 초기 창설 멤버 중의 한 명이 됐다(Gilbert, 2001: 27).

16. 볼머: 경찰학

오거스트 볼머(August Vollmer, 1876~1955)는 미국에서 태어났으며, 경찰조직과 행정에 관한 새로운 개념을 많이 제시함으로써 유명해졌다. 또한 미국에서 범죄수사학의 발전에 지대한 영향을 미쳤다. 20세기 초반 미국 형사사법 분야의 발전에 선도적인 역할을 한 인물이다. 버클리(Berkley)의 경찰서장으로 재직하는 동안(1909~1931), 오늘날 경찰활동에 적용되는 수많은 개념을 소개했다.[95] 그는 1905년부터 1909년까지 캘리포니아 버클리의 소도시 법집행관서장(Marshal)으로 선출됐으며, 그곳에서 경찰행정과 경

95) http://www.berkeleyside.com/2010/01/27/remembering-august-vollmer-the-berkeley-police-chief-who-created-modern-policing/. 버클리사이드 뉴스(2021.09.09. 검색).

범죄수사학을 발전시킨 볼머

찰학에 대한 개념을 정립시켰다. 그것은 후일 법집행 분야의 전문성에 상당히 기여했다(Gilbert, 2001: 27).96)

볼머는 캘리포니아 버클리에 있는 캘리포니아대학교의 범죄학 및 범죄수사학 연구소(The Institute for Criminology and Criminalistics)를 조직하고 이를 이끌었다. 이 연구소는 미국에서 이런 종류의 연구소 가운데 첫 번째가 됐으며, 과학수사를 위해 주(州) 전역에 걸쳐 과학수사실험실을 설치하도록 강조했고, 수많은 범죄수사실험실을 위한 기초를 다졌다. 볼머는 그의 버클리 경찰관들로 하여금 범죄학과 법과학의 모든 분야에서 실험할 수 있도록 독려했다. 법과학적 탐구 외에도, 볼머 서장은 현직 경찰관을 대상으로 한 공식화된 연수교육을 실시한 최초의 경찰관리자였다(Gilbert, 2001: 28).

자전거순찰(1910), 오토바이순찰(1911) 및 자동차순찰(1913)을 도입했으며, 특히 순찰차량에 무전기를 탑재하기도 했다(1928). 미국에서 최초로 중앙집중식 경찰기록관리 시스템을 도입했다(1906). 범죄사건을 해결하기 위해 혈액, 미세섬유, 토양분석을 경찰관서에 도입한 최초의 경찰서장이 됐다. 경찰관들이 증거법에 관해 강의를 수강할 수 있는 경찰학교를 세계 최초로 시작했다(1907). 그리고 버클리 캘리포니아대학교에서 프로그램을 시작함으로써(1916), 형사사법학 과목을 가르치는 선구적 역할을 했다. 그의 감독하에 존 라슨(John A. Larson)이라는 경찰관이 1921년 최초로 실무용 거짓말탐지기(Polygraph: Lie detector)를 개발했다. 라슨은 후일 의사가 됐으며, 의학 분야에 법률을 적용하는 데 전문가가 됐다(Gilbert, 2001: 27). 용의자를 확인하기 위해 지문을 처음 활

96) http://inpublicsafety.com/2014/01/how-the-father-of-law-enforcement-created-an-academic-vision-for-criminal-justice-that-lives-on-today/. AMU Edge(2021.09.09. 검색).

용했던 경찰관서장 중의 한 명이었다. 미국에서 처음으로 흑인 경찰관을 채용하고(1919), 최초의 여자 경찰관을 채용하기도 했다(1925).

그는 경찰의 역할은 범죄사건을 해결하기보다는, 오히려 범죄를 예방하는 것이라고 주장했다. 범죄자의 심리를 더 잘 이해하기 위해 매일 아침 재소자와 대화하려고 구치소를 방문했으며, 그가 수감시킨 재소자들과 광범위하게 서신을 교환했다. 불행하게도 죽기 전에 이러한 모든 편지를 불태웠다. 남아 있는 일부 서신은 현재 버클리 캘리포니아대학교 밴크로포트(Bancroft) 도서관에 소장돼 있다. 그는 사형 제도를 반대했다.[97] 볼모는 1932년 은퇴하면서 캘리포니아대학교의 범죄학 교수직을 맡게 됐는데, 고등학교 교육조차 받지 않은 그의 경력을 감안하면 그것은 상당히 파격적인 성공이었다. 또한 수많은 법집행기관에서 경찰 및 범죄수사학 분야 자문관으로 활동했다. 1955년 11월 4일, 암으로 고생하다가 79세의 나이로 버클리 자택에서 숨을 거뒀다(Gilbert, 2001: 28).

17. 커크: 범죄수사학

폴 커크(Paul L. Kirk, 1902~1970) 박사는 미국의 범죄수사학 분야 전문가로서 가장 잘 알려져 있다. 생화학 분야 박사학위를 취득하면서, 1925년 캘리포니아대학교의 교수 일원으로 합세했다. 1954년 범죄수사학과(the Department of Criminalistics)의 책임자가 됐다. 시카고, 세인트루이스 그리고 미국의 다른 도시에서 범죄수사실험실을 설치했다. 그의 고전적인 교과서는 『범죄수사론: 물리적 증거와 경찰실험실(*Criminal Investigation: Physical Evidence and the Police Laboratory*)』인데, 광범위하게 중요한 출처로써 활용되고 있다. 1952년 커크는 옥외(屋外)의 범죄 현장에서 발견된 토양 샘플에 대한 새로운 밀도측정 장치를 발명했다. 그리고 같은 해, 그는 휴대하기 아주 쉬운, 광범위하게 장치가 돼 있는 광범위한 범죄 현장 수사용 키트(kit)를 모았다. 커크는 현장 수사관이야말로 성공적인 범죄수사의 열쇠라는 것을 항상 강조해 왔다. 그의 견해에 따르면, 수사관으로 하여금 어떤 유형의 증거물을 수집할지 그리고 왜 수집해야 하는지에 대해 상세하게 알도록 하는 것이 중요하다. 커크 박사의 죽음은 법과학 분야의 대단한 손실이었다. 유명한 몇몇 범죄사건의 재판 과정에서, 예를 들면 샘 셰퍼드(Sam Sheppard) 살인사건처럼, 전문 증인으로서 그의 잘 공개된 증언을 통해 일반 대중에게 몇몇 범죄

97) http://www.berkeleyside.com/2010/01/27/remembering-august-vollmer-the-berkeley-police-chief-who-created-modern-policing/(2021.09.09. 검색).

수사학의 활용을 친숙하게 만들었다(Gilbert, 2001: 29).

18. 제프리스: 유전자 감식

영국의 생물학자인 알렉 제프리스(Alec John Jeffreys, 1950~) 교수는 1984년 라이체스터(Leicester)대학에서 오늘날 유전자 지문(genetic fingerprinting)이라고 널리 알려진 DNA 프로파일링에 대한 개념을 발견했다. 제프리스 박사의 발견은 범죄 수사관들로 하여금 혈액, 정액 그리고 모근 및 다른 신체적 합성물과 같은 증거물에서 일반적으로 직면하는 DNA 추적 증거물들을 개인 식별할 수 있도록 해 줬다.

DNA 프로파일링은 1987년 영국의 수사관들이 처음 활용했다. 그 당시, 용의자의 DNA가 살인사건 현장에서 남아 있는 정액 DNA와 일치되면서 살인사건이 해결됐다. 이러한 기법의 발견은 새롭고 광범위하게 중요한 범죄자 신원 확인 분야를 열었다. 해결되지 않은 수백 건의 살인 및 강간사건 수사는 DNA 분석과 용의자를 비교함으로써 해결됐다. 폭력범죄를 해결하는 외에도, 제프리스 박사의 프로파일링 기법은 지금 정기적으로 수많은 비범죄적 사건들, 즉 친자 확인 소송 등에서도 활용되고 있다(Gilbert, 2001: 29).

19. 한국의 범죄수사학 발전: 『무원록』과 법의학

1) 『무원록』의 전래와 개정 동향

(1) 『무원록』의 전래

『무원록(無冤錄)』이란 살인사건과 관련해서, 백성들의 원한을 없애기 위한 책이라는 뜻이다. 1235년 송자(宋慈)가 쓴 『세원록(洗冤錄)』과 또 다른 송대(宋代)의 법의학 책인 『평원록(平冤錄)』과 원(元)나라 때의 다양한 자료들을 참고해 왕여(王與, 1261~1346)가 1308년에 법의학서로서 저술했다. 특히 고려 중기 문종 1년(1047)부터 인명 살상에 관한 재판에서 신중을 기하기 위해 삼심 제도를 실시했는데 『무원록』이 출판된 후 실시됐을 것으로 추정된다. 이후 조선에 전래된 『무원록』은 수사집의 원본이 됐다(문국진 · 강창래, 2011: 247).

(2) 『무원록』의 개정 동향

① 『신주무원록』의 간행

『무원록』이 고려 중기 전래돼 조선에서도 활용됐을 것으로 추정되지만, 조선의 사정이 중국과 다르고 용어도 이해하기 어려웠던 탓에 그대로 활용할 수 없었다. 『무원록』이 간행된 지 100여 년이 지난 후, 세종(1435)은 『무원록』에는 검시하는 격례(格例)가 잘 갖춰져 있으므로 이과(吏科), 율과(律科)의 시험 과목으로 정하고 조사(朝士)들도 이를 익히게 해서 검험(檢驗)에 사용케 했다. 그뿐만 아니라 세종은 제도와 법률 정비 작업의 하나로서 최치운(崔致雲, 1390~1440)을 중심으로 이세형, 변효문, 김황 등 학자들로 하여금 『무원록』의 해설을 명했다.

이에 최치운 등은 음주(音柱)만이 아니라 다른 법의학 서적들, 즉 명(明)나라에서 발간된 『무원록』의 중간본을 저본으로 하고 『세원록』과 『평원록』 등을 참고해 더 완벽한 주를 달고, 신주본(新註本) 무원록을 완성했다(문국진・강창래, 2011: 252). 1440년(세종 22)에 『신주무원록(新註無冤錄)』을 발행해 검시(檢屍) 등에 이용케 했다.

② 『증수무원록』 등의 출간

그런데, 『신주무원록』도 이해하기 어렵고, 실정에 잘 맞지 않아서 널리 활용되지 못했다. 훗날 영조는 구택규(具宅奎, 1693~1754)에게 특명해 옛 주해본의 잘못된 곳을 바로잡고 빠진 곳을 보충하라고 지시했는데, 새로 편찬한 것이 『증수무원록(增修無冤錄)』의 구본(舊本)이다. 그 뒤 중국의 문자나 방언이 많고 용어가 너무 간결해 이해하기 어려우므로, 정조(正祖) 때 구윤명(具允明, 1711~1797)이 이어받아 빠진 내용을 보완하고 주석했으나 완결짓지 못했다. 이후 율학교수(律學敎授) 김취하(金就夏)의 도움을 받아 전반적으로 증수했는데 이것이 『증수무원록』의 신본(新本)이다. 『증수무원록』은 그 지식을 완전히 소화 흡수해 우리의 독자적인 법의학으로 개척한 것으로서 현대 감각으로 보더라도 완전한 체제를 갖춘 법의학 전문서로 평가받고 있다. 당시 정조는 그것을 검토한 후 형조판서 서유린(徐有隣)의 주관하에 전 형조정랑 유한돈(兪漢敦), 유학별제(律學別提) 한종호(韓宗祜), 박재신(朴在新)이 함께 고증하고 바로잡아 한글로 토를 달고 필요한 주석을 달아 증보해서 1792년에 간행했다.[98] 조선 말기까지 살인사건의 지침

98) 이것을 『증수무원록』 또는 『증수무원록언해(增修無冤錄諺解)』 혹은 『증수무원록대전(增修無冤錄大全)』이라고 부른다. 출처: 한국민족문화대백과사전, "증수무원록", https://terms.naver.com/entry.naver?docId=561519&cid=46622&categoryId=46622(2021.09.09. 검색).

서로서 법률과 다름없이 적용됐다.

조선 시대 검시의 특징은 반드시 현장에 나가서 임검케 하는 등 『무원록』에 따른 살상검증(殺傷檢證)을 강조했다는 것이다. 검시 방식도 초검과 복검을 하게 해서 내용을 비교한 다음, 의견이 일치하지 않을 경우에는 중앙의 형조에서 삼검관을 파견해 삼검(三檢)을 해서 최종 판결을 내렸다고 한다(강대영 외, 2012: 19-20).

2) 법의학·범죄수사 지침서로서 『신주무원록』 등의 내용

(1) 『신주무원록』의 내용

『신주무원록』은 검시(檢屍)의 지침을 다룬 법의학서이면서, 범죄와 얽힌 생활사의 다양한 측면을 담고 있는 귀중한 사료다. 동양의 경우 시신을 해부하지 않으므로 검시의 핵심은 바로 시체의 안색(顔色)을 관찰하는 방법이었다(국정브리핑, 2005. 11. 29.).

『신주무원록』에는 일련의 검시 과정 후 조사 전(全) 과정을 보고서로 제출하는 방법을 기록한 '검시검험 관문식'이 수록돼 있다. 원대(元代) 검시 제도가 이룩한 성과 중 하나인 '관문식(關文式)'은 검시 절차에 따라 일일이 보고하도록 규정한 공문서 양식이다. 조선 초기의 관문식을 통한 검시 과정을 살펴보면, 3단계 과정으로 이뤄졌다. 1단계는 검시를 위한 출발 과정이다. 출발 일시, 함께 검험하는 서리와 오작인(仵作人)[99]의 성명, 시체가 놓여 있는 장소, 거리 등을 빠짐없이 기록한다. 2단계는 시체가 놓인 마을에 도착해 사건 관련자들을 모두 소집하도록 하고 신상을 기록하는 일이다. 그리고 이들이 보는 앞에서 검험을 시작하고 시체 상태를 하나하나 기록한 후 검시 현장에 있던 사람들의 증명을 받아두는 단계다. 마지막 과정은 검시 결과에 근거해 사망 원인을

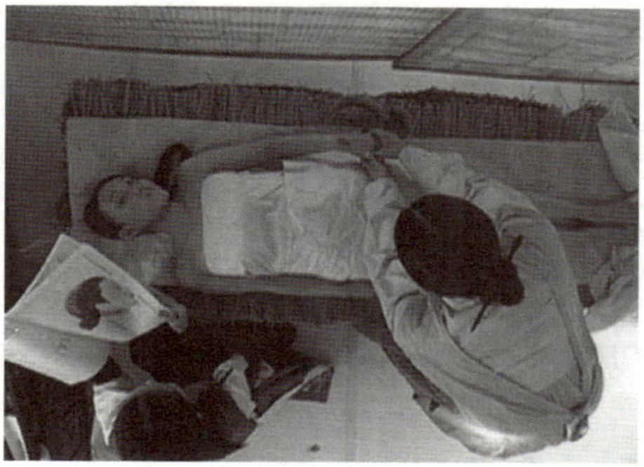

TV수사극 〈별순검〉의 검시 장면

99) 지방 관아에 속해 수령이 사건 현장에서 시체를 검사할 때 시체를 주워 맞추는 일을 하던 하인.

결정하는 단계다. 시체의 검험(檢驗) 결과를 토대로 사인(死因)을 정하고 이를 사친에게 준 후 복검이나 삼검 혹은 사검 등의 검시에 대비해 이정(里正) 등에게 시체를 지키도록 명령하고 다음 조사관에게 사건 관련자의 인적 사항을 알려주는 것이다(김호, 2003: 195-196).

(2) 『증수무원록』의 내용

『증수무원록』을 통해 내용을 보면 다음과 같다. 앞머리에 편찬 경위와 참여자 · 범례 등을 뒀으며, 상편에는 살인사건 조사에 대한 총설, 검시의 도구 및 절차와 방법, 보고서 작성 방식 등이 실려 있다. 하편에는 검시의 기준이 되는 사망 내용을 실었는데, 익사 · 구타 · 중독 · 병환 등 22가지의 원인별로 구분했다. 필요한 경우 다시 구체적인 원인에 따라 자세히 나눠 설명했다. 예를 들어 중독사는 생전에 중독된 경우, 사후에 중독된 것처럼 가장된 경우, 벌레의 독에 의한 것 등 10여 개 이상으로 구분돼 있다. 말미에는 사람의 골격을 논한 글 등 참고 사항이 추가돼 있다. 조선 후기에 재정리된 책은 곳곳에서 여러 차례 간행되면서 광무(光武) 연간까지 계속 이용됐으며, 그 방법에 따른 구체적 검시 보고서인 검안(檢案)도 많이 전해지고 있다.[100)]

3) 『무원록』에 의한 법의학 · 과학수사 기법

(1) 상흔의 위장을 찾는 방법

상흔의 위장(僞裝)을 찾아내는 방법도 상당히 발달했다. 가령 타물(他物)로 구타, 살해한 경우 상흔이 푸르거나 붉게 나타날 것이 틀림없지만, 갯버들나무의 껍질을 상처 부위에 덮어두면 상흔 안이 짓무르고 상해 검은색이 되는 등 구타 흔적을 위조할 수 있었다. 이에 대해서는 반드시 손으로 만져봐 부어오르거나 단단하지 않으면 위장의 흔적으로 봐야 한다고 지적했다. 그 밖에도 칼로 살해한 후 불에 타 죽은 것으로 위장한 경우, 범인이 검시인들을 사주해 시체의 상처에 초를 발라 상흔을 지운 경우, 물에 빠져 죽은 경우, 끓는 물에 데어 죽은 경우, 얼어 죽은 경우 등 그 상황에 맞게 다양한 약재와 보조도구를 사용하는 과학적인 판별법이 자세히 소개돼 있다. 시신을 해부하지도 않고 이와 같이 엄밀한 검험을 할 수 있었다(국정브리핑, 2005.11.29.).

---

100) 네이버백과사전: http://100.naver.com/100.nhn?docid=347729 참조.

(2) 계절에 따른 시신의 사망 일자 추정

성한(盛寒, 한추위) 때에는 5일이 한더위 때의 1일과 같고, 반 달이 여름의 3~5일과 같다. 봄, 가을은 기후가 온화해서 2, 3일이 여름의 1일에 비견될 수 있고, 8, 9일이 여름 3, 4일에 비견될 수 있다. 그러나 살찌고 어린 사람은 상하기 쉽고 여위고 늙은 사람은 상하기 쉽지 않으며, 또 남쪽과 북쪽은 기후가 같지 않고 산속은 춥고 덥기가 두돈(陡頓, 빠르게 변하는 것)해서 일정하지 않으니 그때그때 가서 변화를 두루 살피는 일에 요체가 있다는 내용을 소개하고 있다.

(3) 핏방울 응고 여부로 따진 친자 확인

조선 후기 혼란된 사회의 영향으로 친자 등을 확인할 필요성이 대두되자 등장한 방법이다. “친자나 형제가 어려서부터 나뉘어 떠나 있어서 기억해 내어 알고자 하지만 진짜와 거짓을 가리기 어려우면 각기 찔러서 피를 내어 한 그릇 안에 떨어뜨리면 진짜는 서로 합쳐져 하나가 되고 진짜가 아니면 합쳐지지 않는다. 그러나 다만 생피가 소금과 초를 만나면 엉겨지니 먼저 사용할 그릇을 당면(當面: 관원이 직접 보는 곳)한 채로 씻어 맑게 하거나 혹 특별히 새 그릇을 가져다가 시험하라. 또 피를 떨어뜨려 물에 넣을 때 만일 그릇이 크고 물이 많아 둘의 거리가 멀면 곧 능히 합쳐지지 못할 것이고, 혹 물에 떨어뜨릴 때 약간의 시간차가 있으면 곧 피가 차고 덥기가 다름이 있어서 또한 능히 합쳐지지 못할 수 있다”고 적고 있다. 이와 같이 친자(親子)의 진위를 판단하기 어려운 경우 각각 피를 내어 한 그릇 안에 떨어뜨리는데, 친자라면 하나로 응결되고 아니면 응고되지 않는다고 설명돼 있다(국정브리핑, 2005.11.29.).

(4) 자 · 타살에 대한 검시

무엇보다도 살해 후 자살한 것처럼 시체의 목을 매 조작한 ‘조액사(弔縊死)’가 가장 판별하기 어렵다고 적었다. 죽기 전에 즉시 목을 매달면 시체의 상흔이 스스로 목을 매 죽은 자액(自縊)과 다를 바 없었기 때문이다. 따라서 목을 맨 장소가 목을 맬 수 있는 높이인지, 목을 맨 들보나 기둥 위에 흔적이 어지럽게 나 있는지를 살펴야 한다고 지적했다. 또한 목을 매단 끈이나 줄이 단단하게 탄성을 유지하면 자액이지만, 끈이 느슨하고 늘어지면 이는 시체를 옮겨 매단 흔적임을 강조했다. 마지막으로 시체를 관찰하면서 ‘눈을 감았는지 여부’를 주의 깊게 검험하도록 했다. 타살이라면 입과 눈을 벌린 경우가 대부분이기 때문이다. 이처럼 자살인지 타살인지 여부는 칼에 찔린 경우, 독을 먹은 경우, 서로 구타 후 물에 빠져 죽은 경우 등에서 검시를 통해 신중하게 판별해야 할 사항이었다. 독약을 먹고 죽은 경우, 은비녀를 인후(咽喉) 안에 깊이 넣었다가 잠시 후 꺼내면 비녀의 색이 검어진다고 적었다. 독사(毒死)의 경우, 전적으로 은비녀에 의지했다(국정브리핑, 2005.11.29.).

(5) 시대 상황에 맞는 특유의 수사 기법 활용

조선 시대에 흔히 쓰던 '비상(砒霜, arsenic trioxide)'은 비소와 황의 화합물인데, 은(銀)은 비상의 황과 결합하면 검게 변한다. 옛날에 비상으로 살해되는 경우가 많아서 은이 검시에 활용됐다. 상흔을 변질시키지는 않았다 해도 시체가 외부에 노출돼 시일이 오래 경과되면 시반(屍斑)이 잘 드러나지 않는 경우가 많았다. 이 경우 법물(法物)을 사용한 과학수사가 더욱 빛을 발한다. 법물이란 검시에 활용되는 보조 도구 및 수단으로, 널리 알려진 것은 100% 순도의 은비녀이며 그 밖에 지게미(糟), 초(醋), 파, 소금, 매실 과육은 물론 창출(蒼朮), 조각(皂角) 등의 약재도 사용됐다. 지게미, 초, 파, 매실 과육 등은 사체의 상흔을 드러내는 데 사용됐고, 창출이나 조각은 시체가 놓인 곳의 악취를 제거하는 용도로 활용됐다(국정브리핑, 2005.11.29.).

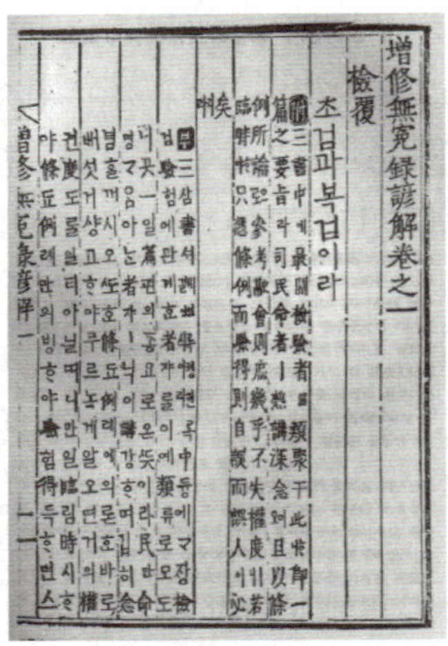
增修無冤錄諺解卷之一
檢覆
초검과 복검이라

『증수무원록언해』의 한 페이지

4) 한국의 법의학 발전

우리나라에서 서양 의학이 전래된 것은 미국인 선교사 알렌(Horace Newton Allen)

박사가 1884년 9월에 내한(來韓)한 것을 계기로 1885년 2월에 광혜원(廣惠院, 濟衆院,[101] 세브란스병원의 전신)을 창립, 진료를 시행함으로써 비롯됐다. 1907년에 이르러 세브란스 의학전문학교를 설립하고 서양 의학을 체계적으로 교육시키게 됐다. 근대 법의학이 교과목으로 등장하게 된 것은 1917년 세브란스 연합의학전문학교 4학년 과정이었으며, 당시의 법의학 강의를 담당한 교수는 분명치 않다. 대학에서의 의학교육은 1926년부터 경성제국대학 의학부가 최초이며, 4학년에 법의학 강의가 배정됐다. 사토(佐藤)라는 일본인 교수가 법의학을 강의했다. 경성제국대학에서 1929년 4월 18일을 기해 법의학교실을 설치하고, 활발한 활동을 수행했으나 주로 일본인에 의한 것이었다. 우리나라 사람으로서는 최동(崔棟)[102] 교수가 1936년부터 세브란스 의학전문학교에서 처음 법의학을 강의했다.

광복 후 우리나라 사람이 만든 최초의 법의학교실은 김만달(金萬達) 교수에 의해서였다. 김 교수는 광복 전에 법의학을 수업하기 위해 일본의 규슈(九州)제국대학에 가서 공부했고, 광복 후 귀국해 1946년 경북의대(당시 대구의대)에 법의학교실을 창설했다. 그러나 한국전쟁이 발발했고, 전쟁 후 재정난 등으로 법의학 분야에 교수를 배정할 여유가 없어졌다. 결국 대학의 법의학은 사라지고 말았다. 한편 1946년 4월, 미군정하에서 국립법의학실험소가 설치돼 법의학 실무기관으로서의 효시가 됐다. 정부 수립 후에는 이 실험소가 치안국(治安局) 내의 감식과로 개편된 후, 1955년에 국립과학수사연구소(현 국립과학수사연구원)로 독립됐다. 동 연구소 내에 법의학과가 개설돼 지금까지 이어오고 있다(강대영 외, 2012: 20-21).

1950년대에는 일반대학에 법의학과나 법의학교실은 거의 없었다. 한편, 1955년 국립과학연구소 설립을 계기로, 국가기관에서 처음으로 법의관을 선발하게 됐다. 청년 의사 문국진(1925~)[103]이 국과수에서 법의관으로 근무하기 시작했으며, 법의학과 과장을

---

101) 제중원(濟衆院)은 1885년(고종 22) 개원한 우리나라 최초의 서양식 국립병원이다(한국민족문화대백과, 한국학중앙연구원).

102) 그 무렵에 동 대학 부속병원에 관련된 의료 분쟁이 발생해 일본인 법의학자로 인해 담당의사들이 억울한 입장에 처하게 된 일이 있었다. 이것을 계기로 세브란스 의학전문학교에서는 한국인 법의학자의 양성이 시급함을 느끼고 최동 교수를 일본 도호쿠(東北)대학으로 파견해 법의학을 연수하게 했다. 1935년 세브란스 의학전문학교에서도 법의학교실이 창설됐다는 기록이 있다. 최동 교수는 일본에서 법의학으로 학위를 취득한 후 1936년에 귀국해 법의학의 교편을 잡고 연구와 교육을 담당하게 됐다. 이것이 우리나라 최초의 법의학자로 인정되는 배경이다(강대영 외, 2012: 20).

103) 문국진 교수는 대한민국 최초의 법의학자로서, 법의학 분야를 개척한 인물로 평가받고 있다. 문 교수가 1976년에 최초로 고려대에 법의학교실을 설립하기 전에는 단 한 군데에도 법의학교실이

한국의 법의학자 문국진 교수

끝으로 1970년 고려대학교로 옮겼다. 이후 의과대학 법의학 분야 교수로 재직하면서, 1976년 9월 최초로 의과대학에 법의학교실을 설치, 운영하게 됐다. 경북대에 법의학교실이 창설된 후 30여 년이 지난 1976년 고려대 의과대학에 법의학교실이 제대로 창설된 셈이다.[104)]

1971년에 법의학 세미나가 처음 개최됐으며, 1976년 11월 대한법의학회(회장 이제구 교수, 1911~1986)가 창설됐다. 동 학회 창립을 계기로 의과대학 법의학교실과 국립과학수사연구원 등에서 근무하는 회원들이 변사자들에 대한 부검 및 검안을 실시하고 있다. 개인 식별, 법의혈청학, 법치의학, 법의곤충학, 법의영상학 등의 세부 전문 분야에서도 발전을 이루고 있다. 또한 서래마을 영아유기사건, 서남아시아 지진해일 참사 희생자의 개인 식별, 해외에서 사망한 사건 등에서 중요한 역할을 하면서 해외에서도 인정받는 수준으로 향상됐다. 현장법의학이 강조되면서 일부 회원들의 사설 연구소를 통해 검안 및 부검을 실시하는 등 법의학 분야의 근무환경도 다양화됐다.[105)] 2011년에는 41개 의과대학 가운데 12개 대학에 법의학교실이 운영됐고, 전공자가 대략 70~80여 명에 달했다. 한편, 의학박사 우상덕(전 국립과학수사연구소 2대 소장)은 1966년에 『법의학(法醫學)』을 출판한 바 있다.

없었다고 한다.

104) 고려대에 법의학교실이 창설된 후, 1984년 4월 서울대 의과대학에 법의학교실이 만들어졌고, 1987년 6월 경북대에 법의학교실이 부활돼 1988년 3월에는 법의학 전임교수가 임명됐다. 이어서 전북의대, 전남의대, 연세의대, 가톨릭의대, 충남의대, 제주의대, 부산의대, 건국의대에 각각 법의학교실이 설치됐다. 그리고 법의학을 전공자가 증가하고 있다(강대영 외, 2012: 21).

105) 대한법의학회 홈페이지에 게재된 내용 발췌(2015.01.08).

제3장 | 초동수사와 현장관찰

제3장에서는 초동수사, 범죄 현장의 관찰 및 보존활동에 대해 살펴본다.

제1절 초동수사

1. 개설

1) 초동수사와 후속수사의 구별

범죄수사는 대체로 두 가지 영역으로 나뉠 수 있다. ① 정복순찰 부서의 경찰관들에 의한 초동수사(preliminary investigation), ② 다른 하나는 후속수사(follow-up investigation)로서, 수사 기법을 공식적으로 교육훈련받은 수사부서에서 근무하는 전문요원이나 전문경찰관에 의해 실시되는 것이다(Thibault et al., 2004: 222). 세 번째 단계로서 ③ 특별한 사건수사(special-subject investigation)가 있다(Palmiotto, 2004: 17).

큰 규모의 경찰관서에서는 부(部, division) 혹은 국(局, bureau)과 같은 부서들이 후속수사에 책임을 맡고 있다. 특별한 수사는 도난당한 물건의 회수, 범죄 관련 정보의 수집 그리고 사건들에 대한 공판 준비 등을 맡게 된다. 조직적으로 이러한 부서는 수사과, 중앙수사과 혹은 범죄수사부 등으로 불린다. 이러한 목적을 위해 통상적으로 '수사

(investigation)'라는 제목을 사용한다(Thibault et al., 2004: 222).

(1) 초동수사

초동수사(初動搜查)는 경찰관이 신고된 범죄에 대응하는 과정에서 시작되며, 형사사건에 대한 기초를 제공한다. 즉, 범인의 신원을 확인하고, 무엇이 발생했는지 확인하며, 목격자의 위치를 알아내고, 취득이 가능하다면 물리적 증거를 수집하는 일에 목표를 두고 있다. 초동수사는 수사 절차에서 가장 중요한 부분이다. 규모가 작은 경찰관서에서는 그것이 전체적인 수사가 될 수 있다(Palmiotto, 2004: 18).

(2) 후속수사

추가적인 후속수사(後續搜查)는 수사관이 수사를 계속하도록 이끌어주는 해결 가능한 요소들에 대한 수사를 계속하는 것이다. 후속적인 수사는 범죄 현장을 넘어서서 지역사회 내로 확장된다. 후속수사를 하는 동안 수사관은 귀중한 사건 해결의 실마리가 간과되지 않았는지 확인하기 위해 철저하게 초동수사 내용을 평가한다. 이 과정에서 초동수사의 결점을 발견한다면, 아마도 초동수사의 일부를 되풀이해야 할지 모른다. 수사관은 "증거를 수집하고, 정보를 저장하며, 목격자와 인터뷰를 하는 것"을 포함해, 이를 수행하기 위해 특별한 임무를 갖고 있다. 목적은 사건 해결의 단서를 확인하는 것이며, 가능하면 피의자를 체포하는 쪽으로 멀리 그 단서를 추적하는 것이다.

수사관들은 수사 절차상 다양한 국면에서 얼마나 많은 시간과 노력이 투입돼야 하는지를 결정한다. 각 사건 해결의 목표는 사건과 개별 수사관들에게 달려 있다. 사건의 연계성을 증명하는 데 어떤 범죄의 패턴과 경향분석이 도움이 되는지 여부를 판단하기 위해 범죄분석을 활용할 것이다. 수사관은 사건 기소를 위해 준비할 최종적인 책임이 있다. 수사관의 노력은 유죄 선고를 이끌어 내는 데 수사팀의 성공적인 기록에 직접적으로 영향을 미친다(Palmiotto, 2004: 18-19).

(3) 특별한 사건수사

특별한 주제 혹은 사건수사는 조직범죄, 마약범죄와 같이 민감한 영역에 집중하는 것이다. 다른 수사 형태처럼, 특별한 사건수사의 목적은 범죄자들을 체포하는 것이다. 특별수사의 경우 범죄 패턴을 확인하기 위해 정보제공자(협력자)를 활용하는 데 중점을 둔다. 정보를 수집하는 것은 특별한 수사 절차에서 중요한 목표다(Palmiotto, 2004: 19).

2) 초동수사의 의의와 중요성

초동수사란 사건 발생 초기에 범인을 체포하고 증거를 확보하기 위해 행하는 긴급한 수사활동을 말한다(경찰대학, 1978: 132). 초동수사라는 용어는 의심되고 있는 범죄의 사실과 상황을 확인하기 위해, 그리고 그 범죄와 관련된 어떤 증거를 보존하기 위해 수사관에 의해 처음으로 조사되는 것으로 정의된다(Lyman, 1999: 65).

범죄 발생 후 신속하게 조치를 취하지 않으면 증거가 소멸되고 범인은 멀리 도주하게 됨으로써 물적 증거 확보와 범인 체포가 더욱 어려워진다. 특히 최근의 범죄 추세에 따르면, 범죄가 광역화, 기동화되고 있기 때문에 초동수사가 더욱 중요해지고 있다. 초동수사의 성패는 사건 해결 및 후속수사에 결정적인 영향을 미치기 때문에 수사관들은 초동수사 체제를 확립해 사건의 발생을 인지하는 즉시 수사활동을 개시한다. 가능한 한 현장에서 범인을 체포하는 동시에 물적 증거나 참고인을 제대로 확보할 수 있도록 한다.

> 초동수사는 의심받고 있는 범죄에 관한 사실과 정황들을 확인하고, 범죄와 관련이 있는 어떤 증거를 보존하기 위해 하는 수사관들에 의한 초기 조사다.

3) 초동수사의 목적과 내용

초동수사의 목적은 사건을 재구성하고, 범행 수법과 동기, 도난당한 물건 그리고 범인이 저지른 행위를 분석하는 것이다. 범죄자들은 통상적으로 몇 가지 종류의 사건 해결의 단서를 남긴다(Palmiotto, 2004: 122). 일반적으로, 초동수사에서는 다음과 같은 임무를 실행해야 한다(Lyman, 1999: 65).

(1) 초동수사의 목적

① 범인 체포

초동수사의 제1의 목적은 현장 또는 그 주변에서 범인을 체포하는 것이다. 현장에 도착했을 때에 범인이 범행을 계속 중이면 즉시 체포하고, 범인이 도주한 후라면 범인이 누구인가, 어떠한 인상과 특징을 가진 자인가를 조사해 추적수사(후속수사)로 이행하도록 한다(경찰대학, 1978: 132). 범인이 체포됐을 때, 수사관(보통은 순찰경찰관)이 법정에서의 소송활동을 기대하면서 범죄에 대한 자료를 수집해야 한다. 그 수사관은 기록작성자 이상이어야 한다. 수사상 기록의 내용은 반드시 정확하고 객관적이어야 한다(Palmiotto, 2004: 18).

② 현장 보존

범죄 현장에 처음 도착하는 경찰관은 범죄 현장의 오염으로부터 증거를 보존하고, 범죄 현장을 보호할 막중한 책임을 갖고 있다(Lyman, 1999: 66).

③ 참고인 및 진술의 확보

초동수사 기간 동안에 수사관은 범죄를 증명하는 데 적합한 특별한 정보를 축적한다. 증거를 찾기 위해 수색하고, 용의자・피해자 그리고 목격자, 사건 관계자, 기타 참고인을 빨리 확보해 신문한다. 모든 진술을 청취 기록하며, 확인・조사・수집한다(Palmiotto, 2004: 18). 사건 직후의 진술은 기억이 확실하며 왜곡될 가능성이 적고 신뢰도가 높다. 따라서 되도록 생생한 진술 그대로를 녹음 등에 의해 청취해 두는 것이 좋다(경찰대학, 1978: 133).

④ 사건 당초의 상황 확보

초동수사 기간 동안에 수사관은 모든 물리적 증거에 대한 절차를 진행한다. 예를 들면 화재의 연소 상황이라든가 범죄 현장의 주변 상황, 현장의 집합인물 등 그 동태나 이동성이 있는 물건, 사람, 상황 등을 사진 촬영해 두거나 측정하고, 녹음해 두거나 관찰 사실을 기록해 두거나 범죄 현장을 스케치해 나중에 수사 자료화한다(경찰대학, 1978: 133). 수사 절차의 이러한 국면에서 수사상 해결 가능한 요소들이 확인된다. 이러한 초동수사 과정상의 노력과 기록의 질적인 문제는 보통 그 범죄가 제대로 해결되느냐 여부를 결정하게 된다(Palmiotto, 2004: 18).

(2) 초동수사 시 실행할 내용

① 범죄 현장을 안전하게 하기

범죄 현장을 보호한다. 물건을 찾고 수집한다. 명백하게 증거가 되는 것 혹은 증거가 될 것 같은 흔적을 찾는다. 확인을 위해 증거에 표시를 한다. 변화, 멸실, 손상 혹은 오염으로부터 보호한다. 증거가 발견된 시점부터 검사가 기소할 사건이 돼서 증거물을 제출할 때까지 통제를 유지함으로써, 증거의 원래 상태를 보호하기 위해 현장 경비요원을 배치한다(Palmiotto, 2004: 18).

② 용의자(범인)의 가능한 체포를 고려하기

③ 범죄가 어떻게 저질러졌는지를 확인하기

가능하다면, 구체적 분류 기준과 범주에 따라서 범죄 유형을 판단한다. 어떻게 범죄가 저질러졌는지, 사람의 부상 정도 그리고 도난당한 재물의 성질과 값어치 등에 대해 판단한다. 범죄 발생을 확인한 후에 초동수사관은 범죄를 정의하고, 문제 해결의 실마리 혹은 해결 가능한 요소들을 확인해야 한다. 해결 가능한 요소들에 기초해 초동수사관은 사건이 조기에 종결될 수 있는지 여부를 결정한다(Palmiotto, 2004: 18).

④ 피해자와 목격자를 찾아내고 신문하기

피해자와 목격자를 확인하고 인터뷰한다. 영장이 발부됐으면 내용을 적고 진술 내용을 확보한다. 신원, 주소, 이후에 추가적인 접촉을 위해 필요한 다른 자료를 기록하고 확보한다. 목격자가 있는 경우, 그를 통해 범인의 인상 착의, 범인의 차량, 그리고 불빛의 방향 등을 확인하고 기록해 놓는다. 라디오방송을 위해 경찰 지령실로 관련 자료를 송부한다. 다른 경찰관서에 경보를 보내고 수배를 한다. 목격자가 제공하는 정보, 자동차에 대한 설명, 재산 상황에 대한 구체적 진술, 용의자에 관한 자료는 사건 해결에 도움이 된다. 사건 해결에 도움이 되는 요소들을 수색하는 것은 누가 범인이고, 어디에서 그 혹은 그녀가 발견됐는지를 판단하는 데 도움이 된다. 이렇게 중요한 초동수사는 충분하게 실시되고 기록해야 한다. 추가적인 후속수사는 성공이 가능할 때에만 계속해야 한다(Palmiotto, 2004: 18).

⑤ 범죄 현장에 관한 내용을 서면화하기

범죄에 관한 모든 자료, 다양한 관여자와 목격자들의 이야기, 범죄 현장 수색 그리고 수집된 증거, 그것의 배치 상태, 현장에서 측정된 것, 다른 관련된 정보에 대해 현장에서 기록하고 스케치한다. 범죄 현장의 개략적인 사진 촬영과 중요한 증거 품목을 정리하고 요구된 보고서를 작성한다.

⑥ 증거를 확인하고 수집하기

초동수사의 목표는 범죄가 실제로 발생하고, 누가 그런 범죄를 저질렀는지를 밝혀내며, 범죄자를 체포하는 것을 결정하기 위한 것이다. 다시 말하면, 범인을 현장에서 체포하고 현장에 있는 증거물 혹은 참고인의 진술 등의 수사 자료를 확보하는 데에 있다.

(3) 초동수사 단계에서의 보고서

초동수사 보고서를 작성하기 위한 자료를 얻는 장소와 시간은 초동수사가 진행되는 범죄 현장이다. 빠뜨린 것 혹은 간과된 어떤 것은 잃어버린 것이기도 하고, 나중에 반드시 확인해야 할 것이기도 하다. 그것은 보통 어렵고 많은 시간을 요하는 작업이다. 만약 수사의 범위가 넓은 것이라면, 중요한 각 증거 항목에 관한 정보는 반드시 수집해야 한다. 그러한 정보가 없으면, 범죄 현장을 처리하는 요원이 작성하는 보고서들은 불완전하게 된다. 이러한 보고서에 포함해야 할 자료는 다음과 같다(Weston et al., 2000: 38).

- 피해자의 성명, 성별, 직업, 주거 및 사업장 소재지, 전화번호
- 그 사건이 어디서 일어났는지
- 발생 시간
- 만약 피해자 외에 누가 있다면, 누가 그 사건을 신고했는지(1번 항목에서 기술된 것과 유사한 그 사람에 관한 개인적 자료들)
- 신고된 날짜와 시간(그리고 종종 어떻게 신고했는지: 개인적으로, 우편으로 혹은 전화로)
- 사건을 보고하는 경찰관이 범죄 현장에 도착한 시간
- 목격자들(개인적 자료와 함께, 완전한 자료)
- 체포된 자, 취득 가능한 개인적 자료
- 취득 가능한 개인적 자료와 함께 용의자의 성명과 묘사된 것
- 보고한 경찰관의 이름

4) 초동수사의 일반적 유의 사항

초동수사의 첫 번째 목적은 범인을 현장 또는 그 주변에서 체포하는 것이다. 경찰관이 사건 발생을 인지했을 때에는 사건의 경중을 불문하고 단시간 내에 현장에 출동해 신속히 수사활동을 할 수 있도록 해야 한다. 피해자로부터 조기의 신고가 있었음에도 불구하고 신고를 받은 경찰관이 초동수사의 요령부득(要領不得)으로 시간이 지연된다면 현장이나 그 주변에서 능히 체포할 수 있는 범인을 놓쳐 버리거나 귀중한 증거를 멸실(滅失)하게 된다. 이후의 수사가 곤란하게 될 뿐만 아니라, 일반 시민들의 협력을 얻

을 수 없게 된다. 초동수사의 일반적 유의 사항으로서는 다음과 같은 것을 들 수 있다(경찰대학, 1978: 133-134).

- 사건이 발생했을 때 최단 시간에 현장에 도착하는 방법을 평소에 연구해 둔다.
- 비상소집이나 출석 연락에 언제든지 응할 수 있도록 한다.
- 초동수사 체제와 비상 배치의 위치를 잘 숙지한다.
- 긴급사건 수배의 요령을 잘 이해한다.
- 디지털 카메라, 감식기자재 및 기타 수사장비의 사용 방법을 숙지한다.
- 구체적 사건이 발생했을 때에 냉정 · 침착하고 신속하게 효과적인 초동수사를 하기 위해 평소에 과거의 사례에 대한 연구를 한다.

2. 초동수사의 실행

1) 신속한 현장 도착과 부상자 구호 등

(1) 신속한 현장 도착

범죄가 처음 발견됐을 때, 관련 부서에 전화가 걸려온다. 일반적으로 112를 통해 지령실에서는 범죄 현장 인근에 위치한 순찰팀에게 그것을 확인하라고 지시하게 된다(Ramsland, 2001: 2). 대부분의 형사재판 관할 내에서는 정복 경찰관이 일반적으로 범행 현장에 최초로 임장(臨場)하는 공식적인 기관이 될 것이다. 보통 범죄사건이 경찰당국에 신고되면, 그 구역을 담당하는 순찰경찰관이 대처한다(Palmiotto, 2004: 119). 즉, 대부분의 범죄사건에서 현장 도착 (순찰)경찰관은 무전기로 지시를 받고 현장에 신속하게 도착해 사건을 파악하게 된다(Lyman, 1999: 65).

범죄 현장에 처음 도착하는 법집행 공무원은 통상적으로 범죄수사에서 가장 중요한 사람이다(Palmiotto, 2004: 119-120). 그래서 초동수사는 범죄 현장에 처음 도착하는 경찰관의 임무와 밀접하게 연관돼 있다.

현장에 대응하는 경찰관의 근본적인 책임의 하나는 신속하게 그러나 안전하게 현장에 도착하는 것이다(Lyman, 1999: 68). 이것은 실제로 초동수사가 시작되는 바로 그 시점이다. 신고 접수 후 신속하게 현장에 도착하는 것은 매우 중요하다. 왜냐하면,

- 피해자가 부상을 당했을 수 있으며, 의료적인 도움이 필요한 상황에 처할 수 있고,
- 용의자가 범행 현장에 아직 있을 수 있으며,

- 범죄에 대한 증인(목격자)이 아직 현장에 있을 수 있고,
- 기후 조건이 귀중한 증거를 파괴할 수도 있으며,
- 그렇지 않으면 범죄 현장이 변경될 수 있기 때문이다.

이는 종종 전체 수사 과정을 성공적으로 해결하느냐 혹은 실패하게 만드느냐에 대한 중요한 수단이 될 수 있다(Gilbert, 2001: 93).

사이렌 혹은 경광등의 사용 여부는 범죄 현장 도착을 지령하는 상황의 성질과 해당 경찰관서의 정책에 달려 있다. 이것은 현장에 도착하는 경찰관의 몫이다. 예를 들면 강도 혹은 주거침입 절도사건이 진행되고 있는 상황에서 사이렌과 경광등을 통해 경찰의 도착을 알리는 것은 용의자를 도망가게 할 수 있으며, 혹은 용의자로 하여금 겁을 먹게 하고 사람을 다치게 할 수 있다(Lyman, 1999: 68).

(2) 현장 도착 경찰관의 역할

지령을 받고 출동해 범죄 현장에 처음 도착하는 경찰관은 범죄 현장을 유지하고 보존할 책임이 있다. 만약 초동 조치 경찰관이 정복 순찰경찰관이라도, 수사를 하는 데 위험을 주거나 위험스러운 상황이 발생하지 않는다면, 이러한 책임이 이관돼서는 안 된다(Arcaro, 2000: 65). 현장에 처음 도착하는 경찰관은 먼저 피해자의 생명을 구하고, 안전하게 하며, 현장을 안전하게 유지하고, 증거를 보존한다. 사건에 관한 상세한 내용을 기록한다. 혹시 현장에 용의자가 있으면 체포한다. 그리고 전문수사관이 현장에 도착하면 범죄 현장에 대한 책임을 후임 요원들에게 인계한다. 추가적인 지원 경찰력이 현장에 속속 도착하게 되면, 목격자나 용의자를 찾아낸다(Moore, 2004: 17-25).

그들은 현장 도착 시간을 기재하고, 출입문 혹은 창문이 열려져 있었는지 여부와 같이 어떤 다른 적절한 관찰 결과를 기록하거나 메모한다. 그러나 어떠한 증거에도 손을 대거나 움직여서는 안 된다. 정복 순찰경찰관이 긴급 출동해 현장에 도착하고, 그들은 다른 요원들, 예를 들면 살인사건 수사팀 혹은 화재사건 수사팀 등의 도움이 필요한지를 판단하게 된다(Ramsland, 2001: 2). 범죄수사 부서나 현장감식(現場鑑識) 요원이 최초로 임장한다면, 전문요원들은 자신의 전문성을 활용할 수 있도록 현장 보존 임무를 수행해야 한다. 다시 말하면, 범죄 현장을 보존하는 1차적 책임은 계급이나 전문성에 상관없이, 현장에 제일 먼저 도착하는 경찰관에게 있다는 것이다. 누가 먼저 범죄 현장에 도착하든지, 특히 강력범죄가 발생하면 처음 임장한 경찰관이 여러 가지 임무를 수

행할 책임이 있다는 것을 기억해야 한다.

범죄 현장에 도착한 경찰관의 임무는 여러 가지 다양한 범주로 나뉜다. 초동 조치 경찰관이 원칙적으로 다뤄야 할 중요한 사항들의 순서는 다음과 같다.

① 경찰관 자신을 보호한다. 경찰관은 범인이 현장에 존재하며 무기나 흉기를 소지하고 있다는 것을 가정하고 행동해야 한다.

② 부상당한 사람을 돌보고 구호한다. 초동 조치 경찰관은 관련되는 모든 사람을 찾아내고, 어떤 부상을 입었는지를 판단해야 한다. 경찰관은 부상자가 더 이상 악화되지 않도록 방지하기 위해 앰뷸런스의 현장 도착을 확보할 책임이 있다(Arcaro, 2000: 65). 범죄 현장에 심하게 다친 사람이 있는 사건에서, 가장 우선적인 것은 비록 증거를 일부 훼손하더라도 응급 조치를 취하는 것이고, 부상자를 병원으로 이송하는 것이다. 피해자가 발견됐을 때, 그 위치를 반드시 적어둬야 한다. 부상 부위나 상처의 상황을 잘 기록해야 한다(Ramsland, 2001: 4).

③ 부상당하지 않은 사람들에 대한 위험을 제거한다. 만약 부상당하지 않은 사람이 존재하면, 그들에게 해가 될 수 있는 위협을 제거해야 한다.

④ 범행 현장을 보존하고 유지한다. 범죄 현장에 남아 있는 어떤 증거를 보호하고, 어떠한 오염이나 파괴로부터 범행 현장을 보존해야 한다. 현장에 도착한 순찰경찰관은 범죄 현장 주변에 어떤 특이한 냄새가 있는지, 전깃불이 켜져 있는지 혹은 꺼져 있는지, 창문의 블라인더가 내려져 있는지, 우편물이나 신문이 쌓여 있는지, 음식물이 부패했는지 등에 관해 기록해둬야 한다. 만약 누군가가 범죄 현장에서 어지럽힌 것을 청소하려고 시도하고 있다면(이러한 일들이 종종 발생한다), 그러한 사람의 행동을 반드시 중지시켜야 한다. 예를 들면 어떤 사람이 목을 맨 채 확실하게 사망한 상태로 발견됐다면, 범죄 현장 수사팀이 도착할 때까지 매달려 있는 상태를 유지할 필요가 있다. 만약 그 로프가 끊어질 것 같으면, 현장에 처음 도착한 정복 순찰경찰관은 그 사망한 자의 시체를 받치고 있어야 한다. 만약 그 시체를 이동시켜야 할 이유가 있다면, 그때 경찰관은 그 상황을 정확하게 기록하고, 발견될 당시의 시체의 자세를 스케치해야 한다. 그리고 가능하다면, 똑같은 자세를 유지한 채로 이동시켜야 한다. 만약 얼굴이 바닥쪽으로 향한 채 발견됐다면, 그 얼굴이 바닥으로 향한 상태를 유지해야 한다(Ramsland, 2001: 2-4).

⑤ 목격자를 확인하고 용의자를 찾아낸다. 범죄 현장에 범인이 존재한다는 것은 피해자의 생명을 위협하는 것을 의미한다. 목격자가 "경찰이 도착하기 전에 범인이

현장을 빠져나갔다"고 진술하더라도, 범인을 찾기 위해 은신할 말한 주변 지역을 곧바로 수색하는 것이 올바른 근무 자세다. 현장을 빠져나갔다는 정보에도 불구하고, 범죄 현장을 곧바로 수색해야 하는 이유는 다음과 같은 상황 가능성 때문에 정당화된다.

- 목격자가 실수할 수 있다. 증인의 목격 상황에 대한 비판적 안목은 경찰관과 시민의 안전을 위해 매우 중요하다.
- 범인을 돕기 위해 범인이 밝혀지지 않도록 경찰을 고의적(故意的)으로 잘못 유도하는 경우도 있다.
- 공범이 있는 경우, 단지 한 명의 범인이 도주하는 것을 목격하는 경우가 있다. 그러한 경우, 나머지 공범은 범죄 현장에 숨어 있을 수 있다(Arcaro, 2000: 65).

(3) 현장 조치 경찰관을 위한 가이드라인

다음의 내용은 현장 초동 조치 경찰관이 준수해야 할 가이드라인이다(Arcaro, 2000: 66).

① 응급요원이 현장에 있다면, 사용해야 할 통로를 결정해야 한다.

② 응급요원이 도착하지 않는다면, 출입구로 사용할 수 있는 가장 좋은 통로를 확보한다.

③ 다음의 상황을 포함해 범죄 현장의 양상을 구체적으로 묘사할 수 있도록 정확하게 기입한다.

- 피해자와 다른 사람의 위치
- 무기나 흉기를 포함해 관련성이 있는 물건의 존재
- 출입구, 가구 그리고 모든 다른 물건(대강 그림을 그린다)
- 문과 창문의 개폐 상태
- 어떤 조명이 켜져 있었거나 혹은 꺼져 있었는지
- 어떤 가전기구들이 켜져 있었거나 혹은 꺼져 있었는지
- TV나 스테레오의 볼륨 상태

④ 범죄가 종료될 시점과 응급요원과 목격자가 도착할 시점 간에 범죄 현장에서 어떤 변화가 발생하고 있었는지 확인하고, 목격자와 응급요원들과 인터뷰하는 것은 범죄가 종료될 시점에 범죄 현장의 상황을 설명하기 위한 것이다.

⑤ 경계(境界)를 설정한다. 범죄가 실제로 발생했던 중심부를 보호해야 한다. 범인이

사용했을 법한 모든 출입로를 포함해 경계지대를 만든다.[1] 무기, 현금 등록기, 계산대, 신발 자국 및 타이어흔과 같이 관련성이 있는 모든 물리적 증거를 보존한다.

⑥ 범죄 현장 접근을 규제한다. 범죄 현장이 되는 토지를 안전하게 보존해야 하며, 비인가된 사람들이 출입하는 것을 막아야 한다. 중요한 출입구로부터 범죄 현장을 보호한다. 다양한 출입구가 존재한다면, 다른 동료의 도움을 반드시 받아야 한다(Arcaro, 2000: 66).

⑦ 현장 훼손과 오염을 최소화한다. 움직여서도 안 되고, 물건을 추가해서도 안 되며, 제거해서도 안 된다(Arcaro, 2000: 66). 모든 흔적을 보존하기 위해 경찰관은 현장이 오염되지 않도록 주의를 기울여야 한다. 또한 사건을 수사하는 데 관련된 전문가가 아닌 모든 사람(예를 들면 단지 사건에 호기심을 갖고 경찰관처럼 행동하는 사람)의 접근을 제한해야 한다. 너무 많은 발이 범죄 현장에 들어오게 되면, 마룻바닥이나 땅바닥에 남아 있는 증거나 흔적을 지워 버릴 수 있다. 또한 만약 경찰관이 뭔가를 움직이거나(자살하기 위해 사용했던 권총처럼) 혹은 뭔가를 현장에 떨어뜨린다면, 그것은 수사의 방향을 빗나가게 할 수 있다. 경찰관과 현장 구조요원은 범죄 현장에서 주의해야 한다. 만약 정복 순찰경찰관과 현장 구조요원이 발자국이나 지문을 남긴다면, 그것은 사건 수사를 그르치게 할 수 있다. 만약 그들이 어떤 물건에 발을 들여놓았거나 혹은 뭔가를 만졌다면, 그것은 증거를 지워 버릴 수 있다(Ramsland, 2001: 3-4).

⑧ 가능하면 실무상 공식적으로 기록한다(Arcaro, 2000: 66).

(4) 부상자 구호 등 안전 확보

범죄 현장에 처음 도착하는 경찰관에게 많은 책임이 부과되는데, 그 가운데 부상당한 관련자들을 응급 조치하는 등 긴급 상황을 처리하는 것도 포함된다. 현장에 도착한 후 생명을 위협하는 상황 혹은 다른 절박한 상황이 없으면, 사건담당 경찰관은 다른 부상당한 사람을 돌봐야 한다. 사람의 생명을 보호하는 것이 공공의 안전에 관한 기본적인 전제이기 때문에, 이러한 책임은 용의자를 체포하는 것보다 더 우선순위를 가져야 한다. 만약 상황에 따라서 응급요원을 호출하는 것이 필요하다면, 곧바로 해야 한다. 일

1) 대체로 경계는 광범위하게 하는 것이 좋다. 그리고 나중에 그 범위를 좁힐 수 있다. 만약 경계가 너무 좁으면, 현장이 훼손되거나 오염될 가능성이 높아진다. 범죄 현장의 경계가 현실적으로 배치되도록 가능한 한 모든 시나리오에 대해 열린 마음으로 대처하는 것이 경찰관에게 필요하다.

단 응급요원이 현장에 도착하면, 담당 경찰관은 그들에게 현장에 있는 증거를 훼손하지 않도록 하면서, 범죄 현장에 어떻게 진입할 것인가에 대해 주의 깊게 지시한다. 이것은 응급요원의 책무를 방해하지 않는 방식으로 이뤄져야 한다(Lyman, 1999: 72).

2) 초동수사에서의 체크리스트와 수사장비

(1) 초동수사에서의 체크리스트

초동 조치에 임하는 경찰관이 현장에 도착해서 빠짐없이 실행해야 할 수사활동은 다음의 체크리스트(PRELIMINARY)와 같다(Lyman, 1999: 68).

- P: 범죄 현장을 안전하게 처리한다(Proceed to the crime scene safely).
- R: 도움을 제공한다(Render assistance).
- E: 어떤 용의자의 체포를 실행한다(Effect the arrest of any suspects).
- L: 목격자를 찾고 그 이름을 기록한다(Locate and document names of witnesses).
- I: 목격자를 인터뷰하고 분리한다(Interview and separate witnesses).
- M: 범죄 현장을 유지하고 보존한다(Maintain and protect the crimes scene).
- I: 용의자를 신문한다(Interrogate suspect).
- N: 기본적인 사실을 기록한다(Note basic facts).
- A: 증거 수집을 준비한다(Arrange for collection of evidence).
- R: 완전하게 그리고 정확하게 범죄 현장을 기록하고 보고한다(Report the scene fully and accurately).
- Y: 추가 수사를 진행하는 전문수사관에게 책임을 이양한다(Yield responsibility to the follow-up investigator).

한편 윌슨(Orlando W. Wilson) 등과 경찰학자들도 초동수사와 관련해 이와 비슷한 체크리스트를 제시하고 있어서, 수사관이 참고할 만한 사항으로 여겨진다(Wilson, 1997: 598).[2)]

---

2) Upon arrival at the scene, it is important that the officer make a quick visual survey of the area and persons present and that he or she also act to:
- Provide assistance to the injured as needed
- Locate and identify the complaint(victim) and all witnesses
- Interview the complaint and witnesses
- Observe all conditions(weather, etc), lighting, events, and remarks

범죄 현장 수사 직무를 수행할 수 있도록 훈련을 받은 사람들은 그 장소에서는 안 될, 다시 말하면 그 장소 외에서 발견돼야 할 낯선 물건을 찾는다. 그들은 일반 사람들이 머리카락, 섬유와 같은 것을 통상적으로 떨어뜨린다는 것과 몇몇 물건은 위험한 무기로 사용될 수 있다는 것을 안다. 범죄수사관은 노트에 기록하는 것, 범죄 현장을 평가하는 것, 스케치하는 것 그리고 범죄 현장을 사진 촬영하는 것, 분석 대상이 되는 물리적 증거를 발견하고 수집하는 것, 다양한 유형의 장비를 활용하는 것, 상세한 보고서를 준비하는 것을 포함해 다양한 직무를 갖고 있다.

범죄 현장에서 그들은 증거와 관련된 직무를 수행하며, 증거에 관한 보고서를 작성한 것에 대해 법정에서 증언을 해야 한다. 필수적으로 그들이 찾아야 할 것은 다음과 같다(Ramsland, 2001: 9-10).

- 지문
- 공구, 신발, 자동차 타이어, 직물, 치아 등에 의해 생긴 자국
- 혈액이나 타액(침)처럼 신체에서 나오는 액체
- 머리카락, 손톱, 조그마한 신체 파편 및 신체 조직의 일부와 같은 생물학적 증거
- 유리 파편, 식물 자취, 섬유, 페인트 조각, 탄환 발사 찌꺼기, 기타 촉매물질 등과 같은 추적(미세) 증거
- 무기류 혹은 포탄 케이스와 같은 증거
- 위조된 수표, 허위로 작성된 자살 노트, 협박 편지 등 문제가 되는 서류
- 방화나 폭발사건에서 관련된 특별한 증거들

(2) 현장 수사용 장비

수사관이 범죄 현장에 진출하면서, 반드시 휴대하거나 준비해야 범죄 현장 수사용

- Establish the time and place the crime occurred
- Maintain the security of the crime scene
- Locate and protect evidence
- Arrange for the collection of evidence
- Interrogate the suspect
- Effect the arrest of the perpetrator if present
- Determine solvability factors
- Report the incident fully and accurately
- Yield the responsibility to the follow-up investigator

These duties are the same for all preliminary investigations.

장비의 사례는 다음과 같다(Ramsland, 2001: 12-13).

- 감시장비: 야간투시경 및 청취 장비
- 카메라: 35mm 카메라가 널리 선호된다. 왜냐하면, 카메라의 다용도성, 정확성 그리고 사용의 편리성 때문이다. '110 Instamatic' 카메라[3]는 또한 몇몇 용도에 사용되며, 그 카메라는 작고 증거 수집용 키트 안에 넣어서 운반하기가 수월하다. 비디오테이프 카메라 혹은 디지털 카메라는 범죄 현장에 관한 내용을 서면화(書面化)하기 위해 도입된 것이라 할 수 있다. 사진과 영상은 범죄 현장의 증거를 가장 생생하게 제공한다. 렌즈, 삼각대 및 조명장치와 같은 카메라의 액세서리들은 아주 특이한 범죄 현장에서 요구될 수 있다.
- 조명: 손으로 들 수 있는 플래시라이트(예를 들면 스트림라이트), 자동차의 안개등이 있는 곳에 비상용으로 켤 수 있는 스트로보라이트, 범죄 현장을 밝힐 수 있는 손으로 잡을 수 있는 투광조명등(floodlight)
- 노트: 범죄 현장에서 개략적인 스케치를 할 수 있는 스케칭 재료, 연필, 펜 그리고 마커와 같은 필기도구를 활용한다.
- 다른 물건들: 테이프 줄자(천 및 금속 재질), 증거 테이프, 목수용 자(ruler), 지우개, 분필, 핀셋, 가위, 라벨, 혀 누르는 것(tongue depressor), 클립보드, 옥내외용 반투명 피복지(template)
- 용기(containers): 봉투, 박스, 플라스틱 및 종이백, 모든 종류 및 모양의 유리병
- 응급조치 키트: 범죄 현장에서 부상당한 관련자를 돌보기 위한 것
- 석고반죽 재료: 비틀어진 흔적, 지문 기타의 증거 채취를 위해 석고틀을 만들 수 있는 플라스터(plaster, 회반죽) 혹은 덴탈스톤(치과용 석고)(Lyman, 1999: 67).

3) 범죄 현장의 보존과 통제

범죄 현장에 증거가 될 만한 유류된 물건으로부터 매우 중요한 정보가 얻어지기 때문에 훼손되거나 변경되지 않도록 해야 한다(Lyman, 1999: 65). 어떤 범죄가 발생한 범죄 현장에서, 현장 도착 경찰관과 전문 수사관 모두 다 증거로써 그 현장 자체를 중요하게 여겨야 한다. 범죄 현장은 귀중한 증거를 담고 있기 때문에 오염이나 손실 혹은 증거로 사용될 수 있는 물건이나 대상에 대한 불필요한 이동으로부터 적절하게 보호돼

3) 인스터매틱(Instamatic)은 미국 이스트먼 코닥(Eastman Kodak)사의 고정 초점 카메라의 상표명이다.

야 한다. 또한 마룻바닥, 전등 스위치, 램프 혹은 다른 물건에서 발견될 수 있는 증거들이 가능한 한 손상되지 않도록 매우 주의해야 한다(Palmiotto, 2004: 120). 증거에 대한 어떤 변경이나 손상도 범죄를 명백하게 증명하는 데 방해가 될 수 있다. 특히, 경찰관은 어떤 물건도 건드리거나 만지지 않도록 해야 한다. 범죄 현장에서 발견된 어떤 물건에 관해 그들의 호기심을 또한 통제해야 한다(Lyman, 1999: 70). 멀리 있는 구경꾼들이 못 들어오도록 규정된 범죄 현장 주변에 외부 장애물을 설치할 수 있다(Ramsland, 2001: 7).

4) 범죄 현장 규모와 범위 판단하기

범행 현장에 최초로 도착한 경찰관은 범행 현장의 범위를 설정하는 데 책임이 있다. 범죄 현장의 범위를 설정하는 데 확립된 규칙은 없다. 기술적으로 범죄 현장은 범인이 범행을 시작했던 곳에서 시작한다. 그것은 도주로를 따라서 범인이 어떤 증거를 제거하려고 했던 곳까지 계속된다(Palmiotto, 2004: 121). 범죄 현장을 통제하는 데 가장 어려운 측면 중의 하나는 경계를 설정하는 것이다. 그것은 자살사건으로 판명된 모호한 사망사건처럼, 종종 한 빌딩 안에 있는 방 1개가 될 수 있다. 그런데 만약 살인이 발생했다면, 범죄 현장은 살인범이 자신의 흔적이나 존재의 증거를 남겼을 다른 방들까지 혹은 호텔 복도, 심지어 인근 지역까지로 확장될 수 있다.

만약 어떤 사람이 어떤 한 곳에서 강간을 당하고 그 밖의 다른 장소로 옮겨졌다면, 그 범죄 현장은 납치된 장소에서 이동 수단이 된 자동차로 확대될 수 있으며, 피해자를 유기한 다른 장소까지로 확대될 수 있다(Ramsland, 2001: 6-7).

수사관은 범죄 현장의 규모를 판단할 때, 범죄 유형을 고려해야 한다. 범죄 현장의 규모가 클 가능성이 있지만, 수사관은 직접적인 주의와 보호가 필요한 특별한 지역을 알 필요가 있다(Lyman, 1999: 70). 범죄는 일정한 경계를 갖지 않고 상당히 넓게 퍼지는 경향이 있다. 즉, 상상 가능한 모든 공간에서 일어난다. 대체로 범죄 현장은 두 가지 형태로 나뉠 수 있다. 옥내 현장과 옥외 현장이다. 옥외인 경우는 거의 30% 정도 되는데, 옥내 현장이 훨씬 더 일반적이다(Gilbert, 2001: 93).

통상적으로 가장 좋은 증거는 범죄 발생 장소 혹은 그와 가까운 장소에서 발견된다. 예를 들면 어떤 가게에 강제로 완력을 행사해 침입할 때, 현금계산기 주변 지역은 대부분의 증거를 담고 있을 것이다(Palmiotto, 2004: 121). 또한 범죄 현장 밖에서 범인에 의해 (부주의하게 혹은 고의로) 귀중한 증거가 남겨질 수 있다는 것은 전적으로 가능한 일이다. 이런 경우에, 범죄 현장의 범위는 그러한 지역을 포함할 수 있을 정도로 확장될 수 있다(Lyman, 1999: 70).

5) 범죄 현장을 사진 촬영하기

수사관이 범죄 현장의 경계를 한 번 결정하면, 그들이 필요로 하는 것은 무엇이든 기록하게 된다. 사진 촬영하는 요원은 범죄 현장을 서류화하게 된다. 과학수사실험실의 규모에 따라서, 해결해야 할 범죄사건의 숫자에 따라서, 사진 촬영 요원이 현장에 투입된다. 사진을 촬영하는 것은 과학수사 반원들에게 많은 바쁜 임무 중 하나가 된다(Ramsland, 2001: 20).

범죄 현장 사진 촬영 요원은 다음의 몇 가지 원칙을 따르고 있다(Ramsland, 2001: 21).

- 흑백 필름과 컬러 필름 둘 다 사용한다.
- 요원들은 다양한 형태의 렌즈를 사용한다. 보통 렌즈와 광각렌즈뿐만 아니라 사물을 클로즈업할 수 있는 렌즈를 사용한다. 그들은 먼 거리용 망원렌즈를 필요로 할 때가 있다.
- 분리된 확장 플래시나 좀 더 상세하고 정밀한 사진 촬영에 적합한 빛과 범죄 현장을 잘 '표현하기' 위해 다른 형태의 보충 라이트를 휴대하기도 한다.
- 현장 사진을 안전하게 촬영하기 위해 삼각대를 휴대하기도 한다.
- 촬영된 각 사진의 순서를 유지하기 위해 사진 촬영 일지를 사용한다.
- 좀 더 정밀한 사진 촬영을 위해 필터를 사용한다.
- 예를 들면 신발 자국과 같이 정확하게 측정해야 할 필요가 있는 물건을 촬영한 사진에서는 다양한 유형의 자(ruler)가 필요하다.
- 요원들은 각 장면을 최소한 2장 이상 촬영한다. 만약 1장이 희미해지거나 망가졌을 때를 대비한다.

범죄 현장 사진 촬영 요원이 제일 먼저 해야 할 절차는 전체적인 윤곽을 파악하기 위해 범죄 현장을 처음으로 가로질러 가는 것이다(어떤 물건이라도 움직이거나, 건드리거나 혹은 밟아서는 안 된다). 그리고 나서 그 촬영 요원은 증거가 이동되거나 수집되기 전에 촬영해야 할 필요성이 있는 사진이 있는 경우에, 무슨 내용이 좀 더 상세하게 촬영해야 할지를 수사관들과 상의한다(혹은 다른 과학수사 전문가들과 상의한다). 그

요원들이 처음 범죄 현장에 도착해 목격한 범죄 현장을 잘 보여주기 위해, 처음의 사진들은 서로 다른 각도에서 촬영해서 가능하면 범죄 현장의 윤곽에 대해 많은 것을 제공할 수 있어야 한다. 이것은 그들이 카메라를 잘 움직여서 서로 겹치는 장면을 촬영한다는 것을 의미한다(혹은 비디오 카메라를 사용할 수 있다). 이렇게 하는 것은 범죄 현장에 임장하지 않았던 수사요원들로 하여금 범죄 현장에 관해 잘 이해할 수 있도록 해 주는 것이다.

방 안에서, 예를 들면 사진 촬영 요원은 각 모서리로부터 사진을 촬영해야 한다. 촬영하면서, 각 사진과 중요한 상세 부분을 서로 연결시켜야 한다는 것을 유념해야 한다. 건물 전체의 사진을 또한 촬영한다. 만약 범죄가 그 안에서 발생했다면, 범죄 현장으로 통하는 출입문의 사진도 촬영한다.

범죄 현장 전체를 촬영한 사진에는 증거가 될 것 같은 어떤 물건, 예를 들면 무기, 시체 혹은 유기된 의류의 위치가 포함된다. 그러고 나서, 증거로 간주되는 물건들의 위치에 초점을 맞춰 중간 정도 범위를 담은 현장 사진을 촬영해야 한다. 이것은 이와 관련된 물건의 근접한 이미지를 제공한다.

마지막으로, 증거의 각 품목은 상세하게 클로즈업해 촬영한다. 예를 들면 이러한 사진에는 손에 남아 있는 권총의 화약 잔류물, 혈흔이 튄 패턴들 혹은 범죄 현장 밖에서 보일 수 있는 것들이 포함된다. 또한 사진은 일련번호 혹은 확인 가능한 번호와 함께 촬영해야 한다. 기록하는 것은 이 단계에서 특히 중요하다(Ramsland, 2001: 21).

만약 범죄 현장을 비디오로 촬영하고 있다면, 촬영 요원은 오디오를 통해 물건들에 관해 설명할 수 있다. 모든 사건에서, 다른 수사 요원 혹은 장비는 현장 사진이나 비디오에 촬영되지 않도록 해야 한다. 상세한 내용을 잘 보여줄 수 있는 사진을 촬영하기 위해서는 사진 촬영 요원들이 다음의 네 가지 사항을 잘 유의해야 한다(Ramsland, 2001: 22).

- 정확한 노출이 이뤄질 수 있도록 카메라를 조정한다. 차량 내부와 같이 그림자가 생기는 증거도 기록할 수 있는 방법을 강구한다.
- 가능하면, 현장을 최대한 깊숙하게 촬영한다. 큰 렌즈를 오프닝하는 것보다 작은 렌즈나 더 짧은 초점렌즈를 사용해 촬영할 수 있도록 한다.
- 아무런 왜곡이 없이 현장을 잘 담은 좋은 윤곽 사진을 촬영한다.
- 좀 더 상세한 내용을 얻기 위해 예리한 초점 상태를 유지한다.

> 케네디(John F. Kennedy) 대통령의 부검 현장에서, FBI 사진 촬영 요원이 촬영하면서 어떤 사진이 나온 쪽 상처이고, 어떤 사진이 들어간 쪽의 상처인지를 서류화하는 데 실패했다. 상처의 크기를 측정하기 위한 자(ruler)가 제공되지 않았고, 신체 내부 장기를 찍은 사진들은 희미했다. 결과적으로, 시체를 더 이상 활용할 수 없게 된 상태 이후에, 총격에 관해 어떠한 판단을 하기가 어렵게 됐다.

그림자가 생기는 어떤 물건을 노출시키기 위해서는 심지어 낮인 경우에도 플래시의 조명도가 종종 필요하다. 예를 들면 플래시라이트 혹은 그냥 세워둔 상태의 라이트와 같이 보충이 필요한 조명이 도움이 될 수 있다. 빛을 반사하고 자동 플래시에 영향을 미치는 표면들은 따로 취급돼야 한다. 표면으로부터 플래시의 각도를 비스듬하게 하거나 혹은 열리는 큰 렌즈를 사용한다. 어떤 사진 촬영 요원은 빛을 굴절시키는 차폐물을 휴대하기도 한다. 각각의 범죄 현장은 독특한 특징을 갖고 있다. 그러한 현장은 분석을 위해 그리고 법정에서 활용 가능하도록 요구되는 사진의 유형을 결정하게 된다. 상세한 내용을 보여주기 위해 가장 좋은 대조가 필요한 증거에 대한 예외를 제외하고, 컬러 필름이 제일 좋다(Ramsland, 2001: 22).

다음 사건에서는 흑백 필름이 사용된다. 신체는 다섯 가지 각도로 촬영해야 한다(Ramsland, 2001: 22-23).

- 머리에서 발쪽으로
- 오른쪽에서
- 발에서 머리쪽으로
- 왼쪽에서
- 위에서 수직 아래로

그리고 어떤 상처들, 묶은 흔적, 깨문 흔적 혹은 타박상 등은 클로즈업해 촬영한다. 대부분 정확하게 측정할 수 있는 자(ruler)와 함께 촬영한다. 만약 무기류가 현장에 남아 있다면, 사진은 그 신체와 무기와의 관련성 있게 촬영해야 한다. 일단 시체가 한 번 이동되면, 시체의 아랫 부분도 촬영해야 하며, 시체 없는 현장 부분들도 촬영해야 한다. 만약 생존한 피해자가 있다면, 모든 상처 부위를 촬영해야 한다. 그뿐만 아니라 신원 확인 목적을 위해 피해자의 얼굴 사진도 촬영해야 한다.

범죄 현장에서 촬영해야 할 다른 사진에는 타이어 흔적, 자국 흔적, 지문, 혈흔, 발자국 등이 포함된다. 자국 흔적들은 가장 상세한 결과를 얻기 위해 비스듬하게 각도를 맞추고 플래시나 광원을 배치해서 촬영해야 한다. 방 안에서 움직인 표시들, 예를 들면 재떨이에 있는 담배꽁초, 파괴된 재물 혹은 와인 잔과 같은 물건은 기록을 한 채 당연히 촬영해야 한다. 만약 다투거나 싸운 증거가 있다면 그것을 서면화해야 한다. 먼지 위에 남아 있는 지문은 채취하기 전에 반드시 촬영해 둬야 한다. 이런 경우, 흑백 필름이 제일 좋다(종종 컬러 필터와 함께). 방화(放火)가 의심되는 사건에서는 빌딩 안으로 들어오는 어떠한 잠재적인 출입 지점에 관한 사진과 특별히 아주 집중적으로 소실된 곳을 포함해 화재로 손상된 모든 부분에 대한 사진이 필요하다. 벽 위, 창문 혹은 출입문 프레임에 남아 있는 연소 흔적에 대한 사진들은 불길의 이동 방향을 보여준다. 이러한 경우에, 그 문이 닫힌 상태였다고 피고인이 주장하는 문의 도어 프레임에 남아 있는 연소 흔적은 피고인의 주장을 반박하게 된다. 만약 문이 닫혀 있었다면, 그 불길은 문기둥을 연소시키지 않았을 것이다.

두 남자가 목욕통에서 죽은 채로 발견된 자살처럼 보이는 사망사건에서, 현장은 거의 모호한 사망사건으로 분류된다. 그것이 결정적으로 자살사건으로 보일 때까지는 살인사건으로 수사해야 한다는 것을 의미한다. 그러한 사건들에서는 사망을 초래하기 위해 사용된 것, 예를 들면 매듭이 있는 로프, 권총, 피해자의 손, 차여 넘어진 의자 혹은 노트를 포함해 무엇이든지 촬영해야 한다. 들어간 상처와 나온 상처 둘 다 포함해 어떠한 부상 부위도 서면화해야 한다. 만약 신체에 대한 어떠한 변색이나 그 손 안에 움켜져 있는 물건이 있다면 반드시 촬영해야 한다.

만약 고도의 대조가 필요하지 않다면, 혈흔에 대한 사진 촬영은 컬러 필름을 사용해야 한다. 첫째, 혈흔이나 비산흔(飛散痕)은 범죄 현장 전체 상황 내에서 보여져야 한다. 그러고 나서 약간 비스듬한 각도에서 클로즈업해 촬영한다. 만약 루미놀(곧바로 명백하지 않은 혈흔을 확인하기 위해 사용된 화학약품)이 필요하면, 어떤 확실한 절차가 이어져야 한다. 루미놀 반응을 보기 위해서는 어두워야 한다. 첫째, 어두운 곳에서 혈흔이 있는 위치를 찾아내기 위해 루미놀을 뿌린다. 그런 뒤 불을 켜고, 그 장소에 대한 정상적인 사진을 촬영한다. 그리고 나서 그다음 사진의 노출을 줄이기 위해 카메라를 조정하고, 방을 어둡게 한다. 그리고 가벼운 루미놀 코팅을 위한 스프레이를 뿌린다. 그리고 번쩍이는 혈흔 패턴 사진을 촬영한다. 필요하면 20초마다 스프레이를 뿌린다(루미놀은 표백제와 같은 다른 물질에도 반응한다. 그래서 표백제와 같은 냄새가 나는 장소에 스프레이를 뿌리는 것은 피해야 한다).

사진은 수사관의 기억을 새롭게 해 주고, 물리적 증거의 위치를 보여줘야 한다. 사진은 범죄자의 특징을 알려줄 수 있다. 그리고 범죄 현장을 분류하는 데 도움을 줄 수 있다. 그래서 이러한 절차를 정확하게 진행하는 가치는 과소평가될 수 없다(Ramsland, 2001: 23-25).

사진 외에도, 현장을 정확하게 설명하기 위해 스케치가 필요하다. 이것은 특히 범죄 현장이 큰 경우에 사진 기록보다 유용하다.

6) 초동수사의 실행

범죄 현장 수사관은 초동수사를 수행한다. 그러고 나서 수사를 계속할 것인지 여부를 결정한다. 만약 목격자들이 서로 협조적이지 않거나 증거가 불충분하다면 수사는 종결될 것이다(Palmiotto, 2004: 121). 물론, 살인사건이나 혹은 심각한 중범죄인 경우에 혹은 만약 대중적인 강한 요구가 있다면, 그 사건은 계속 수사가 이뤄질 것이다. 현장 수사관은 범죄 현장에 대한 초동수사와 관련해 중요한 사람이다. 그는 모든 목격자와 피해자로부터 범죄와 범죄 현장에 관한 가능한 모든 자료를 발견한다. 범죄 현장 수사관은 또한 최초에 범죄 현장에 도착한 경찰관으로부터 관련된 모든 자료를 수집한다. 초동수사에서, 초기 국면은 생각과 계획으로 이뤄져 있다. 현장 수사관은 어떠한 증거나 범죄 현장 그 자체를 어지럽히지 않은 채 범죄 현장을 상세하게 조사한다.

범죄 현장 수사관은 범죄 현장에서 발견되는 물리적 증거와 관련해 법적 요구 사항을 충족시켜야 한다. 또한 다음과 같은 사항을 수행할 수 있어야 한다(Palmiotto, 2004: 122).

- 각각의 증거를 확인한다. 심지어 증거가 수집된 몇 달 후에도 확인해야 한다.
- 증거가 수집된 시점에서 그 물건이 놓여 있었던 정확한 장소를 묘사한다.
- 증거가 수집된 시점부터 그것이 법정에 제출될 때까지 증명한다.
- 증거를 지속적으로 적절하게 보관한다.
- 수집된 시점과 법정에서 증거로 제출된 시점 간에 증거에서 초래할 수 있는 변화를 묘사한다.

범죄를 재구성하고, 범인에 대해 사건을 풀어 나가는 것은 현장 수사관의 책임이다. 범죄 현장의 모든 물건은 범죄를 재구성하는 데 중요하게 여겨야 한다. 어떤 것이라도 간과해서는 안 되며, 너무 작다고 여겨져서는 안 된다. 범죄 현장에 관해 수사를 시작하기 전에 계획을 수립해야 한다. 체계적인 계획은 기하학적인 수색, 단서가 될 만한 출처 그리고 사진 촬영 위치를 포함한다. 절차들은 범죄 현장 수사에 특별한 조건에 맞도록 윤곽이 그려져야 한다(Palmiotto, 2004: 122).

7) 현장 상황에 대한 다양한 조치

범죄 현장은 경찰관에게 무수한 상황을 제공한다. 그래서 현장 경찰관은 다양한 상황을 처리할 수 있어야 한다.

(1) 목격자 확인 및 분리

현장에 도착해 이를 처리할 경찰관은 단호하게 행동하고, 상황을 통제해야 한다. 초동 조치 경찰관이 도착하는 그 시점에는 비록 목격자들이 현장에 있었더라도, 이들은 곧바로 현장을 떠나버릴 수 있다는 점을 깨달아야 한다. 그래서 후속적인 인터뷰(신문)를 위해 현장에 있는 사람들의 이름을 기록해두는 등 목격자를 확인하는 것이 절대적으로 필요하다. 범죄 현장을 지켜본 사람들은 그들끼리 사건에 관해 이야기하는 경향이 있는데, 이는 자연스러운 특성이다. 그래서 처음 도착하는 경찰관은 가능하면 현장에 있던 사람들(목격자들)을 분리시키는 것이 중요하다. 이러한 실무 관행은 다른 목격자의 암시와 인상을 통해 목격자들이 부주의하게 사실을 왜곡할 가능성을 최소화하기 위한 조치다. 목격자를 확인하고 분리시키는 것 외에, 현장에 처음 도착하는 경찰관은 범죄와 관련된 피해자와 목격자에 의해 언급된 어떤 내용에 관해 주의를 기울여야 한다.

만약 그러한 진술이 자신들이 알고 있는 사항 혹은 범죄에 가담한 것에 관련된다면, 그 진술은 나중에 증거로 사용될 수 있다.

(2) 특별한 상황 조치

① 현장에 아직 범인이 있을 때

범죄 현장을 조치할 경찰관이 용의자를 체포할 상황에 직면할 수 있기 때문에 미리 고려해야 할 사항이 있다. 만약 용의자가 현장에 있다면, 많은 변수 때문에 상황이 쉽게 변할 수 있다. 용의자가 무장(흉기 소지)을 했는가? 그 용의자가 어떤 사람에게 심각한 협박을 할 자세를 취하고 있는가의 여부는 중요한 상황 처리 변수가 될 것이다.

경찰관이 범죄 현장을 보호하기 위한 직무 영역 안에 있더라도, 어떤 용의자 혹은 범법자를 체포할 책임을 동시에 갖고 있다. 체포하는 것은 일반적으로 '합리적 이유(reasonable grounds)'라는 원칙에 근거한다. 체포를 위한 합리적 이유는 보통 특별한 사건을 둘러싸고 있는 사실과 상황에 달려 있다. 예를 들면 체포는 범죄 현장 수사활동을 개시하는 시점에서, 그 구역에 대한 수색에 근거하는 것이 아니라, 그 경찰관이 알고 있는 것에 근거해야 한다. 일단 체포되면, 용의자에 대해서는 완전히 수색을 실시해 무기류(흉기류) 소지 여부를 확인하고, 가능하면 빨리 동료 경찰관에게 신병을 인계한다. 이러한 임무가 완료된 후에, 긴급한 조치의 일환으로 배치시켜놓은 민간인을 범죄 현장 감시 임무에서 벗어나게 할 수 있다. 그 후에는 사건 담당 경찰관이 범죄 현장 보존 책임을 다시 맡게 된다(Lyman, 1999: 71).

② 용의자에 대한 긴급 수배

추가적인 초동수사 직무에는 용의자 및 용의자의 차량에 관해 긴급 수배하는 것도 포함된다. 일반적으로, 긴급 수배는 정확하고 적절해야 한다. 긴급 수배는 다음과 같은 자료로 구성돼 있다(Lyman, 1999: 72).

- 범죄 유형, 범죄 장소 그리고 범죄가 발생한 시간
- 그 범죄에 관련된 용의자의 숫자
- 용의자에 관련된 신체적 특징: 성(性), 연령, 신장, 몸무게, 머리색, 머리카락의 스타일 혹은 유형, 머리카락의 길이, 얼굴에 있는 털(만약 있다면), 의복의 특징, 눈에 띌 만한 다른 특징(예를 들면 문신, 흉터 등).
- 사용된 무기류
- 용의자가 마지막으로 관찰된 진행 방향과 경과한 시간
- 도주의 수단: 용의자가 취할 수 있는 도주로
- 어떤 사람이 부상을 당했는지
- 사용된 차량. 만약 방송에 자동차에 관해 긴급 수배를 한다면, 'CYMBL 원리'를 기억한다.

  C: Color(색상)

  Y: Year(年式)

  M: Make, model(자동차 제조회사, 자동차 모델명)

  B: Body style(차체의 스타일)

  L: License number(자동차 번호판)

③ 사망한 시체

범죄 현장에 시체(dead body)가 놓여 있는 사건에서, 경찰관은 제일 먼저 사망 혹은

부상 원인에 관해 판단을 한다. 명백한 사망사건에서는 사망에 관한 어떤 징후가 뚜렷할 수 있다. 그러한 징후에는 냄새 혹은 시체가 부패하는 초기 단계가 포함될 수 있다. 다른 징후에는 시반(屍斑, 시체 얼룩, postmortem lividity) 혹은 시체의 경직(硬直, 시강, rigor mortis of the body)이 포함된다. 어떤 사건에서는 수사관이 도착할 때까지 시체에 손을 대서는 안 되고, 움직여서도 안 되며 혹은 어떤 방법으로든지 함부로 변경해서는 안 된다. 사망한 시체를 발견하면 상급자(감독자)에게 범죄 현장의 성질에 관해 곧바로 보고해야 한다. 예를 들면 교살(絞殺)된 피해자(hanging victim: 매달려 죽임을 당한 피해자)의 경우는 다음과 같은 방식으로 조치한다. 목을 매달려 죽은 채로 발견된 사건에서 시체는 일반적으로 전혀 움직여서는 안 된다. 올가미에 있는 매듭을 보호하기 위해 주의 깊게 처리한다. 많은 수사상의 단서를 로프로부터 혹은 결찰(結紮)로 사용된 다른 물질로부터 발견할 수 있다. 그런데 만약, 현장에 도착한 초동 조치 경찰관이 그 올가미를 끊고 사망자를 내려놓는 것이 필요하다고 판단하면, 그 로프는 매듭보다 훨씬 더 높은 곳에서 잘라서 매듭을 조사할 수 있도록 보호한다. 이 경우, 가능하면 시체를 밑에서 떠받칠 수 있도록 주의를 기울여야 한다. 그래서 시체를 바닥에 내려놓을 때 그 충격으로 시체가 추가 손상을 입지 않도록 한다. 자살로 보이는 모양이 사실은 타살 사건을 은폐한 것으로 밝혀지는 수가 있기 때문에, 교살된 사건에서는 모든 증거에 대해 많은 주의를 기울여야 한다(Lyman, 1999: 73-74).

④ 무기류에 대한 조치

일반적으로 말하면, 범죄 현장에 있는 모든 물건은 손을 대지 않고 그대로 놔둬야 한다. 특히 그러한 물건들이 무기, 탄환 혹은 탄피일 경우에는 더욱 그러하다. 처음 도착하는 경찰관은 현장이 물리적 증거에 관한 중요한 출처가 될 수 있다는 것을 명심해야 한다. 예를 들면 탄도학 전문가는 종종 법정에서 살인사건 현장에서 발견된 그 탄피가 피고인의 리볼버(revolver) 권총에서 시험 발사된 탄피에 나타난 자국과 일치한다는 것을 선서하고 증언하게 된다. 이에 따라서, 전문가들은 또한 살인사건 현장에 발견된 비어 있는 산탄총 탄피 케이스가 피고인의 산탄총에서 발사된 것이라고 증언할 수도 있다. 그러한 진술은 확대 사진을 통해 확인된 총개머리판 표면의 탄피 자국에 근거해 이뤄질 수 있다. 그런데 많은 사건에서 그러한 증거는 찾아내기가 어렵다. 시체나 다른 증거들이 제거될 때까지 발견되지 않을 수도 있다. 무기류를 찾는 경찰관은 탄피 케이스가 반드시 주변에 있다는 것을 명심해야 한다. 두 가지 유형의 증거 모두 매우 귀중한 것이다. 예를 들면 무기에서 보이는 기름기 안에 지문이 존재할 수 있다. 이러한 증거를 보존하기 위해 매우 조심해야 한다.

증거로써 권총을 압수할 때, 총열(barrel) 안에 펜이나 연필을 삽입해 그 총을 들어올리려고 시도해서는 절대 안 된다. 이것은 총열 내부에 남아 있는 혈흔이나 섬유와 같은 귀중한 증거를 손상시키거나 혹은 심지어 파괴할 수 있다. 그래서 그것은 나중에 전문가가 제거하도록 한다. 일반적으로, 경찰관으로 하여금 권총을 옮기도록 규정된 방법은 지문이 제거될 가능성이 없는 장소인 그립(grip) 부분 위에 두 손가락을 사용해 집어올리는 것이다. 완전한 조사가 이뤄질 때까지, 안전하게 집어올리기 위해 만지거나 총알을 빼내거나, 혹은 어떤 식으로든 총기의 상태를 변경하거나 해서는 안 된다. 다른 전문수사관이 검사하고, 실린더의 위치를 적절하게 표시한 후에, 총에서 탄환을 제거해야 한다. 경찰관은 무기와 관련된 모든 물건이 그것들이 발견된 것과 정확히 동일한 상태로 놔둬야 한다. 무기는 이동되기 전에 사진 촬영과 스케치를 통해 적절하게 서류화해야 한다(Lyman, 1999: 74-75).

8) 추가수사 진행하기

수사관의 임무는 범죄 현장에서 끝나는 것이 아니다. 실제로 그들의 직무는 수사상 증거가 될 수 있는 어떠한 자료의 원천에도 접근하기 위해 지역사회 안으로 확장될 수 있다. 수사관은 초동수사 중에 알게 된 것에 대해서도 추가수사가 이뤄질 수 있다는 것을 명심해야 한다. 주소, 가능한 도주로 그리고 수사관에게 매우 가치가 있는 새로운 증거를 제공할 수 있는 단서를 체크한다. 추가수사에 요구되는 임무는 다음 사항을 포함한다(Lyman, 1999: 78-79).

- 초동수사 단계에서 작성된 경찰관의 리포트를 분석한다.
- 경찰관서의 공식적인 기록과 범죄 수법 파일을 재검토한다.
- 용의자의 친구들과 관련된 사람들에 관한 자료를 수집한다.
- 피해자의 배경을 조사한다.
- 잠재적 용의자를 찾아내기 위해 경찰정보 파일을 체크한다.
- 범죄 현장 인근 지역을 점검하고, 급습작전 그리고 수색영장과 같은 경찰작전을 준비한다.

요약하면, 수사관은 상세한 그리고 파편처럼 나뉘어 있는 자료 조각들을 세밀하게 걸러낼 수 있는 조직적인 기술을 보유하고 있어야 한다. 조직상의 기술로서, 인격적 소질은 귀중한 증거나 자료를 갖고 있는 지역사회 사람들과 의사소통하는 것을 도와줄 수 있다.

제2절 범죄 현장 보존과 통제활동

1. 개설

범죄 현장은 용의자가 범죄를 저지른 장소를 말하는데, 폭행범죄나 주거침입 절도에서 살인사건에 이르기까지 불법적 행위가 일어난 장소다. 범죄 현장은 어느 곳에서도 존재할 수 있다. 사막에서, 집 밑에서, 기다란 트럭 내부에서도 존재할 수 있다. 심지어 사람의 신체도 범죄 현장이 될 수 있다. 예를 들면 어떤 사람을 들이받아서 그 자가 사망하게 됐을 때에 그럴 수 있다. 단 1건의 범죄라도 둘 혹은 그 이상의 장소와 연관될 수 있다. 어떤 사람이 호텔 발코니에서 떠밀려 사망하게 됐을 때 호텔방과 보도(步道)가 범죄 현장이 될 수 있다. 그 반대로, 동일한 장소가 여러 건의 범죄 현장이 될 수 있다(Ramsland, 2001: 1).

범죄 현장을 처리하는 것은 통상적으로 수사 절차상 가장 중요한 국면 중의 하나다. 수사관들이 범죄 현장에서 물리적 증거를 찾는 데 초점을 맞춰야 하는 중요성이 여기에 있다. 범죄 현장은 대부분의 물리적 증거를 찾아낼 수 있는 장소다. 그래서 모든 범죄 현장에서 어느 정도까지는 물리적 증거들을 찾을 수 있다.[4] 육안으로 찾을 수도 있고, 아주 미세한 것은 현미경을 통해서라도 발견해 낼 수 있다. 물리적 증거는 수사를 통해 관련성이 밝혀진다.

과거의 수사관은 범죄 현장의 잠재성을 완전히 파악할 수 없었다. 19세기부터 20세기 초반까지 경찰관은 용의자가 알려지지 않은 사건을 해결하기 위해 정보원(情報員)

4) 최근에 빈발하고 있는 무동기적(묻지마) 살인사건 혹은 이상심리자에 의한 범행인 경우, 범죄 현장에서 물리적 증거를 발견하기 대단히 어려운 경우가 많다. 그래서 범죄 현장의 심리학적 증거(psychological evidence)를 통한 범죄자 유형을 추정해 내는 범죄자 프로파일링(Criminal Profiling)과 같은 수사 기법이 적극 활용되고 있다.

에 많이 의존했다. 용의자가 체포되면, 범인의 자백은 형사소송 절차에서 매우 중요했다. 다행히도 오늘날 법집행관은 범죄 현장의 진정한 중요성을 깨닫고 있다. 부분적으로는 자백의 중요성을 감소시켜 왔던 법원의 수많은 판결을 통해 얻은 것이라고 할 수 있다. 전통적인 자백은 물리적 증거, 목격자의 증언 혹은 약간의 다른 확증할 만한 사실에 의해 뒷받침돼야 한다. 형사소송 절차에서 용의자가 작성한 서면이나 진술이 기재된 서면보다 오히려 물리적 증거에 더 많은 중요성을 강조하기 때문에, 범죄 현장은 점점 더 중요해지고 있다(Gilbert, 2001: 92).

2. 범죄 현장의 중요성

범죄 현장은 종종 사건 해결의 실마리를 제공한다. 그런데 사건 현장의 복잡성은 범죄 현장 분석과 처리에 대해 전문적으로 훈련받지 않은 경찰관을 오히려 현혹시킬 수 있다.[5] 종종 가치가 별로 없는 것처럼 보이는 증거가 오히려 법정에서 엄청난 중요성을 갖는 경우도 있다. 그래서 모든 증거는 충분하고 완전하게 처리해야 한다. 범죄 현장 보존이 무시되거나 소극적으로 이뤄진다면, 수집된 어떤 증거의 가치가 심각하게 제한을 받을 수 있다. 중요한 모든 증거를 공식적으로 기록하고(증거 수색 및 기록 단계) 그러한 증거들이 어디에 남아 있게 된 것인지를 기록하는 것과 증거를 수집하는 방식 역시 중요하다. 부적당한 방법으로 처리된 증거는 결국 법정에서 증거로 채택되지 않는 결과를 맞게 될 것이다.

범죄를 해결할 수 있는 증거는 종종 범죄 현장에서 발견된다. 이러한 증거의 장소(위치)를 성공적으로 파악해 내는 것은 매우 중요하다. 수사관은 범죄 현장에 국한된 물리적 증거만을 찾으려고 모든 것을 제한해서는 안 된다. 물리적 증거는 피해자 혹은 용의자와 인접한 생활환경 주변에서 발견되는 경우도 있다.

수사관은 범죄가 발생한 현장을 재구성하려고 노력해야 한다. 범죄 현장의 재구성은 증거물이 놓여 있는 장소를 주의 깊게 기록함으로써 이뤄진다. 특히 범죄 현장 환경에 낯설게 보이는 물건들에 대해 주의를 기울여야 한다. 예를 들면 혈흔, 주변에 떨어져 있는 옷감의 일부(섬유들), 방 안에 일정하게 남아 있는 물건들이 낯선 대상물의 사례라고 할 수 있다. 범죄 현장에서 발견되는 각각의 그리고 모든 증거는 사건이 해결될

5) 주도면밀한 조직화된 범죄자(organized offender)인 경우, 범죄 현장을 위장하거나 조작해 수사 방향의 혼선을 불러일으키는 등 사건 수사를 더욱 어렵게 한다.

미국 경찰의 현장 수색 모습(좌)과 한국의 현장 수색 모습(우)[6]

자료: Platt(2003: 16).

때까지 중요하게 고려돼야 한다(Gilbert, 2001: 93).

3. 현장 보존활동 원칙과 통제

1) 현장 보존활동 개요

범죄 현장이 보존되지 않은 상태로 시간이 오래 지속될수록, 오염될 가능성은 점점 더 커진다. 범죄 현장의 오염은 증거가 변경되거나, 증거물이 제거되거나 혹은 어떤 방식으로든 파괴되는 경우에 발생한다. 범죄 현장을 보존하는 것은 형사 절차상 증거를 인정하는 과정에서 매우 중요하다. 범죄 현장에서 수집된 것으로서 확실한 출처가 있고, 오염되지 않은 것으로 증명된 몇몇 증거만이 재판 과정에서 증거로 제출하는 것이 허용된다(Gilbert, 2001: 94).

현장에 도착하면, 경찰관은 어지럽혀진 현장(現場)과 그리고 혼란스러운 상태에 있는 피해자와 목격자를 발견하게 될 것이다. 모든 범죄에는 한 유형의 혹은 다른 유형의 증거가 존재한다. 일반적인 범죄 현장은 사건 해결의 중요한 열쇠가 된다. 증거를 확인하고, 수집하며, 보존하는 논리적 절차는 수사관이 준수해야 할 필수적인 것이다. 증거의 확인과 수집하는 단계에서 제시된 실무 관행은 범죄자를 체포하는 것과 그 결과 범죄자를 기소(起訴)하는 데에 아주 중요하다. 범죄가 발견된 후에 곧바로 증거 수집 절차가 시작된다(Lyman, 1999: 65). 현장에 처음 도착하는 경찰관에게 증거 수집을 위한 범죄 현장 수색 임무가 당연히 포함되는 것은 아니다. 대신에, 현장 도착 경찰관은 범

6) http://image.search.naver.com/search.naver?where=image

죄 현장 수사에 전문성을 갖춘 그리고 사건 수사에 책임이 있는 법집행기관의 역량에 의존하면서, 전문수사관이 수색을 실시하기 위해 현장에 도착할 때까지 범죄 현장을 보존해야 한다.

범죄의 다양성 때문에, 모든 범죄 현장에 일률적으로 적용될 수 있는 규칙을 처방하기란 어렵다. 다만, 많은 범죄 수사관에게 가장 가치 있는 증거는 범인에 의해 가장 중요한 범행이 일어난 장소 안에서 혹은 근처에서 보통 발견될 수 있다. 예를 들면 사망한 자의 시체가 있는 사건에서, 가장 중요한 증거는 아마도 그 시체 주변 지역에서 발견될 것이다. 주거침입 절도사건의 경우에 침입한 지점이야말로 수사관에게 범죄 현장에서 가장 중요한 증거를 제공할 것이다(Lyman, 1999: 68-69).

응급 상황이 처리된 후에, 경찰관은 범죄 현장과 범죄와 관련된 모든 물건을 보존해야 한다.

2) 범죄 현장을 훼손할 수 있는 요인들

많은 사람과 요인은 단독으로 혹은 결합해서 범죄 현장을 심각하게 파괴할 수 있다. 이처럼 범죄 현장을 훼손할 수 있는 전형적인 요인으로는 다음과 같은 것을 둘 수 있다(Palmiotto, 2004: 120-122).

- 기후: 특별히 범죄 현장이 옥외에 존재하고 있을 때, 바람, 비, 눈, 강한 햇볕 혹은 극단적인 온도에 의해 증거가 변질되거나 지워져 버릴 수 있다.
- 범죄를 저질렀거나 혹은 용의자와 관련되는 사람들: 그들은 자신에게 유죄의 증거가 될 수 있는 것을 제거하거나 파괴하려고 시도할 것이다.
- 기자들과 사진기자들: 그들의 중요한 관심사는 뉴스거리를 수집하는 것이기 때문에 그들의 목적은 수사의 목적과 갈등을 빚을 수 있다.
- 호기심이 많은 일반 시민, 골동품 수집가 그리고 절도범은 지문을 남길 수 있으며, 중요한 증거의 조건을 변경시킬 수 있다. 몇몇 사례에서 그들은 그 증거를 절취하기도 한다.
- 범죄 현장에 배치되지 않은 경찰관서의 다른 멤버들은 현장의 사람들이 무엇을 하고 있는지를 잘 모르기 때문에 귀중한 증거를 오염시키거나 파괴할 수 있으며, 또한 방해가 될 수 있다.

• 피해자들 혹은 범죄에 의해 영향을 받았던 다른 사람들은 범죄가 일어나기 전처럼 범죄 현장을 말끔히 청소하거나 원래 있던 상태대로 정리하려고 한다.

경찰관은 범죄 현장에서 발견된 어떤 증거에 관해 자신들의 호기심을 통제해야 한다.

3) 현장 보존 원칙의 준수와 그 실패

필요하지 않으면, 절대적으로 어떤 물건이나 사람의 시체도 움직여서는 안 된다. 범죄 현장은 "범죄가 저질러지는 동안"에 있었던 그대로 놔둬야 할 필요가 있다. 만약 어떤 것이라도 움직인다면, 경찰관은 반드시 특별한 물건에 대한 표시와 함께 변경한 것에 대한 이유를 적어둬야 한다. 현장에 도착한 경찰관은 담배를 피우거나, 음식을 먹거나, 물을 마시거나, 화장실을 사용하면서 혹은 그러한 기구들을 변경 혹은 함부로 만짐으로써 현장을 오염시켜서는 안 된다. 특별한 개인과 범죄를 연관시키기 위해 물리적 그리고 화학적 증거가 필요한 경우에 범죄 현장의 중요성이 보장될 수 있다.

가족과 함께 살고 있는 집의 지하실에서 살해된 채 발견된 여섯 살짜리 소녀였던 램지(Jon Bonet Ramsey)의 사망사건 수사에서 가장 중요한 지적 사항 가운데 하나는, 그녀가 사망한 채로 발견된 장소로부터 그녀의 아버지에 의해 옮겨졌다는 사실이었다. 그 아버지가 살해된 딸을 담요로 덮고 이층으로 옮겼기 때문에, 그 피해자의 신체에서 발견할 수 있는 유류된 증거물을 발견할 가능성이 거의 없었다(Ramsland, 2001: 4).

"움직이지 말고, 추가하지도 제거하지도 말라"는 것은 현장을 보존하기 위한 일반 원칙이다. 필수적으로, 다른 어떤 것을 만지지 않아야 한다. 이러한 원칙은 단순하다. 다음은 몇몇 특별한 응용 사례다(Arcaro, 2000: 68-69).

• 내부 혹은 외부의 출입문을 닫거나 열지 말라.
• TV, 스테레오 등을 끄지 말며, 그 볼륨을 낮추지 말라.[7)]
• 생명에 특별한 위험이 관련되지 않는 한, 예를 들면 가스 스토브와 같은 가전도구를 끄지 말라.

7) 범행 도중 흘러나오는 비명 소리를 교란시키기 위해 의도적으로 범인이 볼륨을 크게 해 놓는 경우가 있다.

- 필요하지 않으면 전등을 끄거나 켜지 않는다.
- 어떤 지저분한 것이라도 치워서는 안 된다.
- 범죄 현장 어디에서든지 담배꽁초를 치워서는 안 된다.
- 범죄 현장에 소재한 화장실을 사용해서는 안 된다.[8)]
- 응급 상황이 아니면, 범죄 현장의 전화기를 사용해서는 안 되며, 다른 가능한 수단인 경찰 무전기를 이용해서 통신해야 한다.
- 문을 잠그거나 열어서도 안 된다. 이러한 주의를 하지 않으면, 범인의 지문, 머리카락, 그리고 기타의 증거물이 파괴되거나 오염될 수 있다.

한편, 범죄 현장 보존에 실패함으로써 초래될 수 있는 다섯 가지 결과는 다음과 같다(Arcaro, 2000: 61-62).

① 물리적 증거가 손실되거나 파괴된다.
② 만약 실제 범죄가 저질러지는 동안 존재했던 증거물에 대해 의심이 간다면, 혹은 범죄가 종료되는 시점에 그 조건으로부터 증거물이 변경됐다는 의심이 제기되는 경우, 압수된 물리적 증거는 증거로서의 가치를 상실하게 될 수도 있다.
③ 잘못된 추론 혹은 결론이 수사관에 의해 형성될 수 있다. 예를 들면 지문이 파괴돼서 조사를 한 후에도 발견되지 않는다면, 범인이 장갑을 착용하고 범행을 저질렀을 것으로 수사관은 잘못 결론내릴 수 있다. 만약 다툼 중에서 가구(家具)가 뒤집혀졌다가 다시 가구가 원상태로 되돌려졌다면, 수사관은 폭력적 행위가 발생하지 않았다고 잘못 결론내릴 수 있다.
④ 증인의 증언이 신뢰받지 못할 수 있다. 만약 흉기가 분실되거나 훼손되거나 혹은 그 장소가 변경된다면, 어떤 물건이 흉기로써 범인에 의해 사용됐으며, 범인이 현장을 이탈하기 전 범행 현장 특별한 장소에 흉기를 떨어뜨렸다는 등의 증인의 증언은 신빙성이 낮다고 잘못 결론내려질 수 있다.
⑤ 법정에서 물리적 증거가 배척될 수 있다.

4) 범죄 현장의 통제

현장에 처음 도착하는 경찰관이 반드시 처리해야 될 가장 어려운 일 중의 하나는 범

8) 유영철사건이나 치과 의사 모녀 살해사건에서 보듯이 화장실과 욕조는 사체를 유기하고 처리한 장소로서 대단히 중요한 의미가 있다.

죄 현장에 처음 임장하는 것이다. 당해 경찰관은 어떤 행동이 가장 적절한지를 판단하기 위해 상황을 신속하게 평가해야 한다. 경찰관이 어떤 물건도 만지지 않음으로써 범죄 현장을 오염시키는 것을 막을 수 있다. 그뿐만 아니라 범죄 증거로 해석할 수 있는 지문, 발자국 혹은 다른 '새로운' 것을 뒤에 놔두고 떠나는 것을 피할 수 있을 것이다. 매우 중요한 범죄 현장 증거는 육안으로 잘 보이지 않는다는 것을 늘 기억해야 한다. 범죄 현장의 물건을 이동해야 할 사건의 경우, 나중에 참고하기 위해 그것의 위치를 반드시 기록해둬야 한다. 물건이 있었던 장소 위에 마커(marker)를 배치해 놓음으로써 혹은 분필로 그 위치의 윤곽을 그려놓음으로써 이러한 작업을 실시할 수 있다(Lyman, 1999: 70).

현장에 도착한 초동수사 경찰관이 범죄 현장에 몰두하기 시작하면 다른 문제가 발생한다. 사람들은 천성적으로 호기심이 있다. 가족구성원, 이웃, 행인 그리고 심지어 언론에 종사하는 사람들까지 범죄 현장에 출입하고자 시도한다는 것을 쉽게 예상할 수 있다. 종종 호기심 많은 동료 경찰관이 범죄 현장에 들어가는 수가 있다. 그들은 무엇이 일어났는지 알아보고 싶어하면서 부주의하게 귀중한 증거를 파괴하는 수가 있다. 또한 범죄 현장에 너무 많은 사람이 있게 되면, 증거가 제거되거나 혹은 심지어 파괴될 수 있게 된다. 예를 들면 범죄 현장에서는 어떤 누구에게도 전화를 사용하는 것이 허용돼서는 절대 안 된다. 왜냐하면 용의자의 지문이 범죄 현장에 있는 그 전화기에 남아 있을 수 있기 때문이다. 추가적으로, 어느 누구에게도 범죄 현장에 있는 재떨이에 담뱃불을 끄는 것을 허용해서는 안 된다. 왜냐하면, 범인이 남긴 담배꽁초가 후일 수사관들에게 매우 중요한 증거를 제공할 수 있기 때문이다(Lyman, 1999: 73).

언제든지 사람들이 범행 현장에 드나들 수 있다는 점, 그러한 사람들이 범행 현장에 어떤 물건이라도 갖다 놓을 수 있다는 점, 그리고 어떤 물건이라도 가져갈 수 있다는 점을 명심해야 한다.

모든 현장을 완전하게 보존하는 것은 범행 현장에 도착하는 경찰관에게 중요한 임무다. 용의자가 범행 현장에 출입함으로써 실제 사건 현장의 규모가 왜곡될 수 있기 때문이다. 범죄 현장을 보존하는 데 중요한 문제들 중의 하나는 호기심 많은 시민들과 동료 경찰관을 현장에서 격리시키는 일이다. 다음 두 가지 사항이 경찰관의 임무가 될 것인바, 허가받지 않은 사람들을 범죄 현장에 출입시키지 않아야 하며, 범죄 현장에서 그러한 사람들이 발견되면 반드시 퇴거시켜야 한다(Gilbert, 2001: 94-95). 범죄 현장은 반드시 사건에 대해 정당한 수사상의 관심이 결여된 모든 사람에게 폐쇄돼야 한다

(Palmiotto, 2004: 121). 범죄 현장 외곽에 경찰관을 배치해 허가된 사람들만 출입시켜야 한다.

임무가 부여되고 제한된 경찰관만이 범죄 현장 내부에 출입할 수도 있도록 하고, 그야말로 범죄 현장은 군중들로 붐비는 곳이 되게 해서는 안 된다(Gilbert, 2001: 95).

현장 봉쇄나 통제를 위한 특별한 임시 조치들을 고려할 수 있다. 예를 들면 입구에서 범죄 현장을 가로질러 증거 테이프를 설치하는 것("DO NOT CROSS CRIME SCENE")과 범죄 현장에 출입하고자 하는 호기심 많은 사람들을 제한하는 방법과 범죄 현장의 일부가 아닌 가구를 차단벽 대용으로 배열하는 것 등을 고려할 수 있다. 한편, 범죄 현장이 한 명의 경찰관이 통제할 수 없을 정도로 넓은 지역으로 이뤄져 있을 경우, 범죄 현장을 봉쇄하는 것이 어렵다. 현장에 처음 도착한 경찰관은 이러한 상황에 잘 대비해야 한다. 그 지역에서 도움을 줄 수 있는 민간인의 도움을 받을 수 있는 방안을 강구하는 것도 필요하다. 이러한 실무 관행은 매우 주의를 기울여 실시한다. 도움을 주기 위해 동원된 사람들은 지원 경찰관이 도착한 후에 그들의 임무가 해제되도록 해야 한다(Lyman, 1999: 73).

초동 조치 경찰관은 범죄 현장의 경계(境界)를 증거의 가장 중요한 부분으로 여겨야 하며, 그 주변 지역도 중요하게 여겨야 한다. 특히 어떤 침입자의 출입 지점으로 예상되는 곳은 통제해 보존시켜야 한다. 잠재적 증거로서 보존해야 할 중요한 대상은 창문, 출입구 그리고 증거가 남아 있을 법한 그러한 장소의 주변과 같은 어떤 지역들이다. 수사관은 이러한 지역들을 잠재적으로 증거를 담고 있는 가장 큰 저장고(reservoir)와 같이 여겨야 한다(Lyman, 1999: 73).

제3절 현장관찰

1. 개설

범죄 현장은 범인의 행동 장소이므로 거기에는 범인의 행동 흔적이 남겨지게 된다. 현장에서의 수사 내용으로는 현장관찰, 현장감식, 현장 및 그 부근에서의 탐문 등을 들 수 있다. 이러한 활동은 통일적으로 상호 연관지어 나가면서 진행해야 할 것이다.

1) 현장관찰의 의의와 중요성

현장관찰이라 함은 범행과 직접·간접으로 결부돼 있는 유형·무형의 자료들을 수집하기 위해 범행 현장의 물체의 존재 및 상태를 관찰하는 것이다(경찰대학, 1978: 189). 현장관찰은 수사의 첫 단계로서의 활동이 되므로 그 후의 수사에 미치는 영향이 크다. 범죄 현장은 두 번 다시 동일한 상태로 관찰할 수 없기 때문이다.

2) 현장관찰의 중요성

현장관찰은 수사 방침 수립 전에 있게 되는 수사의 1단계다. 관찰 결과로 얻은 수사 자료 및 추리 판단에 의거해 수사 방침을 수립해야 정확한 수사가 진행되는데, 그 후의 수사에 미치는 영향이 크다. 또 필요에 의해 현장에 존재하는 물건은 이동하거나 파괴되기도 한다. 그래서 한 번 실패하면 사건이 미궁으로 빠질 수 있다. 변경된 현장은 원상태로 환원할 수 없게 된다(경찰대학, 1978: 189). 따라서 관찰할 때에는 먼저 상황을 사진으로 촬영하거나 기록해야 한다.

표 2-1 경찰 수사 과정의 일반적 순서

수사의 단서(端緖)에서 출발 → 수사 착수 → 현장관찰 → 수사 방침 수립 → 수사 실행 → 사람과 물건 등의 조치(체포, 구속, 압수, 수색, 검증 등) → 조사(피의자 신문, 참고인 조사, 공무소 조회 등) → 송치(送致: 경찰관서에서 검찰로 신병과 관련 서류를 보냄) → 수사 종결 → 공소 제기 → 공판(公判) → 판결 → 형(刑)의 집행의 단계적 과정을 밟는다. 수사는 공소 제기와 공판의 심리를 염두에 두고 추진해야 한다.

3) 현장관찰의 목적

(1) 범죄 사실의 확인

현장의 모양, 피해 상태 등에 따라 범죄가 저질러진 사실 및 그것이 자연 현상이나 불가항력에 기인된 것이 아니고 사람이 저지른 행위란 것을 확인하기 위해 현장관찰이 행해진다. 범죄의 존부와 어떤 범죄를 누가 행했는가를 확인하는 일이다.

(2) 수사 자료의 수집

현장에 남겨진 범행의 흔적이나 범인 또는 범행에 어떠한 인과관계가 있는 사물의 상태 및 그 관계 등을 발견하는 것이 현장관찰의 큰 목적이다(경찰대학, 1978: 189). 현장의 흔적 · 유류물 등은 빠짐없이 수사 자료로써 수집해야 한다. 현장관찰에 의해 얻을 수 있는 자료로는 범인이 사용한 기구의 흔적, 범인이 남긴 흉기, 침입 용구, 범인의 지문, 장문(掌紋), 족적(足跡) 및 물색(物色)의 상태 등의 유형 자료와 연고감, 지리감, 수법 기타 범인이 가진 특수한 지식을 추정할 수 있는 상태 등의 무형 자료가 있다.

(3) 범행 현장의 보존

범행 현장의 상황을 기록, 사진 촬영 등으로 후일을 위해 보전하는 것도 현장관찰의 큰 목적이다(경찰대학, 1978: 189). 범행 현장은 수사를 위해서만 중요한 것이 아니라 공소(公訴), 재판의 모든 과정을 통해 중요하며, 재판 과정에서 현장 검증이 시행되는 것도 그 때문이다. 범행 직후의 현장이 어떤 상황이었는가, 증거물은 어느 곳에 어떤 상태로 있었는가 하는 것을 상세한 기록이나 사진 등으로 보전해 둠으로써 누구나 그 상황을 명확히 인식할 수 있도록 해야 한다. 그런데 해상사건의 경우 선박이 항해 중이거나 조업, 하역 등 불가피한 사유로 현장 보존이 어렵다. 특히 원양어선인 경우, 사건 발생 후 장기간이 지난 후 수사에 착수하는 사례가 있기 때문에 현장관찰이나 증거 보존 측면에서 어려움이 많다.

2. 현장관찰 시의 유의 사항과 준비 사항

1) 일반적 유의 사항

(1) 현장은 증거의 보고라는 신념을 갖고 임장

"범죄 현장은 증거의 보고(寶庫)"라는 말과 같이 범죄 현장에는 많은 수사 자료가 존재한다. 그러므로 현장관찰을 할 때는 사건 해결의 열쇠가 현장에 반드시 있다는 신념에 따라 현장에 임할 필요가 있다. 현장에 임할 수사관은 "현장에는 반드시 무엇인가 있다. 그것을 반드시 발견해 내겠다"는 적극적인 의욕과 태도를 가지고 관찰해야 한다(경찰대학, 1978: 190).

(2) 냉정하고 침착한 관찰

침착성을 잃어서는 만족한 결과를 얻을 수 없다. 수사는 쓸데없는 공(功)을 다투지 말고, 범죄의 규모, 방법 기타 여러 상황을 냉정하게 판단해 착실하게 실행해야 한다.

과거 현장관찰의 실패 원인을 검토해 보면, 정신적인 요인에 기인하는 것이 의외로 많다고 한다. 현장관찰의 성패 여부는 수사 전체에 중대한 영향을 미치므로, 현장에 임해 그 사건의 중대성에 당황하거나 조급한 생각으로 냉정을 잃어서는 안 된다(경찰대학, 1978: 190). 수사관은 언제 어떠한 현장에 임하더라도 절대로 동요됨이 없도록 평소부터 마음의 준비를 해둬야 한다.

(3) 선입견을 피한 객관적 관찰

현장을 객관적으로 관찰해야 한다. 그렇게 하기 위해서는 "무슨 사건일 것이다. 혹은 어떤 식의……, 어떤 부류의 사람이 행한 범죄일 것이다……"는 등의 선입견을 가져서는 안 된다. 현장관찰을 잘못하는 가장 큰 원인은 수사관 자신이 피해자의 진술이나 관계자의 신고 혹은 과거의 자기 경험 등에 의한 선입관을 가지고 관찰하기 때문이다. 그러므로 범죄 현장에 남겨진 각종의 자료나 현장에서 사실의 진상을 발견했을 때는 백지(白紙)의 상태에서 객관적이며 합리적인 새로운 감각으로 관찰해야 한다(경찰대학, 1978: 190).

(4) 질서 있는 관찰

현장에 임할 경우 여러 요원이 무질서하게 관찰하면 좋은 실마리가 될 중요한 자료를 빠뜨리거나 현장을 파괴할 수 있다. 그뿐만 아니라 현장의 종합적인 관찰을 할 수 없어서 판단을 잘못하는 결과를 초래할 수 있다. 그러므로 현장관찰에 함부로 착수하지 말고 질서정연하게 실행해야 한다(경찰대학, 1978: 190).

여러 사람이 임장해 현장을 관찰하는 경우에는 분담을 정해 바깥 주변과 내부를 동시에 관찰하는 것이 수사 능률상 좋을 것이다. 두 명 이상이 현장관찰을 할 경우에는 반드시 그중의 한 사람이 지휘자가 돼 통제를 하고, 그 지시에 따라서 질서 있게 관찰해야 한다. 또 관찰의 순서는 원칙적으로 범죄 현장의 외곽에서 시작해 차차 중심부로 실시해 모든 상황을 빠짐없이 관찰한다. 살인이나 강도사건 현장의 중심부에 함부로 뛰어들면 현장의 주위에 남겨진 범인의 발자국을 밟아 없애거나 침입구의 상황을 변경시키거나 해서 범인의 유류품 발견 또는 수법 관찰을 할 수 없게 만들기 쉽다.

(5) 광범위한 관찰

유류품 기타의 현장 자료는 범죄가 일어난 장소뿐만 아니라, 훨씬 더 넓은 지역에 걸쳐서 발견될 수 있다. 범죄자가 현장에서 상당히 떨어진 곳에서는 방심하면서 수사의 단서가 될 만한 내용들을 무의식중에 남기는 경우가 많다고 한다. 한 발 더 범위를 넓게 잡아 관찰했더라면 범인의 유류품을 발견할 수 있었을 것이라는 경우가 많다. 의외의 곳에서 흉기나 사체가 발견된 사례도 있다. 현장관찰은 될 수 있는 한 넓은 범위에서 실시해 현장 주변에 존재하는 자료를 빠짐없이 관찰, 발견, 수집할 수 있도록 해야 한다(경찰대학, 1978: 190).

가령 강도사건의 경우, 강도범이 피해 장소로부터 수백 미터나 떨어진 공지(空地)에서 범행 기회를 엿보며 장시간 동안 기다린 흔적이 있어, 그 주변에서 범인의 신원 확인에 단서가 될 담배꽁초 등의 유류품이 발견된 사례나 범행 후 범인이 도주했다고 생각되는 경로에서 발자국이나 흉기를 발견한 사례는 헤아릴 수 없을 정도로 많다.

(6) 치밀하고 반복적인 관찰

현장관찰을 빠짐없이 그리고 치밀하게 구석구석까지 반복해 주도면밀하게 잘 관찰해야 한다. 종종 현장에서는 어떤 자료가 있을 만한 곳을 띄엄띄엄 관찰하거나 혹은 침입구의 파괴 흔적이나 가구의 물색 흔적 등 분명한 흔적만을 관찰하는 데 그쳐서 중요한 단서를 빠뜨린 예가 많다.

범죄 현장을 관찰하는 교훈으로서 '현장 100회'라는 말이 있다. 1회의 관찰로써는 하나의 자료도 발견할 수 없었으나, 두 번 혹은 세 번 되풀이해서 관찰한 결과 유력한 자료를 발견한 경우가 허다하다. 또한 야간에 관찰한 것은 주간에, 실내에서 관찰한 것은 실외에서 반복해 관찰하면 광선(光線)이 새로운 사실을 밝혀주기도 한다. 그래서 반복해서 관찰하는 것이 필요하다(경찰대학, 1978: 190).

(7) 관찰 수단을 최대한 동원하고, 모든 주의력을 집중해 관찰

사람의 오관(五官) 작용만으로는 완전한 관찰을 하지 못하는 경우가 있을 수 있다. 육안으로 발견할 수가 없는 미세한 자료도 있는데, 이러한 것은 어두운 곳에서는 더욱 관찰하기가 어렵다. 이와 같은 경우에는 확대경이나 현장투광기 및 첨단 장비를 이용하면 더 완전하게 관찰할 수 있다. 발견된 자료를 정확히 채취해 감정시설에 의뢰하고 실험적·분석적 관찰을 하도록 해야 한다.

예컨대, 실내의 어두운 마루에 희미하게 남겨진 지문, 족적이라도 조명기구를 사용하면 발견할 수가 있고, 또 조명기구의 광선을 사광선(斜光線)으로 한다면 더욱더 명확히 관찰할 수가 있다.

또한 관찰에 임할 때에는 관찰 대상에 모든 주의력을 기울여야 한다. 관찰 과정에서 중요한 단서를 빠뜨린다는 것은 주로 부주의에 기인한 것이라 할 수 있다. 또 관찰 중에 불필요한 것을 함부로 말하거나 타인과 대화를 하면 관찰이 소홀해질 수 있다. 자료의 증거 가치나 사건의 진상, 수사 전망 등을 속단해 이야기하는 것은 다른 경찰관(刑事)에게 선입관을 줘 판단을 틀리게 할 뿐만 아니라, 경우에 따라서는 범인 측에까지 새어나가 뜻하지 않은 실패를 초래할 수도 있다(경찰대학, 1978: 191).

(8) 수사지휘관의 통제하에 진행

현장관찰을 할 경우에 각 요원들이 독자적으로 증거를 수집하고 사진을 촬영하게 되면, 질서 있는 관찰이 될 수 없다. 수집된 증거물이 조서(調書) 등에 기록되지 않으면 증거력을 잃거나 혹은 그것이 수사에 활용되지 못하는 일이 생긴다. 그러므로 현장관찰은 그 사건의 수사를 담당한 수사지휘관의 통제하에 질서 있게 그리고 조직적으로 진행해야 한다. 또한 수사지휘관은 통제하에서 각자의 임무 분담을 명백히 함으로써 관찰을 능률적이고 합리적으로 실행한다. 현장관찰을 통해 발견된 사물이 모두 지휘관에게 보고돼 전체 내용을 파악할 수 있도록 한다(경찰대학, 1978: 191).

(9) 범행 시와 동일 조건하의 관찰

현장관찰에서 범행 시와 동일한 시간, 기후 등의 조건하에서 관찰한다는 것은 매우 중요한 일이다(경찰대학, 1978: 191). 예컨대 주간과 야간에 따라 현장의 상황이 전혀 다를 수 있으므로 야간에 발생한 사건의 현장을 주간에 관찰한 것만으로는 아무리 면밀히 관찰했다 하더라도 결코 정확한 상황을 알 수가 없는 것이다. 특히 직접 자료가 별로 없고, 난해한 사건이나 기타 석연치 않은 점이 있을 때에는 반드시 동일 조건, 즉 사건 발생 시와 같은 조명, 문의 개폐, 기타 주위 환경을 동일하게 해놓고 관찰해야 한다.

(10) 모순과 불합리한 점을 발견하는 관찰

모순, 불합리한 점을 발견하는 일은 위장된 현장이나 허위의 피해 신고를 간파하기 위해 반드시 필요하다(경찰대학, 1978: 191). 이를 알아채지 못하면 방향이 틀리는 수사를 하거나 실재하지 않는 범인을 추적하게 돼 귀중한 수사력을 낭비하고 사건은 미궁에 빠지게 된다. 관찰은 오관의 작용에 의할 것이나 그중에서도 눈, 즉 육안으로 관찰하는 비중이 매우 크다. 그러므로 사물을 관찰할 때는 육안으로 면밀히 살피며, 막연하게 볼 것이 아니라 분석적으로 관찰함으로써 사물·상황의 상호 관계 등에서 모순 또는 불합리한 점을 발견하도록 해야 한다.

예를 들어 현장에 담배꽁초가 떨어져 있을 때에는……

- 왜 여기에 담배꽁초가 떨어져 있는가?
- 누가 피운 담배인가?
- 담배의 종류는 무엇이며, 몇 개인가?
- 꽁초의 길이로 봐 피우는 데 소요된 시간은 얼마나 걸렸을까?
- 담배를 피우는 습관은 어떤가, 담배 피운 사람의 혈액형은 무엇인가?
- 그 담배는 주로 어떠한 사람이 피우는가?
- 담배에서 지문 채취가 가능한가, 담뱃불은 무엇으로 붙였는가?
- 담배꽁초를 발로 밟았는가, 밟힌 담배꽁초에 묻은 흙은 어떤가?

…… 등을 관찰하게 되면 사건을 판단하는 데 크게 도움이 된다.

2) 현장관찰하기 전의 준비 사항

본격적인 관찰을 실시하기 전에 다음 사항을 점검하고 준비해야 한다.

(1) 사건에 대한 예비 지식

현장을 관찰할 때에는 선입관을 배제하고, 백지 상태로 관찰하지 않으면 안 된다. 그러나 사건의 경위를 알지 못하면 현장에서 무엇을 중점적으로 관찰할 것인지 망설여지기 때문에 완벽한 관찰을 할 수가 없다. 같은 강도사건이라도 사건의 내용에 따라 관찰해야 할 중점이 다를 수 있다.

(2) 범죄 구성 요건 검토와 인식 요점의 고찰

현장에 임할 때는 개략적으로나마 사건의 경위를 파악해 살인, 강도, 강간, 방화 등의 사건 종별에 따라서 기본적 범죄 구성요건을 검토하고, 그 범죄에 대해 무엇을 인식해야 될 것인가를 고찰해야 한다. 구체적인 사건의 내용에 따라 구성요건상 인식해야 할 요점이 다른 경우도 있으므로, 그 기본적인 것에 대해서는 평소부터 연구해 일람표식으로 메모해 두고 필요할 때 대조 확인하는 것도 좋은 방법일 것이다.

(3) 관찰계획의 수립

현장관찰은 반드시 관찰계획을 세워서 계획적으로 관찰해야 하며, 관찰계획의 내용으로서는 다음과 같은 사항을 들 수 있다. 중요한 사건일수록 치밀한 계획을 세우는 것이 수사 기술상 경제적이다.

- 사건 신고(인지) 연・월・일・시(年・月・日・時) 및 관찰 경위
- 사건명 및 사건의 상황
- 관찰의 장소 및 범위
- 관찰 절차의 종별(種別)
- 관찰요원의 확보
- 반(班, 組) 편성과 임무 분담
- 관찰 기자재 휴대 등

(4) 관찰기자재 준비

현장관찰에는 모든 관찰 수단을 활용해 치밀한 관찰을 해야 하므로 관찰의 보조 수단으로서 필요한 기자재를 미리 현장에 가져가야 한다.

일반적인 기자재는 다음과 같다: 조서(調書)용지, 백지(白紙), 흑색지(黑色紙), 필기구, 연필, 백묵, 인주, 색연필, 굽은 자, 줄자, 지도, 도판, 나침반, 확대경, 자석, 칼, 가위, 송곳, 핀셋, 공구, 휴대용 전등, 성냥, 투광기 등의 조명구, 지문・족흔적 채취 기자재, 현장 보존용 기자재, 유류품・증거물 수납용 상자, 병, 종이, 비닐봉지, 유지(油紙)・끈, 종이봉투(大中小), 본드, 풀, 꼬리표, 수건, 비누, 소독구, 파리약, 카메라 등 촬영기구, 녹음기 등.

3. 현장관찰의 일반적 순서

1) 일반적인 현장관찰 경향

현장관찰은 항상 질서 있게 일정한 순서로 하며, 외부에서 시작해 순차적으로 중심부에 이르는 것이 원칙이다(경찰대학, 1978: 192). 현장 상태는 구체적 범죄에 따라 다르기 때문에 관찰의 순서도 일정할 수는 없으나 일반적으로 현장관찰의 순서는 다음과 같다.

- 전체에서 부분으로
- 외부에서 내부로

선박 같은 것을 관찰할 때에는 먼저 그 선박의 구조, 선박 외부, 주위 환경, 위치 등을 관찰, 파악하고 점차로 내부에 이르도록 한다.

- 좌에서 우로
- 위로부터 아래로의 순서를 따르는 것이 좋다.

시체를 관찰할 때는 먼저 머리 · 얼굴 등 위로부터 아래로 순서 있게 관찰해야 한다.

2) 구체적 현장에서의 현장관찰 순서

(1) 현장의 위치 및 부근 상황 관찰

현장에 도착하면 범행 현장의 세부를 관찰하기 전에 먼저 현장의 위치, 주요 목표와의 거리 관계, 현장 주변 해상(海上) 혹은 지형, 선박의 상태, 교통 상황, 도로 상황, 가옥의 소밀(疏密) 상황, 명암(明暗) 상황 등 현장 부근의 전체적인 상황을 관찰해야 한다(경찰대학, 1978: 192).

(2) 가옥 혹은 선박 주변의 관찰

범행 현장이 옥내인 경우에는 가옥의 주변을 좌(우)회하며 상세히 관찰한다. 담장이 있는 주택이면 먼저 담 밖을 될 수 있는 한 광범위하게 관찰하며, 다음 마당이나 정원 내로 들어가서 관찰한다. 이 경우 담에 대해서는 범인의 침입 도주의 흔적을 빠뜨리지 않게 신중히 해야 한다(경찰대학, 1978: 192).

범행 현장이 선박 내인 경우, 선박 외부 및 주변을 좌 · 우회해 상세히 관찰해야 한다. 갑판 위를 광범위하게 관찰한 다음 선실 내로 들어가서 관찰한다. 갑판에서 선박 내로 들어가 선실 및 기관실 등 은폐된 공간까지 관찰한다. 특히 냉동칸은 밀입국 사범들이 주로 이용하는 공간이므로 주의 깊게 관찰한다. 이 경우 선실(船室) 내에 은닉된 범행 도구 및 은신 여부를 확인한다.

(3) 가옥 외부 혹은 선박 내외부의 관찰

특히 외부의 관찰이 끝났다고 해서 즉시 옥내에 들어가지 말고 가옥의 외부, 특히 그 외벽을 좌(우)회해 관찰하며 침입 도주 기타 범죄에 관계 있는 자료의 발견에 힘써야 할 것이다(경찰대학, 1978: 192). 선박 외부의 관찰이 끝났다고 해서 즉시 선실 내로 들어가지는 말고, 경비정에 승선해 용의 선박의 외부를 관찰하거나 특히 다른 선박과의 충돌흔 등을 확인하기 위해서는 수면 밑에 잠겨 있는 선체까지도 확인할 필요가 있다. 용의 선박의 충돌 부분에 잔류하는 페인트류 파편, 금속 성분의 잔류물 등을 채취한다.

(4) 현장 내부의 관찰

옥내 현장 중심부의 관찰은 외부인 소행, 내부인 소행, 또는 현장을 잘 아는 자인가 아닌가 등을 가려내는 것으로 현장관찰의 중요한 부분이 된다.

- 옥내에 들어갈 때에는 되도록 침입 개소로 추정되는 곳으로부터 그 부근을 잘 관찰하면서 들어가야 한다.
- 옥내의 관찰은 먼저 가옥의 구조, 선박의 구조, 각실(各室)의 칸막이 등 전체적인 상황을 파악하고 침입구로 추정되는 곳으로부터 시작해, 순차로 범행 현장 중심부를 향해 면밀히 관찰해야 한다.
- 옥내 현장의 중심부에 대한 일반적인 관찰 순서는 다음과 같다(경찰대학, 1978: 192-193).

> ☞ 입구를 기점으로 해서 안으로 향해 좌(左)에서 우(右)로, 우에서 좌로 순차적으로 관찰하되, 먼저 실내의 넓이 · 형태 · 구조 기타의 특징을 관찰한 다음 세부에 대해 관찰한다.
> ☞ 입구의 좌측 벽으로부터 순차적으로 우측 벽에 이르기까지 방실(傍室, 船室) 내의 가구의 배치, 문 단속, 잠금장치의 상황 · 방법을 관찰한다.
> ☞ 실내 천장의 상황, 그곳에 설비된 조명등 및 그 점멸 상황을 관찰하고 그다음에 방이나 마룻바닥의 상태를 관찰한다.
> ☞ 다음은 증거로 될 물건, 흔적에 대해 그 위치, 형상, 색채, 분량, 성질 등을 상세히 관찰한다.

이 순서에 따라 관찰하면 안정된 마음으로 빠짐없는 관찰을 할 수가 있고, 관찰의 결과를 순서 있게 기억, 기록할 수 있다. 또 조서 작성에서도 이 순서로 작성하면 현장의 상황이 더 명확히 기술될 수 있다.

4. 현장관찰의 착안점과 관찰 요령

현장관찰의 주목적은 범죄 현장에 남겨진 유형, 무형의 수사 자료를 발견하고 그 자료가 사건과 어떠한 관련성이 있는 것인가를 확인하는 일이다. 경찰관이 고려해야 할 다른 요소들은 범죄 현장 그 자체의 전반적인 조건들이다. 특별히, 어떤 문이 혹은 어떤 창문이 열려져 있었는지? 그 방 안에 어떤 이상한 냄새가 있었는지? 이것은 담배 연기, 총기 발사 후의 연기, 향수 등을 포함할 수 있다. 현장에 도착할 시점에 어떤 불빛이 있었는지 여부에 대해서도 확인한다(Lyman, 1999: 70). 현장관찰의 기본적 착안점이 되는 다음 사항을 차례로 파악하는 일을 잊지 말아야 한다.

1) 범인에 관계된 사항

(1) 범인의 신체적 · 생리적 특징

① 지문, 장문, 족문

현장지문은 침입구 부근 혹은 물색한 장소 등과 같이 범인이 당연히 손을 댄 것으로 추정되는 부위에 남겨진 것이 많다. 범인의 행동 경로에 대해 광범위하게 면밀히 검토해 지문을 남길 수 있는 장소를 발견하는 데 노력한다(경찰대학, 1978: 194).

② 혈액형 등

> ☞ 혈액을 비롯해 침(唾液), 정액, 질액, 비즙(鼻汁, 콧물 등), 구토물, 대소변, 모발 등의 인체의 분비물이나 배설물을 감정하면 혈액형을 알 수 있다. 이러한 것들을 의식적 또는 무의식적으로 남기게 되는데, 시간의 경과에 따라 변색, 건조 멸실되는 등 변화가 심하며, 더욱이 미량(微量)의 경우가 많아 간과되기 쉽다(경찰대학, 1978: 195).
>
> ☞ 현장에서 모발이 발견된 경우에는 그것을 정밀히 검사함으로써 남녀별, 발생 부위, 두발이면 조발(調髮) 후의 경과 일수 등을 알 수 있다. 또 모발의 길이가 6㎝짜리가 3개 이상 있으면 형태학적 유사성과 혈액형 감별이 가능해 개인 식별에 도움을 받을 수 있다. 다음에 범행 현장에 먹다 버린 과일이나 과자 등이 남겨 있으면, 그것으로 치아 흔적이 채취될 수 있다. 치아 또는 치열(齒列) 등에 특징이 있으면 그것으로써 수사망을 좁힐 수 있으며, 범인을 특정하는 데 유력한 자료가 된다.

이러한 것들은 지문과 같이 현장에만 있는 남겨 있는 것이 아니라 현장에서 상당히 떨어진 곳, 예를 들어 범행 기회를 엿보기 위해 기다리던 장소에서도 발견될 수 있는데, 범행 현장을 광범위하게 설정하고 이러한 유류물을 발견하도록 한다. 한편 어떤 사람에게 질병이 있을 경우, 그 병균 또는 병적 변화를 표시하는 물질이 대소변, 정액, 타액 등에 함유돼 배설되거나 임균(淋菌)이 소변에 섞여서 배설되는 수가 있다. 현장에 이러한 것이 남겨져서 특정한 질병 유무가 확인된다면, 그러한 질병을 가진 자를 용의자로 추정해 수사 범위를 상당 부분 줄일 수 있다(경찰대학, 1978: 195).

③ 신체(신장), 체격

족적의 보폭, 족장(足長), 족폭(足幅)을 통해 신장이 추정된다. 일반적으로 보통 사람보다 보폭이 넓다든가 족장이 긴 경우에는 신장이 큰 것으로 추정된다. 또한 족장/족폭에서 추정 신장을 산출하는 방법에 대해 연구된 결과가 제시되고 있다(경찰대학, 1978: 195-196).[9] 이러한 내용은 절대적인 기준은 아니고, 추정치라는 점에 의미를 둘 필요가 있다. 침입구의 높이 혹은 침입 장소의 폭에서 추정해 범인은 어느 정도의 신장이나 체격 이상 또는 그 이하의 사람인 것으로 추정할 수 있다. 관찰에 임할 때에는 이와 같은 상황을 파악할 수 있도록 한다(경찰대학, 1978: 196).

(2) 범인의 착의, 소지품, 휴대품

범인은 범죄행위라는 이상한 행동에서 정신적 동요와 흥분 혹은 피해자의 저항 등에서 무의식중에 착의(경찰대학, 1978: 197)[10] 혹은 소지품, 휴대품[11]을 남기거나 또는 범행 후의 발각을 방지하기 위해 의식적으로 그런 것들을 남기거나 은닉하기도 한다. 무의식적으로 남기는 장소로는 범행 전 시간을 기다렸던 장소, 침입구 부근, 범행 장소, 도주구(逃走口) 부근, 도주 경로의 주변 등을 경험상 들 수 있다. 또 범인이 의식적으로 물건을 방치하거나 은닉하는 장소는 범행 현장과 그 주위와 구별해서 생각할 수 있다.[12]

---

9) ▹ 족장(足長)에서(발끝에서 뒤꿈치까지)
⇒ 石橋氏法의 산출식: 신장=(足長×6)+2(30-足長)+3cm
⇒ 大保田氏法의 계산식: 큰 발의 경우 *身長*= 足長×8; 작은 발의 경우 *身長*=足長×8.7
▹ 족폭(足幅)에서(밟는 개소): *石橋氏法*의 계산식
신장=(足幅 ×6×2.3)+(30-足幅)×23 + 3cm 등이다.

10) 현장에 유류된 착의 또는 그의 일부로서는 와이셔츠, 모자, 장갑, 손수건, 타월, 단추, 의류의 떨어진 것, 섬유, 헝겊 등이다. 이들 물건이 범인의 유류품으로 인정될 때에는 그의 품질, 형태, 크기, 사용 오염의 정도, 파손 수리 상황 등을 면밀히 관찰한다. 그래서 범인의 성별, 연령, 직업, 신장, 체격 등을 추정해야 한다. 이에 소유자의 성명, 제조처, 혹은 판매점의 마크, 세탁소 이름 등이 들어 있으면 유력한 수사의 단서가 된다. 또한 착의 기타의 물건에는 땀, 때, 모발 등이 부착돼 있는 것이 많은만큼 그것을 검사함으로써 범인의 혈액형(심지어 DNA 추출)이 판명될 수 있다.

11) 흉기, 범죄 용구, 안경, 지편(紙片), 성냥, 담배꽁초, 마스크 보자기 등은 휴대품의 일부로서, 이러한 물건이 현장에 유류될 경우 수사의 단서가 될 수 있는데 현장관찰 시 유의해서 수집한다.

12) 범행 장소에서는 휴지통, 사진틀 뒤쪽, 장롱 기타 가구의 뒤쪽, 의류, 침구속, 문빗장, 선반 뒤, 천장, 마루 밑, 화장실 안 등이다. 현장 주변에서는 쓰레기 통, 하수구, 민가의 담 안쪽, 지붕 위, 방수용수(防水用水)의 수중, 공지의 풀속, 공원 공중화장실 안, 빈집, 헛간 사찰 등이다(경찰대학, 1978: 196).

(3) 범인의 지식 정도 등

> ☞ 그러므로 범죄 현장의 관찰에서는 범인의 지식, 기능을 추정할 수 있는 자료의 발견에도 주력해야 한다. 예를 들면 현장에 유류된 편지, 협박 문서, 낙서 또는 범행 시의 범인의 협박 언사(言辭) 등에서 범인의 지식, 교양 정도, 연령층 등을 추정할 수 있다. 사람은 교육 정도에 따라 그 문장 속에 교양의 일단이 나타나며, 현장에서 범인이 뱉는 말 한 마디에도 그 교육 수준이 나타나는 법이다. 특히 억양, 사투리 사용 여부를 통해 출신 지역 등을 추정할 수 있다.
>
> ☞ 범죄자는 범행하기에 유리한 일시(日時)를 선택해 장애가 적고 도주하기에도 편리한 장소를 선택해서 범행을 저지른다. 다시 말해서 범인은 자기가 알고 있는 집이나 물건을 노리며, 도주하기 편한 길을 택한다. 이러한 사항에 착안해, 범인의 지리감 혹은 연고감을 추정할 수 있다(경찰대학, 1978: 197).

특히 범인에게 특별한 기능과 지식이 있다는 것을 추정할 수 있는 단서로는 다음과 같이 제시할 수 있다(경찰대학, 1978: 198).

- 시한적 폭발장치에 의한 범행
- 극약물 의약품을 사용한 살상사건
- 보통 사람으로서는 위험하다고 생각되는 높은 장소에서의 범행
- 산소를 사용해 절단하는 등 특수한 기구를 사용한 범행
- 수제(手製)의 흉기를 사용한 범행
- 고압선을 절취하는 전선범
- 자동차 및 선박을 이용한 범인
- 화약류 또는 화학약품류를 사용한 범행
- 지폐, 화폐, 유가증권, 명화, 명부의 위조, 변조
- 특수한 살인 방법에 의한 범행 등

(4) 범인의 수, 공범의 유무(족흔, 흉기, 유류품의 종별과 수)

① 족적, 흉기, 유류품의 종별과 수

현장에 종류가 다른 둘 이상의 족적이 있으면, 위장이 아닌 한 2인 이상의 범인에 의한 범행으로 추정할 수 있다. 종종 범인이 족적을 조작해 위장하는 수가 있는데, 이러한 가능성에 대해서도 대비하는 것이 좋다. 종종 수사요원 및 경찰 관계자들의 족적을 현장에 실수로 남기게 되는 사례가 있는데 각별한 주의를 요한다. 현장에 여러 종류 혹

은 수개의 흉기가 유류돼 있는 경우, 단독 범행이라는 다른 확증이 없는 한 2인 이상이 가담한 범행으로 추정할 수 있다. 또한 현장에 신발이 두 켤레 이상 남겨져 있다든가 혹은 탈분(脫糞)이 2개소 이상에 걸쳐 있다든가, 범행 전에 기다린 장소로 추정되는 곳에 두 종류의 담배꽁초가 발견됐다면, 2인 이상이 가담한 것으로 추정할 수 있다(경찰대학, 1978: 198).

② 현장 상황이 단독 범인으로 추정하기 어려운 경우

현장을 관찰한 결과 사다리, 발판을 사용한 흔적이 없는데도 높은 담벽을 뛰어넘었거나 혹은 높은 창문으로 침입한 경우에는 누군가가 어깨를 빌려줬거나 기타의 방법으로 침입을 도운 것으로 추정할 수 있다. 가구의 이동, 장물의 운반 등 범인 단독으로 이동시키는 것이 불가능하다고 추정되는 가구나 기구(무거운 철제금고)를 이동시켰거나 또는 중량이 많은 장물을 운반한 때에는 2인 이상이 가담한 것으로 쉽게 추정할 수 있다(경찰대학, 1978: 199).

(5) 범인의 직업 또는 생활환경

현장에 유류된 흉기, 침입 범행에 사용한 물건이나 수단에 대해서도 다음과 같은 점에 착안해 이를 관찰 검토하면 범인의 직업 또는 생활환경이 추정된다. 유류품의 냄새, 오염 상태, 부착물, 유류된 범인의 착의(着衣), 손수건, 지갑 등의 특이한 냄새, 오염 상황, 부착물이 범인의 직업을 말해 주는 경우가 있다. 짠 냄새, 고기 비린내(어부나 어물상인), 기름 냄새(기계공, 자동차 수리공), 목재 냄새, 소독약(의료 관계 종사자), 인쇄잉크 냄새(인쇄업자 혹은 신문배달원), 페인트, 락카(도장공), 산소 용접의 불꽃흔이 있으면 용접공으로 추정 가능하다. 범행 현장 유류품의 품질, 사용 습관 또는 부근에 남긴 착의, 신발, 고무장화, 모자 등을 통해 범인의 직업 혹은 생활환경 등을 추정할 수 있다(경찰대학, 1978: 199).

(6) 전과 또는 상습성의 유무 등

범행 수법 중에서 범인의 전과 또는 상습성이 가장 잘 나타나는 것은 침입 수단과 방법, 물색 방법이라고 할 수 있다. 예를 들면 '적신 수건을 사용해 유리를 깨는 방법'의 교묘한 점, 자물쇠를 외부에서 여는 방법의 교묘한 점 등은 전과 혹은 상습성이 있는 범인일 가능성이 대단히 높다 할 것이다. 목적물의 선정 방법(귀금속 혹은 특정한 고가의 약품, 고액의 난초),[13] 물색 방법의 수준을 통해 범죄자의 특성을 추정할 수 있다(경찰대학, 1978: 200). 특히 연쇄 강력범죄자의 프로파일링에 따르면, 범행이 지속될수록 더욱더 수법이 전문화·교묘화되는 경향을 알 수 있다. 범행 현장에 물리적 증거나 신원을 추정할 만한 단서를 거의 남기지 않을 정도로 주도면밀하게 범행을 감행하는 것을 알 수 있다.

2) 범행 일시에 관계된 사항

(1) 범행 일시

시계의 정지 상태, 달력, 일기(日記), 메모, 금전출납부, 가계부 등, 신문/우편물의 투입 상황, 날씨, 라디오 혹은 TV 방송 시간,[14] 시체의 부패 정도 및 직장(直腸) 온도 등을 통해 범행 일시 혹은 피해자의 사망 일시를 추정할 수 있다. 특히 상당한 일수를 경과해서 발견된 살인사건 시체의 경우[15] 사체의 외부 소견, 법의학적 방법[16]을 통해서도 정확한 사망 시간 추정이 곤란한 경우가 많다. 이와 같은 경우 생전(生前)의 피해자가 기재한 메모, 가계부, 일기, 누구를 만나기로 한 약속, 접촉 인물 등에 대한 구체적인 자료를 찾아내는 것이 사건 해결에 도움이 된다. 기타 범행 일시를 추정할 만한 단서를 제공할 수 있는 것으로는 세탁소, 어물상, 중국집, 술집 기타 주문서의 방문 형적(形迹), 청소, 세탁 기타 피해자의 생활 행동, 주전자, 목욕탕 등의 물의 온도,[17] 자동차 보닛(bonnet)의 온도 등을 들 수 있다.

---

13) 필자의 경험에 따르면, 약국을 돌면서 고가의 약품만을 전문적으로 절취하는 전문적인 범죄꾼들이 있는가 하면, 전문가들만이 알 수 있는 고가의 화초만을 범행 대상으로 하는 경우도 있었다. 또한 이러한 범죄로 취득된 장물이 암거래되는 시장이 존재하기도 한다. 유감스럽게도 이 사건들은 해결되지 않았다.

14) 평소에 일반인들은 분 단위로 시간을 기억하는 경우가 거의 없다. 정기적으로 방송/방영되는 프로그램을 시청 혹은 방청하는 경우, 관계자의 기억을 추적해 대략적인 시간을 밝혀낼 수 있다. 필자는 용의자의 진술을 뒤집을 만한 시간적 차이를 이러한 단서를 통해 밝혀냈으며, 30~40분 정도의 짧은 시간 동안에 범인은 절취한 고가(高價)의 귀금속을 금은방에서 처분한 사실이 밝혀졌다.

15) 통상적으로 살인사건의 경우, 피해자가 생존할 당시 마지막으로 본 자가 바로 범인이다. 그래서 피해자가 사망한 정확한 시점, 생존했던 최후 시점에 접촉한 자를 찾아내는 것이야말로 범인을 발견하는 것이나 다름없다.

16) 위(胃) 내용물의 소화 정도, 시강, 시반, 부패 정도 등을 통해 일정한 시간을 추정할 수 있다.

17) 치과 의사 모녀 살해사건 현장에서 피해자들이 유기돼 있었던 목욕탕의 물의 온도에 대한 정확한 측정 여부는 후일 사건 해결에 엄청나게 중요한 요소로 작용한 바 있다.

(2) 침입 시간의 상황

취침, 기상(起床)의 상태, 족흔, 혈흔 등의 응고, 변색 상태 등을 통해 일정한 시간을 추정할 수 있다. 범행 현장을 관찰하면 피해자의 생전 행동이나 범인의 족적(足跡), 기타의 유류 상태가 침입 시간을 알려주는 경우가 있다.

- 침실, 기상의 상태: 이불 속 온도의 정도, 피해자 옷의 종류 등의 상태를 면밀히 관찰해서 그것과 피해자 본인의 일상 취침이나 기상의 시간을 조사해 보면 범행 시간을 추정 가능
- 식사 상태: 식사 상태는 식탁에 널려진 식기의 상태나 부식물(副食物)의 관계에서 조반, 주식(晝食), 석식의 구별을 할 수 있다. 또한 경과 상황 등에 의해 식사 전후 어느 정도의 시간 경과를 추정 가능하다(치과 의사 모녀 살해사건 수사 시 피해자가 섭취된 음식물의 소화 상태를 통해 사망 시간 추정했으나……). 족적·혈흔 등의 온습의 상태와 그 당시의 기상 상태 등을 확인해 보면, 침입 시간을 추정할 수 있다. 또 혈흔의 경우도 변색 상황, 응고 여부를 통해 어느 정도의 경과 시간을 추정할 수 있다. 그리고 피해자, 참고인의 진술, 피해자의 외출 귀가의 시각, 기차, 전동차의 통과 시간, 기타 정기적으로 발생하는 음향, 개짖는 소리, 기적 소리, 기상나팔 소리 등에 의해서도 시각이 추정될 수 있다. 이와 같은 것은 현장 주변의 탐문 수사를 통해 얻을 수 있는 자료들이다(경찰대학, 1978: 202).

(3) 도주 시의 상황

도주 시간을 표시하는 상황은 침입 시간을 표시한 상황에서 기술한 족적, 혈흔 등에서와 같은 요령으로 추정할 수 있다.

(4) 범행 소요 시간의 추정

범행의 소요 시간은 침입의 방법, 실내 물색 상황, 피해품의 반출 상황 등 그 범행의 모든 과정을 통해 상세히 검토하면 대략적으로 추정할 수 있다. 범행 중에 개가 짖는 소리라든가, 침입 시와 도주 시에 범인이 사용한 자동차 소리를 통해서도 추정이 가능하다(경찰대학, 1978: 202).

(5) 범행 일시를 선택한 이유가 될 만한 상황

범행일(犯行日) 혹은 범행시(犯行時)를 택한 의미를 해석함으로써 범인의 유력한 단

서를 얻을 수도 있다. 범인은 범행에 좋은 날이나 좋은 시간을 선택해서 범죄를 감행하는 것이며, 그 이유가 될 만한 상황을 검토함으로써 범인의 시간적 수법을 알 수도 있다. 그러므로 현장관찰에 임해서는 범인이 왜 그 일자(日字)와 시간을 선정했는가를 검토해 봐야 한다.

범행 일시를 선정한 이유가 되는 상황으로서는 축제일(祝祭日), 불공일(佛供日), 급료일(給料日), 현금수납일, 기차 · 전동차의 통과 소리, 공장의 작업 소리의 상황 등의 사례가 있다(경찰대학, 1978: 203).

3) 범행 장소에 관계된 사항

범죄 장소에 대해 수사를 필요로 하는 이유로서 다음 두 가지를 고려할 수 있다. 첫째, 그 범죄가 어디서 저질러진 것인가? 즉, 범죄 장소를 확정하는 것은 범행 일시의 확정과 같이 범죄 사실을 명확히 하는 데 중요한 요소다. 둘째, 왜 그 장소에서 범죄가 저질러졌는가? 이를 밝히는 것은 범행 수법의 특징, 연고감 및 지리감 유무의 추정 등 수사상 반드시 필요한 사항이다(경찰대학, 1978: 203). 침입 강도와 같이 범행 장소가 명백한 경우도 있지만, 연쇄 강력범죄의 경우처럼 범인과 피해자의 조우 장소(encounter), 공격 장소, 살해 장소 그리고 사체 유기 장소 등 여러 곳에 걸쳐 범행 장소가 분산되는 경우, 범행 장소를 확정하는 것은 수사상 중요한 단서가 될 수 있다. 살해된 지점과 사후에 시체를 이동시킨 지점이 서로 다른 경우가 많기 때문에, 이러한 부분에 대한 정확한 관찰과 검토가 필요하다.

(1) 현장의 위치 및 주위의 모양

현장의 위치 및 주위 상황의 관찰에서는 현장의 위치 주요 목표와의 거리 관계, 현장 주변의 지형, 인가(人家)의 소밀(疏密) 상황, 도로 상황, 교통기관 상황 등[18]을 면밀히 관찰하고 검토한다. 특히 현장 주변을 관찰할 때, 족적 기타 유류품 등 유력한 단서가 발견된 사례가 많다(경찰대학, 1978: 203).

---

18) 지하철 혹은 철도역 주변을 대상으로 특정 범죄들(미장원 강도)이 저질러진 경우도 있다. 연쇄 강력범죄의 경우, 범인은 역 주변에서 도보로 일정 거리 주택가까지 이동해 범행을 저지르고 신속하게 범행 현장을 이탈한 경우도 있다. 미국의 어떤 연쇄살인범은 기차를 타고 미국 전역을 돌아다니면서 연쇄적으로 범죄를 저지른 사례도 있었다.

(2) 피해자를 지목하게 된 이유가 될 만한 상황

범인은 반드시 자기에게 편리한 조건의 시간과 장소 또는 상대를 골라 범죄를 감행하게 된다.[19] 범인이 어째서 피해자를 노렸는가, 바꿔 말하면 범인에게 좋은 조건이 된 것이 무엇인가 하는 것은 현장 부근의 지리적 상황, 범행 시간 및 그 외의 관계 등을 관찰, 검토함으로써 추정되는 것이다. 이에 따르면, 범인 수사의 유력한 단서가 얻어지게 되므로 이 점에 착안해서 관찰하지 않으면 안 된다. 범인이 피해자를 노렸던 이유를 판단하는 단서로는 "도주하기에 편리하다(대중교통 인접), 방어 능력이 현저히 낮다(경비원이 없다, 여성, 어린이, 노약자), 얼핏 부유하게 보인다(표적의 매력성), 명암(明暗)의 상황(발각될 가능성이 낮다)" 등을 추정할 수 있다.

(3) 실내의 구조와 피해품이 소재한 장소

범죄 현장이 옥내인 경우, 범행의 장소뿐만 아니라 그 옥내의 구조 상황과 통로에 대해 관찰을 할 때 대문, 방문과 문을 잠근 상황 및 피해품의 소재 장소에 대해 상세히 관찰해야 한다. 구체적인 착안점을 살펴보면 다음과 같다(경찰대학, 1978: 204-205).

- 보통 사람으로는 도저히 알기 어려운 장소로 침입하지 않았는가?
- 시정(施錠: 잠금장치)이나 특수한 장치가 비치된 창고문 등의 여는 방법을 알고 있었다는 상황은 없는가?
- 침입 후 직접 목적한 방실로 간 것 등 옥내의 위치를 잘 알고 있음을 추정할 만한 점은 없는가?
- 쉽게 발견할 수 없는 곳에 소재한 물건을 간단하게 찾아낸 것 같은 상황은 없었는가? 등을 고려한다.

4) 범행 동기에 관계된 사항

범죄의 동기는 범행 일시나 장소 등과 함께 수사상 빼놓을 수 없는 요건이다. 특히 살인사건이나 방화사건 등의 경우에는 범행의 동기를 알지 못하면 수사 방침을 수립할 수 없는 것이 보통이다. 그러므로 이와 같은 사건에서는 수사 초기에 먼저 동기를 해명해야 한다(경찰대학, 1978: 205).

살인사건의 경우는 그 동기를 살펴보더라도 재물, 원한, 치정, 감정, 세력다툼, 미신

19) 합리적 선택이론에 따르면, 범인은 체포될 가능성이 적은 시간, 장소, 편리한 방법, 매력 있는 표적을 선택한다고 한다.

(迷信), 성적(性的) 동기 등 매우 다양하며, 살인 동기에 관한 수사가 가장 중요하다. 그 현장에는 범행 동기 추정에 도움이 되는 자료가 많이 존재하므로 유의해야 한다.

(1) 피해품 유무

범행 동기 추정에서 특히 중요한 것은 피해품 유무의 확인이다. 수사상 유력한 자료가 된다. 예를 들면 강도 목적의 살인(강도살인)과 다른 동기(원한, 치정 등)에 의한 살인사건의 경우, 피해품과 물색흔 유무 등은 사건 해결의 단서가 될 수 있다. 종종 현장을 위장하는 경우가 있기 때문에 현장관찰 시 유의해야 한다.

(2) 신체적 피해 상황

살상(殺傷)사건에서는 피해자의 사인(死因), 흉기의 종류, 공격의 부위·횟수, 정도, 피해자의 저항의 유무 등을 면밀히 관찰해야 한다. 예컨대 안면, 두부(頭部) 등이 무수히 구타 살해됐거나, 칼 같은 것에 의한 창상 수(創傷數)가 많으면 원한에 의한 살인이라고 볼 것이며, 또 피해자가 나체(裸體), 음부(陰部)의 손상, 강간 기타 치정의 흔적이 있을 때에는 치정의 동기가 추정된다. 희소한 예이지만 신체의 내장을 빼놓았다면 미신에 의한 범행 동기로 추정할 수도 있다. 하지만 이러한 동기에 의한 범행 결과가 꼭 일정하다고는 할 수 없다(경찰대학, 1978: 205).

(3) 우발적인가 계획적인가

범행이 계획적이라고 해서 그 동기를 추정할 수 있는 것은 아니다. 범행이 계획적인가 아닌가는 현장의 상황, 특히 범행 수단과 방법에 대해 상세히 관찰하면 추정할 수 있다. 흉기를 예로 들면, 그 흉기를 범인이 사전에 준비한 것인지, 혹은 피해자의 것인지, 그 소유자를 명백히 해야 한다(경찰대학, 1978: 206).

5) 범행의 방법, 수법에 관계된 사항

범행 방법은 범죄 사실의 핵심이 되는 중요한 부분이다. 이를 명확히 하면, 수법 자료 이용을 통해 직접 범인을 추정할 가능성이 높아진다. 범행 방법을 추정할 자료를 발견하기 위해 현장에 잔존하는 현상을 상세하게 관찰해 범인이 어떤 행동을 하면 그러한 현상이 발생할 것인가를 합리적으로 추리 판단함으로써 범행의 순서, 범인의 행동을 정확하게 파악할 수 있다.

(1) 침입구의 특이성

침입구 및 그 부근에는 침입 방법을 표시한 흔적이 반드시 남아 있는 것이므로, 그것을 절대적으로 간과해서는 안 된다. 면밀한 관찰이 필요하다.

수단 방법이 교묘하면 상습자, 전과자의 범행으로 추정되며 침입구의 상황, 장소 관계에 따라 연고감, 지리감을 추정하고, 침입구 또는 그 시설의 파괴 방법으로 범인에 대한 직업을 추정할 수 있으며, 침입구가 불명 또는 전혀 발견할 수 없을 때에는 내부적 범행이나 또는 내통한 범행으로 추정할 수 있다.

(2) 범행 용구의 흔적 및 사용 상황

침입구 또는 침입하려던 장소 등에 남아 있는 흔적 등의 상황으로 범인이 사용한 범행 용구가 무엇인가? 또는 그것을 어떤 방법으로 사용했는가 등을 추정할 수 있다. 유리 뚫기, 창살 뜯기 등의 수법에는 드라이버, 빠루 혹은 나이프 등이 많이 사용된다. 뚫어진 부분을 면밀히 관찰하면 반드시 사용한 도구에 의해 남겨진 흔적이 존재한다. 이러한 흔적의 위치, 형상, 크기 및 관계 등에 의해 상세히 관찰하면 침입 용구를 추정할 수 있다. 관찰 결과 침입 용구, 종별(種別), 형식, 특징 등이 판명되면 그것은 유력한 단서가 된다. 그러한 흔적들을 실측, 촬영하고 채취해 둔다. 족적, 흔적 등의 위치, 형상을 면밀히 관찰하면 경험 법칙에 따라 범인의 신장, 체격, 힘의 강약, 직업 등을 추정할 수 있다(경찰대학, 1978: 207). 용구의 사용 방법을 통해, 왼손/오른손잡이와 같은 신체적 특징도 알 수 있다.

(3) 목적물의 특이성

목적물의 특이성으로는 상습절도범의 경우는 주로 현금을 주로 노리는 것을 들 수 있다. 현금이 없을 경우, 환금이 용이한 소형의 고가 물건을 노릴 것이다. 장롱 등을 물색했는데 의류에는 눈을 돌리지 않고 또 눈이 닿는 곳에 있는 시계나 카메라에는 손도 대지 않은 경우도 현금 전문의 상습자나 전과자의 범행으로 추정할 수 있다. 목적물에서 연고감이 판단될 경우도 있다.

(4) 특수한 행동 유무

범행 현장 또는 그 주변에서 범인이 의식적 또는 무의식적으로 행한 특수한 행동으로 범인을 어느 정도 특정짓는 데 도움이 될 자료가 발견되는 때도 있다. 특수한 행동으로 추정할 수 있는 것으로는 다음과 같은 것이 있다.

- 돌을 던져 가족의 부재(不在)를 확인한다.
- 범행 현장에서 흡연, 음주한다.
- 침입구 부근에서 시간을 기다린다.
- 대변(大便)을 본다.
- 옥내에서 방뇨한다.
- 전화선을 절단한다.[20]
- 경보장치를 해제한다.[21]
- 현장에서 식사한다.
- 현장에 낙서한다.

이 같은 특수한 행동은 대체로 상습자의 소행으로 판단된다.

(5) 피해품의 반출 상황 및 도주로

피해품의 반출 상황은 범행 방법을 관찰하는 데 중요하다. 종별(種別), 형상(形狀), 수량 등에 의해 다르다는 것을 고려해 현장 주변에 있는 용구 흔적, 차량 흔적 등을 면밀히 관찰한다. 물건의 이동가능성에 따른 공범 여부도 판단할 수 있다(경찰대학, 1978: 208).

도주로는 침입구와 동일한 장소인 경우가 많지만, 범인에 따라서는 침입해 범행에 착수하기 전 미리 도주로를 만들어놓는 자, 범행 중 발각돼 잠겨진 문을 파괴하고 도주하는 자, 도주할 때에 문을 원상(原狀)대로 닫아두고 밖으로 문을 잠가 두는 자 등 특이한 경우도 있다. 상습범 또는 전과자의 대부분은 침입 후에 반드시 도주로를 준비해 두고 행동하기 시작한다.

20) 요즘은 무선전화기(cell phone) 사용이 보편화됐으므로 다른 측면을 고려할 수 있다.

21) 무인(無人) 경비 시스템의 경우 범인 침입 시 경보장치가 작동하지만, 사전에 이러한 내용을 잘 아는 범인일 경우 경보장치를 절단 혹은 해제한 후 침입하는 경우도 있다. 그뿐만 아니라, 경보장치가 작동돼 경비회사 요원이 현장에 도착할 수 있는 시간 이내에 범행을 신속하게 완료하는 전문 범죄자도 있다.

5. 현장 자료의 판단 및 수사 방침의 설정

1) 수사 자료의 종합 판단

현장에 신속히 출동해 현장 보존 후 수집된 유형, 무형의 자료를 종합해 합리적인 추리 판단을 전개해야 한다. 현장 자료의 판단을 위해서는 여러 수사관의 지식과 경험, 전문가의 기술과 과학적 지식, 과학적 검사의 결과를 토대로 해서 종합적으로 판단해야 한다. 선입관, 주관적 견해, 무리한 해석은 피한다.

2) 수사 방침의 수립

수집된 유・무형의 자료와 평소 수집된 기초 자료 또는 감식 자료를 토대로 수사 방침을 정한다. 수사 방침에는 반드시 공통되는 수사상의 추리, 즉 수사선(搜査線)이 있다. 수사선은 수사상 공통되는 수사상의 추리의 선(線)이며, 또한 추리를 해가면서 수사를 진행시키는 경로이기도 하다. 수사 방침은 가장 의심(容疑點)이 많은 방면으로 수사력을 집중하는 것이다. 처음부터 수사선이 뚜렷하게 집중되기는 어려운 일이다. 범인의 지리감, 연고감, 동기의 판단 등에 대해 다방면의 수사를 행하면서, 점차 의심점이 많은 방향으로 수사력을 집중하는 것이 바람직하다.

제4장 | 현장 수색과 증거 수집활동

제1절 현장 수색

1. 현장 수색의 일반 원칙과 단계

1) 범죄 현장 수색과 증거

법정에서 유죄 선고를 이끌어 낼 목적으로 증거를 발견, 수집 그리고 보존하기 위해 그리고 범죄사건을 해결하기 위해 범죄 현장을 수색하게 된다(Palmiotto, 2004: 122). 실제로 수색을 통해 범죄 현장에서 발견된 증거는 다음의 네 가지 목적에 사용된다(Lyman, 1999: 138).

① 범죄 사실을 판단하기 위해
② 범법자를 확인하기 위해
③ 범인의 체포를 돕기 위해
④ 범인을 형사재판에 기소하는 것을 돕기 위해

증거를 발견하기 위해 범죄 현장을 수색하는 다양한 방법이 있다는 것을 역사는 보여주고 있다.

2) 범죄 현장 수색에 관한 일반 원칙

만약 증거가 시간이 지나면서 혹은 성분에 따라 심각하게 손상되고 있다는 징후가 있다면, 이것은 첫 번째 우선순위를 갖게 된다. 범죄 현장 수사관은 오염으로부터 증거를 보존하고, 자기 자신을 보호하기 위해 보호의(保護衣, protective clothing)를 항상 착용해야 한다. 중요한 항목을 가장 논리적인 순서로 배열하고, 움직임을 보존하기 위해 요구되는 사항을 고려하면서, 중요한 모든 품목을 적절하게 조사하고, 사진 촬영하며, 기록하고 그리고 수집한다. 범죄 현장에서 이동해야 할 물건으로부터 흔적 증거 채취용 석고틀을 만들어 잠재지문을 현출하는 것은 필요할 때 실시한다. 그러한 항목은 흔적증거를 찾아내기 위해 조사될 때까지 움직여서는 안 된다. 그러한 물건들이 이동되기 전에 지문을 채취해야 하며, 적어도 발견하고 테이프로 보호한다(Lyman, 1999: 142).

사망한 사람이 관련됐다면, 범죄 현장과 시체 사이에 들어가고 나가고 하는 지점과 시체 간에 놓여 있는 증거가 되는 품목들은 처리해야 한다. 그러고 나서 사망한 자에 대해 정밀한 수색을 실시한다. 수색이 종료된 후 시체는 반드시 이동돼야 하며, 명백한 증거에 관한 처리를 계속한다. 좀 더 명백한 증거를 처리한 후에 추가적으로 추적할 물건에 대한 수색과 수집을 시작한다. 흔적증거는 지문을 현출하기 위해 분말(dusting)을 입히기 전에 수색하고 수집해야 한다. 흔적증거가 될 물건들이 수집된 후에 다른 잠재지문들을 현출한다. 처리 절차가 종료된 후에 보통 제거된 지문과 물리적 증거 표본을 수집한다(Lyman, 1999: 142).

폭스와 커닝햄(Fox & Cunningham, 1985)은 범죄 현장 수색에서 요구되는 구체적인 원칙을 다음과 같이 제시하고 있다(Palmiotto, 2004: 122-123).

- 시간이 지나면서 심각하게 훼손될 가능성이 있는 어떤 증거 혹은 요소들에 대해서는 우선적으로 수색해야 한다.
- 모든 중요한 증거 품목이 움직여지는 것을 방지하기 위해 필요한 사항을 고려하면서 논리적인 순서대로 조사, 촬영, 기록 그리고 수집해야 한다. 대상물로부터 잠재지문을 현출한 뒤 범죄 현장으로부터 이동시켜야 한다. 추적증거로써 활용될 것에 대비해 조사·확인될 때까지 물건들은 움직여서는 안 된다. 지문을 반드시 채취해야 하며 혹은 적어도 지문을 확인하고 노출되도록 해야 한다. 지문이 남아 있는 물건을 움직이기 전에 테이프 등으로 보호해야 한다.
- 사망한 자와 명백한 관련이 있으면, 증거물들을 범죄 현장 입구의 한 지점과 시체

가 처리되는 그 지점 사이에 놔둬야 한다. 그러고 나서 죽은 자에 대한 정밀한 수색을 실시한다. 수색이 종료된 후 시체를 현장에서 제거하고, 명백한 증거에 대한 처리 절차를 계속한다.

- 좀 더 명백한 증거에 대한 절차가 진행된 후, 추가적인 흔적이 될 만한 것에 대한 수색과 수집을 시작한다. 추적증거는 반드시 어떤 지문이라도 수색해야 한다.
- 추적될 만한 물질이나 증거를 수집한 이후에 다른 잠재지문도 현출시켜야 한다.
- 먼지를 제거하거나 진공 상태로 만들면서, 반드시 표면 부분은 분리시켜야 하며, 각 부위로부터 쓸어모은 것을 분리 포장하고, 그러한 물질이 발견된 장소를 표시해야 한다.
- 보통 지문을 제거하고, 물리적 증거의 표본은 위의 여러 가지 절차가 종료된 후에 수집한다.

3) 범죄 현장 수색의 단계

실제로 범죄 현장 수색 방법은 현장과 가까이 있는 증거의 유형에 따라서 달라진다. 현장 증거의 다양성은 무기와 관련된 증거, 흔적을 발견할 수 있는 물건의 수집, 도구 흔적, 신체에서 나온 액체의 수집, 표본 증거, 화재 및 폭발 증거, 범죄 현장 외부, 자동차 수색 그리고 내부와 피해자 수색을 포함한다. 범죄 현장에 대한 수색은 다음의 몇 가지 단계로 이뤄진다(Lyman, 1999: 139).

- 범죄 현장을 개관한다.
- 스케치와 사진 촬영을 통해 범죄 현장을 서류화한다.
- 모든 물리적 증거를 기록한다.
- 지문을 찾는다.

범죄 증거는 역동적이다. 다시 말하면 독특하다. 종종 파괴될 수 있으며, 항상 변화를 겪게 된다. 범죄 현장을 적절하게 수색할 수 있는 기회는 단 한 번뿐이라고 경험은 말하고 있다.

그래서 수색 절차 그 자체에 착수하기 전에 범죄 현장을 주의 깊게 살펴보려는 것은 좋은 생각이다. 첫 번째 단계로서, 수사관은 범죄 현장에 도착하는 요원에게 제공되는 모든 정보를 고려해야 한다. 그러한 정보에는 무슨 범죄가 일어났는지 그리고 증거의 성질이 어떤 것인가에 대한 경찰관의 인식이 포함된다. 다음으로, 수사관은 관련된 범죄에 대해 중요한 역할을 하게 될 것으로 보이는 증거 품목의 중요성을 합리적으로 설명해야 한다. 간단히 말하면, 지금 기본적인 관심은 행동을 취하기보다는 범죄 현장을 관찰하고 서류화하는 것이다.

범죄 현장을 관찰하는 단계에서 특별히 중요한 것 중의 하나는 피해자쪽으로 어떤 사물의 상대적 거리다. 어떤 사물과 피해자 간의 거리는 증거 항목 그 자체보다는 증거 수집 단계에서 큰 역할을 하게 될 것이다. 예를 들면 만약 범죄 현장이 명백히 총격에 의해 사망한 사람으로 이뤄져 있다면, 그리고 그 총기가 9㎜ 권총이라면, 소모된 탄환의 탄피 위치들은 총기의 각도 혹은 총알이 발사될 시점에 피해자의 위치를 알려줄 수 있다. 그러한 판단은 자살사건 혹은 살인사건에서도 시사하는 바가 있다. 그리고 결과적으로 수사의 성격을 바꿀 수 있다. 알려진 바와 같이, 관찰이 진행되는 동안 사건들의 전후 관계가 체계화될 수 있도록 기록이 반드시 이뤄져야 한다. 피해자 혹은 관련된 정보에 대해 목격자의 진술을 당연히 취득해야 한다. 게다가 이러한 단계에서 장래에 참고하기 위해 범죄 현장을 적절하게 서면화할 수 있는 비디오테이프와 사진 촬영이 반드시 이뤄져야 한다(Lyman, 1999: 141).

2. 범죄 현장 수색 기법과 사례

1) 체계적인 범죄 현장 수색 방법

수색 방법은 사건과 범죄 현장에 달려 있다. 수색은 법정에 제공될 증거와 관련된 문제이기도 하다. 현장 경찰관뿐만 아니라 동료 경찰관도 종종 증거를 찾는 데 도움을 준다. 범죄 현장에서 발견된 증거를 확보하기 위해 경찰관의 숫자를 현장 수색 경찰관으로 제한하는 것이 중요하다. 범죄 현장을 수색하는 데 이중 수색 방식을 활용하는 것은 증거에 대한 이중 체크와 같이 가치는 있지만, 종종 수색 경찰관에 의한 법정 증언에서 대립적인 결과를 초래할 수 있다.

넓은 지역에 걸쳐 수색이 이뤄져야 할 경우에 활용 가능한 수사관들은 팀을 이루는 것이 좋다. 각 팀의 한 명은 증거 수집을 위해 단독요원으로 활동한다. 각 팀에는 범죄 현장에서 세분화된 구획의 수색을 위한 책임이 부여된다. 전체 수색활동은 지정된 수사관 혹은 상급 경찰관으로부터 명령이 이뤄진다. 수색하기 전에 임무가 할당된 수사관은 범죄 현장을 관찰하고, 그 면적과 인접한 입구와 출구가 있는지 여부를 기록한다. 범죄 현장은 어떤 인접한 출입구를 포함한 범죄 장소다. 이러한 평가는 수색할 지역을 한계 짓고, 수색 절차를 어떻게 조직화할 것인지를 결정하는 데 그리고 어떤 지원과 도움이 요구되는지를 확인하는 데 기본적인 것이다(Weston et al., 2000: 18).

몇몇 전문수사관은 어떤 수색 방식을 이름에 따라 설명하는 것을 싫어한다. 왜냐하면 그것은 수색의 목적이라기보다는 기법을 강조하는 것이며, 종종 법정에서의 교호 신문 과정에서 비판을 받기도 하기 때문이다. 목격자에 관한 질문 사항이 범죄 현장 수색에 관련된 내용들일 때에, 수사관은 현장을 살펴봄으로써 수색을 시작한다. 그들의 현장 기록은 그때 현장에 관한 체계적인 조사로써 수색을 뒷받침해 준다. 어떠한 사건에서도 수색은 반드시 조직적으로 그리고 완전하게 이뤄져야 한다.

만약 피해자가 여성이라면, 반드시 여자 경찰관 혹은 여성 가족, 친구 혹은 이웃으로 하여금 신체 수색을 실시하도록 한다. 많은 경찰부서가 공평한 목격자의 임장하에 수색이 이뤄질 수 있을 때까지, 수사관으로 하여금 그러한 신체 수색을 지체시킬 것을 요구한다. 그리고 수사관의 현장 기록에 그 목격자의 성명을 수사관으로 하여금 기록하는 것이 요구된다. 사망한 피해자에게서 재물이 발견된 곳뿐만 아니라(바지의 우측 주머니, 숨겨진 브래지어 등), 발견된 모든 재물의 완전한 목록이 수사관의 기록의 한 부분이 돼야 한다(Weston et al., 2000: 20).

범죄 현장에서 증거를 발견하고 인지할 능력은 성공적인 수색에 필수적인 요소다. 수사관이 수색의 준비로서 범죄 현장을 관찰할 때, 범죄 현장 수색의 목적이 돼야 할 증거의 유형과 성질에 대해 몇몇 개념을 확인할 필요가 있다.

- 물리적 증거는 엄청나게 규모가 큰 것에서부터 현미경으로 관찰해야 할 정도로 미세한 것일 수도 있다.
- 범죄의 성질이 수사의 단서를 제공한다.
- 폭행사건에서 무기가 사용됐다.
- 주거침입 절도사건에서는 출입구가 있다.
- 화재는 방화사건에서 일어난다.

어떠한 사건에서도, 가능한 단서들이 피해자에 의해, 범인의 범행 수법(*modus operandi*)에 의해 그리고 이러한 관찰을 하는 동안에 상황들에 의해 제시될 수 있다. 물리적 증거를 수색하는 장소는 수사관이 찾고자 하는 증거의 유형에 따라서 구체화된다. 폭행과 살인사건에서, 피해자에게 남아 있는 상처들은 무기가 사용됐음을 보여주고, 그런 쪽으로 수색 방향을 맞추도록 해야 한다. 주거침입 절도에서, 범행 대상 지역에 접근하기 위해 활용된 범행 수단과 침입한 장소는 가능한 공구흔의 위치를 암시해 준다. 책상 위, 유리제품 그리고 다른 부드러운 표면들은 발자국을 찾는 데 길잡이 역할을 한다. 부드러운 흙, 진흙 그리고 먼지는 발자국과 타이어 자국들이 남아 있는 장소로 알려져 있다. 잡다한 흔적들이 범죄 현장 어느 곳에서나 발견될 수 있다. 수사관이 찾고자 하는 증거 유형과 발견될 수 있을 법한 장소를 확인하면서 체계적인 수색을 실행하고, 마지막으로 그것이 언제 발견됐는지를 알아내야 한다. 별로 중요하지 않게 보이지만 사실은 실질적이고 관련성이 있는 증거에 항상 주의를 기울여야 한다(Weston et al., 2000: 20).

몇몇 수색 방법은 옥외 범죄 현장에 가장 적합하지만, 반면에 다른 수색 방법은 옥내 범죄 현장 수색에 좀 더 적용 가능하다. 채택된 수색 방법이 무엇이든지 간에, 기억해야 할 규칙은 수색이 완전하게 이뤄져야 한다는 것이다(Lyman, 1999: 139). 여러 가지 방법이 사건 현장을 수색하기 위해 개발됐다. 각각의 기법은 장단점을 갖고 있다. 옥내 범행 현장을 수색하는 방법은 방의 크기와 그 내용에 따라서 좌우된다(Palmiotto, 2004: 124).

2) 현장 수색 기법

사용된 방법에 상관없이, 범죄 현장 수색은 체계적인 방법으로 실시해야 한다. 수색에 관한 가장 널리 보급돼 있는 방법 가운데 몇 가지 방식이 빈번하게 사용된다. 가장 평범하게 사용되는 나선형(螺旋型, spiral), 격자형(格子型, grid), 좁고 길게(strip) 혹은 선형(線型, line), 사분형(四分型, quadrant) 혹은 구역 수색 방법이 있다(Lyman, 1999: 139). 전통적으로, 체계적인 수색은 위와 같은 방법을 사용해 왔다.

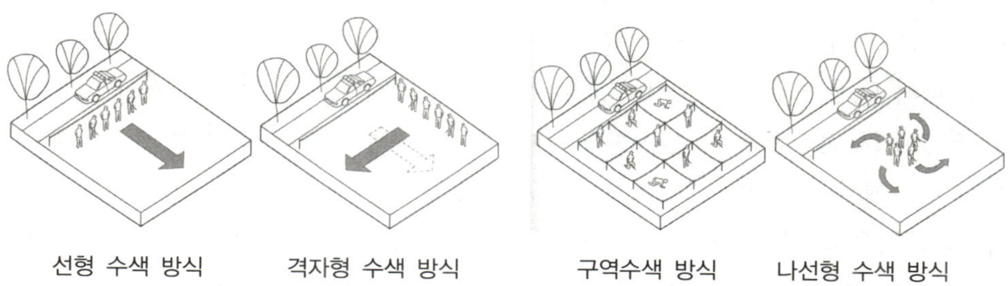

범죄 현장 수색 기법들

자료: Moore(2004: 27).

(1) 점 방식(點, point method)

명백하게 증거라고 할 수 있는 물건들을 연속적(chain)으로 따라가면서, 지점에서 지점으로 이동하는 방식이다(Weston et al., 2000: 18).

(2) 나선형 방식(spiral method)

수색을 하는 자는 나선형의 시작 부분에서 실시한다. 외부에서 출발해 점점 중심부쪽으로 이동한다(Palmiotto, 2004: 124).

① 점점 원(圓)이 점점 커지는 방식

수색 경찰관이 시계 방향 혹은 그 반대 방향으로 범죄 현장의 초점이 되는 곳 혹은 보호구역의 중심에서 수색을 시작해, 바깥쪽 방향으로 보호되고 있는 구역의 가장자리에 도달할 때까지 수색을 한다.

② 원(圓)이 점점 작아지는 방식

이 방식은 앞의 절차와 반대되는 것이다. 수색 경찰관이 범죄 현장의 가장자리에서 수색을 시작해, 중심이 되는 지점쪽으로 수색하는 것이다(Weston et al., 2000: 18).

(3) 방사형 방식(radial method)

방사형 혹은 휠(wheel) 방식에서, 수색할 영역은 원(圓, circular)으로 인식된다. 수색하는 자는 바퀴의 중심부에서 출발한다. 그리고 외부로 진행한다. 이 절차는 수색할 영역을 재확인하기 위해 여러 번 반복해서 실시해야 한다(Palmiotto, 2004: 124).

(4) 스트립 방식 혹은 격자형 방식(strip or grid method)

스트립 방식 혹은 격자형 수색 방식은 옥외 수색에 활용된다. 벗기기식 수색에서 수색될 구역은 축구장처럼 작은 구역으로 구분된다. 측면 라인에서 수색이 시작돼 필드를 가로질러서 다른 측면 라인까지 이동한다. 전체 지역이 수색될 때까지 범죄 현장을 가로질러 앞뒤로 전진하면서 수색한다(Weston et al., 2000: 18). 격자형 혹은 이중 스트립(strip) 방식에서는 수색이 측면에서 측면까지 반복적으로 실시된다. 직사각형의 밑변을 따라서 평행으로 이동하고 나서, 측면을 따라서 평행으로 이동한다(Palmiotto, 2004: 124). 격자형 수색 방식은 벗기기식 수색이 끝난 후 시작한다. 그것은 같은 방식으로 동일한 지역을 망라한다. 그러나 이전의 수색 방법에 대해 우측각에서 시작한다. 옥외 현장 수색의 방향을 안내하고 통제하기 위해 금속재 혹은 목재 말뚝이나 무거운 끈(선)이 활용된다(Weston et al., 2000: 18).

(5) 구역 방식(zone method)

수색 구역을 4등분한다. 각 수색 실시자마다 한 부분씩 맡는다. 수색할 구역의 크기에 따라서, 4등분한 것이 확장될 수 있다(Palmiotto, 2004: 124). 섹터 수색 방식은 범죄 현장이 여러 개의 하위구역으로 나뉜다. 그리고 각 섹터는 개별 단위로 수색된다(Weston et al., 2000: 18).

3) 범죄 현장 수색 시 체크리스트

수색이 완전하게 실시됐는지를 확인하기 위해, 수사관에게 범죄 현장을 보존하고 수색하기 위해 만들어진 다음의 체크리스트를 완성시키도록 하는 것이 도움이 된다(Palmiotto, 2004: 125).

- 보호가 필요한 부상자들이 있는가?
- 범죄 현장에 로프가 쳐지고 표시가 됐는가?
- 당신은 범죄 현장에 언제 도착했는가?
- 기후 상태는 어떠했는가?
- 범죄 현장에 도착한 사람들의 이름
- 처음 범죄가 경찰에 신고됐을 때 시간은?
- 누가 처음 전화를 걸었는가?
- 범죄 현장을 촬영한 사람의 이름
- 범죄 현장을 스케치한 사람의 이름
- 언제 수색이 실시됐는가?
- 어떻게 기후가 증거에 영향을 미쳤는가?
- 가장 가까운 집의 지리적 위치와 주소
- 동네나 도시 내에서 집 혹은 건물의 주소
- 창문, 화장실, 문, 목욕탕 그리고 다른 방들, 지하실 및 다락방의 상태
- 만약 살인사건이라면 시체가 움직인 증거
- 의복과 주머니 속 내용물에 대한 기록
- 손톱깎이와 이동된 섬유 성분과 모발

- 발견된 모든 증거를 증거 기록지에 기재하기
- 범죄 현장에 접근하기 위한 교통 수단을 취급하는 데 어떤 문제들에 부딪혔는가?
- 만약 있다면, 무엇이 수색하는 동안에 움직여졌는가?
- 무효화된 어떤 무기류 관련 증거가 있는가, 그렇다면 어떤 경찰관에 의해서인가?
- 목격자에 관한 자료를 완성하기: 성명, 주소 등
- 어떤 긍정적인 자료를 제공할 이웃이 있었는가?
- 옥외에서 수색하는 동안 어떤 방식이 채택됐는가?
- 출입할 수 있는 통로가 만들어졌는가?
- 타이어 흔적과 지문들이 남겨져 있는가?
- 경찰관서의 규칙에 따라서 증거가 표시되고 포장됐는가?

4) 범죄 현장 수색의 사례

(1) 옥내 범죄 현장 수색

적어도 두 명의 경찰관이 옥내 범죄 현장을 수색하는 것이 일반적으로 권장된다. 이 방법은 방(房)을 절반씩 이등분함으로써 가장 잘 실시할 수 있으며, 각 수사관에게 절반씩 나눠 수색을 하도록 하는 것이다(사분법 혹은 구역 수색 방법). 수색을 종료할 시점에 수사관들은 반(半)을 서로 맞바꾼다. 이러한 방식에서는 방의 절반이 두 번 수색되는 셈이다(Lyman, 1999: 140).

(2) 옥외 범죄 현장 수색

대부분의 사건에서 옥외 범죄 현장은 옥내 범죄 현장보다 더 광범위한 지역을 관할하게 된다. 만약 수색할 지역이 옥외 범죄 현장이라면 더 많은 수사관이 요구될 것이다. 그래서 범죄 현장의 규모가 커지면서, 더 체계적인 수색 방법을 채용해야 한다. 한 방법은 로프로 범죄 현장을 격자형으로 나눈다. 각 구역은 평균 6평방피트로 하고, 각 수사관이 관리할 수 있을 정도의 크기로 특별한 수색구역을 그린다(격자형 수색 방법)(Lyman, 1999: 140).

일반적으로 옥외에서의 수색 방법은 옥내의 범행 현장에서 이뤄지는 것과 유사하다. 옥외의 표면은 대체로 거칠고 지문을 현출하기가 상당히 어려운 실정이다. 비나 눈과 같은 기후 조건이 여러 문제를 야기할 수 있다. 옥외에서의 수색은 가시도(可視度)가 높은 밝은 대낮에 실시해야 한다(Palmiotto, 2004: 123).

(3) 야간 범죄 현장 수색

만약 가능하다면, 수사관은 범죄 현장을 수색하기 위해 날이 밝을 때까지 기다린다. 상황에 따라서, 수사관으로 하여금 야간에 수색을 진행하도록 요구되는 경우도 있다. 이러한 것은 험악한 날씨 혹은 다른 긴급 상황을 포함한다. 그러한 야간 수색이 실시될 경우라면, 범죄 현장 수색을 충분히 밝게 비출 수 있도록 조명등용 발전기를 구비해야 한다(Lyman, 1999: 140).

(4) 자동차 수색

옥내 및 옥외 범죄 현장 수색처럼, 자동차에 대한 수색에 똑같은 정도의 주의가 요구된다. 명백하게 범죄의 성질이 수색해야 할 자동차의 범위를 결정하게 될 것이다. 예를 들면 마약 밀수 혹은 살인사건의 경우라면 자동차의 내부에 대해 아주 정밀한 수색이 요구될 것이며, 반면에 뺑소니사건을 수사하는 경우라면 자동차의 외부에 대해 조사하는 것이 필요하다. 자동차에서도 지문을 발견할 수 있도록 수색해야 한다. 이것은 다른 추적(흔적)증거가 발견된 이후에 실시해야 한다(Lyman, 1999: 140).

자동차 내 · 외부를 수색해야 할 필요성은 여러 가지 이유로 설명할 수 있다. 즉, 금제품(禁制品)의 위치를 파악하거나 혹은 자동차 그 자체가 범죄를 저지르는 데 사용됐다거나 혹은 뺑소니사고와 관련이 있을 때 증거를 찾기 위해 수색할 수 있다. 자동차에 대한 수색은 상당히 세심한 주의를 기울여가면서, 후드(hood)와 그릴(grill) 부분에 이르기까지 자동차 외부로부터 시작한다. 자동차 외부는 자동차의 손상 부위, 옷감 자국(cloth print) 혹은 자동차 위에 쌓여 있는 도로 위의 먼지 혹은 차 위에 있는 섬유나 모발 등을 찾기 위해 수색이 실시된다.

어떠한 증거라도 표시하거나 스케치 혹은 사진으로 촬영해야 한다. 차량의 외부를 정밀하게 수색한 후에, 자동차 외부에 유류된 지문을 현출할 수 있도록 조사한다. 자동차의 내부는 다섯 부분으로 분리해 수색을 실시한다. 오른쪽 전면, 좌측 전면, 우측 후면, 좌측 후면 그리고 뒷좌석 데크 등이다. 수사관은 모든 승객의 좌석 바닥을 진공청소기로 빨아들인다. 그리고 서로 다른 용기에 빨아들인 물건들을 위치시킨다. 그러한 내용물이 자동차의 어느 부분에서 채취된 것인지를 알 수 있도록 표시해 둔다. 차량은 지문을 현출하기 전에 수사관의 머리카락 혹은 섬유와 현장에서 발견된 물질이 서로 섞이지 않도록 하기 위해 진공청소기로 소제한다.

지문을 현출한 후에, 자동차는 약물, 무기류 그리고 도난당한 물건이 있는지 여부를 확인하기 위해 수색을 실시한다. 만약에 어떤 얼룩 같은 것이 내부에서 혹은 자동차 표면 위에서 관찰되면, 반드시 사진을 촬영하고 특별한 위치를 표시해 둔다. 트렁크와 후드 밑 부분을 수색해야 한다. 만약 자동차가 뺑소니사건과 관련성이 있으면, 자동차의 차대(車臺, undercarriage)는 모발, 혈흔 그리고 인체의 세포조직 같은 것을 찾기 위해 수색해야 한다. 수사관은 깨진 유리 조각이나 물질들을 수집한다.

생존했거나 혹은 사망했더라도 사람에 대한 수색 목적은 동일하다. 피해자의 의복은 추적증거를 발견하기 위해 조사해야 한다. 피해자의 의복류 위로 이전된 어떤 증거와 범인의 의복류에 남아 있던 증거를 비교하기 위해 사망한 자의 의복은 진공청소기로 빨아들인다. 만약 피해자가 공격자와 싸움을 하면서 승강이를 했다면, 문질러진 지문을 반드시 채취해야 한다. 사망한 피해자와 함께 시체에 대한 수색은 범행 현장 수색과 동일한 방식으로 실시돼야 한다. 보통 검시관은 피해자 의복 내부를 조사한다(Palmiotto, 2004: 123-124).

(5) 알몸 수색

알몸 수색(strip search)은 공개되지 않으면서 그리고 통제된 환경에서 실시해야 한다. 이러한 기법은 용의자로 하여금 속옷을 완전히 벗을 것을 요구한다. 그리고 모든 의복을 수색한다. 몇몇 사건에서, 용의자의 신체 구멍(cavity)을 수색할 필요가 있다. 경찰관은 용의자의 귀, 입 그리고 코를 육안으로 수색할 수 있도록 허용된다. 그러나 주의를 기울여야 한다. 항문이나 직장 부근을 수색하는 경우에는 허가된 의료인에 의해서만 실시할 수 있다(Lyman, 1999: 140).

5) 범죄 현장 기록하기

범죄 현장에 관한 정확한 기록은 후속적인 혹은 잠재적인 수사를 위해 매우 중요하다. 범죄 현장 기록은 수사관으로 하여금 범죄 현장을 재구성하는 데 도움이 된다. 기록물은 수사관의 최초의 임무에서부터 해당 사건에 이르기까지 수사관이 관리하며, 그 사건이 해결될 때까지 유지된다(Palmiotto, 2004: 125).

사진과 스케치는 대상물을 정확하게 표현할 수 있도록 주의를 기울여서 작성해야 한다.

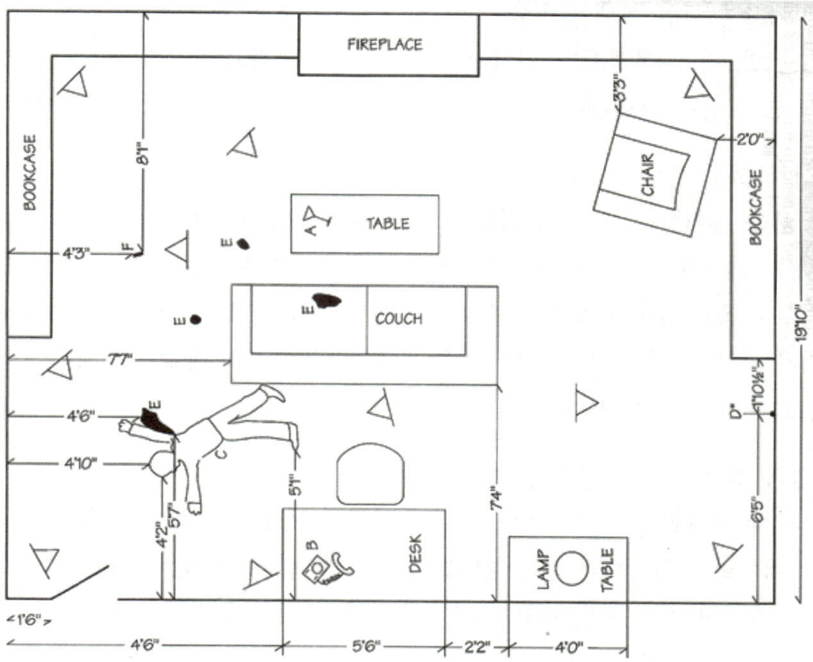

범죄 현장을 서면으로 스케치
자료: Saferstein(2006: 44).

(1) 현장 기록 노트에 포함될 사항

범죄 현장에서 작성된 그리고 사건에 관한 서면으로 된 현장 기록은 스케치, 그림 그리고 사진에 의해 보충된다(Weston et al., 2000: 38). 사건에 관한 서면 기록은 반드시 관찰된 순서대로 유지해야 한다. 다음과 같은 사항들은 수사관의 노트에 반드시 포함해야 한다(Palmiotto, 2004: 126).

① 날짜, 시간 그리고 장소

누구로부터 그리고 무슨 방식으로 그 임무가 부여됐는지를 포함해 현장 수색이 시작된 시간, 지원한 요원의 이름, 수사관이 사건에 배치된 날짜와 시간은 반드시 기록해야 한다. 도착한 정확한 시간, 범죄 현장의 정확한 위치, 수색이 실시된 지역에 관한 기술, 날씨와 빛의 밝기, 밝기와 기후 상태, 어떤 특수한 장비를 사용했는지에 관한 노트, 접촉한 경찰관의 이름, 수사관이 범죄 현장에 도착할 즈음에 만난 다른 사람들의 이름은 반드시 기재해야 한다(Weston et al., 2000: 38).

② 피해자에 관한 상세한 기술

성명, 연령, 키, 피부색, 머리카락 혹은 눈의 색깔 그리고 가능하다면, 주민번호, 개인의 출생 일자 등을 포함해야 한다. 겉옷의 스타일과 색깔을 반드시 기술해야 한다.

③ 상처 혹은 부상

부상 혹은 상처를 입은 곳의 정확한 위치, 상처의 유형, 크기 그리고 타박상인 경우에 색깔을 포함해야 한다. 예를 들면 앞이마 쪽에 총기 발사로 인한 상처를 처음 기술하는 경우 다음과 같이 기록할 수 있다: "코 중앙부를 따라 선 안에 직경 1/4 인치의 총구 상처가 있고, 눈썹 라인 위쪽에 1인치 상처가 있다. 상처 바깥 가장자리 둘레에 짙은 회색의 1인치 폭 원이 보인다."

④ 범죄 현장에 대한 일반적 기술

현장 수색 경찰관 혹은 수사관은 반드시 물건에 대한 어떤 손상, 가구의 흐트러짐 혹은 다른 대상물의 일반적인 정돈 상태를 명확하게 어지럽힌 것, 그리고 범죄 현장의 관점에서 어울리지 않는 어떤 것들 혹은 이상하게 보이는 물건의 존재를 반드시 기록해야 한다(Weston et al., 2000: 38).

⑤ 범죄 현장을 촬영한 카메라와 필름의 유형

각각의 사진이 촬영되면서 셔터 속도, 초점의 거리, 카메라가 직면하고 있는 방향, 플래시 사용, 대상물 혹은 촬영된 지역 그리고 시간을 반드시 기록해야 한다. 기입할 사항의 샘플은 다음과 같다: "#1−f22, 1/100, 15ft., N.E., 플래시: 문 뒤쪽에서 침실 쪽으로 복도를 보여줌, 피해자는 0902에 발견됨."

⑥ 각 중요한 증거품의 발견

증거에 관한 모든 중요한 항목을 정확하게 메모한다. 증거를 확인하기 위해 당시에 활용된 어떤 측정치와 증거의 분포 위치와 이러한 노트에 기록해야 한다. 기입 사항에는 물건이 발견됐을 때에 언제 그리고 누가 발견했는지, 그리고 어디서 발견됐는지(정확한 장소) 및 그에 대한 설명과 묘사(어떤 모습이었는지)에 관한 내용을 포함해야 한다(Weston et al., 2000: 38). 물건을 담는 용기가 어떻게 봉인되고 표시됐는지 그리고 증거물이 수집된 후 처리에 대한 내용을 포함해야 한다.

⑦ 물건의 위치를 찾아내는 데 실패한 사항

이러한 기입 사항은 범죄가 수사되는 과정, 범죄 현장의 구역 혹은 어떤 사망한 피해자들과 일반적으로 관련됐던 물건의 부재를 포함한다. 더욱이 유사한 범죄의 현장에서 통상적으로 발견된 증거 항목을 확인하는 데 실패하는 것도 기록되고 노트에 적어야 한다. 범죄 현장에서 발견할 수 없었던 피해자의 시체에서 분실된 의류 같은 것이 사례가 될 수 있다. 이렇게 메모하는 것은 기록을 필기하는 데 편리성과 사건의 재현 및 그것에 관한 정보를 위해 매우 중요하다(Palmiotto, 2004: 127).

(2) 범죄 현장 기록의 실시

① 현장 노트의 의미와 역할

수사관은 사건에 대한 임무를 할당받으면서 수사를 시작한다. 그리고 범죄 현장에 도착해 사건이 종결될 때까지 계속 근무한다. 범죄 현장을 수색하는 과정에서 작성된 현장 노트(Field Notes)는 기본적인 수색에 관한 기록이며, 발견된 증거에 관한 기록이다. 수사관의 보고서는 그의 현장 노트로부터 준비된다. 현장 노트는 수사 도중에 수사관에 의해 작성되는 메모라고 할 수 있다. 사진과 스케치는 범죄 현장을 그래픽적으로 표현해 주는 기회와 수색하는 동안에 확인된 증거를 제공한다. 노트와 기록은 사건에서 영구적인 기록이 되며, 공식적인 직무를 수행하면서 준비된 기록의 본래의 동일성을 갖는다. 증거에서, 스케치와 사진은 보통 말보다는 훨씬 더 사실적인 증거물로써 제공된다. 혹은 법관이 사건을 이해하는 데 도움을 줄 수 있다. 또한 이러한 사실적 보고서들은 범죄와 그것의 재구성 이론에 관해, 변호인 측의 주장을 극복하기 위한 긍정적 단서 혹은 부정적 증거가 될 수 있다(Weston et al., 2000: 37-38).

② 범행 수법에 관한 면밀한 관찰 결과

범죄 현장에서 보고하는 경찰관은 범행이 저질러진 방법을 반드시 판단하고, 범죄의 이러한 단계에 관한 자료를 수집해야 한다. 이러한 것들은 범행 수법에 관한 자료들이다. 범행 수법은 양식화된 형식을 갖고 있다. 범죄 현장을 처리하는 경찰관이 이러한 모든 부분에 주의를 기울임으로써, 범죄에 활용된 태크닉을 완전하게 보고할 수 있도록 해 준다. 다양한 범죄에서 수집해야 할 자료들을 기억나게 하는 것으로서, 체크리스트를 반드시 준비해야 한다. 범행 수법의 관한 부분에는 다음과 같은 사항이 포함된다: 범죄 유형, 공격을 당한 사람, 어떻게 공격을 당했는지, 범행의 수단, 범죄자의 특징(이상한 버릇), 범행 시 사용된 단어들(혹은 쓰여진 노트에서 사용된 것), 사용된 자동차, 도단당한 재물, 용의자의 이름 혹은 신체적 묘사 등에 관해 타당한 자료들을 수집해야 한다(Weston et al., 2000: 39).

② 범죄에 관한 상세한 기술

범죄는 대물범죄, 대인범죄 그리고 기타 범죄로 구분할 수 있다. 수사관들은 반드시 범죄에 관해 상세한 것을 보고해야 한다. 범죄 혹은 불법에 관한 이러한 부분을 보고하는 것은 초동수사 과정에서 포함해야 할 사실들 혹은 범죄보고서에서의 범행 수법 부분을 보충하기 위해 범죄 정황에 관해 말할 수 있도록 구조화해야 한다(Weston et al., 2000: 39). 많은 경찰관서가 초동수사의 이러한 부분들을 위해 다음과 같은 내용을 제시하고 있다.

▸ 용의자

용의자 혹은 용의자를 나타낼 수 있는 가명(假名), 별명(別名)부터 직업, 학교 출석 사항, 신체적 특성과 복장 같은 정보를 기술해야 한다.

▸ 취득된 재물

절도범죄에서 도난당한 재물에 관한 추가적인 설명 자료가 필요하다. 예를 들면, 피해자에 의해 산정된 가치를 포함해 최초 구입일 또는 취득 날짜, 최초에 구입한 가격 혹은 그 당시에 추정된 가치를 기술해야 한다.

▸ 물리적 증거

흔적증거들, 공구흔 그리고 다른 흔적과 자국을 포함해, 증거에 관한 모든 항목은 언제 그리고 어디서 그러한 증거가 발견됐는지 그리고 누가 그것을 발견했는지, 취급했는지 그리고 그것을 처분했는지에 관한 충분한 자료와 함께, 반드시 상세하게 기술해야 한다.

▸ 피해자의 진술

진술을 하는 피해자 혹은 피해자들은 성명, 주소, 연령 그리고 고용 관계(혹은 학교 출석 관계)에 의해 확인해야 한다. 그리고 피해자의 이력에 관한 필수적인 사실을 진술해야 한다.

▸ 목격자(들)의 진술

진술을 하는 각 목격자는 위에서 언급된 내용처럼 확인해야 한다. 그리고 목격자가 말한 이력에 관한 필수적인 사실을 진술해야 한다(Weston et al., 2000: 39). 게다가, 보고서의 이러한 부분에는 반드시

- 관찰한 시점에서 목격자의 위치에 관한 자료

- 조명의 밝기 정도, 그리고
- 피해자 혹은 용의자와 목격자 간의 관계 등이 포함돼야 한다.

▶ 보고 경찰관에 의한 관찰

기후, 현장의 조건들, 접촉된 사람들의 맑은 정신 상태와 같은 사실이 증거는 아니다. 의견과 보고될 객관적 근거와 함께, 관찰에 근거한 의견은 이러한 부분에서 허용된다. 객관적인 사실에 근거하지 않은 의견은 범죄보고서에 들어가지 않는다. 불법행위에 관한 보고서 혹은 범죄보고서는 현장 수준에서 비롯된다. 우선적인 자료들, 범행 수법에 관한 자료, 그리고 범죄와 정황에 관한 상세한 내용 혹은 이야기는 반드시 읽을 수 있도록 그리고 명확하게 그리고 간단한 언어로 쓰여져야 한다. 그러나 그것들은 또한 반드시 간결해야 한다. 보고 경찰관에 의해 알려진 것처럼, 보고된 모든 사실과 그리고 명확하게 기록된 그리고 이야기식 보고서의 사실적 내용으로부터 구별된 의견들과 함께, 그것들은 반드시 정확해야 한다(Weston et al., 2000: 42).

제2절 증거 수집과 보존활동

1. 증거 수집상의 원칙과 순서

1) 증거 수집의 목적과 원칙

(1) 증거 수집의 목적

범죄 현장에서 수집된 증거는 다음과 같이 매우 중요한 목적에 활용할 수 있다(Ramsland, 2001: 10).

- 범죄가 저질러졌음을 증명할 때
- 범죄에 관해 단서가 될 만한 것을 보여줄 때
- 피해자 혹은 용의자의 신원을 확인할 때, 혹은 그러한 사건 관계자의 신원을 확인하기 위해 그리고 그들이 어떻게 상호 작용했는지를 알기 위해 어떤 형태의 수사가 행해져야 할지를 결정할 때
- 목격자가 제공한 증언을 확실히 증명하기 위해

- 무고한 용의자의 결백을 증명하는 것을 도와주기 위해
- 추가적인 수사를 위한 실마리를 제공하기 위해
- 용의자에게 압력을 가해 자백을 하도록 하기 위해

(2) 증거 수집상의 원칙

물리적 증거(physical evidence)의 단 한 조각이라도 법정에서 가질 수 있는 영향력은 상당히 중요하다. 수사관은 이러한 증거의 효과성을 최대화하기 위해 올바른 증거 수집과 보존 기법을 활용해야 한다. 아래에서 제시되고 있는 제안들을 준수하면서, 수사관은 그의 증거가 오염되거나 혹은 손상을 입게 돼, 결국 수사상 그 중요성을 감소시킬 수 있다는 가능성을 깨달아야 한다(Lyman, 1999: 47). 증거를 수집하는 데 서둘러서는 안 된다. 왜냐하면, 증거의 중요성이 그 과정에서 파괴될 수 있기 때문이다. 수사관의 현장 노트에는 반드시 발견된 것 그리고 확인된 것들을 기록해야 한다. 게다가 사진과 정확한 측정은 그 증거의 원래 위치와 성질을 보여주는 데 필요하다.

범죄 현장에서 증거를 찾는 동안, 그 어떤 대상물에 대해서도 그 위치를 변경하고, 주워 들고 혹은 심지어 건드려서는 절대 안 된다. 증거의 완전성이 그 원래 상태대로 보관됨으로써 유지돼야 한다. 증거이거나 증거가 될 수 있는 어떤 품목에 대해서도 변경이 이뤄져서는 안 된다. 혈흔, 녹(rust), 그리스(grease) 그리고 흙(dirt)을 대상물에서 제거해서는 안 된다. 또한 수사관은 자신의 지문이 증거물에 남지 않도록 해야 하며, 그 어떤 단서가 될 만한 것을 문지르거나 닦아내서는 안 된다. 그 물질 자체적으로도 본래부터 중요한 물리적 증거가 되는 항목은 그것에 첨가된 다른 증거물을 갖고 있을 수 있다. 이것은 유리 조각에 남아 있는 지문에서 무기류에 남아 있는 혈흔과 섬유질에 이르기까지 그 범위가 다양하다. 범죄 현장에서 발견될 수 있을 법하면서, 과학적 분석을 통해 음미될 수 있는 증거는 다음 몇 가지 주요 그룹으로 나눌 수 있다(Weston et al., 2000: 20-21).

① 무기류, ② 혈흔, ③ 자국 혹은 흔적(사람 혹은 자동차), ④ 잠겨진 장소 혹은 물품 보관 장소에 접근하기 위해 사용된 공구의 흔적, ⑤ 먼지와 흙의 흔적, ⑥ 잡다한 흔적 혹은 이동 증거, ⑦ 문제시되고 있는 서류 등이다.

수사관의 입장에서는 증거 수집 절차를 서두르고, 명백한 증거에 관심의 초점을 맞추려는 경향이 있다. 다른 사람의 불행한 범죄 현장을 직접적으로 관찰하는 임무는 어려운 것이다. 그런데 종종 어떤 증거들이 별로 중요하지 않은 것처럼 보이지만, 많은

중요한 증거가 모든 범죄 현장의 내부와 주변에서 발견되고 있다. 범죄 현장 수색에 관해 논의된 것처럼, 수사관은 문제가 되고 있는 범죄에 대해 어떤 수색 방법이 가장 적합한지를 선택해야 한다. 어떤 수색 방법이 사용됐든지 간에, 증거는 반드시 종합적이며, 파괴되지 않은 방법으로 합리적 기간 내에 그리고 현장에 관해 불필요한 이동을 최소화해 가면서 수집해야 한다. 비록 모든 범죄사건이 독특하고, 개별적 근거와 상황에 따라서 평가해야 하지만, 증거를 찾아내기 위한 일반적인 권장 사항들이 있다(Lyman, 1999: 141).

2) 증거의 수집 순서

일단 중요한 범죄 현장 수색이 종료되면, 그다음에는 범죄 현장 스케치와 사진 촬영이 이뤄지고, 그러고 나서 증거를 수집해야 한다. 증거 수집 방식은 반드시 법집행 당국의 정책과 절차와 부합해야 한다. 그리고 증거에 관해 일반적으로 인정된 규칙과 함께 보관해야 한다. 처음에 수집된 증거는 보통 가장 파괴되기 쉽다. 그래서

- 지문을 우선적으로 채취해야 한다.
- 다음에 다른 부서지기 쉬운 증거, 예를 들면 혈흔과 다른 흔적 증거들을 수집해야 한다.
- 증거가 수집된 후에 경찰관으로 하여금 범죄 현장을 두 번째에 수색하도록 하는 것이 중요하다. 이것은 우연하게 간과된 어떤 증거를 발견해 낸다. 가능하면, 한 명의 수사관이 증거 수집 요원으로서 활동해야 한다.

이렇게 증거 수집 요원을 지정하면, 모든 증거가 범죄 현장에서 통일적으로 그리고 올바른 방법으로 기록되고 처리되는 것을 보장해 준다. 이렇게 함으로써, 증거 수집 요원이 증거가 이동될 수 있다는 것을 판단할 때에만 증거가 이동되는 것을 또한 보장해 준다. 그 사건이 법정으로 가게 될 때, 증거를 발견한 경찰관과 증거를 수집한 요원 둘 다 항상 선서를 할 필요가 있다.

이러한 시스템을 활용하는 가장 큰 이점은 모든 증거가 통일적으로 수집되고, 한 명의 경찰관이 증거를 포장하고 표시하는 데 그리고 필요한 서류작업을 하는 데 책임을 진다는 것이다. 이것은 그러한 임무를 위해 추가 경찰관을 사무실에 묶어둘 필요를 줄여준다(Lyman, 1999: 142–143).

3) 증거의 보관 및 관리의 연속성 준수

(1) 증거의 올바른 포장 및 보관 요령

증거를 올바르게 포장하고 보존하는 방법에 대해 다음과 같이 권고하고 있다(Lyman, 1999: 48).

- 항상 각 사건에서 요구되는 완전한 실험실 분석을 위해 제출한다. 가능하면 하나 이상의 증거를 사용한다.
- 잠재적 증거 제출용 봉투는 오로지 십지지문 카드 혹은 잠재지문 카드와 함께 사용해야 한다.
- 의복류 혹은 마약류 거래 관련 부속품과 무기류는 함께 포장해서는 안 된다(무기류는 아마도 총알이 확실하게 제거됐다는 것을 곧바로 확인받게 될 것이다).
- 소변을 포장할 때에는 항상 혈액과 분리해야 한다. 소변을 담은 용기는 확장될 수 있는 공간을 남겨둬야 한다. 소변은 냉동고에 보관해야 한다.
- 혈액 튜브는 항상 의복으로부터 분리해서 포장한다. 의복은 냉동고에 보관하고, 모든 혈액은 냉장고에 보관한다.
- 성폭행 수사용 검사 키트는 의복류와 함께 포장해서는 결코 안 된다. 이 키트에 모든 혈액을 넣고, 냉장고에 보관해야 한다.
- 모든 혈액은 마약과 관련된 모든 항목으로부터 항상 분리한 채 포장해야 한다.
- 혈청, 흔적, 무기류, 기타 확인을 위한 항목과 지문을 위한 항목은 절대 같이 포장해서는 안 된다.
- 알코올이 담겨져 있는 용기(容器)가 열린 채로 제출해서는 안 된다. 모든 용기는 뚜껑을 닫고 봉인해야 한다.
- 신체에서 나온 액체(혈액, 정액 기타)로 얼룩이 있는 증거는 포장하기 전 그리고 실험실에 제출하기 전에 반드시 공기 중에서 건조시킨다.
- 마개를 뽑은 주사기 바늘, 안전한 커버를 하지 않은 칼, 면도날과 함께 주사기를 제출해서는 안 된다.
- 젖은 혹은 습기가 있는 마리화나를 플라스틱 봉지에 넣어서 실험실에 제출해서는 안 된다. 제출하기 전에 반드시 공기 중에서 건조시킨다.
- 분석될 필요가 없는 마약 거래 관련 부속품과 잡동사니 같은 항목을 제출해서는 안 된다.

(2) 증거의 보관 및 관리의 연속성[1)]

수집된 증거는 그 사건이 법정으로 갈 때까지 보호해야 한다. 재판 과정에서, 만약 증거물에 부착된 라벨(label)이 없어졌고, 증거에 대해 취급자가 적절하게 서명하지 않았으며, 혹은 증거가 다르게 분실 혹은 변경됐다고 판단되면, 그 증거는 아마도 인정되지 않을 것이며, 사건은 기각될 것이다. 증거에 관한 전체적인 평가는 '관리의 연속성(chain of custody)'[2)]으로 알려져 있다. 이것은 증거가 수집된 후에 증거에 관한 보관 및 관리를 해 온 그리고 증거의 보호와 저장에 대해 책임이 있는 모든 사람(법집행 공무원 등)으로 이뤄져 있다. 관리의 연속성은 다음과 같은 가이드라인을 고수함으로써 확립됐다(Lyman, 1999: 143).

- 증거가 안전하게 저장된 시점으로부터 증거를 처리할 사람들의 숫자를 제한해야 한다.
- 만약 증거가 경찰관의 점유하에 남아 있다면, 수사관은 증거가 누구에게 전해졌는지, 날짜와 시간, 그리고 그것이 넘어가게 된 이유를 반드시 노트에 기록해야 한다.
- 증거를 처리한 어떤 사람이라도 증거물 포장용기에 경찰관 자신의 이름과 배지번호(badge, 고유번호)를 첨부해야 한다.
- 증거를 수령한 사람으로부터 서명이 된 영수증을 받아야 한다. 그 품목이 되돌려질 때에는 수사관에 의해 영수증이나 일지에 서명을 해야 한다.
- 증거의 한 조각이 제출될 때, 그 수사관은 그것이 동일한 증거물이라는 것을 보장하기 위해 증거 위에 수사관의 동일성 확인 표시를 체크해야 한다.
- 한 품목이 수사관에게 되돌려질 때에, 수사관은 그 증거물이 발견됐을 때와 동일한 조건에 있는지 여부를 확인해야 한다.
- 증거의 물리적 외관에서, 어떠한 변화는 법원(法院)의 확인을 받아야 한다.
- 증거는 차량의 트렁크, 강화 박스, 귀중품 보관실, 잠금장치가 돼 있는 파일 캐비닛, 증거물금고 혹은 금고에 보관될 수 있다. 유일한 조건은 적절하게 표시되고,

---

1) http://www.toxlab.co.uk/coc.html(2007.02.02. 검색). WHAT IS CHAIN OF CUSTODY?
Chain of Custody is a legal term that refers to the ability to guarantee the identity and integrity of the specimen from collection through to reporting of the test results. It is a process used to maintain and document the chronological history of the specimen.

2) 증거를 수집할 때부터 실험 결과를 보고할 때까지 표본의 동일성과 완전성을 보장해 줄 수 있는 능력에 관해 언급하는 법률적 용어다.

조작이나 파괴로부터 적절하게 보호되는 것이다.

- 대부분의 증거는 증거 보관요원에게 인도된다. 그는 과학수사실험실의 상시 고용된 사람이다. 이 사람은 증거의 수령자로서 증거 양식에 서명을 하게 될 것이다. 증거물 압수 경찰관은 자신의 수사 기록에 그 증거물이 전달될 사람을 표시해놓을 수 있다.

4) 증거의 표시와 제출

증거 수집 과정에서 기억해야 될 다른 중요한 규칙은 나중에 적절한 확인을 할 수 있도록 하기 위해 모든 증거가 압수된 그것에 곧바로 표시해야 한다는 것이다(Lyman, 1999: 143). 특별히, 증거를 압수한 경찰관이 법정에서 그것을 확인하는 것은 평범한 일이다. 그러한 선서는 증거의 보관 및 관리의 연속성에 관한 완전성을 보장한다. 증거의 각 부분에 대한 적절한 표시는 또한 범죄사건의 재구성과 목격자의 신문(訊問)을 위한 모든 증거 품목에 관한 구성을 보장해 준다. 일반적으로 압수된 품목에, 물건을 동봉하기 위해 사용된 봉투나 카드보드(cardboard)와 같은 어떤 용기(容器)에 압수한 경찰관의 이니셜과 압수된 날짜 두 가지가 모두 명확하게 표시되는 한, 경찰관이 어떻게 증거를 표시했는지는 상관없다(Lyman, 1999: 144).

표 4-1 증거를 적절하게 봉인하는 요령

1. 부피(bulk)가 있는 증거를 안전하게 박스에 포장한다.
2. 박스를 봉인하고 증거로 표시한다.
3. 전송할 편지의 복사본을 봉투 안에 넣고 'invoice(送狀)' 표시를 한다.
4. 봉인된 박스 외부에 봉투를 붙인다.
5. 외부 포장지에 봉인된 박스를 담아 포장하고, 접착성 종이로 봉인한다.
6. 수신인을 명기한다.
7. 만약 포장 박스가 목재이면, 선명한 플라스틱 커버 밑에, invoice 봉투를 위쪽으로 향하게 하고 납작한 못으로 박는다.

많은 경우에, 경찰관서는 추가적인 정보를 요구한다. 그러한 정보에는 피고인의 이름, 주소 그리고 출생 일자뿐만 아니라, 부여된 사건번호, 범죄의 유형, 피해자 이름이 포함된다. 물리적 증거를 표시하고, 봉인하며, 계산하고 무게를 측정하며, 필요하다면 봉인된 보관용기에 넣은 후에 확인될 정보가 담겨진 라벨을 첨부한다. 다음과 같은 상세한 내용이 증거용 라벨에 포함해야 한다(Lyman, 1999: 145-146).

- 사건번호
- 증거 제출용 일련번호(여러 품목이 압수됐을 때)
- 압수 날짜와 시간
- 항목들의 이름과 설명
- 발견된 시점의 장소
- 발견한 경찰관의 서명 혹은 이니셜
- 증거 발견을 목격한 다른 사람의 이름 혹은 이니셜

2. 개별 사건에서 증거 처리 방법

범죄 현장을 잘못 처리함으로써, 증거가 손상을 입게 되거나 혹은 파괴될 수 있는 것처럼, 부적절하게 수집된 그리고 관리된 증거는 또한 성공적인 수사를 방해할 수 있다(Lyman, 1999: 146). 예를 들면 만약 부적절하게 취급해 증거가 오염됐다면, 수사관으로 하여금 잘못된 결론을 유도할 수 있고, 그러한 문제를 바로잡는 데 많은 시간을 허비하게 만드는 결과를 야기할지 모른다. 종종 어떤 물건이 있는지 없는지 혹은 증거인지 아닌지에 관한 문제가 야기된다. 이러한 결론은 수사관의 훌륭한 판단, 상식, 그리고 과거 경험뿐만 아니라, 범죄 현장에서 사실과 정황을 고려할 수 있는 수사관의 능력에 근거한다. 어떤 의문이 존재할 때, 그 물건은 증거로써 반드시 수집되고 처리돼야 한다. 그 물건은 나중에 재평가될 수 있다. 어떤 유형의 중요한 증거들을 범죄 현장에서 처리해야 하는지 살펴보자.

1) 오염된(감염된) 증거

법집행 공무원이 직무를 수행하는 과정에서 직면하는 많은 위험 가운데 거리에서 폭력과 심지어 살해 협박이 있다. 후천성 면역결핍증(AIDS)에 관한 점증하는 공포로 인해, 범죄 현장 증거의 수집과 보존을 하는 수사관에게 새로운 건강상의 고민거리가 만들어졌다. 감염됐다고 의심되는 증거(infected evidence)의 수집에서의 문제는 건강을 보살피는 많은 전문가와는 달리, 통제되지 않는 환경에서 그리고 종종 극도로 해로운 조건하에서 범죄 현장 수사관들이 작업을 진행하고 있다는 사실에서 나타나고 있다(Lyman, 1999: 146).

심지어 장갑과 마스크와 같은 보호장비를 사용하더라도 에이즈(AIDS), 결핵, B형 간염과 같은 전염성 질병으로부터 수사관을 충분하게 보호할 수 없다는 점이다. 이러한 것은 부분적으로 그러한 보호 조치들이 잘리고 찔리는 것을 보호하는 데 종종 실패한다는 사실에 기인한다. 이것은 혈액과 다른 신체상의 액체들을 통해 질병과 감염의 전달 수단을 제공할 수 있다. 무기, 마약 거래 부속 장비, 면도날 그리고 피하주사용 주사기와 같은 도구들은 주머니 속, 서랍 속 그리고 자동차 안에 비밀스럽게 은닉할 수 있으며, 모두 다 범죄 현장 수사관에게 심각한 위협으로 나타날 수 있다.[3)]

에이즈(AIDS) 감염의 불행한 부수적 효과는 적절한 보호장비가 부족하고, 어떤 질병에 걸리는 것에 대한 예상이 쉽지 않으며 혹은 그러한 문제를 어떻게 잘 처리할 것인지에 대해 훈련이 부족한 경찰관은 전염성 유기체에 감염될 것을 두려워해, 고의적으로 혹은 부주의하게, 그들의 수색 범위를 제한하는 경향이 있을 것 같다는 점이다. 이것은 경찰관으로 하여금 "그것은 그렇게 할 가치가 없어"라는 식의 태도를 야기할 수 있으며, 부적절하게 압수된 증거물과 불충분하게 수사되는 사건으로 이어지는 것을 포함해

표 4-2 감염된 증거를 처리하기 위한 권장 사항

- 사람이 깨문 흔적(human bites): 타액(唾液)을 통한 바이러스(virus) 전달은 있을 것 같지 않다. 그러나 약간 물렸다면, 상처를 짜내고 잘 씻어낸 뒤 의사의 치료를 받는다.
- 침을 뱉는 것/소변/대변(feces): 타액을 통해 바이러스 감염은 있을 것 같지 않다. 소변의 경우, 바이러스는 아주 낮은 농도로 분리돼 있으며, 대변에는 전혀 그렇지 않다. 소변이나 대변과 관련된 에이즈(AIDS) 감염 사례는 없다.
- 잘리고 찔린 상처: 육안으로 볼 때 잘 보이지 않은 지역을 수색할 때, 뾰족한 물건들(sharp objects)을 피하는 데 매우 조심해야 한다. 뾰족한 것에 찔린 사건은 매우 드물다.
- CPR/응급 조치: CPR과 관련해서 최소한의 위험이 있다. 그러나 마스크/통풍장치를 사용하는 것이 좋다. 그리고 피를 흘리는 상처와 접촉할 때에는 장갑을 사용한다.
- 시체를 제거할 때: 모든 범죄 현장과 관련해 죽은 시체와 접촉을 할 때에는 항상 보호장갑(protective gloves)을 착용한다.
- 평상적인 접촉(casual contact): 평상시의 간단한 접촉으로 에이즈와 관련된 사건이나 감염은 없다.
- 신체상의 액체 혹은 혈액과의 어떤 접촉: 만약 혈액 혹은 신체상의 액체와 접촉할 것 같으면, 보호장갑을 착용한다. 만약 접촉이 있었다면, 비누와 물로 그 부위를 완전히 씻어낸다. 더러워진 부분을 10%는 물로, 90%는 가정용 세척제로 깨끗하게 한다.
- 건조된 혈액과의 접촉: 건조된 혈액에 노출돼 감염됐다는 사건은 없다. 건조 과정 그 자체가 혈액 내 어떤 바이러스의 활동력을 떨어뜨리는 것으로 보인다. 그런데 장갑과 같은 보호의(保護衣, protective clothing)를 착용하는 것이 여전히 좋은 생각이다(National Institute of Justice, 1987).

3) 이러한 위험을 방지하기 위해 미국이나 캐나다의 일선 경찰관은 용의자를 현장에서 수색할 때 반드시 두꺼운 가죽장갑을 착용한 채 수색을 실시한다.

전반적인 수사 과정에 대해 부정적인 부수 효과를 가질 수 있다. 그리고 교대로 그것은 피고인을 기소하는 데 불충분한 측면을 야기한다. 미국의 국립사법연구소(The National Institute of Justice)는 감염된 증거의 문제를 어떻게 가장 잘 처리할 것인가에 대한 권장 리스트를 제공하고 있다(Lyman, 1999: 146-147).

2) 혈흔과 신체상의 액체 증거 수집

많은 유형의 범죄가 몇 가지 특징적인 얼룩 유형을 범죄 현장에 남긴다. 혈액은 가장 빈번하게 발견되는 얼룩인데, 수사관에게 매우 귀중한 증거를 제공한다(Lyman, 1999: 148). 신체상의 분비물(body fluids)과 혈액, 액체는 범죄와 용의자를 관련시키기 위해 혹은 용의자를 그러한 고려 사항으로부터 제외시키기 위해 사용할 수 있는 가치 있는 증거다. 범죄 현장에 남아 있는 그러한 물질은 자국의 형태 혹은 액체 상태로 보인다. 신체의 분비액에는 혈흔(blood stain) 외에도 정액, 질액(vaginal fluids), 타액, 소변, 땀, 고름, 그리고 모유를 포함한다. 증거로서 신체상의 분비물에 대해 생물학적인 성공적인 분석은 샘플의 청결도에 달렸다. 거의 80%의 사람은 혈액에서 발견될 수 있는 것과 동일한 ABO식 혈액형 그룹 안에서 확인이 가능한 분비물을 갖고 있다. 나머지 20% 사람의 경우는 그러한 특징을 갖고 있지 않다(Palmiotto, 2004: 136). 특히 혈청 및 DNA를 분석하기 위한 중요한 증거로서는 혈액, 정액, 타액 등이 있다(Lyman, 1999: 148).

(1) 혈흔의 분석

범죄 현장에서 발견되는 모든 혈흔이 피해자에게 속하는 것이 아니라는 점을 명심해야 한다. 실제로, 혈흔(피얼룩, blood stain)은 범인의 것일 수도 있다. 범인이 범행을 저지르는 과정에서 부상을 입을 수 있기 때문이다(Lyman, 1999: 148). 혈흔과 비산흔(飛散痕)이 남아 있는 곳에서, 수사관에게 할당되는 사건은 재구성해야 한다. 혈흔의 모양과 형태는 범죄에 관한 유용한 자료를 제공할 수 있다. 혈흔증거와 관련해 몇 가지 중요한 원칙을 제시하고 있다(Palmiotto, 2004: 136).

- 점 상태로 이뤄진 혈흔은 그러한 흔적을 남긴 핏방울이 수직적으로 직접 떨어졌느냐 여부를 판단하는 데 도움이 된다. 그러한 흔적의 모양은 종종 떨어진 속도와 충격 각도, 마지막으로 정지된 장소까지의 거리를 측정하는 데 도움을 준다.
- 점 상태로 이뤄진 혈흔의 직경은 처음 5 내지 6피트 뒤쪽에서 떨어진 것은 거리를 측정하는 데 별로 혹은 전혀 도움이 되지 않는다. 이 거리 밖에서 혈흔의 변화는

너무 미미해 신뢰하기가 힘들다.

- 점 상태로 이뤄진 혈흔 가장자리의 특징들은 떨어진 대상물 표면에 대한 영향이 알려져 있지 않으면, 절대적으로 의미가 없거나 혹은 가치가 없다.
- 피 한 방울이 튀겨진 정도는 대상물의 거리보다 대상물 표면의 매끄러움에 훨씬 더 좌우된다. 대상물의 표면이 거칠수록 파열되고 흩어질 가능성이 높아진다. 예를 들면 압지(blotter)와 같은 것은 18인치 정도 높은 곳에서 상당히 넓은 정도로 핏방울이 흩어져 떨어지게 할 것이다. 그런 까닭에 100피트 이상에서 떨어진 핏방울은 만약 그것이 유리와 같이 매끄러운 표면에 떨어지지 않는다면 모두 흩어지는 것은 아니다.
- 제한된 숫자의 흔적으로부터 아주 적은 혈흔을 야기한 원인에 대해 결론을 내려서는 안 된다. 매우 미세한 작은 혈흔은 좀 더 큰 핏방울로부터 떨어진 하잘것 없는 부수물로부터 나온 것일 수도 있다. 그런데 더 큰 핏방울이 없으면서 그리고 1/8인치(종종 직경이 1/1,000인치보다 작은)보다 작은 수백 개의 작은 핏자국이 범죄 현장에서 발견된다면, 그러한 혈흔은 충격에 의해 만들어진 것이라고 결론을 내릴 수 있다. 핏방울의 직경이 작을수록 충격의 속도는 더 커진다. 도끼나 해머로 가격했을 때처럼 중간 정도의 속도 충격과 총기를 발사했을 때처럼 좀 더 큰 속도 충격 간의 차이점은 두 가지를 구별하는 데 충분하다.
- 만약 수사관이 상호 독립적으로 튀긴 자국과 큰 핏방울로부터 떨어진 사소한 부수물 간의 차이점을 인식한다면, 작은 혈흔의 방향성은 쉽게 판단된다. 작은 독립적인 흔적은 눈물 모양을 닮은 통일된 끝이 뾰족한 모양을 가지고 있으며, 항상 움직이는 방향쪽으로 그 끝이 가리키고 있다. 사소한 작은 핏방울은 머리 모양이 잘 만들어진 올챙이 모양으로, 길게 좁은 자국을 만들어 낸다. 그 뾰족한 끝의 뒷부분은 항상 핏방울이 떨어지기 시작한 원래의 방향쪽을 가리킨다. 이러한 부수적인 자국은 아주 짧은 거리를 이동하며, 좀 더 큰 핏방울 자국은 항상 추적될 수 있다.
- 방울에 의해 혹은 몇 온스에 달할 정도로 더 많은 혈액에 의해 만들어지기도 하는 혈흔의 특성은 만약 시체 혹은 다른 자국이 남은 표면이 원래 놓여 있던 장소에서 움직였다면, 최초의 자국과 나중에 남은 자국이 생기는 시간 동안 움직임을 밝혀 준다.
- 대상물과 충격 각도에 따라서 상당한 정도의 뒷부분 쪽으로 튀겨진 것은 아마도 총기 발사로 인해 생긴 상처로부터 형성된 것이다. 그런데 뒷부분으로 튀겨진 범

위는 발사되는 방향에서 나타나는 것보다 훨씬 더 적다. 특히 팽창되는 유형의 총탄이 사용됐을 때, 출구 쪽 상처와 함께 이것은 사실이다.

- 혈액은 공기역학적으로 매우 규칙적인 물질이다. 나이나 성별에 따라 어느 정도까지는 영향을 받지 않은 특별한 패턴을 제공할 정도로 능력이 있다. 혈액은 일정한 온도(36°)를 유지하고 있는 신체로부터 흘러나오고, 보통 짧은 시간 동안 외부 환경에 노출되기 때문에, 혈액은 일상적인 공기 온도, 압력 그리고 습도에서는 움직임에 관해 측정될 만한 영향을 받지 않는다(Palmiotto, 2004: 136-137).

(2) 혈흔증거의 수집

어떤 사건에서 혈흔을 수집할 때, 다음과 같은 가이드라인을 준수하는 것이 좋다(Lyman, 1999: 148).

- 혈흔에 대해 선명하게 사진으로 그리고 비디오로 촬영한다.
- 혈흔이 발견된 모든 장소에서 샘플을 채취해야 한다.
- 혈액 샘플은 쉽게 부패한다. 그래서 면봉으로 닦아내 보관하기 전에 공기 중에서 건조시킨다.

깨끗하게 닦여지거나 물로 씻어질 수 있는 혈흔의 존재를 검사하기 위한 장비에는 살균된 면봉, 페놀프탈레인 시약, 루이코말라카이트 그리고 루미놀 스프레이가 포함된다. 현장용 키트에는 1회용 화학 도포 주걱, 증류수와 접촉 흔적 확인용 페이퍼가 들어 있다. 이러한 키트에는 컬러로 된 차트와 양성반응을 확인할 수 있는 방법이 포함된다. 루미놀은 또한 스프레이병과 함께 들어 있다. 액체 형태의 신체 분비물에 관한 증거를 수집하기 위한 혈청학 키트에는 증류수, 면봉, 거즈, 핀셋, 면도날, 장갑, 피펫(pipet),[4] 증거 수집용 유리병(vial), 흡수용 페이퍼 등이 포함된다. 휴대용 자외선 램프가 또한 포함된다(Ramsland, 2001: 15-16).

피로 얼룩진 물건은 언제 실험실로 송부해야 하는가? 공기 순환이 이뤄지는 곳에서 깨끗한 종이 한 장 위에 올려놓고 얼룩이 진 물건을 공기 중에서 건조시킨다. 종이봉투에 건조된 물건을 집어넣는다. 취급자의 서명, 날짜, 그리고 증거 제출용 일련번호가 들어간 라벨을 붙인 후 봉투를 봉인한다. 건조 과정에 대상 물건에서 종이 위로 떨어진

4) 극소량의 액체를 재거나 옮기는 데 쓰는 눈금 있는 관.

부스러기들은 반드시 금속상자에 넣어 라벨을 붙이고, 봉인해 넣어야 한다. 만약 해당 물건을 접어야 한다면, 종잇조각으로 얼룩이 진 부분을 보호해야 한다. 혈흔이 묻은 각 항목은 건조시킨 후에 분리해서 포장한다. 그러한 항목들이 아직 습기가 있는 채 항목들을 포장해서는 안 된다. 그것들은 공기 중에서 마르도록 해야 한다. 피해자와 용의자로부터 나온 항목은 서로 다른 용기에 분리해서 포장한다. 사건에 직접적으로 관련되는 각 사람으로부터 채취한 비교용 표준 혈액은 자주색 뚜껑이 닫힌 진공채혈기(vacu-tainer)에 수집한다. 실험실로 송부할 준비가 될 때까지 건조된 표본을 냉동고 혹은 냉장고에 보관한다.

혈액이 묻은 항목들이 실험실로 이송될 수 없을 때 조치 요령은 다음과 같다(Lyman, 1999: 49).

- 가능하면, 대상물로부터 나온 건조된 혈액(피)은 긁어서 모은다. 깨끗한 칼 혹은 면도날을 사용해 건조된 혈흔을 긁어서 종이에 담아 접고, 이를 봉투에 넣는다. 만약 긁은 것이 채취됐다면 긁을 때 사용된 면도날을 포장하고 보존한다.
- 만약 긁어모으는 것이 가능하지 않으면 마른 면봉 끝을 물로 충분히 적신다. 이때 면봉이 물에 완전히 젖지 않도록 한다. 면봉으로 건조된 피얼룩을 살살 문질러서 혈흔을 채취한다. 가능하면 물에 젖은 면봉 끝에 혈흔이 묻어 있도록 주의한다. 공기 중에서 면봉을 건조시킨 후 봉투나 작은 종이봉투(혹은 match box)에 넣는다.
- 혈흔이 묻은 커다란 섬유는 얼룩이 묻어 있는 부분을 잘라내어 처리한다. 그 자른 부분을 실험실로 송부한다. 잘라내기 전에, 그 피얼룩이 있었던 장소와 조건에 관한 상세한 부분을 서면으로 기록하거나 사진 촬영해야 한다. 잘라낸 것은 봉투나 종이봉투에 넣는다.
- 만약 흙 속에 섞여 있는 피가 활용 가능하다면, 먼저 면봉으로 습기가 있는 피를 빨아들이게 한다. 그리고 봉투나 종이봉투에 담기 전에 공기 중에서 건조시킨다.

그 사건에 직접적으로 관련된 각 사람으로부터 비교용 혈액 표본을 수집한다. 검시관 혹은 다른 자격 있는 사람으로 하여금 피해자와 모든 용의자로부터 적어도 5cc 정도의 혈액을 수집하도록 함으로써 비교용 표본 혈액을 취득한다. 모든 혈액의 수집을 위해 자줏빛 뚜껑으로 닫힌 진공채혈기 튜브를 사용한다. 혈액을 제출한 각 사람의 성명, 취급한 의사 그리고 다른 관련되는 정보를 라벨로 붙인다. 실험실로 송부할 준비가 될 때까지 튜브를 냉장고에 보관한다. 모든 혈액 샘플을 냉동시켜서는 안 된다(Lyman,

1999: 49).

(3) 정액 등의 채취

정액 흔적이 존재하는 것은 성적 행위가 벌어졌다는 것을 확인시켜 준다. 정액(精液, semen)의 얼룩은 성범죄에서 발견될 수 있는 흔적이다. 그러한 얼룩의 존재는 수사에서 상당히 중요하며 유용하다. 그리고 종종 피해자가 법정에서 선서하기에 너무 어릴 때 혹은 성적 학대를 당한 것을 기억하기가 어려울 때 혹은 성적 폭행이 살인범죄의 일부분이었을 때, 범행이 저질러졌음을 보여주는 데 절대적으로 필요하다(Weston et al., 2000: 32). 속옷을 검사하면서, 용의자의 정액 흔적에 대해 적어도 현미경을 통해 그 구조와 형태에 대해 확인 가능한 원래 그대로의 정자 한 마리의 존재는 강간 범인을 기소하는 데 확실하게 증명해 줄 수 있도록 도와준다(Osterburg & Ward, 2000: 34). 제출해야 할 콘돔은 가능하면 수집된 직후에 냉동시켜야 한다. 커다란 물건 혹은 실험실로 송부하기 어려운 물건 위에 얼룩진 부분은 잘라내어 제출한다. 종이봉투 안에 건조된 물건을 넣고, 취급자의 서명(혹은 이니셜), 날짜, 증거 제출용 일련번호를 라벨로 붙이고, 봉투를 봉인한다. 만약 물건을 접어야 한다면, 한 장의 종이로 얼룩진 부분을 보호한다(Lyman, 1999: 49).

얼룩진 각 물건은 분리해서 포장한다. 그러한 물건들에 아직 습기가 있을 때 포장해서는 안 되며, 완전히 건조시켜야 한다. 성폭행범죄 피해자 검사용 키트와 용의자 검사용 키트를 준비하고, 키트에서 제공하고 있는 지시 사항을 따른다(Ramsland, 2001: 16).[5] 키트에 서명(혹은 이니셜), 날짜 그리고 증거 제출용 일련번호를 라벨로 붙이고 봉인한다. 실험실로 송부할 준비가 될 때까지 키트와 건조된 표본을 냉장고 혹은 냉동고에 보관한다(Lyman, 1999: 50).

DNA 프로파일링은 성범죄의 증거를 조사하는 데 아주 결정적인 영향을 가져왔다. DNA 테스트 이전에, 실험실은 정액 증거로부터 확인될 수 있었던 유전적 정보의 양에 의해 제한됐다. DNA 분석의 도래로, 정액 그 자체의 유전적 내용이 조사될 수 있었다. 성폭행범죄에는 중요한 세 가지 범죄 현장이 있는데, 피해자, 용의자 그리고 성폭행이

5) 성폭행범죄 검사용 키트에는 피부의 일부를 긁은 손톱, 이물질과 같은 증거를 담을 수 있는 봉투가 담겨 있다. 성폭행사건 보고서, 위임장, 면봉, 적절하게 라벨이 부착된 전단지와 함께 있는 덮개 슬라이드, 혈액 채취용 튜브, 남성과 여성 피해자 모두에게 해당되는 안내서, 음모 정리용 빗과 전단지, 머리카락에서 음모에 이르기까지 잡아당겨진 모발 보관용 백, 가위 그리고 생물학적 위험성을 알리는 라벨이 부착된 증거 보관용 봉인이 포함된다.

일어났던 장소다. 각각으로부터 증거 수집에 대한 프로토콜이 있다. 그러나 피해자만이 종종 초점이 되고 있다. 어떤 사건에서 의식 불명의 강간 피해자에 대한 강간범죄 수사용 키트를 처리하도록 재빨리 요원을 출동시킨다. 용의자를 확인하는 데 시간이 많이 걸릴수록, 의복류가 씻어지거나 혹은 버려지거나, 사람들이 샤워를 하거나 혹은 상처가 아물게 되는 등 중요한 증거가 멸실될 가능성이 높아진다.

피해자와 강간범(만약 체포됐다면) 둘 다 성폭행범죄 증거 수집 키트에 영향을 받게 된다. 또한 강간범죄 수사용 키트로 알려진, 그리고 전문적으로 훈련받은 간호사는 일반적으로 병원에서 이러한 사람들을 관리한다. 이러한 키트의 핵심은 성적(性的)인 접촉이 이뤄진 것과 물리적 증거가 알려진 성폭행과 일관성이 있는지를 증명하는 것이다. 중요한 증거가 되는 음모(陰毛), 정액 샘플 그리고 질액의 샘플은 중요한 증거 요소가 된다. 이것은 멸실될 가능성이 있는 증거인 바, 오염되지 않도록 주의 깊게 보관한다. 신체의 자정(自淨) 시스템이 그것을 씻어내리기 전에 신속하게 수집해야 한다(Ramsland, 2001: 106-107).

정액은 신체 외부에서는 하루 이상 유지되지 않는 산(酸)포스포타제(acid phosphatase, 인산염 성분)라고 불리는 검출 가능한 효소들을 함유하고 있다. 정충 세포는 3일 정도 생존한다. 그 키트는 다음과 같은 물품을 담고 있다(Ramsland, 2001: 107).

- 항문, 구강, 질, 음경 그리고 채취 가능한 샘플을 취득하기 위한 면봉
- 현장에서 표본을 만들기 위한 끼워넣는 슬라이드
- 타액을 추출하기 위한 필터 페이퍼
- 액체 상태의 샘플을 채취하기 위한 특수 튜브
- 모근(毛根)으로부터 음모와 머리의 모발을 채취하기 위한 한 쌍의 핀셋(각 부분에서 25가닥 정도의 모발이 필요하다)
- 피해자가 잡아당기는 것을 저항한 사건에서, 모근에 근접한 것을 자를 수 있는 가위
- 나무로 된 후비는 물건과 각 손으로부터 손톱으로 할퀸 것을 보관하기 위한 증거 보관용 봉투
- 분리된 빗과 음모를 보관하기 위한 봉투 그리고 머리 부분 모발을 빗기 위한 것들
- 용의자가 어떤 것을 핥았거나 깨문 사건에서 나온 타액(saliva, 침) 채취용 면봉
- 피해자의 이력(특별히 피해 여성의 성관계 이력)과 성폭행 범죄 사실을 기재하기 위한 양식

• 잡동사니 부스러기를 수집 보관할 봉투

수집된 혈액에서 취득된 몇 방울의 피는 옷감에 묻혀서 건조시킨 후 잘 보관한다. 이러한 과정에서 질(膣)과 직장(直腸, rectum) 안을 면봉으로 닦아 정액을 채취한다. 질 내부는 식염수(saline)로 세척한다(남성 강간 용의자로부터는 질 세포의 증거를 찾기 위해 성기를 면봉으로 닦는다). 강간범죄 수사용 키트를 활용하기 위해 면봉은 잘라서 그 조각을 테스트용 튜브에 떨어뜨린다. 그리고 몇 방울의 물로 적신다. 한 부분은 슬라이드에 올려놓고, 다른 부분은 혈액을 분석한다. 그리고 세 번째 것은 산(酸)포스포타제(AP) 성분의 존재 여부를 확인할 수 있는 화학약품과 섞는다. 슬라이드 위에 있는 표본은 세포를 관찰하기 위해 착색된다. 그렇게 되면, 정충(sperm)과 질세포가 돌출돼 나온다. 꼬리가 달린 정충은 올챙이(tadpol)같이 보인다. 이때 질세포는 프라이된 달걀과 같은 모습을 띠고 있다.

신원 확인을 도와주는 것 외에, 강간범죄 수사용 키트의 내용물을 분석함으로써 성교가 행해진 대략의 시간을 알 수 있다. 정액은 다른 액체들과 함께 혼합돼 있으면, 일정한 비율로 상태가 나빠진다. DNA 프로파일이 확인되면, 그것은 용의자의 것과 대조하며 혹은 유죄의 의심을 받고 있는 범죄자 데이터베이스에 입력될 수 있다. 만약 일치되는 부분이 없으면, 그 프로파일은 법과학적 혹은 범죄수사학적 목록에서 찾게 된다. 만약 두 범죄가 연관되면, 두 관할구역에 있는 법집행기관 서로 간에 확인할 수 있다. 어떤 신체의 구멍에 대해 동의 없이 성적 관계를 강요당하는 것에서부터, 성적인 접촉을 강제당하는 것 혹은 성적 괴롭힘을 당하는 것과 같은 연속적인 성적 피해가 있다. 그래서 모든 강간사건은 코드화돼 입력된다. 그러나 성적인 외상이 항상 강간을 의미하는 것은 아니다. 거친 성적 행동이 이와 유사한 타박상과 같은 상처를 남길 수 있다. 그래서 이러한 상처를 구별하는 것은 결국 다른 유형의 증거를 발견하는 문제와 관련된다(Ramsland, 2001: 108).

(4) 타액의 채취

공기가 순환되는 곳에서, 얼룩진 물건을 깨끗한 종이 한 장 위에 올려놓고 건조시킨다. 종이봉투 안에 건조된 물건을 넣고, 취급자의 서명(혹은 이니셜), 날짜, 증거 제출용 일련번호를 라벨로 붙이고 봉투를 봉인한다. 만약 물건을 접어야 한다면, 한 장의 종이로 얼룩진 부분을 보호한다. 각 얼룩진 부분은 분리해서 포장한다. 그러한 물건들에 아직 습기가 있을 때 포장해서는 안 되며, 완전히 건조시켜야 한다.

비교용 표본을 수집한다. 실험실로 송부할 준비가 될 때까지 건조된 표본을 냉장고 혹은 냉동고에 보관한다. 비교용 표본 타액을 다음과 같이 채취한다. 만약 어떤 사람이 음식을 먹었거나 담배를 피우고 있었다면, 30분 정도 기다려서, 피해자와 용의자로부터 타액의 얼룩이 있는 샘플을 채취한다. 1평방인치 크기의 깨끗한 면으로 된 천 조각 위에 그 사람의 침을 뱉게 해서 이를 채취한다. 연필로 얼룩진 부분을 대강 표시하고, 공기 중에 건조시킨 후 샘플을 분리된 봉투에 넣는다. 실험실로 송부할 준비가 될 때까지 건조된 표본을 냉장고 혹은 냉동고에 보관한다. 비교용 표본 혈액 채취 요령에 따라서 작업을 수행한다(Lyman, 1999: 50).

성남 60대 여성 살해한 범인 검거

지난 3월 12일 경기 성남시 다세대 주택에서 흉기에 찔려 숨진 채 발견된 60대 여성을 살해한 범인이 경찰에 붙잡혔다. 성남수정경찰서는 3월 21일 자신을 무시한다는 이유로 집주인을 흉기로 살해한 고모 씨(47)에 대해 살인 혐의로 구속영장을 신청했다. 고 씨는 지난 10일 오후 5시 40분께 성남시 수정구 태평동 박모 씨(69, 여) 다세대 주택에서 집주인 박 씨가 "보조금으로 셋방살이 하면서 시끄럽게 한다"고 무시했다는 이유로 박 씨를 흉기로 찔러 살해한 혐의다. 경찰은 고 씨가 사건 당시 집에서 잠을 자고 있었다고 진술했으나 숨진 박 씨 몸에 묻은 타액(唾液)에서 고 씨의 DNA가 검출돼 범죄 사실을 추궁 끝에 자백을 받았다고 밝혔다.

(뉴시스, 2007.3.21.)

절도 현장에 남은 '그놈 DNA'… 13년 전 화장실 성폭행범 잡았다

2008년 공중화장실에서 여성을 성폭행하고 도망친 범인이 13년 만에 붙잡혔다. 최근 절도 범행을 저지르면서 남긴 DNA가 단서가 됐다.

6일 경기도 일산서부경찰서에 따르면 2008년 7월 고양시의 한 상가건물 여자화장실에서 50대 여성이 성폭행을 당했다는 내용의 112 신고가 접수됐다. 당시 경찰은 범행 직후 달아난 용의자를 잡지 못했다. 그러나 피해 여성에게서 채취한 용의자의 DNA를 국립과학수사연구원에 보냈고 지금까지 데이터베이스로 보관하고 있었다.

미제 강간사건으로 분류됐던 이 사건은 지난 1월 고양시 일산서구의 한 가정집에서 절도 신고가 접수되면서 해결됐다. 현장에는 범인의 지문에 묻은 땀 등 체액이나 타액이 발견됐고, 경찰은 용의자의 DNA를 확보할 수 있었다.

이를 채취한 경찰은 국과수에 보냈고, 최근 2008년 미제 강간사건의 용의자와 일치한다는 결과를 받았다. 경찰은 약 70일 동안 용의자를 추적해 파주시 소재 거주지에서 A(29) 씨를 최근 검거했다. A 씨는 경찰 조사에서 혐의를 인정했다. 2008년 성폭행사건 발생 당시 A 씨는

16세 고교생이었으며, 피해자는 현재 사망했다.

(조선일보, 2021.04.06.)[6]

3) 무기류와 탄약 관련 증거 수집

(1) 탄도학적 측면에서 무기류에 대한 증거 수집

총기류는 탄도학적 동일성이 보존될 수 있도록 취급해야 한다. 탄도학(ballistics)은 총기류, 탄환, 카트리지 그리고 엽총의 탄피를 감식하는 것이다(Weston et al., 2000: 21). 내부탄도학은 발사될 때 회전하는 총기류의 기능에 관해 언급하는 것이며, 외부탄도학은 공중으로 날아가는 발사물에 관한 분야다. 탄도학에서는 총열(barrel)의 내부, 'land(총신 내부 · 돌절구 등의 홈과 홈 사이의 부분)'와 'groove(총포의 腔線)'로 된 총구멍(bore), 발사핀(firing pin), 발사핀 홀이 위치하고 있는 곳의 총개머리(breech), 총의 약실(藥室) 그리고 감식에서 중요한 출처로서 배출관(ejector) 혹은 탈포기(脫包器, extractor)의 약실 추출 장치를 활용한다(Weston et al., 2000: 21).

무기류(firearms)는 총기 발사자의 손에서 검출될 만한 잔류물뿐만 아니라, 탄환과 카트리지 케이스에도 독특한 표시를 남긴다(Lyman, 1999: 52). 그러한 증거에서 흔적 증거의 유형이 전형적으로 발견되기 때문에, 무기류를 처리하는 데 매우 조심해야 한다.

총기(銃器) 시대

총(銃)과 포(砲)는 대개 구경(口徑: 총구의 지름)과 탄도를 기준으로 가른다. 구경이 12.7mm 이하이면 총, 이상이면 포로 분류한다. 또한 탄도가 직선이면 총, 곡선은 포라고 한다. 하지만 군사 교리에 따라 예외도 있다. 탱크를 공격하는 106mm 무반동총은 구경이 크지만 총이라 하고, 20mm 발칸포는 탄도가 직선이지만 포로 분류된다.

총의 기원이 포다. 1354년 독일 베르트홀트 슈바르츠(Berthold Schwarz)가 발명한 대포를 최초로 친다. 이를 계기로 소총의 기원인 수포(手砲, hand cannon)가 만들어졌다(권호영 · 이병해 공저, 총기학). 권총의 영어 피스톨(pistol)의 어원은 여러 가지다. 처음 피스톨을 만든 이탈리아 도시 피스톨라에서 따왔다는 설, 총구 지름이 옛 화폐인 피스톨(피아스톨) 크기였기 때문이라는 설, 권총을 말 안장 앞에 뒀기에 붙은 피스타로(안장 부분 이름)설 등이다. 권총은 프랑스 기병이 첫 채택해 군용의 효시가 됐다. 남북전쟁(1861~65)과 제1,2차 세계대

6) 조철오 기자, https://www.chosun.com/national/incident/2021/04/06/FPKW4G5NS5D7RJ5ZNJBQKLNDFA/?utm_source=naver&utm_medium=referral&utm_campaign=naver-news

전을 거치면서 모델도 개량됐다. '버지니아공대 참사' 범인 조승희가 사용한 권총은 22구경 발터 P22와 9mm 글록이다. 독일 발터(Carl Walther)사는 군용으로 채택된 발터 PP, 발터 PPK 등을 개발해 크게 성공한 회사다. 오스트리아의 글록(Glock GmbH)사는 플라스틱으로 제작한 글록 17 권총을 개발해 상위 메이커로 도약했다. 전 세계 총기류는 2003년 기준으로 6억 3천 900만 정이 넘는다. 매년 총기사고로 50만 명이 숨지고 100만 명 이상이 부상을 당한다. '버지니아 참사'를 비롯해 일본 나가사키시 시장 권총 피격, 미국 항공우주국 권총 인질극, 우리 군의 총기사고 등 며칠새 지구촌에 총성이 너무 잦다.

(http://www.busanilbo.com/news2000/html/2007/0423/040020070423.1030111508.html./부산일보, 2007.04.23.)

(2) 일반적인 무기 관련 증거 수집 가이드라인

총기류의 디자인이 총열을 제거할 수 있도록 돼 있을 때, 총기의 프레임과 총열은 반드시 둘 다 표시해야 한다. 리벌버(revolver) 권총의 실린더들 또한 표시해야 한다. 왜냐하면, 리벌버는 특별한 공구 없이 다양한 (탄알) 직경(caliber)의 실린더 교환이 가능하도록 디자인돼 있기 때문이다. 게다가 수사관은 반드시 자동 소총(rifle)과 엽총(shotgun)의 볼트 그리고 자동권총의 슬라이드의 동일성에 대한 표시를 해야 한다. 왜냐하면 이러한 총기의 부품은 특별한 공구 없이 제거할 수 있다. 볼트와 그러한 무기의 슬라이드는 발사핀, 총개머리판 그리고 추출기를 내포하고 있다. 그 무기가 리벌버일 때, 그리고 그것이 발사된 혹은 발사되지 않은 카트리지를 담고 있음이 발견됐을 때, 실린더 뒷면 부위는 실린더의 약실에서 그러한 카트리지의 위치를 알 수 있도록 반드시 표시해야 한다.

무기는 불필요하게 취급돼서는 안 되며, 또한 계속해서 메커니즘이 작동돼서는 안 된다. 안전이 최고로 중요하다. 권총을 비우기 위해 총에서 총알을 빼내는 것은 반드시 최소한의 절차에 그쳐야 한다. 총기를 발사하려는 시도, 총기를 분해하려는 시도, 그리고 어떤 방식으로든지 총의 메커니즘에 저촉되는 시도를 해서는 안 된다.

총기를 설명하거나 묘사할 때, 제조회사의 이름과 일련번호부터 시작한다. 이러한 자료들은 총기를 추적하는 데 필요하다. 총기 위에 찍혀 있는 모든 이름과 숫자를 기록한다. 어떤 숫자들은 부품의 번호다. 한 자리 혹은 두 자리 숫자들은 일반적으로 모델 숫자다. 어떤 마크는 제조자를 의미하며, 다른 것들은 테스트의 증거다. 엠블렘과 심벌은 증명 표시이며, 최대한 장전했을 때 실제로 발사함으로써 총기의 약실 길이를 증명하기 위한 테스트를 보여주는 데 사용된다. 이런 모든 마크는 총을 확인하는 데 도움을 준다. 종종 숫자는 갈아버림으로써, 메움으로써 혹은 중간에 구멍을 냄으로써 지워진다. 수사관은 그 손상과 위치를 잘 기술해야 한다. 그리고 실험실 요원에게 그 숫자를 복구해 줄 것을 요청해야 한다. 만약 숫자 중간에 구멍을 낸 경우에는 복원하기가 어렵다. 그러나 그것이 가능할 수 있다. 심지어 조그만 파편도 도움이 될 수 있다. 총기의 직경(直徑, caliber) 혹은 총기의 구경(口徑)이 또한 확인될 만한 특징이다. 제조회사(제조자)의 이름 혹은 모델 숫자와 연관된 스탬프에서, 총기의 직경이 총기 위에 종종 표시돼 있다. 만약 총기의 직경이 표시돼 있지 않으면, 수사관은 수사 기록에 "알 수 없음(unknown)"이라고 적거나 총기의 구경을 가로질러 측정한 것을 "몇 분의 몇 인치" 식으로 기록하면서, 총기 직경에 대한 어떤 추정치를 기술해야 한다. 이것은 증거 수집에서 정확성의 요구와 일치하는 것이다.

변호인은 총기의 직경에 관해 경찰이 정확하게 기록하지 못한 것을 문제시함으로써 총기와 관련된 법정 증언에 관한 의심을 불러일으킬 수 있다. 이처럼 어떤 지식의 결핍을 확인하는 것은 변호인의 전문가적 행동이다. 근사치로 직경을 기입하는 것과 나중에 그것이 완전히 잘못됐다는 것으로 밝혀지는 것보다 "알 수 없음"이라고 적어놓는 것이 더 바람직하다고 한다(Weston et al., 2000: 21-23).

한편, 라이먼(Michael D. Lyman) 교수는 다음과 같이 일반적인 가이드라인을 제시하고 있다(Lyman, 1999: 146-147).

- 총기의 손잡이 혹은 방아쇠를 보호하기 위해 측면을 잡음으로써 총기는 주의 깊게 다뤄야 한다.
- 어떤 것도 달라붙게 해서는 안 된다. 연필과 같은 그런 물건이 총기의 총열 안으로 들어가게 해서는 안 된다. 이런 것은 중요한 흔적증거를 파괴할 수 있다.
- 총기를 발사할 그리고 총기를 분해할 어떤 시도도 해서는 안 된다. 혹은 어떤 방식으로든지 메커니즘에 방해를 일으켜서는 안 된다.

(3) 총기 발사 잔류물 검사 키트

총기를 발사하면 총기에 아주 근접한 어떤 물건 위에 발사된 탄환의 잔류물을 남기게 된다. 종종 탄환이 날아가는 경로를 따라서 상당히 먼 거리에 있는 물건에도 이와 같은 잔류물을 남긴다. 총기 발사 잔류물 검사 키트는 발사자의 손에 남아 있는 잔류물의 정도를 확인하기 위해 사용된다. 과학수사실험실에서는 보통 다음과 같은 두 가지 종류의 총기 잔류물을 분석할 수 있는 키트를 가지고 있다(Lyman, 1999: 52).

- A.A. Kit는 묽은 질산병에 들어 있는 다섯 개의 면봉으로 구성돼 있다. 그리고 자동 흡수 스펙트로포토미터(spectrophotometer, 分光光度計)를 사용해 분석한다.
- SEM/EDX Kit은 두 개의 접착제로 코팅된 알루미늄 토막으로 구성돼 있다. 선 분산 검출기가 장치된 스캐닝 전자현미경(microscope)을 사용해서 분석한다.

각 키트는 그 사용 방법에 대해 특별한 안내 사항을 담고 있다. 또한 총기 발사사건에 관한 정보 요구를 담고 있다. 총기의 유형, 탄약 그리고 키트에 수집할 때까지의 시간 간격을 확실하게 포함시켜야 한다. 키트는 가능하면, 총격사건이 일어난 직후에, 어떤 방식으로도 손이 깨끗해지기 전 혹은 처리되기 전에 사용해야 한다. 활동하고 있는 사람으로부터 키트로 수집할 때까지 간격이 6시간을 초과하면 키트를 사용해서는 안 된다. 만약 총기를 발사한 거리에 관한 정보가 요구되면, 탄환 구멍이 있는 피해자의 옷과 사용된 총기와 탄약에 관한 정보를 함께 제출한다. 만약 의복류에 혈흔이 묻어 있으면, 공기 중에서 완전히 건조시킨 후에 종이봉투에 포장한다. 만약 피해자가 상처가 있는 부위에 옷이 없었다면, 그 상처를 클로즈업해서 사진을 촬영한다. 사진은 자(scale)를 놓고 촬영한다.

(4) 소형 권총과 어깨에 메는 총

총열 안에는 아무것도 들어가게 해서는 안 된다(Lyman, 1999: 53). 수사관은 권총의 총열 안에 연필과 같은 물건을 안으로 넣어서 총기를 집어 올리려는 기술을 사용해서는 안 된다. 총기류는 반드시 총기의 거친 부분 혹은 바둑판 모양의 목재로 된 부분 쪽으로 집어올리도록 하며, 만약 가능하면 방아쇠 안전장치 그리고 방아쇠 부분을 제외한 어떤 외부의 금속성 부분을 집어올린다. 신속하게 보관용기 안에 넣거나 보드(판자)에 묶거나 혹은 강한 판지(마분지, 카드보드지)에 묶는다(Weston et al., 2000: 21-22).

탄도학적 비교와 감식을 위해 일반적으로 사용된 총기의 일부분을 변동시키지 않는 절차를 따라야 한다. 모든 총기류는 탄환을 제거한 후에 실험실로 송부한다. 필요하다면, 지문을 채취할 수 있는 절차를 거친다. 소비된 탄약통 케이스 혹은 리벌버 권총 안 실린더에 장전된 탄약통의 위치를 설명할 수 있도록 기록한다. 만약 적절한 수사를 진행하려면, 안전장치의 위치, 공이치기(hammer)의 위치, 기타 등등에 관해 기록을 해야 한다. 반자동 총기류로부터 탄창을 제거해야 한다. 그리고 필요하다면, 총기 외부에 남아 있는 지문 채취 절차를 거친다. 탄창은 분리된 용기(容器) 안에 보관한다.

좀 더 큰 용기 안에는 총기류를 함께 넣어서 제출한다. 항목, 일련번호, 사건번호, 관리의 연속성(chain of custody) 그리고 다른 관련된 상세한 내용들을 포함하고 있는 총기에 확인용 태그를 붙인다. 권총은 플라스틱 봉투, 종이봉투 혹은 박스에 넣어서 제출한다. 만약 지문, 혈흔을 채취하기 위해 권총을 처리해야 한다면, 그것들을 플라스틱 봉투에 넣어서 송부하면 안 된다. 만약 총기의 일련번호가 지워졌다면, 나중에 감식할 것을 대비해 확인용 마크를 총기에 해놔야 한다. 지워진 부분은 여러 가지 방법 가운데 하나를 사용해 실험실에서 복원할 수 있다(Lyman, 1999: 53).

(5) 발사된 탄환, 탄약통 그리고 탄피

총격사건에서, 수사관은 레이저로 된 궤도 추적용 키트를 사용할 수 있다. 그것은 범죄 현장에서 사출(射出) 경로를 판단하는 데 도움을 준다. 이 키트에는 레이저 포인터, 각도측정기, 원뿔체, 관통막대기, 삼각대가 포함된다.

탄환 발사흔 채취용 키트는 미립자 흡수식 분석(Atomic Absorption Analysis: AA) 혹은 스캐닝 전자현미경(Scanning Electron Microscope: SEM)을 사용하는 실험실용으로 개발된 것이다. 예를 들면 미립자 흡수식 분석기의 경우에는 봉인된 증거 보관용기가 들어 있다. 그리고 양쪽 손 가운데, 다른 한쪽에 탄환 발사흔이 남아 있는지 여부를 테스트할 수 있는 설명서가 첨부돼 있다.

스캐닝 전자현미경 키트에는 손에 남아 있는 물질을 검사할 수 있는 알루미늄 슬라이드가 들어 있으며, 접착성이 있는 탄소물질을 사용한다. 용의자가 방금 총 혹은 금속성 무기를 다뤘는지 여부를 확인하는 경우, 알코올과 혼합된 금속성 흔적검사 시약이 접촉한 흔적 패턴을 자외선 아래서 육안으로 볼 수 있게 해 준다(Ramsland, 2001: 15).

탄환, 카트리지(cartridge) 그리고 빈 케이스를 수집, 채취하는 요령은 다음과 같다. 탄환, 카트리지 그리고 빈 케이스는 감식할 때 사용되는 부분에 특별한 주의를 기울이면서 처리한다. 이러한 증거는 범죄자가 사용한 무기의 유형을 판단하는 데 유용할 수 있다. 좀 더 정확한 실험실 분석을 통해 또한 총기의 정확한 구경(口徑, caliber)을 판단할 수 있다. 범죄를 저지르기 위해 범인이 하나의 권총을 의도적으로 사용하거나, 수사관을 혼란시키기 위해 범인이 두 번째 권총으로 벽이나 마룻바닥 주변에 총기를 발사한 사건을 수사관이 밝혀내야 하는 경우도 있다. 카트리지의 어떤 부분－바닥, 테두리 혹은 탄피홈(케이스 바닥 바로 위에 있는, cannelure)－은 전형적으로 감식을 위해 사용된다(Lyman, 1999: 148). 탄도학적 감식 과정에서 사용될 발사된(비어 있는) 그리고 발사되지 않은 카트리지 케이스, 엽총 탄피, 그리고 써버린 탄환의 일정 부분은 반드시 특별한 주의를 기울여 취급해야 한다.

사용된 케이스의 정확한 위치는 반드시 기록해야 한다. 탄환은 그 충격 지점으로부터 주의를 기울여 제거한다. 그 탄환들이 발견된 장소는 반드시 정확하게 기록해야 한다. 여러 사건에서, 범죄 현장 수사관이 사용된 탄환 제거를 시도하는 일이 별로 도움이 되지 않는 경우도 있다. 만약 가능하다면, 사용된 탄환(문이나 벽 부분 등)을 싸고 있는 물질을 제거하려고 노력하는 것이 좋을 수 있다. 그것을 실험실에 송부해 그곳에서 조사하도록 한다. 탄환이 박혀 있는 곳에서 발사된 탄환을 포켓 나이프와 같은 것으로 파내기 위해 시도함으로써 오히려 사용된 탄환을 망가뜨릴 수 있다. 주의를 기울이면서 드릴, 톱 혹은 다른 절단 도구(커팅 공구)를 사용해 파낸다. 부드러운 금속물질로 접촉되도록 하면, 탄환의 감식상 특징을 손상시키지 않는다.

탄환은 가급적 적게 만져야 하며, 이동을 방지하기 위해 그리고 탄도학적 비교와 감식에 사용되는 탄환의 측면을 보호하기 위해 포장해야 한다(Weston et al., 2000: 23). 가능하면, 발사된 카트리지(권총)와 탄피(엽총)는 반드시 감식을 위해 표시해야 한다. 탄환에 직접 표시하기보다는, 오히려 탄환을 개별적으로 포장하고 보관용기에 적절하게 표시한다(Lyman, 1999: 148). 발사된 탄환은 범죄 현장에서 사용된 총기류에 대한 아주 훌륭한 단서를 제공한다. 그 탄환은 반드시 충돌 지점에서 주의 깊게 제거해야 한다. 그리고 탄환이 발견된 지점의 위치를 현장 기록에 정확하게 기록해야 한다(Lyman, 1999: 53).

카트리지 케이스(권총) 혹은 엽총용 탄피는 집어 올릴 때 장래에 참고하기 위해 그 장소를 반드시 측정해 정확하게 위치를 표시한다. 몇몇 총기는 발사 방향과 힘에 관해 몇몇 구별되는 특징을 갖는 케이스를 튀어나오게 하거나 분출시키기 때문에, 종종 각 총기가 발사됐을 때, 케이스의 정확한 위치는 총기를 발사한 자의 위치를 알려줄 수 있다. 탄환의 증거적 가치는 매우 중요하다. 왜냐하면, 총기 범죄와 관련된 사람의 위치를 확인하는 데 종종 필요하기 때문이다. 범죄 현장에 있는 수사관은 탄환이 공중으로 날아가면서 부딪힌 곳들을 가까이서 살펴봐야 한다. 이러한 표시 혹은 구멍들은 증거 항목에 속한다. 그리고 이러한 표시는 범죄 현장에서 발견된 분출된 카트리지의 위치와 피해자의 몸에서 발견된 탄환의 경로와 같이 위치를 알려주는 다른 요소들과 관련된다(Weston et al., 2000: 24).

수사관은 반드시 범죄 현장에서 탄환이 박혀 있는 벽이나 가구들을 찾아내야 한다.

발사된 탄약의 성분을 찾아낸 후, 작은 박스 혹은 금속성 용기와 같은 단단하고 부숴지지 않는 용기에 담아야 한다.

또한 피해자가 사망했을 때 그리고 부검을 실시했을 때, 시체에 대한 법과학적 절차들 중의 하나는 손상됨이 없이 탄환의 원래 상태로 발사된 탄환을 제거하는 것이다. 부검을 하면서 제거된 탄환은 (만약 추적할 흔적이나 혈청학적 조사가 필요가 없다면) 흘러내리는 따뜻한 물에서 씻어낸다. 그리고 티슈나 유사와 물건으로 포장한다. 그리고 적절한 용기에 담는다. 어떤 대상물로부터 그 탄환을 제거할 때 탄환의 표면이나 측면이 스크래치되지 않도록 한다. 탄환의 바닥이나 탄두(nose)는 감식할 목적으로 선을 그어 표시해 둔다. 탄두의 각인된(headstamp) 부분, 탄약의 뇌관 혹은 산탄총의 탄환에 스크래치가 생기거나 선을 그어놓아서는 안 된다. 만약 탄약상자 혹은 탄피가 감식을 위해 표시가 돼야 한다면, 총구가 열려진 부분 위에 혹은 그 근처에 한다. 발사된 탄약의 성분은 반드시 분리해야 하며, 그 분리된 용기에 포장한다. 용기 외부에 성분의 위치, 사건번호, 관련된 정보들이 포함된 라벨을 붙인다. 실험실에 제출하기 전에 각 용기는 부정 조작 방지용 테이프로 봉인한다(Lyman, 1999: 53).

4) 촉매제와 폭발물

(1) 증거로서의 특징과 유의 사항

흔적의 본질이 촉매성 액체(accelerants) 혹은 그것의 잔류물로 확인될 수 있을 때, 방화사건에서 잠재적인 증거가 존재한다. 폭발과 화재사건들에서의 증거는 그 크기가 아주 작기 때문에, 엄청나게 많은 파편과 부스러기 때문에 그리고 잠재적으로 유용한 증거가 진화할 때 종종 물에 씻겨 내려가기 때문에 찾아내기가 어렵다. 이러한 이유로, 그러한 사건에서 증거를 수집하고 보존하는 데에는 아주 세심한 주의가 요구된다(Lyman, 1999: 50). 만약 휘발성 액체가 신속하게 수색되지 않고 지체 없이 회수되지 않는다면, 의심받고 있는 휘발성 액체들의 흔적이 없어진다. 증발됨으로써 손실되는 것을 방지하기 위해 예방 조치를 취해야 한다. 폭발성 물질의 잔류물 역시 같은 방법으로 처리해야 한다. 여기서 우선적으로 요구되는 것은 가능한 한 폭발물을 발견하고 수집하는 것이다(Weston et al., 2000: 31).

(2) 화재 현장의 파편

방화사건과 폭발과 관련된 범죄에서는 잠재적인 고유한 힘의 방향이 또한 있다. 화재 현장을 관찰해 보면, 화재를 촉진하는 액체가 아래로 흘러내리는 속성 때문에 생긴 화재 흔적을 보여준다. 실험실의 테스트를 통해 현장에서 수집된 불에 탄 목재에 숯으로 된 부분의 깊이를 조사해 봄으로써, 화재의 발화점과 번져나간 것을 알 수 있다(Weston et al., 2000: 31).

투과성 물질은 액체 상태의 촉매제를 신속하게 빨아들인다. 그런 까닭에 실험실 테스트용에 좋은 파편을 만들어 낸다. 부스러기들을 수집할 때 카펫, 카펫 패딩, 울(wool) 그리고 의복 혹은 천으로 된 물건을 고려해야 한다. 화재사건의 파편들로 인정되는 타이어 파편은 사용하지 않는 금속 페인트 캔들 혹은 플라스틱 봉투(비닐봉투)에 넣어 수집한다. 만약 적절하게 봉인할 수 있다면, 원래 그 용기 안에 액체 상태로 제출한다(Lyman, 1999: 50).

(3) 폭발 현장의 파편

폭발할 때, 가스의 팽창은 현장에서 육안으로 조사해 봐도 구별 가능하다. 가스의 팽창은 폭발물의 유형을 알게 해 주며, 그것의 이동도 알 수 있게 해 준다. 폭발 장소에서 구별될 만한 손상은 폭파될 때, 사용된 폭발물의 양과 유형을 알 수 있게 해 준다. 가해진 힘의 방향을 확인할 수 있다. 사용된 힘에 대한 몇몇 자료는 유리 파편과 범죄 현장에서 발견된 파편들을 조사해 봄으로써 얻을 수 있다. 유리에 가해진 힘의 반대편 쪽이 먼저 깨진다. 탄환이 유리 창문을 관통할 때, 사출물은 발사한 사람으로부터 떨어져 있는 유리쪽 표면에 원뿔형 구멍을 내면서 폭파한다. 탄환이 튀어나오면서 생긴 구멍의 모양은 그 탄환이 유리창에 부딪힌 곳에서 방향 혹은 각도에 관한 정보를 제공한다. 용기(容器)의 파편과 폭발물의 시한장치에는 잔류물이 있을 수도 있다. 그 물건들이 폭발의 중심에 가까이 있기 때문이다(Weston et al., 2000: 31). 폭발장치의 일부로 여겨지는 어떠한 항목들도 수집해야 한다. 폭발장치의 파편(explosive debris)에 의해 직접적으로 충격을 받은 품목들을 수집한다. 만약 이러한 물건 위에서 잔류물질이 발견된다면, 사용된 폭발물의 유형을 확인할 수 있다. 이러한 물건들은 플라스틱 봉투나 금속성 용기에 포장한다(Lyman, 1999: 50).

(4) 폭발성 물질과 장치

폭발하지 않은 어떤 폭발장치도 그것이 실험실에 제출하기 전에 반드시 활성화되지 않도록 해야 한다. 만약 잠재지문을 현출하기 위해 폭발장치가 처리되고 있다면, 포장하고 적절하게 라벨을 붙인다(Lyman, 1999: 51).

5) 유리 파편

증거로 인지된 아주 작은 유리 조각 샘플은 그 동일성과 출처에 관해 유사성 혹은 차이점을 증명하기 위해 처리될 수 있다. 커다란 유리 조각 샘플은 물리적으로 대조할 수 있다(Weston et al., 2000: 31). 유리 파편은 여러 상황에서 나올 수 있다. 예를 들면 총알이 통과하면서 유리를 산산이 부술 수 있으며, 혹은 유리를 고의적으로 부수면 범죄 현장과 용의자에게 파편들이 남게 된다. 이러한 것을 수집할 때, 유리 파편은 다음과 같은 목적으로 사용될 수 있다(Lyman, 1999: 149).

- 발사물이 날아간 방향을 보여준다.
- 발사물의 충격의 연속성을 보여준다.
- 다른 부서진 유리와 대조할 수 있다.

작은 조각을 제외하고, 모든 유리 조각는 잠재지문을 내포하고 있다. 그래서 적절하게 취급해야 한다(Lyman, 1999: 55). 의복류, 신발, 공구 혹은 다른 물건 위에 유리 조각이 있으면, 그 물건들은 되도록 실험실로 송부해야 한다.

(1) 파손의 방향 파악

범죄가 저질러지는 동안 유리창이 파손됨으로써 미세한 금이 생기는데, 이를 통해 범죄를 재구성할 수 있게 된다. 예를 들면 유리가 깨질 때 생긴 금은 바깥쪽으로 혹은 안쪽으로 깨졌는지를 판단하는 데 매우 중요하다. 집 바깥에서 혹은 집 내부에서 탄환(혹은 다른 파괴 수단)이 발사됐는지를 판단하는 것이야말로 종종 수사의 방향을 역전시킬 수 있을 만큼 결정적일 수 있다. 예를 들면 놀러온 아이가 식탁에 앉아서 점심을 먹고 있는 도중에 총에 맞아 사망했다. 그때 아이의 삼촌, 숙모 그리고 다른 2명의 사촌들이 아파트에 있었다. 저격수의 탄환에 맞아서 숨졌다고 모두들 진술했다. 그런데 창문을 조사해 보니, 창문이 집 내부에서 바깥쪽으로 깨어진 것으로 밝혀졌다. 그래서 목격자들을 분리시킨 상태에서 재신문을 해 보니, 사건의 진실이 밝혀졌다. 평소에 별로 익숙하지 않은 총으로 장난삼아 갖고 놀다가, 숙모가 실수로 격발한 나머지 그 아이를 죽이게 된 것이다. 아이의 엄마가 엄청나게 슬퍼할 것 같아서, 삼촌이 뾰족한 쇠망치로 집안에서 바깥쪽으로 창문을 깼으며, 마치 저격수에 의한 것처럼 사건을 꾸몄다(Osterburg & Ward, 2000: 99).[7)]

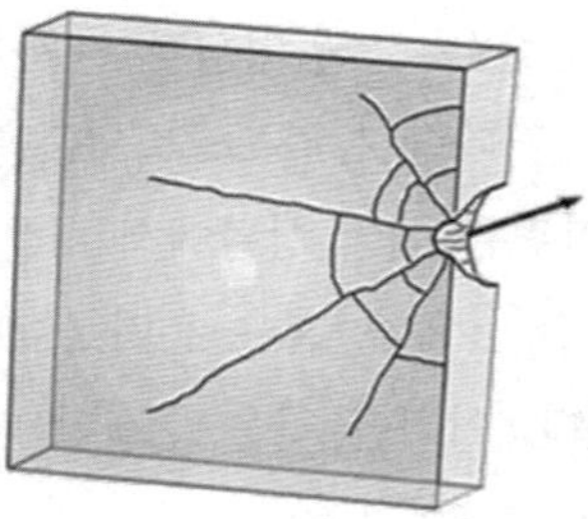

탄환이 화살표 방향으로 통과한 모습

유리창의 어느 부분에 파손시킨 물리력이 가해졌는지를 판단하기 위해 수사관 혹은 과학수사관에게 요구되는 내용은 다음과 같다(Osterburg & Ward, 2000: 99).

- 필요한 상세한 자료를 얻기 위해 파손된 유리창 파편이 사용된다.
- 유리 파편의 내・외부 표면을 반드시 확인해야 한다. 만약 깨진 유리창의 파편이 창에서 제거된다면, 깨진 유리의 각 방향대로 조심스럽게 고무로 된 라벨로 표시해야 한다. 창의 바깥쪽 표면은 일반적으로 더 지저분하고 비를 맞아서 줄무늬가 생성돼 있다. 가끔 창문의 바깥쪽이었다는 것을 알려주는 페인트 자국 혹은 유리 접착제나 여러 가지 형태의 자국이 남아 있다.
- 깨진 유리 파편 안에 금이 간 모서리는 반드시 리브 마크(leave mark: 유리가 깨질 때 생기는 금)를 위해 조사해야 한다. 반원 모양으로 금이 간 모서리를 조사하는 것은 기본이다. 그렇지만 어떤 모서리 – 반원 스타일 혹은 회전 모양 – 를 조사해야 할지를 조사관이 알고 있는 한, 회전식으로 금이 간 모서리 역시 잘 조사해야 한다. 이러한 가시적 조사는 리브 마크 패턴에 대한 모서리를 잘 살펴보는 것과 연관이 있다. 거기에는 두 가지 방법이 있는데, 한 패턴에서는 리브 마크가 유리창의 오른쪽 면으로 직각 상태로 나 있다. 다른 패턴에서는 리브 마크가 왼쪽 면으로 나 있다. 리브 마크 패턴을 보는 것이 어려워지면 조명을 낮춰볼 필요가 있을 것이다.

7) http://www.crimemuseum.org/wp-content/uploads/2013/04/glass1.jpg(2015.01.21. 검색).

이것은 유리 파편의 한쪽을 불빛에 돌려봄으로써 알 수 있다. 혹은 테이블 밑에 유리 모서리를 살펴봄으로써 부드럽게 돌려보거나 혹은 불빛을 통해 리브 마크 패턴이 나타날 때까지 흔들어 봄으로써 가능하다.

(2) 유리 파편 수집

잠재지문을 현출하기 위해 큰 유리 파편에 채취용 분말을 입힌 후 지문을 현출한다. 창문틀을 만드는 점토, 창유리 접착제 혹은 이와 비슷한 물질에 유리 파편이 끼어 들어감으로써 훼손되는 것에 대해 얇게 삐져나온 유리 조각의 가장자리를 보호해 유리 조각이 쪼개지는 것을 방지한다. 유리 조각들을 수집하기 위해 핀셋 혹은 그와 유사한 도구를 사용한다. 가장자리를 주의 깊게 보호하기 위해 그 표면에 스크래치가 되지 않도록 한다. 감식하기 위해 각 유리 조각에 접착용 테이프를 붙인다. 테이프 위에 서명과 날짜를 기입한다. 각 유리 조각은 면으로 분리 포장한다. 꽉 들어맞는 뚜껑이 있는 단단한 상자에 넣는다. 봉인하고 각 포장마다 취급자의 서명(이니셜), 날짜 그리고 증거 제출용 일련번호가 들어간 라벨을 붙인다. 알려진 유리 조각으로부터 문제가 되는 유리 조각을 분리해서 포장한다. 탄환의 충격 방향을 판단하기 위한 목적으로 혹은 다른 파손 분석을 위해 유리 조각을 제출한다면, 그 유리 조각이 건물 외부에서 혹은 내부에서 발견됐는지 여부를 알 수 있도록 표면에 테이프로 표시한다. 어떤 측면이 밀려나왔는지를 알 수 있도록 해주는 창문 틀로부터 취득된 유리 조각은 표시해 둔다. 비교용 표본 유리 조각을 수집한다.

작은 유리 파편들이 존재하는지 의복류, 신발과 같은 물건을 조사한다. 파편을 내포하고 있는 의복류를 분리해 깨끗한 종이 혹은 플라스틱 봉투 안에 포장한다. 안에서 우르르 움직이지 않도록 보관용기 바닥에 각 대상물을 테이프로 고정시킨다. 조각이 나지 않도록 용기 안에 솜을 넣는다. 각 포장물을 완전하게 봉인하고, 유리 파편이 빠져나갈 만한 구멍이 없는지 확인한다. 포장되지 않은 유리 파편은 필박스(pillbox), 플라스틱 혹은 유리병에 넣고 단단히 봉인한다. 가능하면 유리 파편을 만들어 낸 충격 지점과 가까운 부분에서 항상 비교용 표본 유리를 수집한다. 적어도 25센티 크기가 되는 샘플을 수집하고, 적절한 절차에 따라 각 비교 샘플을 포장한다(Lyman, 1999: 55-56).

6) 흔적과 자국 증거

실험실에서의 검사를 통해 동일성과 출처를 확인할 수 있으며, 범죄와 용의자를 연관시켜 줄 수 있을 때, 흔적(imprints)은 관련된 증거로서 가치를 갖는다(Weston et al., 2000: 30). 범죄 현장에서 발견된 어떤 사람의 흔적과 자국(impression)은 범죄 현장에 있었던 사람 혹은 자동차를 확인시켜 준다. 이러한 흔적들은 의심되는 가능한 지역을 알려준다.

흔적은 사람 혹은 자동차의 불쑥 나온 부분에 의해 표면에 남겨지면서 생기는 표시다. 자국은 자국을 만드는 증거 품목보다 더 부드러운 물체에 사람 혹은 물건에 의해 만들어지는 것이다. 흔적은 대조되는 파우더를 뿌려 채취할 수 있다. 표시를 채취하기 위해 가루가 뿌려진 곳에 깨끗하고 접착성이 있는 투명한 테이프를 붙인다. 그러고 나서 흔적을 보존하기 위해 그 테이프를 깨끗한 카드 위에 올려놓고 누른다. 흔적이 있는 물건은 종종 실험실에 송부할 수 있다(Weston et al., 2000: 26). 주거침입 절도와 강간 범죄를 포함해 많은 범죄가 자국으로 된 표시를 남긴다(Lyman, 1999: 149).

범죄 현장에 남겨진
타이어 자국 대조
자료: Platt(2003: 21).

모든 사건에서 자국 증거는 매우 중요한 것으로 간주해야 하며, 잘 보호해야 한다. 자국 증거에는 다음과 같은 것이 포함된다(Lyman, 1999: 150).

- 공구흔: 보통 금속성 문에서 발견되거나 혹은 창문틀 그리고 잠겨진 책상서랍, 캐비닛 그리고 금고
- 타이어 흔적(tire impressions)
- 발자국(족흔, foot impressions)
- 치흔(teeth impressions): 종종 범죄 현장에서 일부 먹다 남은 음식에서 발견된다. 수사관은 자국을 만들어 낸 물건을 찾아낸다. 그래서 법정에서 그것과 대조할 수 있도록 한다.

(1) 공구흔

폭행과 살인사건 현장에서 무기가 발견될 수 있는 것처럼, 공구흔은 주거침입 절도사건 혹은 범인이 강제로 어떤 집안으로 들어가려고 혹은 범죄 현장에서 잠겨 있는 보관용기를 억지로 열려고 한 다른 범죄 현장에서 발견될 수 있다. 창문, 문 그리고 천장에 있는 채광창(skylight)은 그러한 범인의 전통적인 침입구다. 지붕과 벽들이 절단되고, 범인에게 입구를 제공하기 위해 때려 부서지기도 한다. 무력으로 접근하는 경우에 공구흔이 만들어진다.

많은 주거침입 절도범의 범행 수법은 늘어선 사무실 혹은 상가건물을 통해 침입한다. 가게에서 가게로 내부의 벽을 통해 두더지처럼 굴을 파서 침입하는 경우도 있다. 강제로 열린 출입구와 모든 잠금장치가 된 책상과 캐비닛에는 범인이 사용한 공구의 일부 자국이 남아 있을 수 있다. 금고가 열린 채로 발견되지 않았다면, 혹은 열쇠 번호나 열쇠로 열려지지 않았다면, 그 금고에는 억지로 비튼 흔적, 찢겨진 흔적 혹은 쳐서 쭈그러진 흔적들이 남아 있을 것이다. 과학적 실험 절차를 통해 이러한 공구흔과 자국을 개별적으로 분석할 수 있다. 의심이 되는 공구가 발견됐을 때, 실험실 요원은 이것에 대한 비교분석을 할 수 있다. 범인이 현장에 접근하기 위해 사용한 공구의 흔적을 수집하는 데 우선적인 절차는 범죄 현장에서 정확하게 그 자국을 찾고, 일반적인 모양과 측정치를 기술하는 것이다. 자국은 정확한 자(ruler)를 대고 측정해야 하며 수사관의 현장 노트에는 면적도 기록해야 한다. 자국에 대해 사진을 촬영하고, 자국을 갖고 있는 물건들은 실험실로 송부해야 한다(Weston et al., 2000: 29-30).

범죄 현장에서 공구흔이나 자국을 기록하고 수집하는 데 가장 중요한 요소는 자국이나 흔적을 보존하는 것이다. 혹은 나중에 의심받고 있는 공구와 비교하기 위해 그것을 재현하는 것이다. 범죄자를 재판하는 과정에서 공구흔과 관련해 직면하게 되는 많은 문제는 초동수사 현장에서 수사관에 의해 보고된 공구흔의 크기와 나중에 범죄 현장에서 혹은 실험실의 증거 수집 전문요원에 의해 확인된 자국의 크기가 불일치하기 때문에 생기는 것이다. 이러한 불일치의 바람직하지 못한 측면은 증거를 찾기 위한 초동 수색 과정에서 수사관이 고작 몇 분 정도를 들여서 공구흔 크기를 측정하고 기록한다는 점이다. 종종 수사관은 범죄 현장에서 자국을 만든 공구를 발견한다. 그리고 발견한 공구를 공구흔에 맞춰봄으로써 흔적과 공구를 육안으로 대조하려는 시도를 한다. 이렇게 공구와 공구흔을 두 번째 접촉시키는 것은 증거를 훼손할 수 있다.

가장 좋은 절차는 어떤 가능한 공구를 용의자로 취급하는 것이며, 전문가에 의해 실험실에서 비교할 수 있도록 공구흔을 수집하는 것이다. 실험실에서의 검사를 통해 의심받고 있는 공구의 특징이 범죄 현장에서 발견된 공구흔과 관련돼 있다는 것을 증명해 줄 때, 용의자에게서 발견된 혹은 체포될 당시(혹은 용의자로 추적당했을 때)에 용의자의 통제하에 있던 공구들은 범죄를 입증해 줄 증거가 된다는 것이다. 종종 공구흔에 대해 석고틀을 이용해 채취하는 것이 가능하다. 그리고 이것은 나중에 법정에서 효과적으로 제출될 수 있을 것이다. 공구흔이 작기 때문에 공구흔을 채취하기 위해 다양한 치과용 왁스와 몰딩 재료같이 석고가루보다 더 비싼 재료들도 사용할 수 있다(Weston et al., 2000: 30).

공구흔 안에 수상쩍은 공구를 삽입해서는 안 된다. 가능하면 공구흔을 발견했을 때 그 모습으로 보존한다. 그리고 문제가 되고 있는 공구흔을 내포하고 있는 손대지 않은 물건(intact object)을 실험실로 제출한다. 그 물건을 실험실로 제출하는 것이 가능하지 않다면, 공구흔이 남아 있는 물건의 일부나 그 부위를 제거한다. 규모가 큰 물건의 일부나 한 부분을 제거하기 전에 자(ruler)를 공구흔 옆에 대고 공구흔 전체가 나올 수 있도록 촬영한다. 또한 참고할 수 있도록 자를 포함해 문제가 되고 있는 공구흔을 클로즈업해 촬영한다.

만약 어떤 물건이 제출될 수 없다면, 공구흔에 관한 마이크로실(microsil) 혹은 실리콘 타이프 캐스트(silicon type cast)를 만들어야 한다. 그것을 비교하기 위해 실험실에 제출해야 한다. 공구, 공구흔을 채취한 석고모형 그리고 관련된 것은 개별적으로 분리해서 제출하도록 한다(Lyman, 1999: 57).

(2) 자국들(혹은 흔적들)

족적흔에 대한 가장 중요한 세부적인 내용에는 착용한 흔적, 점점 희미해지는 특징적인 접합부 혹은 접합한 흔적, 손톱자국, 집게자국, 수리한 흔적 그리고 상처의 자국 등이다. 이러한 특징적인 것을 모두 합치면 결정적인 증거를 만들 수 있다. 족적흔이 보존되면 상세한 내용을 볼 수 있다(Palmiotto, 2004: 138). 신발, 타이어 그리고 공구들에 의해 만들어진 자국은 초동수사 단계에서 쉽게 훼손될 수 있다. 그러한 증거들의 부주의한 손실을 방지하기 위해 어떤 범죄 현장 수사에 관한 가장 초기에 염려해야 할 사항 가운데 하나는, 범죄 현장의 안전, 자국 증거의 수집과 보존이다. 자국증거는 그것을 드러내거나 석고틀로 채취하기 전에 적절하게 사진 촬영해야 한다. 신발과 타이어흔에 인접한 곳에 자를 대고, 각 흔적을 사진 촬영한다.

흔적 바로 위에서(이런 경우 삼각대를 사용하는 것이 매우 권장된다) 촬영한다. 부착된 플래시를 낮게 놓고 그 자국의 측면에서 놓은 상태에서 각 흔적을 촬영한다. 비교 목적에는 흑백 필름이 가장 질이 좋은 사진을 제공해 준다. 비교할 목적의 흔적 사진은 실험실에 제출하기 전에 1:1 비율로 확대해야 한다. 흔적을 촬영한 후에 실험실로 송부하기 어려운 단단한 표면 위에 잔류물 흔적이 있다면, 그것을 추출해 내려는 시도가 있을 수 있다. 접착제, 젤라틴 혹은 정전기(electrostatic)를 이용해 흔적을 추출하고 들어 올리는 기법을 사용할 수 있다. 잔류물 흔적들은 자연 상태에서 아주 민감하다. 그리고 부적절하게 취급하면 쉽게 파괴될 수 있다(Lyman, 1999: 57).

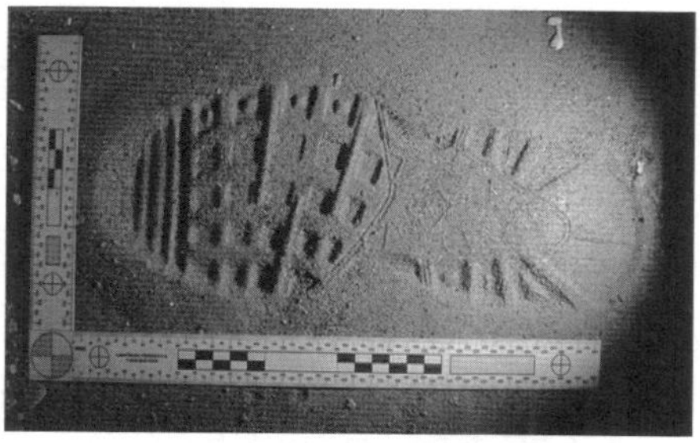

자를 대고 족적흔을 촬영한 모습

젤라틴(BVDA Gelatin Lifters)을 이용해 신발 자국을 채취한 모습

오늘날 자동차의 타이어 자국은 상당히 개별적인 특성을 갖고 있다. 용의자가 발견되고 확인될 때, 그러한 범인이 사용한 자동차를 범죄 현장에서 발견된 타이어 자국과 비교하기 위해 조사할 수 있다. 타이어 자국은 범행에 사용된 자동차 유형이 수사 선상에 좋은 결실을 제시할 수 있는 만큼, 사건 해결에 단서가 될 수 있다. 자동차 유형은 그 자동차가 오래된 차종인지, 고가인지 혹은 10년 정도 된 자동차인지를 알 수 있도록 도와줄 수 있다. 똑같은 모양을 간직하고 유지할 수 있는 부드러운 흙 혹은 다른 물질에 있는 찍혀 있는 신발 혹은 힐(heel) 자국들과 발자국은 용의자가 확인됐을 때 대조할 수 있는 아주 훌륭한 증거가 된다. 신발 자국 혹은 발자국의 흔적은 그 자국을 만든 자의 발 크기 혹은 몸무게, 이동 속도, 그리고 비정상적으로 걷는 모습에 대한 일정한 단서를 제공한다(Weston et al., 2000: 25-27).

놀랍게도 장갑 낀 손에 의해 혹은 무릎에 섬유로 된 바지에 의해 남겨져 있는 자국들은 독특한 특징을 갖고 있다. 그리고 실험실은 오늘날 그러한 자국들을 밝혀낼 수 있다. 자동차의 페인트에 남아 있는 섬유 자국은 종종 뺑소니사건에서 중요한 증거가 된다. 이러한 흔적과 자국들에 대한 표준 증거 수집 절차는 다음과 같다(Weston et al., 2000: 29).

- 기록하고, 측정하고, 그 장소에서 사진 촬영한다.
- 만약 흔적이나 자국이 만들어진 것 위의 어떤 물건이 너무 크거나 무겁지 않으면, 그리고 증거에 손상됨이 없이 운반시켜서 분석할 수 있는 것이라면 손을 대지 않은 채 수집한다.
- 만약 지문이 있다면 분말을 입히고 채취한다. 만약 자국이라면 석고틀을 만들어 채취한다.
- 확인을 할 수 있도록 표시하고, 조심해서 포장한다.
- 실험실로 운반한다.

(3) 석고틀로 자국 채취하기

타이어나 발자국 흔적을 채취하기 위한 석고틀 키트에는 석고가루, 석고 혼합물, 물통과 반죽용 사발, 반죽기, 다양한 크기의 석고틀, 고무 인출기, 들어 올리는 것, 응고제, 그리고 눈 위의 자국을 석고틀로 채취하는 데 도와주는 왁스 스프레이가 포함된다. 다른 형태의 석고틀 키트에는 공구에 의해 만들어진 흔적을 채취하기 위해 고안된 것이다. 이 키트에는 좀 더 선명한 자국을 채취하기 위해 다루기 힘든 장소에 혼합된 석고를 짜 넣어주는 사출기가 포함된다(Ramsland, 2001: 14). 범죄 현장에서 석고틀로 자

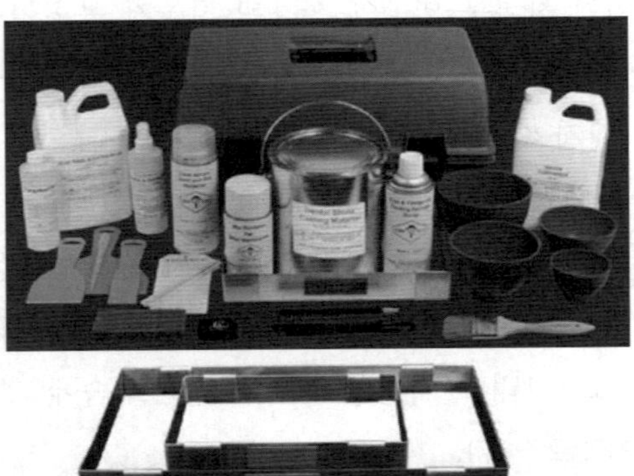

타이어 및 족흔 채취용
석고틀 재료 키트

국을 채취한다. 덴탈스톤(dental stone: 치과용 석고) 혹은 다이스톤(die stone)으로 된 자국 채취용 틀을 제작하는 데 사용되는 물질들은 3차원적인 자국을 채취하는 데 좋은 것으로 권장되고 있다(Lyman, 1999: 57).[8)]

다음의 내용은 범죄 현장에 있는 흙에서 발견된 발자국의 모형을 석고로 채취하기 위해 제시한 것이다(Weston et al., 2000: 27).

① 모든 재료를 함께 준비한다

발자국(족흔적)을 채취하기 위해 석고틀을 만드는 데에는 3파운드 정도의 석고가루가 소요된다.[9)] 타이어 자국을 석고로 채취할 때에는 약간 더 많은 양이 필요하다.

② 자국을 준비한다

자국의 가장자리로부터 1~2인치 정도 떨어진 자국 주위의 땅에서 지지하는 프레임을 설치해, 석고틀 안에서 돌출되도록 자국의 가장자리를 따라서 '둑'을 만든다. 자국으로부터 푸석푸석한 먼지와 다른 부스러기들을 제거한다. 깨끗한 모래에서는 알코올과 셸락(shellac: 도료)으로 자국을 5~7겹으로 덮는다(혹은 칠한다). 그리고 건조될 시간을 준다. 스프레이건으로 간접적으로 접시 크기의 마분지를 이용해서 비스듬하게 스프레이한다. 그래서 자국 안으로 직접 불어넣기보다는 안개같이 불어서 쌓이게 한다.

눈(雪)에서는 체로 친(sifted) 혹은 스프레이된 활석(talcum) 분말을 층을 이루게 뿌리는 방식이 우선 적용된다. 다음에 가벼운 석고가루를 층을 이루게 체를 통해서 자국 안으로 뿌린다. 10~15분 동안 그대로 놓아둔다. 그러면 눈 위의 수분을 흡수한다. 그러고 난 뒤 석고가루를 번갈아가면서 체를 통해 쌓이게 함으로써 그리고 깨끗한 물로 된 안개를 간접적으로 스프레이함으로써 석고들이 만들어진다. 중심 부분은 적은 양의 혼합된 석고 반죽으로 꽉 차게 된다. 냉각돼 굳어질 수 있도록 5~10분 정도 놔둔다. 눈에서 석고틀을 만들 때 다음 사항을 기억해야 하는데, 굳는 과정에서 혼합된 회반죽이 열을 방출하면서 눈을 녹여 자국을 망가지게 할 수 있다는 점이다. 단단한 흙 이외의 어떤 물질에서, 석고틀이 만들어질 증거가 될 자국으로부터 멀리 떨어져 있지 않은 곳에서, 동일한 물질로 작은 자국을 만드는 것과 증거를 석고틀로 채취하기 위해 시도하기

8) http://www.tritechusa.com/casting/CK-PC.html(2007.01.15. 검색).

9) 한편 다른 문헌에서는 약 12온스 정도의 물과 2온스 정도의 덴탈스톤 혹은 다이스톤과 혼합하도록 하고, 일반적으로 이 정도의 양은 발자국을 채취하기 위한 석고틀을 준비하는 데 충분하다고 한다 (Weston et al., 2000: 27; Lyman, 1999: 57).

전에 특별한 어려움을 평가할 수 있도록 시험용 석고틀에 회반죽을 붓는 것은 가치가 있는 절차다.

③ 석고 혼합물(물과 석고)을 준비하기

자국을 채우기 위해 필요한 혼합물을 넉넉하게 추정한다(혼합 비율은 석고가루 2: 물 1).[10] 그리고 혼합하는 데 적당한 컵이나 들통(pail)을 선택한다. 그러고 나서 재빨리 작업을 진행한다. 용기 안에 추정치보다 적은 물을 넣고, 물이 석고에 흡수될 때까지 천천히 석고가루에 물을 붓는다. 필요하면 물과 석고를 더 붓는다. 그리고 덩어리(lumps)와 공기방울을 제거하고, 물과 석고 혼합물이 거의 끈적끈적한 크림과 같은 농도가 될 때까지 휘젓는다(Weston et al., 2000: 28). 혹은 덴탈스톤 · 다이스톤 물질을 준비해서 플라스틱 지퍼락(Ziploc) 안에서 일정하게 펜케이크 반죽처럼 만드는 경우도 있다(Lyman, 1999: 57).

④ 자국에 석고 혼합물 붓기

2~6인치 정도 떨어진 곳에서 자국 옆(side)으로 용액(석고 혼합물)을 천천히 붓는다. 즉, 자국 위에 혹은 자국 안에 직접 붓지 않도록 한다. 석고틀 제작용 반죽이 자국으로 흘러들어가게 한다. 혼합물이 밑으로 내려올 때 충격을 완화시키기 위해 누르는 나뭇조각을 사용하면서, 모든 모서리와 모퉁이에 혼합물이 들어가도록 방향을 잡아준다. 반죽이 자국 전체로 흘러들어갈 수 있도록 부드럽게 해 준다(Lyman, 1999: 57). 자국의 중간 표시까지 혼합물을 붓고 멈춘다.

⑤ 석고틀을 보강한다. 혼합물은 와이어나 거즈(gauze)로 보강한다

⑥ 석고틀을 완성시킨다

석고 혼합물을 자국의 상부까지 붓는다. 자국 위에 석고 혼합물이 돌출되도록 하며, 자국 주위에 만들어 놓은 둑까지 혼합물이 확장되도록 한다. 그리고 기본적인 자국을 지지한다. 석고틀은 1인치 혹은 일반적인 규칙으로서 1인치보다 약간 두껍게 한다. 그리고 돌출된 부분은 3/8인치보다 적지 않게 한다(Weston et al., 2000: 28-29).

---

10) 무게가 미리 측정된 석고틀용 물질을 담고 있는 1갤런짜리 플라스틱 지퍼락(Ziploc) 봉투는 관련된 물질을 혼합하고 석고틀을 만드는 과정에 매우 이상적이다. 12온스짜리 음료수 보관용기는 물의 양을 측정하는 데 사용될 수 있다. 추가적인 석고틀 제작용 물질은 타이어흔과 같이 규모가 큰 자국을 채취하기 위해 사용될 필요가 있다(Lyman, 1999: 57).

⑦ 확인을 위해 표시해 둔다

굳어질 때(끈적끈적해질 때), 석고틀에 표시한다. 덴탈스톤이나 다이스톤이 어느 정도 모양이 굳어져 표본이 만들어지면, 적절하게 확인할 수 있도록 취급자의 서명(이니셜), 날짜, 사건번호 등을 확인할 수 있는 정보를 연필로 써놓는다. 채취한 자국의 모형을 담는 봉투 안에 넣는다.

⑧ 석고틀을 제거한다

제거하기 전에 석고가 제대로 굳어졌는지 확인한다. 프레임을 제거하면서 한쪽 모서리에서 석고틀이 느슨해지도록 작업한다. 프레임을 뒤집어엎는다. 부드러운 동작으로 뽑아낸다.

⑨ 석고틀을 깨끗하게 한다

석고틀이 완전히 굳도록 한다(3~4시간 정도). 그러고 나서 석고틀에 손상이 가는 일이 없도록 하면서, 붙어 있는 먼지 같은 다른 물질을 제거한다. 그렇지만 자국 모형, 발자국 혹은 타이어에 달라붙어 있는 먼지나 부스러기를 제거해서는 안 된다(Lyman, 1999: 57).

⑩ 석고틀을 안전하게 포장한다

실험실에 채취한 자국 모형을 제출할 때, 쿠션이 있는 물질과 함께(예를 들면 스티로폼 혹은 신문지 등), 이동 시 움직임을 방지하기 위해 단단한 박스 혹은 이와 비슷한 용기 안에 쿠션을 댄다. 이러한 용기에 담는다(Weston et al., 2000: 29). 만약 2개 이상의 채취된 자국 모형을 제출하게 된다면, 각각의 모형을 별도의 보관용기에 담는다. 그리고 각 보관된 용기는 실험실에 제출하기 전에 증거 부정 조작 방지용 테이프를 붙여서 봉인한다(Lyman, 1999: 57).

치과 의사와 다른 기술자들이 사용하는 석고 혼합물과 같은 다른 물질이 이러한 석고틀 기법을 위해 똑같이 적절하게 사용할 수 있다. 수사관은 다름 아닌 석고가루와 같은 혼합물로 평소에 실험을 해봐야 한다. 그리고 그들이 작업하기에 가장 용이하고, 자국을 채취하는 데 가장 좋은 결과를 만들어 낼 수 있는 물질을 결정해야 한다(Weston et al., 2000: 29).

7) 약물 및 음식물 표본

(1) 표본의 수집 및 주의 사항

연구에 따르면, 범죄 발생을 가장 많이 야기하는 것은 다름 아닌 약물 남용이라고 한다(Lyman, 1999: 150). 많은 불법적 약물이 존재한다. 마약과 위험한 약물 관련 사건에서(마약의 소지와 판매), 증거는 반드시 법률을 위반한 약물(drugs)이라는 것을 확인해야 한다. 그 조사에는 오로지 약물이 불법적 마약 중의 하나로 확인되는 것을 요한다(Weston et al., 2000: 32). 음식과 약물 표본은 광범위하게 다양하고 확인 가능한 특징을 보여주기 때문에 다른 증거를 보강해 줄 수 있으며, 범죄 현장과 용의자를 함께 연관시켜 줄 수 있다(Lyman, 1999: 53).

마약과 독약은 아마도 살인사건과 폭행사건을 저지르는 수단이 될 수 있다. 자살사건에서 치명적인 물질은 반드시 수색, 수집해야 한다. 피해자가 어떤 의심스러운 중독사건에서 아프게 됐거나 혹은 독성이 있는 액체 혹은 물질을 토해 내도록 구토제가 주어졌을 때, 수사관은 반드시 토해 낸 모든 물질을 수집해야 한다. 만약 피해자가 아직 살아 있다면, 소변 표본 역시 수집해야 한다. 중독사건에서, 이동하는 동안에 물질의 멸실, 오염 혹은 파괴를 방지하기 위해 주의가 우선적으로 요구된다. 사망 정황에 대한 목격자의 목격담뿐만 아니라, 수집된 물리적 증거는 반드시 수사관의 현장 노트에 기록해야 한다. 그러한 증거들은 법의학 전문가에게 사망에 관한 임상적 이력을 작성하는 데 도움을 준다(Weston et al., 2000: 32).

이러한 증거들을 처리할 때, 표본 가운데 혹은 다른 출처로부터 오염을 방지하는 것이 중요하다. 한 용기에 너무 많은 증거를 포장해서는 안 된다. 그렇지 않으면, 증거의 완전성(完全性)이 감소됨과 동시에 용기 안에서 부서질 수 있는 원인을 야기할 수 있다(Lyman, 1999: 54).

증거 수집 요원에게 다음과 같은 주의 사항이 요구된다.

- 법정에 제출할 물질을 보존한다.
- 물질을 이송하고,
- 어떤 약물의 가능한 한 해로운 영향으로부터 수사관을 보호하기 위해 주의가 필요하다.

대부분의 약물은 식물, 분말, 액체, 정제 혹은 캡슐 등 여러 형태의 모습으로 존재하는데 약물을 수집하는 과정에서 예상하지 못한 위험을 피하기 위해서 증거를 수집하는 요원에게 특별한 주의가 요구된다. 예를 들면 액체 상태의 PCP와 액체 상태의 LSD와 같은 경우에는 피부를 통해 예기치 않게 흡수될 수 있다(Lyman, 1999: 150).

비교용 표본 알약과 캡슐, 음식물, 액체, 식물, 알약 그리고 캡슐(치료를 받지 않은 채 사망한 것과 의심스러운 독극물 중독과 같은 사건에서)에 대한 비교용 표본을 수집한다(Lyman, 1999: 54).

표 4-3 마약성 물질을 수집할 때 사전에 주의할 규칙

불법적인 마약 제조 장소와 조우하게 되고, 실험실로부터 나온 화학자가 임장할 수 없다면, 그 마약 제조 공정을 정지시키려고 시도를 해서는 안 된다. 그 지역을 환기시키고, 지원을 요청하고, 외부에서 기다린다. 만약 불법적 마약 제조 공정이 예견된다면, 급습팀의 일원으로서 실험실에서 나온 화학자를 포함한다. 어떤 의심되는 통제된 물질로서 의심받고 있는 어떤 물질을 맛을 보거나 냄새를 맡아서는 절대 안 된다. 절대적으로 필요한 것 이상으로, 통제된 마약을 다뤄서는 안 된다. 마약이 처리된 후에 가능하면 손을 완전히 씻는다. 모든 화학물질은 주의를 기울여 처리해야 한다. 그것들은 인화성이 높고, 부식성이 있으며 폭발하기 쉽다. 마약 관련 용의자, 마약을 운반용 차량, 혹은 마약을 보관하고 있는 것으로 의심되는 장소를 수색할 때에는 주의가 요구된다. 수사관은 피하주사용 주사기를 종종 보게 된다. 그러한 주사기는 마약으로 심지어 에이즈(AIDS) 바이러스로 오염될 수 있다(Lyman, 1999: 151).

(1) 액체성 물질

약물의 성분에 따라 다르긴 하지만 액체 상태의 물질은 유리병에 보관할 수 있다. 다만 물질의 성분상 폭발, 부식(腐蝕) 위험성이 있는 것들이 있기 때문에 화학자들의 조언이 필요하다. 액체성 물질 증거는 또한 측정 단위로 내용물의 무게를 잰다(Lyman, 1999: 151).

물이 새지 않는 용기를 사용해서 적어도 4온스 정도의 증거를 수집하도록 한다. 잘 붙는 테이프를 사용해서 용기를 봉인한다. 그리고 취급자의 서명(이니셜), 날짜 그리고 증거 제출용 일련번호가 들어간 라벨을 붙인다. 만약 보관용기가 유리로 됐다면 혹은 유리마개를 가졌다면, '깨지기 쉽다(fragile)'는 표시를 해둔다. 특히 의학적 조작, 음식 혹은 다른 상업적 생산품이 의심을 받고 있을 때에는 동일한 브랜드 및 농도의 비교용 표본을 수집한다(Lyman, 1999: 54).

(2) 식물성 물질

식물성 물질(plant material)은 유기체이기 때문에 시간이 지나면서 부패하게 된다.

식물성 물질을 가장 잘 보존하기 위해서는 종이봉투와 같이 공기가 통하는 보관용기에 담아야 한다. 많은 양의 식물성 물질의 경우, 수집된 증거와 같은 샘플 물질을 수집해야 하며, 측정 단위로 무게를 잰 다음 나머지 것들은 폐기한다(Lyman, 1999: 150).

열(熱)을 가하지 않고, 안전한 곳에서 적어도 24시간 동안 깨끗한 종이 위에 펼쳐놓고, 샘플을 완전히 건조시킨다. 샘플이 건조된 후에, 필박스(pillbox), 물약병 혹은 다른 용기에 보관한다. 그리고 부착용 테이프로 안전하게 봉인한다. 샘플들을 섞어서는 안 된다. 송부하는 동안 섞이는 것을 방지하기 위해 각각의 샘플을 분리해서 포장한다. 취급자의 서명(이니셜), 날짜 그리고 증거 제출용 일련번호가 들어간 라벨을 붙인다.

비교용 표본을 수집한다. 만약 젖은 상태의 식물이 증거 보관용기에 수집됐다면(특히 플라스틱 봉투에), 증거물에 곰팡이가 생길 수 있으며, 긍정적인 테스트 결과를 얻을 수 없을 정도로 그 부분을 손상시킨다. 이러한 곰팡이는 또한 위험해서 건강을 해칠 수 있다. 상당히 많은 식물, 다량의 마리화나 혹은 식물 다발이 압수됐다면, 이러한 항목 가운데 대표할 수 있는 샘플만을 실험실에 제출한다. 자(scale, ruler)와 같은 측정 도구와 함께 원래 수집된 모든 증거물을 사진 촬영한다. 그리고 증거물의 무게를 측정한다. 큰 규모의 마약을 압수했을 때, 모든 양의 증거물을 실험실로 송부해서는 안 된다. 실험실에서는 그러한 모든 증거물을 안전하게 보관할 수 있는 충분한 공간을 갖고 있지 않다. 또한 신속하게 테스트할 수 있도록 소량의 마약을 실험실로 송부한다 (Lyman, 1999: 54).

(3) 분말성 물질

헤로인, 코카인 그리고 메스암페타민과 같은 분말성 물질은 일반적으로 플라스틱 봉투에 포장해야 하며, 가루의 분실을 방지하기 위해 봉인한다. 수사관은 또한 압수된 가루의 순(純)무게를 측정해야 한다(Lyman, 1999: 150). 가루 및 고체는 필박스, 플라스틱 약병 혹은 주름이 잡힌 약품 보관용기에 담는다. 용기를 봉인하고, 취급자의 서명(이니셜), 날짜 그리고 증거 제출용 일련번호가 들어간 라벨을 붙인다. 필요하면, 샘플을 냉장고에 보관한다. 고체 상태의 음식물 샘플에 방부제를 첨가해서는 안 된다. 비교용 표본을 수집한다(Lyman, 1999: 54).

(4) 정제 혹은 캡슐

필박스, 플라스틱 약병과 같은 보관용기에 알약과 캡슐을 보관한다. 용기를 봉인하고, 취급자의 서명(이니셜), 날짜 그리고 증거 제출용 일련번호가 들어간 라벨을 붙인다. 비교용 표본을 수집한다.

표본을 수집할 때, 냉장고를 수색하고, 수납장 그리고 특히 라벨이 붙어 있는 물건들을 보관하고 있는 장소를 수색한다. 처음에 보관됐던 용기로부터 샘플을 제거해서는 안 된다. 그 샘플들은 깨끗한(가능하면 살균된 것으로) 두 번째 용기에 담는다. 추가적인 미생물의 성장을 억제하거나 혹은 증거의 훼손을 방지할 필요가 있으면 샘플을 냉장고에 보관한다. 신속하게 그 증거물을 실험실로 배달한다. 비교용 표본 마약은 위에서 설명한 방식대로 수집해야 한다. 증거를 보관했던 원래 용기로부터 알약, 캡슐, 분말 혹은 액체를 제거해서는 안 된다. 그것들은 깨끗한 두 번째 용기에 담고 봉인한다. 그리고 라벨을 붙인다. 범죄 현장에 아주 근접한 것 혹은 그 모양이 유사한 것에 상관없이 표본들을 섞어서는 안 된다(Lyman, 1999: 54-55).

이러한 유형의 증거는 전형적으로 봉인되고 적절하게 표시될 수 있는 투명한 플라스틱 봉투에 포장한다. 수사관은 또한 각 복용량 단위로 이러한 증거를 계산할 뿐만 아니라, 무게를 측정하는 것을 잊어서는 안 된다. 최종 무게는 '대략'의 무게로서 경찰보고서에 기재해야 한다(Lyman, 1999: 151).

8) 모발과 섬유

물리적 접촉이 있는 범죄에서는 피해자와 용의자 그리고 무기류 혹은 다른 물건 간에 극소량의 물질이 종종 이동된다. 모발과 섬유는 가장 일반적인 증거가 될 만한 품목 가운데 있으며, 수사를 하는 데 아주 귀중한 것이 될 수 있다(Lyman, 1999: 56). 모발과 섬유는 감식하는 데 훌륭한 잠재성을 갖고 있다. 이러한 유형의 증거와 함께, 가장 우선적인 문제는 그것을 발견하는 것이다. 과학수사실험실에서 검사를 통해 피해자 혹은 피해자의 의복류에서 발견된 모발 혹은 섬유가 피해자의 것이 아닌 것으로 밝혀지면, 장래의 감식에서 용의자가 확인될 가능성이 존재한다. 게다가 그러한 흔적들에 대해 용의자를 검사해 보는 것은 피해자에게 속하는 모발 혹은 섬유를 드러나게 할 수 있다(Weston et al., 2000: 32).

모발과 섬유를 제출할 때에는, 그것들의 출처에 관해 그리고 피해자와 용의자 간의 관련성에 대해 구체적이어야 한다. 좋은 증거 보관용기는 종이 폴드(fold), 필박스(pillbox), 스카치테이프 등이다. 사용된 각 용기는 반드시 외부 봉투 안에 넣어야 한다.

(1) 알려지지 않은 것들 수집하기

만약 모발 혹은 섬유가 관찰된다면, 깨끗한 핀셋으로 표면 위에서 그것들을 분리한다. 폭이 넓은 투명한 접착성 테이프를 사용해 적당한 표면 위에서, 테이프로 붙여서 들어 올리는 것이 가장 좋은 방법이다(Lyman, 1999: 56).

(2) 알려진 것들을 수집하기

신체에서 모발이 존재하는 다양한 부분 가운데 오로지 머리 부분의 모발과 음모만이 비교 목적에 적당한 것으로 고려된다. 비교용 표본 머리 모발 수집의 경우, 머리 전체에 걸쳐 40~50개 정도를 뽑아낸다. 가장 높은 머리 부분의 앞쪽, 뒤쪽 부분, 뒷머리 부분, 우측, 좌측 부분 등에서 어림잡아 각 10개씩 뽑는다. 비교용 표본 음모 수집의 경우, 음모 부분의 모발을 대표할 수 있는 어림잡아 25개 정도를 뽑는다. 표본이 되는 모발은 종이 폴드(fold)에 포장하고, 외부 봉투 안에 넣는다(Lyman, 1999: 56).

9) 독성학적 증거물의 수집

독성학(toxicology)적 증거물로서 모든 혈액은 알코올 섭취 여부를 테스트하는 데 가장 좋은 신체의 액체다. 소변은 혈중(血中) 알코올 농도를 정확하게 판정하는 데 그리 신뢰할 만하지 못하다. 살균된 회색 마개로 된 혈액 수집용 튜브에 혈액을 보관해야 한다. 그 튜브는 부가물인 불화 나트륨(sodium fluoride: NaF)과 옥살산칼륨(potasium oxalate: KOx)을 함유하고 있다. 비알코올성 피부 세척제뿐만 아니라, 새로 소독된 주사바늘을 사용해야 한다. 피부 세척제로부터 나온 포장뿐만 아니라, '소독된'이라는 단어가 들어 있는 주사바늘 커버와 포장지를 보존해야 한다. 추구해야 할 법적인 수집 요구 사항을 증명하기 위해 이러한 것들은 법정에서 필요하다. 주사바늘 그 자체만을 보존해서는 안 된다.

혈액을 수집한 후에 혈액과 부가물을 튜브 안에 넣고, 적어도 15번에서 20번 정도 거꾸로 부드럽게 흔들어서 혼합한다. 이것은 혈액이 응고되는 것을 방지하기 위한 것이다. 사람의 성명과 사건에 관련된 다른 정보를 튜브에 표시한다. 혈액이 든 한 튜브(5~10ml)는 알코올 성분 테스트를 하는 데 충분한 양이다. 혈액 샘플을 얼게 해서는 안 된다. 아주 뜨거운 열로부터 혈액을 보호한다. 즉, 여름철 뜨거운 자동차 안에 혈액 샘플을 보관해서는 안 된다(Lyman, 1999: 61).

(1) 톨루엔과 솔벤트 남용 그리고 접착제 흡입

접착제 흡입(glue sniffing) 혹은 다른 솔벤트 남용의 의심이 있을 때, 다음에서 기술한 혈액 샘플을 수집한다. 소변 샘플에서는 톨루엔과 다른 솔벤트가 신뢰할 정도로 검출되지 않는다. 소변은 약물 복용 여부를 테스트하는 데 선택할 수 있는 좋은 표본이다. 혈액보다 소변에서 좀 더 긍정적인 것(양성반응)이 발견된다. 다른 약물은 소변에서 배설될 때 상당한 정도의 시간이 걸리기 때문에, 체포 당시에 그들 혐의자 자신에 대한 약물검사를 통해 의식 상태의 상실 여부를 확인할 수 없다.

어떤 사람의 의식의 손상 정도에 관련해 경찰관이 관찰하는 것은 명정(酩酊) 상태를 확인하는 데 매우 중요하다. 어떤 사람이 샘플의 질을 떨어뜨리는 것을 방지하기 위해 소변을 채취하는 것은 반드시 관찰해야 한다. 어떤 사람과 동성(同性)의 경찰관이 소변을 채취할 수 있는 장소에 동행해야 하며, 소변을 컵에 담는 과정을 지켜봐야 한다. 가능하면, 적어도 50㎖ 정도의 소변을 채취해야 한다. 만약 그 사람이 충분한 소변을 제공할 수 없다면, 물을 마시게 해서 15분 정도 기다렸다가 다시 소변을 채취한다. 한번 소변이 채취되면, 샘플에는 용의자의 성명을 표시하고 봉인한다. 표본이 담겨진 컵은 새지 않는 플라스틱 봉투에 넣는다. 만약 소변이 채취된 후 24시간 이내에 실험실로 송부할 수 없다면, 그 소변은 냉동 보관한다. 이것은 법적인 요구 사항이다. 장기간 보관하기 위해서는 하루 이상 소변이 반드시 냉동돼야 한다. 혈액 역시 약물검사를 위해 테스트를 받을 수 있다. 그런데 약물은 시간이 많이 지나는 동안 동맥에 남지 않는다. 몇몇 약물은 한 시간 전후로 짧은 시간에만 혈액에서 검출할 수 있다.

또한 약물은 소변보다는 혈액에서 훨씬 더 낮은 농도를 갖고 있다. 이러한 이유 때문에, 소변은 약물 복용 여부 테스트를 위해 훨씬 더 선호되는 표본이다. 만약 약물 복용 여부 검사를 위해 혈액이 실험실로 송부된다면, 그것은 음주 여부를 검사하기 위해 혈액을 채취하는 것과 동일한 방법으로 실시한다. 약물 복용 여부 검사가 요구되면, 적어도 두 개의 혈액 튜브(20㎖) 정도의 양을 수집해야 한다. 약물 복용 검사를 위해 증거를 제출할 때에, 어떤 약물이 의심스러운지를 알려주는 것이 필요하다(Lyman, 1999: 61-62).

(2) 일산화탄소 중독

만약 일산화탄소 중독이 의심된다면 혈액 샘플을 채취한다. 샘플의 오염 가능성을 염두에 둬야 하며 안전성 확보를 위해 혈액 튜브 혹은 소변 샘플을 처리한 후에, 손을 씻는다. 채취한 샘플은 새지 않도록 포장하며 용의자가 질병에 감염됐다는 의심이 될 경우 그 사실을 실험실에 통보한다(Lyman, 1999: 62).

10) 토양과 페인트

(1) 토양

잠재적 증거인 토양과 진흙, 자동차의 밑바닥과 자동차 바퀴덮개로부터 나온 부스러기, 다양한 형태의 먼지들, 그리고 특히 사람과 그들의 옷에서 나온 것은 아주 좋은 증거다(Weston et al., 2000: 30). 흙을 비교하는 것의 성공 여부는 주로 수집된 샘플의 질에 달려 있다. 용의자의 신발 측면에 붙어 있는 흙은 대부분 흙을 비교하는 데 적합하다. 범죄 현장의 성질을 고려한다. 토양이 신발 위로 옮겨진 것이 도움이 되지 않는가? 다시 말하면, 잘 포장된 주차장과 개방된 들판과 비교한다. 범죄 현장으로부터 나온 토양 표본은 어림잡아 1/4 인치 깊이의 6평방인치의 지역으로 구성돼 있다. 플라스틱 봉투 혹은 금속 캔은 토양 샘플을 담는 좋은 용기다(Lyman, 1999: 60).

['개구리 소년' 국과수 수사 어떻게] 토양조사로 '타살 의혹' 가려

대구 와룡산에서 26일 발견된 유골이 11년 전 사라진 개구리 소년들의 것인지를 확인하기 위해서는 토양조사를 비롯해 유전자 분석(DNA 검사) 등 여러 가지 과정을 거쳐야 한다. …… 경찰이 토양조사에 나서는 이유는 유족들로부터 제기되고 있는 타살 의혹에 대한 의문점을 분명히 밝히기 위해서다. 즉, 어린이들이 타살돼 이곳에 묻힌 것인지, 아니면 비를 피해 상대적으로 따뜻한 마사토 지역에 피신했다가 저체온으로 숨졌는지를 밝히기 위해서다.

(국민일보, 2002.09.27.)[11]

(2) 페인트

증거로 인지된 페인트 조각은 그 동일성과 출처에 관해 유사성 혹은 차이점을 증명하기 위해 처리될 수 있다. 범죄 현장의 페인트 부스러기들은 용의점이 있는 샘플과 대조할 수 있다(Weston et al., 2000: 31).

---

11) ['개구리 소년' 국과수 수사 어떻게] 토양조사로 '타살 의혹' 가려, 이제훈 기자, https://news.naver.com/main/read.naver?mode=LSD&mid=sec&sid1=102&oid=005&aid=0000120229(2021.09.18. 검색).

페인트에 관한 증거는 액체 상태, 파편(조각) 혹은 문지르거나 더럽혀진 형태로 존재할 수 있다. 건조된 페인트 표본은 주름이 잡힌 종이에 수집해야 하며, 겉봉투 안에 넣는다. 그리고 출처에 관해 명확하게 표시한다. 어떤 문제가 되고 있는 페인트 표본은 또한 제출했던 알려진 표준 페인트를 갖고 있어야 한다. 예를 들면 비교할 목적으로 분리해서 포장한다. 액체 상태의 표본 페인트(liquid paints)는 반드시 가능하면 언제든지 원래 용기 안에 담긴 채 제출되도록 한다(Lyman, 1999: 56).

> 2007년 3월 16일 오전 7시. 충남 홍성군 구룡리의 논바닥에서 이모(47.여) 씨가 숨진 채 발견됐다. 이 씨 옷에 흰색 페인트 자국이 있는 점으로 미뤄 경찰은 흰색 차량의 뺑소니 범죄로 추정했다. 인근 자동차공업사를 샅샅이 뒤진 결과 용의자 유모(19.여) 씨가 차량을 맡긴 사실을 밝혀냈다. 용의자 유 씨는 범행을 부인했다. 경찰은 피해자 이 씨의 옷 등을 국립과학수사연구소로 보냈다. 국과수는 이 씨의 옷에서 눈에 거의 안 보이는 미세한 유리 가루를 채취했다. 용의자 차의 유리 샘플과 '레이저 삭마 플라스마 분광기(LA ICPMS: 레이저로 표면을 살짝 갈아 나온 물질로 분석하는 기계)'를 통해 비교했다. 분광기의 분석 결과는 '동일하다'는 것. 결국 유 씨는 뺑소니 혐의로 구속됐다.
>
> (http://news.joins.com/article/aid/2007/03/ 24/2900582.html./2007.03.24.)

11) 문제가 되고 있는 서류

수표와 관련된 사건에서는 수표 그 자체가 문제되는 서류이며, 중요한 증거 항목이다. 명백한 자살사건에서, 피해자는 자살 노트를 남길 수 있다. 이것은 증거 항목이다. 그리고 그것이 발견됐을 때 종종 문제가 되는 서류로 처리된다(Weston et al., 2000: 32). 문제가 되고 있는 서류는 다른 증거를 보강하기 위해 그리고 범죄와 용의자를 연관시키기 위해 사용될 수 있는 광범위하게 다양한 확인 가능한 특징을 갖고 있다. 마찬가지로, 이러한 것들은 어떤 사건에서 범죄 혐의자를 명확히 하기 위해 실험실에서 사용할 수 있다(Lyman, 1999: 58).

화재에 의해 파괴된 혹은 부분적으로 파손된 서류는 종종 실험실의 전문가에 의해 복원할 수 있다(Weston et al., 2000: 32).

(1) 숯으로 쓰여진 것

숯으로 쓰여진 종이(charred)는 반드시 보존용 스프레이를 뿌린다. 그리고 특수포장을 해야 한다. 그리고 검사할 장소로 송부한다. 이것은 중요하고, 시간이 많이 소요되는 작업이다. 그러나 숯으로 된 종이의 증거로서의 잠재성은 그 복원과 관련해 작업의 가치가 있다 할 것이다(Weston et al., 2000: 32).

판지(cardboard)의 얇고 단단한 부분을 숯 부스러기 밑에 부드럽게 삽입시킨다. 두껍고 단단한 솜으로 된 배팅을 편편한 표면 위에 올려놓고, 배팅 위에 숯으로 쓰여진 종이를 내려놓는다. 찌부러지지 않는 용기 안에 넣고, 취급자의 서명(이니셜), 날짜, 증거 제출용 일련번호가 들어간 라벨을 붙이고 봉인한다. 보관용기 중에 눈에 잘 띄는 곳에 '부서질 수 있음(fragile)'이라는 표시를 한다(Lyman, 1999: 58).

(2) 구겨진 종이

구겨진 종이(crumpled)는 펼쳐서는 안 되고, 찌부러지지 않는 용기에 담아서 밀봉한다. 취급자의 서명(이니셜), 날짜, 그리고 증거 제출용 일련번호가 들어간 라벨을 붙이고 봉인한다. 보관용기 중에 눈에 잘 띄는 곳에 '부서질 수 있음'이라는 표시를 한다(Lyman, 1999: 58).

(3) 손을 대지 않은 종이

손을 대지 않은 종이(intact)는 가능하면 언제든지 사진 촬영, 복사사진 혹은 다른 형태의 복사보다는 원래 문서를 제출한다. 문서를 주의 깊게 처리하고 잠재지문을 보존하며, 가능하면 핀셋이나 장갑을 사용한다. 감식이 필요할 때에는 서류의 중요하지 않은 부분에 표시를 한다. 서류에 사용된 것과는 다른 중간 정도의 것을 사용한다. 예를 들면 서류가 잉크로 작성됐다면, 연필을 사용한다. 서류 위에 스테이플이나 핀을 사용하지 않고 서류를 접지 않는다. 봉투 혹은 플라스틱으로 된 커버와 같이 보호될 수 있는 커버 안에 그것들을 넣는다. 봉인하고 취급자의 서명(이니셜), 날짜, 증거 제출용 일련번호가 들어간 라벨을 붙인다. 비교용 표본을 수집한다. 문제가 되고 있는 서류를 위한 표본은 그 자체로 문제가 되는 서류는 아니다. 그러나 팩시밀리 혹은 손으로 복사한 것, 타이프라이터로 작성한 것, 혹은 원서류의 작성자가 만들었을 것으로 보이는 문제가 된 서류 위에서 보이는 잉크 같은 것은 문제가 된다(Lyman, 1999: 58-59).

(4) 적당한 견본

지문과 달리, 손으로 쓴 글씨와 손도장 같은 것은 시간이 지나면서 변할 수 있으며, 쉽게 조작이 가능하다는 것을 명심해야 한다. 우리들 각자는 글씨를 쓰는 데 정상적인 범위 내에서 변화를 갖고 있다. 좀 더 정확하게 비교하기 위해, 조사관은 각 용의자가 쓴 글에서 변화의 범위를 판단해야 한다. 6, 16, 60 같은 샘플에서 이 범위가 보여질 수 있는지 여부를 말하는 것은 불가능하다. 손으로 쓴 글씨와 손으로 찍은 것은 비교될 수 없다. 연령, 성별 그리고 글씨를 쓴 손을 확실하게 판단할 수는 없다. 이러한 분야에서 할 수 있는 최선의 것은 글씨를 쓴 사람의 교육 수준을 추측할 수 있다는 점이다.

한 장의 종이 혹은 한 면으로 된 견본을 사용해서는 안 된다. 어떤 사람으로부터 글씨를 쓴 것 혹은 프린트한 것의 적당한 견본을 얻기 위해서는 여러 장의 혹은 아마도 20~30장 정도 되는, 단일한 종이를 쓰는 것이 훨씬 낫다. 문제가 되고 있는 서류처럼, 동일한 크기와 재질의 종이를 쓰도록 하는 것이 권장된다. 문제가 되고 있는 품목이 준비된 상황에서, 그러한 조건들이 항상 반복될 수 있도록 노력한다. 어떤 사람으로부터 손으로 쓴 혹은 손으로 찍은 견본을 수집하기 위해 다음과 같은 가이드라인이 제시되고 있다(Lyman, 1999: 59).

표 4-4 손으로 쓴 알려진 견본을 수집하기 위한 가이드라인

- 가능하면, 글씨를 쓰는 속도, 종이의 크기, 글씨의 크기, 글씨 쓰는 도구 기타 등등의 것에 관해 원래 상태와 거의 유사한 것을 재생시키도록 한다.
- 평상시의 글씨가 쓰여진 것처럼 믿어질 때까지, 받아쓰기한 것으로부터 샘플을 채취한다(필요한 샘플을 미리 결정해서는 안 된다).
- 문제가 되고 있는 원래 서류 혹은 그것에 관한 사진을 보도록 해서는 안 된다.
- 그 시필(試筆)이 완성되자마자 글씨를 쓴 사람으로부터 각 샘플을 치운다.
- 스펠링, 구두점 혹은 배열에 관해 어떤 안내나 지시를 줘서는 안 된다.
- 예를 들면 종이의 종류, 크기, 쓰는 도구 그리고 인쇄된 형태처럼 동일한 방식을 사용한다.
- 적어도 한 번은 단어와 단어 순으로 문제가 되고 있는 전체 문장을 가능하면, 채취한다. 서명과 덜 광범위한 글쓰기가 여러 번에 걸쳐 준비돼야 한다. 쓸 때마다, 각각 다른 종이에 쓰도록 한다. 손으로 쓴 글씨의 경우, 대문자 그리고 소문자 샘플들을 채취해야 한다.
- 문서 위조 사건의 경우, 실험실에 성명이 위조된 그 사람의 진짜 서명을 비치해 둬야 하다.
- 스케치, 드로잉 그리고 편지봉투에 주소 쓰는 방식과 같이, 보충될 만한 글쓰기 샘플을 취득한다.
- 글 쓴 사람은 각 페이지마다 사인과 날짜를 기재한다.
- 각 샘플의 증인은 날짜와 이니셜을 쓴다.
- 받아쓰기하지 않은 표본을 받아쓰기한 표본의 보충물로 제공하는 것을 고려한다.
- 가능하면, 원본 서류를 취득해 제출한다.
- 사건과 관련해 문제가 되고 있는 서류들의 모든 측면에 대해 익숙하도록 한다. 다른 요원들이 알려진 서류를 취득하기 위해 요구할 때, 도와줄 수 있는 복사본을 제공한다(Lyman, 1999: 59-60).

① 타자기 견본

타자기로 작성된 문서의 일반적 유형, 마진, 타자된 선의 끝 부분에서 단어의 분리, 스펠링 실수, 단락 만들기 그리고 다른 들여쓰기는 그 문서를 작성한 사람을 확인하는 데 많은 기여를 한다. 타자기로부터 취득된 비교할 수 있는 표본을 통해 의심을 받고 있는 타자기와 의심을 받고 있는 서류를 대조할 수 있는 좋은 기회가 있다(Weston et al., 2000: 32).

타이프라이터로 작성된 것으로 믿어지는 문서의 샘플을 수집하고, 그것을 문서 감정 전문가에게 제출한다. 이러한 샘플을 취득할 때, 타이프라이터가 발견됐을 당시의 조건(다시 말하면, 같은 리본)하에서 타자기를 사용한다. 문제가 되고 있는 문장을 세 번 정도 타자기로 친다. 한번은 스텐실 위에 리본을 맞춰놓은 먹지(carbon paper)를 통해 글자를 친다. 각 표본 위에 사용된 타자기의 상표명, 모델번호 그리고 일련번호를 기록한다. 플라스틱 봉투나 강화된 봉투에 표본을 담는다. 취급자의 서명(이니셜), 날짜 그리고 증거 제출용 일련번호가 붙은 라벨이 접히지 않도록 한다. 필름 형태의 리본 카트리지와 수정 테이프를 수집해야 하며, 조사를 위해 제출해야 한다(Lyman, 1999: 60).

② 잉크 견본

문제가 되고 있는 서류에 사용된 잉크의 타입을 담고 있는 일반문서의 샘플을 수집한다. 만약 표본이 되고 있는 그 잉크가 문제가 되고 있는 서류에 있는 그 잉크와 동일한 것인지 여부를 확신하지 못한다면, 사용됐을 법한 가능한 모든 잉크 샘플을 제출한다. 만약 액체 잉크 샘플이 활용 가능하다면, 잉크를 담은 병을 취급자의 서명(이니셜), 날짜 그리고 증거 제출용 일련번호가 들어 있는 라벨이 붙은 안정된 용기 안에 넣는다. 용기 외부에는 '깨질 수 있음(fragile)'이라는 표시를 해서 실험실에 제출한다(Lyman, 1999: 60).

③ 움푹 들어간 글쓰기

글쓰기가 행해진 원래 종이가 제거됐다는 사실에도 불구하고, 톱니 모양 혹은 타자된 문서의 뒷면에 도드라진 무늬는 종종 전화기 옆에 있는 메모지 패드, 압지(blotter), 그리고 다른 자국이 남을 만한 표면에서 발견된다(Weston et al., 2000: 32).

헐거운 종이와 한 장씩 떼어 쓰는 편지지들은 가능하면 글씨를 쓰고 타이핑할 때 생긴 자국을 복원하기 위해 수집해야 한다(Lyman, 1999: 60).

12) 다양한 증거물

담배꽁초, 담배, 보석, 자석으로 된 테이프 레코딩 혹은 글쓰는 도구와 같이 항목은 어떤 범죄와 용의자를 연관시키는 증거로써 역할을 한다. 각 물품은 그것의 사용 혹은 기본적인 구조 둘 다를 통해 독특한 감식 가능한 특징을 제공할 수 있다. 예를 들면 폭발 전 혹은 강탈하기 전에 협박의 일부로서 익명자의 목소리가 들어 있는 테이프 레코딩은 성문(聲紋, voice print) 분석을 통해 용의자의 목소리를 확인할 수 있다(Lyman, 1999: 62).

(1) 담배꽁초와 담배

시가(cigar), 담배, 담배꽁초 그리고 담뱃재는 증거로써 잠재성을 갖고 있다(Weston et al., 2000: 33). 종이 위에서 핀셋으로 담배꽁초를 채취한다. 그리고 필박스(pillbox)에 넣는다. 담배꽁초를 수사관의 손으로 직접 처리해서는 안 된다. 담배꽁초가 발견된 장소뿐만 아니라, 취급자의 성명(이니셜, 서명), 날짜, 증거 제출용 일련번호가 들어간 라벨을 붙인다. 라벨을 보관용기에 붙이고 봉인한다. 파이프나 옷 주머니에서 나온 빈 담배물질은 필박스에 넣어 표시하고 봉인한다. 비교용 표본인 담배꽁초와 담배를 수집할 필요는 없다. 만약 혈청학적 검사가 요구된다면, 피해자와 용의자로부터 타액 표본을 수집한다(Lyman, 1999: 62).

(2) 보석

핀셋 혹은 천으로 된 장갑을 착용하고 처리한다. 지문 채취를 위해 분말을 입히고, 충돌을 방지할 수 있는 적당한 보관용기에 담는다. 만약 금, 은 혹은 플래티넘과 같은 값비싼 금속 성분은 공통적인 출처를 확인하기 위해 성분을 측정해야 한다. 그리고 대조할 목적으로 적절한 금속 샘플을 보낸다. 샘플을 담은 각 용기에 잉크로 취급자의 이니셜, 날짜 그리고 증거 제출용 일련번호를 기재한 라벨을 붙인다. 비교용 표본을 수집한다(Lyman, 1999: 62).

가능하면 어떤 문제가 되고 있는 샘플과 함께 비교할 보석 샘플을 제출한다. 도난당한 보석의 출처는 세팅한 것에 값비싼 보석을 붙이기 위해 사용된 접착제를 분석함으로써 특정한 보석가게를 추적할 수 있다. 보석 가공자에 의해 사용된 알려진 접착제 샘플은 문제가 되고 있는 샘플과 비교하기 위해 제출해야 한다. 충돌이 방지될 수 있는 보관용기에 샘플을 담고 그것을 봉인한다(Lyman, 1999: 63).

(3) 작은 물건

각 범죄 현장에서 타버린 성냥, 유리 조각, 부서진 손톱 그리고 담배꽁초와 같은 작은 물건을 찾는다. 각 품목별로 알려진 절차를 따른다. 증거 항목에 대한 특별한 조치 요령을 갖고 있지 않다면, 수사관의 손으로 직접 만지지 말고 충격 방지용 보관용기에 담는다. 잉크로 취급자의 이니셜, 날짜 그리고 증거 제출용 일련번호를 그 위에 기재함으로써 보관용기를 확인할 수 있도록 하고 봉인한다. 가능하면 언제든지 비교용 표본을 수집한다. 용의자의 수중에서 혹은 그의 소유물에서 발견된 작은 물건이나 품목의 비교용 샘플은 반드시 제출해, 범죄 현장에서 발견된 품목과 비교할 수 있도록 한다. 비교용 샘플을 포장하고 확인한다(Lyman, 1999: 63).

(4) 글 쓰는 도구

지문을 더럽히지 않도록 주의를 기울이면서, 핀셋이나 천으로 된 장갑을 끼고 처리한다. 지문에 채취용 분말을 입히고, 지문을 수집한다. 적당한 충돌 방지용 보관용기에 도구들을 담고, 잉크로 취급자의 이니셜, 날짜 그리고 증거 제출용 일련번호를 그 위에 기재함으로써 보관용기를 확인할 수 있도록 한다. 용의자 혹은 그의 소유물에서 발견된 어떠한 글 쓰는 도구라도 위에서 언급한 방식대로 수집한다. 포장하고 위에서 언급한 바와 같이 비교할 샘플을 포장하고 확인한다(Lyman, 1999: 63).

"범죄 꼼짝 마!"…… 영화 뺨치는 첨단 수사

갈수록 지능화되고 있는 범죄, 하지만 범인을 좇는 수사기관의 수사 기법은 더 빨리 진화하고 있다. 영화를 뺨치는 한국 경찰의 첨단 과학수사 기법을 취재한 내용이다. 미세한 먼지 하나, 불완전한 지문 하나는 수사에 결정적인 단서가 된다. 2007년 2월 초 서울지방경찰청에는 이 같은 문제를 해결할 수 있는 첨단 수사 장비가 마련됐다. "실험을 위해 기자가 직접 증거물에 지문을 남겨봤습니다." 병에 남은 미세한 지문을 찾아내는 분말. 찾아낸 지문은 접착 성분을 사용해 여러 번 채취할 수 있게 접착된다. "채취된 지문은 서버에 저장된 데이터베이스와 대조해 이렇게 실시간으로 신원을 확인하는 결정적인 단서가 됩니다." 지문 대조군은 주민등록자와 범죄자, 주요 외국인 등 4천 9백만 명에 달한다.

눈에 보이지 않는 미세한 지문을 찾아내기 위해서는 자외선을 이용한 가변광원장치를 사용한다. 이 외 미세한 혈흔에서 혈액형을 판별하는 등의 기법을 통해 용의자 범위를 최소한으로 좁힐 수 있다.

"사건 발생 초기 현장에서 수집된 각종 증거물에 대해 감식과 분석이 이뤄진 결과를 일선서에 통보해 줌으로써, 초동수사에 도움을 줄 수 있는 시스템입니다." ……소변과 모발 분석을 통해 마약 투약 여부는 물론 마약의 유통 경로와 원산지까지 알아낼 수 있다. 최근에는 마약 투여 시기까지 정확히 알아낼 수 있는 기술을 확보하면서 범죄를 부인할 여지가 없어졌다. 유전자 분석 역시 수사에 결정적인 단서다. 현장에서 발견된 휴지 등의 용품에서 검출된 DNA가 용의자의 것과 일치하면 수사는 성공한 셈이다. 유전자 감식의 정확성은 이미 서래마을 영아 유기사건의 실마리를 찾은 데서도 확인됐다. 경찰과 검찰이 도입하고 있는 첨단 수사 기법. 그 목표는 '완전범죄'를 없애는 것이라고 한다.

(http://mbn.mk.co.kr/news/newsRead.php?vodCode=176811&category=mbn00009. 2007-02-17/2007.03.24. 검색).

(5) 범죄 현장에서의 물리적 변화들

수사관은 범죄 현장에서 물건에 대해 관찰될 만한 어떤 손상에 관한 증거를 수색하고 수집한다. 예를 들면 구부려진 것, 부서진 것 혹은 긁힌 것 그리고 뒤집어진, 부서진 그리고 범죄 현장에서 통상적인 위치로부터 벗어난 가구와 같은 물건이 이에 해당한다. 어지럽혀진 것, 손상 그리고 도난당한 것은 무슨 일이 일어났고, 누가 그것을 저질렀는지를 판단하는 데 유용하다. 어떤 종류의 싸움 혹은 격투는 뒤집어진 그리고 부서진 가구들을 통해 알 수 있다. 손상은 행사된 힘의 방향을 알 수 있게 해 준다. 현장 사진은 변화 혹은 어지럽혀진 상태 그대로의 특성을 보존한다. 범죄 현장에서 취득된 품목은 중요한 용의자에 대한 단서를 제공할 뿐만 아니라, 또한 소유자로부터 품목이 발견됐을 때 혹은 체포 당시에 그 품목이 용의자의 통제하에 있었을 때, 그것들은 유죄의 증거를 제공한다. 범죄수사에 책임이 있는 수사관에게는 도난된 재물의 특징을 묘사해 방송을 통해 긴급 수배하는 것이 포함된다. 심지어 스냅사진 혹은 재떨이와 같이 가치가 거의 없는 품목도 그것이 발견됐을 때, 증거로써 잠재적 가치를 갖는다(Weston et al., 2000: 33).

제 3 절 수사상의 기본 단서와 수사 실행

1. 수사상의 기본 단서 개요

'누가 범죄를 저질렀는가'와 관련된 문제는 범인이 범행 중에 붙잡히거나 범죄를 저지른 후 현장에서 벗어나 도주하던 중 체포됐을 때는 어렵지 않게 해결할 수 있다. 하지만 범인이 곧바로 체포되지 않은 경우 피해자나 목격자에 의해 범죄자의 신원을 알 수 있는지 여부에 따라 수사의 방향이 크게 달라질 수 있다.

이름이 알려진 용의자에 관련된 사건은 체포됨으로써 해결될 가능성이 가장 높은 사건이다. 이러한 사건에서 범죄자의 신원을 확인하는 데 가장 중요한 단서는 피해자 혹은 목격자에 의해 제공돼 왔다. 수사관의 역량이 사건 해결에 영향을 미치는 경우는 용의자의 이름이 알려지지 않은 사건이다. 그러한 사건에서 수사상의 기본적인 단서들은 수사관에 의해 용의자의 신원이 밝혀져야 얻을 수 있다. 범행 동기와 범행 기회(혹은 존재)는 어떤 범죄에 대한 기초 수사의 중요한 영역이다. 범죄에 관련된 사람과 사물은 알려진 혹은 알려지지 않은 범죄자의 신원, 범행 동기 그리고 범행 기회에 대한 단서를 제공한다.

범죄 피해자는 중요한 단서를 제공한다. 피해자의 배경은 범죄 발생 직전에 피해자가 행동한 것에 관한 자료를 제공한다. 용의자들의 집단은 그 범죄로부터 이익을 얻게 되는 자와 범행 대상에 대해 필수적인 지식을 갖고 있는 자를 신문(訊問)함으로써 확인할 수 있다.

범죄 발생 시간 및 장소에서 순찰경찰관에 의한 현장 접촉 인터뷰 보고서들은 용의자에 관한 자료를 제공한다. 그리고 종종 용의자의 차량에 관한 정보를 제공한다. 범죄에 차량이나 무기들이 관련됐을 때, 그것을 조사하는 것은 종종 이러한 물건과 그 물건의 소유자 혹은 사용자를 연관시켜 준다. 범죄 현장에서 발견된 잠재지문과 다른 흔적증거들은 용의자가 범죄 현장에 있었다는 것을 확인시켜 주며, 범행 기회를 알려준다. 범죄 현장에 다른 흔적증거의 존재는 범죄가 저질러졌을 때의 범행 수법을 보여준다. 종종 도난당했다가 발견된 재물을 통해 범인을 추적할 수 있다. 경찰 기록에는 이전에 체포됐던 자들의 사진이 담겨 있다.

수사관이 용의자의 신원에 관해 의심점을 확인할 때, 사건 관계자의 사진은 목격자에 의해 판단될 수 있다. 사진이 활용 가능하지 않을 때, 얼굴 몽타주 등을 활용할 수 있다. 마지막으로, 범죄로 인해 생긴 상처의 특징은 용의자와 범죄를 연관시키는 데 도움을 줄 수 있는 단서를 제공한다(Weston et al., 2000: 96-97).

경험이 많은 수사관은 어떤 직관적 절차로 된 수사상의 단서를 확인하는 것에 연관되는 것을 싫어한다. 사람들을 다룰 때, 그들은 육감(hunch)은 부적절하다는 것을 믿는다. 단서를 확인하는 것은 아마도 노하우, 인지(認知) 절차, 그리고 일을 신속하게 처리할 능력의 적절한 결합일 것이다. 시간은 범죄를 수사하는 데 핵심적인 것이다. 시간은

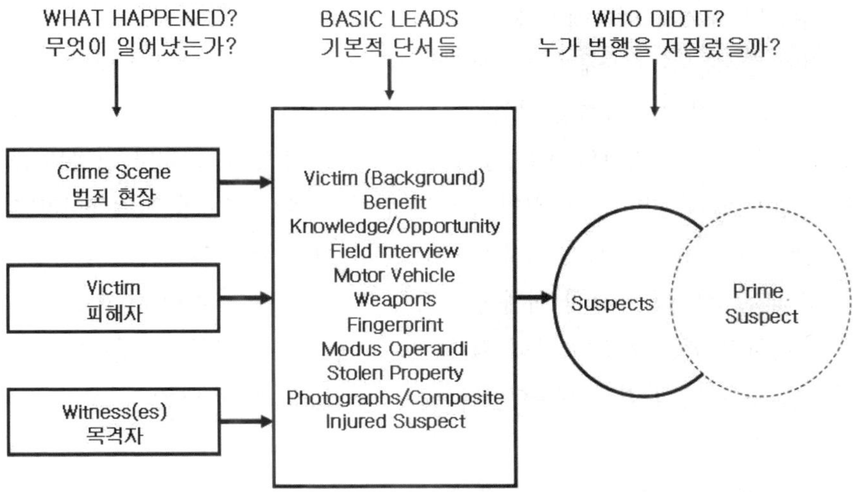

사건 해결을 위한 범죄수사상의 기본적 단서들
자료: Weston et al.(2000: 98), Fig 7-2.

목격자와 수사관에게 영향을 주고 있으며, 범인에게 증거를 처분할 수 있는 기회와 체포될 충격으로부터 피고인을 방어할 기회를 준다. 또한 만약 범인이 도주하고 있다면, 더 멀리 도망갈 기회를 준다.

수사관은 수사상의 기본적 단서를 따라야 한다. 그러나 특별한 노력이 또한 목격자의 진술을 보강하기 위해 요구된다. 게다가 범죄자의 동일성에서 실수를 피하기 위해 그리고 의심할 문제라기보다는 오히려 사건을 끌어내기 위해 동일한 조사가 실행된다. 범죄자의 신원이 알려지지 않은 사건들에서는, 수사상의 단서를 찾는 목적은 용의자를 확인하는 것이다. 범죄자의 신원을 확인할 목적과 함께, 수사상의 기본적인 단서를 따라가는 것이다. 그 조치는 용의자의 영역을 확장시키기 위해, 중요한 용의자를 확인하기 위해 그리고 중요한 용의자들 가운데, 죄가 있는 사람을 찾아내기 위한 쪽으로 향하게 된다. 죄를 저지른 자를 확인하는 것이 수사를 종결짓는 것이 돼서는 안 된다는 것을 명심해야 한다. 범죄의 모든 요소를 합리적이고 의심 없이 증명해야 한다. 일부 범죄는 독특한 요소들 혹은 가능한 방어물을 갖고 있다(Weston et al., 2000: 97).

따라서 수사는 범죄를 증명하고, 범죄자의 신원을 확인하며, 정당화 사유, 구체적 고의의 결핍, 악의의 결핍, 감손된 능력, 명정(酩酊), 변명, 무지, 실수, 정신이상 등과 같은 가능한 방어 사유가 있을 때, 이를 반증하기 위해 긍정적이든 혹은 부정적이든 모든 증거가 수집될 때까지 계속해야 한다(Weston et al., 2000: 97-98).

기본적인 단서는 수사관에게 정보를 제공해 줄 수 있으며, 조사의 방향을 제시한다. 적극적인 정보는 용의자 그룹을 확인하는 쪽으로 이끌어준다. 이러한 용의자 그룹의 각 구성원에 대한 축적된 정보의 힘은 증거의 성질에 달려 있다. 그러나 그것은 중요한 용의자들을 암시할 수 있다. 수동적인 정보는 단지 용의자 그룹이 확인됐더라면 쓸모가 있을 연관된 증거다. 수동적인 정보는 종종 범죄 현장 혹은 피해자와 연관될 수 있는 중요한 용의자로서, 어떤 자에 대해 혐의점을 확인시켜준다. 이러한 정보의 기본적 유형들은 수사하고 있는 범죄에 관해 죄가 있는 사람 혹은 사람들을 밝혀내기에 충분한 증거쪽으로 두 가지 방법을 제공한다(Weston et al., 2000: 97-98).

2. 수사상의 구체적인 단서 유형

1) 피해자의 배경

경찰수사관은 피해자를 반대 신문(cross-examining)하거나 피해자의 배경과 범죄와의 관련성을 조사하는 과정에서 불필요한 조사를 행함으로써 비판을 받아 왔다. 범죄자를 신속하게 체포하는 대신에, 불행한 범죄 피해자로부터 캐기 좋아하는 듯한 정보는 정당화될 수 없을 것처럼 보인다. 그런데 명확하게 확인된 목표 없이 추적하는 것은 정말 목적 없는 행동이나 다름없다. 매우 가능성이 있는 단서들은 피해자의 배경을 살펴봄으로써 확인할 수 있다. 그것은 윤곽이 명확해진 추적에 목표를 제공할 수 있다. 피해자와 관련해 증명하기 위한 많은 전통적인 수단이 있는데, 이러한 몇몇 전통적인 질문 사항은 다음과 같다(Weston et al., 2000: 98).

- 피해자는 범인을 알고 있었는가(면식범 여부)? 만약 그렇다면, 무슨 관계인가?
- 피해자는 어떤 사람을 의심하는가? 왜?
- 피해자는 범죄 경력을 갖고 있는가? 신고될 범죄 경력인가?
- 피해자는 무기를 가졌는가?
- 피해자는 공격적 성향을 가졌는가?
- 피해자는 어떤 현장 접촉 보고서의 대상이었는가?
- 자동차 번호는 무엇이며, 피해자 차량의 특징이 무엇인가?
- 피해자가 다른 사람으로 오인(誤認)받았는가?

이것은 범죄수사가 피해자 수사쪽으로 부메랑처럼 되돌아온다는 것을 의미하지는 않는다. 그런데 그것은 중요한 기본적 단서에 기여할 수 있으며, 사건에 관한 장래 평가에 도움을 줄 수 있으므로 피해자에 관한 어떤 중요한 사실은 반드시 이 수사 단계에서 밝혀져야 한다(Weston et al., 2000: 99).

2) 범죄이익

범죄로부터 누가 이익(benefit)을 얻게 될 것인가에 관한 문제는 질문하는 데 훌륭한 초점을 제공한다. 이익이 되는 요소는 수사상의 단서를 제공할 수 있다. 살인사건에서 질투 혹은 제거하겠다는 범행 동기는 질문하는 데에 표준적인 방법이다. 부인 혹은 남편이 죽고, 그 사망 이유가 설명되지 않을 때마다 그 생존자가 용의자가 된다. 또한 전통적인 사랑의 삼각관계를 밝혀내기 위해 필요한 조치가 취해진다. 만약 제3자가 관련됐다면, 삼각관계는 상당히 유망한 단서로 고려된다.

보험에 가입된 부동산에 관한 사기와 같은 화재사건에서 재정적 이익을 취하기 위한 합리적 범행 동기는 복잡해진다. 한편, 불합리한 동기는 정신병질적인 방화(psychopathic fire-setting)다. 이러한 것은 구체적으로 열거된 범행 동기들이다. 피해자 혹은 범죄에 대한 관련성을 노출시킴으로써 범인의 신원을 연역적으로 추리할 수 있다. 일반적으로 살인사건에서 피해자와 사망이라는 사실로부터 이익을 얻을 수 있는 사람들 간의 관계는 중요한 단서를 제공하는 데 가장 생산적이다. 주거침입 절도, 강도범죄, 강간범죄 그리고 다른 성적(性的) 범죄에 공통적인 이익 추구 및 성적 만족에 관한 좀 더 일반적인 범행 동기는 그 범죄로부터 이익을 얻게 될 사람의 신원에 관해 구체적인 단서를 제공하지 않는다(Weston et al., 2000: 99).

3) 범행 기회

범죄를 저지르는 범행 기회와 어떤 사람을 수색하고 확인하는 작업은 확실한 기본적 수사 단서다. 범죄 현장에서 혹은 그 범죄가 발생하던 시점에 인정을 받았거나 혹은 의심을 받으면서 현장에 있었다는 것은 단지 즉각적인 수사상의 도움을 줄 수 있는 것이지만, 그것은 수사의 단서다. 범죄 현장에서 그들이 의심을 받고 있었다는 것 그리고 그들이 이러한 범행 기회 정보에 관한 조사를 받기 쉽다는 것을 범인이 알고 있을 때, 그들은 종종 다른 장소에 있었다는 주장을 하면서 알리바이를 조작한다. 알리바이에 관한 수사는 용의자쪽으로 방향이 잡힌 다른 조사들을 정당화하면서, 종종 어떤 조작을 밝혀낼 것이다. 그런데 효과적인 알리바이가 추가적인 조사로부터 용의자를 곧바로 배제하는 것은 아니다.

절도사건에서는 피해자의 집 주변(토지와 건물)의 통로나 접근로에 대해 그리고 귀중품의 존재나 위치에 관해 누가 알고 있는 사람의 신원에 대해 피해자에게 질문해 볼 수 있다. 이것은 누가 그러한 범죄를 저지르기 위해 필요한 사전 지식을 갖고 있었는지를 확인하기 위해 실시된다.

무장 강도사건에서 피해자의 일상생활 그리고 피해를 입은 회사에 대해 알고 있었던 사람의 신원에 대해 피해자는 질문을 받게 된다. 이러한 자료들을 추적하게 되면 자연스럽게 용의자의 그룹을 알게 해 준다(Weston et al., 2000: 99-100).

① 범죄가 발생한 집과 토지들에 대한 접근성을 갖고 있는 사람들 혹은 그러한 것들에 익숙한 사람들

② 재산의 값어치 혹은 재산이 보관돼 있는 장소를 알았던 사람들 혹은 피해자 혹은 피해를 입었던 사업체의 일상적인 것을 알고 있었던 사람들
- 현재 고용된 어떤 사람들 혹은 배우자
- 이전에 고용됐던 어떤 사람들 혹은 배우자
- 서비스 혹은 건물관리 직원(지역에, 건물에 혹은 종종 배달 서비스에 고용된 사람들)
- 이웃들
- 위의 리스트에 오른 사람들 간에 접촉을 하고 있는 전문적인 '밀고자'
- 위에 언급된 사람들과 접촉을 갖고 있는 범죄자들

③ 최근에 그 지역에서 혹은 집 주변에서 발견된 사람들
- 이상하게 행동하는 사람(성범죄사건, 화재 그리고 살인사건들)
- 직장에 지원하거나 물건 판매를 조르는 사람, 설문조사를 한다는 사람 등

범죄를 저지르기 위해 요구되는 지식을 갖고 있다는 것은 그러한 행위를 할 수 있는 기술과 능력을 가지고 있다는 것을 의미한다. 어떤 종류의 범인이 수사받고 있는 그 범죄를 저지를 수 있었을까? 그 범죄에 금고를 열기 위해 토치(torch: 열을 가해 금속을 절단하는 기구)를 사용하는 특수한 기술이나 폭약 타입의 버닝바(burning bars: 금속 절

단 등을 도와주는 재료)를 이용해 신속하게 금속을 절단하는 것에 대한 지식이 필요했는가?

그러한 직업이나 거래에 관해 전문지식이 필요했는가?

유압식 쇠지렛대를 사용하고 있다는 것은 구부러진 범퍼를 따로 떼어서 펴기 위해 이러한 기구가 사용되는 차체와 범퍼를 취급하는 가게에서 일하는 사람을 의미한다. 그 직원들은 무거운 것을 신속하고 강력하게 밀고 들어 올리고 하는 동작에 대해 알고 있다. 밤도둑은 사람이 들어가 살고 있는 집에 침입하고, 심지어 사람이 자고 있는 침실까지 쳐들어가는 사람처럼 그 범죄가 사람을 죽이는 것을 두려워하지 않았던 사람을 필요로 했는가?

캔자스주의 클러터(Clutter) 가족에 대한 다중살인사건의 경우, 이전의 종업원들에 대한 기본적인 단서들을 추적했더라면 몇 개월 정도 빨리 해결됐을 것이라고 한다. 캔자스 주교도소에 있었던 웰스(Floyd Wells)라는 자는 한때 클러터 농장에서 일했었다. 그는 농장의 규모에 대해 교도소 동료에게 언급했다. 그 살인사건은 감방 동료가 석방된 지 얼마 되지 않아서 벌어졌다. 그 사건 후 몇주 만에, 웰스 스스로 살해된 피해자의 전 종업원이라는 것을 확인시켜 줬다. 그는 당국에 이러한 기본적인 수사상의 단서를 제공했다. 그 단서를 통해 두 명의 살인범 가운데 한 명이 확인됐다. 이 남자의 친구를 체크함으로써 그 자의 공범(共犯)을 신속하게 확인할 수 있었다(Weston et al., 2000: 100).

4) 현장 접촉 보고서

현장에서 접촉한다는 것은 적극적인 경찰순찰의 전술이다. 현장 접촉 보고서에는 시내 혹은 그 지역을 자동차로 혹은 도보로 걸어다니다가 그들의 의심스러운 모습 혹은 동작 때문에 정지당한 사람을 '불심검문(stop-and-frisk)'한 인터뷰 내용이 기록돼 있다. 이러한 보고서들을 통해 경찰의 관심을 받게 되는 사람들의 이름과 인상 착의 등이 경찰 기록에 저장된다. 시간, 날짜 그리고 그들이 경찰의 눈에 띈 장소, 인터뷰한(검문당한) 장소 등이 함께 기록된다. 이러한 보고서들은 비밀로 취급된다. 그래서 일반인들에게는 공개되지 않는다. 그러나 수사관이 활용할 수 있도록 경찰 기록 시스템에 저장된다. 그 사람(who)에 '관한(about)' 그리고 어디서(where), 언제(when)에 대한 자료는 수사관으로 하여금 기본적인 단서를 찾을 수 있도록 도와주는 귀중한 것들이다.

현장 접촉은 전체 순찰부서가 경계하면서 관찰하는 것과 임무가 부여된 경찰관을 포함하는 광범위한 감시를 의미한다. 범인의 신원에 대한 명백한 단서 없이 주거침입 절도범죄에 직면하는 수사관은 종종 범죄 현장에서 겨우 몇 블록 떨어진 곳에서, 이른 아침 시간에 검문당한 알려진 범인에 관한 현장 접촉 보고서를 발견할 것이다.

성범죄가 발생하던 날, 자신은 집에서 거의 나가지 않았다고 주장하는 명백히 혐의가 없어 보이는 용의자가, 현장 접촉 기록을 통해 오히려 그 도시의 공원에서 야간에 배회했던 자라는 사실이 밝혀질 수 있다. 일부 경찰 부서에서는 청소년 그룹의 신원을 밝혀낼 목적으로, 17~18세 미만의 청소년들에 관한 현장 접촉 카드를 자동으로 저장할 수 있는 시스템을 갖추고 있다. 대부분의 청소년 범죄가 집단적으로 저질러지기 때문에 이러한 교차 조회 시스템은 공범에 관한 정보를 제공할 수 있다. 청소년들에 관한 현장 접촉 카드가 요청되면, 이러한 그룹의 동료들은 인종, 성별, 연령 그리고 이전의 체포된 동료에 관한 정보에 따라 기본적인 수사 단서를 위해 면밀히 조사해야 한다(Weston et al., 2000: 101).

5) 자동차

범인의 신원 확인을 하는데, 자동차를 확인하는 것보다 더 좋은 단서가 없다. 심지어 자동차에 관한 단편적인 특징을 열거한 것도 종종 도움이 될 수 있다. 자동차 소유자와 운전자 기록에는 항상 사람의 출생 날짜, 이전의 주소 그리고 그러한 장소에 거주한 날짜들이 담겨 있다. 이러한 기본적인 자동차 관련 기록에 참조 표시가 된 교통사고와 교통규칙 위반 기록들은 교통사고 날짜와 장소 그리고 차량 운행 기록과 같은 용의자의 행동에 관한 뭔가를 밝혀준다. 자동차는 수사관에게 기본적인 단서를 제공한다(Weston et al., 2000: 101-102).

6) 무기류

곤봉이나 날이 없는 무딘 도구들에 소유자의 이름이 새겨져 있는 것은 흔한 일이 아니다. 그러나 총기류는 제조회사의 이름과 일련번호가 새겨져 있다. 그들의 소유 관계는 종종 판매상과 총기류 등록 기록을 통해 추적할 수 있다. 그러한 추적을 통해 확인할 수 있는 수사 단서는 그 총기가 도난당했다는 것을 밝혀줄 수 있다. 그러나 이 사실은 수사 중인 범죄와 다른 범죄를 연결시켜준다. 그것은 기본적인 수사상의 단서다.

비록 칼이 일련번호를 갖고 있지 않더라도 칼의 소유권은 종종 확인할 수 있다. 곤봉과 다른 두들겨 패는 무기들은 종종 신원 확인에 희망적인 단서를 제공한다. 범죄에 사용된 독약과 약물은 약국 및 병원 기록 등을 통해 종종 추적할 수 있다. 그리고 다이너

마이트의 구입은 종종 폭파사건에서 추적할 수 있다. 탄환과 발사된 카트리지 케이스, 상처의 패턴 그리고 몇몇 독약의 구별될 만한 효과가 확인됐을 때, 용의자를 범죄와 연관시켜 줄 만한 유용한 정보를 제공한다(Weston et al., 2000: 102).

7) 지문

(1) 범죄 현장 지문의 가치

'지문(指紋, fingerprints)'이라 함은 손가락 끝마디의 안쪽에 피부가 융기(隆起)한 선 또는 점(이하 '융선'이라 한다)으로 형성된 각종 문형 및 그의 인상(印象)을 말한다.[12] 범죄 현장에서 발견된 지문은 범죄자 혹은 피해자의 신원을 확인할 수 있는 매우 높은 잠재성을 갖고 있다. 보통 눈에 잘 보이지 않는 잠재지문은 범죄 현장의 다양한 표면에 채취용 분말 등을 입힘으로써(塗布) 발견된다. 범죄 현장에서 발견된 지문들은 범행 기회와 현장 요소들을 밝혀주는 중요한 단서가 된다(Weston et al., 2000: 103).

(2) 지문의 분류와 유형

지문이 효과가 있는 이유는 손가락 밑면(손바닥과 발바닥에도)의 지두장측부(指頭掌側部)에 융선과 계곡처럼 들어간 선들로 덮여 있기 때문이다. 어떤 것은 계속되는 선을 만들고, 일부는 멈추고, 어떤 것은 서로 나뉜다. 그것들 가운데 일부는 주머니 혹은 작은 점과 같은 여러 종류의 모양을 만든다. 이렇게 이탈된 자세한 융선은 개인적 특성을 나타낸다(Ramsland, 2001: 114).

구별되는 융선의 윤곽은 일반적인 몇 가지 유형으로 나타난다. 마찰이 이뤄지는 다양한 형태의 융선은 지문 분류와 지문의 개별화에 상당한 의미가 있다. 상세한 분류는 대체로 선의 형태와 관련된다. 반면에, 비교하면서 상세하게 개별화될 수 있는 것은 직선 혹은 곡선으로 이뤄진 융선으로부터 이탈된 것에 초점이 맞춰진다. 이러한 일반적 특징을 갖고 있는 네 가지 기본 그룹(general group: 궁상문, 제상문, 와상문, 변태문)으로 분류되며,[13] 패턴 사이에 존재하는 더 작은 차이로 여덟 가지로[14] 세분할 수 있다.[15]

---

12) 「지문 및 수사자료표 등에 관한 규칙」[경찰청 훈령 제672호, 2012.07.19.] 제2조.
13) 「지문 및 수사자료표 등에 관한 규칙」[경찰청 훈령 제672호] 제20조(지문의 분류) 참조.
14) 우리나라의 경우, 보통궁상문, 돌기궁상문(텐트형), 갑종제상문, 을종제상문, 순와상문(단순형), 환상문, 이중제형 와상문, 유태제형(有胎蹄形) 와상문, 혼합문으로 세분류된다.
15) 미국인들의 경우, 모든 지문의 융선 패턴 중 약 5~10%는 궁상문형이고, 60~65%는 제상문형이며, 마지막으로 25~30% 정도는 와상문형이라고 한다(Osterburg & Ward, 2000: 70).

분류할 목적으로 패턴 지역을 정의하는 경우 중요한 것은 제상문과 와상문들이다. 미국 법무부(1988년)에서는 다음과 같이 패턴을 정의하고 있다: 분류할 때 관심을 갖는 것은 중심, 삼각주 그리고 융선들을 나타내고 있는 제상문 혹은 와상문 부분이다. 제상문과 와상문의 패턴 지역은 유형선(type line)에 의해 닫혀진다. 유형선들은 평행으로 시작하고, 갈라지며 그리고 둘러싸고 혹은 패턴 지역을 둘러싸기 위해 보조하는 두 개의 가장 깊숙한 융선들로 정의될 수 있다(Lyman, 1999: 164).

① 궁상문(弓狀紋, arch)

활(弓) 모양이다. 한쪽 면에서 다른 쪽 면으로 흘러가는 융선에 의해 만들어지는 것으로서 중간에서 위쪽으로 커브를 이룬다. 보통 궁상문은 평탄하게 흐른 활 모양의 궁상선으로 형성된 지문을 말한다. 돌기궁상문은 돌기한 활 모양의 궁상선으로 형성된 지문을 말한다.

보통궁상문(plain arch)

돌기궁상문(tented arch)

② 제상문(蹄狀紋, loop)

말발굽 모양의 제상선으로 형성되고, 융선이 흐르는 반대쪽에 삼각도가 1개 있는 지문을 말한다. 이것은 궁상문보다 더 강한 곡선을 갖고 있다. 우리나라에서는 갑종제상문,[16] 을종제상문[17]으로 세분한다. 제상문형 지문의 경우 융선의 개수를 파악한다. 제상문형 지문은 삼각도와 중심부 핵(core) 간의 1부터 30까지(그러나 드물게는 그 이상) 달하는 융선의 숫자를 계산함으로써 세분된다(Osterburg & Ward, 2000: 70).

16) 왼손의 지문을 찍었을 때, 삼각도(delta)가 좌측에 형성돼 있거나 오른손의 지문을 찍었을 때 삼각도가 우측에 형성돼 있는 지문을 말한다.

17) 왼손의 지문을 찍었을 때, 삼각도가 우측에 형성돼 있거나 오른손의 지문을 찍었을 때 삼각도가 좌측에 형성돼 있는 지문을 말한다.

갑종제상문(radial loop)

을종제상문(ulnar loop)

③ 와상문(渦狀紋, whorl)

소용돌이 모양이다. 완전한 달걀 모양의 타원형이며, 종종 중심점 주변에서 소용돌이 모양을 띠고 있다. 단순한 와상문이 있으며, 중심에 작은 고리 모양의 소용돌이가 있다. 와상선(소용돌이), 환상선(원), 이중제상선, 제상선 기타 융선이 독립 또는 혼재돼 2개 이상의 삼각도(delta)가 있는 지문을 말한다. 가장 복잡한 형태의 지문 유형인데, 순와상문, 환상문, 이중제형 와상문, 유태제형 와상문(삼각도 1개), 혼합문[18] 등 하위 유형으로 세분할 수 있다. 와상문형 지문에서도 융선을 추적한다.

순와상문(plain whorl)

환상문(central pocket loop)

이중제형와상문(double loop)

변태문(accidental)

18) 다른 두 가지 패턴들이 혼합된 것이다.

④ 변태문(變態紋, accidental)

궁상문, 제상문, 와상문에 속하지 않아 정상적으로 분류번호를 부여할 수 없는 지문을 말한다.

⑤ 지문 분류와 지문번호

우리나라는 함부르크식(Roscher) 분류법을 채택하고 있으며, 지문 형태별 융선 수를 계산해 각각의 지문에 번호를 부여하고 있다.

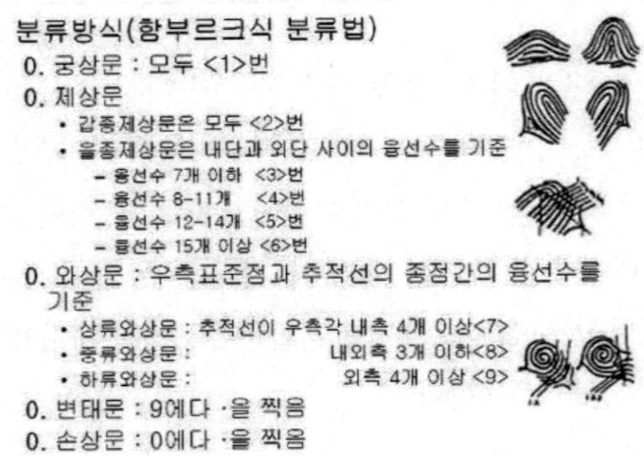

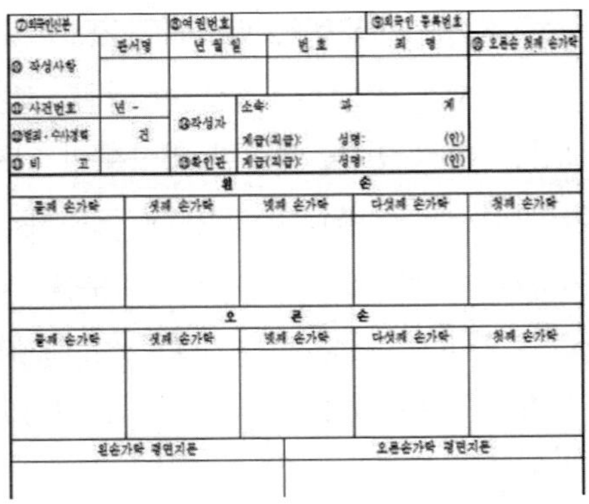

수사 자료표상의 지문 날인 순서

(3) 지문 채취 및 감정을 위한 준비

① 지문 현출용 키트를 준비한다

지문을 채취하기 위해 '기본형 키트'[19]를 준비하고, 상황에 따라서 좀 더 복합적인 '큰 지문 채취용 키트'[20]를 준비해야 한다.

---

19) 기본형 키트에는 다음과 같은 도구가 담겨져 있다. 지문 현출용 분말(fingerprint powder: 다양한 색깔의 표면과 다양한 종류의 표면에 대비하고 사용할 수 있는 다양한 색깔의 분말), 자외선 혹은 적외선 발사기와 함께 사용할 수 있는, 형광색으로 변화되는 분말, 섬유유리로 된 먼지 채집용 솔, 페인트에 남아 있는 먼지를 제거할 수 있는 낙타털로 만들어진 솔, 투명한 인출 테이프 및 색인표, 잠재지문용 카드, 마커와 함께 흔적 지우개, 지문카드 보관용기와 그것을 분리해서 보관할 수 있는 것, 현장에서 지문을 찍을 때 사용하는 잉크 패드, 확대경, 가위, 핀셋 그리고 메스, 잉크를 지울 수 있는 토우레테스, 다양한 길이를 잴 수 있는 증거 수집용 자 및 측정 테이프, 증거 수집용 봉인, 색인표, 백 그리고 다양한 크기의 박스, 일회용 장갑 등이다.

20) 좀 더 복합적인 (더 큰) 지문 채취용 키트에는 다양한 색깔의 금속성 파우더, 주걱처럼 생긴 솔, 형광 파우더를 사용할 때 필요한 가죽으로 만든 솔, 발광 파우더를 위한 자외선 램프, 여광기용(濾光器用) 고글, 거친 표면 위의 지문을 채취하기 위한 가스 발생 접착제(수퍼 글루), 손자국 혹은 발자

② 기본적인 주의 사항

지문을 수사에 이용하기 위해서는 범인의 지문 흔적을 채취하고 자료를 입수해야 한다. 지문이 부착돼 있을 가능성이 있는 물건은 잘 보존해 절대 만지지 않도록 해야 한다. 특히 권총이나 단도(短刀)를 습득했을 때에는 끈을 걸어서 줍는 등 세심하게 주의한다(김형청, 1986: 172).

유류지문(遺留指紋)은 범죄 현장에서 눈에 잘 띄지 않는 곳에 있을 수 있다. 예를 들면, 주거침입 절도사건의 경우에 범인이 침입한 곳에서부터 지문을 찾기 시작한다. 절도범이 창문을 통해서 기어오르는 시도를 했다면 창문 문설주(옆기둥), 프레임 혹은 창턱에 지문을 남길 수 있다(Lyman, 1999: 164). 우연한 지문들이 창문의 유리, 병, 테이블 위나 문손잡이에 이르기까지, 어떤 부드러운 혹은 작은 구멍이 없는 표면에서 발견될 수 있다.

③ 증거의 포장과 송부

잠재지문을 내포하고 있는 물체의 표면을 보호하기 위해 특별한 용기(容器)를 활용한다. 잠재지문 옆에 면(綿)이나 천을 놓아서는 안 된다. 많은 양의 종이 혹은 카드보드 표본들이 하나의 포장용기에 담겨지게 될 수 있다. 딱딱한 표면 위에 잠재지문을 내포하고 있는 물체는 다른 표면(종이봉투, 플라스틱 봉투 등)과 접촉되지 않도록 해야 한다. 수사관이 몇몇 융선이 보이는 부분을 발견한다면, 그 부분의 크기에 상관없이 현출하고 표시해서 실험실로 제출해야 한다(Lyman, 1999: 52).

(4) 물체의 성질과 지문

① 흡수성이 있는 물체 위에 있는 지문

종이나 다른 흡수성이 있는 물체는 플라스틱 봉투 혹은 셀로판으로 된 보호장치에 보관한다. 손으로 물체를 만져서는 안 된다. 수사관 스스로 흡수성이 있는 표면 위에 남아 있는 잠재지문을 현출하려고 해서는 안 된다. 취급자의 서명, 날짜 그리고 증거 제출용 일련번호가 들어간 라벨을 붙이거나 보호장치(protector)를 한다. 비교용 표본 지문을 취득한다. 한편, 흡수성이 없는 물체에 남아 있는 잠재지문은 높은 온도, 습기에 오랫동안 노출돼 있으면 빨리 오염될 수 있다. 가능하면 빨리 처리하고 실험실로 송부

국 채취용 시트, 사진용 자, 사망한 피해자로부터 지문을 채취하기 위한 검시용 키트, 기름기가 있는 지문을 다시 눌러 찍을 수 있는 것, 장문 혹은 발바닥 자국 채취용 롤러가 들어 있다(Ramslamd, 2001: 13-14).

한다(Lyman, 1999: 51).

② 단단한 표면 위에 있는 지문

먼지가 묻은 플라스틱 카드, 금속성 판, 유리병 혹은 다른 단단한 표면으로 된 물체에 잠재지문이 남아 있을 수 있다. 현출용 테이프로 현출된 지문을 제거하고, 그 테이프를 지문 위에 칠하기 위해 사용된 분말과 색깔이 반대되는 3×5인치 크기의 카드 위에 올려놓는다. 취급자의 서명으로 카드에 표시하고, 날짜 그리고 증거 제출용 일련번호를 기재한다. 그리고 그것을 봉투에 넣고 봉인한다(Lyman, 1999: 51).

③ 부드러운 표면 위에 있는 지문

퍼티(putty: 유리창 틀을 붙이거나 철판을 잇는 데 쓰는 건축 자재), 코킹된 화합물 혹은 가시적인 지문을 갖고 있는 다른 부드러운 물체를 조심스럽게 제거한다. 카드보드에 취급자의 서명, 날짜 그리고 증거 제출용 일련번호를 표시하고, 그 카드보드의 딱딱한 부분에 그 물체를 풀로 붙인다. 그 표본 위에 보호용 커버를 붙인다. 종이컵이나 어린이용 음식용기가 이러한 목적에 제격이다. 손으로 만지지 말아야 한다. 비교용 표본 지문을 채취한다(Lyman, 1999: 51).

(5) 현장지문의 종류와 잠재지문

범죄 현장에서 가장 귀중한 수사 단서 중에는 지문과 장문(掌紋, palm print)이 있다. 그러한 지문이 수집되고 분류 전문가에 의해 평가되면, 용의자의 정확한 신원에 대해 결정적인 판단이 이뤄진다(Lyman, 1999: 161).

① 현장지문의 유형

범죄 현장에 남겨진 지문은 세 가지 유형으로 나눌 수 있다. 육안으로 볼 수 있는 현재지문(顯在指紋, visible prints), 입체지문(立體指紋, plastic prints, 혹은 형체가 있는 지문) 그리고 잠재지문(潛在指紋, latents prints) 등이다.

- 현재지문은 주로 색깔이 있는 물질(페인트, 그리스, 잉크 등)과 손이 마찰한 후에 현장에 남겨져 육안으로 식별이 가능한 지문이다. 현재지문은 직접 사진 촬영이 가능하며, 입체지문은 특별한 빛의 조건하에서 사진 촬영이 가능하다.
- 입체지문은 주로 부드러운 표면이 있는 물체(퍼티, 왁스, 비누, 먼지 등)에 손이 닿아서 지문의 융선이 입체적으로 유류된 것을 말한다. 형체가 있는 지문은 플라스

틱 재질에 대해 손가락이 눌려질 때 생긴다. 또한 마찰 융선의 반대 방향의 자국을 남긴다. 전형적으로 이러한 지문은 최근에 칠한 페인트 표면, 왁스, 그리스 타르, 퍼티(putty), 스탬프 위의 고무 안에서 혹은 봉투 그리고 접착성이 있는 테이프에서 발견된다(Lyman, 1999: 162).

• 한편, 잠재지문 혹은 보이지 않는 지문은 손가락 표면에 있는 신체상의 액체(땀)나 기름기가 어떤 물체 표면에 이동함으로써 유류되는 지문이다. 보통 육안으로 식별이 잘 되기 않기 때문에 전문적인 현출 방법이 동원된다(Saferstein, 2001: 406). 그래서 잠재지문은 우선 눈으로 식별이 가능한 상태로 만든 후에 채취한다.[21]

② 잠재지문의 출처

잠재지문은 전체 패턴이 와상문형(나선형)인 손가락 위에 적은 양의 지방, 기름, 땀 혹은 먼지를 함유하고 있으면서, 어떤 물건을 만질 때 이러한 물질이 그 물건으로 전달될 때 생기는 것이다. 지방(grease)과 기름은 보통 자연발생적이다. 사람이 땀 같은 다양한 배설물을 함유하고 있는 신체의 다른 부분을 만질 때 이러한 물질들이 손가락에 전달된다. 잠재지문에는 육안으로는 보이지 않을 뿐만 아니라 발견한 후에만 제대로 확인될 수 있는 그러한 지문이 포함된다. 그러한 지문은 종이나 부드러운 표면에서 보통 발견된다(Lyman, 1999: 162). 잠재지문을 남기는 손가락 위의 물질에 대해 두 가지 종류의 출처가 있는데, 자연적인 것과 환경적인 것이다(Osterburg & Ward, 2000: 62).

▸ 자연으로부터 얻어지는 물질

자연적 물질은 땀의 발산과 수분을 함유하고 있는 수증기에 의해 잔류된 물질 그리고 모낭(毛嚢, hair follicle) 하부에 있는 피지선(皮脂腺, sebaceous)에 의해 보이지 않게 흘러나오는 반(半)액체 상태의 지방질 성분인 피지(皮脂, sebum)다. 땀 성분의 99%가 수분이지만, 그것은 또한 물질대사의 부산물인 용해되지 않는 약간의 물질을 포함하고 있다. 예를 들면 조직적 합성물(아미노산, 尿素 그리고 脂質-지방, 기름 및 왁스 등), 그리고 식염(table salt)과 같은 무기화합물(inorganic compound)이다. 땀을 흘리는 과정에서 약간의 비타민이 방출됨으로써 레이저를 통해 지문을 현출해 낼 수 있다.

▸ 환경으로부터 얻어지는 물질

일상생활 과정에서, 사람의 손은 물건과 접촉을 하면서 환경으로부터 어떤 이물질

21) http://www.ccs.neu.edu/home/feneric/cyanoacrylate.html(2007.03.10. 검색).

(異物質), 예를 들면 먼지, 그을음(soot), 요리에 쓰이는 기름, 부엌에서 사용되는 기름, 머리에 바르는 약품 혹은 꽃가루 및 다른 식물성의 특별한 물질과 같은 이물질을 집어 들게 된다(Osterburg & Ward, 2000: 63).

(6) 범죄 현장에서의 지문 채취 요령

오늘날에는 40가지가 넘는 방법이 활용되고 있다. 분말법, 디지털 이미징 기법, 염료 착색법(dye stains), 증기법(fuming), 광선법을 포함해 더 많은 방법이 발견됐다. 모든 표면을 어두운 곳에서 높은 전력의 레이저 불빛으로 우선적으로 조사(照射)해 본다. 이것은 지문을 보이게 해 준다. 그렇지 않으면 다른 방법을 활용할 수 있다. 편평한 표면 위에 비스듬하게 불빛을 비추기 위해 얇은 빛을 가장자리 쪽으로 비추면, 지문으로부터 자연적인 잔류물(residues)의 존재를 볼 수 있다. 최소한으로 지문이 손실되는 방법을 항상 우선적으로 강구해야 한다(Ramsland, 2001: 115).

① 시체로부터 지문 채취하기

시체로부터 지문을 채취하려고 할 때 어려움에 직면하게 된다. 만약 피부가 느슨해지면, 이것을 잘라내어 슬라이드에 올려놓고 조사가 가능하다. 만약 주름이 잡히면 물이나 파라핀을 주입해서 표면이 단단하게 펴지게 할 수 있다. 그리고 미라(mirra) 상태나 부패돼 탈수(脫水) 상태가 되면, 피부는 지문 채취 작업을 하기에 너무 어려워진다. 몇몇 사건의 경우, 지문을 채취하는 방식이 치과용 틀을 만드는 물질로 모양을 뜨기도 하고 사진 촬영을 하기도 한다. 손으로 혹은 직물로 된 연화제로 피부를 부드럽게 하기 위해 손가락의 중간 마디 중의 한 곳에서 손가락을 절단해 내는 것도 가능하다. 만약 시체가 경직(硬直)된 상태라면, 손가락 마디를 마사지해 줄 필요가 있다. 혹은 손가락을 구부렸다 폈다 하면서 지문을 채취할 수 있도록 손가락을 느슨하게 할 필요가 있다. 만약 손가락이 경직돼 손바닥 쪽으로 구부러져 있다면, 가능하면 멀리 반대쪽으로 구부리기 위해 종종 몇몇 힘줄을 잘라낼 필요가 있다. 스푼으로 불리는 장치와 함께 손가락들을 고정시킨다.[22)]

그래서 손가락 끝에 잉크를 묻혀서 얇은 지문 카드에 누른다. 이 카드를 손가락 쪽으로 돌려 감는다. 잉크가 묻어 얼룩져 있는 손가락 하나와 같이 한 끝이 똑바로 펴지는 것을 막기 위해 같은 손가락에서 여러 번의 지문을 찍는다. 모든 손가락의 지문이

22) http://www.bvda.com/EN/sect1/en_1_1a.html(2007.03.26. 검색).

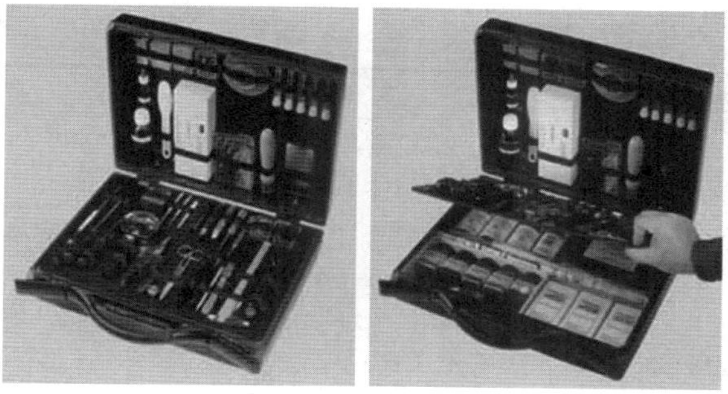

지문 및 공구흔 채취용 장비 세트

채취되면, 가장 잘 날인된 것을 선택한다(Ramsland, 2001: 54-55).

잉크를 사용하지 않고 지문을 채취하는 방법으로 '라이브 스캔(live scan)'이라는 기술이 있다. 센서 패드를 갖고 있는 기계 안으로 손가락을 집어넣으면, 디지털 이미지로 그 손가락을 스캔한다. 스캔된 것이 AFIS 데이터베이스로 전송된다. 잉크를 사용해 날인된 지문 카드[23]보다 더 선명한 이미지를 얻기 위해 3차원적인 지문 날인 기술이 활용 가능해졌다.

② 잠재지문의 현출

잠재지문을 가시적인 것으로 현출하는 것은 지문이 찍힌 물건의 종류에 달려 있다. 지문 현출 방식이 발전했지만, 불규칙적이거나 흡수성이 있는 물질일수록 좋은 지문을 현출하기가 더욱더 어렵다(Ramsland, 2001: 115). 잠재지문을 현출하기 위한 활용 가능한 수단은 크게 고체법, 액체법 및 기체법 등으로 분류할 수 있다. 즉, 분말법(고체법)에서 화학적 방법 및 방사능을 이용한 갖가지 종류의 방법에 이르기까지 모든 분야에 걸쳐 가능하다(Osterburg & Ward, 2000: 65). 잠재지문 자국을 발견하거나 추출해 내려고 하는 유일한 목적은 보이도록 해서, 그 결과 보존될 수 있고 대조할 수 있도록 하는 것이다(Lyman, 1999: 165).

23) 잉크를 사용한 지문 채취 요령은 다음과 같다: 지문을 채취하기 위해 잉크 롤러가 손가락 끝 위로 굴러가야 한다. 그 손가락 끝은 카드 위에 눌려진다. 경찰서에서, 용의자(혹은 범인)는 그의 손가락을 지문 잉크에 살짝 담그거나 묻힌다. 그러고 나서 그 손가락을 일명 십지지문 카드로 알려진 카드 위에 올려놓고 누른다. 그러고 나서 각각의 손바닥에 잉크를 묻혀 찍은 다음, 동일한 방법으로 보존한다. 손가락은 1번부터 10번까지 일련번호가 매겨진다. 오른쪽 엄지손가락부터 시작한다. 왼쪽 엄지손가락은 6번이 된다. 그리고 어떤 없어진 혹은 상처가 난 손가락을 포함해 그것들에는 코드가 매겨진다. 데이터베이스는 손가락의 크기에 따라 그리고 손바닥의 모양에 따라서 10개의 구별되는 지문들로 이뤄진 한 세트가 된다(Ramsland, 2001: 118).

표 4-5 잠재지문 현출 방식 및 적합한 대상물

기본 방식	세부 현출 방식	잠재지문 현출 대상물
고체법(분말법)	미세한 분말을 사용	유리, 도자기류의 표면, 금속제품의 표면, 가구류 등 주로 표면이 비교적 매끄러운 물건
액체법	닌히드린용액법, 질산은(초산은) 용액법, 치오시안산법	주로 종이류–수표, 예금청구서, 신문지, 편지지와 같은 침투성 물질에 사용
기체법	요오드증기법(옥도가스법), 수퍼글루법(강력순간접착제법), 오스믹산법	목재, 종이, 철재, 피혁, 비닐, 알루미늄류, 맥주병, 컵 등에 사용 ※ 수퍼글루법: 비다공질 ※ 오스믹산: 젖은 종이, 오래된 지문, 전사 불가
기타	화염법: 금속에 그을음 사광선: 빛을 비스듬히 광선법: 자외, 적외, 레이저 VMD	진공금속지문채취기법(VMD): 진공 상태에서 금과 아연을 증발시켜 증거물에 입힘으로써(도금의 형식) 오래된 잠재지문을 현출

㉠ 분말을 이용한 지문 현출 방법

분말법(powder method)은 눈에 띄지 않은 곳의 표면 위에서 지문이 드러나게 함으로써 지문을 현출하는 방법이다. 지문이 찍힌 자리 위에 가볍게 브러시로 분말을 스친다. 그러면 분말이 지문 패턴의 표면 위에 있는 기름기에 달라붙게 된다. 잠재지문이 명확하게 눈으로 보인다면 현출하기 전에 사진으로 촬영해 둔다. 젖은 지문은 현출하기 전에 건조시켜야 한다(Lyman, 1999: 165). 일반적인 방법은 지문 채취용 분말을 대상물이나 범죄 현장에 가루 상태로 뿌리는 것이다. 분말의 색깔은 현출하고자 하는 지문과 그 지문이 찍혀 있는 대상물의 배경색과 반대되는 색깔을 사용해야 한다. 대체로 검정 및 백색 분말이 사용된다(Osterburg & Ward, 2000: 65).

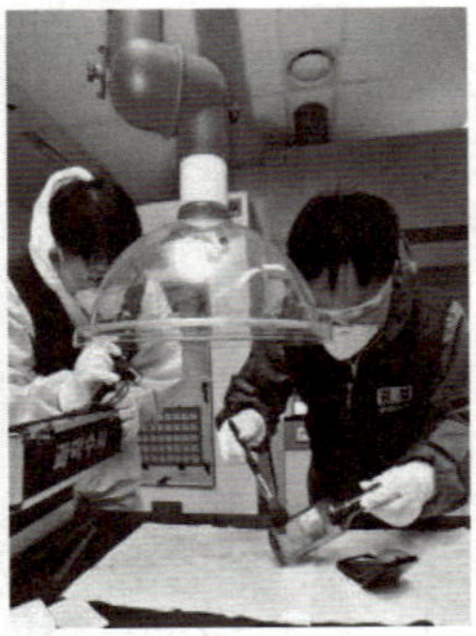

범죄 현장의 유류품에서 지문 채취: 과학수사 요원이 병에 묻은 지문을 채취하고 있다(분말법).

잠재지문을 현출하는 과정에서 사용되는 파우더(분말)는 부드러운 솔, 예를 들면 보통 작은 낙타의 모발, 낙타의 털, 섬유유리 혹은 나일론으로 된 브러시에 묻힌다. 그리고 현출용 분말을 흩뿌리는 데 사용된다. 분말이 뿌려지게 될 표면에 도포(塗布)하기 위해서 처음에는 적은 양의 분말을 브러시에 묻힌다(Lyman, 1999: 165). 대상물에 분말을 입히는 방법에서는 지문의 융선이 찍힌 부분을 파괴하거나 오염시키지 않도록 세심한 주의가 필요하다. 즉, 너무 많은 분말을 입히거나 브러시를 너무 강하게 움직여서는 안 된다(Osterburg & Ward, 2000: 65). 기름기에 부착된 파우더로부터 선명한 자국을 남긴 채 초과된 분말은 주의 깊게 불어낸다. 곧바로 사진 촬영이 가능한 지문을 만들고 특수 테이프로 채취한 후 보존용 프린트 카드에 올려놓는다(Ramsland, 2001: 115).

맥도넬(Herbert L. MacDonell)이 마그나-브러시(Magna-Brush)와 자기성(磁器性) 분말을 고안해 냈다(Osterburg & Ward, 2000: 65). 자석가루의 입자들이 잠재지문의 표면과 접촉하게 되면, 뚜렷해진다(Lyman, 1999: 165). 다른 어떤 기계적인 수단보다 훌륭하고 상세하게 지문의 융선을 현출하고 보존할 수 있다. 철가루와 마그나-브러시의 속성 때문에 강철 물건에 사용하는 것은 적합하지 않다.

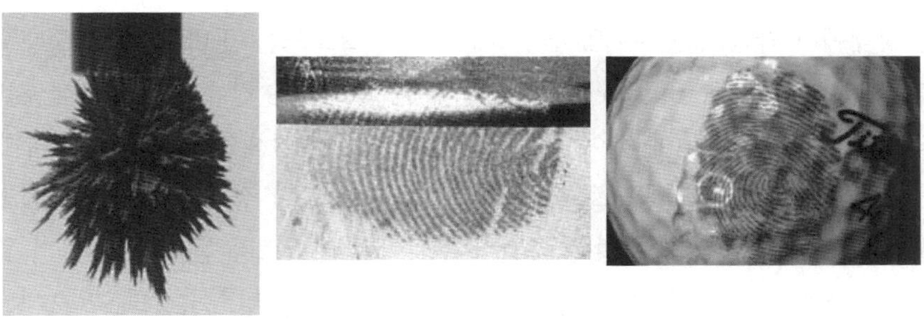

마그나-브러시와 자기성 분말을 이용한 지문 채취

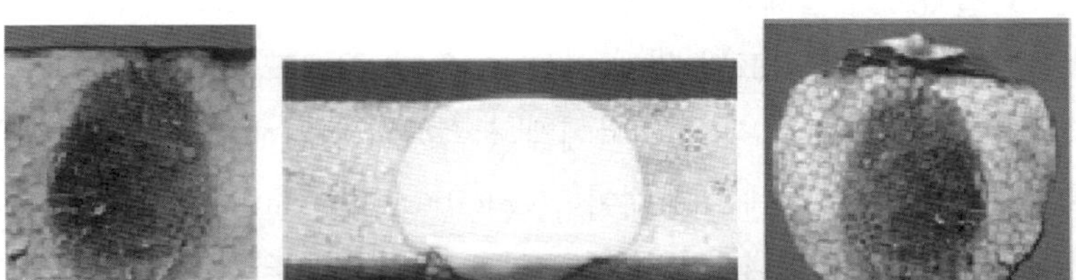

자석 분말을 이용한 폴리스티렌 위의 지문 채취[24]

㉡ 화학적 혹은 용액법에 의한 지문 현출 방법

분말법 외에도 방사선을 이용한 좀 더 특수한 지문 현출 방법(자외선이나 레이저를 이용), 요오드(iodine), 닌히드린(nynhydrin), 질산은(silver nitrate), 시아노아크릴레이트 에스테르(cyanoacrylate ester)와 같은 특수한 화학품을 사용해 채취할 수 있다(Osterburg & Ward, 2000: 66). 이러한 화학적 방법은 증기를 쏘이게 하거나 분무하는 것, 브러시로 문지르는 것, 그리고 화학적 용액에 대상물을 담그는 등으로 이뤄진다. 지문이 현출됐을 때, 필터가 장착된 카메라로 사진 촬영을 할 수 있으며 그때에 채취된다(Ramsland, 2001: 115).

▸ 요오드증기법(Iodine Fuming, 옥도가스 현출법)

요오드법은 요오드가 어떤 물건에 뿌려지면, 그 색깔이 변한다는 전제에 근거해서 사용된다. 피부에 의해 자연적으로 생성된 그리스와 기름은 쉽게 탈색돼 요오드를 이용한 지문 현출에 좋은 대상물이 된다. 일반적으로 종이와 목재에 사용되는데 일시적이다. 요오드 증기가 뿜어지는 것이 중단되면 색깔이 흐릿해진다. 그래서 수사관으로 하여금 곧바로 현출된 지문을 사진으로 촬영할 수 있도록 준비하는 것이 필요하다. 전사(轉寫)할 수는 없다.

실온 상태에서(약간 높을 수 있다) 고체 상태의 요오드는 곧바로 증기 상태로 변할 수 있다(승화, sublimation). 요오드 증기는 지문으로 남는 잔류물질 가운데 지방질과 상호 작용한다. 몇 분 이내에 색이 바래지면서 일시적인 갈색의 자국을 나타내게 된다. 사진을 촬영하는 외에도, 자국으로 찍힌 지문을 보존하고 고정시키기 위한 화학적인 몇 가지 방법이 있다. 요오드 증기법은 특별히 부엌이나 레스토랑 등과 같이 공기 중에 산재된 기름기 형태의 물질이 묻어 있는 주방용품, 창문, 문지방, 벽, 그리고 오래된 환풍기 팬의 날과 같은 부분에서 활용될 수 있다. 만약 이러한 표면에 손가락이 맨 나중에 접촉했다면 그 결과로써 입체적이며 민감한 지문이 남을 수 있으며, 2차적으로 기름기가 있는 지문이 다른 물건의 표면 위에 남을 수 있다. 요오드 증기는 빨리 증발해 버리는 속성 때문에 수사 도중 비(非)용의자에게 신속하게 반환해야 할 서류 같은 것에 대해 비밀 혹은 내부수사 목적에 이상적이다(Osterburg & Ward, 2000: 66). 공기 순환이 잘 되는 곳에서 실행해야 한다. 만약 많은 양을 흡입하게 되면 요오드 증기가 호흡기 손상을 야기할 수 있다(Lyman, 1999: 168).

---

24) http://www.bvda.com/EN/sect1/en_1_5a.html(2007.03.26. 검색).

▸ 닌히드린용액법(Ninhydrin)

이 과정은 발한(發汗) 작용(땀, perspiration)의 결과로 나타나는 아미노산(amino acids)을 이용해 지문을 현출하는 것을 포함하면서, 일반적으로 잠재지문에 대해 가장 빈번하게 활용되는 지문 현출 방법이다.

분말 형태나 혹은 에어로졸 형태의 닌히드린용액은 약품 제공 회사로부터 취득할 수 있다. 염화물처럼, 아미노산은 지문의 마찰 융선에 스며들어 오랫동안 변하지 않는다. 어떤 사건에서는 지문이 남겨진 후에 30~40년 정도 된 종이 위에서 지문이 현출됐다. 닌히드린용액은 대상물의 표면에 분사, 적시기 혹은 브러싱함으로써 적용될 수 있다. 처리한 후 24시간 이내에 현출해야 하지만, 보통 1~2시간 내에 지문이 나타나게 되기도 한다. 열(드라이어)을 사용해 지문 현출을 신속하게 할 수 있다. 지문이 찍혀 있는 물체가 타지 않도록 주의한다(Lyman, 1999: 168). 유기화학물질로서 닌히드린은 아미노산과 다른 단백질 물질과 반응 및 대사를 진행하면서 지문이 남아 있는 표면을 자줏빛 색깔로 변화시킨다. 지문을 완전하게 현출시키는 데에는 약 하루에서 3일 정도 소요된다. 닌히드린 방식은 아주 민감해 오래된 지문을 현출할 수 있다(Osterburg & Ward, 2000: 66).

▸ 질산은용액법(Silver Nitrate, 혹은 초산은: $AgNo_3$ 현출법)

질산은(무기화합물, $AgNO_3$)을 사용해 현출된 잠재지문은 발한(發汗) 작용에서 나오는 염화나트륨(sodium chloride: NaCl)의 반작용에 의해 만들어진다. 땀이 나는 손가락으로 물체의 표면을 만지면 다른 화학적 화합물은 분해되지만, 염화나트륨은 거의 무기한으로 남는다. 질산은 용액이 지문에 사용되면, 염화나트륨과 질산은 용액 사이에 화학작용이 일어난다. 새로운 두 가지 화합물(질산나트륨$NaNO_3$과 염화은AgCl)이 출현되는 결과를 야기한다. 강도 높은 자외선 빛이나 태양광을 사용함으로써 조사(照射)돼서 현출된다. 이때 염화은(AgCl)은 갈색 지문을 보여주면서 금속성 은(銀)으로 변한다(Lyman, 1999: 168). 현출된 지문은 불그스레한 갈색을 띤다. 시간이 지나면서 대조할 수 있는 지문이 희미해지기 때문에 신속하게 사진으로 촬영한다. 황동(黃銅)으로 만들어진 카트리지상에서 질산은 용액이 지문을 현출하기 위해 사용될 때, 현출된 지문이 좀 더 오랫동안 유지될 수 있다. 나무나 목재 위에 유류된 지문을 현출하기 위해 질산은 용액을 사용하던 초기의 사례는 허드슨(Erastus M. Hudson) 박사에 의해 시도된 것이다. 1932년 린드버그(Charles A. Lindbergh)의 아이를 유괴했던 사건 현장에서 나무로 된 사다리를 조사했지만, 지문 현출에 성공하지 못했다(Osterburg & Ward, 2000: 66).

빈번하게 사용되는 하나의 절차는 증류수 안에 5%의 질산은 용액을 준비하는 것이다. 이 용액을 종이 위에 바르거나 혹은 종이를 용액 안에 담근다. 건조시킨 후에 잠재지문이 보이도록 종이를 태양광 혹은 자외선에 노출시킨다. 전체 종이가 곧 어두운 색으로 변하기 때문에 지문을 곧바로 사진 촬영해야 한다(Lyman, 1999: 168).

▸ 시안화아크릴산염증기법(Cyanoacrylate Fuming 혹은 Super Glue Fuming)

시아노아크릴레이트수지(cyanoacrylate樹脂) 혹은 수퍼글루(Super Glue)는 1950년대 후반에 금속과 플라스틱을 결합시키기 위한 접착제로 개발됐다. 영국의 한 경찰관이 고장난 히터를 고치기 위해 접착제를 사용했다(Lyman, 1999: 168). 히터의 측면에서 밝아진 지문을 발견했다. 수퍼글루가 지문의 아미노산에 부착됐기 때문이다.

시아노아크릴레이트 에스테르(아크릴산염, 순간접착제)가 플라스틱과 금속을 접합시키는 수단으로 처음 발견됐을 때였다. 놀랍게도 접착된 물체에 종종 지문이 발견됐다. 1978년 일본 국립경찰이 범죄수사에 이 방법을 처음 채택했다. 극동지역의 미군 과학수사실험실 관계자들과 접촉하면서 깊은 관심을 끌게 됐다. 시아노아크릴레이트 에스테르의 최초 출처는 '수퍼글루'라는 접착제였다. 그 방법은 지금도 '수퍼접착제 방식'이라고 일컬어지고 있다(Osterburg & Ward, 2000: 66). 일본 경찰이 처음 지문에 사용한 이후 절차가 간편해지면서 다양한 형태의 표면에 유류된 잠재지문을 현출하는 데 유용한 것으로 인정받았다.

수퍼글루법(강력순간접착제법)[25]은 밀폐된 공간에서 대상물에 증기를 쏘이게 되면, 잠재지문으로 찍힌 부분이 흰색으로 현출되는 비교적 단순한 과정이다. 즉, 투과성이 없는 물질(공기가 스며들지 않는/구멍이 없는), 유리, 총기의 금속 부분, 금속 호일, 왁스된 종이, 라커칠 된 목재, 가죽, 플라스틱 운전대, 플라스틱 백, 그리고 플라스틱 제품과 같은 물건의 단단한 표면 위에 유류된 잠재지문을 현출하는 데 유용하다. 심지어 과일, 채소류, 디너롤 모닝빵(dinner roll morning bread)이 이 절차를 통해 성공적으로 처리된다. 또한 피부 위에 찍혀 있는 지문을 현출하는 데에도 활용된다(Lyman, 1999: 169).

대부분의 과학수사실험실에서는 폐쇄된 공간에서 증기 발산 장치(fuming chamber)를

25) 수퍼글루법(Super Glue法)이란 액체로 된 순간접착제에서 나오는 증기가 지문 속에 함유된 염분, 지방질, 단백질 등과 접촉해 화학반응을 일으키면서 지문이 현출되는 원리를 이용한 지문 현출 방법으로 병기 부품, 흑색 비닐 포장지 및 지갑류, 타자 먹지 흑색 계통의 지류 및 기타 물품의 지문 채취 시 사용한다(서울지방경찰청, 2001: 115).

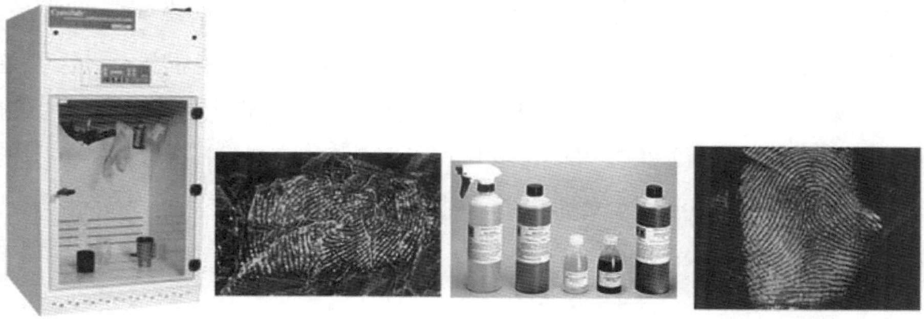

시아노아크릴레이트 증기 발산 장치, 용해액, 수퍼글루법을 이용한 지문 현출[26)]

갖추고 있는데, 실험실의 증기 발산 장치를 끄집어 내어 범죄 현장으로 가져간다. 수퍼글루 막대기를 차량 내부에서 그리고 움직일 수 없는 물건들의 표면 위에 증기를 발산하도록 한다(Ramsland, 2001: 116).

증기 발산은 열대어 아콰리움, 다른 유리 혹은 플라스틱 용기와 같은 밀폐된 용기를 사용함으로써 조절된다. 글루는 알루미늄 호일(foil)로 된 1회용 그릇에 올려놓는다. 글루에 열을 가하면 증기를 발산한다. 프린트해야 할 물건들을 나무재질로 된 옷집게 혹은 스프링으로 된 클립으로 지탱한다. 대상물이 증기에 최대한 노출되도록 용기 안에 넣어둔다. 절차를 체크하기 위해 대상물에 대한 정기적인 관찰이 필요하다. 이 절차가 끝나면 현출된 모든 지문을 사진 촬영하고, 표본에 분말을 사용해 부분을 드러내야 한다(Lyman, 1999: 169). 시안화아크릴산염증기법의 경우, 혈액 · 정액 · 모발과 생물학적 물질을 조사하는 경우에는 지문 현출에 방해가 될 수 있음을 감안해야 한다(Osterburg & Ward, 2000: 66).

㉢ 광선법

잠재지문을 육안으로 볼 수 있게 현출하기 위해 두 가지 종류의 광선법(radiation)이 제시되는 바, 자외선과 레이저 광선을 쪼이게 해서 지문을 현출하는 방식이다.

▸ 자외선 광선법(Ultraviolet Rays)

태양광은 무지개상에 나타나는 여러 종류의 색깔로 이뤄져 있다. 전체적으로 이러한 색깔들은 가시적인 스펙트럼을 형성한다. 가시권 밖의 스펙트럼에 존재하는 빛은 자외

26) http://www.bvda.com/EN/sect1/en_1_9b.html(2007.03.26. 검색).

선 영역이다. 손으로 만진 물건 위에 남겨진 것으로 밝혀진 물질을 포함해 어떤 물질이 자외선에 반응하기 때문에 이러한 빛이 관심거리가 된다. 어떤 물질은 자외선 빛을 흡수하다가 동시에 스펙트럼의 가시권 내에서 육안으로 볼 수 있도록 그것을 재방출하는데 이것을 '형광을 발한다'라고 일컬어진다. 이것은 육안으로도 볼 수 있다. 형광물질이 들어간 분말을 지문 위에 입힘으로써 암실에서 자외선 상태로 지문 융선을 상세하게 확인할 수 있다(Osterburg & Ward, 2000: 67).

지문 채취용 분말가루를 이용해 자외선으로 관찰

▸ 레이저 광선법(Laser Radiation)

1976년 개발된 후, 이 기법은 분말, 요오드법, 닌히드린용액, 질산은용액 혹은 수퍼글루법을 사용해 현출할 수 없었던 지문을 발견해 내는 데 사용되고 있다. 레이저를 이용한 현출 과정은 표본에 대해 선(先)조치가 요구되지 않는 깨끗하고 비교적 쉬운 방법이다. 닌히드린용액법의 활용으로, 종이가 언제 만들어졌는가가 별로 중요하지 않게 됐다. 게다가 증거의 변경도 없다. 그래서 일반적으로 다른 방법이 동원되기 전에 사용된다. 이러한 과정에서, 확장된 레이저빔은 발한(發汗) 작용의 어떤 물질들, 신체에서 나오는 기름기 혹은 잠재지문에서 발견되는 이상한 물질에 냉광((冷光, luminesce)을 발하는 데 사용된다. 레이저를 이용한 세 가지 유형(아르곤 이온 레이저, 구리 증기 레이저 그리고 네오디뮴: YAG 레이저)이 지문 현출에 활용 중이다. 레이저 광선은 아주 밝기 때문에 작동 장비에 의한 손상을 입을 수 있는 바, 반드시 눈 보호장비를 착용한다. 매우 선명하게 잠재지문을 밝히기 위해 특수광선 필터링 보안경(goggle)을 착용해야 한다(Lyman, 1999: 170).

리보플라빈(비타민 B2 또는 G)과 몇몇 다른 비타민은 발한(發汗) 과정에서 유기질

고체 성분인데, 이는 레이저 광선에 의해 잘 확인된다. 냉광을 이용한 지문 현출 방식은 발광물질을 덧씌움으로써 혹은 남겨진 잔류물질과 반응하는 화학약품을 사용함으로써 더욱 강화될 수 있다. 살아 있는 사람의 피부, 종이 타월과 같이 지문을 보통 확인하기가 어려운 표면을 갖고 있는 물질에 대해 이 방법으로 레이저 광선을 쏘였을 때 지문 융선의 윤곽을 뚜렷하게 보여준다. 레이저가 활용될 수 있는 경우, 분말법을 사용하거나 다른 화학적 방법을 시도하기 전에 레이저 광선법을 먼저 사용한다(Osterburg & Ward, 2000: 67-68).

㉣ 진공금속채취법(Vaccum Metal Deposition: VMD)

이 방법에는 증거물에 금이나 아연 등으로 된 코팅을 하기 위해 값비싼 장비를 사용한다. 잠재지문을 사진과 같은 화질로 만들어준다. 지문에 남아 있는 기름기는 금을 흡수한다. 그때 아연은 금과 함께 붙으며, 그것이 흡수된 곳에서 금으로 된 스틱을 제외한 모든 곳을 보여준다. 그 지문은 사진을 현상하는 것처럼 융선이 밝게 보이면서 나타난다. 이 과정은 지문 이미지의 반대로 나타난다. VMD 기법은 다른 민감한 기법들이 하는 것보다 15% 정도 훨씬 더 선명한 지문을 보여주고, 과거의 지문 현출 방식보다 70% 이상의 선명한 지문을 보여준다. VMD 기법을 통해 심지어 수중에 가라앉아 있는 물건에 찍혀 있는 지문을 찾을 수도 있다. 그것은 다른 기법이 실패했을 때, 어려운 표면(운반용 가방, 비닐봉투, 유리 혹은 나일론, 옷가지-섬유 등)에서 작업을 할 때 활용된다. 피해자가 사용한 가방(bag)과 같은 경우에 활용된다(Ramsland, 2001: 116).

㉤ 장갑으로부터 지문을 현출하기

지문 현출에 관한 아주 어려운 사항은 많은 범죄자가 지문을 은폐하기 위해 장갑을 사용한다는 점이다. 수사관은 범죄 현장에서 장갑으로부터 '문질러진 것(smearing)'을 발견할 수 있다. 실제로 확인된다면, 그런 장갑이 범죄자를 확인하는 데 중요한 증거를 제공할 수 있다. 장갑 그 자체는 지문과 함께 독특하고, 확인될 만한 패턴을 갖고 있다. 예를 들면 가죽장갑은 지방성이 있는 물질을 함유하고 있으며, 섬유로 된 장갑은 종종 흙 혹은 다른 이상한 물질로 오염돼 있다. 두 가지 경우에서, 융선 패턴은 범죄 현장에 남아 있을 수 있다. 가죽장갑은 아마도 그것을 구분 가능케 해 주는 어떤 패턴의 특징을 갖고 있을 것이다. 동물의 가죽은 사람의 지문처럼 마찰 융선 피부를 가지고 있다. 그 특징들은 즉시 확인할 수 있다. 섬유로 된 장갑은 가죽장갑의 지문과 같은 확인 가능한 패턴을 제공하지 않지만, 어떤 모양은 여전히 확인할 수 있다. 잠시 동안 장갑을 착용한 후에 물질에 있는 어떤 주름이나 균열이 구별될 만한 표시들을 만들어 낼 수 있다. 종종 지문은 장갑, 특히 라텍스 물질로 만들어졌을 때에 복원할 수 있다(Lyman, 1999: 171-172).

(7) 컴퓨터화된 지문들: 지문자동분류시스템(AFIS시스템)

지문자동분류시스템(Automated Fingerprint Identification Systems: AFIS)은 혁명적인 지문 감식 테크놀로지를 갖고 있다. AFIS 테크놀로지는 지문의 독특한 융선 패턴을 컴퓨터의 검색 알고리즘(algorithm)을 위해 이진법 코드로 변환시키면서 지문을 스캔하고 디지털화하는 컴퓨터를 사용한다. 몇 분 정도의 작업을 통해 AFIS 컴퓨터는 광대한 지문 파일과 함께 새로운 지문을 대조할 수 있다. 이전에는 많은 시간을 소모해 가면서 가능했던 그리고 실수할 가능성이 있었던 신원 확인을 위한 대조 절차가 손쉽게 이뤄진다. AFIS를 통해 약 500,000건의 지문을 검색하는 데 걸리는 시간 범위는 30분에서 수분 정도 걸리는 작업이다. 이러한 기술은 지문 확인 작업 절차에서 속도와 정확성 두 가지 측면을 획기적으로 발전시켰다. 예를 들면, 14건의 살인사건과 적어도 21건의 성폭행범죄가 관련된 캘리포니아의 '나이트 스토커(Night Stalker)' 사건에서 용의자 확인을 도와줬던 마스터 파일(master file)에서 3분 정도에 수백만 개의 지문을 스캔한다. 샌프란시스코에 발생한 살인사건 용의자의 신원 확인을 하는 데, 수작업(手作業)으로 8년 동안이 걸리는 분량을 AFIS 시스템에서는 6분 정도에 해결하고 있다(Lyman, 1999: 172).

과학수사계 요원이 지문 자동검색 시스템을 이용해 용의자의 신원을 찾고 있다.

8) 범행 수법

저지르려는 특별한 범죄의 선택(choice)과 범죄를 저지르기 위한 범행 방법의 선택(selection)은 범죄자의 범행 수법(*modus operandi*)이다. 모든 범죄자가 특별한 범행 수법을 갖는 것은 아니지만, 많은 범인은 유사한 특징들을 통해 구별이 될 만한 범행 수법을 갖고 있다. 범죄자의 범행 수법은 범죄자의 '사인(sign)'과 같은 특징이다. 이러한 이유로, 수사관은 경찰 기록 시스템의 범행 수법 부서에 저장된 관련 기록과 범죄가 저질러진 방법을 비교할 수 있다. 경찰관서에 의한 범행 수법의 활용은 상당히 알려져 있으며 광범위하다.

강도, 주거침입 절도, 중절도, 사기, 성범죄 그리고 부정수표사건과 같은 수법범죄에서, 수사상의 기본적 단서－범인의 신원 확인 등－를 찾기 위해 범행 수법 파일을 검색하는 것은 거의 일반화됐다고 할 수 있다(Weston et al., 2000: 106). 범행 수법 파일에는 알려진 범인의 범행 방법에 관한 것과 해결되지 않은 범죄에서 사용된 범행 방법에 관한 정보를 담고 있다.

9) 알려진 범인의 사진들

범행 수법 기록을 통한 검색은 종종 이전에 체포될 때에 작성된 용의자의 사진들을 제공한다. 일명 '머그샷(mug shots: 수배 사진)'으로 불리는, 이러한 사진은 활용 가능하다. 그리고 만약 수사되고 있는 범죄가 목격됐다면, 수사관은 목격자로 하여금 그 사진들을 확인하도록 요청할 수 있는 기회를 갖는다. 보통 그것은 버리는 절차다. 목격자로 하여금 어떤 사진을 확인하도록 하는 것이 요구되지는 않는다. 그러나 6장 정도의 사진을 자세히 살펴보도록 요청한다. 그리고 범인과 닮은 점이 없는 그러한 사진들은 던져 버리도록 요청한다. 한 장 혹은 그 이상의 사진들이 범인과 닮은 것으로 나타날 때 추가적인 조사가 실시된다. 수사관은 가능한 것으로 선택된 사람들의 소재에 관해 집중하게 된다. 범죄가 저질러지던 시점에, 용의자가 교도소에, 도시 밖에 혹은 시내에서 떨어진 곳에 살고 있었을 수 있다. 용의자 그룹으로부터 사람들을 제거하는 모든 합리적 정황은 용의자 그룹을 줄여주고 나머지 용의자들에게 집중할 수 있게 한다. 수사관 혹은 동료들에 의해 일하는 것으로 그리고 그들의 재산 범위 내에서 살고 있는 것으로 그리고 더 이상 범죄와 관련되지 않음으로써, 신망을 가진 것으로 알려진 어떤 용의자로부터 제외될 사람이 또한 있다. 수배 장부가 종종 준비된다. 미국 연방수사국(FBI)은 알려진 은행강도범의 사진을 은행강도사건 수사요원에게 제공한다.

이러한 사진들은 수사하고 있는 범죄가 발생하기 전에 이미 수집된 것이다. 따라서 이러한 사진들은 수사하고 있는 범죄와 유사한 범죄를 저지른 사람들에 대해 목격자에게 신속한 열람이 허용된다. 사진들이 다양한 유형과 출신의 다섯 명 혹은 열 명의 용의자를 보여줄 수 있는 한, 이러한 관행은 이러한 목격자들의 장래 법정 증언의 유효성을 파괴하지는 않는다. 단지 한 사람의 사진만이 목격자에게 보여줬을 때, 혹은 그룹 안에 있는 다른 사진들이 한 명의 용의자가 일부 신체적 혹은 인종적 특징에 의해 분리되는 성질이 있을 때, 목격자의 장래 법정 증언은 절충된다.

두 명 혹은 그 이상의 목격자들을 활용 가능할 때, 그들 가운데 한 명으로 하여금 범죄자의 신원을 확인할 수 있는 기본적인 단서를 위해 사진을 보도록 하는 것이 가능하며, 그리고 나중에 신원 확인을 위해 나머지 목격자 혹은 목격자들을 확보해놓는 것이 가능하다. 이러한 초기 단계에서 목격자로 하여금 신원을 확인하도록 하면, 목격자의 중요한 잠재성이 유지될 수 있다(Weston et al., 2000: 106-107).

10) 신원 확인을 위한 합성된 얼굴을 그리기

용의자의 사진이 활용 가능하지 않을 때, 피해자와 목격자에게 용의자의 합성된 얼굴을 그리는 데 경찰 아티스트와 함께 협력하도록 요청할 수 있다. 법미술가(forensic artists)는 피해자나 목격자의 설명 혹은 몇몇 목격자에 의해 제공된 특징에 관한 설명을 통해 용의자의 초상화를 그리는 데 필요한 기술을 갖고 있다. 그 통상적인 절차는 미술가에게 시험적인 스케치를 하게 하는 것이다. 그러고 나서 그것을 피해자 혹은 목격자에게 보여준다. 그리고 용의자와 어느 정도 가깝게 닮았는지 물어본다. 일부 시행착오를 겪은 후, 미술가와 피해자 혹은 목격자의 이러한 협력은 종종 용의자를 확인하는 데 가치가 있을 법한 그림을 만들어준다. 신원 확인용 키트는 피해자와 목격자 간의 협력을 통해, 신원 확인을 위한 다른 시각적 수단이다. 신원 확인용 키트는 사람 얼굴의 한 작은 부분에 관한 사진 재생을 담고 있는 수백 개의 플라스틱 슬라이드 시스템이다. 헤어스타일, 이마, 눈, 코, 입, 턱, 귀, 안경 기타 등등. 신원 확인용 키트에 관한 사용에 대해 훈련을 받은 경찰관은 용의자의 특징 묘사와 시행착오적인 관찰에 따라서 합성된 얼굴을 스케치하는 데 피해자 혹은 목격자와 함께 노력한다.

오늘날에는 컴퓨터 미술용 소프트웨어가 활용 가능하다. 'Suspect I. D.(용의자 신원 확인)'라고 불리며, 캘리포니아주 샌디에이고의 이미지웨어(Imageware)라는 회사에서 생산되고 있다. 이 프로그램과 함께 만들어진 합성된 얼굴은 컬러이며, 컴퓨터 프로그램 내에서 질문에 대한 목격자의 대답에 의해 그려진다(Weston et al., 2000: 107).

11) 부상을 입은 용의자

살인사건, 폭행 그리고 방화사건에서 범인은 종종 피를 흘리거나 혹은 화상을 입기도 한다. 부상당한 사람은 기본적인 단서가 될 수 있다. 대부분의 미국 주(州)에서는 환자들이 치료를 요구할 때, 의사들에게는 총상과 칼에 의한 부상을 보고하도록 요구하고 있다.

몇몇 사건에서, 지역 병원들은 다양한 부상에 대한 치료를 원하는 사람들에게 긴장할 것이 요구된다. 한 사건에서 수사관은 피와 부서진 창문을 보고, 그 부상이 창문의 유리 조각에 의한 것임을 알았다. 지역 병원의 응급실은 그러한 상처에 관해 보고하도록 요구받았다. 48시간 후에 "가루처럼 된 엄청난 양의 유리 조각에 의한 부상"이라고 설명하면서, 한 전화가 접수됐다.

한 강간사건에서, 범인이 어떤 행동에 놀랐으며 어두운 나무숲으로 된 지역을 가로질러 도망쳤다. 이틀 후 경찰은 한 통의 전화를 접수했는데, "환자가……이틀 동안 부러진 발목뼈를 치료하지 않으려고 했다." 고민스러웠던 용의자는 피를 씻어내고, 심각한 상처에 대해 치료를 늦출 수 있었다. 그러나 만약 용의자가 의료적 처치를 받고자 했다면, 이것은 기본적인 수사 단서를 위해 아주 좋은 기회가 된다. 용의자 그룹을 확인하기 위해 부상당한 사람들을 찾는 것은 목격자들을 찾는 일처럼 소모적일 수 있다. 그러나 용의자의 신원을 확인하는 쪽으로 단서를 찾기 위해 수사관이 부상을 입은 용의자를 찾으려는 노력은 사건 해결에 도움이 될 수 있다(Weston et al., 2000: 108).

제4절 범죄 현장의 재구성

1. 서설

다양한 많은 유형의 범죄 현장이 있다. 어떤 것은 일반적 전문가에 의해 처리될 수 있다. 한편 다른 것은 전문가를 필요로 한다. 그것이 고된 작업이기 때문에 범죄 현장에 그들 스스로 배치됨으로써, 그리고 모든 가능성을 통해 생각함으로써, 수사관은 미스터리의 핵심으로 다가간다. 그들은 목격자의 진술을 듣고, 증거를 처리하며, 범죄 현장에 대한 감각을 발전시킨다. 그리고 무엇이 일어났는지를 재연(再演)하기 위한 적당한 방법을 찾아내기 위해 사건 현장으로 되돌아가 추론한다. 적어도 모든 심각한 범죄와 함께 부분적인 재구성이 만들어지는 동안, 부분적인 재구성을 통해 혈흔 비산 패턴과 관련된 것과 여러 명의 용의자를 분석한다. 그리고 모호한 범죄 현장은 어떻게 복잡한 과정이 존재할 수 있는지를 보여준다. 문제가 되고 있는 사건들이 어떤 방식으로 시뮬레이트됐든지 간에, 어느 것도 당연하게 여겨질 수 없다. 왜냐하면, 과학수사대원(CSI)들은 '증거의 연속성(the chain of evidence)'에 따른 각각의 증거 조각을 법정에서 틀림없이 증명할 수 있어야 하기 때문이다(Ramsland, 2001: 142).

2. 범죄 현장 재구성의 정의와 단계

1) 범죄 현장 재구성의 정의

범죄 현장 재구성(crime scene reconstruction)에 대해 전문성을 갖춘 헨더슨(Henderson) 경찰청의 과학수사부서 책임자인 워크맨(Rick Workman)은 "무엇이 일어났는지를 판단하는 것을 돕기 위해 그리고 누가 관련됐는지 혹은 누가 관련되지 않았는지를 판단하기 위해 잠재적 증거를 발견하고 조사하는 것"이라고 정의했다. 가장 사소한 물건이라도 범죄 현장을 재구성하는 데 중요한 역할을 하게 된다. 그리고 만약 초동수사에서 그것을 수집할 수 없었다면, 이것은 영원히 멸실될 수 있다. 워크맨은 재구성의 중요성을 과소평가해서는 안 된다는 것을 강조하고 있다. "범죄 현장 재구성은 우리가 미제사건(unsolved)으로 넘어갈 수 있는 많은 범죄를 해결할 수 있도록 도와준다"(Ramsland, 2001: 143).

2) 범죄 현장 재구성의 단계

워크맨과 그의 동료들은 재구성을 하는 데, 다음과 같은 기본적인 단계를 제시하고 있다(Ramsland, 2001: 146).

- 전체를 관찰한다.
- 증거를 인식한다(의심스럽거나 혹은 명백한 장소에 관한 어떤 것이라도 기록한다).

- 그것을 기록, 도표화 그리고 사진으로 촬영해 서류화한다.
- 그것을 수집하고, 증거가 발견된 곳에 마커(marker)를 놓아둔다.
- 가능하면, 많은 자료에 대해 그것을 평가한다.
- 어떻게 그 사건이 발생했는지에 관해 가정을 해가면서 사건을 추적해 나간다.
- 증거에 대해 그 가정을 증명하고, 종종 어떻게 그것이 벌어졌는지를 살펴보기 위해, 무엇이 일어났는지에 대해 시뮬레이션한다.
- 범죄 현장에서 그 행위를 재구성하기 위해 그리고 적어서 보고할 수 있도록 가능한 한 모든 것을 활용한다.

3. 범죄 현장 재구성의 방법

부과된 범죄 현장 재구성의 유형은 범죄의 성질, 범죄를 입증할 수 있는 요소들, 그리고 해답이 요구되는 질문에 달려 있다. 몇몇 분석가는 재구성에 접근하는 데 다섯 가지 통상적인 방법이 있다고 한다.

- 특별한 사고(교통사고, 살인사건, 방화 그리고 강간)
- 특별한 사건(어떻게 사고의 일부분이 연속적으로 일어났는지 혹은 가담자의 위치를 판단하기)
- 특별한 유형의 물리적 증거를 분석하기(총기류, 유리, 자필로 쓴 것, 비산된 혈흔)
- 사건의 부분적인 재구성(아마도 오로지 방 하나에만 집중하고 하나 정도의 방법으로 접근하는)
- 범죄 현장 내에서 전문화된 판단(범죄자유형 분석기법, 범행 수법, 범죄 특징의 분석-signature analysis)

위에서 언급한 어떠한 방법으로, 많은 양의 자료를 처리하고 하나의 이론으로 통합해야 한다. 특히, 여러 사람이 움직였던 현장은 배열하기가 어렵다. 그리고 몇몇 다른 가정이 필요할 수도 있다. 정확한 재구성을 도와주기 위해 증거는 반드시 확인해야 한다. 다시 말하면, 범죄 현장에서 별 역할을 하지 못하는 부스러기들로부터 분리해야 한다(Ramsland, 2001: 146).

4. 범죄 현장 재구성에서 고려될 패턴 증거

패턴 증거는 또한 재구성하는 데 열쇠가 된다. 그것은 목적물 혹은 사람을 강제적으로 접촉한 것으로부터 만들어진 일종의 증거다. 그것은 몇몇 폭행의 유형을 의미한다. 그리고 패턴 증거의 종류 가운데 다음과 같은 것이 있다(Ramsland, 2001: 147).

- 비산된 혈흔의 패턴
- 유리가 부서진 모습
- 자국이 찍힌 모습
- 심리학적 패턴(특징)
- 범행 수법(*modus operandi*: MO)
- 화재가 난 유형 혹은 화약 잔류물의 패턴
- 사출된 물체의 궤도(projectile trajectories)

이러한 모든 것은 서류화해야 하며, 그러고 나서 가정한 것에 대해 면밀히 조사해야 한다.

만약 다른 유사한 범죄와 일치하는 범행 수법(MO)이 있으면, 그것은 누가 그것을 저질렀으며, 사건의 전개 과정이 어떤 것인지에 관해 과거의 상세한 사실에 근거해 귀중한 단서들을 제공할 수 있다. 범죄 현장 재구성의 핵심 포인트는 용의자를 확인하고, 그 용의자를 피해자와 혹은 범죄와 연결시키는 것이다. 발생된 범죄의 증거와 함께 이를 증명할 수 있는 것이다. 그 목적을 향해 재구성은 중요한 실마리를 제공한다. 정확하고 상세하게 재구성하기 위해 모든 증거, 측정, 다이어그램, 부검을 통해 밝혀낸 것, 실험실의 보고서들 그리고 사진들 혹은 비디오를 범죄수사팀에 제공해야 한다. 그러한 범죄 현장 재구성을 맡고 있는 수사요원은 증거가 될 만한 각각의 물건이 발견된 장소에 관한 시각을 가질 수 있도록 일반적으로 적어도 한 번 이상 범죄 현장을 방문한다.

비록 "이것은 격정(passion)에 의한 범죄" 혹은 "아마도 피해자는 마약을 복용했다"와 같이 임시적인 가정이 제안됐더라도, 모든 보고서가 평가를 위해 활용 가능할 때 재구성이 진행된다. 증거가 축적되면서, 증거야말로 이론을 반박할 수 있다는 말을 상기하면서, 그것은 가정을 증명하도록 테스트된다. 증거가 또한 모호할 수 있으며, 한 가지 이상의 해석이 될 정도로 열려 있다. 많은 증거가 드러나면서 모든 항목 간의 관련성이 명확해진다(Ramsland, 2001: 148).

제5장 범죄 유형별 수사(살인사건)

제1절 서설

모든 사회에서 폭력과 살인사건(homicide)은 가장 중요한 사회적 문제 중의 하나로 인식되면서, 법집행기관은 그러한 사건들을 둘러싸고 있는 사실과 정황을 수사하는 데 중요한 역할을 하고 있다. 경찰 통계자료에 따르면, 한국에서는 연간 700~800여 명이 살해되고 있는 것으로 나타난다.[1] 살인을 저지른 범죄자 중 과반수 이상(59.2%)은 피해자와 면식관계(knew each other)에 있는 경우(친족, 친구·애인, 직장 동료, 이웃 등)였으며, 그중 친족인 경우가 29.6%로 가장 많다(경찰범죄통계, 2020).

살인범죄는 가장 공포스러운 범죄 중의 하나다. 어떤 지역에서 발생하는 일련의 살인사건 때문에 그 지역사회는 상당히 경직될 수 있다. 과거 문제가 됐던 보스턴 교살범(Boston Strangler)의 경우 엄청난 공포 분위기를 자아냈다. 당시 노인들은 문 밖에 누가 왔는지 확인하기조차 두려워했으며, 공포 분위기 때문에 심지어 야간 예배에도 참석하지 못했다. 오랫동안 유지돼 온 권리, 즉 이동의 자유조차도 어떤 한 개인의 행위로 인해 위축됐다. 지역사회에 대한 충격을 감안하면, 살인사건을 처리하는 데 수사관은 능숙해야 하며, 반드시 다른 중한 범죄(felony)를 수사할 능력도 갖춰야 한다. 다른 범

1) 경찰청, 5대 범죄 발생, 검거 현황(확인: 2021.10.28.) (https://www.police.go.kr/www/open/publice/publice0202.jsp)

죄보다 살인범죄의 처리 절차는 좀 더 복잡하다(Osterburg & Ward, 2000: 377).

사람의 사망은 심장마비, 발작, 뇌졸중, 혹은 나이가 많아지는 것(高齡)과 같이 자연적 원인에 기인할 수 있다. 또한 익사사고, 추락사 혹은 약물 과다 복용과 같이 사고로 인해 사망하는 경우도 있다. 자살(suicide)과 살인(homicide) 또한 사망의 원인이 되기도 한다(Palmiotto, 2004: 199).

예상치 못한 사망이 수사상의 문제가 되기 전에, 그러한 사망사건에 대한 수사는 보통 의학적 문제가 된다. 만약 사망이 자연적 원인, 사고 혹은 자살 등에 기인한다면 수사는 종결된다.

사망사건 수사에는 중요한 세 가지 국면이 있다(Palmiotto, 2004: 200).

첫째, 왜 사람들이 죽는가? 이 문제는 내과 의사(physician), 부검 의사(autopsy surgeon) 그리고 의학실험실(medical laboratory)을 통해 답을 얻을 수 있다. 사망이 병원균 감염, 독극물 중독, 질식사, 전기 감전, 혹은 다른 여러 가지 상태 중의 하나로 인해 일어난 것은 아닌지 확인한다.

둘째, 무슨 수단에 의해, 그리고 어떤 방식으로 그러한 사망이 일어나는가? 예를 들면 만약 질식이 사망의 원인이었다면, 그것은 교살, 익사, 혹은 질식에 의한 것인가? 만약 사람들이 병원균에 의한 감염으로 사망했다면, 폐렴, 뇌막염 혹은 칼에 찔려서, 혹은 광견병에 걸린 동물에 물려서 그렇게 된 것인가? 이러한 문제에 대한 해답은 의학적인 조사와 검시관과 경찰에 의한 수사상의 노력들에 좌우된다. 만약 수사를 통해 사망사건이 어떤 사람에 의한 범죄 혹은 과실행위에 기인한 것으로 밝혀지면, 마지막 국면은 그 자체를 보여준다.

셋째, 누구에게 책임이 있는가? 이러한 문제는 거의 전적으로 수사상의 통찰력을 통해 검시관과 경찰의 열정으로 해결할 수 있다. 이 과정에서는 논리적 연속성이 유지되고 수사상의 활동이 질서 있게 절차가 유지되는 것이 중요하다.

수사관은 다음의 세 가지 영역에 대해 반드시 인지하고 있어야 한다.

첫째, 사망한 시체를 이동시키기 전에 관련된 부분을 사진 촬영하고, 측정하며, 지문을 현출하려는 노력이 절대적으로 필요하다. 한 번 시체가 이동되면 사망사건 현장은 결코 정확하게 재현할 수 없다.

둘째, 시체가 한 번 방부(防腐) 처리되면, 증거가 될 수 있는 중요한 물질을 분석할 수 없다. 방부 처리하는 것은 시체에서 혈액을 제거하고, 마치 살아 있는 모습처럼 보이도록 어떤 물질로 대체시키는 것과 관련된다. 혈액은 사망의 원인을 확인하는 데 매우 중요한 물질 중의 하나다.

셋째, 한번 시체가 매장되면 시체를 다시 발굴하기 어려울 뿐더러 비용이 많이 든다. 시간이 지날수록 과학적 조사가 더욱 어렵게 되며, 사망 원인 혹은 사망의 도구에 관해 성공적인 결론을 이끌어 낼 수 있는 기회를 감소시킨다. 물론 시체를 화장하게 되면 시체에 관해 추가적인 과학적 작업의 가능성도 파괴된다(Plamiotto, 2009: 200).

살인사건을 수사하는 것은 사실을 발견하는 절차로, 수사관이 사망의 형태, 고인(故人)이 된 피해자의 신원, 사망 원인 그리고 범행 동기 및 신원과 같은 사실을 발견하고 서류화하는 것이다. 이러한 근본적인 의문 사항들을 해결하기 위해 범죄수사는 사망자, 범행 현장 그리고 의학적 전문 감정에 대해 초점이 맞춰져야 한다(Gilbert, 2001: 299). 수사관은 중요하게 보이는 증거를 발견 · 압수할 수 있도록 대비 태세를 갖춰야 하며, 현출될 다른 증거물을 조심스럽게 보존하면서 그것이 완전하게 진행되고 충분하게 활용되는지를 살펴봐야 한다(Osterburg & Ward, 2000: 380).

제 2 절 의심스러운 사망과 살인사건

1. 의심스러운 사망

수사관은 사망사건에 폭력이 연관됐거나 혹은 살인범죄라는 정황을 암시하는 모든 사건을 '의심스러운 사망사건(suspicious death)'[2]으로 판단하고, 수사한다. 다시 말하면, 사망자의 집이 아닌 다른 곳에서 사망했을 때, 사망할 시점에 의사의 치료를 받고 있지 않았을 때 어떠한 범죄적 행위 가능성을 염두에 두고 수사한다. 의심스러운 사망사건을 초동수사함으로써 그 사망이 자연적 혹은 사고적 원인에 의한 것이거나 자살로 인한 것이라는 결론에 도달하게 되면 사건을 종결하게 된다. 그런데, 사건이 범죄를 암시하는 것으로 밝혀지면, 다시 말해서 정당화되지 않은 혹은 변명이 되지 않는 살인사건이라는 것으로 밝혀지면, 수사를 계속해야 한다는 쪽으로 결정이 날 것이다.

'의심스러운 사망'이라는 개념은 사망에 대한 정황들이 살인사건이라는 것을 강하게

2) 이른바 변사(變死) 개념과 같다. 즉, 사망 원인이 불명(不明)인 경우 혹은 부자연스러운 죽음(an unnatural, or accidental death)을 의미한다.

뒷받침하는 경우를 의미하며, '범죄가 의심되고 있다'는 것 이상이다. 그래서 사망이 자연적 원인, 사고적(事故的) 원인 혹은 자기 스스로 초래한 원인에 기인한 것이라는 정황이 밝혀지거나 혹은 범죄적 행동이 결정적이었으며, 범인이 확인됐다는 정황이 밝혀질 때까지 사망사건에 대해 수사가 계속될 것이다(Weston et al., 2000: 217).

사고 혹은 자살의 결과로 야기된 사망인지 여부에 대한 판단은 범죄 현장에서 발견된 증거에 따라서 상당히 어려워질 수 있다. 정확한 사망 원인을 판단하는 것은 여러 가지 면에서 중요하다. 수사관이 사망을 야기한 수단을 아는 것은 범인의 신원을 확인하는 데 도움을 줄 수 있다. 예를 들어, 사망이 특별한 형태의 교살(絞殺)에 의해 야기된 것으로 판단되면, 해당 사건에 대한 수사는 과거에 그러한 방식으로 살인사건을 저지른 것으로 알려진 범죄자들에 대해 초점을 맞출 수 있다. 만약 사망을 야기한 흉기의 형태가 명백하게 밝혀진다면, 수사관은 수색영장을 집행할 때 특별한 흉기를 찾는 데 주력할 수 있다(Gilbert, 2001: 306).

2. 사망의 유형

수사관은 시체가 발견된 이후 가능하면 신속하게 피해자가 사망한 원인[3]을 알아내야 하며, 이것은 매우 중요한 것 중에 하나다. 비록 이러한 정보의 많은 내용은 시체를 부검(剖檢, autopsy)함으로써 알게 되지만, 사망한 피해자와 범죄 현장을 면밀히 조사해 봄으로써 발견할 수도 있다. 알아낸 사망 원인을 통해 자연사(自然死), 사고사(事故死), 자살 혹은 살인사건으로 인한 사망 등으로 분류할 수 있다. 비록 많은 사망사건이 자연적인 원인들로 인해 일어나고 있지만, 상당수는 다른 세 가지 범주(사고사, 자살 혹은 살인사건)에 해당한다(Gilbert, 2001: 305). 사망 원인은 다음 네 가지 일반적인 범주로 나눌 수 있다.

1) 사고사

많은 유형의 사망이 사고사(事故死, accidental death) 범주와 관련한다. 익사(溺死, drowning), 추락사(墜落死, falling), 자동차 파손(automobile wrecks), 과실 약물 과다

3) 사망 원인은 법의학적 감식, 부검 등을 통해 알아낼 수 있다. 범행 현장에 처음 도착하는 요원은 대체로 육안으로 사체의 상태를 살펴봄으로써 기초적인 사망 방법을 확인하고 판단할 수 있을 것이다. 그러나 정확한 판단은 법의학적 소견을 통해 가능하다.

복용사(drug over dose) 등이다. 종종 살인사건이 사고사처럼 보이도록 위장되는 경우도 있다(Lyman, 1999: 264). 사고사의 한 형태로서 자기색정사(自己色情死, autoerotic deaths)에 관한 수사 방법을 소개하면 다음과 같다. 자기색정사의 현장은 가장 기괴하고 복잡한 현장 중의 하나다. 이러한 유형의 불법적 사망사건 수사에서 시체(일반적으로 남성)는 부분적으로 매달려 있는 자세, 완전 나체, 부분 나체 혹은 여성의 옷을 입은 모습을 포함해 다양한 모습으로 발견된다. 게버스(Vernon J. Geberth)는 자기색정사에 관한 대부분의 문헌이 어린 남자 소년과 나이 많은 남성에 초점을 맞추고 있으며, 이 유형은 미리 예정된 의식적(儀式的)인 연습을 통해 성적 쾌감을 얻는다고 주장한다. 이러한 유형의 사건에서 실제 사망 원인은 대부분 질식사일 것이다(Lyman, 1999: 278). 그러나 실제로 그것이 '사고사'였다는 것이 적절하게 수사될 때까지는 사망의 방법을 자살 혹은 타살로 예측할 수 있다. 끈을 이용한 결찰(結紮, 매듭)이 일반적으로 사용되고 있으며, 피해자에게 산소의 흐름을 제한(hypoxia, 저산소증)하기 위해 고안된 것도 있다. 기본적으로 숨이 막히는 기분이 참여자의 성적 자극을 고양시키는 것이다.

자기색정적 사망으로 의심되는 사건이 수사 중에 있을 때, 수사관은 자기 스스로에게 다음의 질문을 해봐야 한다.

- 피해자가 나체 혹은 성적으로 노출돼 있는가?
- 만약 남성이라면, 그가 여성의 옷을 입었는가?
- 자위행위의 증거가 있는가?
- 끈으로 된 결찰이 있는가?

하젤우드(Robert R. Hazelwood)는 논문에서 자기색정사 사건을 판단하기 위해 수사관이 사용할 수 있는 몇 가지 범주를 제시하고 있다.

- 그 상황에서 벗어나기 위한 자기 구출 메커니즘 혹은 성적 각성(arousal)을 얻거나 강화하기 위한 생리적 메커니즘의 증거
- 자기 혼자서 성적(性的) 행위를 한 증거
- 성적 쾌감을 도와주는 증거들(포르노그래피, 진동기, 거울)
- 이전의 성행위 연습 증거(예: 사진들)
- 명백한 자살할 의도가 없는 상황

이미 알려진 바와 같이, 대부분의 자기색정사 사건의 사망자는 남성이다. 그러나 그

사망자가 여성인 경우도 종종 발생한다.

2) 자연사

자연사(自然死, natural death) 유형에는 심장마비, 뇌졸중, 질병 그리고 고령 등이 포함된다. 이 경우 대부분은 이미 의사의 관찰과 치료 과정 중에 있었을 것이다. 그러나 종종 죽은 시체가 발견됐을 때, 사망 원인이 의문시되기도 한다. 사망을 야기하는 약물을 강제로 복용하도록 강요당했을 수 있지만, 증상은 '자연적(natural)' 원인으로 인한 사망, 예를 들면 심장마비처럼 나타날 수 있다(Lyman, 1999: 264).

3) 자살

자살(自殺, suicide)이라는 것은 자기 자신의 생명을 의도적으로 끊는 행위로 정의된다. 자살사건에 대해 관심을 가져야 할 이유는 다음과 같이 제시되고 있다(Lyman, 1999: 281).

- 사망의 원인은 그 사회의 건강성의 지표다.
- 자살사건은 잠재적으로 예방 가능한 사망사건의 가장 큰 부분이다.
- 보험회사들은 사고사에서 이중 배상에 대한 책임을 항상 갖고 있다.

(1) 자살사건의 동기

사람들은 다양한 이유로 자살을 감행한다. 즉, 이유들 가운데에는 나쁜 건강 상태, 나이가 많은 것, 결혼생활의 문제, 재정적 문제, 불행한 연인 관계, 사랑하는 사람을 잃어 버렸을 때, 체포돼 수감되는 것에 대한 두려움 그리고 종종 십대들이 자기 부모나 사랑하는 사람들로부터 주목받으려고 복수를 하기 위한 목적 등으로 이용하는 것이 해당된다(Palmiotto, 2004: 201).

한 사람의 행동은 왜 그가 자살을 선택했는지 여부에 대해 좋은 암시가 될 수 있다. 실제로 피해자가 자살을 고려할 명백한 이유가 없다면 타살로 간주해야 한다. 자살을 감행하려는 사람들의 충동은 복잡하고 이해하기 어렵다. 자살에 관한 암시가 존재할 때, 수사관은 친구들, 가족, 이웃, 직장 동료 혹은 수사관에게 답변을 제공할 수 있는 그 밖에 관련된 사람들을 인터뷰해야 한다. 전통적인 수단을 통해 다른 정보를 증명할 수 있다. 예를 들면 만약 자살에 대한 명백한 이유가 재정적인 문제라면, 그러한 정보는 피해자의 재정 관계를 체크함으로써 증명할 수 있다.

신문 혹은 인터뷰를 하는 동안 수사관은 피해자가 자신의 자살에 관해 동료들 혹은 관계된 사람에게 언급한 내용을 살펴봐야 한다. 예를 들면 피해자(자살자)는 가까운 친구에게 "만약 그 일이 생기면, 나는 자살할 거야" 혹은 "그녀가 나 없이 잘될 것 같으면"이라고 한번쯤은 언급했을 것이다. 가능하다면 그런 언급들은 증명돼야 한다. 왜냐하면, 위장된 자살이 살인사건을 은폐하기 위해 사용될 수 있기 때문이다(Lyman, 1999: 283-284).

(2) 자살사건의 일반적 형태

일반적으로 자기 스스로 타격을 가해 부상을 입는 경우가 발생한다. 부상을 입은 위치로부터 그리고 물리적 특징으로부터 확실한 추론이 가능하다. 비록 상처를 입힌 장소나 방법이 사건 해결의 단서를 포함하고 있지 않더라도, 그러한 것은 자살사건과 관련될 가능성의 정도를 확인할 수 있게 도와준다.

자살의 방법은 무수하다. 자살은 자신의 몸을 물에 투신함으로써, 목을 매닮으로써, 혹은 다른 여러 가지 방법을 사용함으로써 이룰 수 있다(Palmiotto, 2004: 200). 칼로 찌르는 것, 스스로 총을 쏴서 죽는 것, 약물을 과다 복용하는 것 그리고 일산화탄소 중독[4]도 자살에 자주 이용되는 방법이다.

자살하려는 사람은 살인사건에서 이용되는 테크닉과 유사한 방법을 택한다. 많은 자살이 자기 스스로 파괴하는 것에 대한 그들의 이유를 설명하는 전통적인 자살 노트를 남기지 않는다. 그리고 어떤 경우, 고의를 미리 보여주지 않는 경우도 있다(Weston et al., 2000: 218).

수사관은 만약 그것이 자살이었다면, 그것을 확인하기 위해 사망사건을 재구성할 필요-스스로 목숨을 끊을 수 있었을까 하는-가 있다. 사망사건 현장을 재구성할 때, 수사관은 사망 시점에 사람이나 관련된 물건을 정확한 장소에 위치시켜 봐야 한다(Palmiotto, 2004: 200). 심지어 어떤 의심스러운 사망의 정황들이 살인사건의 낌새를 풍길 때에도 종합적인 수사를 통해 그 사망이 자살이었다는 것을 확인할 수 있다. 의심스러운 사망사건의 정황들을 통해 수사관은 종종 '자해(自害, self-destruction)'라는 결론을

4) 한국에서는 1990년대까지만 해도 많은 가정에서 난방 수단으로 연탄을 많이 사용한 적이 있었다. 필자가 경험한 자살사건의 경우, 사망자(女)가 자살을 기도하기 위해 소주를 마시고, 연탄불 화덕을 방 가운데 설치해놓고, 연탄이 연소되는 과정에서 발산되는 일산화탄소(CO)를 일부러 흡입해 스스로 사망에 이르게 된 경우도 있었다.

얻을 수 있다. 한편, 대단히 많은 살인범은 자살을 암시할 수 있도록 단서와 흔적들을 꾸미고 살인사건을 은폐함으로써 자신의 범죄를 숨기려고 시도한다(Weston et al., 2000: 218).

(3) 자살사건의 수사상 유의 사항

사망사건의 정황이 어떤 자가 살해의 동기를 가지고 있거나 혹은 살해의 동기를 가졌을 수 있다는 점을 보여줄 때에 가장 큰 문제가 발생한다. 수사관은 사망 원인이 실제로 자살이었는지 그리고 자살처럼 보이도록 꾸며진 살인이 아닌지를 확실하게 알아야 한다(Lyman, 1999: 264). 실제로 자살사건과 타살사건은 많은 유사점을 갖고 있다. 두 사건은 서로 구별하기가 어려운 경우도 있다. 예를 들면 실제로는 자살사건인데 타살사건으로 보인다면, 초기 대응 경찰관은 그것이 마치 타살사건인 것처럼 범죄 현장을 처리하느라 귀중한 시간을 허비할 수 있다. 반대로 실제로는 타살사건인데 이를 자살사건으로 판단하고 범죄 현장을 처리한다면 귀중한 증거가 손상을 입거나 멸실될 수 있다.

수사관은 다음의 사항을 알고 있어야 한다(Lyman, 1999: 280).

- 부상의 위치, 부상의 범위와 나타난 방향
- 보통 자살을 감행하려고 하는 자는 고통이 덜 수반되는 방법을 선택한다.
- 정신적으로 질병이 있는 자는 자기 자신에게 가장 고통스럽게 타격을 가한다.
- 자살하려는 자는 자살 도구(예를 들면 칼)가 자신의 몸과 직접 닿을 수 있도록 입고 있던 옷을 한쪽으로 치우는 경향이 있다.5)
- 손목을 베기 전에, 자살자는 일반적으로 긴 소매를 접어 올린다.
- 목을 매달아서 자살하는 경우, 로프는 사람 근처에 위치한다.
- 자살하는 여성들의 경우, 대체로 자신의 얼굴을 추한 모습으로 하지 않는다.

이외에도 수사관은 서로 싸운 흔적이 있는가? 그리고 방어흔(defense wounds)이 피해자에게 현존하는가? 하는 질문을 스스로에게 던져야 한다. 이러한 상황은 수사관의 관찰력과 상식을 요구한다(Lyman, 1999: 281).

5) 자살자가 옷을 입은 채 몸에 상처를 내는 경우는 드물다. 그래서 옷을 통과해 상처가 나 있다면 일단 타살의 가능성을 염두에 둘 수 있다.

(4) 자살사건의 단서들

① 자살 노트와 수사상의 단서 확인

일부 사람에게 자살은 완전히 무의미한 것처럼 보이기도 한다. 그러나 수사관은 그 자살을 설명할 수 있도록 객관적 사실 자료를 획득하기 위해 노력해야 한다. 일기장, 노트 혹은 죽은 사람이 자살을 심각하게 고민하고 있었음을 암시해 주는 문서들을 찾는 데 노력해야 한다. 죽은 사람이 그 자신의 삶의 마감과 관련된 어떠한 진술이나 언급을 했는지 여부를 확인하기 위해 가족, 친구 그리고 알고 지내는 사람들에게 질문을 해봐야 한다. 자살을 감행하려고 한 많은 사람은 예를 들면 “만약 내가 해고된다면, 나는 곧 자살할 것이다"와 같은 일종의 신호를 보냈을 수 있다. 이런 경우 수사관은 죽은 자에 의해 이뤄진 모든 진술을 확인해야 한다.

어떤 사람은 왜 자신이 자살하려는지를 설명해 줄 수 있는 자살 노트(suicide notes)를 남긴다. 수사관은 반드시 그 상처가 자기 자신이 타격을 가해 입은 것인지를 증명해야 하며, 그 자살 노트의 타당성을 확인해야 한다(Palmiotto, 2004: 201). 그 노트의 내용은 또한 자살의 동기를 밝혀주는 단서가 된다. 범죄에 대한 자백일 수 있고, 이해를 구하는 호소 혹은 죄책감을 표시하는 방법일 수 있다. 전통적으로 자살 노트는 피해자가 자기 자신의 죽음에 관한 느낌을 표현하는 방식으로 돼 왔지만, 이것이 절대적인 증

‘유서 대필 사건’ 강기훈 24년 만에 무죄 확정 … “국과수 감정 결과 신빙성 NO!”

… 대법원 2부(주심 이상훈 대법관)는 14일 ‘유서 대필 사건’의 당사자 강기훈 씨에 대한 재심 상고심에서 강기훈 씨에게 무죄를 선고한 원심을 확정했다. … 법원은 이날 판결문에서 “강기훈 씨의 필적(筆跡)과 이 사건 유서의 필적이 동일하다고 판단한 1991년 국립과학수사연구소(국과수)의 감정 결과는 신빙성이 없어 그대로 믿기 어렵고 나머지 증거만으로는 강기훈 씨가 유서를 대필해 자살을 방조했다는 공소 사실이 합리적 의심의 여지가 없을 정도로 증명되지 않았다고 본 원심은 정당하다”고 판시했다. …

사건 당시 검찰은 김기설(당시 전민련 사회부장) 씨의 동료였던 강기훈 씨를 자살의 배후로 지목했다. 국립과학수사연구소도 김기설 씨 유서와 강기훈 씨 진술서의 필적이 같다는 감정 결과를 내놨다. 강기훈 씨는 그해 7월 자살방조죄(분신할 것을 사주하고 유서를 대신 써준 혐의)로 재판에 넘겨져 1992년 징역 3년 확정 판결을 받아 만기 출소했다. 사건 발생 16년 만인 2007년 11월 진실·화해를 위한 과거사정리위원회(진실화해위)는 이 ‘유서 대필 사건’에 대해 “강기훈 씨가 아닌 김 씨가 유서를 직접 작성한 것으로 보인다”며 진실 규명 결정을 내렸다.[6)]

6) 동아일보, ‘유서 대필 사건’ 강기훈 24년 만에 무죄 확정… “국과수 감정 결과 신빙성 NO!”, 2015. 05.14. 기사(https://www.donga.com/news/article/all/20150514/71243949/1) (2021.11.01. 검색)

거로 받아들여져서는 안 된다. 예를 들면 그 자살 노트가 진정한 것인지 여부를 확인하기 위해 대조가 이뤄져야 한다(Lyman, 1999: 282). 수사관은 자살 노트에 대해 다양한 요소를 알고 있어야 한다.

- 필기 도구(펜, 연필, 타자기): 노트를 작성하기 위해 사용된 필기 도구의 위치를 파악하기 위한 노력이 있어야 한다(Palmiotto, 2004: 202).
- 종이(형식적인 편지지, 노트 패드, 찢어진 조각들): 그 노트를 작성하기 위해 사용된 종이의 공급처를 파악, 확인하도록 노력해야 한다(Lyman, 1999: 282). 예를 들면 노란 종이 위에 작성된 자살 노트에 대해 수사를 진행하는 경찰관은 반드시 유사한 종이의 위치를 찾기 위해 그 개인의 집이나 혹은 사업장을 수색해야 한다.
- 문장을 작성한 곳: 만약 어디서 그러한 자살 노트가 작성됐는지를 경찰관이 확인할 수 있다면, 추가적인 증거의 취득이 가능하다. 예를 들면 그 종이가 노트 패드(메모용지첩)에 부착돼 있거나 혹은 책상 위의 부드러운 압지상에 작성됐다면, 글씨를 쓴 자국을 패드 위에서 확인할 수 있다. 문장을 작성할 때 밑부분 종이 위에 남아 있는 필기구의 자국은 수사 중인 노트의 진정성을 확인해 주거나 혹은 그것에 대한 의심을 불러일으킬 수 있다.
- 문장 작성 방식: 자살 노트는 실제 사건이 발생하기 1주일 전에 작성되는 경우가 있다. 작성 시점을 확인하는 것이 가능하다면, 그 시점의 다른 사람들의 행방이 증명돼야 한다.
- 노트의 형태: 어떻게 노트가 작성됐으며, 사인(死因)의 유형(공식 혹은 비공식), 노트의 길이 그리고 문장의 해독 가능성 등에 관심을 기울여야 한다.
- 노트의 내용: 노트에 기재된 내용은 보통 행위에 대한 동기를 암시한다. 그러한 노트는 자백, 이해를 구하는 변명 혹은 생존자에게 죄책감을 갖게 하기 위한 처벌 수단 등이 포함돼 있다. 그 분위기는 고통과 번민에서 차분한 체념에 이르기까지 다양하다. 특별한 사건 혹은 개인에 대한 모든 참고 자료를 체크해야 한다(Palmiotto, 2004: 202).
- 자살 노트에 사용된 종이는 아주 훌륭한 지문의 보존물이기 때문에 그 노트는 반드시 주의 깊게 처리해 귀중한 증거로 보호해야 한다. 일단 수집된다면 필적 감정을 위해 전문가에게 송부해야 한다(Lyman, 1999: 282).

수사관은 노트를 다룰 때 증거가 훼손되지 않도록 주의한다. 그것은 사진 촬영을 하

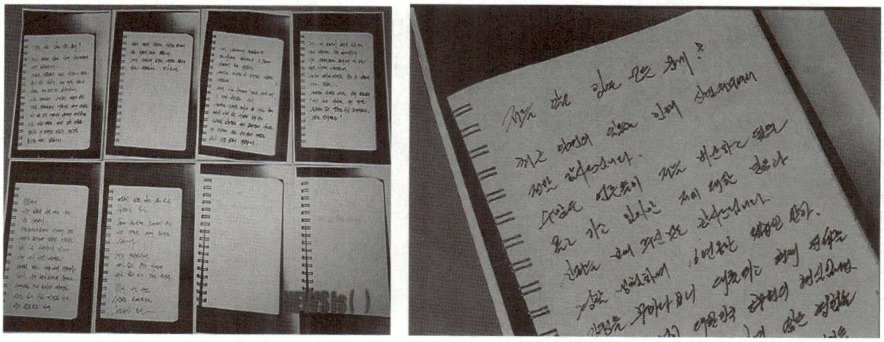

문서 유출 관련 사건으로 사망한 사람의 자살 노트 사례[7)]

고, 투명한 봉투에 넣어야 한다. 그리고 문서감정관이 분석해야 한다. 사망자가 실제로 그 자살 노트를 작성했는지 여부를 판단하기 위해 사망한 자의 필적(筆跡, handwriting)을 감정해야 하며, 사망 원인을 확인하기 위해 부검을 실시해야 한다. 수사관은 자살사건에서 살인사건을 찾아낼 필요가 있다(Palmiotto, 2004: 202).

② 자살사건 시체에 나타난 상처와 단서

사망이 사고, 자살 혹은 살인사건이었는지 여부를 판단하는 데는 시체에서 발견된 상처도 중요하다. 상처 부위를 촬영한 사진은 시체의 위치, 사망을 야기한 자살 도구의 위치 그리고 시체에서 발견된 특별한 상처의 종류를 정확하게 보여줄 수 있어야 한다. 자살자에게서 발견된 상처들은 총기 발사, 목매닮, 자동차 충돌 혹은 혈관을 절단함으로써 야기된 것일 수 있다. 수사관은 다양한 종류의 상처들이 어떻게 자살자 자신에 의해 타격됐는지 밝혀야 한다. 예를 들면 자동차 안에서 자살을 감행한 사람은 시속 80 내지 90마일로 달리면서 돌 벽에 부딪치면서 스키드마크(skidmark)[8)]를 남기지 않을 것이다(Palmiotto, 2004: 202).

총(shooting)으로 자살한 사건이라면, 수사관이 확인해 봐야 할 사항은 다음과 같다(Lyman, 1999: 282).

- 총기로 자살하는 경우가 흔하다.
- 라이플보다는 권총이 더 일반적이다.

---

7) http://media.daum.net/society/others/newsview?newsid=20141214185305527(2015.01.23. 검색).

8) 스키드마크란 차량이 제동 조치를 취하면 차량은 회전을 멈추고 노면을 활주(슬립)할 때 노면에 차량이 활주한 흔적, 즉 제동흔을 말한다(서울지방경찰청, 2001: 117).

- 끈이나 스틱 같은 보조 수단이 일반적으로 사용된다.
- 무기가 피해자의 손에 단단히 쥐여져 있다.
- 권총의 화약 잔류물이 피해자가 사용한 권총 손잡이 부분에 남아 있어야 한다.

부상의 위치는 그 총격이 스스로 야기된 것인지를 판단하는 데 사용될 수 있다. 권총의 총구(muzzle)와 상처 간의 거리를 측정하기 위한 법과학적 조사를 통해 종종 타살과 자살을 구별할 수 있다.

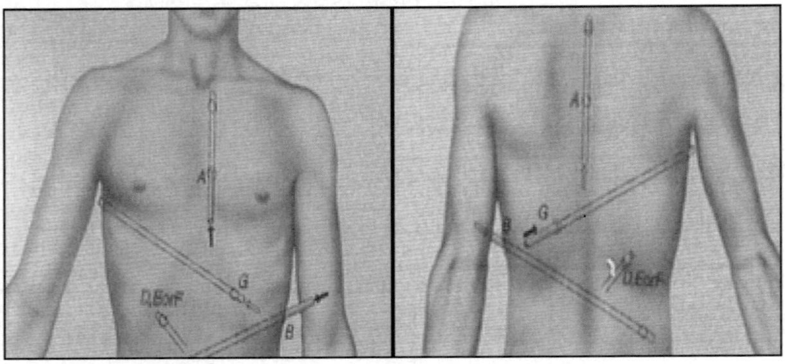

총격이 가해진 상황에서의 관통 경로 추정[9)]

만약 칼로 찔러서 자살한 경우라면 다음 사항을 확인할 필요가 있다(Lyman, 1999: 282).

- 스스로 찔러서 야기된 상처들은 일반적으로 가슴 부위에서 발견된다.
- 피해자에게서 과도하게 찌른 상처가 발견된다면, 일단 의심해 볼 필요가 있다.
- 일반적으로, 시체는 그러한 행동을 한 지점에 위치할 것이다. 또한 공격에 대항하는 격투 흔적이 없다.
- 상처의 깊이가 무기의 길이를 암시하는 데 필요한 것은 아니다.
- 도구가 확인됐을 때, 그 도구는 반드시 원상태로 잘 보존해야 한다.
- 일반적으로 자살자에게 '방어흔(defense wounds)'이 없을 것이다. 그러나 주저흔(躊躇痕, hesitation wounds)이 방어흔처럼 오인될 수도 있다.

9) http://www.courttv.com/national/diallo/autopsyphoto.html(2007.04.19. 검색).

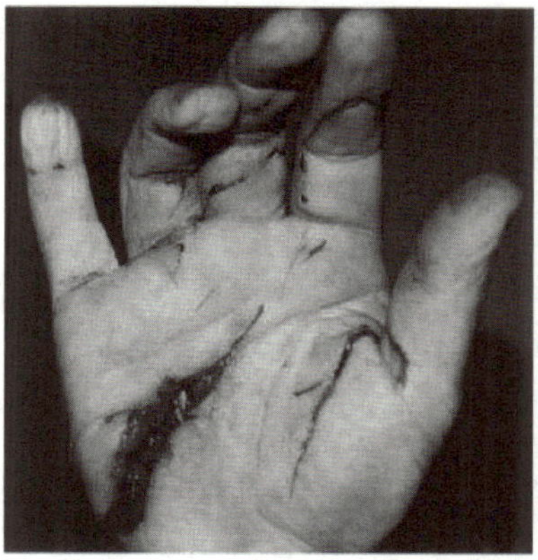

피해자의 손에 생긴 방어흔[10]

(5) 자살사건의 재구성과 사망 도구

수사관은 자살자의 주변 정황을 재구성해 봐야 한다. 그렇게 함으로써 다음과 같은 질문을 제기해야 한다. 피해자가 논리적으로 자기 스스로 이런 방식으로 자살할 수 있었을까? 재구성을 위해 범죄 현장에서 발견된 물품들을 사용한다. 범죄학이론으로 해석될 수 있는 추론을 할 수 있도록 시도한다. 이러한 과정에서 어떤 유형의 증거에 의해 지지되지 않으면, 그러한 추정이 이뤄져서는 안 된다.

권총 자살사건에서 많이 하는 오해는 권총 발사 시 탄환이 들어간 입구의 상처는 항상 작고, 탄환이 사출(射出)된 부위의 상처는 크다는 것이다. 목을 매달아 자살한 사건(縊死)에서는 항상 사망자의 신체가 전부 매달려 있는 상태로 사망이 이뤄진다는 오해가 있다. 다시 말하면 이것은 잘못된 추정이다.

라이먼(Michael D. Lyman) 교수의 경험에 따르면, 자살사건에서는 사망자의 몸에 스스로 야기한 상처들이 종종 어느 정도 예상할 수 있는 방식으로 나타난다고 한다. 그래서 어떤 결론은 특정한 상처의 위치와 특징을 연구함으로써 이끌어 낼 수 있다. 자살을 하는 방법이나, 그 과정의 행동에서도 공통점이 관찰된다. 예를 들면, 자살을 선택하는 사람들은 일반적으로 가능하면 고통이 적은 방식을 선택하게 된다. 또한, 무기가 피부에 직접 접촉되도록 하기 위해 칼이나 총열에 말려들어갈 경향이 있는 자신의 옷을 밀어서 치우는 경우가 있다. 게다가 여성 자살자들은 일반적으로 자신의 얼굴이 추하게 보이지 않도록 하기 위해 조심하면서 자살을 감행한다. 자신을 목 매달아 자살하려는

10) http://www.documentingreality.com/forum/f10/morgue-pics-detailed-info-75875/(2015.01.23. 검색).

방법을 선택하는 사람들은 로프나 결찰을 그들의 셔츠 칼라 주변이 아닌, 그들의 피부에 직접 감으려고 한다(Lyman, 1999: 283).

(6) 자살의 상처

봉건 시대에는 자기 스스로 칼로 찌르거나 혹은 자기 칼에 엎어짐으로써 자살하는 방식이 매우 일반적이었다. 오늘날에는 칼이나 면도날 혹은 깨진 병 조각/유리 조각 혹은 날이 서 있는 다른 기구들을 이용해 찌르거나 동맥 등을 절단하면서 자살을 감행하는 방식이 빈번하다. 능숙하게 한 번 칼로 베어서 자살의 결과로 이르는 경우는 드물며, 보통 치명적인 상처를 내기 전에 손목 등, 피부 위에 수많은 작은 칼자국을 내면서 상처를 입게 된다. 이러한 사소한 종종 얕게 찌른 상처, 주저흔으로 알려진 상처들은 자살을 시도한 것을 입증한다. 심지어 자살하는 과정에서 총을 사용했을 때, 주저하면서 총을 발사한 증거가 발견되기도 한다. 보통 그러한 자살을 시도하는 과정에서 폭행 혹은 상처를 입은 신체 부분은 주로 손목, 목 그리고 종종 발목이다. 만약 자살 시도가 성공적이었다면, 피해자는 보통 그러한 자살 행동이 벌어진 곳에서 발견된다. 칼로 찌르거나 자르면서 자살이 성공하지 못한 어떤 경우에, 자살 시도자는 피를 흘린 것을 뒤로 한 채 처음 상처를 낸 장소로부터 떠나려고 하면서 도움을 요청하고자 마음먹는 경우도 있을 수 있다(Osterburg & Ward, 2000: 416-417).

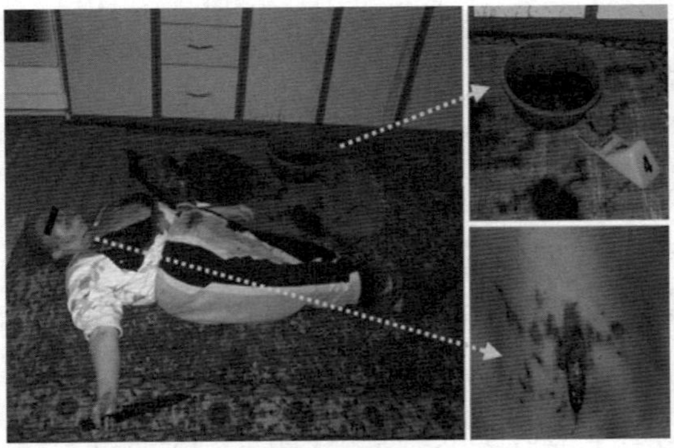

목을 베어 자살한 여성의 시체와 목 주변에 나타난 주저흔[11]

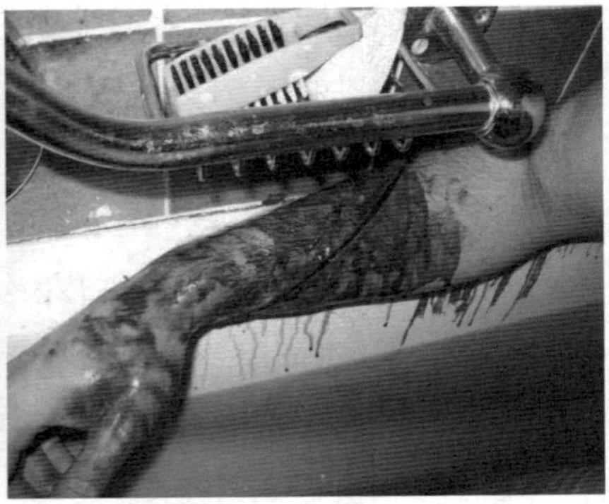

손목을 베어 자살한 형태의 상처[12]

11) http://www.intechopen.com/source/html/19160/media/image17.jpeg(2015.01.23. 검색).

12) www.lunerouge.org/spip/article.php3?id_articl(2007.04.19. 검색).

(7) 자살로 위장된 살인사건

다른 범죄를 은폐하기 위해 범죄를 위장하는 사례는 종종 있다. 살인사건을 은폐하기 위한 방화, 자동차사고는 아주 빈번하게 등장하는 편리한 수법이다. 그러한 범죄는 너무 불안스러워하는 범인들이 과도하게 범행 현장을 위장하기 때문에 수사관이 핵심을 빠뜨리지 않고 수사함으로써 거의 대부분 밝혀진다(Osterburg & Ward, 2000: 392).

살인사건 수사에 관해 잘 알려진 책을 저술한 게버스(Geberth, 1993: 69-70)에 따르면, 전국에 걸쳐 상당한 수의 자살사건이 동시에 발생하고 있다고 주장한다. 자살사건처럼 보이는 살인사건을 해결하기 위해 다음과 같은 체크리스트를 제시했다. 살인사건과 자살사건을 구분하기 위한 수사상의 체크리스트는 다음과 같다(Osterburg & Ward, 2000: 392-393).

- 자살 행동을 위한 다른 증거들이 있는가? 다시 말하면 자살과 관련된 메모(혹은 다른 편지들) 또는 유언
- 지문에 대해 조사될 때까지, 자살과 관련된 메모(혹은 다른 서류)를 만지거나 처리하는 과정에서 주의가 기울여졌는가? 발견될 수 있는 어떤 잠재지문을 분석하기 위해, 고인(故人) 그리고 범행 현장에 있었던 모든 사람 혹은 고인과 가까이 지냈

폭력 피해 가출 부인 농약 먹여 자살 위장

경기 고양경찰서는 폭력을 못 견뎌 가출한 자신의 부인에게 억지로 농약을 먹여 숨지게 한 혐의(위력승낙 살인)로 ㅂ(43) 씨를 20일 구속했다. ㅂ 씨는 3년 전 가출해 숨어 살던 부인 ㅈ(45) 씨를 지난해 12월 3일 오후 3시께 고양시 일산구 일산동 한 빌라 앞에서 차량으로 납치한 뒤, 고양시 덕양구 야산으로 끌고 가 둔기로 위협하면서 유서를 쓰고 농약을 마시게 해 살해한 혐의를 받고 있다. 1980년 ㅂ 씨와 결혼한 ㅈ 씨는 20여 년 동안 상습적인 폭행을 당해오다 2002년 2월께 가출했다. ㅈ 씨는 식당 등에서 일하며 숨어 살다가 다른 남성을 만나 지난해 12월 1일 주민등록 주소를 옮기고 새 가정을 꾸렸다. 그러나 남편 ㅂ 씨는 지난해 12월 2일 주민등록 등본을 떼 ㅈ 씨를 찾아냈으며, "결혼생활을 다시 시작하자"고 요구했으나 거절당하자 이런 행위를 한 것으로 드러났다. 이 과정에서 ㅂ 씨는 ㅈ 씨에게 "남편(ㅂ 씨)과 애들에게 미안하다. 밖에 나와 살아보니 별다른 것이 없다"는 등의 내용으로 유서를 쓰게 한 뒤 농약을 먹여 자살로 위장하려 한 것으로 드러났다. 이런 사실은 농약을 마신 뒤 발견된 ㅈ 씨가 병원에서 출동한 경찰관들에게 숨지기 전 3시간 동안 자살과 유서 작성 경위에 대해 진술함으로써 밝혀졌다.

(한겨레, 2005.03.20.)
(http://news.naver.com/news/read.php?mode=LSD&office_id=028&article_id=0000103776&section_id=102&menu_id=102(2007.04.20. 검색)

던 것으로 추정되는 모든 사람의 손가락과 손바닥 지문은 반드시 채취해야 한다.

- 만약 고인의 머리 위에 비닐봉투가 있다면(혹은 만약 어떤 사람이 범죄 현장에 있다면), 반드시 그 지문을 확인해야 한다. 발견된 어떤 잠재지문은 반드시 현재지문과 대조해야 한다. 비닐봉투 위에 유류된 지문(다름 아닌 고인의 지문)은 그것이 발견되기 전까지 제시된 이유들을 고려하면서 반드시 그 존재를 위해 제공된 설명에 대해 평가한다.
- 자살과 관련된 메모(혹은 편지)의 중요한 부분이 문장 해석에 대한 고인의 평소 수준으로 표현됐는가? 혹은 마지막 편지 혹은 메모가 마지막 출구로서 거의 틀림없이 제시된 것을 복제했는가? 문맹자(혹은 반문맹자)가 책에서 그런 단어들을 복사했을 것이다. 그러나 만약에 글을 읽을 줄 아는 사람이 그렇게 했다면 약간의 의심을 불러일으킬 수밖에 없다.
- 만약 메모나 편지가 손으로 직접 쓴 것이라면 진정성을 확인해야 한다. 손으로 쓴 글씨가 고인의 것인가? 타이핑된 것이라면 타이핑한 기계가 고인에게 활용 가능한 것이었는가? 고인이 타이핑을 하거나 혹은 컴퓨터를 사용할 줄 알았는가?
- 약품이 들어 있는 모든 용기(빈 병과 빈 통)를 수거해야 한다. 언급된 약물의 이름이 라벨에 적혀 있는지 확인하고, 약물의 일부가 남아 있다면 분석해야 한다. 라벨로부터 투여된 약물의 양(量)을 보여주는 그리고 약물 투약법을 알려주는 표를 통해 고인에게 투약된 약물이 생명에 치명적이었는지를 판단해야 한다. 만약 부검과 독극물 분석이 이뤄지면 약품 용기의 용량에 대한 결과를 체크해야 한다.

4) 살인

살인(殺人, murder, homicide)은 어떤 사람이 고의적으로 원인을 야기해 다른 사람을 죽이는 것이다(Lyman, 1999: 264). 즉, 살인에 의한 사망은 다른 사람에 의해 죽임을 당하는 것이다(Palmiotto, 2004: 203). 많은 다양한 유형은 사람을 죽음으로 이어지게 할 수 있다. 이러한 것에는 다음의 사항이 포함된다(Lyman, 1999: 264).

- 절단하고 찌른 상처, 즉 날이 있는 흉기(銳器)에 의한 살인
- 날이 없는 무딘 흉기로 인한 부상, 즉 둔기(鈍器)에 의한 살인
- 권총과 엽총으로 인한 부상 등 총상[13]에 의한 경우

13) 미국에는 살인의 수단 중 가장 빈번한 것은 다름 아닌 총기다. 10건 가운데 7건의 살인사건에서 무기가 가장 빈번하게 사용됐다. 그것들 가운데 54%는 권총(handgun)이었다. 다른 유형의 무기 가운

• 독극물과 같은 특별한 방법의 사망과 질식에 의한 사망(asphyxia, strangulation)

수사관은 여러 방식의 불법적 사망사건에 직면하게 된다. 어떤 피해자는 사고로 죽는가 하면, 다른 피해자는 심각한 분노 감정의 표출로 살해되기도 하고, 또 다른 피해자는 재산상의 이익 때문에 살해되기도 한다. 그래서 전문수사관에게는 어떤 법률이 관련된 범죄를 가장 잘 규정하고 있는지에 관해 명확하게 이해할 의무가 지워져 있다(Lyman, 1999: 265).

수사관은 보통 어려움 없이 사망사건을 살인사건으로 분류할 수 있다. 살인사건 현장은 일반적으로 무질서한 상태를 띠고 있다. 드물게 자살사건 혹은 사고로 인한 사망사건 현장에서도 그와 비슷한 경우가 있다. 게다가 비교적 적은 숫자의 사전 계획된 살인사건에서만 살인범이 사망 원인을 속이기 위해 시도하기도 한다(Gilbert, 2001: 305).

살인사건의 수법이 사고사의 원인과 비슷한 경우가 있다. 사망은 높은 창문에서 누군가에 의해 떠밀려 초래될 수 있으며, 혹은 창문에서 사고로 추락해서 일어날 수 있다. 다른 사람에 의한 총격으로부터 사망이 초래될 수 있으며, 총기를 닦던 중에 실수로 치명적인 총기 발사에 의한 치명적인 부상이 초래될 수도 있다. 다른 사람이 칼로 중요한 부위를 찌름으로써 사망이 야기될 수 있다.

또한 병(甁, bottle) 위에 실수로 넘어짐으로써, 유리의 파편이 중요한 부위에 들어가게 돼 치명적인 부상을 초래할 수 있다. 치명적인 독약의 복용이 다른 사람에 의해 이뤄질 수 있으며, 혹은 실수로 그렇게 될 수도 있다. 두개골이 날이 없는 무딘 기구로 부서질 수 있으며, 혹은 동일한 부상이 비행기 계단에서 떨어짐으로써 야기될 수도 있다(Weston et al., 2000: 218).

제3절 초동수사와 범행 현장

1. 살인사건 수사와 범죄 현장

살인사건 수사의 초점은 다음과 같다(Bennett & Hess, 2004: 211－212).

데 칼이 사용된 사건의 비율은 14%였다(Lyman, 1999: 262). 한편, 한국에서는 칼과 같은 흉기가 대부분을 차지한다.

- 희생자를 확인한다.
- 사망의 시점을 밝혀낸다.
- 사망에 이르게 한 방법과 사망의 원인을 밝힌다.
- 용의자를 밝혀낸다. 초동수사에서 이러한 것들을 마무리하거나 혹은 추후 보강수사를 통해 밝혀낼 수 있도록 도와야 한다.

비록 많은 정보가 사망한 피해자의 신체로부터 판단된다고 하더라도 살인사건 수사는 전체 범죄 현장에 초점이 맞춰져야 한다. 사망자에 대한 완전한 조사는 보통 부상의 성질, 사망 원인 그리고 사용된 흉기의 유형에 대해 정보를 제공할 수 있다. 범죄 현장은 범인을 추적하는 데 매우 중요하다고 평가할 수 있는 다른 자료를 밝혀줄 잠재성을 갖고 있다. 일반적으로 사망사건을 수사하는 데 가장 중요한 순간은 범죄 현장을 처음 처리하는 순간이다. 한 번 범죄 현장이 처리되고 경찰이 그 사건을 조사하게 되면, 현장성에 대한 수사상의 가치는 영원히 소실된다. 상당히 자연스럽게 재산의 소유자는 범죄행위에 대한 모든 추적 증거가 존재하는 범행 현장을 깨끗하게 청소하기 위해 모든 노력을 다 기울이게 될 것이다. 결과적으로 수사관은 살인사건 수사에서 이러한 단계가 매우 중요하다는 것을 깨달아야 한다. 공식적으로 그리고 감정적인 관점에서 살인사건 수사보다 더 중요한 범죄수사는 없다는 것을 인식해야 한다. 사망사건은 최후적이고 돌이킬 수 없는 것이며, 수사관으로부터 가장 최상의 수사 기술을 요하는 것이다(Gilbert, 2001: 312).

육안으로 본 살인사건 현장은 종종 경험이 거의 없는 경찰관에게는 엄청난 충격적인 것으로 여겨질 수 있다. 그러나 사망자의 시체, 엄청난 양의 혈흔 그리고 혐오감이 일어날 정도의 상처에 직면하는 경우에조차 수사관은 적절한 행동 요령을 잊지 말아야 한다.

범죄 현장에 들어가기 전에 경찰관은 멈춰서 현장 주변 지역을 살펴봐야 한다(Gilbert, 2001: 312). 그리고 중요한 증거가 유류된 장소를 적어둬야 한다. 경찰관은 범죄 현장에 임장하면서 증거를 오염시키지 않도록 최선을 다해야 한다. 사망한 자에게 초점을 맞추고 시체쪽으로 걸어 들어가는 대신에 혈흔이나 다른 증거에 발을 들여놓지 않도록 주의를 기울이면서 수사관은 반드시 통로를 내려다보고 주의해야 한다. 살인사건 현장은 종종 무질서한 상태일 수 있다. 책상, 의자, 그리고 다른 가구가 뒤집어져 있으며 다른 한편으로는 부서져 있다.

살인사건 현장에서 유류된 흔적에 대한 감식14)

대부분의 살인사건이 미리 사전에 계획된 것은 아니기 때문에 범인이 잠재지문과 같은 증거를 현장에 남길 가능성이 강하게 존재한다. 범죄 현장을 처음 관찰 · 감식할 때, 장갑을 착용하거나 주머니에 손을 넣은 채 수사관 자신의 지문이 남지 않도록 노력해야 한다. 누가, 무엇을, 누구에게, 왜에 관한 실마리(수사 요소, 8何 원칙을 상기하면서)를 제공해 주는 범죄 현장에서 어떠한 단서에 관한 것이라도 반드시 표시해야 한다.

사망 시점을 판단하기 위해 수사관은 반드시 빛의 존재 여부, 그리고 음료수에서의 얼음의 조건, 라디오와 텔레비전의 상대적인 따뜻함의 정도를 관찰하고 기록해야 한다.

총기 관련 살인사건이 종종 발생하는 관계로 주의를 기울여서 일부 가구 밑 등 총기 발사 시 탄피의 정확한 위치를 확인해야 한다. 흉기를 휴대한 채 범죄 현장으로부터 미친듯이 막 빠져나가는 범인의 모습이 현장에서 종종 발견될 수 있다. 도주하는 중에 범인은 총기나 흉기 같은 것이야말로 자신의 유죄를 입증하는 중요한 증거가 된다는 것을 깨닫고, 곧바로 그것을 처분하게 될 것이다. 이러한 이유 때문에 수사관은 범죄 현장에 인접한 외부에서 남긴 증거물을 발견할 수 있도록 수색해야 한다. 예를 들면 쓰레기통, 수풀 혹은 주차된 차량들 혹은 지붕 위가 이에 해당할 것이다. 이러한 장소는 모두 유기된 총기류를 발견할 만한 가능성이 있다.

범죄 현장에 인접한 그리고 외부에 대한 완전한 조사를 하면서 수사관은 이웃사람들을 반드시 확인해야 한다. 광범위한 이웃 관계자들을 조사하는 것은 살인사건 수사에서 항상 정당화된다. 특히 이웃사람들을 대상으로 한 탐문수사가 필요하다. 이웃사람들의 유형에 대한 확인 여부는 살인사건 유형에 달려 있다. 만약 공격을 당한 피해자가 공격이 가해진 장소와 같은 방 혹은 같은 구조에 위치하고 있다면, 이웃사람들에 대한 조사

14) http://www.menzelphoto.com/gallery/big/dnafingerprinting7.html(2007.04.19. 검색).

는 범죄 현장에 아주 인접한 지역에 국한될 것이다. 그런데 만약 공격이 가해진 장소가 아닌 다른 장소에서 피해자가 발견됐다면, 이웃사람들에 대한 조사의 범위가 더 넓어지게 될 것이다. 수사관은 특별한 조사 대상 지역의 범위 내에 있는 사람들을 반드시 접촉해야 하며, 피해자의 습관과 알고 지내는 사람들에 관해 신문해야 한다.

범죄자의 신원을 곧바로 알게 되는 것은 아니다. 범죄 현장에서 발견된 추적증거를 통해 결정될 수 있다. 만약 이러한 방법이 성공적이지 않다면, 그 조사는 범행 동기와 범행으로 인해 얻게 될 이익에 관한 전통적인 수사 영역에 초점을 맞추게 될 것이다. 범행 동기와 범죄로 인해 얻을 이익은 종종 피해자의 배경을 수사함으로써 판단할 수 있다. 결과적으로 성과가 있는 수사를 하기 위해서는 살인과 관련된 원인 제공적인 요소들과 연관성을 맺도록 해 주는 증거를 발견하기 위해 범죄 현장을 수색해야 한다. 범죄 현장에 대한 완전한 처리는 종종 이러한 범죄에 대한 다차원적 측면을 암시하는 듯한 증거를 제공할 수 있다.

살인사건 수사관은 또한 반드시 가장 최신의 정보들, 최근의 용의자들에 익숙해져야 한다(Gilbert, 2001: 313-314).

2. 살인사건 수사 시 일반 절차와 활동 내용

어떤 관할구역 내에서 범죄가 발생했다고 가정하면, 보통의 수사 실무에 따라서 다음과 같은 절차가 있다. 살인사건 수사상 활동 내용은 대체로 다음과 같다(Osterburg & Ward, 2000: 381-382).

① 범죄 현장을 기록한다(사진 촬영, 스케치 및 메모하기).

② 모든 물리적 증거를 인지하고, 수집하고 보존한다.

- 범죄의 재구성을 손쉽게 하기
- 용의자와 피해자를 연관시키고, 범죄 현장과도 연관시킨다.
- 어떤 물질(독극물, 마약, 혈흔, 정액 등) 혹은 어떤 물건(곤봉, 권총 등)을 감정해 그러한 물건이 있던 장소를 확인하고, 그것의 소유자를 추적한다.

③ 피해자 확인하기

④ 범죄에 대한 동기를 확인하기

- 범죄가 저질러진 수법을 통해 심리학적 프로파일링을 하기 위해 범죄 현장의 증거와 피해자에게 가해진 정신적 쇼크를 분석
- 피해자의 행동(사회적, 가족적 그리고 사업상)에 관해 알고 있는 사람들로부터
- 피해자가 작성한 혹은 피해자에게 송부된 문서들로부터(예: 일기장, 편지, 피해자의 금전적 혹은 사업상의 거래와 관련이 있는 문서들)

⑥ 추가적인 정보 찾기

- 피해자의 배경과 활동 상황에 대해 알고 있는 사람들을 인터뷰한다.
- 사망한 사람에 대해 알고 있는 사람들로부터 나온 실마리를 얻는다.
- 가능한 정보원(情報員)을 찾는다.
- 어떤 사건의 경우에는 감시 · 관찰을 고려한다.
- 피해자의 사업상의 이해관계를 확인하기 위해 기록을 조사한다.
- 제조회사의 기록이나 총기 등록 기록을 통해 살인사건에 사용된 무기나 흉기의 출처를 추적한다.
- 날(日)을 기준으로 부서 내부에서 이뤄진 전화 통화 내역을 분석한다.
- 다른 형사재판 관할권 내에서 연관된 범행에 대한 경찰 차원의 정보 네트워크를 자세하게 살핀다.
- 범행 수법을 비교하기 위해 이전의 체포 기록을 체크한다.
- 범죄 현장에서 발견된 유사한 물리적 증거와 비교할 수 있도록 어떤 용의자로부터(혹은 그 또는 그녀의 집에서, 차고에서, 자동차 등) 나온 표본들을 수집한다.

⑦ 미란다 원칙을 고지한 후, 용의자를 신문하기

- 자신의 결백을 증명할 수 있는 증거들을 포함해, 그들이 원하는 어떠한 진술이라도 용의자에게 허용한다.
- 가능한 부검(剖檢)과 물리적 증거를 활용함으로써 사건을 재구성해 밝혀진 사실에 대해 그것을 비교하기 위해 무엇이 발생했는지에 대해 용의자가 알고 있는 것과 관련한 어떤 진술이라도 체크한다. 법의병리학자는 범죄사건을 재구성하는 데 많은 도움이 된다. 이것은 반드시 수사 초기에 이뤄져야 하며, 가능하면 모든 수사 관계자와 전문가들이 함께 참여하는 회의에서 48시간 이내에 하는 것이 좋다.
- 자백이나 자인(自認)을 받아낸다. 신문(訊問)하는 동안 법과학실험실 보고서와 용

의자와 범죄를 연관시켜 주는 다른 유죄 증거를 활용한다.

3. 살인사건 수사의 단계별 중요 사항

살인사건 수사를 위한 체크리스트는 반드시 수사를 개시하는 것으로부터 수사의 초점을 맞추는 것, 그리고 범인과 공범을 체포하는 것에 이르기까지 순서 바르게 수사가 진행될 수 있도록 몇 단계로 나눈다(Weston et al., 2000: 221).

1) 1단계: 범죄 현장(Stage Ⅰ: Crime Scene)

① 범죄 현장에 있었던 혹은 범죄 현장을 떠난 모든 사람을 반드시 정지시키고 그들이 떠나기 전에 확인을 받도록 한다. 그러한 사람들에 대한 인터뷰는 범죄 현장에서 혹은 나중에 이뤄지도록 한다.

② 범죄 현장에 들어갈 때 찬찬히 잘 살피는 것은 범죄 현장의 개략적인 파악을 위해 중요하다.

(1) 피해자

먼저 응급조치를 한다. 만약 필요하면 의료적 도움을 줄 수 있는 사람을 부른다. 피해자가 확실히 사망했다면 그 사실을 기록한다. 가능하면 사망 발표를 받아들인다.

(2) 범죄 현장

① 입구와 출구의 넓이를 체크하고, 무기와 다른 증거를 보존한다. 허가되지 않은 사람의 출입을 막는다. 만약 활용이 가능하다면 사진 촬영 전문요원을 요청하고, 지문 채취 및 다른 물리적 증거를 위해 현장 처리 요원을 호출한다.

② 현장에 임장한 모든 사람에게 경고해 현장의 완전성을 보존하도록 한다. 담배를 피우지 못하게 하고, 다른 어떤 배관(싱크대, 증기목욕탕, 샤워장, 화장실 변기 등) 혹은 타월도 사용하지 못하게 한다. 어떠한 물건에도 혹은 현장에 있는 표면에 손대지 못하게 하고, 걸어 들어오지 못하게 한다. 만약 그렇게 하지 않으면 현장에서 혈흔과 같은 증거를 오염시킨다(Weston et al., 2000: 221).

③ 목격자를 확인하고 인터뷰한 뒤, 범죄에 관해 알고 있는 내용을 진술(statement)의 형태로 취득한다. 추가 목격자를 확보하기 위해 탐문과 수색을 실시한다.

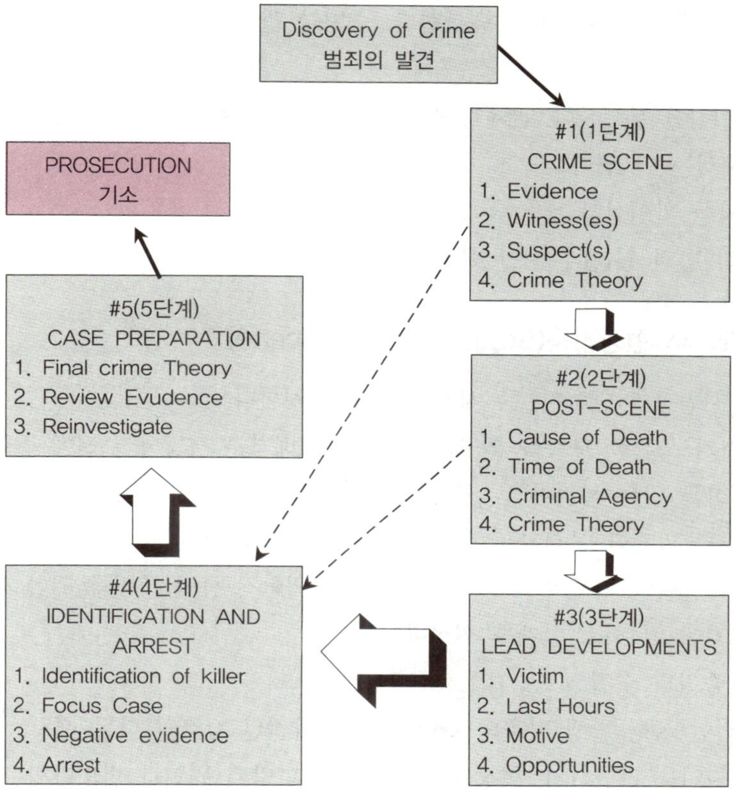

살인사건 수사의 단계별 중요 사항

자료: Weston et al.(2000: 222). Fig 14-1.

④ 만약 명백한 용의자가 범죄 현장에 있으면, 그에게 피의자로서의 권리(미란다 원칙 등)를 고지한다. 용의자의 모습, 의복, 물리적 그리고 정신적 상태 그리고 자발적으로 말하는 내용을 기록한다. 그 사건이 해결될 때까지는 현장에 있는 모든 사람은 용의자일 가능성이 있다. 범죄 발생 전 혹은 그 시점에 있었던 의심스러운 사람들과 자동차에 대한 수색을 시작한다.

⑤ 범죄 현장을 기록한다.

- 사진 촬영을 한다.
- 현장을 측정하고 스케치한다.
- 기록을 작성한다.
- 증거를 수집하고, 그것이 어디서 발견됐는지 그리고 누가 그것을 발견했는지 기

록한다. 증거에 표시하고 송부한다. 증거물 관리 직원과 그것을 안전하게 보존한다.

⑥ 범죄 현장을 봉쇄한다. 관계자 또는 현장 전문가와의 사전 동의 없이 범죄 현장을 공개해서는 안 된다.

⑦ 피해자를 확인한다.

⑧ 가설적 범죄 원리(추측)를 확인한다(Weston et al., 2000: 222).

2) 2단계: 후 현장활동(Stage Ⅱ: Post-Scene)

① 사망 시점을 판단하기, 즉 시점의 한계를 정한다.

- 피해자가 생존한 모습을 본 목격자 혹은 피해자가 사망하기 전에 전화로 피해자와 대화를 나눈 목격자
- 피해자를 발견한 목격자 혹은 범죄를 발견한 목격자
- 부검을 실시한 의사의 보고서를 토대로 법의학적 증언 준비를 위한 사망 시점에 대해 최대 및 최소 한계를 설정하기
- 다른 증거의 수집

② 치명적인 폭행 발생 장소의 판단(범죄가 발견된 장소와 다를 때)

③ 사망 원인을 판단하기: 현장에서 명백하게 파악된 원인과 법의학적 부검 보고서를 검토해 판단한다.

④ 사망 수단(살해 방법)들을 판단하기
범죄행위(criminal agency), 사용된 특별한 무기 혹은 발견된 무기

⑤ 가설적인 범죄 원리(추측) 확인

3) 3단계: 단서를 찾아내기(Stage Ⅲ: Lead Development)

① 피해자의 배경과 행적

② 피해자의 마지막 시간

- 어떤 사람을 마지막으로 접촉한 시간, 사망할 시점 및 사망 전 행동

③ 사용된 자동차, 부상을 입은 용의자, 정보 제공자

④ 무기, 다른 범죄자들과의 결합

⑤ 피해자의 행동에 관한 이해 피해자 집 주변에 대한 접근성

⑥ 범행 동기의 파악: 살인사건의 패턴

⑦ 범행 기회의 파악
- 현장에 있었던 것으로 알려진 사람들
- 현장에 있었을 가능성이 있는 사람들

⑧ 한 명 혹은 그 이상의 '중요한' 용의자의 신원 확인을 포함한 가설적 범죄 원리를 확인하기(Weston et al., 2000: 223).

4) 4단계: 범인의 신원 확인 및 체포 단계(Stage Ⅳ: Identification and Arrest)

① 살인범을 확인할 수 있는 증거를 밝혀내기
- 범죄 사실(*corpus delicti*), 신원 확인 그리고 범죄 이론과의 일관성에 대한 증거를 검토하기

② 사건에 집중하기

③ 결백한 용의자의 혐의를 벗겨주기

④ 살인범을 체포하고, 만약 공범이 있다면 공범도 체포하기

⑤ 요구되는 부정적 증거를 수집하기
- 알리바이(현장 부재증명)
- 자기방어(self-defense)
- 고의(故意, intent): 용의자의 정신 상태, 음주 상태, 용의자의 전과 기록
- 목격자 및 피해자의 범죄 기록 혹은 치료 기록(내과적 · 정신과적)

5) 5단계: 기소 준비(Stage Ⅴ: Case Preparation)

① 사건의 재구성

② 물리적 증거를 요약하기

③ 목격자의 법정 증언 사항을 요약하기

④ 범행 동기, 범행 고의(故意)를 재검토하기

⑤ 관계자 및 검사와 의논하기

⑥ 검사에 의해 허가된 혹은 지시된 대로 재수사하기

⑦ 검사에게 사건 기록을 제출할 수 있도록 사건 서류표지(cover sheet) 준비하기 (Weston et al., 2000: 224)

4. 초동수사 활동

살인사건 수사는 성질상 수동적이다. 일반적으로 누군가가 전화로 지역경찰관서에 경찰관에게 그러한 범죄의 몇몇 상황을 알려줌으로써 수사가 시작된다. 그러한 전화는 아마도 부상당한 사람을 돕기 위한 단순한 요청, 즉 "총에 맞았다"는 식으로 말하는 전화 혹은 관찰됐던 어떤 폭력 형태(예를 들면 어떤 남자 혹은 여자가 두들겨 맞았다)에 관한 신고일 것이다(Lyman, 1999: 266).

1) 초기 대응 경찰관의 역할

살인사건 수사는 전문화된 분야다. 즉 교육, 훈련 그리고 실무적인 경험을 필요로 한다. 살인사건 수사의 성공은 종종 범죄 현장에 처음 도착하는 경찰관의 주도적인 활동에 달렸다(Palmiotto, 2004: 203). 사건에 관한 상세한 내용은 일반적으로 범죄 현장 수사관에 의해 알려진다. 살인사건의 혐의가 있는 신고 전화에 대응하는 초동조치 경찰관은 일반적으로 신고 전화가 접수된 후에 곧바로 도착하는 정복 순찰경찰관들이다. 도착하는 시점에 취해지는 행동들은 이후의 수사 과정에서 중요한 것들을 내포하게 될 것이다(Lyman, 1999: 266). 범죄 현장에 처음 도착하는 경찰관은 사망사건 수사관에게 의심스러운 사망사건임을 알리고 가급적 현장에 빨리 도착할 수 있도록 해야 한다. 그들이 현장에 빨리 도착할수록 사후 경과 시간에 대한 첫 번째 판단이 정확해질 수 있다. 사망사건 수사관이 현장에 도착할 때까지 어느 누구라도 시체를 이동시켜서는 안 된다. 확실한 초기 조사는 정보를 얻기 위해 현장에서 이뤄져야 한다. 만약 그렇지 않으면 멸실될 가능성이 있다(Ramsland, 2000: 30).

의심되는 살인사건 혹은 폭행사건 현장에 대처하기 위해 기본적인 원칙을 반드시 준수해야 한다. 경찰관은 침착하게 절차를 진행해 나가야 하며, 부주의하게 속도를 내서는 안 된다. 경찰관이 범죄 현장에 접근할 때, 담당 요원들은 용의자가 도보로 혹은 자동차로 도주했을 것이라는 짐작을 하고 주변 지역을 잘 관찰해야 한다(Swanson et al., 2000: 227). 초동조치 경찰관은 다음의 몇 가지 중요한 사항에 직면하게 된다.

- 경찰관을 범죄 현장으로 안내하는 사람
- 아직 손대지 않은 그리고 쉽게 보호될 수 있는 떨어진 장소에 있는 범죄 현장
- 마구 돌아다니는, 혼란스럽게 행동하는, 소리지르는 혹은 울고 있는 사람들로 꽉 찬 범죄 현장

- 아직 범죄 현장에 있는 혹은 방금 막 빠져나간 살인범(Lyman, 1999: 266)
- 사망한 것 같은 혹은 아직 생존해 있는 것 같은 그렇지만 의료적 도움과 간호가 필요한 상태에 있는 피해자(Lyman, 1999: 43)
- 보존하기가 어려운 공개된 장소에 있는 범죄 현장

수사관이 살인사건 범죄 현장에 도착할 때 공식적인 접촉은 다른 공식적인 기관의 대표자들과 이뤄져야 한다. 만약 어떤 인위적인 물건 혹은 어떤 오염이 사망사건 현장에 개입돼 있는지 여부를 확인하기 위해 전문수사관은 초동조치 경찰관을 반드시 확인해야 한다. 수사관은 범죄 현장에 들어가기 전에 범죄 현장의 안전 상태를 확보하기 위해 모든 사람과 협력해 직무를 수행해야 한다. 수사관은 자기 자신을 소개하기 위해 그리고 필수적인 요원들을 확인하기 위해 그리고 신뢰를 형성하기 위해 반드시 우선적인 조치를 취해야 한다. 범죄 현장에 들어가기 전에 수사관은 반드시 범죄 현장에 다른 필수적인 요원들(예를 들면 화재 관련, 구급요원 혹은 어린이 보호요원 등)을 확인해야 한다. 그리고 수사상 자신의 역할을 설명해야 한다. 그리고 범죄 현장에서 가장 필수적인 요원들(추가 수사를 위해 범죄 현장에 도착한 첫 번째 전문수사관 등)의 신원을 확인하고 서류로 기록해야 한다(Swanson et al., 2000: 227).

이러한 초동수사에서 현장에 처음 도착한 수사관은 다음 사항을 유의해야 한다(Lyman, 1999: 267).

- 범죄 현장을 신속하게 그리고 안전하게 처리한다.
- 피해자가 살아 있는지 혹은 사망했는지를 판단한다.
- 필요하다면, 피해자를 위한 의료적 도움과 접촉한다. 부상자에게 도움을 제공한다.
- 만약 아직 현장에 범인이 있다면, 그를 효과적으로 체포한다.
- 범죄 현장을 보호, 유지하고, 증거를 보전한다.
- 용의자를 신문한다.
- 상황, 사건들 그리고 진술을 기록한다.
- 증거의 수집을 조정한다.
- 사건을 완전히 그리고 정확하게 그린다.
- 후속 수사에 대한 책임을 진다.
- 만약 범인이 현장을 빠져나갔다면 적절한 통지를 해놓는다.
- 목격자의 위치 및 신원을 확인하고 목격자들을 확보해 둔다.

2) 범죄 현장의 보존과 기록

(1) 수사의 초점으로서 범죄 현장

특별히 살인사건에서, 만약 충분한 주의를 기울여 범행 현장을 잘 살펴본다면, 범죄 현장이 풍부한 물리적 증거들의 원천이 될 수 있다(범죄 현장은 증거의 보고 혹은 바다). 어떻게 범죄가 이뤄졌는지 재구성하고 실제로 무슨 일이 발생했는지를 판단하기 위해 물리적 증거들이 기록되고, 수집되고, 보존되기 전에 반드시 확인해야 한다.

범죄 현장은 비, 눈 그리고 기온과 같은 기후 조건에 의해 훼손될 수 있다. 혹은 부지(敷地) 내에서 이뤄지고 있는 건축공사(혹은 철거 현장)로 인해 범죄 현장이 훼손될 수 있다는 가능성을 포함하고 있다. 육안으로 시체를 간단하게 검안(檢案, plain view)할 때, 다른 고려 사항이 제기될 수 있다. 피해자의 품위와 존엄성을 지키기 위해, 일반인이 지켜보고 있는 가운데 수사관으로 하여금 범죄 현장과 시체를 보이지 않도록 잘 보호해야 할 의무를 부여하고 있기 때문에 시체를 덮고 싸는 커버를 주의 깊게 선정해야 한다. 그런데 이것과 관련, 문제를 일으킨 바 있었다. 예를 들면 심슨(Nicole Brown Simpson), 골드먼(Ronald Goldman)이 피해자였던 이중 살인사건에서, 수사관이 용의자였던 심슨(O. J. Simpson)의 전처(前妻: 살해된 피해자 중의 한 명) 집에서 나온 오래된 담요를 사용했다. 결국 이것이 문제가 됐다.[15)]

살인사건 수사 착수 시점에서 범죄 현장은 다음과 같은 중요한 의문 사항을 확인할 수 있는 단서를 갖고 있다(Osterburg & Ward, 2000: 390).

- 이것은 불법적인 살인인가?
- 이것은 조작된 살인 혹은 자살은 아닌가?
- 죽은 자가 누구인가?
- 살해할 동기는 무엇이었는가?
- 살인범과 범행 현장 혹은 피해자를 연관시킬 수 있는 혹은 범죄를 재구성하는 데 유용한 물리적 증거가 있는가?
- 무엇이 일어났으며 혹은 어떻게 범죄가 저질러졌는가?

15) 기소된(피고인) 자는 종종 그 집을 방문하고 있었기 때문에, 변호인은 범죄 현장에서 발견된 머리카락이나 옷감의 일부가 담요에서 분리돼 단지 피해자의 시체 위에 떨어졌을 뿐이라고 주장했다. 비닐로 된 샤워 커튼 혹은 새로운 천이 선택됨으로써 범죄 현장에 증거가 추가될 잠재적 가능성이 상당히 낮아졌다(Osterburg & Ward, 2000: 390).

시체가 발견된 옥외 현장은 어떻게 시체가 발견됐느냐에 따라서, 즉 매장된 것인지, 노출돼 있었는지 혹은 수중(水中)에 잠겨 있었는지 등으로 분류된다. 만약 시체가 매장돼 있었다면, 토양 샘플에 대해서는 생석회(quicklime)와 같은 추가된 물질의 존재 여부에 대해 실험이 이뤄진다.

노출된 채 놓여 있는 시체는 부패한 시체를 공격하는(뜯어먹는) 동물들 때문에 신체의 일부가 떨어져 나간 경우가 있다. 배가 있는 수중에서 발견된 시체는 프로펠러에 의해 상처를 입은 흔적이 있을 수 있다. 어떤 사건에서도 시체의 외관은 그들의 사망과 상관없는 변화를 겪게 된다.

옥내 현장에서 발견된 시체의 경우, 비록 시체가 부패했더라도 범죄 현장은 일반적으로 잘 보존돼 있다. 사망사건 수사관은 반드시 그 현장이 보존될 때까지 기다려야 한다. 그리고 수사에 방해되지 않도록 조심해야 한다. 그렇지만 권한을 행사할 준비를 갖춰야 한다. 그들은 시체에 대해 책임이 있으며 수사팀원 그리고 과학수사반원과 함께 일할 때 최선을 다할 수 있다. 범죄 현장에 임장한 수사관은 그것이 살인사건인지 여부를 결정해야 하며, 사망사건 수사관의 조사 결과에 대한 안내를 받아야 한다.

그들은 스스로 시체에 관해 비강제적인 조사를 실시한다. 시체가 이동되기 전에 스케치를 한다. 범죄 현장에서 사망사건 수사관은 시체를 조사한다. 예비적인 기록과 그림을 작성한다. 무엇보다도, 그는 시체 위에 남아 있는 질질 끌린 흔적증거라도 훼손하지 말아야 한다. 특별한 사진을 위해 사진 촬영 요원을 지시할 수 있으며, 스스로 그런 몇 가지 임무를 수행할 수 있다. 만약 상처 부위가 보이면 그 상처가 칼, 권총 혹은 둔기에 의해 생겨난 것인지 여부를 판단하려고 노력할 것이다. 적어도 그는 시체의 눈을 조사하고, 범죄 현장에 혈흔의 존재 여부와 특별한 상처 유형으로부터 야기된 출혈된 혈액이 어느 정도 되는지 근사치를 기록한다(만약, 그렇지 않다면, 그것은 시체가 다른 장소로부터 이동됐음을 의미한다).

오로지 검시관만이 시체의 이동을 지시할 권한이 있다. 사망사건 수사관은 또한 부검이 실시될지 여부를 결정한다. 부검은 유기된 사망사건에서 일반적으로 이뤄진다. 그리고 살인사건인 경우에는 항상 부검이 이뤄진다. 살인사건이라고 잘못 추정해 부검할 수 있다. 그러나 그 반대의 경우보다 그 방식으로 부검을 실시하는 것이 낫다.

만약 범죄 현장에 곤충이 있다면, 사망사건 수사관은 법곤충학자와 함께 일할 수 있다. 만약 시체가 부패해 해골 상태로 됐다면, 그 수사관은 법인류학자를 호출할 수 있다. 현장 수사 전문가는 일반적으로 시체에 이르는 길을 명확하게 하면서 증거 수집을 위한 수색을 실시한다. 그 임무를 수행하는 경찰관은 검시관으로 하여금 범죄 현장을 가로질러 시체쪽으로 방향을 안내한다. 전체 범죄 현장을 살펴보면서 범죄 현장이 특히 용이한 교통 접근성이 있는 장소와 근접한 것으로 보인다면 매우 조심해야 한다.

경찰관은 검시관에게 몇 가지 의견을 제안할 수 있으며, 범죄 현장에서 시체가 단순히 매장돼 있었는지 여부와 같이, 어떤 확실한 것이 의도됐는지 여부를 물어볼 수 있다. 시체는 깨끗한 백지 위에 모든 증거가 보존될 수 있도록 그러나 신체에서 나오는 액체 상태의 물질과 접촉이 되지 않도록 주의를 해가면서 포장해서 이동될 수 있다(수사관은 이 작업을 하기 위해 일회용 가운과 장갑을 착용한다). 그 시체는 이동을 위해 시체 운반용 백(bag)에 담아진다. 일부 검시관이 주장하기를, 옮기기 전 현장에서 적어도 두 번 정도는 폐, 귀 혹은 직장(rectum)을 통해 시체 온도를 측정할 필요가 있다고 한다. 일단 한번 시체가 냉동실에 보관되면 시체의 부패 상태가 상당히 지연되기 때문이다(Ramsland 2001: 32-33).

범죄 현장에서의 기록과 보존[16]

(2) 현장 보존과 안전 유지

수사관에게 우선적으로 중요한 것 가운데 하나는 범죄 증거를 보존하기 위해 범죄 현장을 보호하는 것이다. 현장에 대해 완전한 수색이 실시될 때까지 각 개인은 범죄 현장에서 이동해서는 안 된다. 이러한 조치에는 경찰관과 피해자의 가족구성원도 포함된다. 증거적 관점에서 대부분의 불법적 사망 현장은 풍부한 물리적 증거를 갖고 있으므로 범죄 현장은 수색이 완전히 실시될 때까지 손상돼서는 안 된다. 범죄 현장에 남은 모든 물건은 원상태대로 둬야 한다(Lyman, 1999: 281). 살인사건 현장에서는 시체가 법

16) http://www.derby.ac.uk/Biology/forensic-science.html(2007.04.19. 검색).

의검시관 혹은 법의관에 의해 확인되기 전까지는 절대 움직여서는 안 된다. 왜냐하면 그 시체가 한번 움직여지면 시체가 처음 발견됐을 당시와 같은 정확한 방식과 처음 위치로 유지될 수 없기 때문이다(Palmiotto, 2004: 210).

범행 현장은 반드시 처음 발견된 상태로 보존, 기록해야 한다. 왜냐하면 범행 과정에서 위치가 바뀐 가구들은 범인과 피해자의 행동을 재구성하는 데 도움을 줄 수 있기 때문이다(Gilbert, 2001: 313). 만약 피해자가 명백하게 사망한 것으로 밝혀졌다면, 경찰관은 신원 확인 절차를 위해 범죄 현장이 처리될 때까지 시체의 제거를 허가할 어떤 시도도 해서는 안 된다(Weston et al., 2000: 219).

살인사건 수사는 범죄 현장에서 시작된다. 왜냐하면 경찰은 보통 범죄 현장으로 출동하게 되고, 통상적으로 시체를 제일 먼저 발견하게 된다. 그리고 목격자를 확인한다. 시체와 주변 환경은 아마도 사망한 자의 신원, 사망 추정 시간, 사망한 주변 상황에 대한 단서를 포함해 중요한 정보를 제공한다. 살인사건 범행 현장, 즉 시체가 발견된 그 장소를 1차적 범행 장소로 추정하고 그 장소에서 수사가 진행된다.

1차 범행 장소에 포함될 영역에는 출입 지점(혹은 출입구), 도주로 그리고 용의자가 살고 있는 장소가 포함된다. 만약 시체가 여러 군데로 이동됐다면 범행 현장이 다양해질 수 있다. 즉, 물리적 혹은 추적될 만한 증거가 발견된 곳 혹은 시체를 운반하기 위해 사용된 자동차 내부와 같은 곳이 그러한 범행 현장 개념에 포함된다. 사건 수사에 임하는 경찰관이나 수사관은 항상 어떤 대상 혹은 물건이 증거가 될 수 있다는 점을 반드시 인식하고 있어야 한다(Palmiotto, 2004: 204).

일단 초동수사 임무가 수행됐다면, 초동조치 경찰관은 왔다 갔다 하면서 증거를 파괴하거나 혹은 증거를 오염시킬 수 있는 허가되지 않은 사람들로부터 현장을 보존한다. 민간인뿐만 아니라 허가받지 않은 경찰관도 마찬가지로 현장에 출입하는 것이 거부되도록 하는 것이 중요하다. 경험에 따르면, 살인범죄 수사에서 실패를 최소화하기 위한 것으로 범죄 현장의 보존과 보호보다 중요한 것은 없다.

범죄 현장을 안전하게 유지하도록 하는 것은 수사 절차에서 필수적이다. 환경적 그리고 신체적 손상에 관한 위험성은 반드시 범죄 현장을 처리하기 전에 제거해야 한다. 그러한 위험 요소에는 적대적인 군중, 무너질 것 같은 구조물, 교통 상황 그리고 환경적 그리고 화학적 위협 등이 포함된다. 생명에 대한 손상과 손실을 방지하기 위해 수사관은 범죄 현장에 들어가기 전에 반드시 범죄 현장의 안전 상태를 확립해놓아야 한다. 그리고 특별히 범죄 현장의 안전 요소를 지원해 줄 수 있는 적절한 기관과 접촉해야 한다. 범죄 현장에 도착하면서 수사관은 반드시 물리적 경계를 평가하고 반드시 설정해야 한다. 예를 들면, 가능하면 자신의 자동차를 안전하게 주차하는 등 개인적인 안전장치(물리적 · 생화학적 안전)를 사용한다. 동물을 제거하거나 혹은 그러한 것을 안전하게 조정한다(Swanson et al., 2000: 227).

만약 가능하다면 범죄 현장의 안전 상태를 유지하는 동안에 수사관은 가능한 한 범위에서 사람, 동물 그리고 다른 요소로부터 범죄 현장이 오염되지 않도록 범죄 현장과 증거의 동일성을 보존해야 한다. 이러한 잠재적인 범죄 현장 훼손 가능성 때문에 범죄 현장 수사가 계속되기 전에 시체는 반드시 이동해야 한다(Swanson et al., 2000: 228).

(3) 현장 기록과 사진 촬영 등

수사에 관한 다른 측면을 경시, 무시 혹은 간과하는 등 수사에 관련된 상황을 비약하는 것은 위험하다. 그래서 복잡한 체크리스트를 통해 이러한 불행한 결과를 미리 배제할 수 있다. 나중에 법정에서 입증하기 위한 준비 과정에서 수사관은 그 체크리스트가 매우 소중함을 알게 될 것이다. 스케치나 사진을 촬영해 가면서 현장을 기록하고, 인터뷰해서 기록을 조사하는 것이 필요하다(Osterburg & Ward, 2000: 381). 상세하게 작성된 노트, 스케치 그리고 촬영된 사진들은 반드시 수사가 진행되는 동안 확인해야 한다. 일단 범죄 현장이 보존되면서 기본적인 조사가 이뤄지면, 살인사건을 담당한 수사관은 범죄 현장을 묘사하기 시작한다(Lyman, 1999: 268).

① 현장 기록

완전하게 적어두는 것, 다시 말하면 범죄 현장에서 기록하는 것(recording the homicide scene)은 살인사건 범죄 현장 수사의 초기 단계에서 매우 중요하다. 상세한 내용이 중요하기 때문에 수사관뿐만 아니라 처음 도착한 정복 순찰관은 범죄 현장을 잘 기록해야 한다. 사실 이러한 기록은 나중에 용의자를 기소하는 데 결정적인 증거가 된다(Lyman, 1999: 268).

범위가 넓게 작성된 노트들은 특별히 상세한 것에 대해 중요한 보고(寶庫)와 같은 것을 제공하며, 사진이나 스케치 등을 보충할 수 있다. 수사관의 노트는 서면화된 증거다. 법정에서는 또한 오디오테이프과 비디오테이프를 서류처럼 받아들인다. 노트를 작성하는 것은 시체와 주변 지역에 관한 묘사로 시작된다. 수사관은 시체를 움직이지 않으며, 범죄 현장에서 그 어떤 것도 건드리지 않아야 한다(Palmiotto, 2004: 206).

피해자에 관한 묘사에는 성별(性別), 연령, 외모, 신체 발달 상태, 모발의 색깔, 의복 및 어떤 상처에 관한 표시 등을 반드시 포함해야 한다. 육안으로 혈흔이 보일 때 혈흔이 어디에서 발견됐고, 방금 흘러내린 것인지 혹은 건조된 것인지 여부가 그 노트에 포함해야 한다. 수사관은 의복류에서 보이는 찢어진 것, 찔린 상처 혹은 총상 등을 묘사할 필요가 있다. 피해자의 손에 대해서는 흉기에 대한 표시뿐만 아니라 잘린 것인지, 타박상을 입은 것인지 혹은 손톱이 잘렸는지에 대해 검사가 이뤄져야 한다. 노트에서는 사망한 사람 근처 혹은 시체 위에 어떤 시계가 있었는지, 반지 혹은 보석이 있었는지에 관해 자세하게 진술해야 한다. 가구, 문 그리고 창문을 포함해 방에 있는 모든 물건에 관해 언급할 때 시체는 정확하게 묘사해야 한다. 총기의 구경(caliber)과 모델을 포함해 모든 무기류는 손으로 만지지 않은 상태에서 주의 깊게 묘사해야 한다. 총기류가 발견되면 벽, 바닥, 천정 그리고 가구 탄환 구멍이나 유탄을 찾기 위해 반드시 주의 깊게 수색해야 한다(Palmiotto, 2004: 207).

죽은 사람과 주변 상황에 관해 묘사하는 것이 왜 중요한지에 대해 두 가지 이유가 있다(Palmiotto, 2004: 207).

첫째, 만약 주의 깊게 보지 않으면 간과될 수 있는 많은 것을 경찰관이 보게 된다. 그것을 지켜보는 동안 기록하는 것은 좀 더 확실성을 높여주며, 수사관으로 하여금 후일 공판정에서 좀 더 효과적으로 증언할 수 있도록 해 준다.

둘째, 수사 단계에서 수사관은 누가 살인범인지 혹은 어떻게 범죄가 이뤄졌는지에 대해 미리 아는 것은 없다. 노트에 묘사된 기록을 통해 수사관은 무엇이 발생했는지에 대해 추측을 할 수 있을 것이다. 양립할 수 없는 것들을 최소화하면서 편견이 없는 사실에 적합하도록 이론을 구성하기보다 오히려 관찰한 것이 그들의 추측에 적합하도록 노력할 것이다(Palmiotto, 2004: 207).

수사관은 또한 범죄 현장에 있었던 목격자와 범행 현장에 도착할 때 관찰된 것 그리고 현장에서 발견된 증거는 모두 기록해야 한다. 또한 살인사건 수사에서 범죄 현장 기록에 다음과 같은 사항이 반드시 포함되도록 한다(Lyman, 1999: 268; Palmiotto, 2004: 203).

- 현장에 있는 경찰관의 이름, 현장에 있는 목격자의 이름과 주소 그리고 경찰에 신고한 자의 성명과 주소
- 범죄 현장에 범인이 출입한 방법
- 당시의 기후 조건

- 자료를 입수한 날짜와 정확한 시간 그리고 자료를 전달한 방법
- 이름과 사람에 관련된 자료를 확인할 수 있는 다른 정보
- 자료를 상세하게 완성

② 현장 스케치

종종 사망사건 현장을 스케치하는 것은 범죄 현장에 대한 초동수사가 끝난 후 그리고 물리적 증거가 이동되기 전에 실시된다. 모든 물건의 정확한 장소를 스케치하면서 기록해야 한다(Palmiotto, 2004: 207). 범죄 현장은 반드시 스케치해야 하며, 증거와 사망자의 위치를 주의 깊게 측정해야 한다. 범죄 현장은 반드시 철저하게 수색해야 하며, 그 결과 증거의 위치가 확정되고 수집될 수 있도록 해야 한다(Gilbert, 2001: 313). 수사관은 또한 범죄 현장 개요를 그리기 위해 준비가 돼 있어야 한다. 스케치는 살인사건 현장의 모든 중요한 측면을 다 보여줄 수 있어야 한다. 예를 들면 시체가 발견된 장소, 위치, 자세, 어떤 흉기의 위치, 가구의 비치, 의복류 그리고 다른 증거의 유형이 포함된다. 스케치는 후일 수사 기록이 완성됐을 때 혹은 법정에 제출할 준비가 됐을 때 매우 중요한 것으로 증명될 것이다(Lyman, 1999: 268).

립스킨(Beth A. Lipskin)과 필드(Kenneth S. Field)에 따르면, 수사상의 스케치에 대해 다음과 같은 기법을 권장하고 있다.

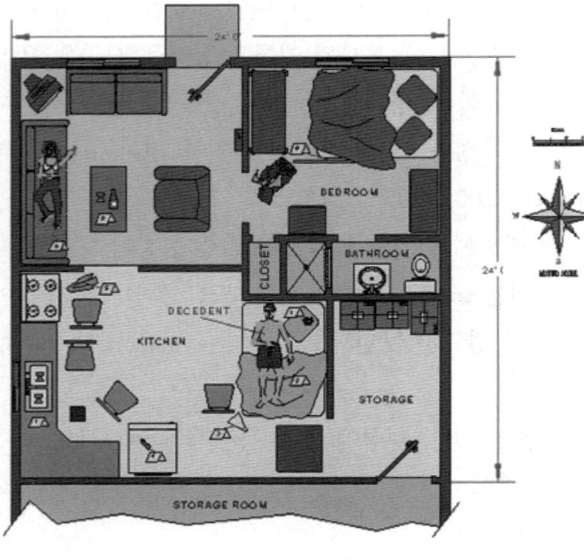

범죄 현장 스케치 사례

- 중요한 모습이 스케치될 수 있도록 결정한다.
- 스케치상에서 북쪽을 표시한다.
- 측정할 수 있는 테이프나 자를 이용해서 모든 측정 대상을 측정한다.
- 모든 측정한 것에 대해 다른 경찰관으로 하여금 확인하도록 한다.
- 시체의 위치를 노트하면서 두 가지로 분리해 측정해야 하는데, 하나는 시체의 머리쪽을, 다른 하나는 시체의 발쪽에서 측정한다.
- 모든 물건을 정확하게 위치시키고, 숫자나 문자를 사용해 물건들을 구별한다. 시체의 모양을 따라서 그려놓는다.
- 그림을 그릴 때에는 모든 중요한 것을 포함시킨다.
- 사망사건 현장에서는 모든 스케치에 대해 교정을 한다.
- 날짜와 시간을 기입하고, 스케치한 사람, 사건번호 그리고 측정하는 데 도와준 사람까지 기록한다.
- 범례(凡例)를 활용한다(legend, 그림과 차팅한 심벌들).
- 고정된 물건으로부터 내부의 물건에 대해 측정한다(벽, 방의 코너, 문 그리고 창문틀 혹은 목욕실의 정착물 등).
- 건물의 코너로부터 외부의 물건에 대해 측정한다(주소를 기입한다). 그리고 전봇대와 전봇대 번호를 기입한다.

공식적인 그림 혹은 토지측량도를 어떠한 도면 등으로 완성시키는 것은 종종 법정에서 제출할 것을 대비해 만들어진다. 그리고 그것은 대강 스케치한 것에 기록된 정보나

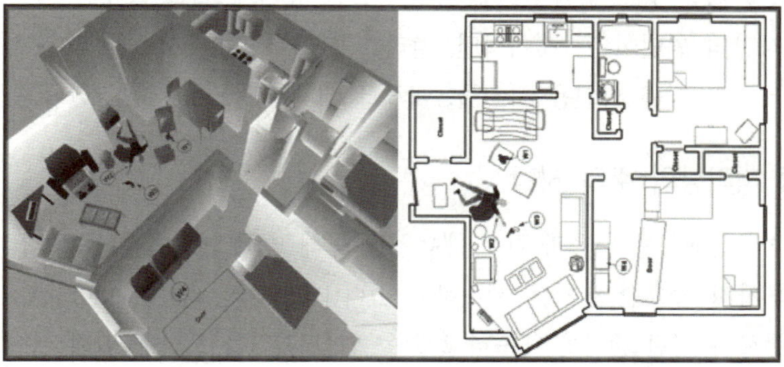

범죄 현장의 스케치와 3차원 그래픽 복원[17)]

자료에 근거한 것이다. 대강 스케치한 것과는 다르게 그것은 측정하기 위해 그려진 것이다. 수사에 필요한 물건은 투명한 플라스틱 오버레이를 사용해 그림에 추가할 수 있다(Palmiotto, 2004: 207-208).

③ 범죄 현장에 대한 사진 촬영

사망한 자를 상세하게 기록한 뒤 범죄 현장을 완전하게 촬영해야 한다. 특히 혈흔의 패턴에 관한 사진은 상당히 중요하다(Gilbert, 2001: 313). 수사의 특별한 측면에 관한 상세한 내용을 제공하기 위해 살인사건 현장을 재현하려는 시도로서 범죄 현장을 사진 촬영하는 것은 영구적인 시각적 기록이다. 사진은 완전하고 정확해야 한다. 그리고 증거가 될 어떤 물건이라도 움직이거나 교란되기 전에 촬영해 그 사진 속에는 살인사건 현장의 모든 측면이 다 망라될 수 있어야 한다. 사망사건 현장에 대한 비디오 촬영은 가능하면 언제든지 실시해야 한다. 현장 사진은 참고 내용을 수직적으로, 즉 북쪽→남쪽으로 기재한 후 증거로써 제출해야 한다.

뉴욕시 경찰청(New York Police Department: NYPD)에서는 살인사건 현장에 대한 다음과 같은 사진을 요구하고 있다(Palmiotto, 2004: 208).

- 건물의 출입구 및 사망한 자가 발견된 아파트나 방의 입구
- 시체 전반에 걸쳐 두 장씩, 각 방향으로 한 장씩(만약 사망한 자가 움직여졌다면 원래 시체가 놓여 있던 위치)
- 반대편에서 대각선 방향으로 시체의 위치와 일반적 환경을 서로 연결시켜 주는 사진들
- 범인이 도주했을 가능성이 있는 입구와 도주로
- 증거로써 어떤 장소에 대한 사진 및 특별한 증거에 대한 확대된 사진
- 만약 사망의 원인이 된 것이라면, 플라스틱 봉투 혹은 시트를 찍은 사진
- 사망한 자의 신원 확인용 사진들. 대체로 시체보관실에서 촬영한다.

3) 현장 처리상의 주의 사항

뉴욕시 경찰청에서는 다음과 같은 매뉴얼을 통해 범죄 현장에 처음 도착하는 경찰관을 위해 몇 가지 중요한 절차를 제시하고 있다(Palmiotto, 2004: 205).

- 출입 통로와 어떤 증거를 내포하고 있을 법한 지역을 포함해 범죄 현장 모든 부분

17) http://www.pcpoliceproducts.com/cadzone/crimezonesamples.html(2007.04.19. 검색).

을 확인한다. 필요하면 어떤 지역을 격리하고 도움을 청한다. 감독자, 수사관 혹은 전문 부서에 통지한다.

- 범죄 현장에 들어가는 것, 혼란스럽게 하는 것, 건드리는 것 혹은 현장에서 발견된 물건들을 사용하는 것을 피하도록 한다. 절대 범죄 현장 그 자체를 지휘소 혹은 전화통신센터로 사용해서는 안 된다.
- 법과학 전문가가 현장에 도착할 때까지 허가받지 않은 모든 사람을 범죄 현장으로부터 제외한다. 사건 수사 임무가 부여된 수사관 혹은 상급자는 그 목적을 평가해서, 즉 절대적으로 필요하면 범죄 현장 출입을 허가해 줄 수 있다. 의사나 검시관 등의 출입은 다른 불가피한 예외 사유에 포함할 수 있다.
- 성명, 경찰관 고유번호, 지휘권, 직책, 사무실 그리고 각 경찰관의 주소, 수사관, 앰뷸런스 운전사, 검시관 그리고 범죄 현장 출입 사항을 포함하는 일지를 시간 순서대로 기록한다.

살인사건 현장에 처음 도착하는 경찰관은 나중에 공판정에서 중요한 역할을 하게 될 목격자가 된다. 효과적인 목격자가 되기 위해 초동 수사관은 반드시 타당한 사실을 기록 유지하고, 자신의 현장 도착 시간을 기록해야 한다. 범죄 현장 처리 시에는 가능하면 실제로 발생한 것을 재구성하는 데 도움이 되는 증거적 가치가 있는 모든 사실과 물건을 인식하고, 확인하며, 보전해야 하고, 수집해야 한다.

4) 물건의 이동이론과 증거 수집활동

살인사건 수사 시, 발견되지 않은 물리적 증거를 밝혀내기 위해 적합한 조사(inquiry)가 이뤄져야 한다. 수사는 효율적인 수색과 함께 과학수사실험실 요원이 확인한 절차에 따라서 수사관이 증거를 수집하고 보전하면서 시작한다. 수사관은 살인사건 수사의 성공적인 종결을 위해 적합한 사실과 증거적 가치가 있고 중요한 물건을 반드시 인식하고 수집할 수 있어야 한다. 이러한 절차가 진행되는 동안 수사관은 성실하고 체계적일 필요가 있다. 많은 항목의 경우, 예를 들면 총기 발사 잔류물, 혈흔 그리고 생물학적 액체 상태의 물질처럼 특별한 취급 혹은 수집 기법을 요하는 경우가 있다.

사망 현장 수사관은 과학수사실험실에서 요구하는 증거 수집 기법에 숙달돼야 하며, 표본이나 시료를 수집하고 처리하기 위해 장비를 잘 갖춰야 한다. 『살인사건 수사실무』라는 책에서 게버스(Vernon J. Geberth)는 "살인사건 수사 원칙에 따르면, 다른 것과 접촉하고 있는 두 가지 대상물 간에는 이동이 있다"고 주장한다. 물건의 이동에 관한 이론은 세 가지 사실에 기초하고 있다(Palmiotto, 2004: 206).

- 범인은 피해자나 범행 현장에 남아 있는 증거물을 치워 버린다.
- 피해자는 범인에 관련된 추적될 만한 증거를 보유하고 있으며, 범인에게 그러한 증거를 남겨놓는다.
- 그리고 범인은 범죄 현장에 그러한 증거를 남겨 두고 떠난다.

관련된 증거가 존재하는가? 범인과 범죄 현장 혹은 피해자를 연관시킬 수 있는 증거는 다음 두 가지로 나눌 수 있다(Osterburg & Ward, 2000: 395).

- 범죄 현장에서 가져온 것이거나 혹은 범죄 현장에 유류된 것(종종 과실로 남겨 둔 것), 그리고
- 주도면밀하게 혹은 우연히 범죄 현장에서 가지고 간 증거 등

첫 번째 유형에 해당하는 증거물은 지문, 발사하고 남은 실탄 및 탄환집, 혈흔, 모발 그리고 사람이나 범인의 의복으로부터 유류된 섬유 조각들이 이에 해당한다.

두 번째 유형에 속하는 증거물은 값이 나가는 조그마한 물건처럼 쉽게 옮길 수 있는 약탈품, 양탄자 그리고 의복류 조각들, 의복 사이나 신발의 고무힐 속에 끼워진 깨진 유리 조각, 새로 칠해진 페인트를 문지른 자국 혹은 의복류에 튀겨진 혈흔 기타 등등이 포함된다. 섬유 조각, 혈흔 혹은 모발 같은 증거물은 격투를 벌이는 동안 피해자로부터 범인에게 증거물의 상호 이동은 또한 있을 법한 일이다.

범죄 현장에서 잘 살펴봐야 할 관련된 증거의 출처는 다음과 같다.

- 사람을 추적하기 위한 것으로서, 지문, 손바닥이 찍힌 것, 혈흔, 정액, 타액, 모발, 맨발 자국, 귀 자국과 입술 자국과 같은 다른 피부의 패턴들, 치흔
- 범인이 입고 있던 의복류 추적, 신발 자국, 옷이나 장갑 등의 직물 패턴과 바느질 자국, 의복류의 장식품들
- 현장에 유류된 도구를 추적하는 것으로, 무기 및 흉기류(무기, 자르거나 찌른 도구), 쇠지렛대, 금속용 커터, 해머, 금속 재질의 펀치, 삽, 시체를 묻기 위해 사용된 것, 혹은 무기류(진흙, 삽 가장자리로 땅을 팜으로써 남게 된 줄무늬 자국과 같은 것이나 몇몇 종류의 토양) 등이다. 따라서 물리적 증거의 발견, 보존 그리고 수사상의 가치는 광범위하게 취급된다.

그래서 수사관이 사망사건 현장을 처리할 때, 대상물, 시체에서 나오는 물질, 그리고 자국(impression) 모두는 물리적 증거가 된다. 그러한 대상물에는 무기류, 도구들, 총기류, 제거된 가구, 노트, 편지 혹은 종이, 탄환들, 자동차 그리고 담배꽁초 같은 것들이 포함된다. 시체에서 나오는 물질에는 혈액, 정액, 모발, 액체, 세포조직, 타액, 소변, 배설물 그리고 구토물 등이 포함된다. 그리고 자국에는 지문, 타이어흔, 족문, 손바닥 찍힌 것(掌紋), 도구흔, 탄환 구멍, 새로이 손상을 입은 부위 그리고 눌린 자국과 깨진 자국이 포함된다(Palmiotto, 2004: 206).

범죄 현장에서 수집된 흉기와 출입구 손잡이에서의 지문 현출[18)]

5. 피해자의 신원 확인

1) 사망자와 사망의 확인

수사의 가장 중요한 기능 중 하나는 개인의 신원을 확인하는 것이다. 사망한 자의 신원을 확인할 능력이 없는 것은 수사 절차를 아주 복잡하게 만든다. 사망한 자에 대한 신원을 확인하는 데 실패함으로써 수반되는 중요한 문제는 피해자에게 적대적인 사람들 혹은 피해자의 사망으로부터 이익을 얻을 수 있는 사람들쪽으로 수사의 초점을 맞추기 어렵다는 점이다(Swanson et al., 2000: 230).

살인사건 현장은 사건에 따라서 매우 다양해질 수 있다. 예를 들면 어떤 한 사건에서 증거를 은폐하기 위해 범인이 고의적으로 화재를 일으킨 결과로써 시체가 까맣게 타버릴 수 있다. 다른 사건에서는, 시체가 잘게 절단돼 각 부분이 광범위한 여러 지역에 걸

18) http://www.istockphoto.com/file_closeup.php?id=439726(2007.04.19. 검색).

쳐 유기된 경우도 있었다. 또 다른 사건들에서 시체가 호숫가와 강변에서 발견됐는데, 피해자의 신원에 관한 단서를 거의 제공하지 않거나 혹은 즉각적인 단서를 제공하지 않는 경우도 있다. 모든 살인사건 상황의 경우 피해자(시체)의 신원을 우선적으로 확인해야 한다(Lyman, 1999: 268). 부패(putrefaction)나 분해(decomposition)로 인해 시체에서 변화가 일어나기 때문에 사망한 자를 확인하는 것은 어렵다. 얼굴과 복부의 색깔이 초록색으로 변하지만 시체의 다른 부분은 갈색으로 보일 정도로 변색되면서 이러한 부패 과정이 시작된다. 대체로 사망한 지 며칠 정도 지나면 검은 색으로 변하며, 피해자가 어떤 인종(race)인지조차 판단하기 어려울 정도로 변한다. 보통 시체에 대한 신원을 확인하기 위해서는 법의검시관의 전문성이 필요하다(Palmiotto, 2004: 208－209).

사망한 자(故人, deceased)는 종종 수사의 요소로서 매우 중요한 내용이 된다. 피해자의 시체는 부상 혹은 상처 부위 그리고 범행 현장에 존재할 수 있는 추적 가능한 다른 유형의 단서를 철저하게 조사함으로써 많은 것을 알려줄 수 있다. 피해자의 직업, 배경 혹은 관련된 사람들이 또한 수사관이 추적할 수 있는 의문시되는 영역을 가르쳐 줄 수 있다. 사망한 피해자들은 종종 그 관할구역의 규모에 상관없이 모든 형사재판 관할 내에서 경찰관에 의해 조우될 수 있다. 앞서 언급한 바와 같이 사망자의 대부분은 자연적인 원인의 결과다. 중요한 몇몇 사망사건은 사고 혹은 자살에 의한 것이며, 살인에 의한 것으로 분류되는 것은 그 숫자가 가장 적다(Gilbert, 2001: 299).

살인사건의 첫 번째 필수적인 단계는 피해자가 실제로 사망했는지를 확인하는 것이다. 경찰관들에게는 사망을 법적으로 선언할 수 있는 권한이 없다는 것에 주의한다. 내과 의사 그리고 법의관(혹은 검시관, coroner)과 같은 오로지 몇몇 사람에게만 법률에 따라 정당한 권한이 부여돼 있는데, 이들이야말로 사망이라는 사실을 확인할 수 있다. 이러한 이유 때문에 경찰관은 피해자의 시체에 관한 조건이 사망을 완전히 명백한 방식으로 증명할 수 없다면, 결코 사망을 추정해서는 안 된다. 사망을 확인하는 데 주요한 절차 가운데 하나는 가사(假死) 상태를 확인하는 것이다. 어떤 조건들, 예를 들면 전기 충격, 알코올 중독 그리고 수면제 중독과 같은 것은 거의 사망한 것과 같은 반응을 보인다. 오랫동안 물속에 잠겨 있는 경우에 종종 가사 상태로 발견되는데, 발견 후 응급조치의 결여로 인해 피해자가 사망하기도 한다. 해마다 많은 익사사고가 발생하는데 중요한 몇몇 사건에서 피해자가 가사 상태였던 경우가 있었다. 그들의 경우 오랫동안 물속에 잠겨 있었다는 것이 확인되지 않았다면 불행한 일이 벌어졌을 것이다. 뉴욕에서만, 4분에서 38분까지 차가운 물속에서 장기간 가라앉았던 사건 가운데 피해자가 생존했던 9건의 사건이 기록되고 있다. 결과적으로, 소위 '명백한 사망 징후들'을 잘못 오해할 수 있다. 심지어 호흡이 결핍돼 있거나 혹은 심장 박동이 없을 경우에조차 경찰관은 사망을 추정해서는 안 된다. 시체 경직 혹은 그와 똑같이 명백한 징후가 존재하지 않는다면, 심폐소생술을 곧바로 실시해야 한다(Gilbert, 2001: 299-300).

2) 사망한 피해자의 신원 확인 단서들

(1) 피해자 신원 확인의 중요성

피해자의 신원을 확인하는 것은 아주 쉽게 혹은 아주 어렵게 이뤄질 수도 있다. 대부분의 살인사건은 사망한 후에 곧바로 수사가 이뤄진다. 그 시체가 손대지 않은 채로 존재할 것이며, 신원을 확인할 수 있는 자료들이 종종 아주 가까운 곳에 존재할 것이다. 대부분의 살인사건에서 아는 사람들, 목격자 혹은 범인이 일반적으로 존재하기 때문에 그들은 피해자의 신원을 확인해 줄 수 있다. 곧바로 신원이 확인되지 않는 피해자들은 종종 서로 비면식적 관계에 있는 자들과 관련된 살인사건이다. 사망한 피해자들의 상당수가 관계 당국에 의해 쉽게 확인되지 않을 수 있다.[19] 그러한 피해자들은 신원 확인이 가능한 인접한 신분증명서가 결여돼 있다. 그리고 신분증명서가 종종 다른 알려지지 않은 지리적 장소에서 발견되기도 한다. 시체의 부패는 또한 신속한 신원 확인을 방해할 수 있다. 신원이 확인됨으로써 수사관은 피해자의 배경에 수사의 초점을 맞출 수 있으며, 그러한 자료를 통해 가능한 범행 동기를 확인할 수 있다. 따라서 범인의 범행 동기와 범인의 신원 확인에 관한 기본적인 추적 단서가 제공될 수 있는 피해자의 신원을 확인하는 것은 중요하다(Gilbert, 2001: 300). 개인적인 소지품을 포함해 지문 분류, 법치과학, DNA, 신체상의 특징 기술, 외과 수술의 이력, 신원을 확인할 수 있는 사람의 관찰, 직업상의 특징, 그리고 많은 과학적 기법이 사망자의 신원을 확인하는 데 기여하고 있다(Swanson et al., 2000: 230).

(2) 개인적인 소지품

옥내 범행 현장에서 발견된 피해자들은 일반적으로 시체에 신원을 확인할 수 있는

---

19) 미국에서 한 해에 거의 100,000여 명의 사람이 실종된 것으로 보고되고 있는데, 그중에서 성인이 40%, 나머지 60%는 청소년이다. 이러한 문제는 뉴욕과 같은 대도시에서는 더욱 심각하다. 거의 3,000여 명의 사람이 해마다 사고, 자살 그리고 살인사건으로 확인되지 않은 채 죽고 있다(Gilbert, 2001: 300).

자료를 갖고 있으며, 혹은 그러한 자료는 범행 현장 전반에 걸쳐 취득 가능하다(Gilbert, 2001: 300). 피해자의 신원을 확인하는 데 필요한 노력은 피해자의 개인 소지품과 의복류에 관한 기초적인 조사를 함으로써 시작된다. 피해자의 소지품 가운데 서류로 된 것은 신원 확인 절차를 쉽게 할 수 있도록 해 줄 것이다(Weston et al., 2000: 219). 예를 들면 만약 개인의 신원을 증명해 줄 만한 서류들, 의류의 상표 그리고 세탁소 표시, 운전면허증, 개인적인 편지와 같은 품목이 있다면, 이와 같은 것들을 통해 피해자의 신원 추적이 가능하다.

그런데 옥외 범행 현장에서 그러한 증거는 일반적으로 쉽게 취득할 수 없다. 왜냐하면 피해자가 개인적인 환경에서 이동됐기 때문이다. 또한 옥외 범행 현장은 아마도 오랜 시간 동안 거의 발견되지 않을 수 있다. 게다가 증거는 자연적 요인에 의해 파괴되거나 혹은 동물들에 의해 없어져 버릴 수 있다(Gilbert, 2001: 300).

목격자들은 또한 피해자의 신원을 확인하는 데 유용한 정보를 제공하게 될 것이다. 신원 파악을 잘못하는 것을 피하기 위해, 두 명 이상의 사람들로 하여금 남아 있는 물건을 확인하도록 하는 것은 수사관에게 좋은 실무 관행이다. 게다가 추가적인 증거를 통해 명확한 신원 파악을 확인해 주는 것은 또한 안전한 방침이다(Weston et al., 2000: 219).

(3) 피해자의 지인들

대부분의 살인사건에서 피해자를 확인하는 데에는 별 문제가 없다. 가족이나 친구들에 의해 피해자가 알려지고 확인할 수 있다. 만약 피해자가 알려진 사람이라면, 예를 들어 부모, 친구, 이웃 혹은 배우자가 있으면 신원 확인에 관한 확실한 내용을 제공할 수 있을 것이다(Lyman, 1999: 268). 사망이 공공장소나 호텔에서 혹은 피해자의 주거지가 아닌 곳에서 일어났을 때 피해자의 신원을 확인하는 것이 문제가 된다.

(4) 신체적 · 생물학적 특징을 통한 신원 확인

피해자의 시체를 불에 태워 버리거나, 피해자의 중요한 신체의 일부를 물속에 유기하거나, 피해자의 시체를 토막 내거나 혹은 화학적 수단으로 피해자의 유해를 파괴하는 등 피해자의 시체를 없애 버림으로써 살인범이 수사를 피하기 위한 시도를 할 때, 피해자의 신원 확인에 관한 중요한 문제가 발생한다. 종종 범인은 피해자의 시체를 완전히 파괴하려고 하지는 않는다. 그러나 피해자의 신원이 확인되지 않도록 혹은 지연시키기 위해 피해자의 유해(遺骸, remains)의 일부를 훼손하려는 시도를 할 것이다. 의심스러운 사망사건에서 피해자의 부분적인 유해에 대해 신원을 확인할 수 있는 과학적 수단이 있다(Weston et al., 2000: 219). 수사관이 살펴봐야 할 사항으로서는 신체적인 특징에 관한 자료, 예를 들면 성별, 연령, 몸무게, 신장, 체격, 모발의 색깔, 눈동자의 색깔, 인종, 절단한 수술 흔적, 신체상의 기형(deformity), 모반(母斑, birthmark) 혹은 문신과 같은 것은 피해자의 신체적 특징 묘사와 부합되는 자를 확인하기 위한 노력 가운데 실종자에 관한 보고서를 체크하는 데 도움을 준다(Swanson et al., 2000: 230).

① 지문

어떤 확인되지 않은 시체의 지문이 손에서 채취될 수 있다면, 지문을 반드시 채취해야 한다(Swanson et al., 2000: 230). 만약 피해자에 대한 증명 가능한 서류들이 없다면, 강도살인사건 상황에서 종종 그러한 경우가 있는데, 피해자 신원 확인의 수단으로서 지문을 반드시 활용해야 한다(Gilbert, 2001: 300). 피해자가 살아 있을 때에 자신의 지문을 찍어놓았다면 이것은 신원 확인에 긍정적인 수단이 된다(Weston et al., 2000: 219). 지문은 개인을 식별하는 데 가장 훌륭한 수단이다(Palmiotto, 2004: 209).

사망한 자의 지문은 사망한 자의 각 손가락에 잉크 롤러를 사용해 채취할 수 있다. 다음에, 지문 채취용 종잇조각을 숟가락처럼 생긴 곡선으로 된 홀더에 올려놓는다. 그리고 각 손가락을 종잇조각 위에 누른다. 그러면 지문이 채취된다. 굳어진 마디 부분은 손가락을 앞뒤로 여러 번 움직여서 부드럽게 할 수 있다(Lyman, 1999: 269). 이렇게 지문의 완전한 세트가 채취되면, 곧바로 경찰관서의 신원 확인 부서로 제출해야 한다. 하지만, 모든 지문이 사망한 피해자의 신원을 확인하는 데 성공적인 것은 아니다.

예를 들어, 손가락 끝의 세포조직이 부패했을 때 또 다른 문제가 일어날 수 있다. 이러한 상황에서는 지문 채취 전문가로 하여금 지문을 찍을 수 있도록 하는 것이 도움이 된다. 만약 범행 현장에서 활용할 만한 전문가가 없다면 손가락 혹은 손을 절단할 수 있으며, 그 절단된 손가락이나 손을 과학수사실험실(Crime Lab)로 송부해 적절한 절차를 진행하도록 한다. 지문 채취가 가능하고, 공식적인 기관에서 파일 위에 지문을 찍을 수 있을 때 그것은 피해자의 신원을 확인하는 가장 긍정적인 수단을 제공할 것이다. 만약 지문을 통한 신원 확인이 성공적이지 못하다면, 그 경찰관은 피해자의 신원을 확인하기 위해 다른 방법에 의존해야 한다(Gilbert, 2001: 300).

② 유골

피해자의 유해(遺骸) 조건 때문에 다른 수단을 활용할 수 없을 때, 유골(遺骨)은 신원 확인을 위한 광범위한 지표로서의 기능을 한다. 피해자의 유해를 연구함으로써 성별, 신장, 연령, 심지어 인종을 추정할 수 있다. 종종 사망의 시점, 사망의 원인 그리고 다른 신원 확인 특징을 알 수 있다. 그러나 알려지지 않은 피해자의 신원 확인은 피해자가 살아 있었을 동안에 만들어졌던 기록과 비교하기 위해 충분한 수의 독특한 신체적 특징을 발견하는 데 달려 있다(Weston et al., 2000: 219). 이처럼 피해자의 해골과 같은 잔류물은 또한 다른 형태의 자료를 제공해 줄 뿐만 아니라 신원 확인을 결정하는 데 도움을 줄 수 있다(Gilbert, 2001: 301).

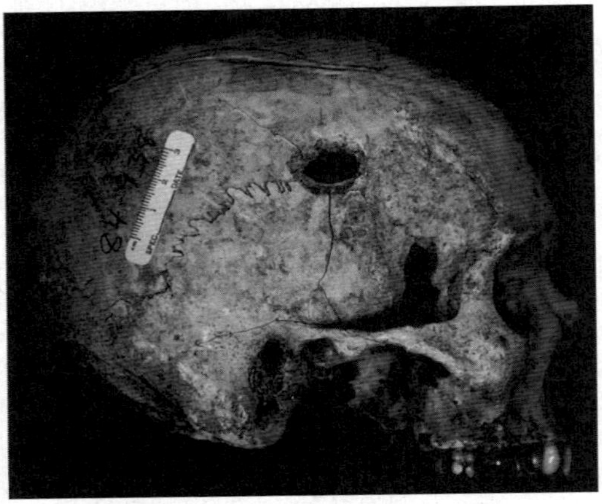

두개골에서의 외상 흔적을 확인하고 측정하기[20]

만약 뼈의 구조들이 기록된다면, 또는 만약 적절한 의료적 기록만이라도 존재한다면, 그것들은 아마도 사망한 자의 신원을 확인하는 데 활용할 수 있다. 골반 뼈의 폭은 피해자의 성별을 판단하는 데 아주 훌륭한 단서가 된다. 두개골과 코뼈 역시 인종을 확인하는 데 유용하다. 피해자의 연령을 판단하는 것은 훨씬 더 어려울 수 있다. 피해자의 나이가 18세쯤 되면 일반적으로 골격이 거의 성장했기 때문이다. 그런데 일반적인 연령을 판단하는 것은 치아의 구조와 뼈의 접합 부분에 대한 전문 감정을 통해 확인할 수 있다(Gilbert, 2001: 301).

남아 있는 유골이 검사할 수 있는 유일한 것이라면 인류학자가 그러한 조사에 동원

20) http://www.picturesofrecord.com/forensic%20anthropology.html(2007.04.19. 검색).

되는 것이 바람직하다. 전문가들은 뼈로부터 피해자의 성별과 키를 판단할 수 있다. 수사관은 법의검시관이나 특별한 분야의 전문가를 배제한 채 단독으로 신원 확인을 결정하려고 해서는 안 된다. 그래서 다음과 같은 몇 가지 가이드라인이 제시되고 있다. 일반적으로 남성의 유골은 여성의 유골보다 더 크며, 뼈의 표면이 더 거친 편이다. 훈련을 받은 자격 있는 사람이 완전한 유골을 토대로 실무적으로 모든 사건에서 정확하게 성별을 판별할 수 있다. 골반 구조만 남아 있다면 그 성별 판단에 대한 정확성은 95% 정도에 달하며, 두개골만 남아 있으면 92%, 두개골과 골반 구조 둘 다 있으면 정확성은 거의 98%에 달한다. 그리고 긴 뼈만 있으면 성별 판단의 정확성은 약 80% 정도 된다(Palmiotto, 2004: 209).

아마도 조사하기 위해 활용 가능한 해골의 가장 일반적인 부분은 두개골이다. 상대적으로 얘기하자면 남성의 두개골은 여성의 것보다 더 크며, 앞이마 부분이 훨씬 더 경사진 경향이 있다. 남성의 경우는 눈 위쪽 부분의 뼈가 능선을 이루고 있는 모습이 두드러져 있지만 반면에 여성의 두개골에서는 비교적 그 능선 부분이 작거나 거의 없다. 남성의 두개골에서 눈(眼)의 구멍(socket)[21]은 대체로 직사각형 모양처럼 보이는 경향이 있으며, 여성의 경우에는 약간 타원형으로 보인다. 또한 남성의 두개골에서 턱 끝은 대체로 편평하고 납작한 형태이지만 여성의 턱 끝 모양은 좀 더 뾰족한 것처럼 보인다. 남성의 두개골에서 젖꼭지 모양의 돌기는 훨씬 더 크고, 목 주변 근육에 부착된 모든 지점이 크고 거친 편이다.

골반 구조야말로 해골의 다른 어떤 부분보다도 개인의 성별에 대한 정확한 정보를 제공해 준다. 심지어 사춘기의 아이들이라도 골반 구조를 통해 성별을 식별할 수 있다. 여성의 골반 구조는 임신이 가능하도록 이뤄져 있으며, 대체로 그 모양은 남성의 골반 구조보다 훨씬 더 넓고 편평한 편이다. 가장 큰 차이점 중의 하나는 치골(恥骨, pubic bone) 밑에 만들어져 있는 골격의 각도에 있다. 이것은 골반 구조의 전면에서 함께 결합돼 있다. 남성의 골반 구조에서 이 골격의 각도는 대체로 70도보다 작다. 그런데 여성의 경우는 그 치골의 각도가 70도가 넘으며, 종종 90도에 가깝다. 골반의 구멍(cavity)은 남성의 경우에 비교적 좁으면서 깊다. 여성의 경우는 넓고 얕은 편이다. 남성의 골격 구조에서는 구멍의 지름이 평균 52mm 정도로 결합돼 있으며, 양 측면이 직접적으로 접하고 있다. 여성의 경우에는 그 직경이 약 46mm 정도이며, 바깥쪽으로뿐만 아니

21) 해부학적 용어로서 (눈 따위의) 와(窩), 강(腔)이라고 한다. 특히 the~of the eye 안와(眼窩), 눈구멍이라고 표현된다.

라 약간 앞쪽으로 접하고 있다.

두개골과 함께 모든 골격 구조에 근육으로 부착돼 있는 것들은 대체로 남성의 경우가 여성의 경우보다 훨씬 두드러진다. 팔이나 다리처럼 긴 뼈는 성별을 판단할 때 대체로 두개골이나 골반 구조보다 덜 정확한 자료를 제공한다 할 것이다. 그런데 일반적으로, 남성의 긴 뼈는 여성의 뼈에 비해 약 8% 정도 더 길며, 무겁고 강한 편이다. 접합된 표면이 좀 더 큰 편이고, 부착된 근육에 대한 다양한 능선과 두드러짐이 거친 편이며, 윤곽이 좀 더 날카롭게 이뤄져 있다(Palmiotto, 2004: 209-210).

한편, 지문이 아닌, 해골 잔존물이 관련되는 경우에, 치과적 기록과 신체에 대한 X선 촬영은 신원 확인에 가장 유망한 수단이 될 수 있다(Weston et al., 2000: 219).

③ 치과적 기록

치아의 구조는 아마도 사람의 신체 가운데 파손에 가장 오랫동안 견디는 부분이다. 그래서 시체의 다른 부분이 완전히 부패했을 때에도 그러한 치아의 구조가 종종 신원 확인에 유용하게 활용할 수 있다(Gilbert, 2001: 301). 따라서 치과의 진료 기록(dental chart)도 도움이 된다(Palmiotto, 2004: 209). 즉, 치아의 충전재(filling), 충치의 봉박기(inlay), 치관(齒冠, crown), 가공의치(架工義齒, bridgework), 틀니(denture)는 매우 중요한 가치를 지니고 있다(Swanson et al., 2000: 230).

실종됐던 사람의 치과적 치료 사항과 사망자(피해자)의 치과적 치료 기록과 대조해 볼 수 있는 것이다. 즉, 실종된 어떤 사람의 치과적 치료 사항과 맞아떨어지는 피해자의 치과적 치료 사항을 비교해 신원을 확인하는 것이다.

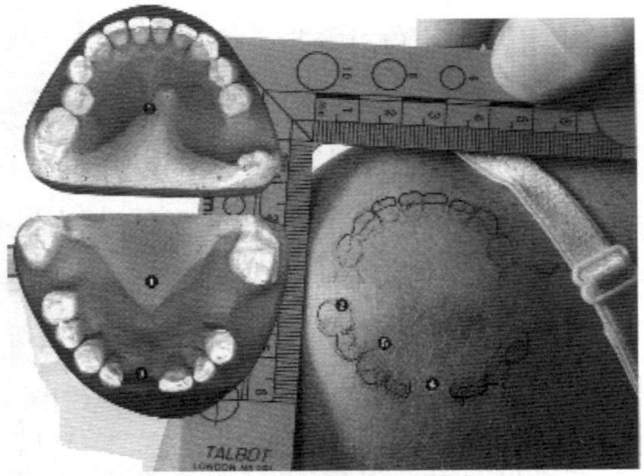

피해자의 신체에 남아 있는 치흔과 용의자의 치아 구조 촬영

만약 피해자의 치과 수술 혹은 치료 여부가 존재하고 차트화돼 있을 때, 또는 그러한 치과적인 치료를 실시한 의사가 존재하는 경우에 치아를 비교 대조하는 것은 매우 유용하다. 따라서 치아의 특성을 통해 개인의 신원을 확인하는 것(법치과학: forensic odontology)은 치아를 조사하고 그 차트를 확인하는 데서 시작된다(Gilbert, 2001: 301).

수사관은 이러한 임무를 수행하는 데 일반적으로 자격이 갖춰져 있지 않기 때문에 치과 의사가 그림으로 표시하고 증거를 방사선 사진으로 촬영해야 한다. 만약 다른 개인적인 추적될 만한 증거나 자료가 신체에 남아 있지 않다면, 이러한 직무는 상당히 어려워진다. 모든 치과적인 치료 기록이 저장 보관된 장소가 존재하는 것은 아니다.[22] 어떠한 치과적 치료도 발견되지 않았던(어린이들에게 생소하지 않은 상황이었다) 사건 가운데 사망자의 치아에 대한 X선 촬영이 이뤄졌으며, 치과 의사들은 충치를 먹은 치아의 우묵한 곳(sinus cavity)을 세밀하게 조사함으로써, 신원을 확인하는 데 성공할 수 있었다(Gilbert, 2001: 301). 치과 의사들은 사망자의 신원 확인에 필요한 치과 기록 등에 관해 질문을 받을 수 있으며, 신원 확인이 치과적 기록을 통해 이뤄질 수 있다. 피해자가 생존 시 입원 치료를 요할 정도로 뼈에 대한 심각한 부상들이 있었다면 X선 촬영 자료가 병원 기록에 있을 수 있으며, 그럴 경우 긍정적인 신원 확인이 될 수 있다 (Weston et al., 2000: 219).

④ 외과 수술적 사항

피해자가 살아 있을 때 실시된 외과 수술적 사항은 또한 신원 확인을 도와줄 수 있을 것이다(Weston et al., 2000: 210). 법의전문의(medical examiner)는 피해자의 신체에 외과적 수술 흔적이 있는지를 반드시 살펴봐야 한다. 일부 사건에서, 예를 들면 충양돌기 수술(맹장수술) 흔적과 같이 흉터들을 육안으로 쉽사리 관찰할 수 있다. 그런데 다른 사례에서, 외과적 수술 흔적이 완전히 신체 내부에 존재하는 경우도 있다. 법의전문의는 반드시 신체 내부 장기의 외과적 제거 수술 흔적을 기록해야 한다(Swanson et al., 2000: 230).

22) 그런데 미국 캘리포니아주의 경우, 최초로 이러한 주정부 단위의 치과적 치료 여부를 확인할 수 있는 프로그램을 이행하고 있다. 주(州)법률에 따르면, 모든 법집행관서와 법의관(검시관)에게 실종된 사람들의 치과적 치료 기록을 제공하도록 하고 있으며, 사망 여부가 확인되지 않은 사람들에 관한 정보를 캘리포니아 법무부에 제공하도록 하고 있다. 그 파일은 수천 명의 사람에 관한 정보를 담고 있으며, 최근 1년 동안 법집행기관으로 하여금 29명의 사망자에 관해 신원을 확인할 수 있도록 도움을 줬다. 확인된 사건들 가운데 25명은 살인사건의 피해자였다고 한다(Gilbert, 2001: 301).

⑤ 상처와 혈흔

수사관은 또한 시체 주변에 있는 부상 부위와 혈흔을 검사함으로써 그 시체가 이동됐는지를 알 수 있다. 만약 부상 부위에서는 피가 심하게 흘러나왔음을 보여주고 있지만, 범죄 현장에는 혈흔이 거의 없다면, 그 시체는 옮겨졌을 것으로 추정할 수 있다. 혈액형과 DNA 증거는 수사관이 고려할 수 있는 또 다른 선택 사항이 될 수 있다(Lyman, 1999: 269). 그리고 흉터나 문신뿐만 아니라 부상 혹은 수술에 대한 의학적 기록 역시 신원 확인에 도움이 될 수 있다. 때때로 시체에 대한 신원 확인은 시체의 여러 부분에 근거해서 판단해야 한다. 획득할 수 있는 정확한 자료의 양은 평가할 수 있는 시체의 숫자에 비례하는 것처럼 보인다(Palmiotto, 2004: 209).

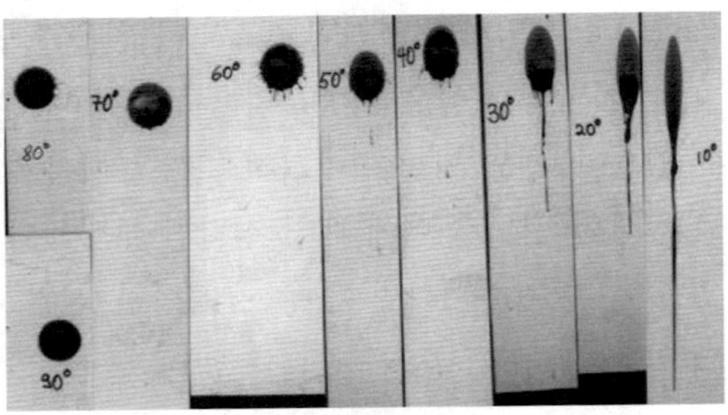

비산(飛散) 각도와 위치에 따라 상이한 혈흔의 모습들[23)]

⑥ 손톱으로 긁어낸 것

과학수사 요원은 시체의 손톱으로 긁어낸 것을 살펴볼 것이다. 이러한 증거는 용의자를 확인하는 데 유용하게 사용될 머리카락, 피부, 혈흔 혹은 섬유 성분을 발견할 수 있도록 해 준다(Lyman, 1999: 209).

⑦ 기타 사항

피해자의 시체를 가까이서 관찰함으로써 신원 확인에 귀중한 단서를 얻을 수 있다. 특히 손의 경우, 예를 들면 벽돌을 쌓는 일을 하는 사람(조적공)의 손의 직업상 특징은 사무직에 종사하는 사람들의 손과는 확연히 구별된다. 또한 개인에게 속하는 어떤 것을 조사함으로써 그러한 물건들이 어디에서 구입됐는지, 혹은 의복인 경우 그 옷이 어디에서 세탁됐는지 확인함으로써 신원 확인이 가능할 수도 있다. 예를 들어, 만약 피해자가

23) http://www.bergen.org/EST/Year5/splatterangle_small.jpg(2007.04.20. 검색).

시계를 차고 있으면 시계 내부의 어떤 부분에 시계를 수리한 수리공의 독특한 표시가 들어 있을 수 있다. 몇몇 사례에서, 예를 들면 시계나 반지와 같은 피해자의 보석들은 피해자 성명의 이니셜 혹은 개인의 이름 같은 것이 조각돼 있는 경우가 있다(Swanson et al., 2000: 230).

3) 피해자가 아직 생존해 있을 경우

피해자가 아직 생존해 있거나 의식이 있는 경우라면 피해자는 자신을 공격한 자에 대한 기본적인 정보, 즉 범인의 이름, 범인의 인상 착의 그리고 범인이 타고 왔을 자동차 등을 알려줄 수 있을 것이다. 만약 이러한 정보를 알게 된다면 다른 경찰관이나 부서에 전파될 수 있도록 통신지령실에 전달해야 한다. 피해자의 진술을 통해 얻은 정보는 용의자의 신원에 관한 것과 죽음에 이르게 한 상처에 관한 고통을 둘러싸고 있는 정황들을 포함한다(Lyman, 1999: 269).

6. 범행 패턴과 동기의 파악

살인사건의 기본적인 패턴은 보통 의심스러운 사망사건의 초동수사 과정에서 밝혀진다. 비록 살인범이 싸운 사실을 조작하거나 혹은 유죄의 혐의를 다른 사람에 뒤집어 씌우고자 시도할 수 있지만 통상적인 수사 과정을 통해 사실을 밝혀야 한다(Lyman, 1999: 224). 범행 동기는 살인사건에서 가능한 용의자를 지목하는 데 중요한 요소가 된다. 종종 피해자와 범인 간에는 인간적 관계가 있다. 만약 스트레스를 많이 받게 되면 그들 가운데 어떤 자가 다른 상대방을 살해하려는 쪽으로 부추길 수 있다. 만약 중요한 원인이 밝혀질 수 있다면 연역적 추리를 통해 수사관은 논리적으로 그렇게 동기 부여된 자쪽으로 수사 방향을 잡을 수 있다. 유죄가 될 만하거나 혹은 용의자를 완전히 제외시킬 수 있는 추가적인 증거를 발견하기 위한 그 이상의 수사상 노력이 그때에 요구된다. 범행 동기는 수사 절차상 몇몇 중요한 초점을 제공할 것이기 때문에 살인을 범행하기 위한 가장 일반적인 범행 동기를 이해하는 것이 필요하다.

다음의 분류는 수사관에게 우선적으로 눈에 띄는 혹은 체포된 후에 범인이 주장하는 표면상의 범행 동기다. 통상적으로 깊은 심리학적 동기들은 고려되지 않는다. 살인범에 대한 정신의학적 연구가 없는 상태에서는 그러한 것들이 일반적으로 나타나지 않는다. 그러나 심리학적 프로파일링은 몇몇 사건을 해결하는 데 도움이 될 수 있다. 다음의 목록은 어떤 사람을 살인자가 되게끔 촉진하는 대부분의 명백한 이유를 포함하고 있다. 종종 여러 동기가 결합될 수 있다(Osterburg & Ward, 2000: 383).

- 금전적 이익을 얻기 위해
- 성적 만족을 얻기 위해
- 명백히 성행위와 관련된 살인
- 감정적 요인들
- 자기방어
- 불편함 혹은 방해물을 제거하기 위해
- 명백히 동기가 없는 범죄들

1) 감정적 요인(분노, 복수 혹은 질투)에 의한 살인

이러한 범행 패턴은 폭력범죄의 연장이다. 언쟁이 있으며, 분노가 발전된다. 무기를 갖거나 혹은 무기 없이 피해자에 대한 공격이 있다. 그리고 피해자는 치명적으로 부상을 입는다. 강한 감정적 요인－분노, 시기, 복수심, 질투, 증오－은 어떤 한 사람으로 하여금 우발적 살인(mans－laughter)을 저지르도록 혹은 주도면밀한 고의적 살인을 유발할 수 있다(Osterburg & Ward, 2000: 385). 누가 피해자였는지에 대한 초동수사와 피해자와 용의자 간의 관련된 이력을 통해 복수 혹은 질투에 관한 범행 동기가 밝혀질 수 있다(Lyman, 1999: 224-225). 그러고 나서 용의자가 밝혀질 것이다.

전형적인 우발적 살인범은 현장에서 체포(flagrante delicto)되는 사랑하는 사람(혹은 戀敵) 혹은 배우자이며, 이들은 감정이 아주 격해진 상태에서 범행을 저지른 것이다. 다른 한편으로, 만약 학대받은 상대방이 계획하고 범죄를 저질렀다면 이는 고의적 살인(premeditated murder)이다.

파국으로 치달은 결혼 관계, 가정 내 싸움, 일반적인 언쟁이 상승할 수 있다. 논쟁의 한계를 넘었을 때에는 살인으로 이어질 수 있다. 대체로 강한 감정 때문에 촉발된 살인사건은 곧바로 해결될 수 있다. 많은 우발적·격정적 살인사건에서는 목격자가 그 주변에 존재한다. 그러나 심지어 고의적으로 계획된 살인사건에서도 한번 동기가 입증되면 잠재적인 용의자를 연역적으로 확인할 수 있다. 감정적 환상에 의해 이뤄진 행동과 관련된 살인은 환상적 살인(fantasy murder)이라고 부른다. 그들은 대개 성적인 것과 관련돼 있지만 항상 성 지배적인 것은 아니다. 일부 연쇄살인범은 이러한 범주에 속한다(Osterburg & Ward, 2000: 385).

2) 삼각관계 살인

정도(正道)를 벗어난 남편, 애인 혹은 연인이 있다는 가능성이 간과돼서는 안 된다. 만약 죽은 아내와 다른 여인이 삼각관계에 있다면, 원하지 않는 자기 부인으로부터 자유로워지기를 원하는 남편에 대해 의심할 만한 상당한 이유가 있다. 그 반대의 상황도 종종 일어나는데, 연애가 발전하면서 원하지 않는 남편으로부터 벗어나기를 열망하는 부인이 있다. 흔히 치정에 얽힌 살인(triangle killing)사건의 경우가 이에 해당한다. 이러한 삼각관계에서 범행 동기를 가질 수 있는 사람이 살아 있는 피해자를 마지막으로 본 사람일 경우에 수사는 삼각관계에 의한 살인사건으로 그 범죄가 발전하게 된 계기를 찾는 것으로 시작된다(Lyman, 1999: 224-225).

3) 범인의 자기방어 차원

살인사건에 대한 이유로서 자기방어(self-protection)라는 것은 특별한 상황에서 실현될 가능성이 있는 것으로 인식해야 한다. 한 예로 자신의 탈출이 방해를 받거나 피해자에 의해 곤란하게 된 사람(범죄를 저지르는 동안에 체포됐다)이 범인이 되곤 한다. 목격자에 의해 야기될 수 있는 우발적인 위험을 인식한 결과로써 살인사건이 저질러질 수 있다.

좀 더 빈번하게 발생하는 다른 사례에서 범인이 피해자(종종 어린이나 십대 청소년들)의 입을 막으려고 살해한 경우가 해당될 수 있으며, 이 경우 범인은 피해자에게 알려져 있다. 아마도 그러한 상황에서 범인의 '자기방어'라는 것은 잠재적 정보원으로서 목격자를 제거하기 위한 동기(범행이 탄로날 것을 두려워해)가 있는 것이다. 목격자를 제거하기 위해 살해하는 것(2차적 살인사건으로서, 증인 제거)은 처음 저지른 살인사건에 곧바로 이어질 수 있다. 따라서 피해자 중의 한 명이 첫 번째 일어난 살인사건의 목격자일 수 있는 상황이 고려돼야 한다. 각 피해자들의 배경을 체크하면서 종종 누가 가장 피해자가 되려고 했는지, 그리고 누가 잠재적 목격자인지, 혹은 2차 피해자인지를 판단해야 한다. 그때에는 수사상의 노력이 첫 번째 살인사건을 해결하는 데 총력을 기울일 수 있다(Osterburg & Ward, 2000: 386).

4) 재산상의 이익 혹은 금전적인 목적을 위한 살인

살인범이 어떤 이익을 얻고자 다른 사람을 제거하는 것은 살인사건의 오래된 기본적인 범행 동기가 돼 왔다. 누가 이익을 얻을 것인가? 이것은 용의자를 확인하는 데 수사의 더 말할 나위 없는 방법이다. 피해자가 살아 있는 모습을 마지막으로 본 사람들 가운데 그 사망사건으로부터 이익을 얻게 될 사람이 있다는 것을 의심스러운 사망사건의 정황들이 보여주고 있을 때 이러한 정보를 따라서 살인사건에 관한 추측을 확인할 수 있는 뒷받침이 있다. 이익을 위한 살인은 삼각관계 살인 상황과 가깝게 관련돼 있을 수 있다. 피해자는 어떤 이익을 얻기 위해 제거된다(Lyman, 1999: 225). 채권채무에 얽힌 살인사건, 가족 간의 유산 상속 문제에 얽힌 사건 등이 이에 해당한다 할 것이다.

범인은 다음과 같은 다양한 형태의 금전적 이익을 기대하고 범행을 저지른다. 유언을 통한 이익 혹은 배우자나 친척의 보험금을 탈 목적, 재산을 공유하고 있는 상태에서 배우자보다 오래 살기, 사업 관계에 있는 동료의 사망으로부터 이익을 얻을 수 있는 위치에 있는 상인의 경우가 이에 해당된다.

금전적 이익이 살인을 촉진할 수 있는 요인으로 작용하는 경우에 범행 동기에서 가능한 용의자에 이르기까지 연역적으로 추리하는 것은 종종 성과가 있다. 그런데 물론 거기에는 예외가 있다. 강도사건에서 피해자가 저항하면서 살해되는 경우도 있다. 그런 경우에 살인 동기가 좀처럼 특정되지 않는다. 그때의 정답은 그 중(重)한 범죄에 상응하는 중요한 수사 기법을 활용함으로써 범죄를 해결하는 것이다.

금전적 이익이 관련된 사례에서 살인범과 피해자를 연결시켜 주는 금전적 거래에 대한 문서상의 기록은 종종 남아 있을 가능성이 있다. 그러한 거래는 주택 소유에 대한 권리를 범인에게 넘겨주는 서명, 피해자와 범인의 이름으로 새로운 수표 혹은 예금계좌를 개설하거나 심지어는 신용카드 계좌 사용을 포함할 수 있다(Osterburg & Ward, 2000: 383).

5) 이상동기(묻지마) 살인[24)]

만약 '범행 동기'가 사람을 죽이기 위한 이유로 정의된다면 모든 살인은 동기를 갖고 있을 것이다. 피해자와 이전에 어떠한 관계나 연결이 없는 곳에서도, 심지어 무작위 살인에도 범행 동기가 있다. 하지만, 이러한 유형의 살인사건은 종종 '동기가 없는 (unmotivated)' 것으로 불리고 있다. 왜냐하면 용의자가 체포될 때까지 살인에 대한 이유가 희미하고, 알려져 있지 않기 때문이다. 완전히 낯선 사람(비면식범)에 의한 살인

24) 경찰이 이른바 '묻지마 범죄'로 불리는 사건에 '이상동기 범죄'로 정식 용어를 부여했다. 연합뉴스, "묻지마 범죄, 공식 용어는 이상동기 범죄 경찰, 대응TF 구성", 2022년 1월 19일자.

은 아마 해결하기에 가장 어려운 사건이다. 이러한 살인사건의 패턴은 살인사건의 통상적 혹은 보통의 패턴을 먼저 제외시킴으로써 밝혀질 수 있다(Lyman, 1999: 225). 연쇄살인사건의 경우 이러한 범행 패턴에 해당하는 경우가 많다.

6) 살인 후 자살

이러한 살인범죄는 피해자에게 치명적인 폭행을 가한 후 곧바로 범인이 자기를 파괴하는 경우다. 이러한 사건들은 종종 '치밀한' 살인 유형인데 남편과 아내, 남자친구와 여자친구 혹은 부모와 아이들처럼 둘 다 죽기를 동의한 경우다. 한 사람이 다른 사람을 살해한 것에 책임이 있지만, 그러고 나서 범인도 자살을 한다(Lyman, 1999: 225).

'생수병 사건' 직후 자살한 용의자…독극물 구매 정황 확인

… 25일 경찰에 따르면, 서울 서초경찰서는 해당 사건의 용의자인 강 씨에게 적용한 혐의를 특수상해에서 살인으로 변경하기로 했다. 이는 생수병 물을 마시고 의식을 잃었던 이 회사의 남녀 직원 중 남성 직원 A 씨가 지난 23일 사망한 데 따른 것이다. 이날 열리는 국립과학수사연구원의 부검이 끝나면 적용 혐의가 변경될 것이라고 경찰은 전했다.

경찰은 강 씨의 혐의를 입증할 수 있는 증거를 확보했다고 밝혔다. 강 씨가 인터넷을 통해 독극물을 사들인 기록을 확보했다는 것이다. 강 씨가 구매한 독극물은 피해자 A 씨의 혈액에서 나온 독극물과 일치한 것으로 확인됐다. 강 씨도 이 사건 발생 후 이튿날 자신의 자택에서 극단적 선택 끝에 사망했는데, 당시 강 씨의 자택에서 나온 독극물도 동일한 종류로 확인됐다.

경찰은 강 씨의 범행 동기에 대해 보완 수사가 필요하다고 밝혔다. 최○○ 서울경찰청장은 "관계자 진술만 가지고 '이게 동기다'라고 하기에는 아직 더 수사가 필요하다"며 "관계자 조사·휴대전화 포렌식 등의 조사가 더 필요한 상황"이라고 전했다. … 해당 사건은 용의자인 강 씨가 사망함에 따라 공소권 없음으로 종결될 것으로 보인다.

(시사저널, 2021.10.25.)
(http://www.sisajournal.com/news/articleView.html?idxno=226663)
(2021.11.02. 검색)

7) 성과 새디즘

(1) 성적 만족을 위한 범행 동기

살인에 대한 범행 동기로서 성(性)에 관한 고전적인 예는 성욕이다. 특별히 재산을 공유하고 있는 상태에서, 남편과 부인이 그들이 모아놓은 재산을 똑같이 공유하는 경우에(보통 이혼하는 경우에는 더 오래 살 배우자가 절반의 부동산에 대해 만족할 필요가 없지만) 새롭고 혹은 젊은 파트너를 원하면서 배우자를 살해하게 되는 경우가 있다. 성적인 동기와 금전상의 이익을 위한 범행 동기 둘 다 피해자가 사망함으로써 누가 이익을 얻을 수 있을까 하는 문제에 대해 단서를 제공한다(Osterburg & Ward, 2000: 383).

(2) 명백히 성적인 것(새디즘)과 연관된 살인사건

이러한 종류의 범죄에 대한 심리학적 동기들은 상당히 다양하다(Osterburg & Ward, 2000: 384). 동성연애자(homosexuals) 간의 살인, 나이가 많은 사람에 의한 젊은 소년 및 소녀들에 대한 살인사건은 성적인 것이 1차적으로 거론된다. 다른 사람에게 고통을 가함으로써 성적 만족을 얻으려는 새디즘은 일반적으로 사망 시점에 일어나는 것은 아니다. 그러나 잔인함 그것만으로 충분히 만족되지 않았을 때, 살인의 경계로 넘어가는 몇몇 범죄자가 있다. 물어뜯고 절단하는 행위가 실제 살인행위보다 앞서거나 혹은 나중에 일어날 수 있다. 이 경우 피해자와 범인 간에 사전에 어떤 연관성이 없는 경우가 종종 있다. 즉, 비면식범인 경우가 있다는 의미다. 그래서 살인범의 배후를 추적해서 살펴보는 데에 범행 동기가 별로 도움이 안 되는 경우가 있다(Osterburg & Ward, 2000: 384).

이러한 패턴의 살인사건은 특이한 폭력에 의한 표시가 있다. 이런 사건들은 아동 학대, 강간, 성도착적 행동 혹은 새디즘적 행동들에서 나타난다. 그것은 종종 기상천외한 의미들을 갖는다. 뉴욕에서 일어난 한 사건에서 두 명의 여성 피해자가 반복적으로 칼에 찔려 옷이 벗겨진 채 그리고 서로 얼굴을 맞댄 자세로 묶여 있는 채 살해됐다. 살인범은 피해 여성의 항문 위에 그리고 주변에 'Noxema'라는 얼굴에 바르는 크림을 문질러 놓았다. 네바다주에서 발생한 사건에서는 피해자의 질(膣, vagina)과 가슴에 예리한 흉기로 깊게 난도질해 놓았다(Lyman, 1999: 225).

일부 범인은 성적 만족을 동반하는 가운데 성행위와 동시에 혹은 성행위를 한 바로 뒤에 살인을 저지른다. 다른 사례에서는 성행위를 통해서라기보다는 오히려 살해행위를 통해 만족이 이뤄진다. 피해자에 대해 무력(武力)을 행사하는 것이 주요한 동기다. 다른 성적 만족은 그다음이다. 만약 이러한 사례가 명백한 성적 살인으로서 주로 인식된다면 그 결과는 수사상의 노력을 잘못된 방향으로 이끌 수 있다. 범행 현장에 대한 부정확한 판단은 오랜 시간 동안 연쇄살인범으로 하여금 수사망을 피해 가도록 할 수 있다. 범행 현장과 피해자의 시체에 관한 조사와 병행해 피해자와 범인이 서로 만났을 것 같은 시간에(예를 들면 선술집 혹은 학교 마당) 거기에 있었을 법한 사람들을 신문

함으로써 중요한 정보를 제공받을 수 있다.

성관계가 있었을 것으로 추정되는 일부 살인사건들에서 동료나 술집 친구들은 용의자에 관해 많은 것을 알 수 있다. 용의자가 어디 사는지, 만약 용의자가 최근에 도착했다면 어디서 왔는지, 직업 기타 등등. 어린이를 살해한 사건에서는 학교 주변 혹은 운동장 주변에 거주하는 이웃들을 탐문하는 것이 용의자에 대한 정보를 얻는 것에 도움이 된다. 다른 피해자를 유혹하기 위한 용의자의 다음 노력들을 지켜볼 수 있도록 감시자를 배치하는 것도 가치가 있다(Osterburg & Ward, 2000: 385).

8) 다른 중범죄를 저지르다가 살인하는 경우[25)]

이러한 사건에서는 피해자의 사망이 분노에 의한 공격으로부터 초래된 것이 아니다. 삼각관계, 복수, 질투 혹은 이익 추구적 범행 동기가 아니다. 무작위적 그리고 우연한 기회에 의한 살인도 아니다. 살해 후 자살 유형도 아니다. 혹은 성적인 그리고 새디즘적 동기도 아니다. 오히려 중범죄(felony)를 저지르는 행동 중에 어떤 사람에 의해 야기된 부상으로부터 사망이라는 결과가 초래된 것이라고 할 수 있다. 원래 저지르려고 했던 범죄에 대한 고의가 살인으로 이어진 것이다.

수사관은 너무 성급하게 자신의 수사활동이나 자신의 마음을 종결하려고 해서는 안 된다. 살인사건 수사는 살인사건의 패턴 중 한 유형에 적합하게 보일 수 있다. 하지만, 계속 진행된 수사활동을 통해 확인된 증거로써 처음 분류한 살인범죄 유형을 다른 패턴으로 바꿀 수 있을 만큼 혹은 사건 패턴을 결합할 수 있는 충분한 자료를 얻을 수 있다(Lyman, 1999: 225).

미네소타주 세인트폴(St. Paul)에서 발생한 살인사건에서 처음에 주거침입 절도사건처럼 보였던 사건이 잘못됐다. 톰슨(Carol Thompson)이라는 여자가 반(半)의식 상태로 피를 흘리면서 집에서 발견됐다. 피해자는 긴급하게 병원으로 이송됐다. 거기서 그녀는 복잡 골절된 두개골에서 나온 출혈의 결과로 사망했다. 그 사망에 사용된 흉기는 날이 없는 무딘 둔기(blunt instrument)였다. 그리고 권총 손잡이 파편들이 톰슨의 거실의 흥건한 피 안에서 발견됐다. 그것은 총기를 휘둘러서 일어난 것으로 추정됐다. 범죄 현장에는 주거침입 절도사건의 증거가 명백했다. 사무실과 책상서랍을 샅샅이 뒤진 흔적이 있었다. 계속된 수사를 통해 피해자의 남편이 다른 여자와 친밀했다는 사실이 확인됐

25) 다른 중범죄를 저지르는 과정(강간, 주거침입 절도, 살인 등)에서 살인사건을 저지른 경우.

다. 그리고 원하지 않는 아내를 제거하는 유형의 새로운 잠재적 패턴이 밝혀졌다. 며칠 후, 지역에 있는 보험회사 직원은 사망한 피해자가 보험에 가입돼 있었으며, 유일한 보험금 수령자로서 남편에게 100만 달러가 넘는 보험금이 지급된다는 사실과 함께 경찰의 여러 가지 질문에 대답했다. 살인사건에 대한 가능한 범행 동기로서 '재산상의 이익을 추구'하기 위한 살인사건의 패턴이 추가됐다(Lyman, 1999: 225).

중단된 범죄들(interrupted crimes)에서 살인사건이 저질러지는 경우가 있다. 즉, 범행 도중 예기치 못한 장애가 발생해 살해하는 경우라고 할 수 있다. 특히 주거침입 절도범의 경우, 종종 범행 도중에 가족들이 갑자기 집으로 돌아오는 경우가 있다. 만약 범인이 도주하는 데 방해된다면 살인사건이 일어날 수 있다(Osterburg & Ward, 2000: 386).

이러한 종류의 범죄수사에서 중요한 초기 단계는 사망 시점 직전의 피해자 이동 경로를 추적해 볼 수 있다. 한 사건에서, 가족 고문 변호사와 상담하기 위해 필요한 서류를 가지러 다시 집에 돌아가야 한다고 피해자가 친구에게 말했다. 그 피해자가 약속을 지키지 못하자, 관련된 친척이 그녀의 아파트를 방문했을 때 살해된 것을 발견하게 됐다. 출입문을 강제로 열었던 흔적은 발견되지 않았다. 그러나 부분적인 손바닥 자국이 침실 램프에서 발견됐고, 평소에 있던 장소로부터 이동됐다. 몇 달 후, 컴퓨터 하드웨어 가게 점원이면서 열쇠 수리공이었던 한 청년이 스포츠용품 가게 인접한 곳에서 주거침입 절도범으로 체포됐다. 그런데 거기에서도 별다른 침입 흔적이 발견되지 않았다. 이 지역에서 침입 흔적이 없었던 사건들을 분석해 보면서 컴퓨터 하드웨어 가게와 열쇠 수리 업무 기록을 대조해 보니 두 가지 사실이 겹치고 있었다. 그 두 사건에서 범인은 주거침입 바로 전에 열쇠를 수리했다는 것이 밝혀졌다. 손바닥 자국 증거가 발견됐다. 범인(hardware 가게 점원)이 피해 여성의 침실 램프를 만졌으며, 열쇠 수리 업무가 끝나갈 무렵에 홀 도어로부터 멀리 떨어진 곳에 놓아뒀다. 피해 여성의 사망에 대한 신문(訊問) 중에 침입자는 그녀의 예상치 못한 조기 귀가에 상당히 놀랐으며, 싸움이 벌어졌고 결국 살인사건에 이르게 됐다고 인정했다(Osterburg & Ward, 2000: 386).

9) 잠재적 정보원을 살해하기

2차적 살인사건에 대한 동기가 잠재적 정보원의 입을 막기 위한 것일 경우에 범인과 2차적 피해자 간에만 오로지 어떤 연관성이 존재한다면, 또는 살인범의 행동이 피해자에게 탄로나지 않도록 하기 위해 살인을 저지른 것이라면, 이는 수사상 매우 높은 가치를 지닌다. 수사관은 누가 2차적 살인사건을 저지른 기회(시간과 장소에 관해)를 가졌는지를 밝혀내야 한다. 게다가 만약 2차적 살인사건에서 용의자와 1차적 살인사건에 대한 범행 동기가 일치한다면 용의자의 유죄 가능성을 주장할 수 있는 가정이 훨씬 강화된다. 추가적인 수사 노력이 필요하게 될 것이다. 그러나 만약 사건이 일어나면 결과는 두 배로 충족될 것이다(Osterburg & Ward, 2000: 386).

10) 불편함 혹은 장애를 제거하기 위해 살인을 저지름

공갈꾼, 원하지 않은 아이, 가족 관계 사무에 대한 결정 권한을 가로막는 연약한 부모와 같은 사람 각자는 제거해야 할 장애물 사례 중의 하나로 거론된다. 수사관이 고인(故人)의 존재가 다른 사람에게 중요한 불편함 혹은 장애로 작용했다는 사실을 인식하고 있다면, 살인사건 해결 가능성은 훨씬 더 높아진다. 그러한 사건에서 기록과 사람들은 매우 중요한 근거가 된다. 그러한 것들은 장애가 되는 것을 제거하는 것이 범행 동기였다는 것을 가정을 지지해 줄 수 있다.

11) 명백한 범행 동기가 나타나지 않는 범죄

동기가 없거나 무감각적인 것으로 보이는 두 가지 종류의 살인범죄가 있다. 예를 들면 서로 면식 관계가 없는 사람 간의 살인과 상대방을 잘못 알고 살해하는 경우 등이다.

(1) 전혀 면식 없는 자가 모르는 사람을 살해하는 경우

비록 친구나 알고 있는 사람과 관련돼 살해하는 일이 그렇게 빈발하는 것은 아니지만 이러한 종류의 살인사건은 증가하고 있는 추세다. 외국에서는 갱단의 구성원들이 자신의 남성다움이나 도전적인 자세를 취함으로써 성인 남성의 면모를 과시할 요량으로 처음 만나는 사람을 죽이기 위해 총을 쏘는 경우도 있다. 지나가는 차에서 그러한 총격을 가할 수 있을 뿐만 아니라, 높은 빌딩 위에서도 총격을 가하는 경우가 있다.[26]

알코올과 다른 약물이 종종 이러한 무감각적 범죄에도 큰 역할을 하는데, 아마도 낮

26) 미국 수도 워싱턴 일원을 공포에 몰아넣었던 연쇄저격 살인사건의 용의자가 체포된 바 있다. 이 사건의 범인인 무하마드(John Allen Muhammad)에게 2004년 3월 9일 사형이 선고됐다. 무하마드는 공범인 리 말보(Lee Malvo, 19)와 함께 3주간 워싱턴 인근 지역을 돌아다니며 13명을 무차별 사격해 이 중 10명을 숨지게 한 혐의로 2003년 살인 및 테러죄가 적용돼 유죄 평결을 받았다. 이들은 당시 살인을 위해 개조된 자동차를 타고 주유소와 주차장, 거리 등에서 어린이에게까지 총상을 입히며, 무차별 살인을 감행해 워싱턴 지역을 숨 막히는 공포 분위기로 몰아넣었다. 이들은 1,000만 달러를 요구하며 범행을 계속하다가, 메릴랜드주에서 체포됐다(同旨 조선일보, 2004.03.11.).

은 자기존중감이 그러한 범죄의 근본적인 원인이 되는 것 같다(Osterburg & Ward, 2000: 387).

(2) 상대방을 잘못 알고 살해하는 경우

비록 시간 혹은 장소가 어떤 고의적인 살인을 제공할 수 있지만, 아무런 이유도 발견되지 않는 경우가 있다. 예를 들면 어떤 사업가가 아침 6시 30분경 자신의 아파트에서 막 나오려고 하는 순간, 건물 밖에서 서성거리던 두 명의 남자들에 의해 총을 맞았다. 고인이 된 사람의 사업상 그리고 사회적인 배경이 어떤 범행 동기로서 제공되지 않으면 그 사건은 해결되지 않은 채로 남게 된다. 몇 달이 지나서 첫 번째 살인사건이 발생한 장소에 인접한 다른 거리에서 어떤 다른 남자가 그러한 방식으로 살해됐다. 범인이 체포돼서 신문해 보니 범인은 자신이 청부살인으로 고용된 자라고 자백했다. 첫 번째 살인사건의 희생자는 대상자를 잘못 파악하는 바람에 살해된 사건이며, 두 번째 살인사건은 첫 번째 실수한 사건을 바로잡고자 저지른 것이었다. 이번에는 대상자의 집 번호와 가로(街路) 번호를 정확하게 알고 범행을 저질렀다. 여기서 이웃 주민들에 대한 탐문에 집중함으로써 그리고 다양한 증거 조각들－피해자들과 서성거리는 사람들에 관한 인상 착의를 묘사하고, 동시에 발생한 사건의 시간, 요일, 같은 이웃에 있는 두 명의 피해 대상자, 주소와 특징적인 집 번호가 있는 유사한 종류의 건물에서 그리고 기타 등등－을 두 사건과 서로 비교 대조함으로써 수사상의 활동들이 가능해졌다. 이 사건처럼 살인사건은 범인이 대상자를 잘못 지목해서 발생하는 경우도 있다(Osterburg & Ward, 2000: 387-388).

한편, 이 사건이 보여주는 바와 같이 주변 사람들이 모두 중요한 수사정보의 원천일 수 있다. 하지만, 법정에서 유죄라는 것을 증명하기 위해서는 모든 가능한 물리적 증거를 취득하는 것이 필요하다. 심지어 범행 동기가 명백할 때에도, 증명되거나 부인되는 것이 여전히 가설적이라는 점에 주의하는 것이 중요하다. 결과적으로 잘못된 동기에 대해 고집스럽게 집착하는 것은 위험할 수 있다. 귀중한 수사활동에 필요한 시간을 놓쳐버릴 뿐만 아니라, 범인을 추적할 수 있는 기회가 사라질 수 있다(Osterburg & Ward, 2000: 388).

12) 범행 동기를 판단하기

살인사건에 대한 동기를 이해하는 것 외에도, 어떻게 범행 동기가 확인됐는지 익숙해지는 것도 중요하다. 이러한 범행 동기를 판단하는 데 도움이 될 세 가지 중요한 정보의 원천이 존재하는데 범행 현장, 사람 그리고 범행 관련 기록이다.

(1) 범행 현장

물리적 증거 외에도, 범행 동기를 추측할 수 있는 다른 여러 가지 증거가 있다. 경험이 풍부한 수사관은 유사한 범죄에 대한 익숙함으로 '범죄 현장 그림'을 상상해 만들어 낼 수도 있다. 이러한 접근은 세련돼 있으며, 더 넓은 범위로 요약된다. 몇몇 살인사건에서는 범죄자에 관한 심리학적 프로파일이 어떤 동기를 확인하는 데 도움을 줄 수 있다(Osterburg & Ward, 2000: 389).

(2) 사람

범행 동기에 관한 것을 이해하는 데 가장 생산적인 출처는 바로 사람들이다. 가족, 친구, 그리고 사업상 관련된 사람들, 사망한 사람과 알고 지냈던 사람들과 같은 타인들이다. 위에서 언급한 바와 같이, 몇몇 이유 때문에 어떤 사람이 다른 사람을 갑자기 살해할 수 있다. 어떤 이들은 고의를 갖고, 어떤 사람들은 아주 흥분된 상태의 충동으로 범행을 저지른다. 특히 후자에 관해, 어느 정도는 사소한 이유인 경우도 있다. 그런데 다른 사람들에게는 그러한 이유가 엄청나고 아주 심층적 그리고 강력한 것으로 작용할 수 있다. 고인이 된 자의 배경을 샅샅이 살펴보면, 그러한 살인사건에 대한 내면의 중요한 동기를 발견할 수 있다. 이러한 판단을 통해 그러한 범행 동기가 잠복돼 있을 만한 사람들의 명단을 정리할 수 있으며, 누가 그러한 범행에 대한 기회, 수단 그리고 범죄를 저지를 만큼의 예민한 성격을 가졌는지 고려해 봄으로써 또한 그 범위가 좁혀질 수 있다. 만약 잠재적인 용의자가 체면을 중시하거나 남성 우월주의적 경향이 보통으로 받아들여지는 문화에 익숙해져 있으며, 그리고 피해자가 여성이라면, 반드시 개인 상호 간의 관계를 정확하게 파악해야 한다. 다른 문화에서는 단순히 예의가 부족한 것으로 여겨질 수 있는 것이 오히려 곧바로 복수를 해야 할 모욕적인 것으로 이해되는 수가 있다. 그러한 상황이 종종 악화돼서 결국은 살인으로 이어질 수 있다(Osterburg & Ward, 2000: 389).

(3) 범행 관련 기록

어떤 기록도 범행 동기를 파악하는 데 도움이 된다. 만약 살인사건이 발생하기 바로 전에 거액의 보험계약이 체결됐거나 혹은 보험 수혜자가 서명을 했다면, 이는 금전상의 이익이 범행 동기로 지적될 수 있다. 기록들은 사업 실무상 혹은 부채 관계, 가족 간의 분쟁, 경찰의 개입이 필요한 싸움 또는 별거 혹은 이혼에 관한 서류와 같이 아주 명백하게 한 개인의 역사를 밝혀낼 수 있다. 이러한 기록의 일부는 분노, 증오 혹은 복수에 의해 살해 동기가 부여된 사람을 추적해 낼 수 있는 문서를 남길 수 있다(Osterburg & Ward, 2000: 389).

13) 범행 동기와 면식범

살인사건 수사에서 범행 동기는 필요하고 유용한 단서다. 이익과 기회에 관한 기본적 단서를 추적하거나 혹은 피해자의 관계를 재평가할 때 범행 동기가 떠오른다. 피해자의 현재 그리고 과거의 배우자 그리고 애인들은 곧바로 용의자가 된다(Lyman, 1999: 226). 면식 관계(not stranger)인 친구들, 친척이 종종 살인범이 된다. 이러한 관계는 다음과 같다.

- 배우자(혹은 이전의 배우자), 사실혼 관계의 배우자(혹은 이전의 배우자)
- 남자친구, 여자친구(이전의 남자친구); 동거남, 동거녀(혹은 이전의 동거남)
- 형제, 자매; 부, 모; 딸, 아들
- 다른 친척들(배우자의 친척들), 가족의 친구, 친척들(구체적인)
- 이웃
- 사업상 아는 사람들(구체화하면, 사업상 파트너, 동업자, 다른 사람)
- 면식 있는 사람(知人, acquaintance)
- 이전에 본 사람(이웃 등)

7. 살인사건 수사에서 몇 가지 함정

살인사건 수사 과정에서 다시 한번 강조돼야 할 것은 수사상의 함정(pitfalls)에 빠져서는 안 된다는 점이다. 어떤 사건에서 중요한 증거가 멸실되면 죄 있는 범인이 처벌받지 않게 되거나 혹은 억울한 당사자가 잘못 처벌받는 결과를 초래할 있다.

이러한 전제는 살인사건 수사에도 확실히 적용된다. 게다가 범죄 현장을 처리하는 과정에서의 부주의는 유가족들에게 과도한 고통을 안겨줄 수 있다. 병리학자 모리츠(Alan R. Moritz)가 수행한 연구(1981)에 따르면, 미국에서 베테랑 수사관들에 의해 가장 일반적으로 확인되는 다음과 같은 몇 가지 함정이 있다고 한다(Lyman, 1999: 276-277).

1) 시스템상의 오류

사건이 입증되지 않는다는 가정, 수사팀 내의 부적절한 요원들, 수사의 객관적 사실에 관한 이해 부족, 불충분한 훈련, 수사관이 도착하기 전에 범죄 현장의 변경, 범죄 현장을 서면화할 수 없는 부적절한 사진 촬영, 부적당한 현장 스케치, 불충분한 서류들, 시의적절한 근거에 기한 단서를 추가 수사하는 데에 실패, 증거를 간과하는 것 등이다.

2) 시체 관찰상의 실수

범죄 현장에서 시체에 관한 정보를 완전히 기록하는 데 실패, 정황적 증거에 근거한 신원 확인의 가정, 시체들을 잘못 취급하고 잘못 라벨을 붙이는 경우, 개인 물품을 확인하고, 기록하며 그리고 보호하는 데 실패, 적시(適時)에 그리고 친절한 방법으로 최근친(가족)들에게 알리는 데 실패, 흔적증거에 대한 오판 등이다.

3) 추가 수사상의 오류

어떤 조사가 필요한지를 판단하는 데 중요한 사실들을 보고하는 데 실패, 적절하고 정확한 사망사건 수사 기록을 완성하는 데 실패, 피해자의 가족과 사회적 이력을 파악하는 데 실패, 법정에서의 증언 준비에 실패하는 경우 등이다.

4) 개인적인 함정

잘못된 생각, 궤변, 오류, 근무 경력이 능력을 보장한다는 잘못된 생각, 성급하게 결론으로 도달하는 것, 다른 출처로부터 취득된 정보를 입증하는 데 실패, 잘못된 사람들과 너무 많이 또는 너무 빨리 이야기하는 것, 눈에 보이지 않는 부분을 무시하는 것 등이다.

이러한 함정들을 인식하는 것은, 수사관에게 수사가 위태롭게 될 수 있다는 가능성을 경고하는 것이다. 일단 확인이 되면 수사관은 이러한 함정들을 피하려고 준비할 수 있으며, 그들의 문제를 해결할 방안을 찾을 수 있다.

제4절 수사의 초점으로서 시체 그리고 부검

1. 서설

적절하게 훈련을 받은 법과학자가 피해자의 시체를 검시한다면, 수사상 그리고 범죄사실을 입증할 만한 증거를 제공할 수 있다. 법정에서 법의학자의 증언은 상당히 중요하며, 범죄 행동으로 인해 사망했다는 결과는 살인사건의 한 요소를 입증하는 데 필요한 내용이다. 사망의 원인과 방법에 대해 관심을 갖는 것 이외에, 어떻게 그리고 언제 그러한 범행이 저질러졌는지 범죄의 재구성을 허용함으로써 법과학자는 사건을 둘러싼 몇몇 상황에 관해 증언하게 될 것이다. 경험이 풍부한 법의학자는 범죄자의 프로파일을 구성하는 데 유용한 사실들, 예를 들면 그러한 공격에 대한 묘사와 – 숫자와 장소 – 그들이 타격을 입은 방식 등을 제공할 수 있다. 다른 법과학자들(치과학자, 방사선학자들)은 시체로부터 취득된 증거 – 예를 들면 치아에 대한 방사선 촬영 등 – 를 연구함으로써 피해자를 확인할 수 있게 된다.

특히 부검을 통해 사망의 정확한 원인과 방법을 확인하게 된다. 법의병리학자는 의학적 부검을 통해 사망의 원인과 방법을 판단한다. 그리고 사망의 환경을 평가한다. 예를 들면 총기를 발사해 사망한 경우에 원인과 범행 방법이 시체가 발견된 주변을 둘러싼 환경에 의해 부분적으로 판단된다(Osterburg & Ward, 2000: 396-397). 이를 통해 수사관은 정확한 수사 방향을 결정할 수 있다(범죄자 프로파일링, 범행 목적, 범행 수단, 범행 동기 등 추정).

2. 법의학적 부검

1) 법의학적 수사

법의학적 수사(medicolegal investigation)는 상해나 사망사건 수사에서 필요한 의학적 기술을 제공한다(Swanson et al., 2000: 229). 사망사건에 대한 법의학적 수사의 궁극적인 목적은 사망과 사망 방법 및 그 사망의 원인을 둘러싸고 있는 모든 상황에 대해 가능한 한 근접한 결론에 도달하는 것이다(Palmiotto, 2004: 216). 법의학적 수사는 사진 촬영, 지문, 치과적 그리고 의학적 기록과 친척들 혹은 친구들에게 피해자의 확인을 강조한다. 법의학적 수사는 사망 원인과 사망 방법에 대한 것을 판단하기 위해 독극물 중독과 부검을 평가한다. 부검(autopsy) 혹은 검시(postmortem)는 대체로 법의병리학자가 실시한다. 병리학자는 독물이나 사망에 의해 야기된 신체의 기능 혹은 조직들에서 비정상적인 변화를 확인하는 훈련을 받은 사람들이다. 그들은 어떻게, 언제 그리고 어디서 피해자가 사망했는지 여부를 판단하는 기술을 갖고 있다. 갑작스럽게, 예기치 않은 혹은 보살핌을 받지 않은 상태에서 사망한 사건은 특별한 관심의 대상이 된다. 국가 혹은 지방의 과학수사실험실에는 독성학, 병리학 그리고 혈청학 관련 분야에 대해 자문을 제공할 수 있는 활용 가능한 전문가들이 있다. 법률이나 지방의 관습에 따르면, 종종 부검을 실시하는 절차에 영향을 미친다. 예를 들면 미국의 뉴욕주에서는 모든 사고사(事故死, accidental death)에 대해서도 부검을 요구하고 있다. 부검 절차는 반드시 완전하고 체계적이어야 한다.

사망한 시체를 검사하는 순서는 다음과 같다(Palmiotto, 2004: 216). 외부, 머리와 뇌, 신체의 절개, 흉부(horax), 복부, 골반(pelvis), 수족(팔다리) 그리고 다양한 내부 장기(臟器) 순이다. 신체의 다양한 부분에 대한 현미경적 검사는 가시적인 조사를 보충해 준다. 시체에 대한 모든 검사는 부검이 실시되는 법령에 따라서 확립된 가이드라인이 있다.

2) 부검의 의의와 연혁

(1) 부검의 의의

부검(剖檢, autopsy)은 피해자에 대한 사후(死後) 시체 해부(postmortem examination)다(Gilbert, 2001: 316), 법의학적 부검은 시체 해부, 과학적이고 시스템적인 내과 의사 그리고 법의병리학자에 의한 시체에 대한 내부적·외부적 검사다(Osterburg & Ward, 2000: 398). 또한 부검은 살인사건을 조사하는 중요한 방법이다(Weston et al., 2000: 217). 그 사망이 범죄의 일부로 의심받고 있을 경우, 부검은 사망사건 수사 과정의 일부다. 사망을 둘러싼 주변 정황들을 제대로 이해하는 것은 그 수사 절차에 도움을 준다. 부검 과정에 대해서는 의학적 직무 수행과 결부되면서 비밀을 반드시 유지해야 하며, 반드시 시체가 발견되자마자 실시해야 한다. 조사는 기본적으로 시체 외부에 대한 육안검사, 시체에 대한 외과수술적인 조사를 포함한다. 병리학자는 성별, 인종, 신장

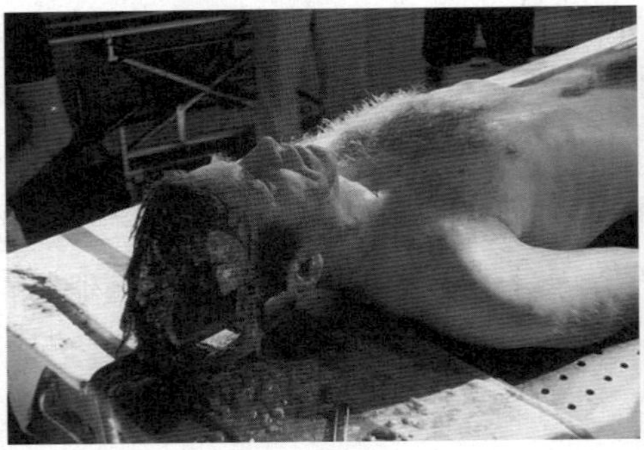

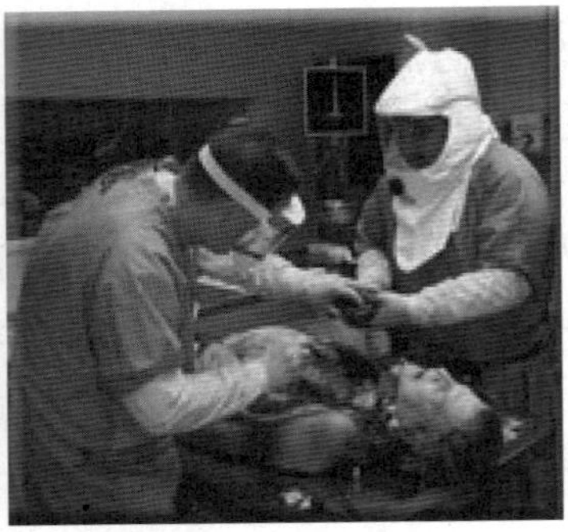

부검을 실시하는 장면(주로 가슴을 절개한 모습)

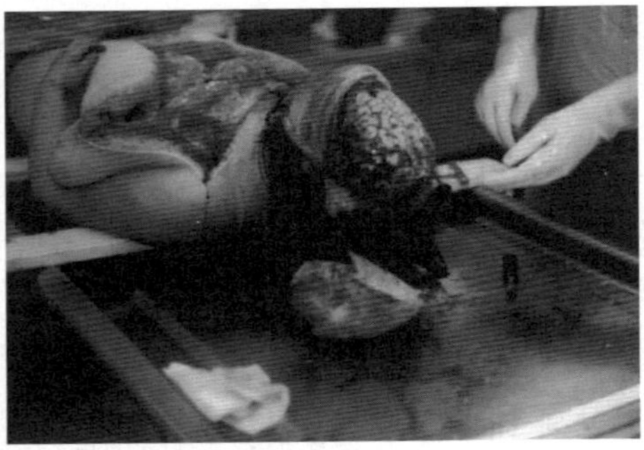

부검하기 위해 가슴과
두개골을 절개한 모습

그리고 체중과 같이 시체에 대한 일반적 관찰 결과를 우선적으로 기록한다. 시체 외부 표면에 대한 상세한 검사가 이어지며, 모든 부상 상태를 기록하면서 이를 완전히 묘사한다.

일반적으로 관찰 결과는 구술(口述)되며, 익일에 문자화된다. 시체 외부에 대한 조사가 이어지면서 병리학자는 시체의 내부를 자세히 확인한다. 시체 내부를 조사하는 동안, 모든 생리조직은 관찰되며 묘사된다. 물론 병리학자는 시체 내부의 상처나 부상을 기록한다. 병리학자의 판단에 따라서 조직의 샘플, 생조직, 뼈 그리고 다른 생리적 사항이 실험실에서 실험하기 위해 취득할 수 있다. 수사관은 발견된 사실들을 기록하기 위해 현장에 있어야 한다(Gilbert, 2001: 316).

부검은 부분적, 선택적 혹은 완전하게 할 수 있다. 그러나 대부분의 부검은 부분적이다. 이것은 사망 원인(예를 들면 머리 부분에만 상처 부위가 있기 때문에)을 파악하기 위해 신체가 일부분만 해부된다는 것을 의미한다. 선택적인 부검은 심장 혹은 뇌와 같이 특별히 신체의 한 부분만을 다룰 수 있다(Ramsland, 2001: 43).

(2) 부검의 연혁

사망 원인을 발견하기 위한 절차로서 부검을 활용했던 것은 로마의 카이사르(Gaius Julius Caesar)가 암살된 직후, 부검을 담당했던 로마의 의사 안티스티우스(Antistius)에 대한 역사적 기록에서 확인할 수 있듯 최근에 생겨난 것은 아니다. 그는 소집된 로마 원로원들에게 카이사르가 24군데나 찔렸으며, 그중의 하나는 치명적이었다고 공식적으로 보고했다(Gilbert, 2001: 42).

> 부검(剖檢, autopsy)은 "스스로 보기 위해(to see for oneself)"라는 뜻이다. 이것에 관한 가장 최초의 기록 가운데 하나는 기원전 44년 카이사르(Gaius Julius Caesar)에 대해 그의 사망 원인을 확인하기 위해 실시된 것이다. 그는 가슴 부위에 치명상을 포함해 24군데 칼에 찔렸다(Ramsland, 2001: 42).

어떤 형태의 사망에서 부검은 법률로써 위임되고 있으며, 다른 사망 상황에서 법의관(medical examiner) 혹은 검시관(coroner)의 재량의 영향을 받고 있다. 19세기까지는 살인사건 수사의 중요한 부분으로서 부검이 광범위하게 받아들여지지는 않았다. 그 이전 그리고 최근까지 계속해서 부검의 기본적인 목적은 사망에 관한 연구였으며, 특히 치명적인 질병이었다(Osterburg & Ward, 2000: 398). 최초로 광범위하게 공개적으로 법의병리학이 활용된 사건은 1888년에 일어났는데, 영국의 런던 수도경찰청 소속 수사관이 악명 높은 잭 더 라이프(Jack the Ripper) 사건을 수사하는 과정에서 여러 명의 살인사건 피해자를 부검할 병리학자들을 요청했을 때였다(Gilbert, 2001: 316).

(3) 부검의 실행

뺑소니사고로 사망한 어린이 사건의 경우 법의관(ME)은 도주한 차량을 확인할 수 있는 시체 위에 남긴 자국, 즉 자동차 번호판으로부터 두 글자가 멍으로 남아 있는 것을 살펴본다. 과학수사대는 종종 그들의 맡은 담당 사건을 위해 부검에 참여하고, 살인사건 수사관도 참여한다. 그런 식으로 그들은 그 사건에 대해 상의하고, 증거를 찾으면서 다른 사건 해결을 도와줄 수 있다. 수사관은 법의관을 위한 물품과 통상적인 것이 아닌 부가적인 절차를 위한 의뢰 목록을 갖고 있어야 한다. 부검 현장에 참석하면서 그들은 부검 중에 제기된 질문에 답할 수 있다. 그리고 증거의 안전한 송부를 도와줄 수 있다.

「최후 심판(Final Evaluation)」이라는 프로그램에서 발생했던 사건처럼, 종종 머리 부위만 사용하는 경우도 있다. 즉, 부상 패턴에서 사용된 흉기를 정확하게 파악하기 위해 두개골의 살은 삶아서 제거된다. 뼈에 아직 살이 붙어 있는 부패된 유해(遺骸)가 발견됐을 때, 인류학자들은 이런 방법을 사용한다. 그들은 세제가 들어 있는 용제를 사용하며, 세심한 주의를 기울여가면서 뼈를 분리해 낸다(Ramsland, 2001: 43).

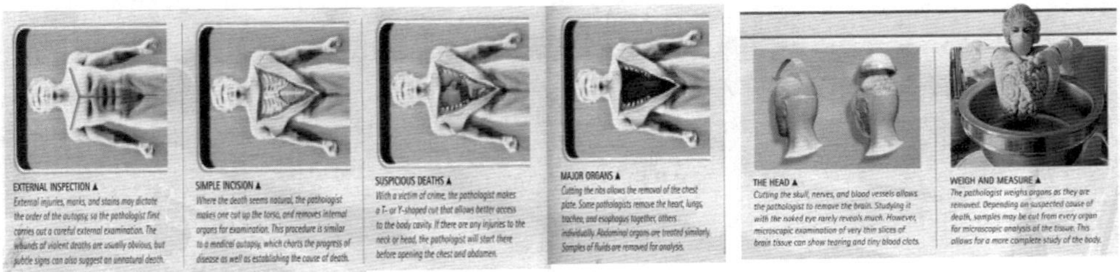

부검 실행 순서도

자료: Platt(2003: 34-35).

한국에서 시체에 대한 부검을 하는 경우, 실무상 시체에 대한 압수수색 영장을 발부받아 실시한다. 가족구성원들에게 항상 부검 사실을 통보해야 한다. 그렇다고 가족들로부터 승인을 받아야 하는 것은 아니다. 왜냐하면 어떤 종교에서는 이러한 절차를 금지하는 경우가 있기 때문이다. 이러한 절차가 진행될 것인지 여부는 좀 더 높은 공익과 의심스러운 사망사건을 관리하는 해당 지역의 법령에 달려 있다. 반대가 있더라도 어떤 사건들은 항상 부검이 이뤄진다.

법의관은 사망한 사람에 대해 그들이 갖고 있는 정보와 함께 사망을 둘러싼 모든 정황을 기록한다. 같은 형식으로 그들은 외부의 검사 결과를 기록할 것이다. 이것은 모든 물리적 특징을 기재하는 것을 의미한다. 그 부검이 완전히 실시되면 그들은 또한 사망원인을 진술하게 되며, 관련 서식에 서명하게 된다. 이것은 유족과 법정에 공식적인 서면으로 제출될 것이다.

액체 상태의 물질이 배수(排水)될 수 있도록 만들어진 강철로 된 부검 테이블 위에 심장과 폐와 같은 신체조직을 자르고 검사할 수 있는 소형 해부 테이블이 있다. 근처에는 제거된 신체조직의 무게를 잴 수 있는 저울이 달려 있다. 바닥에 있는 커다란 탱크는 흘러내린 액체를 모아둔다.

부검이 진행되기 전에, 시체에 대해 옷을 입은 상태(만약 발견될 당시 옷을 입은 상태였다면)와 옷을 벗은 상태 둘 다 사진 촬영한다. 혹은 더러운 상태와 깨끗해진 상태, 몸이 묶여진 상태와 몸이 풀려진 상태 둘 다 촬영한다. 예를 들면 어떤 피해자 A의 시체의 경우, 시체를 깨끗하게 한 후에 그녀의 상처와 사용된 탄환을 연관시켜 주는 증거를 확인한다. 그러고 나서 시체에 대해 X선을 촬영하고, 몸무게 측정, 지문 채취 그리고 신장을 잰다. 그리고 확인될 말한 표시들은 기록해야 한다.

종종 피부에서 잠재지문을 현출하기 위한 시도가 이뤄지지만, 그러한 것들은 빨리 사라질 수 있다. 문신과 화상을 포함해 과거의 상처와 새로운 상처들을 모두 기록해야 한다. 모발, 섬유와 같이 흔적증거들은 신체에서 그리고 손톱 밑에서 수집해야 한다. 심지어 손톱을 잘라내어 수집할 수 있다. 의복과 흔적증거와 함께 사체를 싸는 시트는 분석하기 위해 보관해야 한다. 피로 젖은 어떤 물건이라도 공기 중에 우선적으로 건조시킨다. 권총으로 자살한 의심스러운 사망사건에서 화약 잔류물을 채취하기 위해 사망한 자의 손을 면봉으로 잘 닦아낸다.

시체가 깨끗해지고 모든 장애물(의복, 교살하기 위한 매듭, 보석들)을 제거하고 나면 시체를 강철로 된 테이블에 등이 바닥에 닫도록 눕힌다. 종종 시체를 고정시키기 위해 머리 밑에 받침대가 설치되기도 한다. 그러고 나서 부검의는 Y자형 절개로 알려진 것을 실시한다. 그것은 신체 안쪽으로 어깨에서 어깨 쪽으로 흉골(sternum)까지 만나도록 자르는 것을 말한다. 그러고 나서 복부 아래쪽으로 수직이 되게 샅(groin, 해부학적 용어) 안쪽으로 자른다. 이렇게 되면, 시체의 내부 장기가 노출돼 용이하게 접근할 수 있게 된다. 갈비뼈(ribs)와 쇄골(collarbone)을 가로질러 자를 수 있는 톱이나 나뭇가지 절단용 칼이 사용된다. 그래서 신체 장기들을 덮고 있던 갈비뼈가 한 조각으로서 부드러운 신체 내부 장기로부터 떼내어진다.

만약 상처 부위나 몸에 박혀 있는 탄환에 관한 X선 사진이 있으면, 법의관은 이것을 가이드로 사용한다. 왜냐하면, 탄환이 들어간 경로(탄도)를 추적해야 하기 때문이다. 다음 단계는 혈액형을 확인하기 위해 심장에서 혈액 샘플을 채취한다. 그리고 신체 장기를 하나씩 꺼낸 뒤 그것들의 무게를 측정한다. 만약 장기나 조직에 액체가 있다면 그것은 샘플용으로 배출한다. 그러고 나서 섭취된 내용물을 분석하기 위해, 복부와 내장들을 쪼개어 연다. 샘플들은 실험용으로 떼어낸다(Ramsland, 2001: 44-45).

3) 부검 시스템과 부검 의사의 역할

(1) 검시관과 법의전문의 시스템

사망사건 수사보다 의학적 전문(medical expertise)에 좀 더 의존해야 하는 다른 유형의 수사는 없다. 비록 의학적 전문 감정이 다른 영역에서 중요하다고 하지만, 죽음을 둘러싼 생리적 환경들은 내과 의사로 하여금 특별한 지식과 훈련을 필요로 한다. 이러한 의학 분야를 전공한 의사는 법의병리학자(forensic pathologist)로 일컬어진다(Gilbert, 2001: 315). 병리학자는 신체의 조직 혹은 기능에서 비정상적인 변화에 관한 연구에 대해 수년 동안 추가적으로 전문화된 훈련을 받고 면허를 취득한 의사다. 부검 절차의 전문가인 병리학자는 사망 원인을 판단하는 데 완전한 자격을 갖추고 있다. 한국의 경우(2021년 11월 현재), 부검할 수 있는 의사는 이미 은퇴한 법의학자까지 포함해 전국 50여 명이 전부이며, 이 가운데 35명이 국과수 법의관으로 활동하고 있다.[27] 질병의 효과나 영향을 연구하기 위해 부검을 실시하는 병원의 병리학자와는 달리 법의병리학자는 사망의 원인, 방법 그리고 사망의 재구성적 측면을 판단하기 위해 의료적·법률적 부검을 수행하는 사람들이다.

사망의 성질과 원인을 법률적으로 판단하기 위해 수사관에게 활용 가능한 두 가지 시스템이 있다. 그중 하나는 검사관 시스템으로서 가장 일반적인 형태다. 다른 하나는 법의전문의(medical examiner: ME) 시스템으로서 좀 더 최근에 도입·활용되고 있는 시스템이다(Gilbert, 2001: 315).

검시관(檢視官) 시스템은 원래 영국에서 유래된 제도이며,[28] 거의 12세기경부터 활용되기 시작해 최근까지 미국 전역에서 광범위하게 사용되고 있다.[29] 검시관은 보통 의학적 배경 지식이 없는 사람들 가운데 선출된 공무원이다. 비록 검시관실(office of coroner)이 사망에 관한 경찰 수사를 침해하거나 제한하지는 않지만, 검시관은 사건에 관한 종국적인 판단에서 포함될 수 있는 고려할 만한 영향력을 갖고 있다.

한편 법의전문의, 법의관 시스템은 주로 1877년 미국의 마사추세츠에서 유래됐다. 영국의 검시관 제도가 미국에서 변형, 발전된 것으로서 검시관 대신 훈련된 법의병리의사가 검시를 전담해 독자적으로 현장조사에서부터 검안과 부검은 물론 필요한 경우 증

---

27) 청년의사, [기획]어느 날 '부검하는 의사' 법의학자가 사라진다면?, (2021.09.06.). (2021.11.01. 검색), http://www.docdocdoc.co.kr/news/articleView.html?idxno=2014238

28) 영국과 더불어 싱가포르, 인도의 대도시 등에서 실시되고 있다(同旨 문국진, 1990: 75).

29) 캐나다의 경우, 일부 주(州)에서는 법의관 시스템, 다른 주에서는 검시관 시스템 등 혼용되고 있다.

인 신문을 통해 죽음을 판단, 처리하는 제도다(문국진, 1990: 78). 이러한 시스템은 여러 지역에서 구식(舊式)이 된 검시관 시스템을 대체했다. 그리고 일반적으로 대도시 관할 경찰관서에서 활용된다. 법의전문의(ME)는 법의병리학자들인 바, 이들은 전통적으로 검시관에게 위탁된 임무들을 수행하는 사람들이다. 왜냐하면 법의병리학자들은 사망사건 수사에서 전문적으로 훈련을 받은 의사들이기 때문에 사망에 대한 조사가 좀 더 정확하다고 추정되고 있다(Gilbert, 2001: 316).

(2) 부검 의사의 역할

의심스러운 사망사건에서 이러한 피해자의 시체 해부를 통한 조사는 자격이 있는 의사, 일반적으로 이 분야를 전공한 외과 의사가 실시한다. 이러한 의사들은 사망의 원인을 판단하는 전문가들이다. 만약 부검 의사가 사망의 성질이 자연적, 사고적 혹은 자살에 의한 것이라고 보고하고 있다면 그때에 사망사건은 범죄에 의한 살인사건으로 분류되지 않는다. 어떤 사망이 범죄적 행위에 기인한 것이라고 부검을 실시한 의사가 보고하고 있다면, 그 살인사건은 수사의 대상이 된다. 비록 수사관이 사망 원인에 관한 부검 의사의 전문적 결정에 기여할 수 없다고 하더라도, 수사관은 사망 원인에 이용된 수단과 관련된 정보를 제공함으로써 그러한 부검 의사를 도울 수 있다.

살인사건 수사에서 미국의 주도적인 실무 관행은 그 당시에 경찰에게 알려진 사건들에 관한 모든 사실을 알려주는 리포트를 부검 의사들이 요구할 수 있도록 하고 있다. 여기에는 범죄 현장에 관한 상세한 사항들, 가능한 무기 그리고 사망과 관련된 다른 사실들이 포함된다. 부검 의사는 사망을 야기한 범죄적 행위에 범인을 연관시키는 일에 관여하지는 않는다. 이것은 수사관의 역할이다. 살인사건에 대한 수사는 다음 네 가지 전통적인 질문에 대한 답을 찾는 것에 기초하고 있다(Weston et al., 2000: 217－218).

- 사망 원인이 무엇인가?
- 사망을 야기한 수단은 무엇인가?
- 그 살인사건이 정당화되거나 변명의 여지가 있는가?
- 사망을 야기한 것에 누가 책임이 있는가?

부검 의사에게는 사망 원인에 관한 중요한 질문에 답변하는 것에 중요한 책임이 있다. 부검 의사와 경찰수사관은 사망에 관한 매개자 그리고 그 매개자가 범죄자인지, 변명이 될 만한 것인지 혹은 정당화될 수 있는 것인지를 찾기 위해 함께 일한다.

또한 부검 의사는 다음과 같은 수사상의 의문 사항에 대해 답을 제시한다. 그래서 그러한 사망이 자살, 사고사 혹은 범죄에 의한 것인지를 밝혀낼 수 있다(Osterburg & Ward, 2000: 397-398).

- 격투를 벌인 흔적이 있는가?
- 상처들이 피해자 스스로에 의해 생긴 것인가? 상처가 시작되는 장소, 화약의 유형 그리고 피해자의 신체로 발사된 탄환의 궤적 등은 이러한 내용을 판단하는 데 중요한 요소다.
- 상처를 야기한 무기의 위치가 어디인가(혹은 다른 대상물)?
- 자살과 관련된 메모나 노트가 있는가? 그것은 사망자 자신의 필적 혹은 프린트된 것인가? 증거의 입증될 만한 가치뿐만 아니라 사망사건이 범죄행동의 결과인 사건에서 부검은 상세한 정보를 밝혀준다. 이것은 수사관으로 하여금 법의병리학자의 도움을 받아가면서, 범죄를 재구성할 수 있는 기회를 가질 수 있도록 해 준다.

법의관은 종종 살인사건 현장을 재구성하는 데 도움을 준다. 그리고 그러한 살인사건이 일어나기 전 혹은 살인사건이 저질러지는 동안에 무엇이 일어났는지 판단하는 데 도움을 준다. 그들의 조사는 사망의 원인에 이르도록 한 상황을 판단할 수 있도록 혹은 시체의 상태가 사망의 원인과 일치되는지 여부를 증명해 주는 쪽으로 연결된다. 살인사건 수사관과 법의검시관 혹은 법의관은 반드시 팀으로써 활동해야 한다. 그리고 살인사건 현장에서 무엇이 실제로 일어났는지를 포함할 수 있는 자료들을 서로 교환할 수 있어야 한다(Palmiotto, 2004: 210).

범죄 현장을 수색하는 수사관과 증거 수집 전문가는 검시관, 병리학자 그리고 독성학자가 갖고 있는 전문적인 식견보다는 부족하다. 그래서 살인사건에서 현장 수색 수사관에 의한 피해자에 대한 어떠한 조사도 단지 표면적일 수밖에 없다. 많은 법의관과 검시관은 시체 부검 과정에서 한 부분이 될 피해자의 의복에 대한 조사를 고려해야 한다. 그리고 의복을 주의 깊게 조사하기 위해 사망한 자의 중요한 신체기관을 동일한 실험실 요원들이 처리할 것을 요구한다. 그런데 만약 지역의 부검 담당 의사가 사망 당시에 사망한 피해자에 의해 찢어진 의복의 조사를 원하지 않는다면 혹은 그렇게 할 적당한 시설을 가지고 있지 않다면, 의심스러운 사망 사건(變死)이 경찰의 과학수사실험실에서 조사가 실시됐음을 확인하는 것은 경찰수사관의 임무다(Weston et al., 2000: 33).

4) 범죄 현장의 확장으로서 부검

살인사건에서 피해자에 관해 실시된 부검은 범죄 현장의 확장이라고 할 수 있다. 부검은 단서를 찾을 수 있는 추가적 기회와 수사에서 유용한 증거를 제공한다. 조금 좁은 범위로 이것은 또한 강간사건 혹은 다른 성폭행사건에서 발생한 피해자의 상처 혹은 부상에 관한 의학적 입증에도 적용된다.

이러한 시체 부검을 통해 발견된 것들은 통상적으로 충분히 명백하다. 그리고 사망 시의 정황을 정확하게 복원할 수 있을 정도로 적절히 상세하다. 부검보고서는 통상적으로 수사관에게 다음과 같은 자료를 제공한다.

- 사망 시점의 근사치
- 사망을 야기한 부상의 성질
- 발견된 다른 증거들 혹은 만성 질병 혹은 사망의 증거
- 사망을 야기한 무기류 혹은 물질
- 시체가 사후에 이동됐는지 여부
- 만약 있다면, 혈중 알코올의 수준
- 위장(胃腸)의 내용물: 피해자가 마지막 음식을 섭취한 시간과 피해자가 사망한 시간 간의 간격을 알려주며, 무엇을 먹었는지 알 수 있다.30)
- 여성 피해자인 경우에 강간 혹은 임신에 관한 징후; 피해자가 남성인 경우에, 성적 이상자 여부에 관한 징후
- 혈흔, 모발 혹은 다른 흔적의 증거가 피해자의 것이 아니라는 것 등을 보여준다.

법의학 전문가에 의해 확인된 증거에는 살인사건 피해자로부터 제거된 탄환, 용의점이 있는 무기와 관련된 치명적인 상처의 비교, 사망을 야기한 독물의 확인 혹은 피해자의 손톱 밑에 남아 있는 긁힌 흔적 물질, 그리고 사망한 자의 의복에서 발견된 물질의 감식에 대한 자료가 포함된다. 이것에는 수색 절차가 필요하기 때문에 피해자는 아마도 범죄 현장의 확장으로 고려될 수 있다(Weston et al., 2000: 34).

30) 치과 의사 모녀 살해사건 수사 과정에서 이와 같은 방법을 동원해 피해자의 사망 시점을 판단하려고 시도한 바 있었다.

5) 시체에 대한 조사

(1) 시체에 대한 외부조사

시체에 대한 외부조사는 전체적인 법의학적 부검의 중요한 부분이다. 법의학자는 또한 고인(故人)의 의복, 무기를 확인하고자 한다. 상처 자국 혹은 문신과 같이 신원 확인을 수월하게 해 주는 상세한 내용을 제시하면서 시체에 대한 외부조사는 또한 사망과 관련된 상황－무슨 일이 벌어졌는가, 어떻게 그리고 언제 일어났는가 그리고 사망 후에 시체가 이동됐는지 여부 등－을 연역적으로 재구성하는 데 필요한 정보를 제공해 준다(Osterburg & Ward, 2000: 399).

(2) 시체에 대한 내부조사

시체에 대한 내부조사는 조직들(organs), 세포조직 그리고 액체를 제거하기 위해 시체를 절개(일반적으로는 머리 가죽, 가슴 그리고 복부)하는 것과 관련된다. 전체적인 육안 검사를 실시하면서 다양한 샘플이 현미경을 통한 그리고 독성학자에 의한 화학적 분석을 위해 추가적인 연구용으로 취득된다. 테스트 결과와 외부조사를 통해 사망의 원인과 방법에 대한 전문가 의견 작성이 허용된다. 그런데 이를 통해서도 종종 사망의 원인이 판단되지 않을 수 있다(Osterburg & Ward, 2000: 399).

3. 심리학적 부검

심리학적 부검(psychological autopsy)은 사망한 자의 심리적 측면에 초점을 맞춘 것이며, 사망의 특성을 명확히 하기 위한 절차를 다룬다. 주요 기능은 사망이 자연적인 것인지, 사고에 의한 것인지 혹은 살인에 의한 것인지를 정확하게 판단하기 위한 것이다. 심리학적 부검은 정확한 자료를 충분하게 제공할 수 있는 사자(死者)의 행위와 행동 그리고 특성을 알고 있었던 사람들을 인터뷰함으로써, 사자의 의도를 재현해 보기 위해 시도한다. 응답자와 함께 신뢰감이 형성돼야 하며, 질문은 상세해야 한다. 인터뷰 절차의 모든 상세한 내용은 법의검시관 혹은 법의관과 함께 평가해야 한다.

심리학적 자료는 법의검시관 혹은 법의관의 기록 속에 포함해야 한다. 행동과학자도 마치 화학자나 물리학자가 갖고 있는 기술처럼 활용해야 할 기술을 갖고 있어야 한다. 행동과학자는 살인사건 수사관에게 용의자의 의도를 평가하기 위해 사용될 수 있는 단서들에 대해 또한 조언을 할 수 있다. 심리학적 부검은 아마도 생존자들에게 치료법상의 가치를 갖고 있다. 생존자 또는 피해자들과 함께 할 수 있는 치료법은 사고 후 개입(postvention)이라고 부른다. 인터뷰를 실시하는 자는 반드시 유족의 감정적 애로 사항을 알아야 하며, 그들의 정신건강에 대해 염려할 수 있어야 한다(Palmiotto, 2004: 217-218).

다음의 몇 가지 범주는 종종 심리학적 부검에 포함할 수 있는 사항이다(Palmiotto, 2004: 217-218).

- 피해자를 확인할 수 있는 자료(성명, 연령, 주소, 혼인 상태, 종교적 활동, 직업 그리고 다른 상세한 내용들)
- 사망에 관련된 상세한 내용들(원인 혹은 방법을 포함해, 다른 타당한 상세한 내용들)
- 피해자의 이력에 대한 개략적인 내용(형제 관계, 결혼, 병력, 의학적 조치, 심리적 치료, 자살 시도 사례)
- 피해자 가족들의 사망 관련 이력(자살, 암, 다른 치명적인 질병, 사망 시 연령 그리고 다른 상세한 것들)
- 피해자의 인격 및 생활 스타일
- 스트레스, 감정적 혼란 등에 반응하는 피해자의 전형적인 패턴 그리고 심리적 불안정 기간 등
- 최근의 심리적 혼란(며칠 전부터 몇 년 전까지), 압력, 긴장 혹은 고통에 대한 예상
- 피해자의 일상생활 전반과 사망에 대한 알코올 혹은 약물의 역할
- 피해자의 인간적 관계의 특성
- 환상, 꿈, 사고(思考), 예감 혹은 사망이나 사고(事故)에 대한 피해자의 공포
- 사망하기 전 피해자에게 나타난 변화(습관, 취미, 음식 섭취, 성적인 패턴 그리고 다른 일상적인 활동)
- 피해자의 '삶의 한 측면'에 관한 정보(상승, 성공, 계획)
- 피해자의 의도에 대한 평가
- 치명적인 것에 대한 등급 분류
- 피해자의 사망에 대한 정보원(情報員)의 반응
- 언급, 특별한 용모 등

4. 사망 시점 확인하기

1) 살인사건과 사망 시점의 확인

살인사건 수사에서 시간(time), 즉 사망 시점의 확인은 대단히 중요한 요소다(Palmiotto, 2004: 210; Weston et al., 2000: 219). 사망 시간을 추정하기 위해 쓰이는 일반적인 요소에는 체온, 사후 경직, 시반, 안구의 양상, 위장 내용물, 부패의 단계, 피해자의 일상 과정에서 변화를 암시하는 증거가 있다(Bennett & Hess, 2004: 230).

만약 사망의 원인이 살인사건이라면 시체 주변의 모든 지역이 사망 시점을 판단하는 데 중요하다. 범행 현장에서 살인범은 피해자의 사망 시점에 그 장소에 있었음에 틀림없다. 만약 살인사건의 시간을 추정할 수 없다면, 자백이나 유죄를 이끌어 내는 데 매우 어려움을 겪게 될 것이다. 특히 다른 목격자들이 없을 때, 살인사건에서 사망 시점은 수사상 아주 중요한 단서 중의 하나가 된다. 피해자의 사망 시점을 성공적으로 판단하면 살인범의 유죄를 입증할 수 있으며, 알리바이를 깨고 혹은 심지어 용의자를 배제할 수 있다(Lyman, 1999: 270).

사망 시점을 판단하는 것은 모든 살인사건 수사에서 시도해야 한다. 이러한 사실은 알리바이를 증명하거나 다투는 경우에 혹은 사망하기 이전에 피해자가 이동한 사실을 확인하는 데 수사상 중요하다(Gilbert, 2001: 303).

만약 사망한 피해자가 다른 어떤 사람과 그 사망 시점을 전후해 약속을 했다면, 시간은 중요한 단서가 될 수 있다. 게다가 절대적 기회인 경우에 오로지 어떤 사람들만이 피해자와 함께 있었다면 남편이나 부인, 남자친구들 혹은 여자친구들 등등이 용의자가 될 것이다(Lyman, 1999: 270).

생명에 관계되는 시간 혹은 종료 시점, 목격자(살해 장면을 본 사람, 혹은 피해자가 살아 있는 것을 마지막으로 본 사람 혹은 범죄를 발견하고 신고했던 사람)의 법정 증언에서부터, 피해자가 발견됐거나 혹은 조사됐을 때 피해자의 신체 조건에 관한 부검 의사의 법정 증언에 이르기까지 시간의 범위를 확인하는 방법들을 통해 일반적으로 사망 시점을 알 수 있다(Weston et al., 2000: 220).

사망 시점을 판단하는 것은 정확한 과학은 아니다(Gilbert, 2001: 303). 사망한 순간에서부터 그 사망사건을 조사한 시점까지 경과된 시간을 정확하게 확인할 수 있는 방법은 없다. 사망 시점을 정확하게 결정하는 것은 거의 불가능하다. 그러나 법의검시관 혹은 법의관이 그러한 사망 시점을 대략적으로 추정, 계산할 수 있는 방법을 제시하고 있다(Palmiotto, 2004: 211). 즉, 5시간 이내에는 그러한 추정이 종종 정확하게 계산될 수 있다. 사망 시점은 일반적인 고의 살인사건에서보다 고의가 없는 살인사건(man-slaughter)에서는 더 정확하게 결정된다. 목격자가 없는 경우에, 법의병리학자는 가능한 한 많은 요인에 근거해 사망 시점을 추정한다. 신체조직의 경직 상태, 시체의 온도 그리고 이러한 목적을 위해 다른 요소들이 활용된다(Osterburg & Ward, 2000: 403). 사망 시점을 정확하게 판단하기 위한 다양한 방법이 의사들에 의해 최근에 활용되고 있다(Gilbert, 2001: 303).

- 사후의 시반(postmortem lividity)
- 시체의 경직 상태(rigor mortis)
- 부패 상태(putrefaction)
- 시체의 온도의 냉각 비율
- 일반적인 신체상의 여러 징후(indicators)

시체의 물리적 변화로부터 사망 시점을 추정하는 것은 대단히 어렵다. 그런데 다음과 같은 정보는 수사관으로 하여금 좀 더 근접한 근사치를 판단하는 데 도움을 줄 수 있다(Palmiotto, 2004: 210).

- 그 개인이 마지막으로 생존한 상태로 모습을 보인 것은 언제인가?
- 그 시간에 그 사람은 무슨 옷을 입고 있었는가? 그 혹은 그녀가 지금 입고 있는 착의 상태가 같은가?
- 그 복장이 그 사람의 활동과 일치하는가?(예를 들면 그 사람이 빨간색 실내복 차림으로 주차장 벤치에서 죽은 채로 발견됐다면, 주위 사정에 부합되지 않는다 할 것이다.)
- 옥내에 전등/TV/라디오가 켜져 있는가? 난로/에어컨이 작동 중이었는가? 가장 최근의 어떤 날에 그 신문이 발견됐는가? 만약 편지가 우체통에서 발견됐다면 우표의 소인이 찍힌 마지막 날짜가 언제인가? 그 집은 안전했는가? 강제로 그 집에 침입한 흔적이 있는가?
- 외부에서 피해자가 살아 있는 것으로 마지막으로 목격됐을 때와 시체가 발견됐을 시간 동안에, 기상 상태(강수량)와 온도를 확인할 수 있는 사진 등 자료를 확인한다.

그뿐만 아니라 살인사건에서 사망 시간은 실제 살인행위와 함께 범죄 이전에 발생한 사건을 연결시켜 준다. 이러한 시간상의 연속성과 관련된 중요한 질문은 다음과 같다.

- 치명적인 폭행이 일어날 시점에, 피해자는 무슨 행동에 관련돼 있었는가?
- 사망 직전에(24시간에서 48시간 그리고 더 오래 만약 근거가 있다면) 무슨 행동이 피해자를 끌어들였는가?

살인사건 수사를 시작하는 단계에서 유일하게 확실한 시간 요소는 범죄가 발견된 시점이다. 사건의 이러한 측면에 대해 선서하고 증언할 수 있는 목격자는 자신의 관심 혹은 의심을 처음 불러일으켰던 정황에 대해 질문을 받게 된다. 그리고 사건의 시점, 어떻게 목격자가 피해자를 발견했는지, 만약 피해자가 사망한 채로 발견됐다면 피해자를 발견한 시점 그리고 이러한 발견을 경찰에 신고한 상황과 시점에 대해 주의 깊게 질문을 받게 된다. 살인사건 수사가 계속되면서 치명적인 공격이 가해지기 전에 사망한 피해자와 사적(私的)으로 혹은 전화로 대화를 나눴던 목격자들이 확인된다. 그러한 목격자들은 대화 내용과 그 시간에 관해 정보를 제공할 수 있다. 종종 피해자가 사망 시점 이전에 혹은 시점에 관련됐던 행동에 합리적 한계 내에서 시간이 맞춰질 수 있다. 이것은 특히 직장과 계획된 오락 장소에 이동하는 것처럼 평소의 습관적인 행동들에 해당한다. 피해자의 마지막 시간을 재구성하는 데 사망 시점에서 범죄가 발견된 시점까지 순서대로 차례차례로 한 사람씩 추적할 수 있다.

- 누가 피해자와 마지막으로 접촉한 자였는가?
- 피해자가 마지막 방문한 장소가 어디였으며, 사망 현장에 나타나기 전에 어디에 물리적으로 존재했는가?
- 피해자를 마지막 본 이 사람이 피해자가 어디서 왔는지, 그리고 이 시간 전에 누구를 봤는지에 대한 정보를 제공할 수 있을까?
- 사망 현장에 존재하기 직전에 피해자를 마지막으로 본 장소에 있던 사람이 이번 시간 전에 피해자가 어디에 있었는지에 관한 정보를 제공할 수 있을까?

정보를 제공할 수 있는 목격자의 법정 증언에 의해 가능한 한 가깝게 사망 시점을 '정하기' 위해 살인사건 수사관은 범죄를 저지른 자동차 운전자가 피해자를 돕지 않거나 혹은 그 사건을 경찰에 신고하지 않은 채, 사고 현장에서 도주하는 뺑소니사건들에 개발된 전술을 채택해 왔다. 뺑소니사건 수사 임무가 할당된 수사관은 목격자를 찾기 위해 규칙적으로 사고 현장에 돌아간다. 그들은 사고가 있었던 그날의 같은 시간에 그 주(週)의 같은 요일에 사고 현장에 돌아간다. 수사관은 지나가는 사람과 거주자 혹은 확인되지 않았던 그리고 이전에 인터뷰를 하지 않았던 범죄 현장 인근에 있는 가게 주인들에게 물어본다.

이러한 방식으로 확인된 목격자들은 치명적인 공격과 관련된 정황을 목격했던 그 사건에서 중요한 항목의 직접 증거를 제공할 수 있을 것이다. 사망 현장과 그 이웃 주변에 대해 재방문을 하는 요원은 피해자가 마지막으로 생존한 시점에 관한 다른 증거를 보충해 줄 수 있는 목격자를 발견할 수 있다. 그리고 범죄가 발견돼 신고된 혹은 심지어 새로운 사망 시점을 발견하게 된다(Swanson et al., 2000: 200-221).

신체상의 중요한 기능이 멈추게 되면서 사망이 일어난다. 이러한 것에는 호흡 기능과 순환 기능이 포함된다. 게다가 수사관들이 관찰해야 할 중요한 신체상의 변화는 다음과 같다.

2) 시반

일단 피해자가 죽으면, 동맥과 정맥을 통한 혈액의 순환이 정지된다. 시체가 자리를 잡게 되면, 혈액이 신체의 낮은 부분의 모세혈관으로 쏠림으로써 입술과 손톱의 색깔이 없어진다. 그때에 혈액은 산소가 없어지면서, 붉은색에서 검은 자줏빛으로 변하게 된다. 이것은 시반(屍斑, postmortem lividity, livor mortis, lividity 시체 색깔/얼룩, 시체 얼룩, lividity)의 형성이 시작되는 것이다(Lyman, 1999: 270).

시반은 심장의 정지와 신체에 흐르는 혈액의 정지 결과로 인해 나타난다(Gelbert, 2001: 303). 시체의 얼룩은 심장의 펌프작용이 중지됨으로써 생기며, 이로 인해 혈액의 붉은색과 백색의 세포들이 분리된다. 그렇게 되면 붉은색 세포는 낮은 부위로 가라앉는다(Ramsland, 2001: 34). 즉, 사후의 시체 색깔인 시반은 푸르스름한 자줏빛 색깔을 묘사하는 의학상의 용어다. 신체의 밑바닥 쪽에서 사후에 나타나는 것이다. 다시 말하면, 자주색의 시반(lividity stain)은 밑바닥과 시체가 접하는 곳에서 발생하는 것이다. 시체가 놓여 있는 표면에 가장 가까운 신체 부분에 있는 피부 밑에서 형성된다(Lyman, 1999: 272). 그래서 신체의 가장 아래쪽 표면에 있는 피부 밑에서 약간 거무스름하게 변색된 것처럼 보인다(Swanson et al., 2000: 240). 시반(시체 얼룩)은 전형적으로 진한 푸른색 혹은 자줏빛을 띤 변색으로 나타난다. 그러나 사망의 원인에 따라서는 또한 붉은빛을 띠기도 한다.

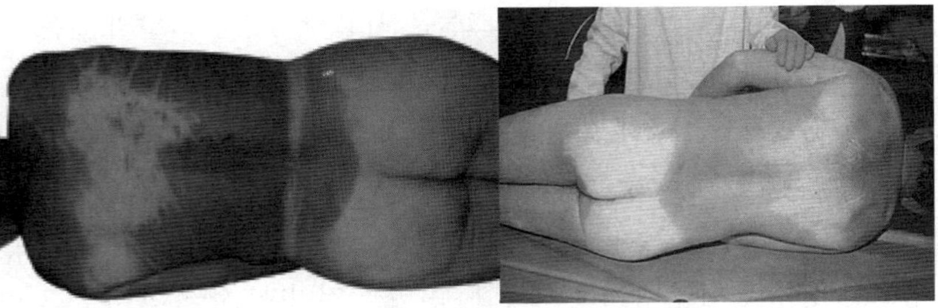

사후 시반의 다양한 형태[31)]

피해자의 신체적인 조건과 사망하기 전 흘린 혈액의 양과 같은 그러한 많은 요소가 시반(屍斑)의 시작과 그 비율에 영향을 미칠 수 있다(Gilbert, 2001: 303). 시반 색깔의 농도(intensity: 완성되는 시점에서는 밝은 적색에서 어두운 적색으로 변한다)는 사후 시간을 암시하는 요인이 된다(Palmiotto, 2004: 211).

살아 있는 사람들의 혈액은 심장 근육으로부터 어느 정도의 압력하에 신체의 모든 부분에 걸쳐 순환하지만, 죽은 사람의 심장 압력이 거의 제로(零)로 떨어지면, 중력은 혈액세포를 혈액순환계 관의 밑쪽으로 가라앉게 한다(Osterburg & Ward, 2000: 400). 혈액은 중력에 반응하면서 아래쪽으로 가라앉게 되며, 신체의 가장 낮은 부위까지 결국은 바닥까지 맨 아래쪽으로 내려간다(Gilbert, 2001: 303). 즉, 혈액은 중력 때문에 신체의 낮은 지점, 낮은 부분으로 쏠려서 자리를 잡게 된다(Lyman, 1999: 272). 피부의 변색은 혈액이 지면 수직 쪽으로 가라앉는 현상에 의해 생긴다. 이러한 시반 현상은 사망한 지 사후 30분 후부터 생성되기 시작하고 명확해진다(Osterburg & Ward, 2000: 400). 그것은 혈액의 응고 때문이다(약 3~4시간 정도 걸린다). 시반이 '고정(fix)'되기까지는 약 8~12시간 정도 소요된다(Palmiotto, 2004: 211). 시반은 일반적으로 사망한 시점에서부터 3시간이 지나면 자리를 잡게 된다. 그리고 10시간이 지나면 고정된다(Gilbert, 2001: 303).

한편, 이러한 조건에 익숙하지 않은 경찰관은 이와 같은 시반이 폭행에 의해 형성된 것으로 잘못 결론지을 수 있다. 그런데 시반으로 형성된 시체 얼룩과 폭행을 가해 생긴

31) 사망하면 상대적으로 무거운 혈구 성분이 아래쪽 혈관으로 이동하게 되고, 이때 피부의 작은 정맥과 모세혈관에 모인 적혈구가 피부 밖으로 비쳐 보이는 것이 시반이다. 누운 상태에서는 등쪽으로, 서 있는 상황이면 다리쪽으로 적혈구가 이동하게 되며, 사망한 사람의 혈관을 따라 가라앉은 적혈구가 피부 모세혈관에 모여서 우리의 눈에 빨갛게 혹은 어두운 빨간색(혹은 보랏빛 혹은 붉은 보랏빛)으로 보이는 형태다(http://ycutcadavers.com/forensic-pathology/(2015.01.23. 검색).

시퍼런 멍(bruise)처럼 변색된 것 간에는 서로 구별되는 특징이 있다. 멍(피하출혈)은 상처 주변에 부풀어 올라 있거나 피부가 벗겨지는 등의 찰과상을 갖고 있다. 그러한 반면에 시체 얼룩의 경우에는 그렇지 않다. 피하출혈의 색깔은 다양하게 나타날 수 있는데, 검은색 혹은 푸른색, 노란빛이 도는 초록색 빛, 기타 등등이다. 그러나 시체 얼룩의 색깔은 한 가지 색으로 통일적으로 나타난다. 마지막으로 피하출혈은 시체의 여러 군데에서 발견할 수 있으나, 시체 얼룩은 혈액이 완전히 응고되기 전에 만약 시체가 이동되지 않았다면 지면(地面)과 가장 가깝게 닿아 있는 피부에서만 볼 수 있다(Swanson et al., 2000: 240).

시반은 그 상태에 따라서 종종 시체가 옮겨졌는지 여부를 판단하는 데 도움을 주는 중요한 단서가 될 수 있다(Lyman, 1999: 272). 이것은 상당히 신뢰할 만한 요소인 바(Palmiotto, 2004: 211), 시반을 판단하는 것은 또한 사망한 피해자가 다른 사람에 의해 이동됐는지 여부를 확인하는 데 중요하다. 예를 들면 만약에 피해자(사망자)가 등을 바닥에 대고 반듯하게 누운 채로 발견되면, 시체 얼룩이 등 쪽에서 발견될 것이다. 오히려 만약 이러한 얼룩이 그 밖의 신체 다른 부위에서 혹은 시체 전면부에서 확실하게 나타났다면 이것은 사망한 후 시체가 이동됐다는 것을 의미하며(Ramsland, 2001: 34), 신체를 자연스럽지 않은 방법으로 이동시켰다는 결론에 도달할 수 있다. 즉, 다른 사람에 의한 속임수가 게재됐을 가능성을 엿볼 수 있다(Gibert, 2001: 34).

심지어 시체가 그 후에 움직였더라도, 그 혈액이 순환하기 시작했던 그 자리에 남게 된다. 시반 표시가 시체의 윗부분 그리고 측면 부분에서도 볼 수 있다면, 사망한 후에 시체가 움직여졌다는 추론이 가능해진다(Osterburg & Ward, 2000: 400). 만약 시체가 배를 바닥에 깔고 엎드려져 있는 상태인데 시반이 등쪽에 나타나 있으면, 이것은 시체가 한 번 뒤집어졌을 것이다. 만약 시체가 이동됐다는 것으로 판단되면 수사관은 다른 경찰관에게 왜 그 시체가 뒤집어졌는지에 대해 물어봐야 한다. 일반적으로 말하면 시반이 12시간 동안 자리를 잡은 후에는 색깔에서 시체가 옅어지지 않으며, 변화되지 않은 채로 있게 된다(Lyman, 1999: 272). 얼룩이 진 피부를 눌러서 만졌을 때 하얀색을 띠게 되면, 이것은 시체 얼룩이 아직 영구적으로 형성되지 않았음을 의미한다. 그리고 사망한 지 두 시간 이상은 지났을 것이지만 아직 10시간 이상은 지나지 않았음을 의미한다(Ramsland, 2001: 34). 또한 출혈을 많이 한 경우에는 변색이 되지 않을 수 있다. 아쉬운 점은 시반에 의한 사망 시점을 추정하는 것은 정확하지 않다는 점이다. 그러한 것은 단지 수사관에게 대략적인 것만을 제공할 수 있을 뿐이다.

따라서 시반(시체 얼룩)은 다음 세 가지 관점에서 매우 중요하다.

- 다른 요소들과 함께 고려된다면, 그것은 사망 시점을 추정하는 데 도움이 된다.
- 피부가 틀림없이 느슨해져 있고, 확인될 만한 시반 색깔에도 불구하고 피부가 어떤 표면, 물건 혹은 심지어 접혀진 옷 부분에 대해 붉은색을 띠지 않기 때문에, 이런 경우 시체 얼룩을 통해 시체가 움직여졌는지 혹은 심지어 사망 후에 조금이라도 어지럽혀졌는지를 알 수 있다. 시체가 발견되기 전 혹은 발견될 시점에 범죄 현장에서 정확한 측정, 스케치 그리고 사진 촬영이 이뤄져야 하는 이유다.
- 피부의 정확한 색깔은 사망의 원인을 암시해 줄 수 있다. 즉, 시체 얼룩의 색깔이 자줏빛을 띠지 않고 오히려 체리색처럼 붉은색을 띨 경우에는 일산화탄소 중독(carbon monoxide poisoning), 어떤 형태의 청산칼리 중독(시안화물, cyanide poisoning) 혹은 극단적으로 추위로 사망한 사건으로 추정해 볼 수 있다)(Swanson et al., 2000: 240).

표 5-1 시반과 피하출혈의 감별

	시반	피하출혈
1. 발현 부위	체위의 하방부	일정하지 않음
2. 압박부	보지 못함	관계없음
3. 퇴색 및 전위	침윤성 시반 전에는 가능	보지 못함
4. 절개	유혈(流血)이 없거나 유동혈로서 쉽게 닦임	응혈(凝血)로서 닦이지 않음
5. 조직학적 검사	혈구(血球)를 보지 못함	혈구 및 파괴물을 봄

자료: 윤중진(1995: 15).

3) 시체의 경직 상태

사망 후 곧바로 시체는 흐느적거린다. 사람의 근육이 우선적으로 흐늘흐늘해지게 되기 때문이다. 사후(死後) 15분부터 1~3시간 이내(평균적으로는 2~3시간)에 근육이 점차 굳어지기 시작하며, 축적된 노폐물이 근육을 뻣뻣하게 만든다(Ramsland, 2001: 35). 소위 시체 경직(rigor mortis 혹은 사후 시체가 굳어지는 현상)이라고 부르는 과정에 의해 관절 부분이 고정된다(Swanson et al., 2000: 240).

시체의 경직(硬直)이란 사망한 후에 시체가 뻣뻣해지는 과정이며, 근육조직 내에서 화학적 변화의 결과다(Osterburg & Ward, 2000: 403). 시체 경직은 중요한 생체 기능이 정지된 후에 신체 근육이 경직되거나 수축되는 과정이다. 사후(死後)에 일어나는 근육의 일시적인 경직(硬直, rigidity) 현상은 흔히 시체의 경직 혹은 시강(屍剛)으로 알려져 있는데, 관련된 변수들이 많기 때문에 다양한 요인에 의해 영향을 받는다. 그리고 측정하기가 매우 곤란하다. 그래서 이것은 일반적으로 사망 시점을 알려주기에는 부족한 지표로 여겨진다(Palmiotto, 2004: 211). 나이가 많은 여성과 어린이의 경우, 시체 경직이 최소한도로 일어났다가 풀리기 때문에 그것을 정확하게 감지하기 어렵다. 법의관은 "그것은 부정확한 과학이다"라고 말하기도 한다. 어떤 요소들 가운데 어느 하나에 전적으로 신뢰할 만한 것은 없다. 모든 것이 그 반대 조건에 의해 영향을 받기 때문이다. 그러나 여러 가지 요소가 함께 고려된다면 그들은 비교적 합리적인 추정을 제공할 수 있다(Ramsland, 2001: 34).

시체 경직이 개시되고 다시 풀리는 것에 영향을 미치는 요소에는 이것의 속도를 빠르게 해 주는 열의 존재와 근육조직상의 차이점이 포함된다. 예를 들어, 뚱뚱한 사람의 경우 시체 경직이 전혀 진전되지 않는 사례가 종종 있다(Ramsland, 2001: 35).

반면, 야윈 혹은 마른 체격의 사람은 시체 경직이 신속하게 일어나는데, 싸움을 하거나 혹은 신체에 충격을 가하게 되면 시체 경직을 가속화시킨다(Palmiotto, 2004: 211). 그러나 이외에도 많은 변수가 '시체 경직'에 영향을 미친다(Lyman, 1999: 271). 따라서 시체 경직에 근거해 사망 시점을 판단하는 것은 많은 실수를 남길 여지가 있다. 즉, 피해자가 입은 옷의 상태뿐만 아니라, 기후나 건강 상태와 같은 모든 요소가 경직되는 과정을 촉진하거나 감속시키는 데 영향을 미칠 수 있다(Gilbert, 2001: 304).

시체 경직은 시체의 온도와 신진대사의 비율에 영향을 받는다. 시체의 온도가 높을수록 젖산(lactic acid)이 더 많이 생산되고, 시체 경직은 좀 더 빨리 일어난다. 예를 들어 어떤 사람이 폐렴과 열병을 앓다가 사망했다면, 보통의 신체 온도 상태에서 사망한 사람보다 더 빨리 시체 경직이 일어날 것이다. 이와 비슷하게 사망하기 바로 직전에 만약 어떤 사람의 근육이 격렬한 신체적 활동과 연관돼 있었다면, 시체 경직은 훨씬 더 빨리 진행될 것이다(Swanson et al., 2000: 240). 이러한 과정은 좀 더 따뜻한 상황(기후)에서는 시체의 경직을 가속화하거나 촉진시킬 것이다(Swanson et al., 2000: 240). 반대로 좀 더 차가운 온도의 환경(차가운 기후)에서는 시체 경직이 지연될 것이다(Gilbert, 2001: 304).[32]

32) 치과 의사 모녀 살해사건의 경우, 피해자들의 사체가 따뜻한 물이 채워진 욕조에 담겨져 있었기 때문에 시강을 통한 사망 시간의 추정에 많은 혼선이 초래됐다고 한다.

시체 경직은 시체의 경련과 같은 생리적 반응과 혼동해서는 안 된다. 게다가 모든 근육의 경직이 실제로 시체 경직(rigor, 신체조직의 경직)으로부터 일어나는 것은 아니다. 자살하는 경우에 리볼버 권총을 꽉 잡은 경우는 반드시 시체 경직이라고는 할 수 없다. 이것은 '시체 경련(cadaveric spasm)'에 해당할 수 있는데, 이는 사망하기 전에 손과 팔이 곧바로 경직되는(stiffening) 것이라고 할 수 있다(Ramsland, 2001: 35). 즉, 시체의 경련은 신체 전체에 걸쳐 거의 곧바로 진행되거나 혹은 사지(四肢)의 한 부분에서 일어난다. 시체의 경련에 대한 정확한 원인은 완전히 밝혀지지는 않았다. 그러나 그것은 신경 계통의 심각한 외상 혹은 강도 높은 스트레스가 이러한 반응을 야기할 수 있다고 추정된다(Gilbert, 2001: 304).

일반적으로, 시체 경직은 사망 후 2시간 이내에 얼굴 근육과 턱 주변에서 관찰할 수 있다(Gilbert, 2001: 304). 근육이 뻣뻣해지는 과정은 신체의 전체에 걸쳐 위쪽에서 발가락 쪽으로 진행된다(Gilbert, 2000: 303). 예를 들면 근육이 경직되는 것은 무릎보다는 턱 부위에서 훨씬 더 빨리 나타난다. 맨 처음에는 경직이 얼굴에서 나타나고, 낮은 턱, 목, 그다음으로 12시간에서 18시간이 지나면 몸 전체에서 나타난다(Ramsland, 2001: 35). 따라서 수사관은 턱 부위, 팔 그리고 다리 부분에 있는 관절 부분이 움직일 수 있는지를 알아보기 위해 반드시 확인해야 한다. 턱 부분, 팔꿈치 그리고 무릎 부위의 관절들이 움직이지 않을 때 신체는 완전한 경직 상태라고 말할 수 있다(Swanson et al., 2000: 240). 시체 주변 환경의 온도가 70에서 75°F인 경우에, 이러한 시체 경직이 이뤄지기까지는 대략적으로 10시간에서 15시간 정도 걸린다(Swanson et al., 2000: 240).

한번 이러한 상태에 있으면 시체가 굳은 자세에서 어떤 변화에도 견디게 된다(Lyman, 1999: 271). 이러한 경직은 사후(死後)에 시체가 부패되기 시작할 때까지 유지된다(Osterburg & Ward, 2000: 403). 시체 경직이 풀리기 시작하기 전 24에서 36시간까지는 이러한 시체 경직 상태가 유지된다. 일반적으로 36시간이 지나면, 머리쪽에서 그리고 목 주변에서 다시 시작해 신체의 가장 낮은 부위에 이르기까지 전체가 느슨해진다. 이러한 과정이 시작돼 끝날 때까지는 약 10시간 정도 걸린다(Ramsland, 2001: 35). 이처럼 시체 경직의 범위는 대략적인 사망 시점을 확인하는 데 유용할 수 있다. 결과적으로, 대략적인 사망 시점을 알려주는 것 외에 완전한 경직 상태에 있는 시체의 위치는 사망 후에 그 시체가 이동했는지 여부를 알려줄 수 있다(Swanson et al., 2000: 240).

4) 시체의 부패 상태

사망에 이어서 세포조직, 조직 그리고 다른 신체적인 요소가 일반적인 비율에 따라서 화학적으로 분해되기 시작한다. 시체는 박테리아, 균류 그리고 산화(酸化)작용에 의해 부패한다(Gilbert, 2001: 304). 일반적으로, 시체 경직이 지나고 피부가 처음으로 복부(abdomen) 부분에서부터 초록색으로 변한다. 몸통의 나머지 부분으로 변색이 진행되면서, 피부가 일반적으로 거무스름해지며 시체 부패의 특징을 보인다. 박테리아에 의한 메탄가스(methane-gas)가 형성되고, 시체가 팽창하기 시작한다. 이러한 박테리아는 시체에 일반적으로 서식하고 있다. 사망 후에 이 박테리아가 급격하게 증식하게 되는데, 따뜻한 기온에서는 과도하게 증식하고 차가운 기온에서는 그 증식이 지체되는 특징이 있다. 시체가 서로 다른 속도와 유형으로 부패하는 것은 환경에 달려 있다. 땅속에 매장돼 있거나 물속에 잠겨 있는 시체들 그리고 뜨거운 태양 아래 직접 노출돼 있는 경우 혹은 차가운 지하실에 놓여 있는 경우에 동일한 사후 경과 시간에도 불구하고 시체는 다른 모습으로 보이게 된다(Swanson et al., 2000: 242).

시체의 부패는 습도와 시체에 대한 산소의 접근 정도에 따라 직접적인 영향을 받는다. 보통의 환경하에서 이러한 시체 부패 절차는 사망 후 곧바로 시작한다. 그리고 48시간 이내에 명백해진다. 시체의 부패 비율은 어떤 환경하에서는 극단적으로 빨리 진행될 수 있다. 예를 들면 극도의 열기와 냉기에 의해 영향을 받는다. 차가운 기후에서는 천천히 진행되며, 뜨거운 기후에서는 좀 더 빨리 진행된다(Osterburg & Ward, 2000: 403).

따라서 부패의 시작과 부패의 비율이 정확한 사망 시점을 판단할 수 있는 단서라고

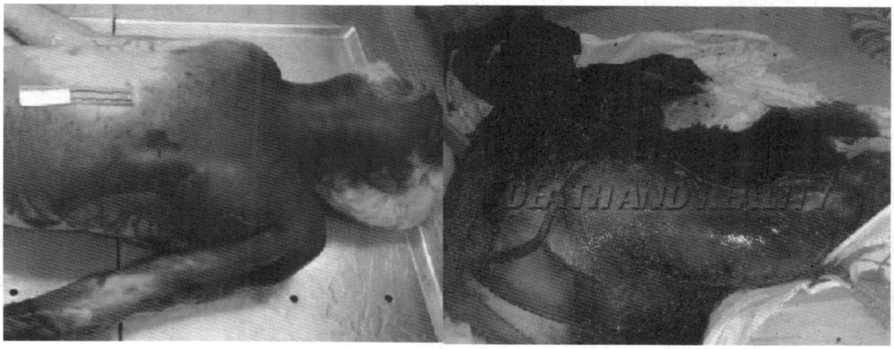

부패가 진행 중인 시체 모습[33]

33) http://deathandreality.com/wp-content/uploads/2013/12/129.jpg(2015.01.23. 검색).

여겨져서는 안 된다(Gilbert, 2001: 304). 시체가 부풀어 오를 때 피부의 표피는 딱지 같은 허물이 생기고 헤모글로빈이 감퇴하기 시작한다. 게다가 시체가 부풀어 오르는 현상이 지속되면서 피부에서 모발들이 빠진다. 박테리아가 만들어 내는 가스로 인해 체내부의 압력이 상승하면서 혈액과 '정화(purging)'라고 불리는 과정에 의해 시체의 각 구멍들에서 나오는 액체가 부패하게 된다(Swanson et al., 2000: 242).

몇몇 사건에서는 해골 상태로까지 완전히 부패가 진행되는 데 2주일 정도 걸리는 경우도 있다고 보고되고 있다(Gilbert, 2001: 304). 시체가 해골화(骸骨化, skeletonization) 과정을 겪으면서 세포조직의 부패 속도는 주변 환경의 온도에 영향을 받는다. 예를 들면 시체가 100°F 정도 되는 주변 환경에 노출돼 있다면, 완전히 부패돼 해골이 되는 데에는 몇 주 정도가 소요된다. 반대로 65°F 정도 되는 주변 환경에 노출돼 있다면, 수개월에서 수년이 지나도 해골화되지 않을 수 있다. 일반적으로, 땅 위에서 1주일 동안 진행되는 시체의 부패 과정은 물속에서 2주 정도 그리고 땅속에 매장됐을 때 8주 정도 진행되는 부패 과정과 비슷하다고 한다. 이러한 일반화 과정에서도 명심해야 할 부분은 시체를 덮지 않은 상태가, 나체인 경우에 덮어놓았거나 옷을 입은 상태보다 부패가 더 빨리 진행된다는 점이다(Swanson et al., 20000: 243).

시체가 발견되면 그것은 부검이 이뤄질 때까지 혹은 최종적인 처리 위치가 결정될 때까지 일반적으로 냉장고에 보관해야 한다. 만약 시체가 냉장고에 보관되면 부패가 천천히 이뤄지거나 중단된다. 시체는 실내 온도 정도에 노출돼 있을 때 부패가 급속하게 진행된다. 만약 어떤 사람이 추운 환경에서 사망한 다음 따뜻한 곳으로 시체가 이동됐다면 이러한 가속화된 시체 부패 과정에 대해 인식하는 것은 특히 중요하다.

시체상의 부패가 심지어 몸 전체에 걸쳐 일어나지 않을 수도 있다. 예를 들면 시체의 부패는 상처 부위에서 더 빨리 진행된다. 만약 어떤 사람이 머리 부분에 충격이 가해져 다쳤다면 그리고 그 부위에서만 피를 흘렸다면 시체 부패는 다른 신체 부위보다 머리 부분에서 훨씬 더 빨리 진행된다 할 것이다. 여름과 봄 그리고 따뜻한 가을에 눈, 코, 입과 같이 수분이 있는 신체 부위에서 파리 유충들이 번식하게 된다. 유충들은 상처가 난 부분에 더욱 유혹을 받는다. 노출된 혈액과 단백질의 일부를 먹이 삼아서 번식하며, 시체의 부패 과정을 더욱 가속화시킨다. 불균형적 부패 과정 때문에 신체의 일부분만 해골화된 것을 빈번하게 목격할 수 있다(Swanson et al., 2000: 243).

시체는 사후(死後)에 몇 초에서 몇 년이 지난 후에 언제든지 발견될 수 있기 때문에 사망사건 수사관은 신속하게 시체의 부패 상태를 잘 알고 있어야 한다. 이러한 단계가 진행되는 비율은 어떤 환경적 요소들, 예를 들면 공기의 온도, 시체가 땅속에 묻혀 있는지 혹은 수중에 유기돼 있는지, 그리고 태양이 비치는 곳에 노출돼 있었는지 혹은 담요와 같은 것으로 싸여 있었는지 혹은 시원한 지하실에 놓여 있었는지 여부와 요소들에 의해 영향을 받는다. 특히 곤충이 활동하고 있다면 상처가 난 부위는 다른 부분보다 빨리 부패가 진행된다. 이러한 손상의 변화 때문에 가능하면 신속하게 시체 전부를 조사하는 것이 좋다. 만약 나쁜 냄새가 이미 나고 있다면 수사관은 향수를 뿌린 마스크를 착용하거나 코 밑에 크림을 바를 필요가 있다. 그러나 어떤 법의관은 만약 당신이 그 냄새 속으로 들어가 그 안에서 호흡하면 냄새가 곧 약해진다고 느낀다. 시체는 다음과 같은 단계로 부패가 진행된다(Ramsland, 2001: 36-37).

- 심장이 박동을 멈췄을 때, 피부는 창백해지고 납빛으로 보이게 된다.
- 혈액이 가라앉은 신체의 일부는 자줏빛 적색으로 변색된다. 눈동자는 평평해지고 팔다리는 푸른색으로 변한다(blue 혹은 남빛).
- 건조해져 가는 끈적끈적한 점막(membrane)에서 탈수(脫水, desiccation) 혹은 불에 타는 듯한 외관이 나타난다.
- 피부에서 초록빛 변색이 나타나면 그때 시체가 썩어간다는 것이다. 하복부에서는 박테리아가 증식하면서는 2~3일 정도면 이것이 시작된다. 곧 이것은 나머지 복부(腹部) 전반에 걸쳐 넓적다리와 흉부 안으로 퍼진다. 얼굴은 부풀어 오르고 알아볼 수 없을 정도로 변한다.
- 부패가 진행되면서 아주 역겨운 냄새가 난다. 내장에 있는 박테리아가 시체를 팽창하게 하는 가스를 만들어 낸다. 결국에는 피부가 검은색으로 변한다. 사망한 후 2주째까지 시체가 팽창하면서 혀, 가슴, 음낭(scrotum), 눈(眼)이 비어져 나오며, 직장(rectum)을 통해 내장을 밖으로 밀어낸다.
- 곧바로 이러한 가스로 인해 피부에는 물집(blister)이 생기고, 근육과 가슴으로부터 피부가 분리된다. 가장 위층에 있는 피부가 벗겨지기 시작한다. 내부 장기가 파괴돼 열리며 액체 상태가 된다. 이 시기에는 신체의 구멍(orifice)으로부터 액체가 빠져나오기 시작하며 치아, 모발 그리고 손톱이 빠진다.
- 물속에 시체가 가라앉은 경우와 같은 어떤 상황에서는 지방질 조직은 굳어지고, 그것이 시체를 보존해 주면서, 시체의 '지방질(adipocere)'로 불리는 치즈 같은 물질이 만들어진다. 따뜻하고 습기가 있는 기후에 시체가 홀로 유기돼 있으면, 몇 주 안에 시체가 분해돼 해골화될 수 있다. 다른 조건하에서는 그것이 몇 달 정도, 심

지어 몇 년 정도 걸릴 수 있다. 물속에서는 공기 중에 노출돼 있는 것보다 2배 정도 길게 시체가 보존된다. 매장을 하게 되면 그 시간이 수주일까지 확장된다. 조직이 떨어져 나간 분해된 시체는 잠재적 사망 원인에 대해 독성학적 분석 결과에 의존하게 된다.

5) 시체의 온도

사람이 살아 있을 때에는 사람 몸의 온도(core temperature)가 일정하게(36~37°C 혹은 98.6°F) 유지된다(Lyman, 1999: 270). 살아 있는 신체는 의복류나 기후에 상관없이 거의 일정한 온도(98°F)를 유지할 수 있다. 사망한 후에는 그 온도가 주위의 생활 조건의 온도에 따라서 하강한다(Osterburg & Ward, 2000: 403). 즉, 보통의 신체 온도는 37°C(98.6°F)라는 것은 널리 알려져 있다. 심지어 사망한 후에도 몸의 열이 손실되기보다, 시체는 그 환경의 온도에 적응하려는 경향이 있다(Lyman, 1999: 270). 사망한 시체는 어떤 비율(시체 온도 하강 비율: cooling can rate)에 따라 점점 온도가 내려가기 시작한다. 사망 후, 시체는 정상적인 신체 내부의 온도인 98.6°F에서 점차 주변 환경의 온도까지 서서히 냉각되기 시작한다(Swanson et al., 2000: 239). 그래서 시체 온도 하강 비율은 사망 시점에 관한 중요한 결정 요소가 될 수 있다.

게다가 만약 시체가 발견됐을 때 사망에 이어서 시체 온도, 열 손실 비율 그리고 주변 환경의 온도가 주어졌다면 일반화된 사망 시점을 계산할 수 있다. 사람은 보통 주변 환경의 온도와 자기 몸의 온도가 비슷해지도록 일정하게 열을 발산한다. 이것은 대체로 의복류, 신체 상태, 연령 그리고 시체가 놓여 있는 표면에 따라 달라진다. 보호되고 있는 신체의 일부(대체로 팔 밑에)에 손을 넣어 보면 대략적인 시간을 확인할 수 있다. 만약 피해자가 사망한 지 몇 시간 정도 되지 않았으면 약간 따뜻한 느낌을 받을 것이다(Palmiotto, 2004: 211). 하지만 사후 8~12시간까지는 차가워지는 감촉을 느끼게 될 것이다(Lyman, 1999: 270).

온도가 하강하는 비율은 내부적 그리고 외부적 다양한 변수에 따라 영향을 받을 수 있다. 몇몇 요인이 시체의 열이 손실돼 가는 과정에 영향을 미칠 수 있다(Gilbert, 2001: 304). 시체와 주변 환경 간에 차이가 클수록 시체의 온도는 더 빨리 강하된다. 물과 공기의 온도가 가장 중요한 이러한 요인들이다. 사망하기 전 신체의 온도는 사망이 일어난 후 시체의 온도에 영향을 미칠 수 있다(Lyman, 1999: 271). 상당한 정도로 비만형 사람들 혹은 두껍게 옷을 입은 경우에는 시체의 온도가 유지되면서 좀 더 낮은 속도로 온도가 하강한다(Gilbert, 2001: 304). 뇌졸중, 일사병 혹은 교살과 같은 사망 전 조건과 같은 것은 일반적으로 사망 시점에서 시체의 높은 온도를 야기한다. 시체의 온도를 판단하는 데 신뢰할 만한 방법 중의 하나는 시체의 직장(直腸, rectum) 안에 온도계를 삽입해 보는 것이다(상처에 온도계를 삽입해서는 안 된다). 검시관은 보통 피해자의 간(肝, liver)에 온도계를 놓는다(Lyman, 1999: 271).

만약 피해자의 시체가 발견된 주변 지역이 춥고 냉습한 곳이라면 통상적인 조건하에서 피해자는 사망한 지 18~36시간 정도 된다. 법의검시관은 종종 시체 안에 체온계를 삽입해서 확인한다(Palmiotto, 2004: 211). 그러나 상온(常溫, normal heat) 상태의 방 안에서 옷을 입은 성인의 경우 아래의 공식은 사망 시점과 직장(直腸) 온도를 기록한 시간 간의 간격을 추정할 수 있도록 해 준다. 온도가 시간당 평균 1.5도(°F)씩 하강한다는 것을 추정할 수 있다. 주변의 공기 온도가 거의 70°F였으며, 그리고 사망한 자가 보통 체온인 98.6°F에서 사망했다면, 다음과 같은 공식이 가능하다(Osterburg & Ward, 2001: 404).

국제경찰장협회(International Association of Chiefs of Police: IACP)는 사후 24시간이 경과되지 않았을 것으로 여겨지는 피해자의 추정된 사망 시점을 판단하기 위해 활용되는 공식을 제시하고 있다(Lyman, 1999: 71).

$$\frac{98.6°F(\text{normal temp.}) - T(\text{rectal temp.})}{1.5(\text{average rate of heat loss})} = N(\text{no. of hours since death})$$

▷T= 화씨로 표시된 시체의 직장(直腸) 온도
▷N= 사망한 지 경과된 시간의 숫자

시체 온도 하강 과정의 일관성을 예측할 수 있는 이러한 공식을 결정하기 위해 시체 온도의 하강 과정에 대해 많은 연구가 실시됐다. 일반적으로 시체 온도가 하강하는 것을 평가하는 경우 사후 10시간 이내에서 가장 도움이 된다. 이 기간 동안에 정상적인 시체 온도와 함께 그리고 70~75°F에 이르는 이상적인 환경에서 시체는 시간당 약 1.5°F씩 하강한다. 그런데 '시간당 1.5°F'씩 하강한다는 공식을 사용하는 문제는 시체의 내부 온도가 98.6°F이고, 시체 외부 환경의 온도가 70~75°F 정도라는 가정하에서 그렇다. 너무나 많은 변수로 인해 시체 온도가 하강하는 것을 통해 사후 경과 시간을 예측하는 것은 부정확한 방법이다.

만약 사망자의 시체 내부 온도가 감염 혹은 신체적 운동 때문에 보통 사람들보다 온도가 더 높다면, 98.6°F 공식은 사용할 수 없다. 게다가 외부 환경의 온도가 70~75°F의 범위에 해당하는 경우는 드물다. 예를 들면 만약 7월에 옥외(屋外)에서 그 온도가 100°F 이상이 될 때 숨을 쉬다가 사망했다면, 시체는 실제로 열을 외부로부터 얻는다. 반대로 만약 어떤 사람이 25°F 정도 되는 환경에서 숨을 쉬다가 사망했다면, 좀 더 신속한 하강 과정이 일어날 것이다. 그럼에도 불구하고, 만약 시체의 온도가 현장에서 측정된다면 적어도 두 가지 분리된 상황에서 시체가 옮겨지기 전에 반드시 현장에 임장한 의사가 실시해야 한다. 직장(直腸) 혹은 간(肝)의 온도를 측정하는 것이 가장 정확하다. 주변 환경의 온도 역시 반드시 측정, 기록해야 한다. 만약 이렇게 상대적으로 단순한 절차들이 준수된다면 사후 경과 시간에 대한 매우 기본적인 추정이 이뤄질 수 있다(Swanson et al., 2000: 239-240).

몇 가지 요인이 냉각(혹은 온도 하강)에 영향을 미칠 수 있는데, 그래서 그 결과는 긴 간격이 지난 후보다는 처음 12시간 내에서 타당성이 훨씬 더 높다. 만약 온도계가 없다면 신체를 통해 온도를 느끼는 것은 훨씬 더 주관적으로 추정하게 된다. 만약 겨드랑이를 만져서 따듯함을 느낄 수 있다면 사망한 것이 불과 몇 시간 이내에 발생한 것이고, 만약 신체 전반에 걸쳐서 냉기를 느끼고 차갑다면 사망한 이후 경과된 시간이 거의 18~24시간 정도 됐다고 볼 수 있다(Osterburg & Ward, 2000: 404).

표 5-2 기온과 사후 경과 시간에 따른 체온 하강의 정도

기온(℃) \ 사후 경과 시간	0~5	5~10	10~15	15~20	20~30	30~40	40~
3~5	2.00	–	0.95	0.85	0.79	–	0.60
6~8	1.81	1.10	0.82	0.77	0.47	0.61	0.48
9~11	1.78	1.05	0.78	0.72	0.69	0.58	0.46
12~14	1.30	0.92	0.66	0.62	0.58	0.52	0.40
15~17	1.17	0.86	0.63	0.57	0.53	0.45	0.39
18~20	1.06	0.63	0.55	0.52	0.48	0.39	0.31
21~23	0.67	0.52	0.48	0.46	0.42	0.34	0.28
24~26	0.57	0.47	0.40	0.37	0.33	0.27	0.16
27~	0.51	0.35	0.33	0.31	0.26	0.20	–

자료: 윤중진(1995: 11).

6) 일반적인 신체상의 여러 징후

사망 시점에 관한 매우 일반적인 변화는 신체상에 나타나는 다양한 징후나 표시를 관찰함으로써 확인할 수 있다. 예를 들면 눈 각막의 혼탁한 상태는 사망한 후 시간의 변화를 어느 정도 대략적인 수준으로 추정하는 데 도움이 된다(Gilbert, 2001: 304).

(1) 안구에 관한 변화

안구(眼球)의 변화는 다음과 같다. 사망한 지 30분이 지나면 눈의 외부 표면에 얇은 피막이 형성되기 시작한다. 그래서 60시간 정도 지나면 완전히 불투명해진다(Gilbert, 2001: 305). 눈은 사람의 신체에서 가장 민감한 부분이지만, 사망 시에는 빛이나 건드림 혹은 압력에 아무 반응도 하지 않게 된다. 게다가, 눈꺼풀은 열려진 채로 있다. 동공(瞳孔, pupils)은 크기와 모양에서 불규칙적이 된다. 일반적으로 사후 8~10시간 이내에 색깔상으로는 우윳빛이 나고 흐릿해진다(Lyman, 1999: 270). 안구는 특징적인 팽팽함(장력)이 부족해지고, 손으로 만지면 흐늘흐늘해진다(Gilbert, 2001: 306).

만약 사후(死後)에 눈이 떠져 있는 상태라면, 눈동자 표면 위에 얇은 막이 형성된다. 붉은 색 혈액세포가 파괴됨으로써 나오는 포타슘(칼륨, K)물질이 눈으로 들어간다.[34] 이러한 현상은 2~3시간 이내에 일어나며, 그래서 눈이 흐릿하게 보인다. 감겨진 눈은 이와 같은 조건이 진전된다. 그러나 이런 경우에는 시간이 훨씬 더 많이 걸린다. 눈이 흐릿해지는 현상은 하루 종일 일어나는 것은 아니다. 순환하는 온도가 이러한 변화 과정에 영향을 미치는 것은 아니기 때문에, 몇몇 병리학자들은 이것을 앞에서 소개한 몇 가지 사망 시간 추정 측정 방법보다 더 신뢰할 만한 사후 경과 시간(PMI)[35] 측정법으로 여긴다(Ramsland, 2001: 35).

(2) 다른 신체상의 변화

사망에 관한 일반적인 외관은 근육 상태로써 확인할 수 있다. 근육은 매우 이완되며(그렇지 않으면, 시체 경직이 형성된다), 손톱의 붉은색 빛깔이 없어진다. 만약 손톱이

---

34) 유리체액은 해부학적 혹은 화학적 특성 때문에 초기 부패나 온도 변화에 크게 영향을 받지 않으므로, 독성학적 연구나 칼륨 농도에 의한 사망 시간 추정(실제로는 이런 사망 시간 추정 방법은 논란의 여지가 많으며, 칼륨 농도를 이용한 경우엔 하루 이상의 오차가 나타날 수도 있다)에 유용한 것으로 알려져 있다(ajustsee.egloos.com/page/2(2007.04.20. 검색).

35) Postmortem Interval의 약어. The time since death, as determined by several factors.

잘려졌다면 흐르는 피 때문에 색깔의 변화는 없어질 수 있다. 이렇듯 사망에 대한 다양한 변화가 일어난다.

7) 다른 요인들

시반(屍斑, postmortem lividity), 시체 경직(rigor mortis) 그리고 온도의 상실과 같은 신체상의 변화 외에도 위(胃) 내용물, 곤충의 성장 그리고 외부적 요소를 포함해 다른 요인들이 사망 시점을 추정하는 데 도움이 된다(Osterburg & Ward, 2000: 404).

(1) 위(胃) 내용물의 소화 상태

음식물의 소화 상태를 통한 사망 시간의 추정 방법은 위장이 음식물을 소화해 낸 후에 예상 가능한 비율로 음식물을 내장(內腸)으로 보내면서 위장을 비운다는 가정에 근거한다(Ramsland, 2001: 35). 그러나 많은 요인이 이러한 소화 과정에 영향을 미칠 수 있다. 부검 의사는 위장에 남아 있는 내용물을 통해 죽은 사람이 생존 시 마지막으로 섭취한 음식물이 어떤 것인지를 확인하고 측정할 수 있다(Palmiotto, 2004: 211). 부검의 일부로서 소화되지 않은 음식물에 대해 복부와 작은 위장을 검사할 수 있다. 그러한 음식물의 존재는 두 가지 종류의 중요한 정보를 제공한다. 하나는 사망한 자가 마지막으로 섭취한 음식물의 종류가 무엇인가? 그리고 다른 하나는 음식물을 섭취한 지 얼마나 경과됐는가 하는 것이다. '무엇을' 그리고 '어디서'가 한 쌍이 돼 피해자의 집에서 혹은 피해자가 자주 들른 식당에서 얻은 정보는 수사 결과에 영향을 미칠 수 있다(Osterburg & Ward, 2000: 404).

음식물이 소화되기 시작하는 데는 약 2~3시간 걸린다(Palmiotto, 2004: 211). 동시에 음식물을 섭취한 지 4~6시간이 지나면서 위장에서 내용물이 비게 되며, 소장(小腸)에서는 12시간 혹은 그 이상 지나면 음식물이 비게 된다는 의학상의 원칙 때문에 사망 시점의 추정이 가능해진다. 게다가 만약 위장이 소화되지 않은 음식물로 꽉 차 있으면 음식을 섭취한 지 얼마 되지 않아서 곧바로 사망한 것으로 생각할 수 있다. 만약 소장이 비어 있으면 적어도 마지막 음식물을 섭취한 지 12시간이 경과했음을 짐작할 수 있다(Osterburg & Ward, 2000: 404). 그런데 오늘날, 사람마다 음식물 소화 속도가 다양하기 때문에, 그 결과 엄격한 그리고 확정된 원칙을 적용할 수는 없다는 점이 인정된다.

음식물의 종류, 신체의 신진대사 비율, 마약이나 약의 존재 여부 그리고 사망하기 직전 그 사람의 감정 상태가 얼마나 빨리 소화가 진행되는지 여부에 모두 영향을 미칠 수

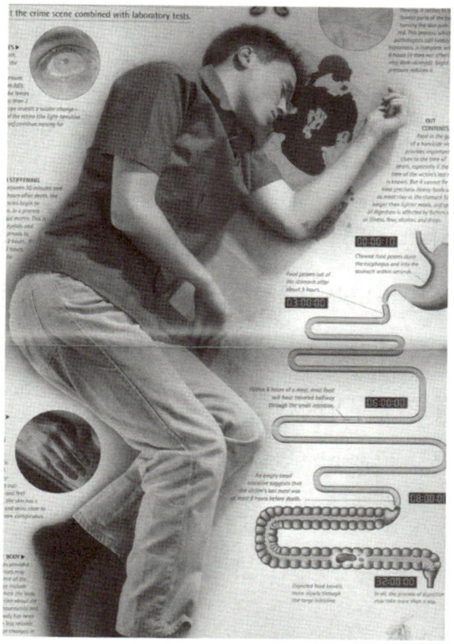

시간의 흐름에 따른 음식물의 소화 정도 및 위치
자료: Platt(2003: 32-33).

있다. 심지어 사망하기 바로 직전 운동을 한 것이 소화의 속도를 늦출 수 있다. 섭취한 음식의 양이 또한 소화 상태에 같은 영향을 미칠 수 있다. 가볍게 음식을 섭취한 경우에는 위장에서 음식이 약 2시간 정도, 많은 양의 음식을 섭취한 경우에는 4시간에서 6시간 정도 위장에서 머무를 수 있다. 소장(小腸)을 조사해 봄으로써 음식물의 경로를 추적해 볼 수 있다(Ramsland, 2001: 36).

(2) 곤충의 성장

사망 시점을 추정하는 데 법의병리학자의 상당히 유용한 감정 이외에 법곤충학자가 있다. 사망 시점을 판단하는 데 또 다른 방법은 시체에서 발견되는 곤충의 유충(larvae)을 조사해 보는 것이다. 이 기법은 유충이 성충(adult insect)으로 성장하기 전에 각 유충의 다른 성장 단계를 연구하는 것이다. 예를 들면 집파리(house flies)는 시체의 잔존물 위에다 알을 낳는다. 보통 눈 주변, 입 코 구멍 그리고 상처 부위에 알을 낳는다. 이 알은 24시간 이내에 구더기로 부화한다. 그리고 시체를 먹이로 삼는다. 이처럼 곤충학자들은 특별한 곤충들을 확인할 수 있으며, 사망이 일어난 시점의 계절뿐만 아니라 그것의 성장에 걸린 추정 시간을 판단할 수 있다(Lyman, 1999: 272).

법곤충학자는 곤충이 알을 낳는 단계에서부터, 유충으로 성장해 완전히 성충이 되는 과정까지 연구한다. 곤충학자는 인간의 송장(시체)을 어떤 곤충이 나타났다가 예상될 만한 스케줄에 따라서 떠나는 일종의 생태적 시스템으로 간주한다. 각 성장 단계에 필요한 시간에 관한 특별한 지식을 통해 곤충의 종(種)이 관찰되고 기록되며(가능하면 컬러 사진으로 촬영) 그리고 수집할 수 있는 시체에 대해 사망 시점을 추정할 수 있는 전문가가 될 수 있게 해 준다.

수사관은 수사상 이러한 단계에서 조언을 받기 위해 곤충학자(곤충 전문가들)와의 접촉을 고려해야 한다. 실무적으로 활용 가능하다면 곤충학자는 범행 현장에 임장해 특별한 곤충의 종을 수집해야 한다. 그뿐만 아니라 부검 때에도 그렇게 해야 한다. 그러한 증거물들이 신뢰할 만하기 때문에 송장으로부터 취득된 특별한 곤충 종(種)의 생활주기는 반드시 사본을 떠놓아야 한다. 모든 곤충은 보존하기 위해 알코올에 보관하는 것이 권장되는 절차다. 알과 유충 형태의 곤충에 대한 증거는 종종 육안으로 확인하기가 어렵거나 불가능할 수 있지만, 이런 경우 DNA 분석을 통해 확인이 가능하다(Osterburg & Ward, 2000: 404-405).

(3) 외부적 요인

피해자의 주거지 그리고 개인적 습관을 통해 얻은 사건 해결의 단서는 사망 시점을 추정하는 데 도움이 된다. 이러한 정보들을 수집하는 것이야말로 법의병리학자와 정보를 공유하는 수사관의 기능이다.

① 피해자의 주거지

이웃사람들은 종종 피해자가 생존했던 모습을 마지막으로 봤다고 진술할 수 있는 사람들이다. 추가적인 정보는 식탁 위에 어떤 음식이 있었는지, 놓여져 있는 접시들, 수거되지 않은 신문과 잡지들, 내려져 있거나 닫혀 있는 블라인드나 커튼, 켜지거나 꺼진 전등, 싸움을 하는 과정에서 멈춘 시계나 자명종 등과 같은 것을 관찰함으로써 얻을 수 있다(Osterburg & Ward, 2000: 405).

② 개인적인 습관

만약 고인(故人)이 습관적으로 어떤 일상적인 일(예를 들면 개를 데리고 산책하는 것, 담배를 사려고 집을 잠시 비운 것, 직장에 나가는 것, 우편물을 챙기기, 친구나 가족들에게 전화를 하는 것 혹은 그들로부터 전화를 받는 것)을 수행하다가 갑자기 그러한 행동을 멈췄다면, 이는 사망 시점을 추정하는 데 일정한 범위를 제시해 준다(Osterburg & Ward, 2000: 405).

(4) 범행의 시간적 연속

몇몇 살인사건에서 살인범죄자가 범죄를 실행하기 위해 활용할 수 있는 시간은 아주 중요한 이슈가 될 수 있다. 다른 한편으로 범인이 현장을 떠나는 데 상당한 시간이 지체됐다는 증거가 있을 수 있다. 또한 다른 사건에서 수사관은 반드시 시간적 요소의 의미를 잘 이해해야 한다. 법의병리학자는 사망 시점을 정확하게 꼬집어서 말할 수는 없다. 오히려 피해자가 마지막으로 살아 있는 모습을 목격한 것이나, 피해자가 사망한 것으로 목격된 것에 근거해 피해자가 사망했을 법한 시간의 간격을 진술할 수 있다. 시간의 진폭이 매우 크기 때문에 법의병리학자는 곤충의 성장 정도에 대한 분석 등을 통해 이러한 한계를 어느 정도 좁혀줄 수 있을 것이다. 수사관은 시간적 간격이 용의자로 하여금 그러한 고통을 가함으로써 부상을 야기할 정도로 충분한 시간이었는지를 확인해야 한다(Osterburg & Ward, 2000: 405).

(5) 특별한 경우

① 야생동물

옥외에서 발견된(그리고 어떤 경우에는 옥내에서 발견된) 시체는 종종 야생동물의 먹잇감으로 뜯겨져 나간다. 잘려진 시체가 마치 완전히 부상당한 모양으로 보일 수 있지만, 사후에 시체가 공격을 당한 증거로 볼 필요는 없다. 수사관은 이런 사건에서 잘못된 결론을 이끌어 내지 않도록 반드시 주의해야 한다(Lyman, 1999: 272).

② 물에서 발견된 시체

수상(水上)동물은 물에서 발견된 시체를 또한 손상시키고 왜곡시킬 수 있다. 일반적으로, 법의병리학자는 생존 시에 입은 상처와 사후에 생긴 상처를 구별하기 위해 조언을 받아야 한다. 경험에 따르면, 공기 중에서 발견된 시체는 수중에 잠긴 채로 발견된 시체보다 2배 이상 빨리 부패될 것이라고 한다(Lyman, 1999: 272).

5. 시체 발굴

몇몇 사망사건 수사에서 법적인 시체 발굴(exhumation)은 필요한 것으로 간주된다. 시체 발굴은 조사를 위해 매장한 시체를 파내는 것이다. 그 시체는 사망을 둘러싼 의심되는 사항을 명확히 하기 위해 조사가 이뤄진다. 이러한 절차를 위한 요구는 드물다.

왜냐하면 부검을 통해 조작된 행동이 존재 혹은 존재하지 않는지 여부를 확인하는 데 필요한 정보를 제공하기 때문이다. 시체 발굴을 위해서는 법원의 명령을 반드시 확보해야 한다. 시체 발굴을 통해 이전에 알려지지 않았던 혹은 부적절하게 확인된 상처 혹은 독약의 존재 여부 혹은 다른 유독물질에 관한 존재 여부를 밝혀낼 수 있으며, 범죄행동에 의해 사망이 야기됐다는 것을 밝혀줄 수 있다. 매장 후에 조사하는 것은 매장 전에 부검하는 것만큼 만족스럽지는 않다. 따라서 완전한 부검 절차가 실시돼야 한다. 그리고 시체는 부검 전후에 완전히 X선 촬영을 해야 한다. 시체에 대한 사진은 컬러와 흑백사진 두 가지 필름으로 부검 전후에 이뤄져야 한다(Weston et al., 2000: 221).

시체를 발굴할 것인지 여부에 대한 결정은 경찰이나 법의관의 판단에 의존하는 것은 아니다. 사법관(司法官)이 그 사망사건에 대해 범죄적 행동에 기인한 결과라는 것을 암시해 줄 수 있는 충분한 혐의가 존재한다는 확신과 함께 법원의 명령을 발해야 한다(일반적으로 보안관실에 대해 명령을 발한다). 독약을 투여해 사람을 살해하는 사건처럼 음모적 특성 때문에 대부분의 시체 발굴은 독성이 있는 물질이 존재하는지 여부를 확인하기 위해 실시된다(Gilbert, 20001: 317).

미국 제12대 테일러(Zachary Taylor) 대통령의 경우 그의 사후(死後) 141년이 지난 다음 시체 발굴이 이뤄졌는데, 이러한 가능성을 잘 입증해 주고 있다. 역사 작가는 테일러의 사망이 자연적인 원인 때문이 아니라, 비소(砒素, arsenic) 중독에 의한 암살사건이라는 것을 입증하기 위해 시체 발굴을 할 수 있도록 그 대통령 후손들을 설득했다.

연쇄살인범 유영철의 피해자
사체 발굴 현장[35]

36) www.chosun.com/.../news/200407/200407180086.html(2007.04.20. 검색).

법인류학자는 비소를 추적하기 위해 모발, 뼈 부스러기 그리고 손톱과 같은 대통령의 유품을 분석했다. 이러한 실험은 테일러 대통령이 비소 중독으로 사망한 것이 아니라는 것을 증명해 줬으며, 게다가 암살설을 일축하게 됐다. 매장한 이후에 실시한 부검 결과는 매장과 발굴 시간 간에 경과된 시간에 따라서 다양해질 수 있다. 비록 방부(防腐) 처리를 하는 것이 시체 부패를 지연시키기는 하지만 시체는 여전히 부패하게 될 것이다. 모든 형사사법 관할에서 이러한 법의관 시스템(medical examiner)을 채택함으로써 필요하다고 인정되는 시체 발굴을 감소시킬 수 있다(Gilbert, 2001: 317).

제5절 사망의 원인과 살해 방법

사망 원인으로부터 증거를 찾아야 한다. 즉, 사망 원인을 파악하는 것은 종종 살인사건을 해결하는 데 그리고 범인을 성공적으로 기소하는 데 중요한 증거를 제공해 준다. 사망 원인은 다양하다. 모든 사건에서 상처의 숫자는 기록해야 하며, 각 상처는 조심스럽게 측정하고, 특징을 기술한다. 아주 작은 상처들이 피부 주름 밑이나 입 안에 숨어 있을 수 있는 경우 좀 더 상세한 해부가 이뤄져야 한다. 상처는 일반적으로 둔기-힘에 의한 외상, 사격에 의한 부상(총상) 그리고 예리한 흉기-에 의한 외상으로 분류된다(Ramsland, 2001: 45). 다음에서는 질병, 총기류, 질식사, 예리한·날카로운 도구, 둔기, 불 그리고 독극물처럼 가장 일반적인 사망 원인을 소개한다.

1. 흉기에 의한 타살 상처

1) 일반적인 타살 상처

사용된 흉기가 칼인 경우에 찌른 상처(자른 것이 아닌)는 종종 타살의 치명적 부상 원인이 된다. 피해자들은 본능적으로 자신을 방어하려고 하기 때문에, 팔뚝 전면에 칼로 베인 상처를 입는 경우가 있다. 만약 피해자가 방어하기 위해 손으로 잡은 칼이 공격자에 의해 잡아당겨진 경우 손바닥이나 손가락이 깊게 잘리는 수가 있다. 이러한 상처는 흔히 방어흔(defense wounds)이라고 한다(Osterburg & Ward, 2000: 417).

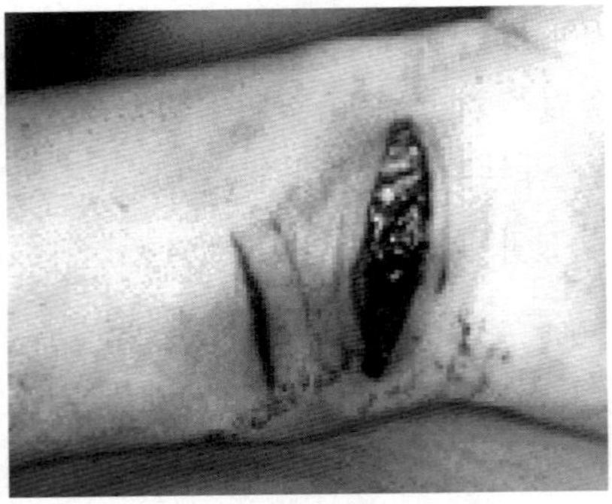

전형적인 방어흔(切創)의 모습

신체의 윗부분이 - 가장 빈번한 경우는 가슴뿐만 아니라 목 측면과 뒷부분 - 칼에 찔리면 사망에 이르게 되는 심각한 부상을 입게 된다. 부검을 통해 신체 내부에 칼로 찔린 상처를 추적할 수 있다. 위쪽 방향으로 심각한 부상이 발견된다면, 일반적으로 타살의 흔적으로 볼 수 있다. 물론 반드시 그런 것은 아니다. 대체로 자살인 경우는 아래쪽으로 혹은 수평 방향으로 칼로 찌르는 것이 더 쉽다. 그러한 흔적은 자살이라는 것을 보여준다.

타살의 경우 살인 범죄 현장을 완전히 깨끗하게 치울 수는 없다. 충돌이 발생한 장소 전반에 걸쳐 혈흔이 여기저기서 발견된다. 즉, 범인의 공격을 피하려거나 도망가기 위한 피해자의 시도에 대한 증거가 흩어져 있다. 범죄 현장에서 자를 수 있는 흉기가 보이지 않는 것은 타살 가능성을 보여준다. 그러나 시체를 발견한 최초의 사람에 의해 그러한 증거가 종종 범죄 현장에서 없어질 수 있다는 것을 경험이 풍부한 수사관은 알 것이다(Osterburg & Ward, 2000: 417).

2) 예리한 도구에 의한 사망

가장자리가 날카로운 도구에 의한 사망에는 찌르는 것(stabbing), 자르는 것(cutting), 그리고 찍는 것(chopping)에 의한 사망을 포함한다. 피해자의 상처 유형은 그러한 사망이 사고로 인한 것인지 혹은 자살인지 혹은 살인에 의한 사망인지 판단하는 데 도움을 줄 수 있다.

찔린 상처는 날카롭고 칼의 끝처럼 뾰족한 물건, 가위, 얼음 깨는 송곳, 여성용 모자 고정핀, 구멍 뚫는 바늘, 스크류 드라이버 등에 의한 상처를 말한다(Palmiotto, 2004: 213). 얼음 깨는 송곳과 작은 칼과 같은 꿰뚫는 종류의 다양한 도구에 의해 야기된 상처들이다.

'칼로 인한 혹은 절개된(incision)' 상처의 경우, 법의관은 잘라진 혹은 찌르거나 뾰족한 것으로 뚫린 상처 간에 구분을 해야 한다. 자른 상처는 그 깊이보다 길며, 찌른 상처는 그 길이보다 깊다(Ramsland, 2001: 46). 대체로 무거운 물건, 예를 들면 마세테(machete),[37] 햇쉬트(hatchet),[38] 도끼 혹은 클리버(cleaver)[39]와 같은 물건에 의해 야기되는 상처다. 대부분의 칼이 날이 없는 편평한 부분과 날카로운 날이 있는 부분으로 돼 있는데, 이것은 상처 각에서 보인다. 살인을 의도한 잘린 상처는 매우 잔인하다.

잘린 상처는 무기류의 날카로운 가장자리가 힘이 들어간 상태에서 눌려 몸에 들어가 신체의 표면 위로 잡아당기면서(끌어당겨졌을 때) 생기는 상처라고 할 수 있고, 절개된 상처를 남긴다. 그러한 상처는 깊고 깨끗하게 절개된 부분을 남긴다. 찍힌 상처는 눌린 그리고 찢어져 잘린 상처다. 상처의 형태는 무기류가 관통한 방향, 무기의 모양 그리고 상처 속에서 무기의 움직임에 달려 있다. 예를 들면 만약 무기가 약간 돌려진다면, 상처의 한쪽 부분에 V자 모양의 벤 자리(notch)가 남을 것이다. 사고로 인해 찔린 상처는 대부분 유리로 된 문이나 날카로운 물건이 넘어지면서 야기되는 경우가 있다. 그러나 사망에 이를 정도의 찔린 상처는 보통 살인사건이라고 할 수 있다. 면도날과 칼은 대부분의 절개된 상처를 야기하는데, 병원균의 감염과 출혈을 일으킨다(Palmiotto, 2004: 213).

표 5-3 방어흔과 주저흔의 구분

방어흔(防禦痕)	주저흔(躊躇痕)
피해자의 손바닥 혹은 피해자의 손가락에서 보이는 잘린 상처와 같은 일부 상처는 방어흔(defensive)이다.	자살하려는 동작과 관련된 잘린 상처는 '주저흔(hesitation wounds)'으로 그리고 자기 스스로 몸에 상처를 내기 위해 시도한 것으로 알려져 있다.

자료: Ransland(2001: 46).

할창(割創)은 큰 힘이 작용하기 때문에 절창보다도 신체에 대한 상해의 정도가 심하며, 창저(創底)에 골절이 따르는 수가 많으며, 두부(頭部)에서는 뇌실질(腦實質)까지도 좌멸(挫滅)되는 수가 있다. 좌창(挫創)은 선단(先端)이 첨예하고 가늘고 긴 흉기를 장

37) (라틴 아메리카 원주민의) 날이 넓은 큰 칼(주로 사탕수수를 자르거나 가지치기용으로 씀).
38) 자귀; (북아메리카 원주민의) 전부(戰斧, tomahawk).
39) 쪼개는 사람 또는 고기를 토막 내는 큰 칼.

표 5-4 흉기에 의한 손상의 분류

예기(銳器: 날카로운 흉기)에 의한 손상		둔기(鈍器: 날이 없는 무딘 흉기)에 의한 손상	
절창(切創, incised wounds)	절창은 유환(有丸)의 흉기를 가지고 피부 혹은 조직상을 끌어당김으로써 생기는 것이다. 조직의 연결이 끊어진 손상을 절창이라고 부른다.	좌상(挫傷) 혹은 좌창(挫創, contusion)	목봉(木棒)과 같은 둔기로써 구타한 경우에 생기는 손상으로서 피부가 파열되지 않을 정도로서 표피 박탈(表皮剝脫), 피하출혈이 되는 것이다.
할창(割創, chop wounds)	도끼 또는 사(鉈, 짧은 창) 등과 같은 중량이 있는 흉기로 생기는 손상이다. 흉기의 중량에 따라 떨어지거나 압박해 상하는 것이므로 상구(傷口)가 넓고 또 깊으며, 왕왕 뼈까지 파쇄(破碎)하게 된다.	열상(裂傷) 혹은 열창(裂創, laceration)	열상은 좌상보다 강도의 작용으로 인해 생기는 손상으로서 좌상보다도 광활한 부분의 손상이 있는 것이 보통이며, 좌상과 같이 피부의 층만에 국한되지 않고, 더욱 깊이 있는 내장 또는 뼈에까지 미치는 것이다.
자창(刺創, stab wounds)	자창은 못, 송곳, 창 등으로 인한 손상으로서 창구(創口)가 적으며 창저(創底)가 깊다.	표피 박탈(abrasions)	둔체(鈍體)에 의한 외력이 표피에 작용했을 경우에 피하의 모세혈관이 파열돼 피하의 주위 조직 내에 출혈해 응고하는 상태를 말한다. 둔체의 찰과적(擦過的) 작용에 의해 표피가 박탈돼 진피(眞皮)가 노출된 것, 찰과상이라고도 한다.

자료: 경찰대학(1978: 315)의 내용을 필자가 재구성한 것임.

축 방향으로 자돌(刺突)시킴으로써 생긴 손상을 말한다. 흉기로는 단도(短刀), 소도(小刀), 비수(匕首), 식도(食刀)처럼 날이 있는 것은 물론, 화저(火箸), 송곳같이 날이 없는 것까지도 포함된다(우상덕, 1987: 100).

3) 둔기에 의한 상처

날 없는 둔기에 의한 부상은 무딘 물체 혹은 예리한 날이 없는 뭔가에 의한 충격으로 형성된 것이다(Ramsland, 2001: 45). 둔기(鈍器: 무딘, 날이 없는 흉기)를 휘둘러서 생긴 상처는 관통하지 않으면서 또한 자를 수 있는 흉기가 아닌 것을 휘둘러서 생긴 결과로써 나타난 상처(blunt force wounds)다. 다양한 흉기가 그러한 상처를 낼 수 있다. 예를 들면 해머, 스타웃 브랜치, 두께 2인치 폭 4인치의 목재, 철봉, 벽돌 혹은 큰 돌멩이 혹은 자동차 등이다. 둔기에 의한 상처는 단순히 높은 곳에서 떨어뜨리면서 그리고 머리를 때림으로써 혹은 발부터 먼저 딱딱한 표면 위에 내려놓음으로써 야기될 수 있다(Osterburg & Ward, 2000: 417).

둔기에 가해진 힘에 의해 사망한 경우는 구타, 폭발, 추락 그리고 충돌에 의한 사망을 포함한다. 그러한 사망에는 주먹, 발 혹은 무기에 의해 야기될 수 있다. 이러한 유형의 힘은 피부에 상처를 야기할 수 있다(Palmiotto, 2004: 214). 그 상처는 다양하게 나타나는데, 피부조직에 찰과상(abrasion, 표피 박탈) 및 타박상(挫傷, bruise), 그리고 열상(裂傷, 찢어진 상처, laceration) 혹은 멍듦(타박상, contusion), 골절(bone fracture), 내출혈 그리고 심각한 박살(撲殺) 상처로부터 가장 빈번하게는 머리, 목, 가슴 그리고 복부에 이르기까지 상처를 일으킨다.

좌상(挫傷, 挫創, contusion, 피하출혈) 혹은 타박상은 파열된 혈관으로부터 조직 내부로 피가 흘러나올 때 생기는 상처다(Palmiotto, 2004: 214). 좌창은 경고(硬固)한 둔체가 인체에 작용해 좌멸(挫滅) 손상을 형성한 것을 말한다. 정도의 차이는 있으나, 좌창의 창록(創綠)은 불규칙, 부정연하고 좌멸상을 띠고 있다. 표피 박탈 또는 피하출혈이 수반된다. 사람 혹은 짐승의 치아에 의한 교상(咬傷, bite wound)도 이에 속한다(우상덕, 1987: 83). 피부가 너덜너덜해지거나 가장자리가 문드러져 벗겨진다. 색깔은 적청색이며, 그 주변은 부어오른다. 타박상의 크기는 그것을 야기한 물리적 폭력의 범위를 알 수 있게 해 준다. 피부에 멍이 든 것은 조그마한 혈관들이 파열된 것이다. 상처를 조사할 때에는 조심스럽게 다뤄야 한다(Ramsland, 2001: 45). 구타하는 것도 둔기에 외력이 가해지는 것과 관련되며, 신체에 타박상을 남긴다. 무기들은 공격을 가하기 위해 사용된 무기의 유형을 판단하는 데 도움을 줄 수 있는 상처의 패턴을 남긴다. 예를 들면 만약 사람이 발에 차였다면, 옷이나 신체에 구별이 될 정도로 뚜렷한 자국을 남긴다(Palmiotto, 2004: 214).

표피 박탈(타박상, subcutaneous hermorrhage)은 둔체에 의한 외력이 표피에 작용했

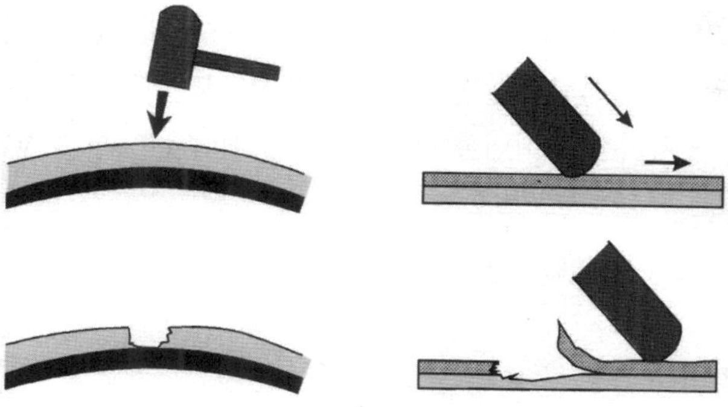

둔기에 의한 상처의 발생 과정 설명 사례

자료: 윤중진(1995: 51).

을 경우에 피하의 모세혈관이 파열돼 피하의 주위 조직 내에 출혈해 응고하는 상태를 말한다. 피하출혈이 있으면 반드시 생존 중에 둔체가 작용했다는 증거가 된다(우상덕, 1987: 76). 둔기의 찰과적 작용에 의해 표피가 박탈돼 진피(眞皮)가 노출된 것을 말한다. 찰과상(擦過傷, abrasion)이라고도 한다. 표피만이 박리(剝離)될 때가 있고, 피하출혈 또는 좌창과 함께 생기는 수도 있다(우상덕, 1987: 75). 찰과상은 바깥 피부의 표면 쪽에 상처를 야기한 것이다. 그것은 피부의 표피층을 제거하는 마찰 상처(friction injuries)다(Palmiotto, 2004: 214).

열상(裂傷 혹은 裂創, 찢어진 상처, lacerations)은 생체조직을 찢는 등 피부를 누름으로써 야기되는 상처다. 즉, 충격으로 인해 찢어지는 상처다(Ramsland, 2001: 45). 열상은 둔체(鈍體)가 신체를 강타해 그 부위의 피부가 극도로 긴장돼 탄력성의 한계를 넘어서 피부가 외력 방향에 따라 파열된 손상을 말하는 것으로서, 피부와 함께 피하조직의 파열이 따르는 수가 많다. 열창의 특징으로서는 대강 보아 일직선상을 띤다(우상덕, 1987: 83). 그러한 상처는 대체로 스틱으로, 해머로 혹은 주먹으로 내리쳤을 때 생기며, 종종 차량에 부딪혀서 혹은 높은 곳에서 추락하면서 생긴다(Palmiotto, 2004: 214). 용의자의 흉기가 입수 가능하거나 불가능할 수도 있다. 그러나 만약 가능하다면 그때에는 상처의 패턴을 사용된 흉기와 대조할 수 있다. 뭉개진(분쇄된, 박살난) 상처는 뼈에 가까운 피부가 있는 곳에 둔기에 의한 폭력으로 생긴 것이다. 이러한 상처 세포조직 속으로 출혈이 되는 경향이 있다. 종종 그러한 상처는 해머나 도끼 머리 부분으로 가격했을 때 생기기도 한다. 깨문 상처는 또한 이러한 뭉개진 상처의 한 형태이며, 결정적인 증거가 될 수 있다(Ramsland, 2001: 45).

무딘 충격을 가할 수 있는 흉기는 또한 혈흔이 튀긴 흔적을 남길 수 있으며, 만약 적절하게 해석할 수 있다면 범죄를 재구성하는 데 도움이 될 수 있다. 이러한 해석은 용의자의 설명이나 자백과 일치해서는 안 되며, 수사관은 상반되는 증거를 활용해 용의자가 제시한 것과 다른 차이점을 최대한 활용할 수 있다(Osterburg & Ward, 2000: 417).

2. 질식

1) 질식사의 의의

질식(窒息, asphyxiation)이라는 의학적 용어는 폐에 산소를 공급하는 것을 차단함으로써 야기된 사망을 표현한 것이다(Osterburg & Ward, 2000: 420). 생체에 필요한 산소 섭취와 탄산가스의 배출, 즉 호흡에 의한 가스 교환이 어떤 원인으로 장애를 일으킨 상태를 말하며, 이로 인한 사망을 질식사(窒息死)라 한다(문국진, 1990: 423). 즉, 신체에서 산소가 없어지거나 결핍되면 질식사가 일어난다. 질식과 관련된 사망은 대체로 목을 조름으로써(絞死－교사 혹은 扼死－액사: strangling), 목을 매닮(縊死－의사40))으로써, 익사(溺死) 혹은 전기 충격에 의해 야기될 수 있다(Palmiotto, 2004: 212).

질식에 의한 사망은 종종 사고 혹은 자연적인 원인에 의해 야기될 수 있다. 예를 들면 음식물이나 뼈가 기도(氣道)에 걸리거나 혹은 물에 빠지는 등 사고로 인해 질식사가 야기될 수 있다. 그렇지만, 살인사건 수사관에게 아주 흥미로운 것은 질식(smothering), 교살(목졸라 살해하기, strangulation), 목매달아 살해하기(縊死, hanging), 독살, 익사 등이다(Osterburg & Ward, 2000: 420).

화학물질도 질식을 야기할 수 있는데, 여기에는 일산화탄소(carbon monoxide), 이산화탄소(carbon dioxide), 암모니아 그리고 클로로포름(chloroform)이 포함된다. 질식에 의해서는 자살과 타살이 좀처럼 야기되지는 않는다(Palmiotto, 2004: 212).

2) 질식사의 여러 형태

법의학적으로 문제되는 질식은 주로 외력에 의한 호흡장애다. 그중에서도 의사, 교사, 액사, 익사, 비구폐쇄(폐색) 및 외상성 질식 등은 중요한 감정 대상이다(문국진, 1990: 428). 기도(氣道)에 물이나 액체물질이 흡입되는 등 폐에 공기가 원활하게 공급되는 통로가 차단돼 질식사하는 경우도 있다. 물이 기도에 흡입되면 숨을 막히게 한다. 그러한 숨막힘 상태는 점막(mucus membrane)을 만들게 한다. 물과 혼합되면, 그것들이 호흡하는 것을 동요시키면서 끈적끈적한 거품을 만들어 기도를 막게 된다. 피해자(혹은 사망자)가 물속에 가라앉으면 익사(溺死, drowning)가 일어난다(Palmiotto, 2004: 213).

질식으로 인한 사망은 종종 영아 살해사건에서 나타날 수 있다. 영아의 입과 코 위에다가 손으로 막음으로써 충분히 그러한 범행이 가능하다. 성인 역시 질식시킴으로써 주도면밀하게 살해당할 수 있다. 이러한 사건들에서 가해자는 보통 피해자보다 더 힘이 세고, 베개 · 옷 · 비닐 등으로 얼굴을 아주 빈틈없이 누름으로써 가능하다. 필요한 힘보다 더 큰 물리력을 행사하는 경우가 드물지 않으며, 게다가 저항을 하는 과정에서 할퀸

40) 한편 손 또는 팔로 질식사하게 하는 것을 액사(扼死)라고 표현한다. 거의 전부가 타살인 경우이기 때문에 액살(扼殺)이라고도 불린다(우상덕, 1987: 130).

흔적(가해자의 손등이나 얼굴, 피해자의 손톱이 단서가 될 수 있음)이나 타박상 등이 신체에 남을 수 있다. 부검을 통해 밝혀진 사실과 함께 이러한 해석은 법의병리학자의 몫으로 남는다.

이러한 대부분의 사건에서, 범인은 피해자와 매우 밀접한 관계를 맺고 있다. 누가 범행 동기, 범행 기회 그리고 범행을 완전히 감행할 수 있는 용기를 갖고 있는가에 대해 고려해 보면, 어느 정도 어떤 가능한 용의자로 압축된다. 이러한 사건에서는 냉혹한 범인이 아니기 때문에 법의병리학자 혹은 가족구성원들에 의해 신문 과정에서 밝혀지고 제공될 수 있는 증거는 자백이나 범죄를 시인한 결과일 수 있다(Osterburg & Ward, 2000: 420).

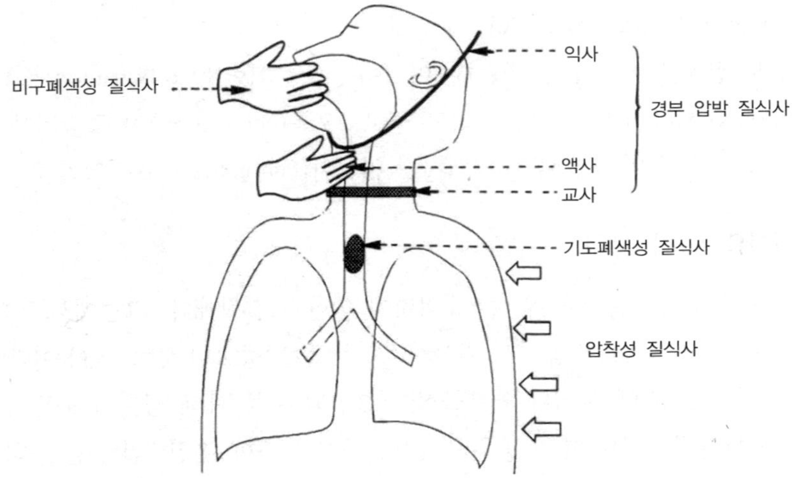

신체 부위에 따른 질식사 가능 유형들
자료: 윤중진(1995: 127).

3) 목을 졸라 살해하는 방법: 교살과 액살

사람은 손으로 혹은 끈으로 된 것, 예를 들면 옷자락, 전깃줄, 벨트, 넥타이, 나일론 스타킹, 스카프 기타 등등의 것으로 목이 졸려서 살해될 수 있다. 시체 위에 남아 있는 손으로 목졸라 살해한 외부적 표시는 끈으로 목 졸라 살해한 흔적과는 다르게 나타난다. 그런데 목을 졸라 살해(strangulation)하는 두 가지 유형에서 내부적 사인(死因)은 출혈(hemorrhage)과 목, 기관(氣管) 그리고 후두 내부구조(뼈와 연골조직)상의 손상이다. 그러한 사항은 부검을 통해 모두 밝혀진다(Osterburg & Ward, 2000: 421).

(1) 교살(絞殺, 絞死, 끈으로 목조르기, ligature)

노끈을 경부(頸部) 주위에 걸고, 자기 또는 타인의 손에 의해 졸라매져서 질식사하는 것을 말한다. 끈으로는 수건, 허리띠, 목걸이 등의 여러 가지 모양의 끈이 사용된다. 교살은 거의 타살에 해당한다(우상덕, 1987: 128). 교살에 의한 질식사는 목을 누름으로써 발생할 수 있다. 보통은 다른 몇몇 도구, 예를 들면 로프나 넥타이와 같은 도구를 사용함으로써 일어날 수 있다. 만약 교살이 손으로 야기된 것이라면 그것은 틀림없이 살인사건이다. 왜냐하면 사람은 자신의 손으로 직접 목을 조를 수 없기 때문이다. 사람이 의식을 잃게 되면 손이 느슨해지면서 호흡을 다시 하게 된다(Palmiotto, 2004: 212-213). 손으로 교살을 할 경우, 흔히 액살(扼殺)이라고 한다.

목을 매달아서 교살[41]하는 경우에도 질식이 일어난다. 전기 코드, 로프 혹은 몇몇 이와 유사한 물건, 예를 들면 신체의 무게에 대해 지탱될 수 있는 것에 의해 일어날 수 있다(Palmiotto, 2004: 213). 목을 졸라서 사람을 죽이는 살인사건은 끊어진 전깃줄, 벨트 혹은 피해자의 목 주변에 그 자체로 감겨 있는 다른 끈 등에 의해 야기된다. 사건에 대한 목격자의 진술과 함께 상황의 성질에 대해 그것이 범죄였으며, 사고가 아니라는

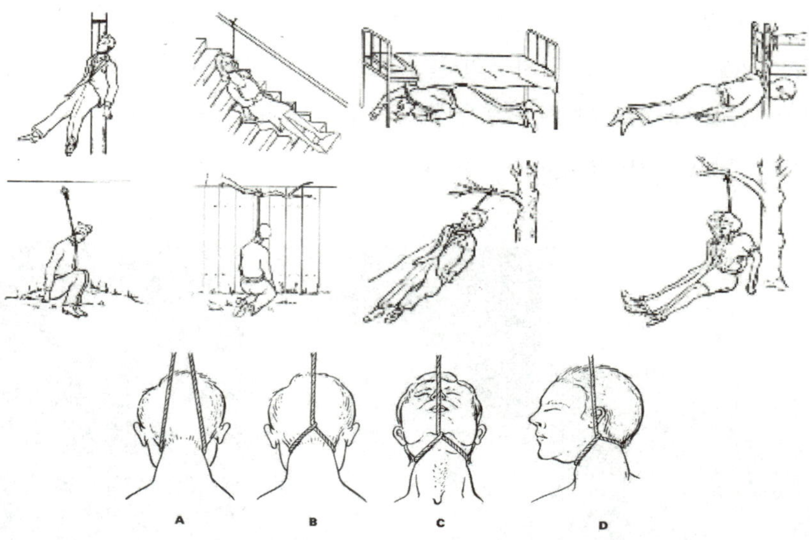

끈으로 목을 매달아 자살(縊死, 의사/액사)하는 다양한 모습
자료: 윤중진(1995: 135).

41) 이러한 경우에는 액사(縊死)라고 한다.

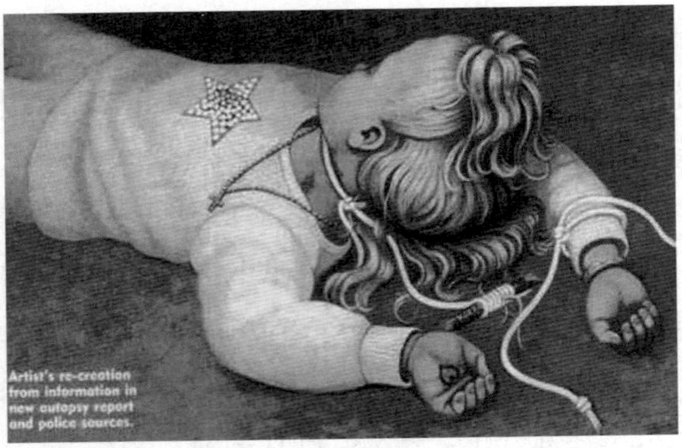

미해결된 램지(Jon Benet Ramsey) 살인사건(1996년 12월 16일 발생, 6세 여아)의 피해자 사망 장면(부검보고서를 토대로 그린 것임)

것을 증명해야 한다. 만약 끈이 매듭 형태로 된 것이라면, 그 매듭을 제거하기 전에 반드시 사진(1 : 1 사이즈를 포함해) 촬영을 해야 한다. 가능하면 그 매듭으로 멀리 떨어진 곳에서 자른다. 잘려진 끝을 주의 깊게 그리고 안전하게 함께 묶어서 라벨을 붙여 놓는다.

살인을 저지르기 위한 수단으로써 끈을 고의적으로 사용하는 경우는 드물지 않다. 살인사건이 저질러질 때 끈에 의해 수평적으로 난 자국 혹은 홈은 종종 목 위에서 볼 수 있다. 그리고 목 주위에 난 자국의 폭은 보통 끈 굵기의 폭만큼 된다. 그러한 끈 자국이 남는 위치는 남성의 경우 결후융기(結喉隆起, Adam's apple)보다 약간 낮거나 같은 높이에서 발견된다(Osterburg & Ward, 2000: 421-422).

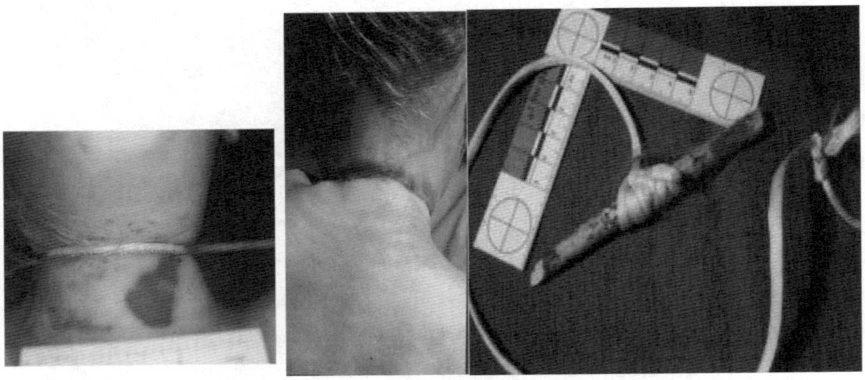

램지의 목 주변에 남은 교살 흔적과 사용된 노끈42)

끈 자국 위나 아래에 나 있는 상처 자국과 울혈(鬱血, blood congestion) 표시는 그러한 행위가 일어나고 있을 시점에 피해자가 아직 살아 있었다는 것을 의미한다. 자살하기 위해 목을 매단 것처럼 위장함으로써 살인사건을 은폐하기 위한 시도가 있었기 때문에, 이러한 타박상은 수사상 그리고 입증상 중요한 의미를 가진다.

표 5-5 액사(縊死, 의사)와[43] 교사(絞死)의 차이점

	액사(縊死)-자살 시체	교사(絞死, 교살) 타살 시체
삭흔(索痕, 索溝-색구, 끈 자국)의 특징	• 비스듬한 방향으로 향해 있다. • 전경부(前頸部, 목 앞부분)에서 현저하고, 목 뒷부분(後部)에서는 결여돼 있다. • 끈 자국이 현저한 부분은 항상 결절(結節, 매듭)의 반대쪽에 있다. • 교차상(交叉狀)을 보이지 않는다. • 흔히 후두부(後頭部)의 상방을 통과한다. 따라서 갑상연골(甲狀軟骨)의 상각 혹은 설골골절(舌骨骨折)이 있다.	• 끈 자국이 수평으로 돼 있다. • 평등하게 경부(頸部)를 둘러싸고 있다. • 끈 자국이 비교적 현저한 곳은 결절(結節)이 있는 부위에 있다. • 교차상(交叉狀)을 띤다. • 후두부 혹은 그 하방(下方)을 지난다. 따라서 갑상연골(甲狀軟骨) 혹은 윤상연골(輪狀軟骨) 혹은 기관(氣管)에 골절이 있다.
안결막(眼結膜)의 일혈점(溢血點), 피부 표면에 얼룩을 만드는 출혈점	• 안결막에 일혈점이 적고, 안면(顔面)이 창백하고, 발등(足背)은 암적색을 띤다.	• 안결막에 일혈점이 많고, 안면은 일반적으로 암적색으로 부종상(浮腫狀)을 띤다.

자료: 우상덕(1987: 129).

법의병리학자는 또한 다른 교살 증거를 찾기 위해 눈꺼풀 내부와 얼굴의 피부를 조사할 것이다. 즉, 점상(點狀) 출혈 혹은 일혈점(溢血點, petechia)이라고 불리는 미세한 출혈이라고 할 수 있는 핀 헤드 크기의 빨간색 점들이다. 질식사의 경우 피해자가 혀를 깨문 상태로 발견되는 것 또한 일반적인 현상이다. 전통적이지 않은 매듭을 사용하는 것은 직업(혹은 취미)을 암시해 준다(Osterburg & Ward, 2000: 421-422).

따라서 교살(絞殺, 타살), 의사(縊死, 액사, 자살)[44] 그리고 액살(扼殺, 타살)은 서로 다른 경우라 할 수 있다(Palmiotto, 2004: 213).

42) http://misty.angelcities.com/article1.html(2007.04.20. 검색).

43) 일부에서는 액사(hanging)를 '의사'로 칭하기도 한다(서울지방경찰청, 2001: 160; 유영찬(2002: 52) 및 문국진(1990: 432)에서는 액사(縊死)를 '의사'로 칭하고 있다.

44) 의사(縊死)는 hanging이라고 일컬어지며, 목에 감겨진 끈(索狀物, loop, ligature)에 자기 체중의 전부 또는 일부가 작용해 경부에 압박이 가해짐으로써 야기되는 죽음을 말한다(문국진, 1990: 432).

- 교살(絞殺 혹은 絞死)은 자의·타의 모두 가능하나, 자살은 드물고, 과실로 인해 교사하는 경우는 드물고, 대다수는 타살이다.
- 액사(縊死 혹은 의사)는 대부분이 자살이며, 드물게는 과실사가 있고 타살은 거의 없다.
- 액살(扼殺 혹은 扼死)은 전부 타살이므로 액살이라고 부르며, 특히 신생아, 소아의 살해 수단으로 쓰인다(우상덕, 1987: 133).

(2) 액살(扼殺 혹은 扼死): 손으로 목졸라 살해하기

경부(頸部, 목덜미)를 손 또는 팔로 압박해 질식사하는 것을 액살(扼殺) 혹은 액사(扼死)라고 한다. 거의 전부가 타살의 경우이기 때문에 액살이라고 불린다(우상덕, 1987: 130). 손으로 교살(絞殺)을 할 경우 흔히 액살이라고 한다. 가해자의 손톱 자국이 피해자에게 남는데, 목 주변에 출혈이 발견된다(Palmiotto, 2004: 213).

자기 손으로 목을 졸라 자살하는 경우는 실제로 거의 불가능하다. 사고로 자기 목을 조르는 경우도 또한 상대적으로 드물다. 사망이 갑작스러운 것이었으며, 그 부상 정도가 경미하고, 명백히 고의적인 아니라면 사고로 인해 목 졸린 사망사건으로 보인다. 그런데 만약 부상의 징표가 명백하고 심각하다면 사망이 사고로 인한 것이 아닐 수 있다. 확실히 손으로 목을 졸라서 사망한 것으로 판명되면, 고의로 살인범죄를 저질렀다는 강한 추정이 가능하다. 손이 목을 조르는 데 평범하지 않게 사용됐다는 점을 아는 것은 놀라운 일일 수 있다. 왜냐하면, 갑작스런 공격이 아니고, 피해자를 갑자기 구타하거나 혹은 알코올이나 약물의 영향하에서 기절시킨 것이 아니라면, 건강한 성인－특히 남성의 경우－을 목 졸라서 질식시키는 것은 어려운 일이기 때문이다.

범인은 강간 혹은 강간미수를 저지르면서 질식시켜 사망시킴으로써 피해자나 목격자를 제거하려고 노력하게 된다. 싸움을 하는 동안, 한 사람이 도움을 요청하려고 소리나 비명을 지르는 상대방의 목을 잡고 숨을 못 쉬게 하는 경우도 있다. 만약 이러한 행동이 사망을 야기한 원인이라면, 공격자의 고의나 의도는 그것이 고의적 살인이냐 아니면 과실 살인이냐를 판단하는 데 결정적인 요인이 될 수 있다.

언쟁이 벌어지기 전 혹은 도중에 거의 동시에 특히 공격에 의해 발생한 사망에 대해서는 목격자들을 상대로 반드시 신문해야 한다. 만약 공격자의 의도가 피해자가 도움을 요청하려고 할 때 입을 막으려는 것이었다면 살인사건에 대해 적절한 책임이 부과된다. 손으로 목을 졸라 살해하는 사건을 재구성함으로써 그러한 사건이 어떻게 벌어졌는

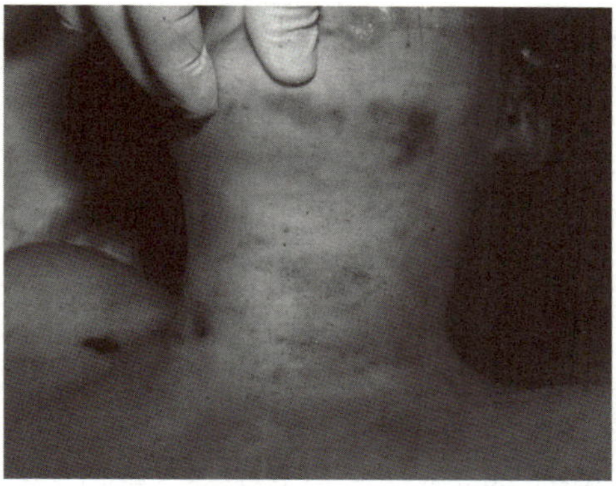

액살(扼殺)의 흔적[44]

지 밝혀지게 될 것이다. 사건에 대한 재구성은 질식시키기 위해 필요했던 무력이 외부에 손가락 자국의 패턴으로 남게 될 가능성(손톱 자국을 포함해)에 근거한다. 만약 공격이 피해자의 뒤쪽에서 가해졌다면, 그 공격자는 일반적으로 양손을 사용한다. 만약 피해자의 전면에서 공격이 이뤄졌다면 한 손을 사용한다. 물리적 증거가 범인의 살해 동기와 일치 혹은 불일치할 수도 있다. 만약 그렇지 않다면 그러한 불일치한 점은 신문(訊問)을 할 때 잘 활용할 수 있다(Osterburg & Ward, 2000: 421).

'미련 때문에' 같은 과 여학생 살해한 K대생 구속

"다시 사귀자"며 헤어진 같은 과 여학생을 스토킹하다 끝내 살해한 K대생이 범행 3개월여 만에 덜미를 잡혔다. 2014년 3월 서울 성북경찰서에 따르면 K대 2학년 이모(20) 씨는 자신의 전 여자친구인 A 씨의 목을 졸라 숨지게 한 혐의(살인)로 지난 2014년 3월 6일 구속·송치됐다. 경찰에 따르면 이 학교 같은 과 동기인 두 사람은 2012년 10월부터 약 1년간 사귀다 헤어졌다. 이 씨는 A 씨에게 다시 만나자며 지속적으로 괴롭혔다.…… 그러던 2013년 12월 7일 결국 사달이 났다. 이 씨가 학교 근처 A 씨의 하숙집 앞에서 기다리다 기말고사를 마치고 돌아오는 A 씨를 따라서 방에 들어갔다. A 씨가 이씨에게 "방에서 나가지 않으면 소리를 지르겠다"고 소리치자 순간 격분한 이 씨는 A 씨의 목을 세게 눌러 숨지게 했다. 이 씨는 자살로 위장하려 A 씨의 목에 휴대전화 충전기 전선을 감아놓고 담요를 가슴까지 덮어둔 채 현장을 떠났다.

다음날 옆방에 사는 친구가 A 씨를 발견해 경찰에 신고했다.

경찰은 A 씨가 유서를 남기지 않았고 자살을 선택할 뚜렷한 동기도 없다는 점에서 타살 가능성을 염두에 두고 수사를 벌였다. A 씨에 대한 부검에서 뚜렷한 타살 흔적이 발견되지 않는다는 결과가 나와 수사는 잠시 난항을 겪었다.

그러나 A 씨의 손톱에서 남성의 DNA가 발견되면서 수사는 급진전했다. 경찰은 A 씨의 주변을 맴돈 이 씨의 DNA를 채취해 손톱 밑 DNA와 대조했다. 그 결과 이 씨가 범인으로 지목됐

45) http://www.pathguy.com/~lulo/lulo0002.html(2007.04.20. 검색).

고 경찰은 2014년 3월 2일 집에 있는 이 씨를 체포했다. 이 씨의 휴대전화에서는 이 씨가 범행 후 부산 광안리로 가서 찍은 '셀카' 사진이 발견됐는데 사진 속 이 씨의 목에는 긁힌 듯한 상처가 뚜렷했다. 이 씨는 처음에는 범행을 강하게 부인했지만 거듭된 추궁에 결국 범행 일체를 시인했고, 뒤늦게 뉘우치는 모습을 보이기도 했다고 경찰은 전했다.

(http://www.yonhapnews.co.kr/bulletin/2014/03/10/0200000000AKR20140310191700004.HTML?input=1195p./2014.03.11. 검색)

(3) 액사(縊死 혹은 의사, 목을 매달아 죽기)

목을 매달아 죽는 것(縊死 혹은 의사, hanging)은 종종 자살사건에서 볼 수 있다. 때로는 사고로 그러한 사망이 야기되는 경우도 있다. 폭력적인 린치를 제외하고는 타살사건에서는 좀처럼 보기 드물다(Palmiotto, 2004: 213). 다른 한편 목 매달아 살해하는 것이나 독살의 경우, 종종 실제로 자살을 시도하거나 사고로 인해 사망한 것을 살인사건으로 오인할 수 있다. 비록 질식사의 형태일지라도, 목 매달아 죽이는 사건은 별도로 다룰 필요가 있다. 그러한 사건의 대부분은 고의적인 사건이며 주로 자살사건이다. 그러나 종종 피해자가 목을 매달아 자살한 것처럼 보이도록 하면서 살인사건을 은폐하기 위한 시도가 있다. 만약 부검이 적절하게 이뤄졌다면, 이러한 계략은 반드시 실패하게 된다.

목을 매달아 죽는 형태의 자기색정사(自己色情死, autoerotic)는 실제로 사고사인 경우다. 성적으로 자극돼 사망한 생소한 사건의 경우, 피해자의 가족과 친구들은 – 심지어 몇몇 수사관조차 – 거의 변함없이 그렇게 목 매달아 죽은 사건을 살인사건이라고 주장할 것이다. 자기색정사는 어떤 개인이(보통 그러나 반드시 그런 것은 아니지만 젊은 남자) 외롭게 혼자 살면서, 성적인 것과 관련된 행위를 진행하던 중에 발생할 수 있으며, 사망자는 사고로 인해 질식하게 된다. 뇌에 필요한 산소를 결핍시킴으로써 성적인 자극을 강화할 수 있다는 믿음에 대해 생리적으로 입증할 만한 것들이 있다. 그런데 산소가 너무 많이 결핍되면, 자기색정적 행위에 대한 통제력을 잃게 된다. 그래서 호흡이 곤란해지거나 목을 매달림으로써 질식사하게 된다.

시체는 보통 비닐봉투로 덮어놓았거나 목 주위에 끈이 발견된다. 만약 사망한 자가 남성이라면, 사자(死者)는 종종 나체 상태이거나 혹은 종종 여성의 옷을 입고 있는 상태로 발견된다. 자기 스스로 관찰할 수 있도록 거울을 세워놓고 자세를 취하면서, 결박한 형태로 사자(死者)의 수족(手足)은 수갑이나 사슬로 채워져 있다.

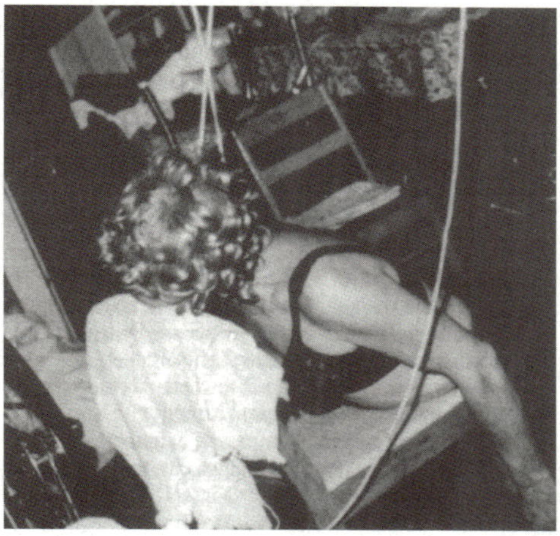

질식에 의한 자기색정사 사례
자료: Osterburg & Ward(2000: 423).

두 가지 형태의 사망 유형 - 호흡을 곤란케 하는 것과 목을 조르는 것 - 가운데 목을 조르는 방식이 자기색정사에서 좀 더 일반적인 효과를 갖고 있다. 옷 조각이나 다른 물질이 종종 끈 주위에 묶여 있는 채로 발견된다. 만약 이것이 빈번한 행동이었다면, 천장 쪽 파이프 혹은 문 상단 가장자리(지지대로 사용된) 위에 평행하는 로프의 자국(그리고 가능하면 로프의 섬유질)이 남아 있을 가능성이 있다. 그러한 것들은 어떤 용의자의 자기색정사적인 불행한 일이 일어난 후 반드시 살펴봐야 한다. 만약 위에서 설명된 바와 같이 대부분의 수반되는 사건 해결의 단서가 존재하지 않고 젊은 피해자가 정상적이고 잘 적응된 자로 생각됐다면, 살인사건이라기보다 사고사로 판정하는 것은 거의 확실하게 친척들에게는 이해되지 않을 것이다. 슬픔에 빠진 가족을 좀 더 동정적으로 위로하는 것은 그들의 고통을 완화해 주는 데 도움이 될 것이며, 결국 자기색정사로 인한 사망임이 밝혀지고, 이를 받아들일 수 있도록 해 줄 것이다(Osterburg & Ward, 2000: 420-424).

3. 총기류에 의한 사망

사고사(事故死), 자살 그리고 살인사건은 종종 총기류에 의해서도 야기되는데, 즉 총기류는 보통 시체에 추적될 만한 증거를 남긴다. 이러한 증거는 어떤 무기가 사망을 야기했는지를 증명하는 데 도움을 준다. 피해자의 손에 묻어 있는 총기류로부터 나온 잔류물질은 가능한 한 시체가 이동되기 전에 반드시 수집해야 한다. 시체에 남아 있는 총기류에 의한 상처를 통해 사용된 무기의 유형과 발사된 범위, 각도 그리고 발사된 방향을 알 수 있다. 탄환의 사입구(射入口)와 사출구(射出口)에 의한 상처를 종종 확인할 수 있다(Palmiotto, 2004: 211-212).

총상과 함께, 법의관은 문신과 점각된 것(stippling, 가스로 화상을 입은 것과 화약 잔류물) 혹은 상처 주변의 지저분한 것(fouling)을 살펴본다. 산탄총 발사는 그 자신의 독특한 패턴을 갖고 있다. 법의관은 또한 사출구와 사입구 상처의 크기를 측정하고, 범행에 사용된 총기의 유형을 확인하기 위해 시체에 박혀 있는 탄환도 추출해 낸다(Ramsland, 2001: 45-46).

울퉁불퉁하게 난 구멍과 평탄하지 않은 표면은 총알이 떨어지는 동작과 함께 탄환이 돌멩이처럼 튀면서[46] 일어난 상처다. 칼에 의해 난 상처처럼 보이는 깊이 베인 상처는 신체를 스쳐 지나가는 탄환에 의해 야기될 수 있다. 매우 높은 속도의 탄환은 충격파를 일으켜 신체의 조직을 파괴할 수 있다. 종종 뼈에 가해진 손상은 탄환이 이동한 경로를 암시해 줄 수 있다. 약간의 피를 흘리게 하는 타원형의 규칙적인 구멍들은 상처의 입구를 암시해 준다. 탄환에 있는 탄소와 기름기로부터 회색이 도는 오물이 있을 수 있다. 탄환의 충격에 의해 야기된 불그스름하고 갈색이 도는 목 주변의 찰과상이 있을 수 있다(Palmiotto, 2004: 212). 소총(rifled)을 발사해 생긴 상처는 일반적으로 둥글고, 몇몇 찰과상에 의해 둘러싸여 있다. 사출구 상처는 불규칙하고 좌상이 있으며, 점각된 부분이 없고, 사입구 상처보다 훨씬 크다. 이러한 상처들은 또한 피부가 불쑥 나온 것을 보여준다(Ramsland, 2001: 46).

몇몇 탄환의 사입구와 작은 직경의 총에 의해 야기된 상처는 눈에 잘 띄지 않을 수 있다. 그러한 상처들이 감겨진 눈꺼풀, 모발 밑, 신체의 열린 구멍 혹은 옷 밑에 날 수 있다. 종종 탄환의 사출구에 의한 상처는 사입구보다 더 큰 상처를 보여준다. 이러한 상처는 탄환 그 자체보다 모양이 거칠고 울퉁불퉁하며 더 크다. 탄환의 앞부분에 의해 눌려진 신체의 조직은 탄환이 신체를 뚫고 들어가서 나올 때 파열된다. 탄환은 그 충격으로 인해 조각이 날 수 있으며, 모양이 변형되기도 하고 떨어진다. 이것 때문에 사출구에 의한 상처는 사입구에 의한 상처보다 더 많은 피를 흘리게 한다. 그리고 신체 내부 조직의 조각들이 상처로부터 비어져 나올 수 있다(Palmiotto, 2004: 212). 그런데 두 가지 종류의 상처가 너무 비슷해 구분하기 어려운 사건이 있을 수 있다. 그래서 시체

46) 도비(跳飛): 탄환 등이 물수제비 뜨는 돌멩이처럼 튀면서 날기. 도탄(跳彈).

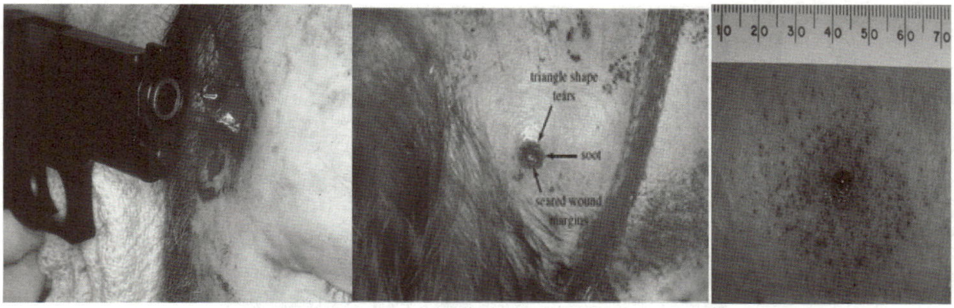

총상(gunshot wound)의 모습(22-caliber handgun 좌, 접사 중)[47]

내부의 탄도에 관한 정밀한 조사가 필요하다(Ramsland, 2001: 46).

탄환과 접촉된 면에서는 찰과상을 확인할 수 있는데, 탄환의 가장자리 및 탄환이 지나간 자국에는 불에 달아오른 상처들이 있다. 탄환이 통과하는 주변 피부나 신체조직에는 또한 불에 달아오른 상처들이 있다. 상처 주변에 거무스름한 그리고 더러워진 듯한 흔적은 탄환이 발사되면서 생긴 연기와 화염(불꽃)에 의한 것이다. 총구가 사람의 피부에 닿으며 폭발하면서 가스를 발생시키고, 총의 잔류물질이 탄환의 궤적을 따라 날아가면서 신체의 내부로 들어간다(Palmiotto, 2004: 212).

사람으로부터 1에서 48인치 정도 떨어진 총기의 입구는 상처를 남기는데, 그것은 타원형이지만, 그 가장자리는 조그마한 파편들을 보여준다. 48인치보다 더 멀리 떨어진 총구는 원형의 찰과상을 입은 변색부와 함께 타원형의 구멍을 만든다. 반면, 소구경의 총기들과 접촉해 발생한 상처는 긴 줄 모양처럼 보인다(Palmiotto, 2004: 212). 총기를 발사할 당시, 범인과 피해자와 얼마나 가까이 있었는지를 추정하기 위해 사진을 촬영한다. 예를 들면 점각(strippling)된 부분이 넓을수록 더 멀리 떨어져서 총이 발사된 것이다. 접촉 상처(接射痕)는 살갗에 대고 총기를 발사한 곳에 형성된 것이며, 종종 총구(muzzle) 자국을 남긴다. 그리고 좀 더 강력한 총기들은 화약 잔류물과 '역류 현상(blowback)'–신체를 관통하지 못하고, 총기 외부 쪽으로 되돌아 폭발한 총기로부터 나온 고열가스–과 함께 갈라진 상처(gaping wounds)와 피부를 찢는다(Ramsland, 2001: 46).

47) http://web.uni-plovdiv.bg/stu1104541018/docs/res/emergency_medicine_atlas/Ch.17.html(2015.01.23. 검색).

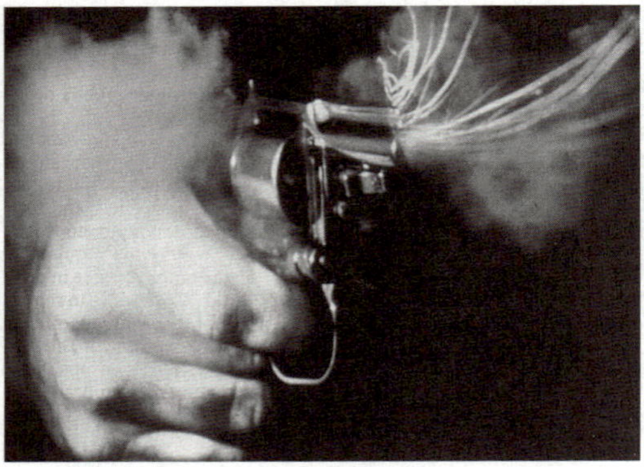

총기를 발사하는 순간의 모습

4. 화재사

화재(火災, fire)에 의한 사망은 종종 사고로 인한 경우다. 실제로 피해자의 신원을 확인하고 사망 원인과 화재 원인을 연관짓는 것이 어려울 수 있다. 만약 화재가 고의적인 것으로 보이면 방화(放火) 수사가 반드시 진행돼야 한다. 종종 살인범은 피해자를 겨냥해 증거를 은폐하려고 불을 놓는 경우가 있다. 화재에 의한 사망사건을 수사하는 것은 사망 원인을 밝혀내는 병리학자의 결론에 의존하게 된다. 만약 피해자가 화재가 일어나는 시점에 살아 있었다면, 부검을 통해 혈액 중에 일산화탄소 중독을 밝혀낼 수 있다. 불에 타고 있는 시체는 대체로 부검이 이뤄지고, 병리학자가 불에 탄 피해자에게 난 상처를 확인할 수 있다(Palmiotto, 2004: 214-215).

5. 익사

물에 빠져서 죽는 대부분의 익사(溺死, drowning)사건은 사고인 경우가 많다. 가끔 자살사건인 경우도 있다. 물에 빠뜨려 사람을 죽이는 살인사건은 대체로 피해자가 유아, 어린이들에게 한정된다. 그러나 성인들도 강제로 눌려서 물에 빠져 사망하는 경우가 있을 수 있다. 그런데 종종 이런 사건에는 공범이 필요하다.

한편, 물에 빠져서 익사한 것처럼 위장하기 위해 물을 가득 채운 목욕통에 시체를 유기함으로써 살인사건을 은폐하기 위한 시도가 있었다. 이러한 계략은 종종 피해자와 살인범 간에 어떤 연관성이 명백할 때 일어난다. 살인범은 거의 얼마 되지 않아서 용의자로 탄로가 난다. 진정한 익사사고와 다른 유형의 질식사에 의한 시체를 물에 잠가놓는 행위는 부검을 통해 구별될 정도로 충분한 특징이 있다. 검시관 혹은 법의관은 물론 그러한 사망사건이 사고, 자살 혹은 범죄로 인한 것인지를 판단한다(Osterburg & Ward, 2000: 424). 사고사처럼 보이는 익사사건의 경우 종종 살인사건을 은폐하기 위한 시도일 수도 있다(Osterburg & Ward, 2000: 420).

6. 중독사

중독사(中毒死, poison)는 독성물질에 의한 사망을 말하며, 신체 외부에만 사용될 목적으로 만들어진 물질이 신체 내부로 섭취됐을 때 일어난다. 이러한 유형의 사망은 사고로 자살사건에서 혹은 살인사건에서 일어나는 경우가 있다. 공장에서 가정에서 혹은 음식에 의한 중독이 종종 사고사로 이어진다. 독극물에 의한 사망은 나쁜 알코올로 인해 발생할 수 있다. 독극물에 의한 살인은 드물다. 그러나 그러한 가능성을 제외시켜서는 안 된다. 종종 독극물에 의한 살인은 자살사건처럼 보일 때가 있다. 미국의 경우 약물 문제 때문에 많은 사람이 약물을 과다 투여함으로써 사망하는 경우가 있다. 범죄 현장과 피해자의 일상생활 스타일은 약물의 과다 복용으로 인해 사망한 것을 알 수 있게 해 준다. 종종 자살한 곳에 시체 주변의 알약(錠劑, tablet) 혹은 캡슐이 발견된다. 약물 투약자는 약물을 사용하지 않는 자보다 더 높은 자살률을 보인다. 만약 사망이 사고사로 보인다면 수사관의 결정을 도와주는 모든 증거를 반드시 기록해야 한다. 자연사로 판명되는 모든 원인은 반드시 제외한다. 수사관은 반드시 살인에 대한 동기가 존재하지 않고 피해자에 대해 어떤 협박도 없었음을 판단해야 한다(Palmiotto, 2004: 215).

일산화탄소(一酸化炭素, carbon monoxide: CO)는 질식에 의한 사망을 유발하는 희귀한 가스 중의 하나인, 종종 명백한 살인사건을 수사하는 것과 관련이 있다. 석탄과 탄화수소로 된 연료 간의 불완전한 연소의 부산물로서 무미(無味), 무색(無色) 그리고 무취(無臭)이면서 아주 독성이 강하다.[48] 이러한 것에 익숙한 주변의 물건은 석탄 그리고 스토브, 냉장고, 온수가열기, 난로, 자동차 등과 같은 가스장비다. 자동차의 배기가스관은 자살을 감행하는 데 아주 손쉬운 방법으로서 주변에서 자주 눈에 띈다. 결함이 있는 가정용 가스장비들은 일산화탄소 중독에 의한 사고사(事故死, accidental death)에

48) 과거 우리나라에서 가정 난방용으로 연탄을 사용하던 시절에 일산화탄소 중독사건이 빈발했다. 연탄을 방 안에 피워놓고 자살을 감행한 사건을 필자는 경험한 바 있다.

대한 책임이 있다.[49)]

아주 적은 농도의 일산화탄소 - 공기 중의 1,000분의 1정도 - 를 한 시간 정도 호흡하게 되면, 두통, 메쓰꺼움, 현기증과 혼란스러움을 일으킨다. 혈액에 일산화탄소가 축적되면, 심지어 그보다 적은 농도인 10,000분의 1 정도를 만약 밤새도록 호흡하면, 그와 비슷한 효과가 나타난다.

두통으로 깨어나고 뭔가 잘못되고 있음을 깨달으면서, 고통을 받고 있는 자는 창문을 열고 그 방을 떠나려고 하게 될 것이다. 그러나 방향 감각을 상실하는 등 혼미 상태가 되면 이러한 행동은 불가능해진다. 종종 피해자가 비틀거리면서 라디에이터, 테이블 코너 혹은 다른 딱딱한 물건에 부딪히면, 많은 피를 흘리면서 머리에 난 큰 상처가 보인다. 허우적거리면서 움직인 동작 때문에 온 방 안에 엄청난 싸움이 벌어진 것처럼 보인다. 많은 사건에서, 피해자는 신선한 공기를 마시기 전에 사망하며, 이러한 사고사는 심각한 살인사건과 같은 흔적을 남긴다. 어린이들은 그들의 높은 신진대사적 활동 덕분에 성인들보다 쉽게 일산화탄소에 중독된다. 특히 모든 가족이 한 집에서 잠을 자게 되면 밀폐된 창문과 함께 방 안으로 스며드는 일산화탄소로 인해 사망할 가능성이 높다. 일산화탄소에 의한 중독사의 경우, 혈액의 빛깔은 선홍색에 가깝다. 시체의 시반(lividity) 색깔은 피치핑크색을 띤다. 이러한 지식으로 무장한 채, 사망을 둘러싸고 친척과 이웃으로부터 들을 수 있었던 것들과 함께, 수사관은 그러한 가스의 출처에 초점을 맞출 수 있으며, 그것이 더 이상 위험하지 않다는 것을 알게 된다. 부검과 독성 분석을 통해 일산화탄소 중독으로 인해 사망했음을 확인할 수 있다. 그 출처(일반적으로 결함이 있는 가스버너 장비)가 확인되고, 살인사건이라기보다는 사고로 인한 사망사건임을 확인할 수 있다(Osterburg & Ward, 2000: 424).

7. 전기 쇼크 사망

전기에 의한 질식사에 따르면, 전기가 심장과 뇌를 멈추게 해서 산소 공급이 중단되면서 일어난다. 전기 쇼크(electric shock)의 충격은 개인적인 건강 상태, 사망하기 전에 젖은 상태인지 혹은 건조한 상태였는지 혹은 몸에 받아들인 전류의 양(量), 전기와 접

49) 미국의 영화 <의뢰인(Client)>에서 한 변호사가 자살을 감행하면서 이용한 방법이다. 그 후 우리나라 대구에서도 이와 유사한 방법으로 자살을 감행한 사건이 벌어진 바 있었다. 최근에는 밀폐된 차량 내부에 번개탄을 피워놓고 자살을 감행한 사건도 있었다(Osterburg & Ward, 2000: 424).

촉한 시간의 길이 그리고 전기 쇼크 이후의 상태 등에 달려 있다. 종종 전기 쇼크는 시체에 흔적을 남긴다. 즉, 흰색 혹은 회색으로 오므라든 전류가 들어간 부분과 전류가 나온 부분에 상처가 남는다. 높은 전류로 인한 화상(火傷: 높은 전류가 흘렀을 때에는 심각한 화상이 남는다)에는 갈색을 띠게 되며, 그러한 접촉을 야기한 물건의 형태를 반영한다. 번갯불(lightning)로 인해 사망한 경우에는 양치식물(fern)과 같은 형태의 흔적이 남는다. 아주 높은 전류에 의한 충격은 종종 대상물이 사람에 붙어서 녹은 지점에 금속 형태의 흔적을 남기며, 그것은 결국 뼈를 골절시킨다. 전기 쇼크에 의한 사망은 대체로 사고로 발생한다(Palmiotto, 2004: 213).

8. 사고사로 위장하기

종종 살인범은 범죄를 위장하려고 시도한다. 몇몇 사건에서 사망이 마치 사고로 인한 것처럼 혹은 설명될 수 있는 것처럼 보이게 하기 위해 수사관의 노력을 헛되게 하며(엉뚱한 사람들쪽으로 혹은 전혀 알지 못하는 사람들에게 수사 방향을 돌리게 하는), 혹은 살인범 자신이 관여한 것을 숨기기 위해 갖가지 수단 방법이 동원된다(Osterburg & Ward, 2000: 437). 특히 방화(放火)와 독살은 관심을 기울일 필요가 있다.

1) 자동차

사망사건을 야기한 자동차를 자세히 검사해 봄으로써, 만약 손상된 부분이 수리됐는지, 예를 들면 브레이크 라인 너트가 느슨해져서 각 브레이크 장치에 액체가 스며들게 됐는지, 혹은 액셀러레이터가 연료 공급 위치에 고정돼 있었는지를 판단할 수 있다. 다른 위장 수단은 피해자의 자전거 위로 자동차를 달리게 함으로써 혹은 오토바이를 몰아서 전봇대, 보도(步道)의 연석(緣石) 혹은 단단한 물건을 들이받아서 생긴 손상인 것처럼 보이도록 하는 것을 들 수 있다. 그러한 사건에서 속임수를 밝혀내기 위해 법과학자(물리학자, 엔지니어 혹은 병리학자)의 도움과 기계공이 필요하다. 그러한 단단한 물건에 들이받거나 혹은 부딪혔을 때 입은 것으로 알려진 것과 일치하는 형태로 피해자에게 자동차로 인한 손상 혹은 외상이 야기됐는지 그들은 물어볼 것이다(Osterburg & Ward, 2000: 438). 만약 의문이 충분하게 해소되지 않으면 이러한 질문을 통해 제기된 의문점은 후속적인 신문을 할 때 상당히 중요할 수 있다.

2) 무기류

총기사고로 추정되는 사망사건에서 사망한 자의 직업, 취미 그리고 무기에 대한 흥미는 반드시 확인해야 한다. 그런 것들은 중요한 사항일 수 있다. 한편 과학수사실험실은 종종 직물, 의복류 혹은 신체 그 자체에 남아 있는 화약류를 분석함으로써 총구로부터 피해자까지의 거리를 판단할 수 있다. 알려진 거리에서, 용의자의 총기를 시험 발사한 내용과 비교한 것을 토대로 관련된 자료가 범죄를 재구성하는 데 활용될 수 있다.

무엇이 발생했는지에 대한 용의자의 범행 동기는 반드시 실험실 결과와 나중에 신문과정에서 증명된 불일치를 통해 서로 확인해야 한다. 피해자의 손에 화약 잔류물질이 거의 없을 때, 총기 뒤쪽에 남아 있는 바륨과 안티몬이라는 잔류물질(장약 잔류물질)의 중요한 양과 총기를 발사한 손의 엄지손가락 곡면부를 조사하는 것은 고인(故人)이 총기를 발사했다는 증거를 보여주는 것이다. 장약 잔류물질은 피부에서 고의적이든 과실이든 혹은 자연적 흡수에 의해 쉽게 제거할 수 있다. 또한 대부분의 22구경 권총 탄약통에서 바륨과 안티몬이라는 화약 성분이 발견되지 않았기 때문에 피해자가 총기를 발사할 때 사용한 손에 이러한 물질이 거의 없다는 사실이 그가 총기를 발사하지 않았다는 결론을 보증하지는 않는다(Osterburg & Ward, 2000: 438).

3) 화재 혹은 방화

피해자가 부주의하게 침대 위에서 담배를 피우다가 매트리스에 불이 난 것처럼 보이는 것은 보통 범죄를 숨기기 위한 시도로 사용돼 왔다. 피해자는 화재가 발생하기 전에 이미 사망했다는 사실을 증명하는 데 법의병리학자가 중요한 역할을 한다. 보험 사기를 은폐하기 위해 명백한 살인사건을 이용하는 것은 또 다른 사건의 왜곡이다. 보험범죄 수사관은 강력한 화재가 피해자를 다 태워 버리고 확인을 어렵게 혹은 거의 불가능하게 만드는 수많은 사건 홍수에 직면하고 있다. 이러한 경우 피해자(보험 가입자)는 종종 불충분한 지문, 의료 기록 혹은 치과상의 기록이 존재하는 제3세계 국가로부터 등장한다. '사고'로 일어난 화재의 피해자로 바꿔치기하려고 시골사람 혹은 방랑자의 시체를 대체할 수 있는 이러한 상황 속에서는 이러한 수법이 비교적 수월하다. 이웃사람들에게 일찌감치 자신의 취미가 자동차 수선 및 땜질이라고 알려지게 한 사람이 어떤 지역사회에 새로 이사를 왔고, 최근의 사건은 그와 관련된 것이다. 가솔린 화재사고로 인한 사망사건에 대한 스테이지를 만들기 위해, 그는 약간 새는 카뷰레터를 고정시키기 위해 펜치를 빌려달라고 말했다. 이러한 계략은 실행됐고, 화재로 불탄 시체가 마치 새로 이사 온 사람의 시체인 것처럼 추정됐다. 그런데 수사관이 이 사건에서 가능성 있는 사실을 병렬시키면서 최근에 가입한 생명보험 약관이 엄청난 액수의 사망급부금을 지급하는 것을 발견했고, 자동차 수선공이 단순한 도구를 빌려야 할 필요성, 즉 수사관으로 하여금 속임수를 밝혀낼 수 있는 이 사실들은 사건 해결의 열쇠가 됐다(Osterburg & Ward, 2000: 438-439).

4) 독살(중독사, poisons)

몇몇 독살자는 체포됐을 때, 그들은 오로지 피해자가 독약을 사고로 투약했다는 사실을 가장할 의도로 의약품 캡슐에 독약을 넣는다고 주장한다. 사망 사실을 곧바로 신고하기보다는 보통은 사고사로 대응한다. 그들은 시체를 감추고, 피해자가 실종됐다고 주장한다.

9. 유아 살인

유아 사망은 보통 질식에 의해 일어나는 경우가 많은데, 사고에 의하거나 혹은 자연적 원인 때문이다. 만약 교살 혹은 폭력적 행동으로 인해 사망사건이 일어났다면, 유아 살인(infanticide)사건일 수 있다. 유아 사망사건을 수사할 때 중요한 의문 사항은 다음과 같다(Palmiotto, 2004: 219). 아기가 적절한 보살핌을 받으면서 살고 있었는가? 아기가 출생 후 호흡하고 있었는가? 만약 아기가 상처로 인해 사망했다면, 아기가 치료를 받았는지 여부를 확인하기 위해서는 의료 기록을 반드시 확인해야 한다. 아이가 태어난 후 산모의 정신 상태가 어떠했는지를 포함해, 이웃이나 친구들은 아기 부모의 기질에 관한 정보를 제공할 수 있다.

제6장 | 수사 실패 사례

제1절 서설

이 장에서는 형사소송법상 대단히 중요한 판결이 선고된 사건에서, 장장 8여 년간의 법정 공방을 거쳐 무죄로 확정 혹은 유죄가 인정된 최근 사건에 이르기까지 경찰의 수사상 잘못으로 인해 세간의 이목을 집중시켰던 몇몇 사건을 주로 소개한다.

이 사건들 중에는 다행히 진범이 체포돼 억울함이 해소된 경우도 있으나, 현재까지 미제사건으로 남은 것도 있으며, 급기야 영화의 소재로 선정돼 사회적으로 엄청난 관심을 불러일으킨 경우도 있다. 최근에는 미제사건을 영화나 소설로써 일반 대중에 소개하는 사례가 빈번해 국민적 관심을 집중시키고 있으며, 이러한 경향은 수사기관의 검거의지와는 별도로 많은 비판과 문제점을 낳고 있어 새로이 검토해야 할 필요성을 가지게 된다.

수사에서 실패하지 않으려면 초동수사 단계에서 지켜야 할 과학적 수사 방법에 의한 증거 수집, 이를 토대로 한 범인의 특정(特定), 적법 절차 준수를 통한 인권 침해 방지라는 기본 원칙을 더욱더 중요하게 여겨야 한다. 따라서 수사기관의 사건 해결 과정에서 비롯된 몇 가지 수사 실패 사례의 분석을 통해 수사 기법상의 문제점과 절차상의 문제점 등을 검토하고자 한다.

제2절 재판 진행 중 진범인이 체포된 사건들

1. 김시훈 사건

피고인 김시훈은 살인 용의자로 경찰에 연행된 후 처음에는 범행을 부인했으나, 별건(別件)으로 선고받은 구류형의 집행 중 수사경찰관의 강요에 못 이겨 살인의 범행을 자백하는 내용의 자필진술서를 작성했으며, 항소법원은 그 진술서에 기재된 자백의 임의성과 신빙성을 인정해 이를 결정적 증거로 삼아 피고인에게 징역 15년형을 선고했다. 그러나 피고인이 상고(上告)함에 따라 사건이 대법원에 계속되던 중, 진범인(眞犯人)이 검거되자 대법원은 원판결을 파기하고 사건을 원심법원으로 환송하면서 전원합의체 판결로써 피의자 진술서의 증거 능력에 관한 종전의 판례(형사소송법 제313조설)를 변경했다(백형구, 1994: 663).

> 그해 신문에서는 억울한 누명을 쓰고 1년 2개월이나 옥살이를 하던 김시훈이라는 사람 이야기가 크게 났어요……억울하게 옥살이를 한 김시훈이 떠올랐던 것이다. 그가 어떻게 살인사건의 범인이 됐는지는 당시 신문에 자세하게 나온다(문국진 · 강창래, 2011: 85).
>
> 김 씨는 자신이 검거되던 1981년 7월 12일부터 검찰에 송치되던 7월 30일까지 18일 동안 경찰에 의해 전주시 진북2동 파출소의 2층 숙직실 등 비밀 장소로 끌려다니며 고춧가루를 코와 눈에 집어넣거나 발가벗긴 채 구타하는 등 갖은 고문을 당했으며 이로 인해 오른쪽 다리의 무릎과 정강이가 부서지는 중상을 입기도 했다고 털어놓았다. 김 씨는 또 경찰이 진술서를 받는 과정에서 자신에게 온갖 고문을 가해 정신을 잃게 한 후 종이와 볼펜을 주고 부르는 대로 적도록 해 자술서를 만든 다음 이 자술서를 기초로 담당 형사들이 자신의 피의자 신문조서를 작성했다고 말했다.
>
> - '경찰 고문 못 이겨 인생을 포기할 뻔'(동아일보 1982.09.15.).

이 판결[1)]은 대법원이 피고인 공소 사실에 대해 무죄를 선고하기 위해 사법경찰관리의 요구에 의해 작성된 '피의자진술서'(형사소송법 제313조)를 '피의자 신문조서'(동법 제312조)와 실질적으로 같은 것으로 간주한 것이다. 이 사건은 경찰의 잘못된 수사 관행으로 인해 "피의자가 작성한 진술서의 증거 능력"에 대한 대법원의 판례를 변경시켰

1) 大判 1982.09.14, 82도 1479(全合) [공보 692호, 980면].

다는 점에서 두고두고 반성해야 할 사건으로 남게 됐다.

2. 현직 경찰관을 억울하게 범인으로 몰았던 K 순경 사건

1) 사건 개요

1992년 11월 29일 아침 서울 관악구 모(某) 여관 203호에서 18세의 카페 종업원 이(李)모 양이 목이 졸려 숨진 채로 발견됐다. 이를 신고한 사람은 그날 새벽 3시 반쯤 이 양과 여관에서 함께 투숙했던 K 씨였다. K 씨는 오전 7시쯤 혼자 여관을 나가 인근의 직장에 출근했다가 오전 10시쯤 이 양을 깨우기 위해 여관방에 돌아와 보니 이 양이 숨져 있었다고 주장했다. 하지만 K 씨는 범인으로 지목돼 구속됐다.[2)]

검찰이 내세운 이유는 다음과 같다. "우선 그는 숨진 이 양과 함께 투숙한 사람으로 밤새 같이 있었다. 오전 7시에 나간 것은 인정되지만, 직장에 나갔다가 여관방에 이 양이 있는지 전화로 확인도 해보지 않고 구태여 이 양을 깨우기 위해 10시에 돌아왔다는 것이 어색하다. 또 이 양이 결혼해달라고 졸라 갈등이 있었고, 이 양이 밴 자신의 아이를 낙태하게 한 사실까지 있다. 또한 K 씨가 여관을 나간 오전 7시부터 오전 10시까지 여관에 들어온 사람은 없었다고 진술하고 있으며, 여관 문이 아닌 창문 등으로 누군가가 침입한 흔적은 없다. K 씨는 투숙 당시 여관 주인에게 아침 8시에 인터폰을 해달라고 부탁했는데 주인이 실수로 7시에 인터폰을 했지만 K 씨는 즉시 응답했다. 그가 이미 깨어 범행을 저질렀다고 의심할 만한 정황이다……."

K 씨는 경찰 수사 과정에서 한때 자신이 범인이라고 자백까지 했다. 그리고 무엇보다 가장 눈여겨봐야 할 것은 법의학적 소견이다. 이 양 시신의 시강이 전신에 나타난 점이나 위(胃) 속 내용물의 소화 정도, 직장(直腸) 온도, 시반이 뚜렷한 점 등으로 미뤄 사망 시각은 오전 5시 이전으로 추정됐다.

2) 사건의 쟁점

K 씨가 범인이 아닐 가능성을 보이는 증거도 있었다. 이 양이 숨져 누워 있던 침대 이불에는 K 씨 것이 아닌 남자 구두 발자국이 2개 찍혀 있었고, 또 방에서 발견된 휴지

---

2) 이 내용은 『월간조선』 1999년 2월호 [심층추적: 치과 의사 모녀 살인사건 수사와 재판의 드라마] 내용을 요약, 소개한 것이다.

뭉치에서는 K 씨와 이 양 이외에도 다른 사람의 체액이 묻어 있었다. 제3자가 들어와 범행을 저질렀을지도 모른다는 것을 암시하는 것이다. 하지만 검찰이나 법원 2심까지 이 증거들은 인정되지 않았다. 우선 발자국이 다른 범인의 것이라면 범행 수법상 어떻게 2개만 생겼겠느냐는 의심을 받았다. 휴지 뭉치에 묻어 있는 체액의 경우는 그 여관방 안에 다른 새 휴지가 많았는데 그걸 사용하지 왜 하필이면 K 씨와 이 양이 사용한 휴지 뭉치를 사용했겠느냐는 의심을 받았다. 오히려 K 씨가 다른 사람의 범행으로 조작하기 위해 만든 게 아닐까 하는 것이 당시 검찰이나 법원의 속내였다고 한다. 사실 법의학 소견 등을 포함, 이 정도 수준의 증거와 정황을 놓고 본다면 상식적으로 판단할 때 K 씨가 범인일 것이라는 단정을 하는 것도 무리는 아닐지 모른다. 당시 판결문을 읽어 보면 여러 가지 증거 중에서도 시강과 위(胃) 속 내용물의 소화 정도, 시반 등 법의학 소견이 유죄 판단에 중요한 근거가 되고 있음을 알 수 있다.

3) 수감 중 진범 체포

자백을 번복하고 "나는 범인이 아니다"라고 계속 주장하던 K 씨는 1992년 말 살인혐의로 기소됐고, 결국 유죄가 인정돼 1993년 1심 2심에서 징역 12년을 선고받았다. 그런데 대법원 판결을 기다리고 있던 1993년 말 엉뚱한 일이 생겼다. 노상강도로 서울 관악경찰서에 검거된 당시 19세의 S 군이 여죄 수사 과정에서 우연찮게 이 살인사건의 범인임이 드러난 것이다. 진범은 따로 있었던 것이다. S 군은 전날 습득한 열쇠를 갖고 물건을 훔치기 위해 그 여관 203호에 사건 당일 오전 7시에서 9시 사이에 들어갔다. 이 양에게 들키자 엉겁결에 목 졸라 살해한 것으로 밝혀졌다. 아니, K 씨가 범인이라던 그 많은 간접 증거나 7시에서 10시 사이에 여관에 들어간 사람이 없었다는 여관 주인 진술 같은 것은 어떻게 된 것인가?

우선 S 군은 여관 카운터 앞을 기어 들어갔다. 당연히 여관 주인은 보지 못했다. 그리고 203호에 들어가자마자 이 양에게 들키자 침대로 바로 뛰어올라 이 양을 살해했기 때문에 찍힌 발자국은 2개밖에 없었다. 그리고 공교롭게도 K 씨와 이 양이 쓰고 떨어뜨려 놓은 휴지에 S 군 체액이 묻었다.

그러면 시강, 시반, 위(胃) 속 내용물, 직장 온도 등 분석을 통해 사망 시각이 K 씨 출근 전이라던 법의학적 소견은 틀린 것이었다. 정말로 일어나기 힘든 공교로운 우연이, K 씨로서는 확률이 지극히 낮은 불운한 악운(惡運)이 겹치고 겹쳐서 범인으로 단정된 것이다. 진범이 잡힌 후인 1994년 1월 26일, 대법원은 K 씨에게 유죄를 선고한 2심

판결을 무죄 취지로 파기했다.

만약 대법원에서 K 씨에게 유죄 확정 판결을 내렸는데 그 후에 진범이 잡혔더라면 이 사건은 법원으로서는 '희대의 오판(誤判)'으로 남았을지 모른다. 이 사건을 반성하는 의미에서 1994년 대검 강력부는 「K 씨 사건을 계기로 본 강력사건의 수사상 문제점과 대책」이라는 123페이지짜리 소책자까지 만들기도 했다. 이 책에서 검찰은 현장 감식을 위해 출동했던 서울경찰청의 김모 반장이 경험 미숙으로 시강이나 시반, 직장 온도 측정 등을 서툴게 했던 것으로 판단했다. 사망 시각을 추정하는 것이야 법의학자가 하는 일이지만, 그 추정의 근거가 되는 기초 자료는 결국 초동수사를 통해 내놓는 감식팀의 의견이다. 그러니까 감식팀이 미숙해서 틀린 자료를 법의학자들에게 입력하게 되면 출력, 그러니까 법의학적 판단도 틀리게 나올 수밖에 없다는 사실, 그리고 법의학적 추정이라는 것을 단순한 참고 자료를 넘어 전적으로 신뢰할 자료로 사용하는 것은 위험할 수도 있다는 교훈을 이 사건은 보여준다.

그런데 여기서 매우 흥미로운 일이 하나 있다. 이 'K 씨 사건'에서 결과적으로 '서툴고 미숙한 현장 감식'을 하고 틀린 시강, 시반 등의 자료를 법의학자에게 제공한 셈이 된 서울경찰청 김 반장은 공교롭게도 후일 치과 의사 모녀 살해사건의 현장 감식을 맡았던 바로 그 김 반장으로서 동일 인물이다. 치과 의사 모녀 살해사건에서 직장(直腸) 온도를 재지 않은 사정에는 다음과 같은 이유가 있었다고 한다. K 씨 사건에서 직장 온도를 잘못 쟀다가 곤욕을 치렀던 김 반장은 모녀 살해사건에서는 아예 직장 온도를 재지 않은 것이다. 김 반장은 이 사건 당시 수사 관계자에게 "물속에 담겨진 시신의 직장 온도는 별 의미가 없고 오히려 혼선이 생길 것 같아 재지 않았다"고 말했다고 한다.

제 3 절 이춘재 연쇄살인사건(일명 화성연쇄살인사건)[3)]

1. 사건의 개요

1986년 9월 15일에서 1991년 4월 3일 화성시 태안과 정남, 팔탄, 동탄 등 태안읍사무

3) 경찰은 2019년 12월 17일, 화성연쇄살인사건의 사건 명칭을 '이춘재 연쇄살인사건'으로 변경한다고 밝혔다. 경찰은 "화성지역 주민들이 사건의 명칭 변경을 요구해 왔고, 화성시의회가 사건명 변경

소 반경 3km내 4개 읍·면에서 13~71세 여성 10명을 상대로 벌어진 연쇄살인 사건을 말한다. 범행에는 대부분 스타킹이나 양말 등 피해자의 옷가지가 이용됐으며, 교살(끈 등을 이용해 목을 졸라 살해)이 7건, 액살(손 등 신체 부위로 목을 눌러 살해)이 2건이었다. 범인은 버스정류장에서 귀가하는 피해자 집 사이로 연결된 논밭길이나 오솔길 등에 숨어 있다가 범행했는데, 당시 주변이 논밭이어서 야간에 인적이 드물었던 점을 이용했다.

범인이 끝내 검거되지 않으면서 이 사건은 건국 이래 최대의 미스터리로 지칭됐다.4) 사건 발생 30여 년이 지나면서, 모든 사건에 대해 공소시효가 완성된 바 있다. 다만 경찰은 2006년 4월 2일 마지막 10차 사건(1991년 4월 3일 발생)의 공소시효(15년)가 만료된 후에도 관련 제보를 접수하고 보관된 증거를 분석하는 등 수사를 계속해 왔다.5)

그러던 중 피해자들의 유류품에서 검출된 DNA 검사 결과, 1995년 10월부터 24년째 부산교도소에서 복역 중인 이춘재가 용의자로 지목되면서 재수사가 급물살을 탔다. 여기에 이춘재의 자백이 이뤄지면서 용의자가 특정됐다. 경찰은 2019년 12월 사건 명칭을 기존의 '화성연쇄살인사건'에서 '이춘재 연쇄살인사건'으로 변경했다. 2020년 7월 2일 이춘재 사건 종합 수사 결과 발표를 통해 이춘재가 14건의 살인과 9건의 강간사건을 저지른 것으로 확인했다.

이로써 1년에 걸친 재수사가 모두 마무리됐는데, 이는 첫 번째 살인사건이 발생한 1986년 이후 34년 만이다. 다만 이 사건의 마지막 범행은 1991년으로 당시 살인사건 공소시효가 15년이었던 점으로 볼 때, 이미 2006년 4월 2일 공소시효는 만료된 상태다.6)

한편, 연쇄살인사건 수사 과정에서 억울하게 용의자로 몰린 사람이 자살하는 사례가

요청서를 접수함에 따라 사건 명칭을 이춘재 연쇄살인사건으로 변경하기로 했다"고 밝혔다. [네이버 지식백과]https://terms.naver.com/entry.naver?docId=74246&cid=43667&categoryId=43667(2021.07.30. 검색).

4) 1986~1991년까지 경기도 화성시에서 10명의 부녀자가 강간·살해당한 사건으로, '개구리소년 실종사건(1991)', '이형호 군 유괴사건(1991)'과 함께 국내 3대 미제사건으로 꼽혀 왔다. 이 사건은 대한민국 강력범죄 사상 최악의 장기 미제사건으로 불렸으나, 2019년 9월 무기수로 복역 중인 이춘재가 용의자로 특정된 데 이어 이춘재의 범행 자백이 더해지면서 사건의 실마리가 풀리기 시작했다. 그리고 경찰이 2020년 7월 2일 이 사건의 용의자로 특정한 이춘재가 14건의 살인과 9건의 강간사건을 저질렀다는 내용의 수사 결과를 발표하면서 재수사가 종료됐다. https://terms.naver.com/entry.naver?docId=74246&cid=43667&categoryId=43667(2021.07.31. 검색).

5) https://terms.naver.com/entry.naver?docId=74246&cid=43667&categoryId=43667(2021.07.31. 검색).

6) https://terms.naver.com/entry.naver?docId=74246&cid=43667&categoryId=43667(2021.07.31. 검색). [네이버 지식백과] 이춘재 연쇄살인사건.

3명이나 나왔고 1명은 고문 후유증으로 사망할 정도였다. 그리고 1명은 억울하게 범인으로 오인받아 무기징역을 선고받고 20년간 복역하다가 석방된 후, 최근에 무죄가 확정된 바 있다.[7] 이처럼 이 사건은 경찰 수사 과정에서 많은 논란을 불러일으킨 점에서 시사점이 많다고 할 것이다.

이춘재 연쇄살인사건 발생 위치[8]

1) 제1차 사건

1986년 9월 19일 오후 2시 태안읍 목초지에서 스물여덟 살 유모 씨는 풀밭에 널브러진 피해자 이모(71) 씨의 사체를 발견하고 경찰에 신고했다. 하의는 벗겨져 없었고, 두 다리가 무릎이 굽어진 채 마치 X자를 그리듯 복부에 밀착된 모습이었다. 피해자 이모(71) 씨는 태안읍 안녕리로 시집을 온 딸의 집에서 하룻밤을 지낸 뒤, 9월 15일 새벽 6시쯤 집으로 돌아가기 위해 길을 나섰다가 연락이 끊어진 상태였다. 경찰 추정 범행 시간은 오전 6시 20분 쯤, 딸의 집을 나선 뒤 20분 만에 변을 당한 것으로 추정했고, 피의자에게 잡혀 풀밭까지 끌려간 정황 증거로 보이는 신발과 양말이 이동 경로를 따라 벗

7) 태안읍 진안리에서 박모(13) 양이 살해된 8차 사건에서, 인근의 농기계 수리센터 종업원이었던 윤성여 씨가 억울하게 범인으로 지목돼 무기징역을 선고받고 20년 동안 복역하던 중, 모범수로 석방됐다. 최근 법원에서 무죄를 확정하면서, 그의 억울한 누명이 풀렸다.

8) 연합뉴스, 2006.02.29; http://kr.news.yahoo.com/service/news/shellview.htm?linkid=12&articleid=2006033119080357223&newssetid=82

겨져 있었으며, 갑작스런 변고에 정신적 · 육체적 고통을 감당할 수 없었는지 주변에는 구토 흔적까지 발견됐다. 범행 당일 날씨는 맑았으며, 사인(死因)은 액살(扼殺: 손으로 목을 졸라 살해함)에 의한 경부 압박 질식사였고, 정액 반응은 음성이었다.

2) 제2차 사건

1986년 10월 20일 송탄에서 화성으로 맞선을 보기 위해 다니러 왔던 미혼여성 박모(25) 씨가 오후 9시쯤 집으로 가는 버스를 타기 위해 길을 나섰다가 변을 당했다. 피해자 박모 씨의 사체는 사건 발생 3일 뒤인 10월 23일 태안읍 농수로 안에서 옷이 모두 벗겨지고, 성폭행 흔적이 남겨진 채로 발견됐다. 더욱이 1차 사건 이후 한 달여 만에 1차 사건 범행 장소에서 500m 떨어진 곳에서 발생했다. 범행 당시 기상 상태는 흐린 날씨였으며, 피해자의 사인은 1차 사건과 동일한 액살(扼殺)에 의한 경부 압박 질식사였다. 또한 정액 반응이 있었으나 혈액형 판정은 불가능했다.

3) 제3차 사건

1986년 12월 12일 오후 7시쯤 수원에서 남편을 만난 뒤 먼저 화성 태안읍 집으로 귀가하던 신혼주부 권모(24) 씨가 실종됐다. 피해자 권 씨는 이듬해인 1987년 4월 23일 1, 2차 사건이 발생했던 지점에서 수백 미터 떨어진 곳에서 발견됐다. 피해자의 팬티가 머리에 씌워져 있었고, 입에는 피해자의 거들(여성용 속옷)과 스타킹으로 재갈이 물려져 있었다. 3차 사건의 살해 수법은 1, 2차 사건과 달리 손으로 목을 조른 액살(扼殺)이 아닌, 스타킹으로 목을 조른 교살(絞殺)이었다. 또한 정액 반응이 있었으나 혈액형 판정은 불가능했다.

4) 제4차 사건

1986년 12월 14일, 수원에서 맞선을 보고 화성 정남면 집으로 귀가하던 미혼여성 이모(21) 씨가 실종됐다. 피해자 이모 씨는 실종 7일 만인 12월 21일 집 근처 논둑에서 숨진 채 발견됐다. 두 손은 입고 있던 블라우스로 결박이 된 상태였고, 피해자의 스타킹으로 목을 조른 흔적을 찾을 수 있었으며, 얼굴에는 피해자의 거들이 씌워져 있었다. 정액이 검출됐으나 판정이 불가능했고, 특이점은 우산 손잡이로 피해자의 음부를 난행한 흔적이 발견됐다. 또한 정액 반응이 있었으나 혈액형 판정은 불가능했다.

5) 제5차 사건

1987년 1월 11일 오후 1시쯤 전날 수원에서 친구를 만나고 돌아오겠다며 집을 나섰다가 실종된 여고생 홍모(18) 양이 논바닥 짚단더미에서 숨진 채 발견됐다. 경찰은 홍 양이 친구와 오후 10시 15분쯤 헤어져 태안 버스정류장에서 내려 한적한 길을 이용해 집으로 돌아가다 변을 당한 것으로 추정했다. 두 손은 피해자의 브래지어로 결박돼 있었으며, 입에는 양말로 재갈이 물려져 있었고, 피해자가 매고 있던 털목도리로 목이 졸려 있었다. 또한 정액 반응이 있었으나 혈액형 판정은 불가능했다.

6) 제6차 사건

1987년 5월 2일 오후 11시경 비오는 날 우산을 들고 남편 마중을 나갔다가 실종된 주부 박모(29) 씨가 7일 뒤인 5월 9일 태안의 야산에서 브래지어로 목 졸려 숨진 채 발견됐다. 인근에서 255mm 크기의 신발 자국이 나왔으나 판독이 불가능했고, 피의자의 우산에서 지문 검출을 시도했으나 검출되지 않았다. 또한 정액 반응이 있었으나 혈액형 판정은 불가능했다.

7) 제7차 사건

1988년 9월 7일 태안에서 20km가량 떨어진 팔탄면에서 아들이 운영하는 식당에서 일을 돕다 귀가하던 주부 안모(54) 씨가, 실종된 다음날 농수로에서 입에는 재갈이 물리고 입고 있던 상의로 목이 졸려 숨진 채 발견됐다. 특이점으로는 피해자 안모 씨의 음부에서는 복숭아 조각 9개가 현출됐으며, 정액 반응이 있었으나 혈액형 판정은 불가능했다.

8) 제8차 사건

8차 사건은 1988년 9월 16일 새벽 2시경 태안읍 진안1리(현 화성시 진안동) 가정집에 침입한 범인이 잠을 자고 있던 여중생 박모(13) 양을 성폭행한 후 살해한 사건이다. 9월 15일 피해자는 가족들과 안방에서 TV를 보다가 밤 11시 20분경 자신의 방으로 돌아가 잠을 잤다. 다음 날인 9월 16일 오전 6시 50분경, 피해자의 어머니는 피해자의 방으로 들어온 뒤, 사망한 딸을 발견했다.

피해자가 목이 졸려 숨진 채 발견된 사건으로, 등교 시간이 돼도 밖으로 나오지 않는 딸을 이상히 여긴 피해자의 어머니가 이미 숨을 거둔 박 모양을 발견했으며, 사인은 목이 졸려 숨진 액살(扼殺)이었다. 피해자의 목에는 강하게 압박당한 자국이 있었으며, 성폭행을 당한 것으로 보였으나 옷은 그대로 입혀져 있었다. 또한 문고리 부분의 창호지가 찢겨 있었다.

경찰은 범인이 담을 넘어 집에 침입한 다음 창호지를 찢은 뒤 문고리를 따서 방에 들어왔으며, 피해자를 성폭행하고 목을 졸라 살해한 다음 다시 옷을 입히고 이불을 덮어두고는 도주한 것으로 봤다. 사망 추정 시각은 9월 16일 새벽 2시경이었다.

경찰은 이듬해인 1989년 7월 이 사건의 용의자로 화성에 살던 윤모(당시 22세, 당시 태안읍 거주) 씨를 붙잡아 구속한 바 있다. 그런데 당시 진범(이춘재)이 아닌 윤모 씨가 용의자로 지목받고 검거돼 무기징역을 선고받고 20년 복역 중 모범수로 석방된 바 있다.

후일 진범인 이춘재의 자백, 당시 고문에 의한 허위자백 가능성, 현장 증거물에 대한 진위 논란이 있었다.[9] 이후 윤모 씨의 억울함이 풀렸으며, 최근 재심을 통해 무죄가 확정됐다.

당시 이춘재의 신혼집은 피해자의 한두 집 건너 이웃집이었으며, 이 때문에 용의 선상에도 올랐으나 현장에서 발견된 음모와는 일치하지 않았기 때문에 제외됐다고 한다. 그런데 당시 국과수 조사관의 말에 따르면 혈액형이 B형이 아닌 사람은 음모를 제출했어도 조사를 제대로 하지 않았다고 한다. 수거된 음모가 너무 많고 국과수 업무가 과중해서 혈액형이 B형인 사람의 음모만 검사했다는 것이다. 이후 정말로 당시에 이춘재의 체모를 조사하지 않았다는 사실이 밝혀졌다.[10]

> 억울한 사건의 전말은 다음과 같다:
>
> 당시 현장에서 피해자가 깔고 자던 요에서 범인의 것으로 추정되는 음모가 채취됐는데, 경찰은 이 체모를 일본에 분석을 맡겼고 그 결과 일반인보다 300배 이상 많은 티타늄 원소가 발견됐다고 한다. 경찰은 이 분석 결과에 따라 수리공들을 조사했고, 경운기 수리센터에서 일하던 22세 윤성여의 체모라는 사실을 확인 후 체포했다. 하지만 이전의 범행과는 수법이 완전히 달랐기 때문에 경찰은 모방범죄라는 결론을 내렸으며 당시 윤 씨를 검거한 공로로 수사팀 5명이 1계급 특진했다.

9) 고문에 의한 거짓 자백 가능성, 혈액형, 범행 수법, 중금속 원소, 이춘재 자백의 신빙성, 현장 검증, 지문에 관한 논란이 최근에 제기된 바 있다.

10) https://namu.wiki/w/%EC%9D%B4%EC%B6%98%EC%9E%AC%20%EC%97%B0%EC%87%84%EC%82%B4%EC%9D%B8%20%EC%82%AC%EA%B1%B4/8%EC%B0%A8(2021.07.31. 검색).

윤 씨는 검거 당시부터 일관되게 무죄를 주장했다고 한다. 윤 씨는 재판 과정에서도 고문당해 허위 자백을 했다고 주장했으며 1심에서 기각당해 항소했지만 2심과 3심에서도 역시 받아들여지지 않았던 걸로 드러났다. 윤씨는 당시 대법원에서 유죄를 확정받았다. 유죄의 근거로는 경찰 조사에서 본인이 자백을 한 점, 체모 성분 분석에서 나온 중금속 함유량이 현장에서 발견된 체모의 그것과 비슷하다는 점이 고려됐다고 한다. 체모 혈액형 분석도 B형으로 윤 씨와 동일했다고 한다. 윤 씨는 무기징역을 선고받았지만 모범수로 20년을 복역(감형)하고, 2009년에 가석방, 출소했다. 2003년에도 재심 신청을 하려고 알아봤지만 진범이 특정되지 않으면 재심 신청해도 뒤집기 어렵다는 얘기를 듣고 좌절해 그만뒀다고 한다.

이후 이 사건에 대한 진범인 이춘재가 확정되면서, 재심을 청구해 수원지법에서 재심이 진행됐다. 검찰은 직접 수사에 나서 당시 경찰과 국과수의 조작 정황을 포착해 재심 법원에 무죄 취지의 증거를 제출했다. 그리고 윤 씨는 2020년 12월 7일 무죄를 선고받으며 32년 만에 공식적으로 누명을 벗게 됐다. 법원 역시 재심 과정에서 매우 이례적으로 공판이 시작되기 앞서 변호인이 동의한다면 이 자리에서 무죄를 선고할 수도 있다며 윤 씨에게 사과했다. 재판부는 윤 씨에 대한 재심에서 "과거 수사기관의 부실행위로 잘못된 판결이 나왔다. 오랜 기간 옥고를 거치며 정신적·육체적으로 큰 고통을 받은 피고인에게 사법부 구성원 일원으로서 사과의 말씀을 드린다"고 밝혔다.[11)]

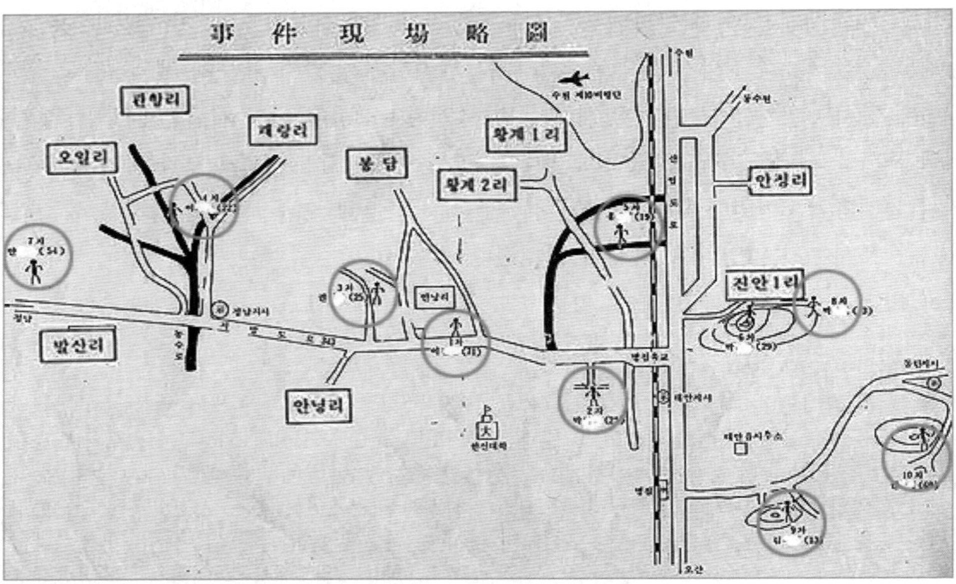

이춘재 연쇄살인사건(화성연쇄살인사건) 현장 약도[12)]

11) https://terms.naver.com/entry.naver?docId=74246&cid=43667&categoryId=43667(2021.07.31. 검색).
12) 경찰청 내부자료.

9) 제9차 사건

1990년 11월 15일에는 학교를 마치고 귀가 중이던 여중생 김모(14) 양이 실종됐다가 다음날 오전 피해 여학생의 스타킹으로 두 손과 두 발이 묶이고, 브래지어로 재갈이 물린 채 발견됐다. 피의자는 이때 이미 숨진 피해자의 몸에 면도칼로 난행을 가하고, 음부에 볼펜과 도시락 포크, 수저 등을 삽입하는 엽기적인 행태를 보였다. 피해자에게서 정액이 검출돼 혈액형을 감정했으나 검거에는 실패했다.

10) 제10차 사건

1991년 4월 4일 오전 9시 30분경, 화성시 동탄읍 반송리 입구 야산에서 지역 주민에 의해 사체가 발견됐다. 피해자는 전날인 4월 3일 수원시 매탄동에 사는 딸의 집에 다녀오다가 오후 8시 20분경 귀가하기 위해 버스를 타고, 피해자의 집이 있는 동탄에서 내려 귀가하던 도중 실종된 권모(69) 씨였으며, 검은 천으로 목이 졸린 채 발견됐다. 현장에서 족적 2점이 발견됐으나 감정 불능이었으며, 피해자의 몸에서 정액이 검출돼 혈액형을 감정했으나 검거에는 실패했다.

표 6-1 이춘재 연쇄살인사건 발생 일지

구분	발생 (추정)	발견	사건개요
1차	1986년 9월 15일 06:20	1986년 9월 19일 14:00	화성시 태안읍 안녕리 풀밭. 이모(71) 할머니. 딸의 집에서 자고 나와 귀가하다 피살. 맑은 날씨. 액살(손으로 목이 졸림). 정액 음성 반응
2차	1986년 10월 20일 22:00	1986년 10월 23일 14:50	태안읍 진안리 농수로. 맞선을 보고 송탄 집으로 귀가하던 여성 박모(25) 씨. 버스를 타러 가다 피살. 흐린 날씨. 액살. 정액(혈액형 판정 불능)
3차	1986년 12월 12일 23:00	1987년 4월 23일 14:00	태안읍 안녕리 축대. 귀가 중이던 주부 권모(24) 씨. 집 앞에서 피살. 맑은 날씨. 교살(스타킹으로 목이 졸림). 스타킹으로 재갈, 팬티를 얼굴에 씌움. 정액(혈액형 판정 불능)(이춘재 DNA 검출)
4차	1986년 12월 14일 23:00	1986년 12월 21일 12:30	정남면 관항리 논둑. 맞선 보고 귀가 중이던 여성 이모(21) 씨. 버스에서 내린 뒤 피살. 비 내림. 두 손 결박, 교살, 우산으로 음부 난행, 거들을 얼굴에 씌움. 정액(혈액형 판정 불능)(이춘재 DNA 검출)

5차	1987년 1월 10일 20:50	1987년 1월 11일 13:00	태안읍 황계리 논. 여고생 홍모(18) 양, 버스에서 내려 귀가 중 피살. 맑은 날씨. 두 손 결박, 양말로 재갈, 교살, 정액(혈액형 판정 불능)(이춘재 DNA 검출)
6차	1987년 5월 2일 23:00	1987년 5월 9일 15:00	태안읍 진안리 야산. 주부 박모(29) 씨. 남편에게 우산을 들고 마중가다 피살. 비 내림. 교살, 정액(혈액형 판정 불능)
추가 사건	1987년 12월 24일		수원시 화서동, 18세 여성
7차	1988년 9월 7일 21:30	1988년 9월 8일 09:30	화성시 팔탄면 가재3리 농수로(이춘재 DNA 검출). 주부 안모(54) 씨. 버스에서 내려 귀가 중 피살. 흐린 날씨. 두 손 결박, 양말, 손수건 재갈. 교살. 음부에서 복숭아 조각 발견. 정액(혈액형 판정 불능)
8차	1988년 9월 16일 02:00	1988년 9월 16일 06:50	태안읍 진안리 주택. 여중생 박모(13) 양, 자신의 방에서 자다 피살. 1989년 7월 25일 윤모(22) 씨가 억울하게 범인으로 지목, 검거됐으며, 무기징역을 선고받고 20년 복역하다가 최근 석방된 바 있다. 한편 이춘재 자백으로 범행을 확인, 기존 범인으로 지목된 윤모 씨 재심 청구 후, 무죄 확정됨.
추가 사건	1989년 7월 7일		화성시 태안읍 병점 5리, 7세 여아
9차	1990년 11월 15일 18:30	1990년 11월 16일 09:50	태안읍 병점리 야산. 여중생 김모(14) 양. 귀가 중 피살. 안개 낀 날씨. 손과 발 결박. 교살. 브래지어 재갈. 볼펜·포크·수저·면도칼로 난행, 정액 검출(혈액형 B형) (이춘재 DNA 검출)
추가 사건	1991년 1월 26일		충북 청주시 복대동, 15세 여성, 청주 여고생 살인
추가 사건	1991년 3월 7일		충북 청주시 남주동, 27세 여성, 청주 주부 살인
10차	1991년 4월 3일 21:00	1991년 4월 4일 09:30	동탄면 반송리 야산. 권모(69) 할머니, 버스에서 내려 귀가 중 피살. 맑은 날씨. 교살. 족적 2점(감정 불능). 정액 검출(혈액형 B형)
추가 사건	1994년 1월 13일		충북 청주시 복대동, 20세 여성(이춘재 처제), 검거 후 무기징역 복역

2. 사건의 분석

화성연쇄살인사건은 1986년 9월 15일~1991년 4월 3일 화성시 태안과 정남, 팔탄, 동탄 등 태안읍사무소 반경 3km 내 4개 읍/면에서 13~71세 여성 10명이 잇따라 살해된 사건이었다. 당시의 사건 중 팔탄면의 7차 사건을 제외하고는 모두 국도 1호선을 끼고 경기도 화성군 태안읍을 반경으로 3km 이내에서 일어났다. 현재 이 사건 현장에는 대부분 아파트나 공장이 들어서 있다.

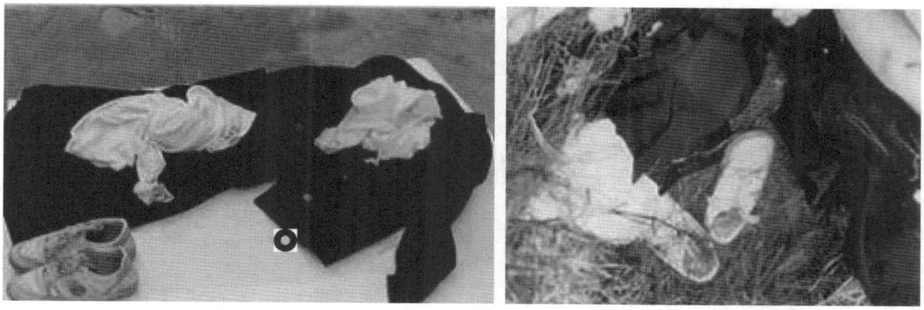

피해자의 교복 및 운동화[13]

1) 범행 특징

연쇄살인사건과 무관한 것으로 밝혀진 1개 사건을 제외하고 9건 중 8건이 19 : 00~23 : 00경, 나머지 1건만 06 : 20경에 발생했다. 3건은 야산, 나머지 6건은 논과 농수로에서 발생했으며 눈 · 비 · 안개 · 흐린 날에 5건, 맑은 날에 4건이 발생했다.

사건의 주요 특징은 다음과 같다.

① 피해자가 모두 여성이다.

② 피해자가 젊은 층에 한정되지 않고 52세(7차) · 69세(10차) · 71세(1차) 등 다양하다.

③ 피해자의 음부가 크게 훼손됐다(4 · 6 · 7 · 9차).

④ 사건 현장이나 피해자의 음부 안에서 정액 또는 머리카락 · 담배꽁초 등이 발견됐다.

⑤ 피해자의 대부분이 목이 조여 살해됐다.

⑥ 피해자의 국부에서 9개의 복숭아 조각이 나오고, 가슴이 19차례나 칼로 도려질 정도로 범행 수법이 잔인하고 대범하다.[14]

살해 수법에는 대부분 스타킹이나 블라우스, 양말 등 피해자의 옷가지가 이용됐으며,

13) 시사저널, 2005.11.10.

14) https://terms.naver.com/entry.naver?docId=1224758&cid=40942&categoryId=31777(2021.07.31. 검색).

교살(絞殺)[15]이 7건, 액살(扼殺)[16]이 2건이고 이 중 음부 난행도 4건이었다. 이러한 점으로 봐 성도착적인 피의자의 유형을 확인할 수 있다. 또한 5명의 피해자가 버스에서 내린 뒤 혼자 귀가하다 살해됐으며, 나머지 4명의 피해자도 혼자 귀가하던 중 변을 당했다.

통행인이 적은 추동절의 흐린 날 초저녁에 주로 범행이 이뤄졌고, 14세 여중생부터 71세 노인까지 피해자가 특정되지 않았다.[17] 결국 피의자는 버스정류장에서 귀가하는 피해자 집 사이로 연결된 논밭길이나 오솔길 등에 숨어 있다 범행했으며, 흉기를 살해 도구로 쓰지 않았다는 점이 특징적인 범행 수법이라 분석할 수 있다.

2) 피의자의 분석 및 수사 기록

당시 경찰은 성폭행 피해를 면한 여성과 용의자를 태운 버스운전사 등의 진술로 미뤄 범인은 20대 중반으로 키 165~170cm의 호리호리한 체격의 남성으로 특정했다.

4차 사건 발생 일주일 뒤 경기 화성경찰서에 형사 30명으로 구성된 수사본부가 설치됐다. 이듬해 경찰은 수사본부장을 경기지방경찰국(당시) 부(副)국장으로 격상하고 수사요원을 114명으로 증원했으나 사건이 해결되지 않자 1996년 10월 수사요원을 16명으로 줄였다. 화성연쇄살인사건에 동원된 경찰 연인원이 205만 여명으로 단일사건 가운데 최다였고, 이 사건과 관련해 경찰의 수사를 받았던 대상자는 모두 21,280명에 달한다. 또 지문 대조 수사 40,116명, DNA 감정 수사 570명, 모발 감정 수사 180명 등에 이를 정도로 각종 수사 기록을 보유하고 있다.[18] 부수 범죄자 검거 실적도 1,495명에 이른다.[19]

4, 5, 9, 10차 사건 용의자의 정액과 혈흔, 모발 등을 통해 확인한 범인의 혈액형은 B형이었다. 또한 3, 4, 5, 7, 9차 사건 용의자의 유전자는 확인된 상태였다. 다만 경찰은

15) 끈을 목 주위에 감고 체중 이외의 힘을 가해 질식사시키는 것이다. 교사의 기전은 기관, 혈관, 신경 장애로의 뇌의 무산소증, 심장 · 호흡장애가 나타난다(유영찬, 2002: 53).

16) 경부를 손이나 팔로 압박해 질식사하는 것이다. 액살(扼殺)은 목 부위에서 반항 흔적이 현저히 나타난다. 액흔은 주로 손톱자국이다. 이로 인해 경부의 내부에는 장기의 근육 간 출혈, 설골 골절, 갑상연골 골절, 설근부 울혈종창, 안면부 울혈종창 등이 나타난다. 액살은 가해자와 피해자 사이에 힘의 차이가 아주 클 때 가능하므로 피해자 중 신생아, 아동, 여성 등이 대부분이다. 특히 여성의 액사는 강간사건에서 많이 발생하므로, 이때 질액에서 정자를 함께 검출한다(유영찬, 2002: 53).

17) 연합뉴스, 2003.09.08.

18) 연합뉴스, 2007.04.01.

19) 연합뉴스, 2003.09.08.

2006년 4월 2일 마지막 10차 사건(1991년 4월 3일 발생)의 공소시효(15년)가 만료된 후에도 관련 제보를 접수하고 보관된 증거를 분석하는 등 수사를 계속했다.

3) DNA 정보를 활용한 재수사 및 진범의 자백

경기남부지방경찰청 미제수사팀이 지난 2019년 7월 중순 오산경찰서(옛 화성경찰서) 창고에 보관돼 있던 증거물 중 화성연쇄살인사건 피해자들의 유류품(현장증거 일부)을 국립과학수사연구원에 DNA 분석을 의뢰한 결과 한 남성의 DNA를 발견했다. 경찰은 이를 유력 용의자의 것으로 보고 수감자 및 출소한 전과자의 것과 대조했다. 그러던 중 경찰은 2019년 9월 19일 화성연쇄살인사건의 현장 증거물 3건(5, 7, 9차 사건)에서 검출된 DNA와 수감 중인 유력한 용의자의 DNA가 일치하는 것으로 확인했다. 즉, 3건의 검출된 DNA와 일치하는 대상자(교도소 수감자)가 있다는 통보를 받은 것이다. 이 중 9차 사건에서는 피해 여성의 속옷에서 용의자 이춘재의 DNA가 검출된 것으로 확인됐다.

피해자들의 유류품에서 검출된 DNA 검사 결과, 1994년 1월 충북 청주시에서 처제를 강간 살인한 혐의로 기소돼 무기징역이 확정된 후 1995년 10월부터 24년째 부산교도소에서 복역 중인 이춘재가 용의자로 지목되면서 재수사가 급물살을 탔다.

2019년 10월 4일, 진범 이춘재는 8차 사건에 대해서도 자신이 했다고 주장한 바 있다. 사건 용의자 이춘재(56)가 동년 9월 24~27일 부산교도소에서 이뤄진 4~7차 경찰 프로파일러와의 대면조사에서 화성살인사건 10건을 비롯해 14건의 살인과 30여 건의 성범죄를 저질렀다고 밝혔다. 특히 범인이 이미 붙잡힌 8차 사건도 자신의 소행이라고 주장했다.[20]

3. 쟁점 및 수사상 교훈

1) 일반적 수사 동향

화성 인근 지역에서 발생한 10차례의 사건의 해결을 위해 경찰이 쏟아부은 정식 수사 인력만 무려 30만 명 이상이었으며 여기에 방범순찰대, 민간기동대 등 129만 명을 합할 경우, 180만 명이 범인을 검거하기 위해 노력을 아끼지 않았다. 하지만 1차 사건

20) https://terms.naver.com/entry.naver?docId=74246&cid=43667&categoryId=43667(2021.07.31. 검색).

부터 범인 검거는 고사하고 윤곽도 파악하지 못한 경찰은 그동안 “여성에 굶주린 정신도착자”에 주안점을 두고 용의자 21,280명을 수사했다.

경찰은 지문과 유전자 감식 의뢰만도 40,000여 건을 하는 등 의욕을 보여 왔으나 용의자에 대한 자백 강요, 가혹행위 등의 무리수를 두는 등 오점을 남겼다. 경찰의 입장에서는 연쇄사건이 대부분 야산 등 인적이 드문 곳에서 한밤중에 발생해 왔으며, 부녀자를 성폭행한 뒤 입고 있는 블라우스 등 옷가지로 목을 졸라 살해하고 유기한 형태로 봐 현장에 증거물을 거의 찾아볼 수 없었고, 물증 미확보를 미궁에 빠진 수사의 주원인으로 분석했다.

이와 관련해 화성 인근 지역에서의 연쇄살인사건은 마지막 10차 사건이 2006년 4월 2일부로 공소시효가 만료됨으로써 모든 사건의 공소시효가 만료됐다. 수사본부의 형사들은 사실상 현장수사를 접은 지 오래됐으며 가끔 걸려오는 주민들의 제보나 첩보를 확인하는 수준이었다. 영화 <살인의 추억>이 개봉된 후 “화성사건의 범인으로 보이는 사람을 알고 있다”는 등의 제보가 늘었으나 거의 대부분 사건 해결에 도움이 되지 못했다. 그러나 국립과학수사연구원에서는 연간 6,000여 건에 이르는 성폭력 용의자의 DNA와 살인범의 정액에서 추출한 DNA와 대조하는 작업을 벌이는 등 수사를 계속했다.

7차 사건은 1988년 9월 7일 오후 9시 30분께 당시 화성군 팔탄면 한 마을의 농수로에서 마을 주민 안모(54) 씨가 성폭행당한 뒤 숨진 채 발견된 사건으로 10건의 연쇄살인사건 중 유일하게 목격자가 확보됐다. 경찰은 목격자들의 진술을 바탕으로 ‘스포츠형 머리에 신장 165~170cm, 오똑한 코에 날카로운 눈매의 24~27세가량 남자’를 현상수배하고 20만 장의 전단을 전국에 배포한 바 있다.

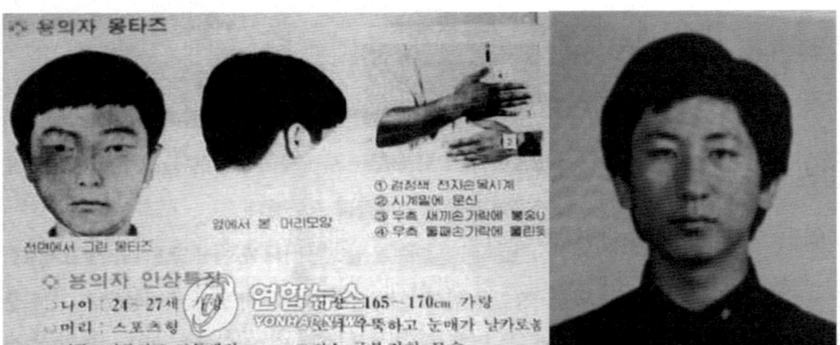

배포된 연쇄살인사건 용의자 몽타주와 실제 이춘재 사진

2) 과학수사 기법의 부재

당시 경찰에서 보유하고 있는 과학적 분석장비와 가동 인력은 현재와는 비교할 수 없는 수준이었지만, 이춘재 사건은 현재의 과학수사 체계의 구축을 위한 자극이 된 사건이라고 평가할 수 있다.

특히 8차 사건은 모발 중성자 분석법이라는 기법을 처음으로 사용해 모발에 특정한 금속 성분이 많이 함유돼 있음을 확인하고 용의자의 직업군을 압축했지만,[21] 당시(1989년) 엉뚱한 시민을 범인으로 몰아 검거했다는 사실이 최근에서야 밝혀졌다(당사자는 재심 절차를 거쳐 무죄 확정).

또한 윤 씨를 잡았다는 과학수사 또한 납득이 가지 않는다는 시각이 존재한다. DNA나 지문 같은 것이 아닌, 체모의 중금속 원소만으로 범인을 특정할 수 있냐는 것이다. 전직 국과수 관계자는 "방사성동위원소 분석은 범인을 좁혀 가는 중요한 수단일 수 있지만, DNA 분석처럼 용의자를 꼭 집어 특정하는 기법은 아니다"라고 밝혔다. 당시 윤 씨의 변호인은 체모의 중금속 원소를 증거로 채택한 적이 없었다고 맞섰지만 받아들여지지 않았다고 한다. 그리고 이춘재 역시 전기부품 공장을 다녔기에 충분히 티타늄이 나올 수 있다.

전문가들의 언급에 따르면 체모 검사의 신뢰도는 60% 정도로, 같은 환경에 놓인 사람이면 성분이 비슷하게 검출될 수 있기 때문에 현재는 사용하지 않는 기법이라고 한다. 또 희귀물질 브롬의 함량으로 봤을 때 윤 씨 같은 용접공보다는 이춘재 같은 전기부품 공장에 가깝다. 게다가 당시 현장에서 발견된 체모는 어느 게 범인의 것이고, 피해자와 피해자 가족 것인지도 확인이 안 된 상태였고, 심지어 B형으로 검출된 체모와 티타늄이 검출된 체모는 서로 달랐다. 거기다 현대에는 40수 이상을 검사해 봐야 유의미한 결과로 보는데, 당시 검사한 체모는 2건으로 사실상 증거 능력이 없는 수준이었다. 네덜란드 중성자 방사화(neutron activation) 전문가 피터 보드는 원자로에서 중성자를 15회나 노출시켜 증거가 훼손됐기 때문에 증거 능력이 없다고 평가했다.[22]

9차 사건에서도 당시 수사본부는 인근 지역에서 상습적으로 여성들을 성추행하고 다

---

21) 용의자의 음모에서 검출된 특정 중금속이 보통 사람보다 월등히 높다는 분석을 토대로 범인을 용접공으로 지목해 검거했다. 당시 국내에서는 유전자 분석기술이 없어 일본에까지 가져가서 분석한 것으로 영화 <살인의 추억>을 통해서도 소개된 바 있다.

22) https://namu.wiki/w/%EC%9D%B4%EC%B6%98%EC%9E%AC%20%EC%97%B0%EC%87%84%EC%82%B4%EC%9D%B8%20%EC%82%AC%EA%B1%B4/8%EC%B0%A8(2021.07.31. 검색).

닌다는 제보를 접수해 A 씨를 9차 사건의 피의자로 검거했으나, 피의자의 진술 번복과 진술 강요에 의한 자백이라는 잡음을 발생시켰다. 종국에는 피의자 스스로 범행을 시인하고 검찰에 송치하는 단계에 접어들었지만, 국립과학수사연구원에서 '정액 등 이물질 없음' 판정을 받은 피해자 김 양의 옷가지를 검찰에 증거물로 보내기 위해 경찰서 캐비닛을 열었을 때, 직원 중 한 사람이 "이거 혹시 정액 얼룩 아니냐?"라는 의문을 제기해 그에 대한 수사가 다시 이어졌다.

경찰은 정액을 일본으로 보내 DNA 감정을 의뢰했고 결과는 용의자의 것과 불일치 판정을 받았다. 당시 국립과학수사연구원의 감정 수준은 정액에서 혈액형을 판별하는 수준에 머물렀기에 피의자를 특정할 수 있는 DNA까지 현출할 수 있는 수준이 아니었음을 증명한 것으로 수사상 많은 아쉬움을 남기게 된다.

그뿐만 아니라 사건 현장에서 발견된 혈액형과 진범 이춘재의 혈액형이 불일치한 것으로 판단함으로써 조기 검거의 가능성을 놓쳤다. 증거 보전의 연속성(chain of custody) 원칙이 지켜지지 않아서 증거가 오염됐을 가능성에도 불구하고, 특정 혈액형에 집착하면서 범인을 조기에 검거할 수 있는 기회를 놓쳤다는 것이다. 즉, 8차만이 아닌 DNA가 일치한 5, 7, 9차도 범인을 B형으로 특정해 수사해 왔었다는 것이다. 경찰은 30년 만에 진범 이춘재의 혈액형을 O형으로 정정했다. 당시에는 증거 보전의 연속성이란 개념이 없어 증거품을 마구 다뤘기 때문에 과학수사라고 해도 진짜 과학적이라고 하기 어렵다는 평가다.

3) 사건이 끼친 영향

화성연쇄살인사건은 이후에 유사한 모방 범죄까지 발생했다. 또한 화성 인근 지역에 거주하는 시민들이 범죄의 도시, 살인의 도시라는 오명 속에서 불안감과 지역 치안 서비스에 대한 불신을 갖게 하는 원인이 되기도 했다.

목격자 진술 등을 토대로 한 범인은 키 168~170cm 전후의 약간 마른 체격, 당시 25세가량이며, 혈액형은 B형으로 추정된다는 수사 보고 내용이 마지막이었다. 유일한 직접 증거는 마지막 9 · 10차 사건 현장 사체에서 채취한 범인의 것으로 추정되는 지문 몇 개와 모발, 정액뿐이었다. 이 사건을 계기로 국내에서는 처음으로 DNA 분석기법이 동원되기도 했다.

경찰은 사건 해결을 위해 2계급 특진에 현상금 5천만 원까지 걸었지만 해당 사건은 오랜 기간 미제 상태로 남아 있었다. 이는 범인이 증거를 전혀 남기지 않는 등 주도면

'화성연쇄살인사건' 당시 화성 주변 거리 풍경[23)]

밀한 점도 있었지만, 사건 발생 초기 증거 보존 등이 제대로 이뤄지지 않은 영향도 큰 것으로 나타나 경찰의 초기 조사가 얼마나 허술했는지 보여줬다.

4) 강압에 의한 인권 침해적 수사

수사의 성격상 인권 침해적 측면이 없을 수는 없지만 당시의 수사 관행은 5공 말기, 6공 초(1980년대)였기 때문에 현재의 시점보다는 수사기관의 입장에서 수사가 이뤄지기도 했다. 화성연쇄살인사건의 용의자였던 김종경 씨(41)는 허위로 자백을 할 수밖에 없었다. 김 씨는 경찰의 추궁으로 화성살인 4, 5차 사건의 범인이라고 자백했다가 뒤늦게 혐의가 없는 것으로 밝혀져 1993년 7월 14일 경찰에서 풀려난 뒤 술로 지새며 억울하다고 주장하다가 끝내 1993년 8월 4일 새벽 흉기로 자신의 가슴을 찔러 자살을 기도했다.

김 씨에 대한 수사는 이 사건과 전혀 관계없는 심령술사 김모 씨가 단순한 영감에 의해 떠오른 인물을 지목하면서 시작됐다. 사건 현장에서 수집한 단서로부터 용의자를 추적하는 정상적인 수사 절차를 무시한 원시적인 이 같은 사건 수사는 출발부터 상식을 초월한 난센스에서 비롯됐다는 점에서 경찰의 수사 능력도 크게 의심케 하고 있다.

심령술사 김 씨의 제보를 받은 서대문경찰서는 1993년 7월 7일, 무조건 김 씨를 연행부터 한 뒤 이틀째인 8일에는 법정에서 증거 능력을 갖지도 못하는 국립과학수사연구원의 거짓말탐지기 시험을 시도, 양성 반응을 보였다며 김 씨를 범인으로 몰아가기 시작했다. 서대문경찰서는 다시 3일 뒤인 11일 새벽 5시 화성연쇄살인사건 수사본부에

23) news.kbs.co.kr/exec/news/news_etc.php?etccode

알리지도 않고 이른 새벽을 틈타 김 씨를 화성사건의 현장으로 데리고 가 임시 현장 검증까지 실시하는 기민성을 발휘했다. 이같이 공조(共助)를 무시한 상태에서 수사를 계속한 서대문경찰서는 결국 김 씨로부터 자신이 범행을 했다는 자백을 받아낸 것이다. 그러나 당시 김 씨의 자백을 놓고 경찰 내부에서조차 김 씨가 첫 번째 수사에서 혐의 사실을 부인했던 정황을 뒤집을 만한 증거도 없이 범행을 자백했다는 점에서 강압에 의한 자백이라는 추측이 나돌았었다. 따라서 경찰의 지휘 신청을 받은 검찰이 자백 내용과 현장 상황의 차이 등을 이유로 보완 수사 및 불구속 수사를 지시한 것은 당연한 것으로 강간살인사건이라는 강력사건을 검찰이 불구속 지휘한 것은 일단 혐의 사실을 인정하지 않고 경찰의 수사를 원점으로 되돌린 것이다.

그동안 화성사건의 수사 과정에서 억울하게 범인으로 몰렸던 무고한 시민은 김 씨 외에도 더 있다. 9번째 사건이 발생한 뒤 수사가 진행되고 있던 지난 1990년 12월 18일 차모 씨(38)는 경찰의 조사를 받고 풀려난 뒤 정신이상 증세를 보이다 달리는 열차에 뛰어들어 목숨을 끊었으며, 범행을 자백했다고 경찰이 검거 보고서까지 썼던 용의자만도 4명에 달한다. 그러나 이들은 그 뒤 모두 강압 수사에 의해 어쩔 수 없이 허위 자백했던 것으로 밝혀져 혐의를 벗었는데도 당시의 경찰은 이러한 시행착오를 교훈으로 받아들이지 못한 채 과거의 수사 관행을 계속 답습하고 있다는 지적을 받았었다.

그뿐만 아니라 8차 사건의 용의자로 억울하게 지목된 윤모 씨의 경우, 고문에 의해 거짓 자백했다고 진술한 바 있다. 당시 형사들이 거짓 자백을 강요하며 사흘간 잠도 안 재웠다고 한다. 그가 지목했던 수사관들로부터 고문을 당했다는 또 다른 피해자의 주장도 나왔다.

제4절 치과 의사 모녀 살인사건

1. 사건의 개요

1) 사건 발생 및 피의자 긴급 구속

1995년 6월 12일 오전 8시 40분~9시경 서울 은평구 불광동 소재의 M 아파트 ×동

7××호 안방에서 원인 모를 화재가 발생했다. 주민의 신고(오전 9시 24분)로 출동한 소방관에게 안방 장롱 안에서 난 불이 장롱 일부와 옷들과 커튼과 벽지 일부만을 태운 후 거의 꺼진 상태로 발견됐고, 화재 수습 후 소방관에 의해 부인 최○○ 씨(31세, 치과 의사)와 한 살배기 딸 ○○양 등 두 명이 화장실 욕조에서 숨진 채로 발견됐다.[24]

경찰에서는 이 집의 가장인 이○○ 씨와 J 씨를 유력한 용의자로 보고 수사하기 시작했다. 그 후 국내 부검의의 법의학 소견서를 근거로 피해자들이 오전 7시 이전에 사망한 것으로 추정했다.[25] 이를 근거로 1995년 9월 2일 치과 의사 모녀 살인사건의 범인을 남편인 이 씨로 결론짓고 이 씨를 살인 및 현주건조물방화 혐의로 구속했다.

▸ 사건 일지

- 1995년 6월 12일 L의 부인 B와 딸 숨진 채 발견
- 9월 3일 L을 범인으로 구속
- 9월 27일 검찰, L 기소
- 1996년 2월 16일 검찰, 사형 구형
- 2월 23일 서울지법 서부지원 사형 선고
- 2월 26일 L측 항소
- 6월 27일 서울고법, 무죄 선고
- 7월 1일 검찰, 대법원에 상고
- 1998년 11월 13일 대법원, 유죄 취지 파기 환송
- 2001년 2월 17일 서울고법, 무죄 선고
- 2003년 3월 26일 대법원, 무죄 확정

표 6-2 치과 의사 모녀 살인사건 수사 과정 및 재판 결과

피의자 구속(사건 발생: 1995.06.12)
[중앙일보, 1995.09.02: 22면] ▹ 의사 부인. 딸 살해 혐의 남편 이 씨를 긴급 구속. 서울 은평경찰서는 지난 6월 12일 은평구 불광동 M아파트에서 발생한 치과 의사 최○○(31) 씨와 딸(2) 모녀 살인사건의 유력한 용의자로 최 씨의 남편 이모(33, 외과 의사) 씨를 지목, '살인 및 현주건조물방화' 혐의로 1일 긴급 구속했다. 경찰은 "부인 최 씨의 불륜을 눈치 채고 가정 불화를 빚어오던 이 씨가 말다툼을

24) http://org.catholic.or.kr/chrc/t-main2-1.html.

25) ① 외부 침입 흔적이 없고, ② 부검 및 거짓말탐지기 반응 결과 사망 추정 시간이 오전 4시로 이 씨가 출근하기 전이었으며, ③ 화재 발생 시각도 오전 7시 전후로 나타난 점을 들었다.

벌이다 사건 당일 아파트 베란다에 설치된 커튼 나일론 줄로 부인과 딸을 살해한 것으로 확인됐다"고 밝혔다.
1심 死刑(지방법원 합의부): 1심 재판부인 서울지법 서부지원은 사형을 선고했다.
2심 無罪(고등법원): [조선일보, 1996.06.26]
서울 불광동 치과 의사 모녀 살인사건의 피고인인 외과 의사 남편에게 2심에서 무죄가 선고됐다. 서울고법 형사4부(재판장 강완구)는 26일 아내와 한 살배기 딸을 살해한 후 이를 은폐하기 위해 범행 현장인 자신의 아파트에 불을 질렀다는 혐의로 1심에서 사형 선고를 받았던 이모 피고인(33, 외과 의사)에 대한 항소심 선고공판에서 "직접적인 증거가 없다"는 이유로 무죄를 선고했다. 서울고법은 "이 피고인이 살인을 저질렀다는 의심은 가지만 명백한 증거가 없는 이상 유죄로 인정할 수 없다"며 무죄를 선고했었다.
3심(대법원)-대법원 고법의 판결을 파기 환송 1998년 11월 13일
[중앙일보, 1998.11.14: 31면] 치과 의사 모녀 피살사건 대법원서 고법 무죄 선고 깨: '한국판 O. J. 심슨' 사건으로 불린 서울 불광동 치과 의사 모녀 피살사건의 상고심에서 남편에게 유죄 취지 판결이 내려졌다. 대법원 형사2부(주심 李容勳 대법관)는 13일 살인 혐의로 구속 기소된 이○○(33) 피고인에 대해 무죄가 선고된 원심을 깨고 사건을 서울고법으로 돌려보냈다. 이에 따라 이 피고인은 서울고법에서 다시 한번 재판을 받게 됐으며 무죄를 입증할 추가 증거를 내지 못하는 한 유죄가 인정될 것으로 보인다.
재판부는 판결문에서 "간접증거가 범죄 사실에 대한 완전한 증명력을 갖지 못하더라도 전체 증거를 종합적으로 판단해 증명력이 있는 것으로 판단되면 범죄 사실을 인정할 수 있다"고 밝혔다. 재판부는 이어 "국립과학수사연구소의 감정 결과 등 정황 증거를 종합해 볼 때 이 피고인이 범행을 저지르지 않았다고 단정하기 어렵다"고 말했다. 이 피고인은 지난 1995년 6월 서울 은평구 불광동 자신의 집에서 부인 최모(31, 치과 의사) 씨와 한 살 난 딸을 살해하고 이를 은폐하기 위해 시체를 욕조에 유기한 뒤 불을 지른 혐의로 같은 해 9월 구속 기소됐다. 1심 재판부인 서울지법 서부지원은 사형을 선고했으나 서울고법은 "이 피고인이 살인을 저질렀다는 의심은 가지만 명백한 증거가 없는 이상 유죄로 인정할 수 없다"며 무죄를 선고했었다.
4심(고등법원)-무죄선고 2001년 2월 17일
재판부는 판결문에서 "검찰은 주검의 강직(시강)과 반점(시반)에 대한 국내 법의학자들의 소견을 근거로 사망 추정 시간이 이씨 출근 전인 7시 이전이라고 주장하나, 법의학자들 사이에서도 시강 등을 기초로 한 사망 시각 추정에 견해가 일치하지 않는다"며 "주위 환경과 사람에 따라 시강과 시반이 다를 수도 있으므로 사건 발생이 7시 이전이라고 단정할 수 없다"고 밝혔다. 재판부는 아파트 방화시간을 두고서도 "검찰은 일러도 아침 8시 40분에 아파트 경비원에 의해 발견된 아파트 안방 화재가 범인의 지능적인 지연 방화에 따라 늦게 발견된 것이라고 주장하지만, 화재 전문가들의 견해에 따르더라도 범행 예상 시각인 7시 이전에 발생한 화재가 그처럼 늦게 발견된 것을 수긍할 수 없다"고 밝혔다.
검찰측 상고 5심 대법원 무죄 확정(2003년 2월 26일)
[한국일보, 2003.02.27: 29면] 사형, 무죄, 다시 유죄… 8년 법정 공방/'치과 의사 모녀 피살사건' 의사 남편 무죄 확정: 치과 의사 모녀를 살해한 범인으로 몰려 8년간 재판을 받아온 이○○(41) 피고인에게 무죄가 최종 선고됐다. 대법원 1부(주심 서성·徐晟 대법관)는 26일 1995년 발생한 이 사건의 재상고심에서 상고를 기각, 살인 혐의로 기소된 이○○ 피고인에게 무죄를 선고한 원심을 확정했다.

2) 사건의 분석

당시 사건이 발생한 아파트의 안방에 있던 피해자 최모 씨의 가방 안에는 현금과 수표 51만 8천 원이 그대로 남아 있었고 방을 뒤진 흔적도 없었다. 현관문은 안에서 잠글

때 쓰는 보조키 안전장치가 풀린 채 잠겨 있었다. 검찰은 3개월여의 수사 끝에 최모 씨의 남편 이모 씨를 범인으로 지목, 구속 기소했다. 당시 검찰에서는 "아내와 불화가 있던 이모 씨가 사건 당일 새벽 가족을 살해하고 집에 불을 질렀다"며 ① 화재 발생 시간, ② 살해 동기, ③ 시강(시체의 굳은 정도), 시반(시체에 생기는 반점)에 대한 법의학적 소견 등을 유죄 증거로 들었다.

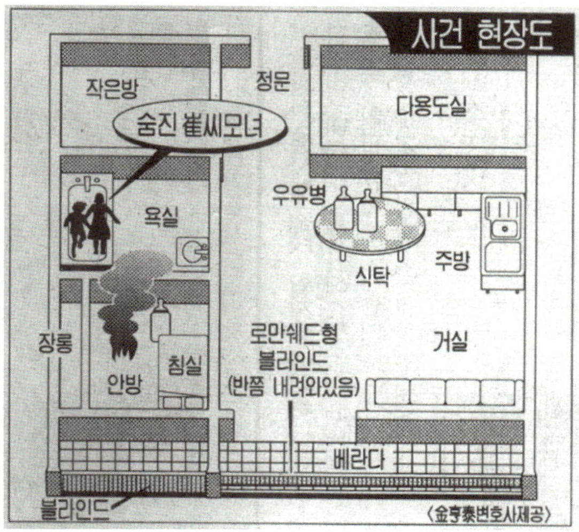

1996년 당시의 사건 현장도
자료: 조선일보(1996.07.02).

(1) 수사상의 쟁점과 문제점[26]

이 사건 담당 변호사는 "이번 판결은 증거가 없어서 무죄가 아니라는 차원을 넘어 적극적으로 이 씨가 범인이 아니라는 점을 대법원이 인정한 것"이라며 "8년간 이 씨에게 억울한 누명을 씌운 경찰과 검찰, 법의학자 등의 과실에 대해 민・형사상 책임을 묻겠다"고 말했다(한국일보, 2003.02.27).

범행을 입증할 물증이 없는데다 이 씨가 범행을 부인해 1심부터 검찰과 변호인은 불꽃 튀는 법정 공방을 벌였다. 특히 사망 시간 등에 대한 법의학자들의 감정 결과와 '추정'만 가능한 정황 증거의 신뢰성을 둘러싼 공방은 법의학, 검시 제도, 수사 관행, 사형

26) 이 내용은 「월간조선」 1999년 2월호에 게재된 [심층추적: 치과 의사 모녀 살인사건 수사와 재판의 드라마]에서 소개된 내용을 정리한 것이다.

제도 등에 대한 논란으로 이어지기도 했다.

이 사건은 '교과서적인 과학수사'로 검찰과 경찰 내부에서 큰 호평을 받았다. 하지만 이 수사에서도 대단히 잘못된 실수가 여럿 있었다. 많은 수사가 그렇듯 사건 발생 후 며칠 사이에, 즉 초동수사에서 많이 저질러졌다. 한국에서 사건이 가장 많은 서울지방경찰청 감식반이 출동했고, 수사경찰과 검찰도 실력 있는 팀이었다. 그런데도 안타까운 실수는 많았다.

(2) 사건의 쟁점

'치과 의사 모녀 살인사건'의 최대 쟁점은 법의학적으로 추정한 사망 시각이다.

검찰주장

"시체상태·위속음식물등 정황증거 많아"

▲安源植검사(안원식·서울지검 서부지청)=6월12일 처음 실시한 감식에서 숨진 崔씨의 시체 전면에서 시반이 발견됐다. 崔씨는 발견 당시 엎어진 상태였다.

그러나 23시간이 흐른 뒤 崔씨의 몸을 뒤집어 실시한 감식에서 반대쪽에도 시반이 나왔다. 이같은 「양측성 시반」에 대해 국립과학수사연구소측은 崔씨의 사망시각이 남편이 집안에 있었던 6월12일 오전 1시반~6시반인 것으로 추정된다고 밝혔다.

또 시체강직에 있어서도 崔씨는 검시때 부터 손가락 관절까지 강직현상이 나타나 있었다. 검시할 때 강직을 인위적으로 푼 후 다시 재강직이 일어나지 않은 점으로 미뤄 사망시각은 7~8시간 전인 6월12일 오전 3시반~4시반사이이다.

숨진 崔씨의 위장에서는 밥알, 조기 등이 발견됐다. 이 음식물은 전날 저녁 9시반쯤 한 식사때 먹은 것으로 추정되며, 위장의 소화상태 등을 감안하면 崔씨의 사망시각은 늦어도 12일 오전 1~2시사이이다.

이같은 3가지 정황으로 미뤄 崔씨가 살해당한 시각에는 남편이 함께 있었던 것으로 추정할 수 있다. 게다가 남편은 崔씨와 평소 심하게 다투는 등 살해동기도 풍부하다.

한편 당시 수사를 일선에서 맡았던 金用判(김용판) 당시 은평서 형사과장(현 송파서 형사과장)은 1일 『여러가지 정황증거로 볼때 우리는 남편이 범인이라고 믿는다』고 말했다.

변호인주장

"욕조수온 측정 오류… 아침식사 가능성도"

▲金亨泰변호사(김형태·덕수합동법률사무소 변호사)=시체의 강직시간을 추정했던 법의학자 3명은 모두 『온도를 고려하지 않았다』고 말했으며 일관된 견해도 없었다.

이는 중요한 오류다. 일본의 법의학 전문서에는 온도 29~37·5도의 물에 담긴 시체가 강직하는데는 3~4시간이 걸린다고 돼 있다. 이 주장대로라면 崔씨는 12일 검안을 실시한 11시30분으로부터 3~4시간 전인 오전 7시반~8시반사이에 사망했다.

양측성 시반과 관련된 검찰의 주장도 잘못됐다. 우리가 보는 사망시점은 7시반~8시 사이. 또 숨진 崔씨가 전날 저녁만 먹고 12일 아침을 먹지 않았다는 근거도 박약하다. 식사후 곧바로 식기를 닦는 崔씨의 성격으로 보아, 사건 현장에서 전날 먹었던 미역국을 다시 끓여먹은 것으로 보이는 찌꺼기가 담긴 냄비가 놓여진 것은 아침 식사를 한 후 출근에 바빠 세척을 못했다고 봐야 한다.

이처럼 검경이 남편을 살해 용의자로 몰 때 근거로 제시한 사망시간 추정에는 오류가 많다. 살해동기가 풍부하다는 주장도 받아들일 수 없다. 이들 부부는 사건전 괌 여행까지 다녀올만큼 관계가 회복됐고 편지 등에도 친근감을 나타내는 부분이 많아 무죄임을 확신한다.

한편 李씨는 지난달 26일 서울고법의 무죄선고 후 가진 인터뷰에서 『앞으로 범인을 잡는데 최선을 다하겠다』고 말했다.

〈文甲植기자〉

사건에 대한 검찰과 변호인의 주장

자료: 조선일보(1996.07.02).

범인으로 지목된 남편 이모 씨가 사건 당일 오전 7시 정상적으로 출근하는 것이 목격됐기 때문에, 그 뒤 집안 목욕탕에서 발견된 부인 최모 씨와 딸의 사망 추정 시각이 이보다 앞서느냐 뒤서느냐에 따라 그의 유·무죄가 확연히 갈라진다.[27]

---

27) 이 내용은 「한겨레21」, 1999.02.25, 제246호에 게재된 '이도행 그는 범인인가?'에서 소개된 내용을 인용했다.

① 양측성 시반

욕조에서 엎드린 상태로 발견된 주검의 상태를 오전 11시 30분 자세히 살폈을 때 몸 앞면에 시반(屍斑: 숨진 뒤 피가 아래쪽으로 쏠리면서 피부에 생기는 멍 같은 흔적)이 생겨 있었다. 그리고 주검을 바로 눕혀 보관했다가 이튿날 부검을 실시할 때는 시반이 등쪽으로 옮겨져 있었다. 문제는 유독 오른쪽 허벅지에 있던 시반만 그대로 남아 있었다는 점이다. 법의학자들은 시반이 형성된 뒤 오랜 시간이 지났기 때문에 혈색소가 주위 조직에 침투해 붙어 버리는 현상이 일어난 것이라고 증언했다. 이렇게 시신의 위치가 바뀌면서 몸 양쪽에 시반이 나타나는 것을 양측성 시반이라고 한다. 이런 현상이 가능하려면 사망 시각은 오전 1시 30분~5시 30분이 돼야 하며, 예외적인 경우 전날 밤 11시 30분~당일 오전 7시 30분으로 연장될 수 있다는 게 법의학자들의 주장이다. 항소심 재판부는 양측성 시반을 인정하더라도 허벅지 이외의 부분에서 시반이 사라진 점에 비춰 사망 후 흐른 시간을 되도록 짧게 잡아야 하며, 허벅지 시반이 발견 당시 속옷이 걸쳐 있던 부분과 일치하는 만큼 고무줄에 눌린 탓에 다른 부분보다 시반이 빨리 형성됐을 가능성도 있다고 봤다. 결국 시반만으로는 이 씨가 집을 나선 7시 이후에 숨졌을 가능성을 완전히 부인하는 증거가 될 수 없다는 것이다. 이에 반해 대법원은 법의학 전문가의 의견인 양측성 시반에 의문을 가진 것은 근거가 부족하다고 판단했다.

② 왜 재경직이 일어나지 않았는가

두 번째 쟁점은 숨진 뒤 시체가 굳는 현상으로 본 사망 시각이다. 주검은 오전 11시 30분 전신이 경직돼 있었다. 이런 상태가 되기까지 추정되는 시간은 통상 2~13시간. 사망 시각이 전날 밤 10시 30분~오전 9시 30분 사이라는 얘기다. 또 한 가지, 시신을 살피기 위해 경직된 상태를 인위적으로 풀었는데 이튿날 부검 때까지 다시 굳지 않았다는 점이다. 법의학자들은 숨진 뒤 7~8시간 이전에 인위적으로 경직을 풀면 재경직이 일어난다고 주장한다. 만약 최 씨 시신에 재경직이 일어나지 않았다면 사망 추정 시각이 오전 4시 30분 이전으로 거슬러 올라가는 셈이다. 그러나 이런 추정치는 시신이 뜨거운 물에 잠겨 있었다는 사정을 고려하지 않은 것이었다. 항소심 재판부는 법의학자들이 시강에 미치는 온도의 영향 정도를 구체적으로 답변하지 못하자 일본 법의학서에 근거한 변호인들의 주장을 받아들였다. 뜨거운 물속에서는 시체가 굳는 데 필요한 시간이 줄어들고, 인위적으로 경직 상태를 풀었을 때 재경직이 일어나지 않는 한계 시점도 7~8시간보다 줄어들 가능성이 있다는 것이다. 대법원은 이 부분을 인정하지 않았다.

③ 마지막 식사는 '아침 식사인가 저녁 식사인가?'

국립과학수사연구소는 부검 결과 위 속에 남아 있는 음식물이 1.5~4시간 동안 소화된 것이라고 추정했다. 여기서는 마지막 식사가 저녁이었는지 아침이었는지가 쟁점이다. 숨진 최 씨가 평소처럼 7시께 일어나 아침 식사를 했다면 이 씨는 혐의를 벗을 수 있다. 항소심 재판부는 전날 이 씨의 장모가 시금치와 당근을 넣은 죽을 끓여 보냈고 최 씨가 그날 저녁 9시께 죽을 먹은 사실까지 확인됐으나, 막상 부검에서는 당근 성분이 발견되지 않은 점을 지적했다. 당근보다 무른 밥알이 발견된 데 반해 당근이 발견되지 않은 게 이상했기 때문이다. 또 이 씨가 저녁과 아침에 먹었다고 각각 진술한 미역국과 콩나물국 가운데 미역국 성분만 검출된 점에 대해서는, 먼저 식사를 끝내고 출근하는 이 씨 혼자만 콩나물국을 먹었거나, 그가 국의 내용을 혼동했을 가능성이 있다고 봤다. 부검으로 음식물 성분이 확인된다는 지식을 가진 외과 의사로서 이 씨가 자신에게 불리한 진술을 했을 리 없다는 판단이 작용했다. 한편 대법원은 손녀를 먹이기 위해 당근을 잘게 다진 뒤 끓인 것이어서 당근이 소화돼 녹아 없어졌고 최 씨는 평소 아침을 먹지 않았다는 최 씨 어머니의 진술을 중시했다.

④ 방화 시간과 연소 시간에 관한 의문점

피의자로 지목된 이모 씨가 출근 직전 불을 지르고 오전 8시 40분에 화재가 목격되기 위해서는 불을 붙인 뒤 1시간 반 이상 지나 방화가 되도록 하거나 훈소(모기향이나 담배처럼 불꽃 없이 아주 서서히 타들어 가는) 현상이 1시간 반 이상 계속되다가 불꽃이 일어났다고 봐야 하지만 기록상 그런 특수장치가 있었던 흔적이 없다는 점에서 화재는 제3자에 의해 발생한 것이라는 게 재판부의 판단이다(브레이크뉴스, 2006.01.16.).

또한 범행 시간을 추정할 수 있는 또 다른 정황 증거는 범인이 안방 장롱에 불을 지른 시점이다. 검찰은 미국 보험협회가 개발한 화재 시뮬레이션 프로그램에 사건 현장의 상황을 입력해 실험한 결과 화재 발생 시각을 오전 6시 40분~7시 10분으로 결론지었다. 그러나 항소심 재판부는 입력된 자료의 객관성이 없다는 이유로 증거로 채택하지 않았다. 예를 들면 화재를 처음 발견한 경비원에게 열을 가한 합판을 만져보게 해 발견 당시 안방문의 온도를 감각적으로 추정하는 식이었다. 대법원은 이에 대해 뚜렷한 판단을 하지 않았다. 불을 지른 사실 자체도 하나의 정황 증거가 됐다. 검찰은 이 씨가 안방문을 닫아 불이 천천히 타들어가도록 했다며, 이는 범행 현장이 자신의 출근 시간보다 가능한 한 늦게 발견되게 하려는 의도였다고 풀이했다. 반면 변호인 쪽은 이 씨가 범인이라면 방화할 이유가 전혀 없다고 반박했다. 평소 최 씨가 오전 9시 딸을 친정집에 데려다주고 병원에 출근하기 때문에 방화를 않더라도 그 시간이면 자연히 사고가 났다는 사실이 확인될 텐데 그 이전에 발견될지도 모르는 불을 놓았을 리는 없다는 것이다.

⑤ 전자레인지의 한약 복용 여부

항소심 재판부는 아침, 저녁으로 식사 후 한약을 데워 복용했다는 최 씨 어머니의 진술에 따라 전자레인지에서 한약 봉지가 발견된 사실을 이 씨에게 유리한 정황 증거로 여겼다. 반면 대법원은 피해자가 평소 아침 식사를 하지 않았다는 결론을 전제로 아침에 식사도 하지 않은 상태에서 한약을 먹는 것은 이례적이며, 오히려 전날 저녁 먹으려다 미처 먹지 못한 상태에서 숨진 것이라고 봤다.

⑥ 콘택트 렌즈의 착용 여부

최 씨가 화장은 하지 않고 콘택트 렌즈를 낀 상태로 숨져 있었다는 점은 항소심 재판부나 대법원 모두 이 씨에게 유리한 증거로 여기고 있다. 최 씨 어머니는 최 씨가 평소 잠자기 전 렌즈를 뺀 뒤 화장을 지웠으며 아침에는 세수를 하고 렌즈를 낀 뒤 화장을 했다고 진술했다. 따라서 아침에는 숨질 때와 같은 상태가 될 수 있지만 저녁에는 그런 경우가 생길 수 없게 된다. 다만 대법원은 렌즈 빼는 순서에 대한 최 씨 어머니의 진술이 한 차례 엇갈렸다는 점을 들어 무죄의 증거는 될 수 없다고 했다.

⑦ 범행 동기

범행 동기와 관련해 검찰은 숨진 최 씨가 사건이 있기 2년 전 ㅈ 씨와 불륜 관계를 맺은 사실을 이 씨가 알았고, 사건 당일 개업을 앞둔 병원에 이 씨의 누나가 취업하는 문제로 다툼이 있었다고 주장했다. 항소심 재판부는 이 씨가 아내의 불륜을 의심하며 고민했다거나 최 씨가 이를 눈치 채고 주위 사람들에게 상의를 했다는 등 간접적인 정황을 인정할 증거도 없다며 검찰의 주장을 인정하지 않았다. 또 범행 직전 이 씨 누나의 취업 문제로 다퉜을 것이라는 검찰 주장을 배척하면서, 방음장치가 부실한 이 씨 아파트에서 다투는 소리를 들은 이웃이 전혀 없다는 이유를 들었다.

3) 수사상의 문제점

(1) 초동수사 과정의 가장 큰 실수

실수는 사망한 최 씨의 손톱을 잘라두지 않은 것이다. 이정빈(李廷彬) 박사는 이런 말을 했다. "살해당한 여자의 시신에서 가장 중요한 것은 손톱입니다. 대부분의 여자는 죽기 직전까지 이 손톱으로 저항하거나 무언가를 긁게 됩니다. 그래서 손톱 안의 물질을 잘 분석하면 범인이나 범행 장소 등을 추정할 근거를 발견하는 경우가 많습니다." 최 씨의 경우도 감식이나 부검 과정에서 손톱을 잘라뒀다면 많은 정보를 알 수 있었을 것이다. 남편 이 씨의 오른쪽 팔뚝에 상처를 낸 것이 정말 최 씨였다면 손톱에서 이 씨의 피부 물질이 검출됐을 가능성이 높고, 이것은 직접증거까지도 될 수 있었을 것이다. 또 만일 제3의 인물의 피부 물질이 검출된다면 이를 근거로 남편의 혐의가 벗겨지는 계기가 될 수도 있었을 것이다. 상처의 방향이 바깥쪽이니 안쪽이니 하는 피곤한 논쟁도 필요없었을 것이다. 손톱을 잘라두는 것은 기본 중 기본이라는 법의학자도 있었는데, 감식팀이나 부검의(剖檢醫)는 이를 소홀히한 것이다.

(2) 부검 과정에서 여러 각도의 사진을 찍어두지 않은 것도 큰 결함이다

양측성 시반(屍斑)과 관련, 여러 각도의 시신 사진을 찍어뒀다면 최 씨 시신 앞부분에 얼마나 시반이 형성돼 있었는지 자료를 남길 수 있었고, 그랬다면 최 씨 시신에 양측성 시반이 생겼는지 여부에 대한 불필요한 논쟁이 필요없었다. 물론 남편 이 씨가 범인인지 아닌지에 대한 중요한 근거가 돼 유죄를 확실히 하거나, 혹은 이 씨를 억울한 피고인으로 몰고가지 않을 수도 있었다. 이렇듯 중요한 두 가지 증거가 누락된 채 시신을 화장해 버렸다.

(3) 현장감식 과정에서 시신의 직장 온도를 재놓지 않았다

직장(直腸)이란 대장(大腸) 말단부의 항문에 이르는 부분으로, 항문에 체온계를 집어넣어서 직장의 온도를 측정한다. 시신의 직장 온도는 사망 직후부터 꾸준히 하락하므로 사망 시각 추정에 중요하다는 게 법의학자들의 말이다. 하지만 재놓지 않았다.

(4) 감식 당시 시신이 담겨 있던 물의 온도도 재놓지 않았다

경찰은 검안 4일 후인 1995년 6월 16일, 당시 욕조에 손을 담가봤던 경찰관이 기억에 의존, 여러 온도의 물에 손을 대보게 하고 "이 정도 따뜻했던 것 같다"는 물의 온도를 사건 현장의 욕조 온도의 추정치(32도)로 내놓았다. 물의 온도는 시강, 즉 시체의 경직에도 큰 영향을 주지만 그 자체로써도 중요하다. 왜냐하면 이 사건에서는 원래 공급되는 급탕수(뜨거운 물)의 온도와의 차이를 통해 범인이 물을 틀어 욕조에 받은 시각을 어느 정도 추정할 수 있었기 때문이다.

2심 주심판사였던 강 변호사는 이 부분도 집에서 실험을 해봤다고 한다. 따뜻한 물에 손을 넣어 느낌을 기억하고, 부인에게 온도를 측정하게 한 후 며칠 후 기억에 의존해 온도를 맞춰봤는데 정확도가 많이 떨어졌다고 한다. 또한 경찰은 화재가 발생한 안방의 손잡이 온도도 재놓지 않았다가 6월 12일 손잡이를 잡았던 경비원의 기억에 의존, 추정 온도를 산출해 기록으로 제출하기도 했다.

(5) 최 씨의 직접 사인인 시신 목 부위의 물질 채취에 소홀했다

끈에 강하게 졸렸던 목 부위에 붙은 물질을 잘 채취해 조사했더라면 범행에 사용된 끈의 성분 등을 알아낼 수 있었을 것이다. 하지만 감식 당시의 비디오를 보면 감식팀은 솜으로 최 씨의 목 부위를 정성껏 닦아낸다. 황 박사는 "고의는 아니었겠지만 증거를 인멸하는 수준"이라고까지 비판했다.

(6) 우윳병의 잔류물질 미확인

사용되지 않아 깨끗한 것이라고 검찰이 주장했던 우윳병에 우유 찌꺼기가 붙어 있었다. 이는 2심에 가서야 변호인단이 발견했다. 검찰 측이 주요 증거도 제대로 보지 않은 것이다.

- 1999년 초부터 이 씨는 고법에서 여러 차례의 재판을 다시 받았으며, 1999년 10월 19일에는 스위스의 법의학자 토머스 크롬페처(Thomas Krompecher) 교수가 내한, 사망 시각이 이 씨 출근 시각인 7시 이후일 가능성이 오히려 높다고 증언했다.
- 2000년 2월 16일과 24일에 화재 재현 실험을 시행했으며, 이에 대해 전문가인 윤명오 교수가 6월 19일 증언했다.

2. 수사상 교훈

이른바 한국판 'O. J. 심슨 사건'으로 불린 이 사건을 둘러싸고 장장 8여 년간의 법적 공방이 벌어진 가운데, 결국 피고인에게 무죄가 확정됐다. 또한 이 사건에 이은 판결은 "유죄 증거가 확실치 않을 땐 피고인에게 유리하게 판단한다"는 형사법의 원칙을 분명히 했다. 이 사건에 대해 재판부에서는 정황증거만으로 기소한 사건에 대해 법원은 더 엄격히 판단할 것이며, 앞으로 좀 더 과학적이고 합리적인 수사가 필요하다는 점을 지적했다. 또한 법의학자들이 검찰의 지휘를 받는 한국의 검시 제도와 법의학계의 문제점도 제기했다(중앙일보, 2001.02.19).

특히 사망 시간 등에 대한 국내 법의학자들의 감정 결과와 '추정'만 가능한 정황증거의 신뢰성을 둘러싼 공방은 법의학, 검시 제도, 수사 관행, 사형 제도 등에 대한 논란으로 이어지기도 했다. 기반이 약한 국내 법의학계의 수준과 실태에 대한 깊은 반성의 기회가 됐으며, 초동수사 단계에서 빚어진 경찰의 실수는 과학적 수사 방법 체득과 직무 전문성 향상을 더욱 절감하는 계기가 됐다.

第23237號

「치과의 모녀살해」 무죄선고 안팎

「심증수사」관행에 제동

재판부 "진범 오직 神만이 알것"

50판 중앙일보

'치과의사 母女살해' 항소심 판결 의미

"증거없으면 無罪" 원칙 再확인

김진원·이철희·김정욱기자

이도행(李都行)피고인에게 무죄가 선고된 것은 「확신을 가질 정도로 엄격한 증거가 없을 경우 피고인의 이익을 우선해야 한다」는 형사재판의 대원칙을 재판부가 다시 한번 확인했다는 의미를 지닌다.

「상식적」으로 도저히 제3자에 의한 범행일 수 없다는 검찰측 주장에 대해 재판부는 「객관적」으로 제3자의 범행이 전혀 불가능하다는 것까지 검찰이 입증해야 한다고 판단한 것이다.

재판부는 정황증거가 충분하고 심증은 가질 수 있지만 현관 보조열쇠 하나가 아직까지 발견되지 않았고 지문·혈흔등 유력한 유죄추정의 증거들이 현장에서 전혀 확인되지 않은 상태에서 유죄를 단정하기는 곤란하다며 경찰 초동수사의 미흡함도 지적했다.

관, 부엌의 식기세척 상태 등도 말 그대로 정황증거로만 받아들여졌다.

재판부는 범행동기부분에 대해서도 『검찰측 주장대로 崔씨의 불륜을 李씨가 알았다 하더라도 이 사실이 반드시 죽여야 하는 직접동기일 수는 없다』며 『이는 추측이나 추리에 불과하다』고 일축했다.

또 『거실의 커튼줄로 崔씨를 목졸라 죽였다』는 검찰 주장에 대해서도 『격분해 처자를 죽이는 상태에서 李씨가 커튼줄 세가닥중 침착하게 한가닥만을 풀어 범행에 사용한다는 것은 경험칙상 불가능한 일』이라고 밝혔다.

따라서 이번 판결은 증거가 불충분한 강력사건 수사에 대해 더욱 치밀한 초동수사와 과학적인 검증을 통한 증거확보를 요구하는 의미도 갖는 셈이다.

한편 무죄를 선고한 강완구 부장판사는 판결선고에 앞서 『진범이냐 아니냐의

추측·추리 앞세운 증거들 "無理" 판단

'제3者 범행 불가능' 검찰에 立證책임

항소심으로는 드물게 30명의 증인을 법정에 부르고 2회의 검증까지 벌인 재판부는 검찰이 제시한 증거 대부분이 추측과 추리를 앞세웠고 각종 증거조사의 출발점이 된 「전제」자체에 무리가 있었다고 판단한 것이다.

우선 재판과정중 가장 큰 쟁점이었던 崔씨 모녀 사망시간에 대해 재판부는 李씨 출근전인 오전 7시 이전에 숨졌다는 부검및 감정의들의 소견을 받아들이지 않았다.

이밖에 한살배기 딸의 수유습

단정은 전지전능한 신(神)만이 할 수 있는 것』이라며 『다만 재판부는 헌법과 법률이 위임한대로 검찰이 제출한 증거가 유죄로 판단하기에 충분한지 여부를 가려보자는 생각으로 재판에 임했다』고 말했다.

무죄가 선고되자 아버지 이재근(李載根·64)씨등 피고인 가족들은 『판사님 만세』를 부르며 환호성. 李씨는 『아들이 어릴 때부터 싸움 한번 안할 정도로 심성여 고와 무죄를 확신하고 있었다』고 말했다.

수사상의 문제점을 언급한 당시의 신문 기사

자료: 동아일보(1996.06.27.); 중앙일보(1996.06.27.)

제5절 O. J. 심슨 사건

1. 사건의 개요

1994년 6월 13일 이른 아침, 로스앤젤레스 서부의 한 집에서 두 구의 시체가 발견됐다. 죽은 사람은 심슨(O. J. Simpson)이라는 유명한 미식축구 선수의 아내 니콜(Nicole)이었고, 나머지 한 명은 야심 찬 배우이자 웨이터인 골드먼(Ronald Goldman)이었다. 그 살인사건은 시(市)의 상류층 지역인 브렌트우드(Brentwood) 내에 있는 875 사우스 번디 드라이브(South Bundy Drive)에서 발견됐다.

경찰은 심슨의 아내 학대 전력과 함께, 그를 살인사건으로 기소하기에 충분한 물리적 증거들을 발견했다. CBS 텔레비전 방송 인터뷰에서, 수사 책임자 배내터(Philip Vannatter) 수사관은 그가 30년 동안 수사하면서 이 사건처럼 그렇게 결정적인 증거를 본 경우가 없었다고 언급했다. 그러나 이 사건은 검사와 경찰들에게는 다른 사건들과는 달리 보였다. 피고인인 심슨은 흑인이었는데, 두 피해자는 백인이었다.[28]

게다가 그는 부유하면서, 상당한 정도로 여론의 주목을 받고, 전국적으로 그가 좋아하는 수많은 팬이 있는 유명한 스포츠 영웅이었다. 따라서 살해된 백인 여배우 니콜 브라운 심슨과 애인 론 골드먼의 살인 용의자로 미식축구 스타 출신의 흑인 배우 O. J. 심슨이 지목된 것은 큰 화제를 불러일으켰다. 변호를 준비하기 위해 심슨은 재빨리 미국에서 가장 유명한 변호사들로 구성된 1심 사건 변호팀을 선임했다. 소위 드림팀으로 알려진 이 변호인단에 베일리(F. Lee Bailey), 코크런(Jonnie Cochran), 더쇼위츠(Alan Dershowitz) 그리고 사피로(Robert Sapiro) 변호사가 포함됐다. 각 변호사는 그에게 사건의 다른 측면에서 특별한 전문기술을 제공했다. 기소팀은 베테랑 검사인 클라크(Marcia Clark), 다든(Christopher Darden) 그리고 호지맨(William Hodgman)에 의해 지휘됐고, DNA 증거에 관한 전문가를 포함해 그들의 지휘를 받는 80명이 넘는 부(副)검사들으로부터 도움을 받을 수 있었다. 재판이 시작되기 오래전부터 이 사건은 언론의 상당한 주목을 받고 있었다. 심슨 사건이 종결될 즈음에, 언론의 분석가들은 텔레비전 역사상 다른 어떤 사건보다도 심슨 재판에 대한 보도가 엄청났고, 문자 그대로 중요한

28) lapdblog.com2007/02.

법조계 인사들로부터 전문 코멘트와 함께 네트워크 텔레비전, 케이블 채널에 의해 재판 진행에 관해 수천 시간의 보도가 제공됐다고 평가했다. 이른바 드림팀이라고 불린 유력 변호사들을 대거 고용한 심슨은 인종 차별을 끌어들여 무죄로 풀려났다(한국경제신문, 1999.12.06). 재판에서 제시된 증거는 거의 1년을 끌었는데, 변호인들에 의해 세밀하게 조사됐다. 그리고 검찰 측 증인은 모두 엄격한 교차 신문(rigorously cross- examined)을 거쳤다. 그 재판은 1995년 후반에 '무죄'로 끝났으며, 비용은 7백만 달러가 넘는 캘리포니아주 시민들의 세금으로 지불됐다.

O. J. Simpson 사건
공판 모습

사건 현장

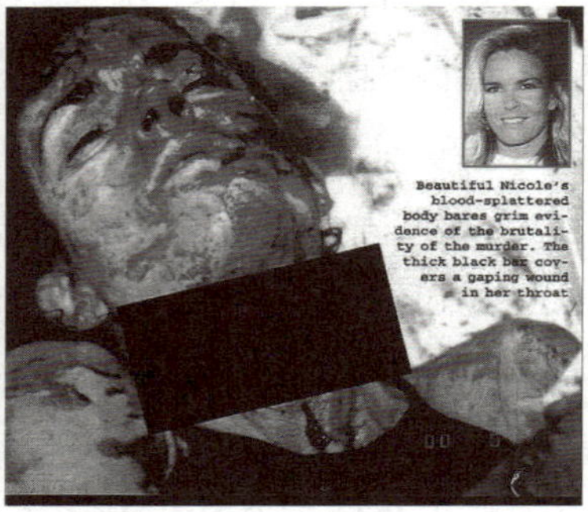

사건 현장(Nicole Brown)

2. 사건의 분석

심슨 사건에서 발견된 증거를 검찰과 변호사는 법정에서 각각 상반되게 주장했다.

① 혈흔이 심슨 침실의 한 쌍의 양말에서 발견됐다. 혈흔의 한 점은 심슨의 혈액과 일치했다. 다른 것은 니콜 심슨의 것과 일치했다. 모두 11개의 혈흔이 브론코(Bronco)에서 발견됐는데, 4개는 심슨의 것과 일치했고, 하나는 니콜 심슨의 것과 일치했으며, 2개는 니콜 심슨(Nicole Brown Simpson), 골드먼(Ronald Goldman) 그리고 심슨의 것과 섞여 있었다.

② 심슨, 니콜 심슨과 골드먼의 혈액이 섞여 있는 것과 일치하는 혼합된 혈흔을 내포하고 있는 심슨의 정원 바닥에서 장갑이 발견됐다. 그 장갑에는 니콜 심슨과 골드먼의 것과 일치하는 모발이 있었다. 그것들과 유사한 섬유들이 브론코 카펫에서 발견됐고, 골드먼의 셔츠에서 나온 섬유가 발견됐다.

③ 범죄 현장에 떨어진 핏방울은 몸에서 나온 것이었으며, 다섯 방울은 심슨의 것과 일치했다(Lyman, 1999: 130).

④ 범죄 현장에서 발견된 스키용 모자(cap)는 브론코 카펫에서 나온 섬유처럼 '이상한' 섬유들을 갖고 있었다. 그리고 또한 심슨의 것과 같은 12개의 모발을 담고 있었다. 골드먼의 셔츠에는 심슨의 모발과 같은 모발이 있었다.

⑤ 심슨의 드라이브 웨이(driveway)[29]에서 발견된 두 개의 혈흔은 그의 혈흔과 일치했다. 심슨의 집에서 발견된 혈흔은 심슨 자신의 혈액과 일치했다. 이런 것들은 경찰이 심슨의 혈액 샘플을 갖고 있기 전, 심슨이 시카고에 있을 때 캘린(Kat Kaelin)과 몇몇 경찰관이 발견했다.

⑥ 떨어진 핏방울

- 검찰 측: 범죄 현장과 심슨의 브론코 그리고 정원에서 발견된 피에 관해 DNA 테스트는 심슨을 살인자로서 긍정적으로 확인했다는 것을 주장했다.
- 피고 측: DNA 테스트를 신뢰할 수 없는 것으로 반박하고, DNA 과학에 대한 의심을 불러일으키도록 노력했다. 범죄 현장과 정원에 있었던 심슨의 피는 오래된 것일 수 있다고 반박했다.

⑦ 피묻은 장갑

- 검찰 측: 퍼먼(Mark Furman)이라는 수사관을 소환해 법정에서 증언토록 했다. 그는 심슨의 정원에서 피묻은 장갑을 발견했는데, 그것은 범죄 현장에서 발견된 장갑과 일치했다고 증언했다.
- 변호인 측: 퍼먼 수사관의 증언을 탄핵하려고(impeach) 시도했다. 심슨을 체포한 인종차별주의자라고 주장했다.

⑧ 모발

- 검찰 측: 골드먼의 시신에서 발견된 모발과 심슨의 집의 니트로 된 모자(cap)에 있던 모발은 흑인의 것이며, 심슨이 범죄 현장에 있었다고 주장했다.
- 변호인 측: 그 모발은 흑인 수사관을 포함해 어떤 흑인에게도 속할 수 있다고 반박했다.

⑨ 범행 기회

- 검찰 측: 저녁 9 : 45~10 : 56 사이에 두 피해자를 살해할 수 있을 정도로 충분한 시간을 가지고 있었으며, 범행에 사용된 칼을 제거하고, 1마일 정도 떨어진 자신의

29) 대문에서 현관까지의 차도, 자택 차고에서 집앞의 도로까지의 자동찻길, 또는 가축을 모는 길.

집으로 돌아올 수 있었다고 주장했다.

- 변호인 측: 그 대신에 심슨은 두 사람을 살해하고 집으로 돌아오기에는 충분한 시간을 가지지 못했다고 반박했다.

⑩ 범행 동기

- 검찰 측: 심슨은 전처를 19번 정도 학대했다는 증거를 제시했으며, 상습적 폭력이 결국 살해에 이르렀다고 주장했다.
- 변호인 측: 학대와 관련된 모든 것은 분리된 사건이었으며, 살인사건에 대한 책임과는 무관하다고 반박했다(Lyman, 1999: 131).

3. 쟁점 및 수사상 교훈

공판 중심의 폐해로 거론된 O. J. 심슨 재판은 '금권재판' 방지책 마련의 중요성을 일깨운 사례로 주목받을 만하다(연합뉴스, 2006.09.27).[30] 더욱이 최근 치열한 법정 공방을 통해 유 · 무죄를 따지는 공판중심주의가 법조계에 화두로 떠오르면서 그 부작용의 대표적인 사례로 꼽히는 1990년대 중반 미국의 O. J. 심슨 재판이 새롭게 주목받았다. 공판중심주의가 잘못 운영되면 심리 기간이 한없이 길어지는 데다 변호사 선임 등에서 경제력 차이로 유 · 무죄가 엇갈릴 가능성도 있어 '금권재판'이나 '유전무죄 무전유죄'가 현실화될 우려가 있다는 점 때문이다. 실제 전처와 그녀의 애인을 살해한 혐의로 기소된 프로 미식축구(NFL) 선수 O. J. 심슨은 막강한 재력으로 스타급 변호사를 대거 고용해 무죄 판결을 이끌어 내는 데 성공했다.

심슨을 체포한 경찰은 그의 집에서 그와 전처의 피가 묻은 장갑을 발견해 유력한 증거로 제시했다. 심슨을 체포한 백인 경찰이 내뱉은 말("이 검둥이 ××", "잘 걸렸어")을 토대로 '인종차별적인 살인죄 조작' 논리를 내세워 장갑을 찾아낸 로스앤젤레스 경찰이 인종주의자니까 그 증거도 조작된 것이라고 몰아붙였다. 재판은 변호인단에 의해 무려 372일간 인종 차별에 대한 여론몰이로 진행됐고 결국 배심원단 전원일치 합의로 무죄 판결이 내려졌다. 그러나 전처의 부모는 끝까지 심슨이 자기 딸을 죽인 범인이라고 주장해 민사법정은 심슨에게 배상금 3천 350만 달러를 유족에게 지급하라는 명령을 내렸다.

---

30) http://news.naver.com/news/read.php?mode=LSD&office_id=001&article_id=0001423016&section_id=102&menu_id=102.

형사재판에서는 무죄, 민사재판에서는 유죄라는 희한한 판결의 결과로 심슨은 과도한 소송비용에 거액의 배상금까지 물어야 했다. 이처럼 공판중심주의에서는 '말'이나 여론이 판사나 배심원의 판단에 영향을 미칠 수 있고 막대한 돈을 들여 유능한 변호사를 고용해 심리 기일을 연장하는 쪽이 그렇지 못한 쪽보다 유리한 판결을 받을 가능성도 배제할 수 없다는 부작용을 고민하게 했다. 따라서 국선(國選) 변호사를 더욱 확대해 빈부 격차에 관계없이 공정한 재판을 받을 수 있도록 하는 등 제도적인 보완책이 선행돼야 한다는 지적이 법조계 주변에서 제기된 바 있다.

제6절 대구 개구리 소년 실종사건

1. 사건의 개요

1991년 3월 26일, 대구 성서초등학교 6학년에 재학 중인 우철원(당시 13세), 조호연(12세), 김영규(11세), 박찬인(10세), 김종식(9세) 군은 대구시 달서구 이곡동 인근 와룡산 계곡으로 도롱뇽 알을 찾으러 간다며 집을 나간 뒤 10년째 행방을 찾을 수 없었다. 그로부터 11년이 지난 2002년 9월 26일 대구시 달서구 이곡동 와룡산 자락에서 실종된 어린 소년들은 누군가에 의해 살해 암매장당해 발견됐다(국민일보, 2006.03.24; 2007.03.29). 당시 어린 소년들이 집을 나섰던 날은 지방의회 선거와 관련해 임시공휴일로 지정됐던 날이었으며, 소년들은 거주지 주변의 섬유공장과 산 어귀에서 같은 학교 친구와 동네 주민들에게 목격된 후 소식이 끊어졌다(연합뉴스, 2001.03.06; 2007.03.29).

사건 당시 경찰은 그동안 연인원 약 50만 명을 동원해 실종 소년들의 행방을 찾았으나, 잘못된 제보와 소문만 무성할 뿐 현재까지 아무런 단서도 찾지 못했으며, 1993년에는 실종 어린이 부모들이 대통령에게 탄원서를 제출하기도 했다. 사건 발생 후 5년이 지난 1996년에는 수사본부장이 대구지방경찰청장에서 달서경찰서장으로 바뀌고 각 경찰서에서 차출된 수사요원들도 복귀했다.

11년 동안 국내 단일 실종사건으로는 최대 규모의 인력을 동원했으며, 제보도 잇따라 1991년 325건, 1992년 97건, 1993년 131건 등이 접수됐지만 모두 허위였다. 이 사건이 전 국민적인 관심사로 등장하면서 어린이는 물론 우체부 등 온 국민이 개구리 소년

표 6-3 대구 개구리 소년 실종사건 일지

구분	시점	개요
1	1991년 3월 26일	김종식(9) 군 등 5명 실종
2	1992년 8월	경찰 실종 소년들 나환자 정착촌 암매장 제보 접수-현장 조사 결과 허위 제보로 판명
3	1992년 11월	실종사건을 영화화한 조금환 감독의 〈돌아오라 개구리 소년〉 개봉
4	1993년 1월	실종 소년의 부모들 김영삼 당시 대통령 당선자에게 탄원서 제출
5	1993년 11월	경찰청, 실종사건에 대한 수사연구팀을 구성해 사건을 원점부터 재분석하는 등 수사 강화
6	1995년 8월	경찰에서 명지대학교의 도움을 받아 컴퓨터로 개구리 소년 5명의 변모된 모습을 컴퓨터 그래픽으로 재생시킨 전단 2만여 장을 제작, 전국 경찰에 배포
7	1996년 1월	한국과학기술원 심리학자인 김가원 교수가 실종 소년들이 고(故) 김종식 군의 집 주변에 매장돼 있다는 주장을 펴 경찰이 김군의 집 화장실과 보일러실 등에서 발굴작업을 펼쳤으나 단서를 찾지 못하고 해프닝으로 종결
8	1996년 5월	대구지방경찰청 수사본부 해체-대구 달서경찰서장을 본부장으로 하는 수사본부 체제로 전환
9	1997년 8월	40대 여자가 법정에서 자신이 개구리 소년들을 유인, 암매장했다고 진술해 경찰이 수사에 착수-허위 진술로 판명됨.
10	2001년 7월	전남 신안군 지도면 증도 한 염전에서 실종 소년들에 대한 제보 접수-경찰 현지 급파했으나 허위 제보로 판명됨.
11	2001년 10월	실종 소년 김종식 군의 아버지 김철규(당시 49세) 씨 간경화로 사망
12	2002년 9월 26일	사건 발생 11년 만에 대구시 달서구 용산동 와룡산 4부 능선 성산고등학교 신축공사장 뒤편에서 실종 소년 유골 4구와 신발 5켤레 발견
13	2002년 11월 12일	경북대학교 의대 법의학팀 개구리 소년의 사인을 '타살'이라 밝힘.
14	2004년 3월 26일	개구리 소년 5명 경북대병원에서 합동 장례식
15	2005년 8월	유족들 국가 상대로 손해배상 소송
16	2005년 11월 28일	개구리 소년 유족들 국회서 '공소시효 연장, 폐지' 촉구 기자회견
17	2006년 3월 25일	자정을 기점으로 공소시효(15년) 만료됨.

자료: 연합뉴스, 2006.03.22. 보도 내용을 편집해 재구성함.

찾기 운동에 참여했으며, 이를 소재로 한 영화 <돌아오라 개구리 소년>(1992년), <아이들>(2011년) 등이 제작되기도 했다.

2002년 9월 26일 성산고등학교 신축공사장 뒤에서 유골 4구와 신발 5켤레가 발견됐고, 경북대학교 법의학팀은 타살로 결론내렸다. 2004년 3월 26일 경북대학교 병원 영안실에서 합동 장례식을 치렀다.

2. 사건의 분석

1) 초동수사의 문제점

1991년 3월 26일은 지방자치단체 선거가 처음으로 열리는 날이었다. 실종 소년들의 부모들은 모두 투표하러 나갔고, 집을 지키던 아이들 다섯 명은 와룡산으로 향했다. 아이들 중 누군가 우연히 논에서 잡았던 '도룡뇽'이 햇볕에 말라 비틀어지는 바람에 신기하게 생긴 도룡뇽을 다시 잡으러 나간 것이다. 다섯 명의 아이는 그렇게 집을 떠났고, 영영 돌아오지 못했다.

처음에는 '실종'도 아니고 '가출'이라 판단한 것이 경찰의 첫 번째 실수였다. 기다리면 아들이 돌아올 거라고 추측한 것은 당시 어린이들의 유괴 및 실종에 대처하는 수사기관의 상황을 그대로 보여주는 것이라고도 볼 수 있다. 가족들은 밤이 돼도 돌아오지 않는 아이들 때문에 난리가 났다. 다섯 명의 아이가 모두 약속이나 한 듯 돌아오지 않은 것은 뭔가 일이 생긴 게 틀림없었다고 판단한 실종 소년의 가족들은 파출소로 달려갔으나 돌아온 답은 실종 당일이 투표날이었으므로 경찰관이 모두 투표 감독하러 나갔다는 것이었다. 전담할 경찰관이 없었다는 것이 당시 가족들의 진술이다(레이디경향, 2006.04.07). 실종 소년들이 거주했던 마을 부근에 육군 50사단이 있었기에 가족들은 날이 어두워지니까 산에 올라간 아이들을 찾으려면 조명이 필요하다고 판단, 부근에 있던 육군 50사단을 찾아가서 서치라이트 좀 쓸 수 있게 해달라고 요청했으나 군부대에서도 아무 때나 사용할 수 없다는 결과를 통보하는 바람에 실종 당일의 행적에 대해서는 경찰과 인근 부대의 협조 없이 가족들 스스로의 수색이 불가피했다. 해발 300m도 안 되는 야트막한 와룡산에 올라갔던 아이들은 아마 조금만 일찍 공권력의 도움을 받았더라면 사건이 장기화되지는 않았을 것이라 볼 수 있다.

그로부터 일주일이 지나고 보름이 지나서 해당 경찰관서에도 단순 가출이 아니라고 판단했고, 1991년 5월 당시 노태우 대통령은 치안본부장에게 "모든 수사력을 동원해 실종 어린이를 찾아내라"는 특별 지시를 내렸다. 그와 함께 각 시 · 도 교육청에 개구리 소년 관련 신고 접수 창구가 개설되기도 했다.

2) 허위 신고 및 제보로 인한 수사의 혼선 초래

경찰의 초동수사에 허점과는 별도로 어린이의 유괴 및 실종사건의 수사에 결정적 단서를 제공할 수 있는 시민의 제보와 신고가 오히려 수사상 혼선을 초래한 부분을 지적할 수 있다.[31] 일반 시민들의 제보와 신고 내용도 황당한 것이 많았다. "실종 소년들이 나환자촌에 암매장됐다"는 신고도 접수돼 직접 수사를 하기도 했으며, "아이들을 죽인 것은 가족 중 한 명일 것이다"라는 한 교수의 말에 한 가족의 마당이 파헤쳐지는 만행을 겪기도 했다. 한 40대 여성은 법정에서 자신이 유인 암매장했다는 허위 진술을 하기도 하는 등 허위 신고 및 제보로 가족들의 고통은 끊이질 않았다. 심지어는 외계인 납치설, 북한 공작원 유괴설 등 제보와 신고로 경찰의 수사는 더욱 혼선을 초래하게 됐다.

결국 실종 소년들에 대한 국민적 관심과 제보는 수사기관의 철저한 내용 검증 후에 인정돼야 했다는 것도 이 사건의 초동수사의 실패 요인으로 분석 가능하다.

실종 소년 유해 발굴 현장
자료: 한국일보(2006.01.24.)

3) 실종 소년들의 유해 발견과 현장 감식의 실패

실종 소년에 대한 수사에 진척이 없자 사건을 담당했던 대구지방경찰청 수사본부는 해체되고, 대구 달서경찰서로 사건이 인계됐다. 전국 각지에서 쏟아졌던 신고 횟수도 점차 줄었다. 그러나 2002년 9월 26일, 꿀밤을 주으러 와룡산에 올라갔던 등산객의 우

31) 2000년 2월에는 대구시 달성군의 한 기도원의 원장과 신도들이 신의 계시로 이 소년들의 암매장 장소를 찾았다고 주장하며 남의 땅을 파헤쳤다가 경찰에 고소되는가 하면, 이들과 관련한 정신질환자나 무속인 등의 엉뚱한 제보나 장난 전화는 10년 동안 계속됐다. 특히 1998년에는 무속인 권모(45) 씨가 동구 금호강 안심교 옆 공터와 와룡산 중턱에 암매장설을 주장해 가족들의 가슴에 다시 한번 못을 박았는가 하면 심지어 불치병 치료제 희생설, 납북설, 외계인(UFO) 납치설 등 온갖 종류의 설(說)과 해프닝이 제기됐다(연합뉴스, 2001.03.06.).

연한 신고로 실종 어린이 집에서 3km 떨어진 와룡산 자락에서 유골이 발견됐다. 유골이 발견된 현장을 잘 보존하고, 철저한 현장 보존과 정확한 감식이 필요한 당시의 상황에서 경찰은 현장에서의 유해 발굴과 증거물 수집을 위해 직접 곡괭이와 삽으로 현장을 파헤쳐놓았다. 이는 경찰의 2차적인 사체 유기 장소에 대한 보존과 감식의 실패로 지적할 수 있다. 당시 현장 보존만 잘됐으면 결정적 단서를 찾는 데도 도움이 됐을지 모른다. 그러나 11년 6개월이 지난 유골로는 범행에 사용된 흉기마저 식별하기에 어려움이 많았다고 판단할 수 있다(동아일보, 2006.03.25). 실종 소년들의 유골 발견 이틀만에 경찰에서는 사인(死因)을 자연사로 추정했다. 경찰은 소년들이 야간에 길을 잃고 헤매다 탈진해서 숨졌다고 발표했다. 마을에서 불과 3km 떨어진 와룡산은 동네 사람들이 언제나 놀러다니던 곳이라 아이들 역시 너무나 친숙한 곳이었는데, '길을 잃고 탈진해서 사망했다'는 신빙성이 부족한 조사 결과를 발표한 것이다(레이디경향, 2006.04.07).

하지만 유골을 감식했던 경북대 법의학팀은 검사 40여 일 후에 두개골에 나타난 손상 흔적을 분석한 결과 소년들은 ㄷ자 모양의 예리한 흉기로 타살된 것으로 검사 결과를 발표했다. 경찰의 주먹구구식 수사가 얼마나 잘못됐는지를 밝혀낸 것이다.

유골은 와룡산에서 내려오는 두 개의 물줄기가 합쳐지는 곳에 묻혀 있었다. 지나치는 등산객들의 눈에 띄기 용이한 지점이었다는 것이다. 만약 범인이 의도적으로 사체를 유기했다면 물이 흘러가면서 흙이 쓸려 내려가는 곳에 유기했을 가능성은 더욱 희박하다. 더욱이 유골이 발견된 현장에서는 실종 소년들의 손톱이나 머리카락 같은 것이 발견되지 않은 점으로 볼 때 1차 살해 이후 사체를 이동한 후 발굴 지점에 유기했을 것이라는 추정이 가능하다. 또한 범인을 확신하게 만드는 증거로는 두 발의 총탄이 있었다. 당시 아이들이 놀러갔던 와룡산 부근에는 50사단의 사격장이 있었다. 가족들은 아이들이 실종되자 군부대를 의심했지만 경찰이· 군(軍)을 조사하는 것은 매우 어려운 일이었고, 유골 현장에서 나온 총탄 두 발은 의심을 '확신'하게 만들었다.

개구리 소년 유해 발굴 현장

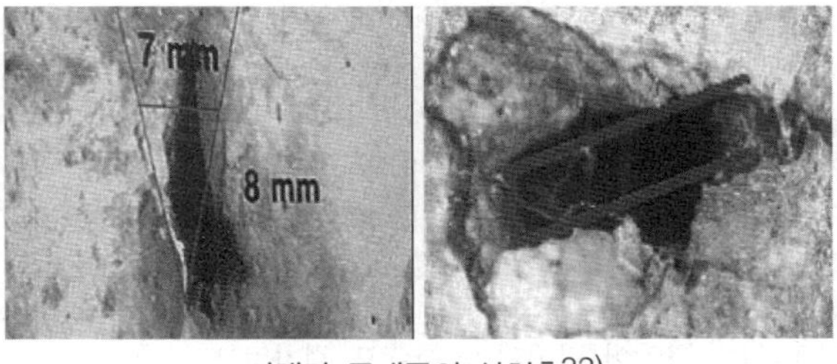

피해자 두개골의 상처흔[32)]

3. 쟁점 및 수사상 교훈

실종 소년들의 사인이 동사(凍死, 저체온사)33)였다고 밝힌 당초의 경찰 발표는 실종 소년들의 가족을 다시금 실의에 빠지게 한 수사상, 감정상의 중대한 오류로 지적할 수 있다.

제7절 포천 여중생 살인사건

1. 사건의 개요

포천 여중생 살인사건은 2004년 2월 8일 포천의 한 낚시터 인근 배수로에서 여중생 엄모 양이 실종 96일 만에 숨진 채 발견된 사건이다. 실종된 날이 마침 수능 시험일이었으며, 실종 직전 함께 있었던 친구들은 "그날 오후 3시께 일찍 수업이 끝나 친구 다섯 명이 한 친구(유모 양) 집에서 컴퓨터게임 등을 하며 놀다 나와 둘이서 오후 6시 20분께 소흘읍 추산초등학교 후문 K학원 뒷길에서 헤어졌다"며 "헤어진 곳으로부터 실종된 엄양의 집까지 10분 거리밖에 되지 않고 특별히 이상한 사람도 보지 못했다"고 진술했다(조선일보, 2004.02.08; 2007.04.01).

- 2003년 11월 5일 오후 6시 20분: 엄모(15세, 포천 D중 2년) 양의 휴대전화로 "학교에서 수업을 마치고 곧 집에 들어가겠다"며 어머니에게 연락한 뒤 실종
- 2003년 11월 5일 오후 9시: 엄 양 어머니, 경찰에 신고함.

---

32) 세 명의 두개골에 공통적으로 나타난 'ㄷ'자 형태의 상처 흔적과 우철원 군의 두개골에 나타난 넓이 7m, 폭 8m 크기의 상처는 예리한 흉기에 의한 것으로 추정된다(영남일보, 2002.11.13.).

33) 외계의 기온에 의해 체온이 체온조절기구의 한계를 넘어서 저하돼 신체의 생활 현상이 정지되고 마침내 사망하는 것을 말한다. 적당한 보온장치가 있으면, 사람은 −50~−40℃에도 견딜 수 있지만, 어린이나 노인, 영양이 저하했을 때, 굶거나 피로할 때, 수면 중, 음주를 한 경우 등은 0℃ 전후에서도 동사할 수 있다. 또 산에서 조난을 당했을 때는 피로・기아(飢餓) 등의 악조건 밑에서 기온이 내려가 동사하는 경우가 많다. 동사는 피부의 혈관이 수축돼 창백해지고 이어 혈관이 이완해 말초혈관이 울혈(鬱血: 정맥의 혈액이 막혀 출혈되는 것)하고, 내장은 빈혈 상태로 되며, 피로감이 더해지고, 사고력이 감퇴되며, 견디기 어려운 졸음에 빠진다. 그리고 사지가 뒤틀려 보행이 곤란해지고 마침내 혈압이 떨어지며, 호흡도 점차로 느리게 되면서 결국은 사망한다(자료 출처; 두산대백과사전).

- 2003년 12월 22일: 실종 장소에서 15km 떨어진 의정부시 민락동 도로공사 현장에서 엄 양 휴대전화, 가방, 운동화 발견됨.
- 2004년 2월 3일: 포천경찰서, 수사전담반 2개 반으로 확대함.
- 2004년 2월 8일 오전 10시 15분: 포천경찰서는 포천시 소흘읍 이동교리 배수로에서 엄 양의 사체를 발견함(한겨레, 2004.02.08).

실종된 엄 양의 친구인 조모 양은 "실종된 후 2~3일 뒤까지 (엄 양의) 휴대전화로 전화를 걸 때 신호음이 감지됐으나 그 이후 신호가 끊겼다"고 진술한 것으로 볼 때 엄 양이 실종 직후 2~3일간은 생존했을 가능성이 있으며, 이러한 유형은 대부분 특별한 원한 관계가 없고, 자신을 보호할 능력이 없는 어린 학생이나 젊은 여성을 표적으로 삼고 있는 자의 소행으로 보는 것이 타당하다. 특히 사체를 농수로의 배수관에 유기한 것으로 봐 이 사건은 살해 동기가 뚜렷하지 않고, 시신을 훼손하는 등 '이상 성격'의 징후로 볼 때, 범인은 정신병질적 질환을 가진 자 또는 반사회적 인격장애를 가진 자 또는 성도착적인 증세가 있는 자로 판단할 수 있다.

2. 사건의 분석

1) 사체의 훼손을 통한 수사 혼선 초래

경찰은 피해자의 손톱·발톱에 조잡하게 칠해진 빨간 매니큐어를 근거로 성도착증 환자나 변태성욕자를 조사했으나 성과를 거두지 못했다. 수사상에서 범인이 어떤 심리 상태에서 매니큐어를 칠했는지, 이를 어디서 구입했는지의 여부 역시 밝혀내지 못했다. 경찰은 시체가 배수구에서 알몸 상태로 발견된 점에 착안해 사체의 유기 수법과 장소가 비슷한 화성연쇄살인사건의 수사팀을 현지에 급파했으나 연관성이 없는 것으로 결론지었다. 매니큐어를 칠하고 옷을 벗긴 것이 오히려 수사에 혼선을 주려는 위장일 가능성도 있다. 증거를 남기지 않고 치밀하고 대담하게 처리한 수법으로 볼 때 2인 이상의 범행일 가능성도 있으나 수사상 혼선을 주기 위한 수법일 수도 있다는 점에도 착안해 수사해야 할 것이다.

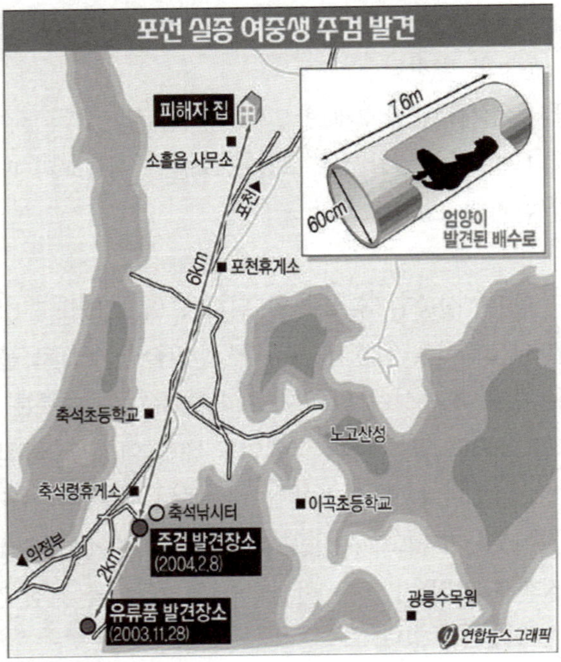

포천 여중생 살인사건 발견 현장

2) 면식범에 의한 범행 여부

경찰은 또 지난해 11월 엄 양이 실종된 장소가 사방이 논밭으로 트인 곳이라는 점을 중시해 면식범의 범행일 가능성이 크다고 보고 탐문 수사를 실시했으나 현재까지 특별한 단서를 찾지 못했다. 경찰이 1차 수사를 벌인 대상은 우범자 · 동종 전과자 · 변태성욕자 등 829명으로, 이 가운데 상대적으로 행적이 의심스러운 200여 명을 추려 2차 수사를 벌였다(서울신문, 2004.03.23: 47). 그러나 엄 양이 살해 이후 배수관 내에 유기된 것으로 봐 해당 지역의 지리가 밝은 자의 범행으로 보는 것이 타당하다고 할 수 있다.

3. 쟁점 및 수사상 교훈

1) 사후 경과 시간의 장기화

피해자는 친구 집에서 놀다 돌아오는 길에 실종된 중학교 2년생의 엄모 양으로, 시신이 유기됐던 배수관에서는 혈흔이나 머리카락 같은 어떤 단서도 발견되지 않았고, 범행 후 오랜 시간이 지난 탓에 정확한 사인도 밝혀지지 않았다.

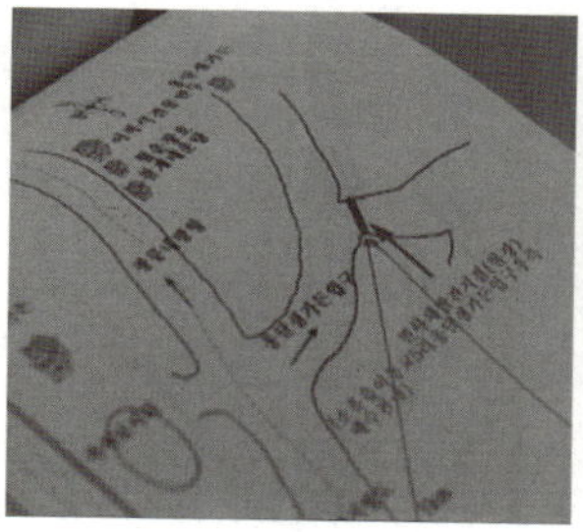
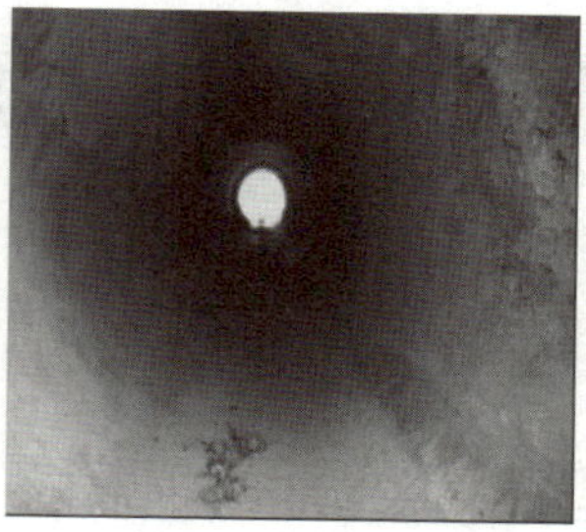

포천 여중생 살인사건 현장 스케치 및 사체 유기 장소(배수관)
자료: YTN(2004.02.10).

2) 이상심리자의 범행 의혹

피의자가 시신을 은폐하는 데 쓰였던 것으로 보이는 TV 포장용 상자와 피해자의 손·발톱에 누군가 바른 매니큐어로 볼 때 범인이 성적(性的)으로 일탈된 행동을 하는 '물품음란증' 성향이 있다고 판단, 여성 상대 전과자나 변태성욕자들을 수사 대상으로 지목할 수 있고(연합뉴스, 2004.12.15), 원한·치정과 같은 일반적 심리 상태가 아닌 성도착적인 징후[34]를 보이는 정신병질자 혹은 반사회적 인격장애를 가진 자의 범행으로 짐작할 수 있다. 따라서 인근 지역의 유사 사건 용의자들을 대상으로 수사 범위를 한정했다.[35]

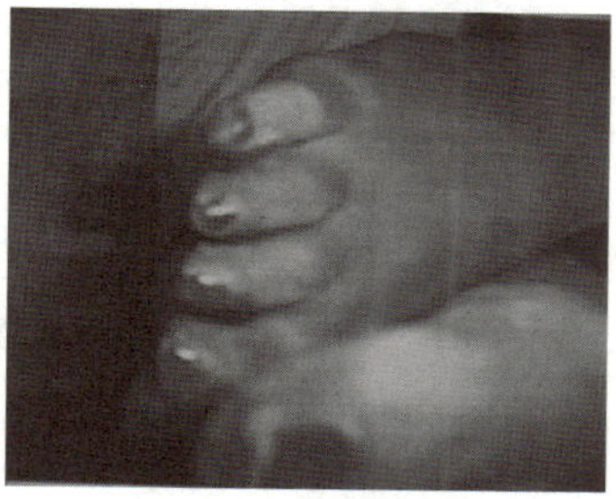

피해자 시체–매니큐어 흔적

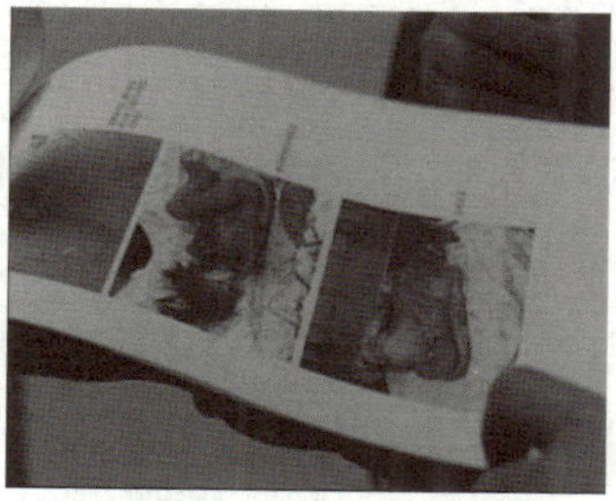

포천 여중생 수사 기록 자료

34) 포천 여중생 피살사건을 수사 중인 포천경찰서는 숨진 엄(15) 양의 손과 발에 누군가에 의해 매니큐어가 강제로 칠해진 흔적이 발견됨에 따라 성도착증 환자의 범행 가능성에 대해 수사를 벌이고 있다. 발견 당시 엄 양의 손톱과 발톱에는 빨간색 매니큐어가 조잡하게 칠해져 있었다(조선일보, 2004.02.09.).

35) 경찰은 2003년 7월 중순 포천시 소흘읍에 사는 여중생 2명이 집에 돌아가던 중 승용차를 탄 남자 3명에게 납치됐다 풀려났다는 제보를 받고, 이 사건과의 연관성에 대해 수사하고 있다. 엄 양 사건의 경우에도 실종 시간대 엄 양을 봤다는 주민들은 주변에 카니발 승용차와 스타렉스 승합차가 서 있었다고 경찰에서 진술하고 있다. 한편 경찰은 9일 엄 양의 시신을 부검했으나, 훼손이 심해 정확한 사인을 밝히지 못하고 있다(조선일보, 2004.02.09.).

제8절 허원근 일병 사망사건

1. 사건의 개요

"M16 소총으로 자신의 양쪽 가슴과 머리까지 3발(몸엔 3발의 총상: 머리 1발, 양쪽 가슴 각각 1발)을 쏘아 자살하는 것이 가능한가?" 이 의문을 둘러싸고 30년째 진실 공방이 계속됐다. 강원도 화천의 육군 7사단 3연대 1대대 3중대 소속의 GOP부대 중대본부에서 중대장 전령으로 근무하던 허원근 일병(당시 22세)이 1984년 4월 2일 오후 1시 20분쯤 육군 7사단 GOP 철책근무지 전방소대 폐유류고 뒤에서 가슴에 2발, 머리에 1발의 총상을 입고 변사체로 발견된 사건이다(동아일보, 2004.07.14.). 대학 재학 중 입대한 그가 7개월 만에 총기사고로 사망한 것이다. 당시 모 사단 헌병대는 허 일병이 처음에는 오른쪽 가슴, 두 번째는 왼쪽 가슴에 총을 쏘아 자살을 시도했으며, 마지막에는 오른쪽 눈썹에 밀착해 사격해 '두개골 파열로 인해 사망한 것'이라는 결론을 냈다.[36] 또한 허 일병이 자살을 하게 된 동기에 대해서는 '소속 중대장의 이상 성격에 의한 혹사를 비관한 자살'인 것으로 추정했다. 그로부터 약 30년이란 세월이 흐르는 동안, 허원근 일병의 사망 경위를 두고 자살이냐 타살이냐는 논란이 끊이지 않았다. 사건 직후 군 수사기관은 '자살'이라는 결론을 내렸지만 유족은 이를 믿지 않았다. 김대중(金大中) 정부 들어 생겨난 제1기 의문사진상규명위원회(의문사위)는 허원근 일병 사망사건을 대표적 군내(軍內) 의문사 사건으로 규정하고 재조사를 시작했다.[37]

허 일병 사건에 대한 개요를 정리하면 아래와 같다(연합뉴스, 2002.11.28.).[38]

- 1984년 4월 2일 = 허 일병, 가슴과 머리 등에 3발의 총을 맞고 사망
- 2001년 1월 13일 = 의문사진상규명위, 허 일병 의문사 조사 착수
- 2002년 8월 20일 = 의문사진상규명위, "허 일병은 술취한 하사관 총에 맞아 사망(타살)"한 것으로 중간 조사 결과 발표
- 2002년 8월 27일 = 국방부 특별조사단, 허 일병 사건 조사 착수

36) 가슴과 머리에 3발을 쏴서 자살하기 어려운 점, 현장 사진에 피가 거의 없었던 점 등으로 인해 타살된 뒤 시신이 옮겨졌다는 의혹이 짙었지만, 국방부는 자살로 결론냈다(http://media.daum.net/society/ others/newsview?newsid=20130823033506215/2015.01.15. 검색).

37) http://news.chosun.com/site/data/html_dir/2013/10/29/2013102901991.html(2015.01.15. 검색).

38) http://media.daum.net/society/others/newsview?newsid=20130823033506215(2015.01.15. 검색).

- 2002년 9월 10일 = 의문사진상규명위, 허 일병이 내무반과 폐유류고에서 총에 맞아 타살된 것으로 최종 결론[39]
- 2002년 10월 29일 = 국방부 특별조사단 중간조사 결과 발표 '사건 당시 내무반에서 '총기 오발사고 없었다'고 발표
- 2002년 11월 25일 = 국방부 특별조사단, 법의학 공개토론회 개최
- 2002년 11월 27일 = 국방부 특별조사단, 허 일병 사건 현장 검증
- 2002년 11월 28일 = 국방부 특별조사단 최종 조사 결과 발표, "중대장 가혹행위 때문에 총 3발 쏴 자살" 발표
- 2004년 6월 제2기 의문사위, 1기와 같은 결론 발표
- 2007년 4월 허 일병 유족, 국가 상대 손해배상 소송 제기
- 2010년 2월 1심 재판부, 타살로 결론, 9억 2,000만 원 배상 판결
- 2013년 8월 2심 재판부, 자살로 결론, 3억 원 배상 판결
- 2013년 12월 4일 전후, 유족 및 정부 측 각각 대법원에 상고

사건 당시 자살로 결론을 내린 군 수사당국은 1999년까지 총 세 차례에 걸쳐 이 사건을 재수사했다. 2002년 8월 20일 의문사위가 허 일병 타살과 군 수사당국의 은폐 조작 경위에 대해 중간조사 결과를 발표하자, 8월 28일 국방부는 특별조사단을 꾸려 재조

허원근 일병 사건의 현장 기록 사진[40]

39) 2002년 의문사위는 중대원 중 한 명인 전모 씨가 "밤에 술판이 벌어져 술에 취한 하사관이 끓인 라면이 맛이 없다는 이유로 허 일병을 쏴서 죽였다. 중대원들이 동원돼 시신이 옮겨지고, 내무반은 물청소로 피를 없앴다"고 진술한 것 등을 근거로 타살 결론을 내렸었다(http://media.daum.net/society/others/newsview?newsid=20130823033506215/2015.01.15. 검색).

사에 착수했다. 국방부 특별조사단(이하 특조단)은 3개월 동안에 걸쳐 조사를 마친 뒤 2002년 11월 28일 기자회견을 열고 "허 일병이 당시 중대장 김아무개 대위의 가혹행위에 못 이겨 자신의 소총으로 자살했으며, 허 일병의 죽음을 타살로 발표한 1기 의문사위의 조사는 모두 조작"이라고 발표했다. 하지만 1기 의문사위는 "특조단 조사 결과를 신뢰할 수 없다"고 반박했고, 2기 의문사위도 허원근 사건에 대한 재조사 결과 국방부 특조단이 오히려 사건을 재은폐했다고 주장했다.

2. 국방부와 의문사진상규명위원회 간 상반된 주장

1) 국방부와 의문사진상규명위원회의 조사 결과

(1) 국방부 수사 결과: '자살'

허원근은 육군 제7사단 1대대 3중대 소속 중대장 전령으로 근무하는 자로서, 평소 중대장의 가혹행위와 괴팍한 성격 등 공포 분위기에서 벗어나기 위해 수차에 걸쳐 소대로 배치해 줄 것을 건의했으나 묵살됐다. 그러자 군복무에 염증을 느끼고 있던 중, 1984.04.02. 08 : 00경 중대장으로부터 전투복 상의가 잘못 다려졌다는 이유로 심한 꾸중을 받고, 같은 날 09 : 30경 고참병으로부터 중대장의 철모가 잘못됐다는 이유로 폭행을 당하게 되자, 심한 강박감으로 복무 의욕을 상실, 자살을 결심했다.

중대장이 보급계 이○○을 대동해 철책근무 순찰을 떠난 것을 기회로 내무반 상황실 옆 총기거치대에서 거치돼 있던 자신의 M16 소총과 탄통 위에 보관 중이던 실탄 30발(2탄창)을 인출했다.

같은 날 09 : 50경 중대본부 남방 약 50m 떨어진 유류고 옆에 가서 소지한 총기에 실탄 1탄창을 삽탄해 1발 장전 후 조정간을 반자동에 위치시키고 오른쪽으로 총기 윗덮개 부분을 잡았다. 총구를 우흉부에 밀착시키고, 구부린 자세로 왼쪽 엄지손가락으로 방아쇠를 격발, 자살을 시도했다. 그러나 치명상을 입지 않자 왼쪽 손으로 총구를 왼쪽 가슴에 밀착시키고 오른쪽 엄지손가락으로 격발했다. 그러나 역시 치명상을 입지 않자 마지막으로 45도 각도로 비스듬히 누운 자세에서 총구를 우측 눈썹 위에 밀착시키고, 오른쪽 엄지손가락으로 격발해 두개골 파열에 의해 사망했다(수사연구사, 2003: 11). 그

40) 국방부 특조단원과 당시 동료 부대원 등이 사건 현장인 강원도 화천군 ○○부대에서 현장 검증을 하고 있는 모습(연합뉴스, 2002.11.27; 오마이뉴스, 2004.04.20.).

뿐만 아니라, 국방부 특조단의 수사 결과에 따르면,

- 사고 당일 아침에 허 일병을 봤다는 다수의 증언과 당시 진술조서를 작성한 23명 중 어느 누구도 노○○ 중사가 오발했다는 내용이 없었던 점
- 노○○ 중사가 난동 부릴 시 정강이를 발로 차고 총기 개머리판으로 가슴을 때릴 때 팔목으로 막았다고 하는데, 시체 부검 시 전혀 흔적이 없었던 점
- 의문사위는 허 일병이 내무반에서 노 중사가 쏜 총탄에 맞았다고 하지만, 사건 당시 내무반과 초소에 근무했던 허 일병 동료 부대원들은 총소리를 듣지 못했다는 점
- 가슴의 두 군데 총상의 색깔이 다른 것은 의복과의 밀착 여부에 따라 의복 사이로 매연이나 화약이 빠져나가는 양이 다르기 때문이지, 피격된 시간차에 의해 발생한 근거가 될 수 없다는 것, 그리고 당시 사고지역 일대의 최저 온도가 영하 5도(체감온도 영하 9도)인 점을 들어, 의문사위의 주장대로 총상을 입은 사람을 바깥에 7~8시간 동안 유기했다면 이미 동사했을 것
- 허 일병이 옷을 여섯 겹 정도 껴입고 있었는데, 그 상태에서 가슴에 총을 맞으면 피가 절대로 튈 수 없다는 점
- 허 일병의 신체 조건(키 181cm)에서 M16으로 자신의 가슴이나 총을 겨누는 자세가 충분히 가능하다는 점 등을 들어, 의문사위가 발표한 바와 같이 02~04시 사이에 노 중사는 중대본부 내무반에서 허 일병을 쏘지 않았음을 주장했다(수사연구사, 2003: 12-13).

(2) 의문사진상규명위원회의 조사 결과: '타살'

의문사위는 2002년 8월 조사 결과를 발표했다. "허 일병은 살해됐으며, 군 당국이 진실을 조작했다." 허 일병이 숨진 날 새벽 노 중사가 술을 먹고 난동을 부리다 쏜 오발탄에 허 일병이 맞았고, 이를 자살로 은폐하기 위해 누군가 아침에 시신을 옮겨 2발을 더 쐈다고 발표한 것이다. 의문사위에서 발표한 사망 경위는 다음과 같다.

1984.04.01, 21 : 00~04.02, 02 : 00, 중대장실에서, 3소대장 장○○ 중위 진급 축하 술자리에서 중대장의 전령이었던 허원근이 안주를 준비하는 등 뒷바라지를 했다. 술자리에서 노○○ 중사가 중대장의 사생활을 지적한 것을 이유로 둘이 말다툼을 하다가 노 중사가 중대장실을 뛰쳐나와 내무반으로 갔다.

- 02 : 00~04 : 00~ 술 취한 노 중사가 내무반에서 사병들에게 화풀이를 하다가 오발로 인해 허원근의 오른쪽 가슴 부위를 관통했다. 이 당시 참고인 전○○의 진술을

종합하면, 자신의 소총을 든 노 중사가 중대장실 앞에 대기하고 있던 허 일병을 개머리판으로 찍자 허 일병이 팔을 들어 막았으며, 그러자 노 중사가 총을 쏘는 자세를 잡고서 죽이겠다고 고함을 지르는 순간 총이 발사됐고,[41] 허 일병이 쓰러졌다. 전○○는 이 과정에서 노 중사의 가슴에 허 일병의 피가 튀었다고 진술했다.

- 04 : 00~06 : 00~ 이후 중대장은 대대 상황실로 "허원근이 자살했다"고 허위로 보고, 사건 소식을 접한 대대장 등이 아침(06 : 00~07 : 00으로 추정)에 중대본부로 온 이후 역시 사건 은폐가 계속됐다.
- 09 : 00~10 : 00~ 중대장은 예전에는 없던 철책 순찰을 이○○과 나갔다.
- 10 : 00~11 : 00~ 참고인 전○○ 등의 진술을 종합하면, 첫 발을 맞고 쓰러진 허원근을 들고 밖으로 옮겼으며, 자살로 은폐하기 위해 폐유류고 뒤에서 누군가 2발을 더 쐈다. 이 당시 주변 초소 근무병이 폐유류고 근처에서 흙먼지 같은 것이 피어오르는 것을 봤다고 진술했다. 이후 점심 식사를 타러 내려가던 중대본부 요원들이 허원근 시체를 발견했다고 신고했다(수사연구사, 2003: 11-12).

2) 허원근 일병 사건의 주요 쟁점

국방부 특조단은 첫째, 1984년 4월 2일 오전 현장에서 회수된 3발의 탄피가 모두 허 일병 총에서 발사된 것이 확인되고, 둘째, 사건에 앞서 당일 오전 분대장 복귀 신고 등 정상적인 일과가 진행됐으며, 셋째, 총성이 당일 오전 10시~11시경에 3발이 청취됐기 때문에 이날 새벽 내무반에서 노○○ 중사에 의한 오발(허 일병 사망)은 없었다고 결론을 내렸다.

이에 2기 의문사위는 국방부 특조단의 보고서 일부를 전달받아 조사를 벌여왔다. 하지만 의문사위는 특조단이 관련자들의 핵심 진술을 누락하거나, 당초 진술 내용을 번복하게 하고, 의문사위 조사를 방해하는 방법으로 사망사건을 다시 은폐했다고 주장했다.

---

41) 전○○ 상병에 의해 살인범으로 몰린 노○○ 중사는 최근 진통제에 의지해 생활하고 있다. 노 중사는 최근 허원근 일병 사망사건의 2심 판결에 대해 "뒤늦게나마 명예 회복의 발판이 마련된 것 같다"며 반겼다. 그는 2002년 의문사위 한상범(韓相範) 위원장 등 다섯 명을 상대로 명예훼손 소송을 제기하기도 했다(http://news.chosun.com/site/data/html_dir/2013/10/29/2013102901991.html/2015.01.15. 검색).

(1) 총상은 3군데인데, 총성은 2발, 탄피도 2발인가?

특조단은 사건 현장에서 회수된 3발의 탄피가 모두 허 일병 총에서 발사된 것이라고 주장했다. 하지만 사건 당일 헌병대는 현장에서 탄피 2개만을 발견했다(특조단은 "탄피 1발은 다음 날 찾았다"고 발표했다). 특조단 조사에서 총성을 청취한 부대원들도 모두 2발만을 청취했다고 진술하고 있다.

- 의문사위는 특히 3발의 총알이 허 일병의 총에서 발사된 것이라는 특조단의 수사 결과에 의문을 제기하고 있다. 의문사위는 "허 일병의 총번이 헌병대 작성의 총기 감정의뢰서와 육군과학수사연구소 작성의 공문접수대장에서 수기로 총번이 수정됐고, 사건 관련자들의 총기도 수정됐음이 확인돼 총기는 허원근의 총기라고 할 수 없다"고 발표했다. 결국 허 일병 몸을 관통한 3발의 총알이 다른 사람의 총기에서 발사됐을 가능성이 크기 때문에 자살이 아니라 타살 의혹이 짙다는 것이다.

(2) 사건 당일 분대장 복귀 신고가 있었는지의 여부

특조단의 조사 결과처럼 4월 2일 오전 10시경에 사망했다면 분대장 복귀 신고 등이 이뤄졌을 것이고, 의문사위의 주장처럼 이날 새벽 노 중사의 오발에 의해 허 일병이 사망했다면 부대 내 정상적인 행정 절차가 진행되지 못했을 개연성이 크다. 이와 관련해 특조단은 "당일 오전 중대본부 요원들의 일과는 정상적이었고, 분대장 복귀 신고 등 각종 신고가 있었다"고 발표했다.

- 하지만 의문사위는 "헌병대는 사건 당일 새벽에 일어난 사고를 은폐하기 위해 사건 당일 오전 중대본부는 일상적인 일과가 진행된 것처럼 꾸몄으며, 국방부 특조단은 그 내용을 무작정 신뢰했다"고 주장했다.

(3) 허 일병 사체는 폐유류고에서 처음으로 발견됐는가의 진위 여부

국방부 특조단은 "허 일병 사체는 4월 2일 오후 1시경 폐유류고에서 발견됐다"고 발표했다. 특조단 조사에서 여러 명의 참고인이 "현장 사진상에서 보이는 장소는 내가 사체를 목격한 장소가 아니다"라고 말했다.

- 하지만 의문사위는 사체는 폐유류고로 옮겨진 것이며, 이는 2기 위원회가 발표한 미국의 현장전문가 등의 소견[42]과 일치하는 것이라고 주장했다.

---

42) 미국 총기 전문가들은 총구 자살에 의한 핏자국과 골편(骨片)이 보이지 않은 점으로 볼 때, 처음 사고 현장에서 사진상의 장소로 사체가 이동된 것으로 보인다는 견해를 밝혔다.

표 6-4 허원근 일병 사망사건 관련 주요 쟁점[43)]

주요 쟁점들	국방부 특별조사단	2기 의문사진상규명위
총성	총성이 3발 들림.	총성은 2발만 청취됨.
탄피	탄피는 현장에서 3개 모두 발견됐다.	헌병대도 현장에서 2개의 탄피만 발견했다고 진술함.
총번 수정	수사 절차상의 하자	- 허원근 일병과 사건 관련자의 총번이 모두 수정됨. - 총기감식관 "수사 절차상의 하자가 아니라 총기가 바뀐 것" - 특조단 한 조사관 "허 일병의 총기라고 확정할 수 없다."
분대장 복귀 신고 등	사건 당일 오전 분대장 복귀 신고 등 각종 신고가 있었음.	- 사건 당일 오전 분대장 복귀 신고와 신병 신고는 없었음. - 국방부 특조단 한 조사관 "분대장 신고는 사건 전날인 4월 1일 있었던 것으로 판단"

- 특조단은 타살 장면 목격했다고 진술한 참고인을 조사하지 않음. 특조단은 참고인이 조사를 회피했다고 주장했지만 특조단이 조사 장소를 국방부로만 고집해 조사 약속이 무산됨.
- 정수성 전 특조단장(1군사령관)은 특조단 해체 이후에도 현장 방문조사와 참고인 진술 청취 등을 방해함.

3) 허원근 일병 사망사건에 대한 일부 논란

의문사진상규명위원회가 1984년 타살됐으나 자살로 조작 · 은폐된 것으로 발표한 허원근 일병 사건에 대해 당시 같은 부대에서 근무한 일부 중대원들이 의문사위의 발표와는 다른 주장들을 펴 논란이 일었다.[44)] 당시 사건 부대에서 근무했던 장교와 사병 일부는 언론과의 인터뷰에서 "허 일병이 타살됐을 수는 있겠지만 의문사위의 발표는 당시 정황과는 다르며 사건이 조직적으로 조작되거나 은폐되지 않았다"고 주장했다. 의문사위에서 총을 쏜 당사자로 지목된 노모 중사는 "4월 1일 밤부터 술자리가 있었던 것은 맞지만 다음 날 오전 2시 30분께 기분 좋게 끝났다"고 주장했고, 사병들 중의 상당수는 "그날 술자리가 있었다는 사실 자체를 몰랐다"고 말했다. 또 "대대 및 연대 상황실에 오전 4~6시 중대로부터 유선으로 사고 상황이 보고됐다"는 의문사위의 주장과는 달리 당시 행정반에 있었던 신모 상병은 "총소리는커녕 노 중사가 행패를 부린 적도 없으며 사고가 있었다면 20평 남짓한 막사 안에서 총소리를 못 들었을 리가 없다"고 주장했다. 신 상병은 "4월 2일 오전 9시 전후 집합 때 허 일병은 살아 있었다"고 말했으며, 이들

43) http://www.ohmynews.com/NWS_Web/View/at_pg.aspx?CNTN_CD=A0000197300(2015.01.16. 검색).
44) http://www.hani.co.kr/section-005000000/2002/08/005000000200208281133413.html(2007.04.04. 검색).

대부분은 "사고 발생 후 헌병대 조사는 있었지만 포상휴가는 없었다"고 주장했다.

한편 의문사위는 이들의 주장에 대해 "4월 2일 노 중사가 총을 쐈다는 증언과 정황 증거를 충분히 확보하고 있으며, 모든 사실을 확실하게 밝힐 것"이라고 이들의 주장을 반박하기도 했다. 또한 유족은 "사망 현장에 출혈 흔적과 사체의 파편이 없었다"며 허 일병이 총상을 입고 살해당하자, 군이 사건 은폐를 위해 시신을 다른 장소로 옮기고 자살한 것으로 위장했다고 주장했다.[45)]

3. 진상 규명 및 재판 과정

국방부가 자살이라는 조사 결과를 처음 발표한 뒤 의문사진상규명위원회, 국방부 특별조사단, 1·2심 재판부까지 네 번이나 결론이 뒤바뀐 것이다. 군 의문사 '허원근 일병 사건'의 결론이 항소심(2013년 8월 22일)에서 또다시 자살로 뒤집혔다.[46)] 허 일병 사건은 2002년 9월 1기 의문사위가 처음으로 사인을 타살이라고 발표한 후 국방부특별조사단은 다시 자살로 결론을 뒤집었고, 2004년 2기 의문사위는 또 타살로, 이후 2010년 서울중앙지법이 타살로 판결했다. 2013년 고법 판결(자살)까지 결론이 네 번 뒤집혔다.

의문사위는 2002년 8월, "허 일병은 살해됐으며, 군 당국이 진실을 조작했다"고 조사 결과를 발표했다. 그간 거듭 자살이라는 결론을 내렸던 국방부는 거세게 반발했다. 국방부는 특별진상조사단(특조단)을 꾸려 대대적으로 재조사를 했지만 결론은 같았다. 2004년 제2기 의문사위는 "재조사 결과, 타살이 맞다"고 다시 반박했다.

법원도 각기 다르게 판결했다. 2010년 2월, 서울중앙지법(1심 재판부)은 허 일병의 사망을 타살로 판단하고, 국가는 고인의 유족에게 총 9억 2,000만 원을 지급하라고 원고 일부 승소 판결을 내렸다. 2013년 8월 서울고법(2심)은 자살이라고 뒤집었다. 사실관계를 따지는 사실심(事實審)의 최종 단계인 2심에서 법원은 허원근 일병이 자살했다고 최종 결론을 내린 셈이다.[47)]

2013년 8월 22일, 서울고법 민사9부는 허원근 일병의 유족이 국가를 상대로 낸 손해배상 청구소송에서 사인(死因)을 '자살'로 보면서도 군 수사기관의 부실 수사로 30년간

---

45) http://www.lawtimes.co.kr/lawnews/News/NewsContents.aspx?serial=77817&kind=AA03(2015.01.15. 검색).

46) http://media.daum.net/society/others/newsview?newsid=20130823033506215(2015.01.15. 검색).

47) http://news.chosun.com/site/data/html_dir/2013/10/29/2013102901991.html(2015.01.15. 검색).

의문사 논란을 일으킨 책임을 물어 "국가는 허원근 일병 부모에게 3억 원의 위자료를 지급하라"고 판결했다. 즉, 재판부는 판결문에서 "허 일병의 사체 주변에 출혈 양이 많지 않고 사체의 골편 흔적이 확인되지 않았지만, 흉부에 먼저 두 군데 총창을 입어 부검 당시 흉강 내에 상당량의 혈액이 고여 있어 두부의 출혈량이 줄어들었을 가능성이 있다"며 "사체 이동 시 나타날 수 있는 끌린 흔적이 없고 비교적 단정한 복장 상태로 발견된 점 등 허 일병이 첫 총상 후 이동됐다고 보기 어렵다"고 밝혔다. 다만 "외부와 엄격히 격리된 군대 내 사고에 대해 군 수사기관의 실체적 진실 규명 의무는 일반 수사기관보다 더 높아 피해자의 유족들에게는 철저한 조사를 요구할 권리가 있다"며 "타살이 아닌지 의심할 만한 합리적인 이유가 있었음에도 군 수사기관이 이를 밝히기 위한 어떠한 노력도 하지 않은 채 성급하게 자살로 결론지어, 부실 수사에 대한 위자료를 지급해야 한다"고 판단했다.48)

항소심 재판부는 엇갈린 증거 중 자살을 뒷받침하는 증거를 주로 채택했다. 재판부는 M16 소총으로 흉부 2발, 머리 1발을 쏘아 자살할 수 있는지 여부에 대해 "허 일병이 M16 소총으로 좌·우측 흉부에 각 한 발씩 발사했으나 바로 사망하지 않자 비탈진 곳에 누워 왼손으로 M16 소총의 총구를 지지한 채 오른쪽 눈썹 위에 한 발을 발사해 사망했다"며, "허 일병과 신체 조건이 비슷한 사람이 이 같은 발사 자세를 취하는 데 어려움이 없고, 스스로 M16 소총으로 여러 발을 쏴 자살한 사례도 있었다"고 판단했다.49)

또 "중대원들이 형사상 공소시효가 훨씬 넘은 30년이 지난 지금까지 거짓말을 할 이유가 없어 보인다", "한 명을 제외한 모든 법의학자가 3군데 총상 모두에 생활 반응(살아 있을 때의 반응)이 있으므로 세 발 모두 생존 시 총상"이라며 자살 판단 이유를 설명했다. 현장에 피가 적었던 것에 대해 "M16 소총의 회전력으로 혈액이 비산(날아서 흩어짐)하게 된다"고 설명했다.50)

재판부는 허 일병의 시신이 옮겨지지 않은 점, 3군데 총상 모두 생존했을 당시 입은 총상이라는 의학적 소견, 타살이라고 주장한 핵심 증인의 진술이 신빙성이 떨어지는 점 등을 자살 근거로 꼽았다. 재판부는 "노○○ 중사가 허 일병을 쏘는 것을 봤다는 이 사

48) http://www.lawtimes.co.kr/lawnews/News/NewsContents.aspx?serial=77817&kind=AA03(2015.01.15. 검색).

49) http://news.chosun.com/site/data/html_dir/2013/10/29/2013102901991.html(2015.01.15. 검색).

50) http://media.daum.net/society/others/newsview?newsid=20130823033506215(2015.01.15. 검색).

건의 유일한 증언은 유도 신문에 의한 것으로 보여 증거로 채택하지 않는다"고 설명했다. 강 부장판사는 "허원근 일병 사망사건은 일체의 선입견이나 이념 개입을 배제하고 증거재판주의에 입각해 판단했다"고 했다.[51)]

사건은 망인의 유족의 상고로 대법원으로 올라갔으며, 대법원은 자살로 판단했던 항소심과는 달리 허원근 일병의 사망과 관련해 '자살' 또는 '타살'이라고 판정하지 않았다.

재판부는 "망인이 타살됐다는 점에 부합하는 듯한 증거들과 이를 의심케 하는 정황들만으로는 망인이 소속 부대원 등 다른 공무원의 위법한 직무 집행으로 인해 사망에 이르게 됐다는 사실이 증명됐다고 보기 어렵다"며 "그렇다고 하여 망인이 폐유류고에서 스스로 소총 3발을 발사해 자살했다고 단정해 타살 가능성을 전적으로 배제할 수도 없다"고 밝혔다. 이어, "특히 사고 당시에만 수집할 수 있는 현장 단서에 대한 조사와 부검 등이 철저하고 면밀하게 이뤄지지 않은 상황에서는 망인의 사망 원인을 단정하기 어렵다"며, "허원근의 타살 가능성을 전적으로 배제하기 어려운 정황 사실이 분명히 존재하는 이 사건에서, 헌병대가 군수사기관으로서 허원근의 사망 원인 및 경위에 관한 조사를 함에 있어서 필요한 조치를 취했다면 이 사건에 관한 실체적 진실을 파악할 수 있었음에도 직무상 의무 위반행위로 인해 현재까지도 허원근의 사망이 타살에 의한 것인지 또는 자살에 의한 것인지 명확한 결론을 내릴 수 없게 됐다"고 밝혔다. 그러면서 "원심이 군 수사기관의 현저히 부실한 조사로 인한 손해배상책임을 인정한 조치는 정당한 것으로 수긍할 수 있다"고 말했다.[52)]

제9절 일명 낙지 살인사건

1. 사건의 개요

1) 단순 변사사건(질식 사고사)로 처리 후 화장

2010년 4월 19일 오전 3시께 애인 사이인 김○○(30 · 남) 씨와 윤○○(23 · 여) 씨가

51) http://news.chosun.com/site/data/html_dir/2013/10/29/2013102901991.html(2015.01.15. 검색).
52) 로이슈. 대법원, 군의문사 '허원근 일병' 자살 · 타살 미궁…헌병대 책임만 인정. https://ccnews.lawissue.co.kr/view.php?ud=20150910223357002341 4_12(2021.11.02. 검색).

산낙지 네 마리를 들고 ○○ 한 모텔에 투숙했다. 1시간 후 김 씨는 카운터로 전화해 다급한 목소리로 모텔 종업원에게 "여자친구가 낙지를 먹다가 숨을 쉬지 않는다"며 119 신고와 도움을 요청했다. 모텔 직원이 객실에 들어갔을 때 이미 윤 씨는 숨을 쉬지 않는 상태였다. 119 도착이 늦어지자, 김 씨는 직접 윤 씨를 업고 병원으로 30여 미터 이동 중 신고 출동한 119구급차를 만나 병원 응급실로 급히 옮겨졌다. 숨을 제대로 쉴 수 없었으며, 호흡 곤란 증세를 보이던 윤 씨는 뇌사 상태에 빠졌고 중환자실에서 입원 치료 중 16일 만에 사망했다(호흡 곤란으로 인한 다발성 장기 부전, 급성 신부전).

경찰에서는 2010년 5월 5일 변사사건을 접수받은 후 부검을 실시하지 않고, 김 씨, 유족, 최초 응급 조치한 의사, 해당 병원 진료기록부, 119 구급대원의 진술 등으로 타살 혐의점이 발견 안 돼, 즉 낙지가 윤 씨의 목에 걸리면서 기도가 막혀 숨진(질식에 의한 사고사) 단순 변사사건으로 타살 혐의점이 없어 내사 종결 처리했다(동년 5월 18일). 경찰 조사에서 김 씨는 "여자친구가 산 낙지를 먹던 중 갑자기 '컥' 하는 소리를 내 등을 두드려 주고 목에 걸려 있는 것을 빼냈지만 이미 숨을 쉬지 않고 있었다"고 진술했다. 유가족도 피해자의 사망을 단순 사고사로 여기고, 사망 이틀 후 화장했다. 그뿐만 아니라 사고 현장에 있던 증거물도 사라졌다.

2) 보험금 수령 목적의 살인사건 의심: 경찰 수사 재개

그런데 2010년 6월 초, 딸을 불의의 사고로 떠나보낸 윤 씨(49, 父) 집에 두툼한 우편물이 배달됐다. 봉투 안에는 딸 이름으로 된 보험증서가 들어 있었다. 보험금 2억 원짜리 생명보험이었다. 이상한 것은 수익자가 가족이 아닌 딸의 남자친구 김 씨(31)였다는 점이다. 그는 윤 씨 가족과 연락을 끊은 상태였는데, "내 딸이 사고로 죽은 게 아닐지도 모른다"는 의심이 들기 시작했다. 딸은 숨지기 한 달 전에 보험에 가입했다. 가입 당시 수익자는 직계 가족이었지만 사망 일주일 전 돌연 남자친구(김 씨)로 변경됐다. 딸이 뇌사 상태였던 2010년 4월에도 보험료가 납부되기도 했다. 유족들도 몰랐던 보험금을 김 씨가 이미 수령했다는 것을 확인한 뒤 딸의 죽음에 그가 관여했을 가능성이 있다고 생각했다.

윤 씨는 딸과 남자친구가 낙지를 샀던 가게, 사건이 일어난 모텔 등을 돌아다니며 증거를 수집했다. 윤 씨는 현장을 돌아다니며 딸이 살해당했다고 확신했다. 사건 당일 딸과 남자친구가 구입한 낙지 가운데 통째로 가져간 두 마리는 산 채로 먹는 작은 낙지가 아니라 연포탕 등에 쓰이는 큰 낙지였다는 사실도 확인했다. 또 숨이 멎은 딸을 옮긴 모텔 직원이 "이미 몸이 많이 차가웠다"고 진술한 점도 눈여겨봤다. 딸을 질식시킨 김 씨가 딸의 사망이 확실하다고 판단한 뒤 신고했을 것이라는 추리의 근거가 될 수 있기 때문이다. 또 간호학원에 다니면서 아르바이트로 용돈을 충당하던 딸이 한 달에 13만 원이나 하는 생명보험에 가입했다는 것 자체도 수상했다. 심지어 딸의 은행 계좌에서는 보험료가 빠져나간 흔적이 없었다. 이 밖에도 사망 원인이 낙지와 무관하다는 병원 의무 기록, 보험금 수령인을 김 씨로 변경한 신청서 등도 입수했다.[53]

이와 같이 유족들은 살인의 증거로 크게 두 가지를 제시했다. 하나는 윤 씨가 숨지기 한 달 전에 생명보험에 가입했는데 김 씨가 상속자로 돼 있고, 실제로도 김 씨가 보험금 2억 원을 수령한 뒤 잠적해 버렸다는 것이다. 또 다른 하나는 김 씨가 산 낙지 네 마리를 사면서 전부 자르지 않고 두 마리는 통째로 구입했는데, 이를 범행 도구로 사용했다는 것이다.[54]

윤 씨는 2010년 8월 인천지검에 고소장을 접수했다. 김 씨(용의자)를 재수사해달라는 진정을 냈다. 윤 씨 유족들이 '딸이 김 씨에게 살해됐다'며 재수사를 요구하면서 사건은 '질식사'에서 '살인사건 추정'으로 급반전됐다. 증거물을 본 경찰 역시 살인 혐의가 짙은 사건이라고 판단해 재수사에 나섰다. 경찰은 재수사에 착수했고 김 씨를 여러 차례 소환했지만, 용의자는 완강히 부인했다. 거짓말탐지기 조사를 거부하는 등 의심스러운 행동을 하기도 했다.[55] 재수사에서는 직접증거를 찾을 수 없었으며, 확실한 물증도 잡지 못했다. 미심쩍은 구석이 적지 않아 사건 발생 15개월여 만인 2011년 7월 25일, 경찰은 '살인죄로 기소 의견'으로 사건을 검찰에 송치했다.

표 6-5 '낙지 살인사건' 일지

2010년 4월 19일	김모 씨 오전 3시 낙지를 사서 여자친구 윤모 씨와 모텔 투숙, 1시간 뒤 여자친구가 숨을 쉬지 않는다며 신고
5월	윤 씨, 무산소성 뇌병증 및 심인성 쇼크로 사망; 경찰, 김 씨 증언 토대로 단순 질식사고사 처리, 시신 화장(火葬) 처리

53) http://www.seoul.co.kr/news/newsView.php?id=20120407500007(2015.01.13. 검색).

54) 경인일보, 2011.07.26.: http://www.kyeongin.com/news/articleView.html?idxno=596191(2015.01.13. 검색).

55) 2011년 1월, 용의자 상대로 피의자 신문조서 작성, 1회 조사(사건 개요)에만 응하고, 2회 조서 작성 시 사실 관계를 추궁하자, 조사 및 거짓말탐지기 조사에도 불응한다며 귀가했다.

8월	윤 씨, 사고 1개월 전 2억 원 생명보험(보험 수익자 김 씨) 가입 사실 확인; 윤 씨의 유족들 재수사 촉구 8월 13일, 유족 측 인천지검에 고소장 접수 8월 24일 인천 남부서 수사 착수, 11개월간 수사
2011년 7월	동년 7월 25일, 경찰은 살인죄로 기소 의견으로 송치
2012년 3월 30일	검찰, 김 씨를 살인 혐의로 구속, 기소함.

3) 검찰의 구속 기소

사건을 넘겨받은 검찰도 난항을 겪기는 마찬가지였다. 윤 씨(여)의 시신은 이미 화장돼 부검이 불가능한데다 증거가 될 만한 물건들은 아무것도 남아 있지 않은 상태였다. 하지만 검찰은 문서 정밀 감정 등을 통해 김 씨가 계획적으로 범죄를 저지른 것으로 판단했다. 보험금 수령자 변경 신청서를 정밀 감정한 결과 서류가 위조됐다는 것을 확인했기 때문이다. 범행 개연성과 동기가 충분한 만큼 김 씨에게 살해 혐의가 있다고 봤다. 김 씨는 조사 과정에서 "여자친구가 낙지를 먹다 목에 걸리자 호흡을 멈췄다. 목에 걸린 낙지 일부를 내가 손으로 끄집어 냈다"고 주장했다. 약물 중독 여부 및 목에 걸린 낙지를 손으로 꺼냈다는 관련자 용의자 진술의 신빙성 여부를 확인하기 위해 피해자 '의무 기록'을 감정 의뢰했다.[56] 윤 씨가 산 낙지를 먹다 질식사했다는 김 씨의 주장과는 달리, "응급구호 및 진료 내역 조사와 정밀 감정 결과 윤 씨의 기도에서 낙지가 발견되지 않는 등 피해자 사망과 낙지는 관계가 없었다"고 밝혔다. 결국 검찰은 보강 수사 끝에 2012년 3월 30일 윤 씨의 입과 코를 막아 질식사시키고 사망 보험금 2억 원을 타낸 혐의 등(살인[57] 및 사문서 위조, 보험사기 혐의)으로 김 씨를 구속 기소했다. 윤 씨가 사망한 지 2년 만의 일이었다.

딸을 잃은 아버지의 집요한 추적으로 '인천 산 낙지 질식사 사건'의 용의자 김 씨는 법정에 서게 됐다. 그런데 이 사건의 시신은 사건 직후 곧바로 화장했기 때문에 부검을 통한 사인 규명이 상당히 어렵게 됐다.[58] 또한 사건 발생 후 2년이나 지나 시신과 범행

56) 1차(2011년 1월) 국과수 감정 의뢰 결과, 약물 중독 등 없으며, 기도 폐쇄에 이를 정도로 깊숙이 들어갔을 것으로 사료되는 이물질을 별다른 도구 없이 제거하기는 불가능하므로 관련자 진술과는 상이하다는 의견 나옴; 2차(2011년 7월) 서울대 법의학교실에 감정 의뢰 결과, 국과수와 동일 의견(낙지가 목에 걸렸을 때 타인이 도구 없이 꺼내긴 불가능하다, 시간이 지나면서 연화작용으로 인해 더욱 불가능하다는 의견) 나옴.

57) 산 낙지를 먹다가 질식사한 것처럼 위장해 여자친구 윤 씨(21)를 살해한 혐의.

58) http://www.kyeongin.com/news/articleView.html?idxno=596191(2015.01.13. 검색).

도구가 없는 점으로 미뤄볼 때 치열한 법정 공방으로 이어질 것으로 예상됐다.[59] 질식사인가 살인인가? 이에 대한 최종적인 해답은 결국 법정에서 다투게 됐다.

당시, 법조계 관계자는 "이번 사건의 경우 핵심 증거인 시신이 없기 때문에 다른 물증이 얼마나 충분히 마련됐는지, 이 물증들이 신빙성이 있는지 여부가 판결을 좌우할 것으로 보인다"고 언급하는 등 이 사건에 대한 실체적 진실 발견을 둘러싼 험로가 예견됐다.[60]

2. 재판 과정

1) 1심 판결: 무기징역 선고(지방법원)

2012년 10월 11일, 인천지법 형사12부(박이규 부장판사)는 2010년 4월 인천에서 발생한 일명 '산 낙지 살인사건'에 대해, 여자친구 윤모 씨(당시 21세)를 살해한 뒤 낙지를 먹다 질식사한 것처럼 꾸며 거액의 보험금을 타낸 혐의로 구속 기소된 피고인 김모 씨(31)에게 무기징역을 선고했다. 앞서 검찰은 김 씨에게 사형을 구형한 바 있다.[61]

재판부는 우선 이 사건에서 의학적으로 정확한 사인이 규명되지 않아 쟁점이 될 수는 있지만 추론과 관찰을 통해 판단하는 것이 합리적으로 보인다고 전제했다("시신을 화장해 직접 증거는 없지만 추론-관찰만으로도 유죄 가능"). 재판부는 "김 씨 주장처럼 피해자가 산 낙지를 먹고 질식사했다면 심폐 기능이 정지될 때까지 호흡 곤란으로 격렬한 몸부림이 나타나야 했지만 사건 당일 모텔 방 안의 사진 등 기록을 감안할 때 그런 흔적이 나타나지 않았다"고 밝혔다. 또 김 씨가 지인에게 윤 씨가 먹은 낙지가 몸통 전체였다고 말했다가 다리라고 말을 바꾸는 등 진술의 일관성을 찾기 어려운 점도 고려했다. 또 윤 씨가 사경을 헤매는 동안에 또 다른 만남을 계속하는 등 납득하기 어려운 행동을 한 점 등도 인정됐다고 덧붙였다. 특히 신용불량자인 김 씨가 평소 궁핍한 상황인데도 과소비를 하는 등 보험금을 노리고 윤 씨를 살해할 충분한 동기가 있었다고 판단했다. 문제의 낙지도 모텔 투숙 직전 김 씨가 산 것으로 밝혀졌다.[62]

---

59) http://www.segye.com/content/html/2012/04/13/20120413020434.html(2015.01.12. 검색).
60) http://www.seoul.co.kr/news/newsView.php?id=20120407500007(2015.01.13. 검색).
61) http://news.donga.com/3/all/20121012/50047610/1(2015.01.13. 검색).
62) http://news.donga.com/3/all/20121012/50047610/1(2015.01.13. 검색).

사망한 피해자 윤모 씨의 치아 상태

2) 2심 판결: 무죄 선고(고등법원)

서울고법 형사4부(부장 문용선)는 2013년 4월 5일 서울고법 403호 법정에서 열린 항소심에서 원심을 깨고 살인 혐의에 대해 무죄를 선고했다. 낙지를 먹다 질식사한 것처럼 가장해 여자친구를 살해하고 보험금을 타낸 혐의로 1심에서 무기징역을 선고받았던 김모(32) 씨에게 2심에서 무죄가 선고됐다. 재판부는 "코와 입을 막아 살해했을 경우 본능적인 저항으로 얼굴 등에 상처가 남게 되는데, 피해자 몸에 흔적이 있었다는 점 등이 증명되지 않았다"면서 "당시 경찰이 타살 의혹이 없다고 보고 아무런 조사를 취하지 않아 피고인 진술 외에는 사망 원인을 밝힐 증거가 없다"고 판단했다. 이어 "이 사건은 검사의 공소 사실이 합리적 의심이 없을 정도로 입증됐다고 볼 수 없다"며 "피해자가 낙지로 인해 질식했을 가능성을 배제할 수 없다"고 밝혔다.63)

낙지 살인사건 법원 판결 과정

			판결(형량)	살인혐의	보험편취 및 절도 혐의
1심	2012년 10월11일	인천지법 형사12부	무기징역	"질식사의 경우 나타나야 할 몸부림의 흔적이 발견되지 않았다. 여자친구의 저항을 남자친구가 제압했을 가능성이 있다" 간접 증거를 근거로 삼아 **유죄판결**	보험금 수령인 변경을 위해 관련 서류를 위조하고 이를 사용한 혐의, **무죄판결**
2심	2013년 4월5일	서울고법 형사4부	징역1년6월	"범행이 충분히 입증됐다고 보기 어렵다. 종합하면 낙지에 의한 호흡곤란도 배제 할 수 없다" 무죄	보험편취는 1심과 동일(무죄), 절도 등 일부 혐의 인정, **징역형**
3심	2013년 9월12일	대법원 1부	징역1년6월	"직접적인 증거가 없는 상황에서 제출된 간접 증거만으로는 김씨가 여자친구를 강제로 질식시켜 숨지게 했다고 볼 수 없다" 무죄	원심 유지, **징역형**

연합뉴스

장예진 기자 / 20130912
@yonhap_graphics(트위터)

---

63) http://www.seoul.co.kr/news/newsView.php?id=20130406009013(2015.01.12. 검색).

3) 3심 판결: 무죄 확정(대법원)

유・무죄 판단이 엇갈리며 세간의 관심을 집중시켰던 '낙지 살인사건'이 사건 발생 3년여 만에 무죄로 결론이 났다. 2013년 9월 12일, 대법원 1부는 여자친구를 살해한 뒤 낙지를 먹다 질식사한 것처럼 속여 보험금을 타낸 혐의(살인) 등으로 기소된 김모(32) 씨에 대한 상고심에서 살인 혐의에 대해 무죄를 선고한 항소심을 확정했다. 대법원은 항소심 판단을 그대로 받아들였다. 재판부는 "직접적인 증거가 없는 상황에서 제출된 간접증거만으로 김 씨가 윤 씨를 질식시켜 숨지게 했다고 볼 수 없다"며 "항소심 판단은 정당하다"고 판시했다.64)

3. 사건의 쟁점과 분석

1) 사건의 쟁점

이 사건의 핵심은 피고인 주장대로 피해자의 목에 낙지가 걸려 숨진 것이라면 기도폐색(氣道閉塞, 사고사), 살인 혐의가 인정되려면 비구폐색(鼻口閉塞, 살인사건) 등이 인정돼야 했던 사건이다.65)

비구폐색으로 인한 질식사

문국진 교수는 비구폐쇄(鼻口閉鎖)로 표현하기도 한다. 코와 입이 동시에 폐쇄돼 사망하는 것으로, 폐쇄의 원인물로 작용하는 것은 수장(手掌, 손바닥, palmar strangulation), 이불, 베개 등이며, 유아에서는 어머니의 유방, 팔 또는 대퇴에 의해 폐쇄되기도 한다. 지능적인 영아 살해의 경우 창호지를 비구부(鼻口部)에 덮고 물을 부어 밀착시켜 사망케 하는 경우도 있다. 이때 사용되는 물체는 대체로 연한 것이기 때문에, 가해한 흔적이 없거나 경미한 것이 특징이다. 있다면 가벼운 피하출혈 또는 표피 박탈 정도다(문국진, 1990: 455).

1심에서 무기징역을 선고받은 피고인에 대해, 2심에서는 살인 혐의에 대해 무죄 판단을 받았다. 직접증거가 없는 상황에서 간접증거에 비춰볼 때 피고인의 혐의가 명백히 증명되지 않았기 때문이라고 한다. 1심은 간접증거를 토대로 김 씨의 살인 혐의를 유죄

64) http://www.segye.com/content/html/2013/09/12/20130912004923.html?OutUrl=naver(2015.01.12. 검색).
65) http://news1.kr/articles/?1320532(2015.01.12. 검색).

로 보고 무기징역형을 선고했다. 윤 씨는 호흡 곤란과 질식으로 숨졌는데 이 경우 고통으로 인해 당연히 나타나야 할 몸부림의 흔적이 발견되지 않았다는 점에 주목했다. 김 씨가 윤 씨의 저항을 힘으로 제압했을 가능성이 높다고 판단한 재판부는 코와 입을 막은 흔적이 없는 것은 현장에서 발견된 타월 등 부드러운 천을 사용했기 때문이라고 판단했다(비구폐색으로 판단).

항소심 재판부 역시 윤 씨가 질식에 의해 사망했다는 점에서는 1심 재판부와 의견을 같이했지만 원인에 대해서는 판단을 달리했다. 김 씨가 윤 씨(피해자)를 힘으로 제압해 질식시켰다면 얼굴 등에 상처 등 흔적이 있어야 하는데 그러한 흔적이 발견되지 않은 점이 제기됐다. 21세의 건강한 여성인 윤 씨가 본능적인 저항조차 하지 못할 정도로 의식이 없었다고 보기 어렵다는 판단도 뒤따랐다.[66] 이른바 '낙지 살인사건'은 정황 증거를 중시했던 1심과 달리 2심 판결(2013년 4월 5일)에서는 낙지를 먹다 우연히 기도에 걸렸을 가능성(기도폐색)을 배제할 수 없다는 법의학자들의 증언에 더 무게를 둬 무죄 결정을 내렸던 것으로 나타났다.[67]

표 6-6 낙지 살인사건 1, 2심 쟁점별 판단

	1심	2심
질식 방법	비구폐색 가능성 높다.	기도폐색 가능성 배제 못해
사건 현장	– 피해자가 편안한 표정으로 하늘을 보고 누워 있었고 – 술자리가 어질러지지 않은 점 비춰 A 씨가 만취한 피해자 질식시킨 것	– (낙지 등으로) 질식해서 의식 잃으면 얼굴 표정 펴지며 – 질식 당시 피해자가 술자리 바깥쪽에 앉아 어질러지지 않았을 가능성
피해자가 낙지 먹었나	– 해물탕용 큰 것으로 통째로 먹을 수 없는 크기 – 치아우식증으로 낙지 먹기 힘든 상태	– 머리 너비가 4.3~4.8cm로 입에 들어가는 크기 – 피해자는 동생에게도 낙지 먹으러 가자고 한 적 있었고 현장에 젓가락도 놓여 있었다.
의도적 보험 사기인가	– 20대인 피해자가 월 13만 원 내는 고액 사망보험 들 이유 없다. – A 씨가 범행 보름 전 의도적으로 수령인 변경	– 피해자가 암 가족력이 있어 암 사망 보험 든 것 – 피해자가 가족과 사이가 나빠 A 씨가 수령인이 되길 원했다.

66) http://news.naver.com/main/read.nhn?mode=LSD&mid=sec&sid1=102&oid=001&aid=0006482202(2015.01.12. 검색).

67) http://news.naver.com/main/read.nhn?mode=LSD&mid=sec&sid1=102&oid=038&aid=0002376055(2015.01.12. 검색).

피해자인 윤 씨의 몸에는 이물질이 기도를 막은 흔적(기도폐색), 코와 입이 강제로 막혀 숨을 쉴 수 없었던 흔적(비구폐색), 목이 졸린 흔적(경부 압박) 등이 모두 남아 있었다. 그렇지만 피해자의 몸에 상처나 반항한 흔적이 없었던 점에 비춰 비구폐색이라고 보기 어렵다는 쪽으로 의견이 모아졌다. 또 현장에서 발견된 낙지는 윤 씨가 무심결에 입에 넣을 경우 충분히 삼킬 수 있을 정도의 크기였고 당시 윤 씨가 낙지를 먹지 않았다고 단정할 근거도 없었다. 윤 씨의 사체에서 낙지는 발견되지 않았지만 김 씨가 주장한 것처럼 김 씨가 질식 상태에 빠진 윤 씨의 입 안에서 낙지를 꺼냈을 가능성을 배제할 수 없는 상태였다. 또는 윤 씨가 괴로움에 몸부림치다 낙지를 뱉어냈을 수도 있었다고 판단한 것이다.[68]

피해자 시신 등 직접증거가 부족한 상황에서 1심은 피고인 김 씨(32)의 여자친구인 윤 씨(당시 22세)의 사망 원인이 비구폐색(鼻口閉塞: 코와 입이 막혀 질식하는 것)이라고 봤다.

- 윤 씨가 평온하게 누워 있었고 술자리가 흐트러지지 않았던 점
- 윤 씨 입에서 산 낙지를 꺼냈다는 김 씨 진술이 자주 바뀌는 점
- 낙지가 해물탕용으로 쓰는 큰 것이라 통째로 먹을 수 없었던 점
- 윤 씨가 치아우식증으로 어금니가 좋지 않아 산 낙지를 먹기 어렵다는 점 등을 볼 때 도저히 윤 씨가 낙지를 먹다가 질식했다고 볼 수 없다는 것이었다.[69]

반면 2심 재판부는 1, 2심 법정에 나와 “수천~1만여 건의 검시를 진행해 봤지만 피해자 몸에 아무 상처가 없는데도 비구폐색으로 사망한 경우는 보지 못했다. 기도폐색(음식물 따위가 목에 걸려 질식하는 것)의 가능성을 배제할 수 없다”고 말한 법의학자 3명의 증언을 중시했다. 사고사 가능성을 열어두자 유죄로 보이던 정황 증거[70]가 힘을 잃었다. 2심 재판부에서는

- 질식으로 의식을 잃고 쓰러지면 얼굴 표정이 펴지기 때문에 편하게 누워 있는 것처럼 보이며, 술자리 바깥쪽에 앉아 있었다면 질식해 몸부림을 쳤더라도 술자리가

---

68) http://news1.kr/articles/?1320532(2015.01.12. 검색).

69) http://news.naver.com/main/read.nhn?mode=LSD&mid=sec&sid1=102&oid=038&aid=0002376055(2015.01.12. 검색).

70) 2심 재판부는 “살인죄도 직접증거가 없을 때는 간접증거만으로 유죄를 인정할 수 있지만, 그렇더라도 간접증거로 인정되는 사실들 사이에 모순이 없고 그렇게 추론한 방법이 오류 가능성이 전혀 없거나 무시할 정도로 극소한 것이어야 한다”고 설명했다.

표 6-7 일명 '낙지 살인사건' 담당 재판부의 주요 판단 내용

1심 재판부 판단	2심 재판부 판단	3심 재판부 판단
무기징역(살인 혐의)	무죄(살인 혐의)	무죄 확정(살인 혐의)
김 씨가 금전적으로 궁핍한 상황이었는데다 여자친구가 고액의 생명보험에 가입할 이유가 없는 점 등을 토대로 유죄로 판단했다. 또 윤 씨 몸에 저항 흔적이 없는 것도 남자친구 김 씨가 윤 씨의 코와 입을 막아 호흡을 곤란하게(鼻口閉塞) 했기 때문이라고 했다.	코와 입을 막아 살해했을 경우 본능적인 저항으로 얼굴 등에 상처가 남는데 이런 흔적이 없고, 피고인 진술 외에는 사망 원인을 밝힐 아무런 증거가 없어, 낙지로 인해 질식했을 가능성을 배제할 수 없다. 검사의 공소 사실이 합리적 의심이 배제될 정도로 입증이 안 돼 살인 혐의 및 살인을 전제로 하는 보험금 편취 혐의에 대해 무죄를 선고한다.	윤 씨가 저항한 흔적이 없고, 김 씨가 보험계약에 관해 구체적으로 알지 못하는 점 등을 고려할 때 낙지를 먹다 질식했을 가능성을 완전히 부정할 수 없다고 판단한 원심이 정당하다. 상고심에서 살인 혐의에 대해 무죄를 선고한 원심을 확정한다. 직접적인 증거가 없는 상황에서 제출된 간접증거만으로 김 씨가 여자친구 윤모 씨를 강제로 질식시켜 숨지게 했다고 볼 수는 없다.

흐트러지지 않을 수 있고,

- 당시 김 씨가 극도로 당황해 낙지를 꺼낸 정황에 대한 진술이 바뀔 수 있으며,
- 현장에서 발견된 낙지 머리가 4.3~4.8cm로 입에 충분히 들어갈 수 있는 크기이고,
- 윤 씨가 동생에게 낙지를 먹으러 가자고 제안했던 적이 있는데다 현장에 윤 씨쪽에도 젓가락이 놓여 있어 윤 씨도 낙지를 먹었던 것으로 보인다고 판단했다.[71]

대법원 판결은 "김 씨가 여자친구 윤모 씨를 살해했다고 볼 증거가 없다"는 것으로 요약된다. 재판부는 "간접증거에 의한 사실의 증명은 합리적인 의심을 허용하지 않을 정도에 이르러야 한다"며 "공소 사실에 대한 증명 책임은 검사에게 있고 피고인의 주장이나 변명에 석연치 않은 점이 있어 의심이 가더라도 피고인에게 불리하게 판단할 수는 없다"고 설명했다. 직접증거가 없어도 간접증거만으로 범죄 혐의를 인정할 수 있는 만큼 직접증거 수집 여부가 결정적 근거가 된 것은 아니었다. 이 사건의 경우 검찰이 김 씨의 살인 혐의를 입증할 만한 충분한 범죄 혐의 소명이 이뤄지지 않았다는 것이었다. 살인 혐의를 인정하지 않은 가장 중요한 이유는 '산 낙지를 먹고 질식했을 가능성'을 배제할 수 없었다는 데 있다. 재판부는 이 같은 이유를 들어 "피해자가 비구폐색에 의한 질식으로 사망했다는 점에 관한 명백한 증명이 없고 피고인의 행위와 무관하게

71) http://news.naver.com/main/read.nhn?mode=LSD&mid=sec&sid1=102&oid=038&aid=0002376055(2015.01.12. 검색).

산 낙지에 의한 기도폐색이 일어났을 가능성도 완전히 부정할 수 없다"며 "검사가 제시한 간접증거만으로는 공소 사실을 인정할 수 없다"고 밝혔다.[72)]

물론 직접증거 없이 간접증거로도[73)] 유죄를 인정할 수 있지만, 김 씨 혐의는 이 같은 간접증거에 비춰보더라도 명백히 증명되지 않았다고 대법원은 판단했다. 즉, "피해자가 강제로 숨이 막혀 질식 사망했다는 점에 관한 명백한 증명이 없고 피고인의 행위와 무관하게 낙지에 의해 질식했을 가능성을 완전히 부정할 수 없는 상황에서 검사가 제시한 간접증거만으로 살인 혐의를 인정할 수 없다"고 판시했다. 윤 씨가 낙지를 먹지 않았다고 단정할 수 없는 점, 살해 동기로 제시된 윤씨의 보험계약 내용이나[74)] 보험료 등에 관해 김 씨가 자세히 알지 못한 점 등도 무죄 판단의 근거가 됐다. "형사재판에서 유죄 판결이 내려지려면 합리적인 의심을 할 여지가 없을 정도로 증명력 있는 증거가 뒷받침돼야 한다"고 선고했다. 만약 그렇지 않다면 비록 피고인의 주장이나 변명에 석연치 않은 점이 있어 의심이 가더라도 피고인의 이익(in dubio pro reo)으로 판단할 수밖에 없다.[75)]

2) 사건의 분석

이 사건의 경우, 변사자가 질식 상태로 병원 응급실로 이송된 후 16일 정도 입원 치료 중에 사망했다. 경찰과 유족은 사건 정황 및 관계자들의 진술을 토대로 '사고사'로 판단, 일반 변사사건으로 처리했다. 낙지를 먹는 도중에 피해자가 질식, 사망한 특이한 정황(피고인 주장)이라는 점을 감안해 좀 더 면밀한 사건 검토가 필요했음에도 단순 변사사건으로 처리한 점은 아쉽다.

72) http://news1.kr/articles/?1320532(2015.01.12. 검색).

73) 피해자인 윤○○ 씨의 치아 상태(임플란트를 해야 할 정도로 심각한 수준)가 좋지 않아서 낙지를 씹어먹을 수 없을 것이라는 가족들의 진술, 신용불량자인 김 씨를 남자친구로 둔 윤 씨가 고액의 생명보험에 가입할 특별한 이유가 없었던 점, 또한 김 씨가 사건 당일 모텔 종업원을 통해 신고를 한 점, 윤 씨가 사경을 헤매는 동안에 김 씨가 다른 여성과의 만남을 계속했던 점 등 김 씨에게 제기된 의혹들은 풀리지 않은 채 영원히 묻히게 됐다.

74) 보험 사기에 대한 판단도 달랐다. 1심은 김 씨가 윤 씨 앞으로 월 13만 원의 보험료를 내야 하는 거액의 생명보험을 든 뒤 범행 보름 전 보험금 수령인을 자신으로 바꾼 것은 고의성이 짙다고 봤다. 그러나 2심은 보험료 중 상해사망을 위한 것은 1만 4,200원에 불과하고 나머지는 암 등 질병 보장 금액인 점과 보험 수령인 변경서에 B씨가 직접 서명을 했던 점에 비춰 "윤 씨가 부모와 사이가 나빠 보험금 수령인을 나로 바꾸길 원했다"는 김 씨 진술도 설득력이 있다고 봤다.

75) 서울고법의 한 판사는 "정황상 피고인이 살인을 저질렀을 것이라고 의심은 되지만, 머릿속에 피고인이 무죄일 수 있는 시나리오가 끊임없이 떠오를 때 판사는 엄청난 스트레스를 받는다"며 "그럴 때는 무죄 추정의 원칙상 피고인에게 유리한 무죄를 선고할 수밖에 없다"고 말했다.

그리고 피해자 사망 이틀 후, 곧바로 화장을 한 나머지 정확한 사인 규명을 위한 시체 부검이 실시되지 않았다. 즉, 시신이 화장되면서 신체 등 직접증거가 없이 오로지 간접증거로만 유무죄를 다퉈야 했다. 중요한 증거가 멸실됨으로써 사망 원인을 정확하게 파악할 수 있는 법의학적 조사가 매우 곤란한 상황에 직면했다. 사건 초기 시체에 대한 부검을 실시한 것이 아니며, 병원 입원 치료 중에 작성된 의료 기록(감정 의뢰) 및 관계자 진술 등을 토대로 후일 조사했기 때문에 재판 과정에서도 사실 인정에 관한 논란이 일었다.

또한 피해자 생존 시 마지막으로 동석했던 사건 관계자에 대한 심층적 조사(살해 동기, 낙지 존재 유무)가 미흡했으며, 재판 과정에서[76] 사인을 둘러싸고 법의학자들 간에 상이한 증언 내용이[77] 쟁점이 되기도 했다. 재판부에 따라서 직접증거 및 간접증거의 증명력에 대한 판단이 달랐다는 점이다. 결국 이 사건은 초기에 법의학적 부검이 적절하게 실시되지 않는 등 다소 미흡한 수사활동으로 인해 사인 규명 등 실체적 진실 발견이 제대로 이뤄지지 못했다.

제10절 만삭 의사 부인 살인사건

1. 사건의 개요

2011년 1월 14일 오후 5시쯤 서울의 한 대형병원에서 근무하는 의사 백○○ 씨는 서울 마포구 자신의 집 욕조에서 임신 9개월인 아내 29세 박 씨가 숨진 채 쓰러져 있었다

76) 2심을 쭉 진행하던 A 판사가 있는데, 갑자기 인사 이동으로 자리가 바뀌고 2주 만에 2심 최종 판결이 나왔다고 한다.

77) 법의학자들의 진술에도 엇갈린 부분은 있었다. 전석훈 국과수 법의학과 전문의와 이정빈 단국대 법무행정대학원 교수는 "피해자가 만취해 반항이 약해진 상태라면 부드러운 천 등을 이용해 흔적을 남기지 않고 살해할 수 있다"는 의견을 냈다. 이는 1심이 유력한 살인 방법으로 지목했던 방식이다. 반면 한길로 서울법의학연구소 소장은 "정상적인 어른이라면 술에 취해 있어도 본능적 생존 욕구 때문에 강력하게 반항을 하게 된다"며 "아기나 노인 등 극히 예외적인 경우가 아닌 한 입 주위에 상처를 남기지 않고 살해하는 것은 거의 불가능하다"고 증언해 2심의 무죄 심증을 굳혔다 (http://news.naver.com/main/read.nhn?mode=LSD&mid=sec&sid1=102&oid=038&aid=0002376055/2015.01.12. 검색).

고 경찰에 신고했다. 출산을 앞둔 의사 부인이 자택 욕실에서 숨진 채 발견된 것이다. 백 씨는 경찰 조사에서 "아내가 욕실 바닥에 미끄러지면서 숨진 것으로 보인다"고 진술한 것으로 알려졌다. 그러나 경찰은 박 씨(피해자, 여)의 사인이 부검 결과 '목 눌림(압박)에 의한 질식사'라는 국과수의 부검 결과와 함께 고인의 손톱에서 백 씨(피의자)의 혈흔 및 DNA 등이 검출되자 그를 사건의 피의자로 지목해 2011년 2월 4일 구속영장을 신청했다.

피의자 백 씨는 영장 실질심사에서 만삭의 임신부가 쓰러지면서(부인이 욕실에서 미끄러져 사망했다고 주장), 자연스레 목이 눌릴 수 있는데다 제3자에 의한 타살 개연성(변호인 측은 "목이 꺾여 있는 상태로 봐 체중이 목을 눌러도 같은 결과가 나올 수 있다"고 주장)도 있다고 반박했고, 법원은 "사고사 가능성이 여전히 있고 백 씨의 방어권이 필요하다"며 일단 영장을 기각했다. 사건을 수사 중인 서울 마포경찰서는 백 씨의 몸 곳곳에서 손톱 자국이 발견됐고, 우선 박 씨 머리에 상처가 5곳 이상이나 난 점을 주목, 안방에서 다투다 피해자를 숨지게 하고 욕실 욕조로 시신을 옮겼을 가능성이 있는 것으로 보고, 혐의를 입증할 근거가 충분하다며 증거를 보강해 조만간 구속영장을 재신청할 예정이라고 했다.78)

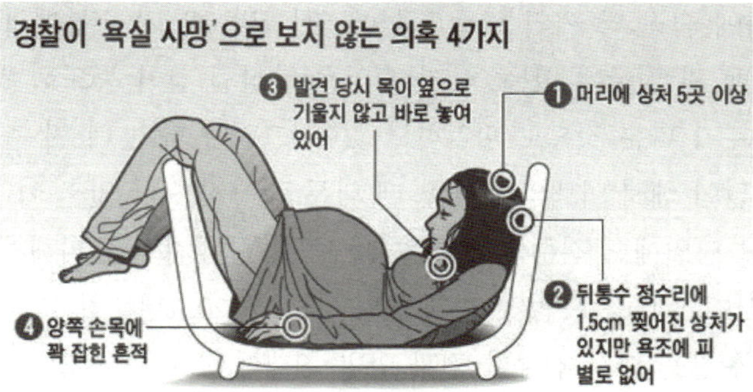

경찰이 보는 '만삭 의사 부인 사망 사건' 의문점 네 가지
① 욕실서 미끄러져 숨졌다면 머리 상처 왜 5개 넘나?
② 욕조에 피가 별로 없었다.
③ 발견 당시 목 바로 놓여 있었다.
④ 양쪽 손목 꽉 잡힌 자국이 있다.

78) 만삭 의사 부인 숨진 채 발견……의문투성이 죽음……(http://w3.sbs.co.kr/news/newsEndPage. do?news_ id=N1000855404/2014.04.07. 검색).

첫째, 경찰은 백 씨 주장처럼 피해자가 욕실에서 미끄러졌다면 한 번에 욕조에 부딪히면서 넘어졌을 것이기 때문에 머리에 상처가 많을 리 없다고 보고 있다.

둘째, 피해자 뒤쪽 정수리에 있는 길이 1.5cm의 찢어진 상처도 발견 당시 욕조에 피가 별로 없었던 점으로 미뤄 박 씨의 심장이 멈춘 뒤 난 상처로 보고 있다.

셋째, 발견 당시 피해자의 목 상태다. 미끄러지면서 머리를 부딪혔다면 피해자의 목이 한쪽으로 기울어져 있어야 하는데, 피해자의 목은 가슴쪽으로 접힌 채 몸과 일직선을 이루고 있었다는 점이 석연치 않다는 것이다.

넷째, 경찰은 박 씨의 양쪽 손목에 강한 물리력으로 꽉 잡힌 흔적이 있다는 점도 의심하고 있다.79)

경찰 관계자는 "아무래도 박 씨는 욕실이 아닌 다른 곳에서 죽은 것 같다"고 말했다. 거짓말탐지기 조사 결과, 피의자는 "욕실에서 죽였습니까"라는 질문에 "아니요"라고 답할 때는 진실 반응을 보였지만, 다른 장소에서 살해했느냐는 질문에는 거짓 반응을 보였던 것으로 알려졌다. 이에 피의자는 "만삭으로 현기증이나 급작스러운 저혈압으로 갑자기 욕조에서 뒤로 쓰러진 돌연사라고 생각한다"면서 "박 씨가 고교 재학 시절 고도비만으로 정신과 치료를 받는 등 비만에 대한 두려움이 많아 음식을 제대로 먹지 않아 영양 상태도 좋지 않았던 것으로 알고 있다"고 했다.

경찰은 이 밖에 숨진 박 씨의 얼굴과 몸에 있는 멍, 박 씨 손톱에서 발견된 남편 백 씨 DNA, 남편 백 씨 얼굴에 있는 'ㄴ'자 모양으로 할퀸 상처 등으로 봤을 때 피해자가 사망하기 전 부부가 다툰 것으로 파악하고 있다. 그러나 남편 백 씨 측은 "자신이 평소 컴퓨터 게임을 많이 해서 아내와 연애할 때 다툰 적이 있으나 결혼 이후에는 그렇지 않았다"면서 "사고 당일에도 전문의 시험을 잘 보지 못한 자신을 피해자(부인)가 위로해 주는 등 부부 사이에 다툼은 없었다"고 했다. 경찰은 2011년 2월 10일 서울 마포구 도화동 오피스텔 현장을 다시 검증한 결과 안방 침대에서 숨진 박모(29) 씨 혈흔을 발견했다. 안방 보조등도 일부분이 부서진 사실을 확인했다. 경찰 관계자는 "박 씨가 입었던 체육복에서도 남편 백 씨의 혈흔과 DNA가 나왔다"면서 "처음 수사할 때부터 박 씨가 안방에서 사망한 것으로 추정하고 있었다"고 말했다.80)

79) http://news.chosun.com/site/data/html_dir/2011/02/10/2011021000063.html?Dep0=chosunnews&Dep1=related&Dep2=related_all(2011.06.08. 검색).

80) http://news.chosun.com/site/data/html_dir/2011/02/12/2011021200084.html?Dep0=chosunnews&Dep1=related&Dep2=related_all(2011.06.08. 검색).

액사의 부검 외부 소견(autopsy findings)

액흔(扼痕, throttling mark)이 확인될 수 있다. 손이 작용한 경우에는 손톱에 의한 손상과 손가락에 의한 손상 및 손바닥에 의한 손상 등이 출현한다. 손톱에 의한 손상은 반월(半月)상의 표피 박탈이 생긴다. 피의자가 오른손잡이인 경우 우측에 1개, 좌측에 2~4개가 생기는 것이 전형적이다. 만일 피해 당시에 생존해 저항했다면, 가해자의 손이나 손목 등에 피해자 저항 흔적이 남을 수 있다. 특히 피해자의 손톱 밑에서 종종 가해자의 혈흔 혹은 DNA가 발견되는 수가 있다. 대체로 강간치사의 원인은 액사이며, 시체가 우물이나 강물에 유기된 경우, 경부의 표피 박탈은 물(水) 때문에 팽대해 조직의 결손이 메워진 상태에서 발견되는 수가 있다. 경부 압박으로 인한 질식사에서 반드시 검사해야 하는 것은 경부(頸部) 장기, 특히 설골(舌骨, 혀뼈) 및 연골들의 골절 유무다.

(문국진, 1990: 442-444 참조).

마포경찰서는 2011년 2월 24일 (출산을 한 달 앞둔) 아내를 부부싸움 도중 목 졸라 숨지게 한 혐의로 남편 백모(31 · 의사) 씨를 구속 수감했다.

피의자 심문(영장 실질심사)을 맡은 서울서부지법 영장 전담판사는 "죄를 범했다고 의심할 만한 상당한 이유가 있고, 증거 인멸 및 도주할 염려가 있다"며 남편 백 씨에 대한 구속영장을 발부했다. 이에 남편 백 씨는 "사건이 있던 날 아내와 다툼은 없었다"며 사고사라고 주장했지만, 법원은 받아들이지 않았다. 오히려 "객관적 증거상 다툼과 폭행이 있었던 것으로 보인다"고 밝혔다. 경찰도 국립과학수사연구원의 제2차 소견서에서 박 씨가 목 눌림에 의한 질식사[81]로 죽었고, 머리를 가슴쪽으로 숙인 채 숨진 박 씨의 눈에서 나온 피가 귀 뒷부분으로 흘렀다는 부검 결과를 제출하며 남편 백 씨가 아내 박 씨를 타살한 증거라고 제시했다.[82]

백 씨의 행위는 2차 피의자 심문에서 법원이 구속영장을 발부함으로써 어느 정도 판가름났다. 법의학 상식을 이용해 '증거 조작'까지 했을 가능성이 있었다. 경찰은 욕조에서 박 씨가 목이 꺾인 채 발견된 것도, 싸늘하게 식어 있었던 것도 모두 백 씨의 '손'에서 시작된 것으로 보고 있다. 경찰에 따르면 백 씨는 1월 14일 오전 3시~6시 40분 사이 집 안방에서 군 입대 문제 등으로 아내와 다투다 목 졸라 살해한 뒤 범행 사실을 감

---

81) 통상적으로 액사라고 한다. 액사(扼死, manual strangulation, throttling)는 경부(頸部: 목이 있는 부분)를 압박해 야기되는 질식사를 말한다. 기도폐쇄, 경부혈관 폐쇄, 경부신경 압박 등과 같은 기전(機轉, mechanism)으로 나타난다(문국진, 1990: 442).

82) http://www.edaily.co.kr/news/NewsRead.edy?SCD=JG31&newsid=01567846596154128&DCD=A00703(2014.04.07. 검색).

추려고 시신을 욕실로 옮겼으며, 사건 발생 11~14시간 뒤에야 경찰에 신고했다. 사고사로 꾸미려고 시신을 욕조 위로 옮겨 뉘었고 목이 굽힌 각도까지 조절하는 치밀함도 보였다고 경찰은 추정한다. 또 박 씨 가족 및 직장 동료의 전화를 피하고 경찰에 신고를 늦게 해 사망 시간 추정을 어렵게 한 것으로 보고 있다. 그 때문에 경찰은 수사 초기 숨진 박 씨의 사인을 밝히는 데 혼선을 겪었다.[83)]

2. 재판 과정

1) 1심 판결: 서울서부지방법원 징역 20년 선고

2011년 3월 23일 서울서부지검은 피의자 백 씨를 구속 기소했다. 경찰은 부검 결과 '목 압박에 의한 질식사'라는 소견을 얻었으며, 부인의 손톱 아래서 피의자의 DNA를 검출했다. 또한 시신을 발견한 날 피의자가 한동안 휴대전화를 받지 않고, 몸 곳곳에서 긁힌 흔적이 발견된 점 역시 말다툼 끝에 우발적으로 살해한 게 아니냐는 의혹을 커지게 했다. CCTV와 집안 상태를 살핀 결과 외부인 침입이 없었던 정황도 부인을 살해한 유력한 용의자가 남편이라는 점을 뒷받침해 줬다.

'결정적 증거'가 없는 관계로 이 사건은 '한국판 O. J. 심슨 사건'으로 이어지는 듯했다. 공판에서는 치열한 법정 공방이 오갔다. 남편 측은 살인을 증명할 만한 직접적인 증거가 없다며 사고사(事故死)라고 주장했고, 검찰 측은 남편이 아내와 다투던 중 목을 졸라 사망(扼死)에 이르게 했다는 데 의심의 여지가 없다고 반박했다.[84)] 한편, 이 사건 재판 시에 캐나다의 법의학자가 피고 측 증인으로 채택돼 법정에서 피해자 사인을 둘러싸고 원고 측 한국 법의학자들과 공방을 벌인 바 있었다.

'만삭 의사 부인 사망사건'의 세 번째 재판이 2011년 7월 21일 서울 서부지법 303호 형사대법정에서 열렸다. 이날 법정에서는 '만삭 의사 부인 사망사건'의 진상을 놓고 국내 법의학자와 해외 법의학자 사이에 치열한 법정 공방이 벌어졌다.[85)] 서중석 국립과학수사연구원 법의학 부장과 박재홍 국과수 법의관 등 국내 법의학자 세 명이 검찰 측

83) http://kr.news.yahoo.com/service/news/shellview.htm?linkid=450&articleid=20110226032704569h2&newssetid=470(2011.02.27. 검색).

84) http://www.koreahealthlog.com/news/newsview.php?newscd=2011121600023(2014.04.07. 검색).

85) 양측은 만삭의 몸으로 욕조에서 숨진 박모(29 · 여) 씨의 사망 원인이 자살인지 사고사인지를 두고 치열한 공방을 벌였다. 검찰은 피고인이 부인 박씨를 목졸라 죽였다고 주장한 반면 피고인 측은 이상 자세에 의한 질식사라고 맞섰다.

'의사 부인 사망사건' 한국-캐나다 법의학 맞대결86)

토론토대 법의학센터장 피고인 측 증인 출석; 검찰, 국과수 법의학자들 증인 채택 '의사 부인 사망사건' 재판에 한국과 캐나다의 내로라하는 법의학자가 증인으로 나올 예정이어서 법정 공방이 한층 뜨거워질 전망이다. 2011년 6월 29일 이 사건의 재판을 맡은 서울서부지법에 따르면 피고인 백모(31 · 의사) 씨의 변호인은 캐나다의 법의학자(forensic pathologist)인 마이클 스벤 폴라넨(Michael Sven Pollanen) 박사를 증인으로 신청했다.

캐나다 토론토대 법의학센터장인 폴라넨 박사는 동티모르와 캄보디아, 카자흐스탄 등에서 법의병리학자로 근무했고, 인도양 지역에서 발생한 쓰나미 현장에서도 일한 부검 전문가다.

이에 맞서 검찰은 국립과학수사연구원 서준석 법의학부장과 박재홍 법의관, 서울대 법의학과 이윤성 교수 등 당시 부검에 참여했던 법의관과 저명한 국내 법의학자들을 증인으로 내세울 계획이다. 두 나라 법의학 전문가들은 2011년 7월 21일 오전 10시 서울서부지법에서 열리는 백 씨의 세 번째 공판에 나란히 출석해 증인 신문을 받는다.

변호인 측은 시신으로 발견될 당시 부인 박모(29) 씨가 욕조 안에 누워 있던 자세와 직장 온도 측정 결과, 몸 곳곳의 멍자국 등을 보면 박 씨의 사망이 검찰의 주장대로 '목눌림에 의한 질식사'가 아닌 '이상 자세에 의한 질식사'일 가능성이 있다는 점을 집중 부각시킬 것으로 보인다. 반면 검찰은 증인들을 통해 시신 목 주위의 피부 까짐과 내부 출혈 등으로 미뤄 박 씨가 목이 졸려 숨졌을 개연성이 크다는 국과수의 소견을 뒷받침할 계획이다.

백 씨 측은 외국 법의학자의 증언이 무죄 판결에 결정적 요인으로 작용한 것으로 알려진 1995년 '치과 의사 모녀 피살사건'의 변론 과정을 '벤치마킹'했다는 얘기가 법원 안팎에서 나온다. 당시 외과 의사 이○○ 씨는 아침 출근 전 치과 의사인 부인과 두 살짜리 딸을 살해한 혐의로 구속 기소돼 1심에서 사형을 선고받았지만 상급심에서는 "시신 상태로 사망 시각을 정확히 밝히기 어렵다"는 스위스 법의학자의 증언을 토대로 무죄가 선고됐다.

이에 앞서 7월 7일 열리는 두 번째 공판에는 당시 신고를 받고 현장에 출동했던 마포경찰서 과학수사팀 소속 경찰관과 시신을 살폈던 검안의, 혈흔과 DNA 감정에 관여한 국과수 감정인 등이 증인으로 출석한다.

(동아일보, 2011.06.29.)

증인으로, 부인 박모 씨를 목 졸라 살해한 혐의로 수감 중인 의사 백모 씨의 변호인단은 캐나다의 법의학자인 폴라넨(Michael Sven Pollanen · 43세) 토론토대 법의학센터장을 피고인 측 증인으로 내세웠다.87)

이날 변호인단은 박 씨의 사인(死因)이 '이상 자세에 의한 질식사'일 가능성이 크다는 주장을 입증하는 데 주력했다. 폴라넨 박사는 "목졸림에 의한 질식사 여부를 결정하

86) http://media.daum.net/society/clusterview?newsId=20110629093301480&clusterId=368853(2015.01.14. 검색).

87) http://article.joins.com/news/article/article.asp?total_id=5830738&cloc=olink|article|default(2015.01.14. 검색).

한국·캐나다 법의학자 10시간 법정 불꽃 공방……만삭 의사 부인 사망사건

"목 졸려 피살"…… "질식사"

"모든 증거로 볼 때 피해자는 목이 졸려 살해당했을 것으로 본다."(국립과학수사연구원 법의관)

"이번 사건은 전형적인 '이상(異常) 자세에 의한 질식사'다."(마이클 스벤 폴라넨 캐나다 법의학자)

는 것은 목 부위 상처(멍·찰과상), 결막 손상, 목 동맥 손상 등 다섯 가지의 특성인데, 이번 사건에서는 목 부위 상처만 있다"며 "증거가 충분치 않다"고 주장했다. 이어 "만삭이던 박 씨의 복부 질량과 부피를 고려하면, 욕탕 안에서 엉덩이가 위쪽으로 향하고 목이 아래에서 굽혀진 자세로 질식사한 것이라고 설명할 수 있다"고 말했다. 그는 "잘 훈련된 법의관이라도 최종 단계에서의 이상 자세에 의한 질식으로 인한 울혈(鬱血: 피가 몰림)을 목졸림에 의한 것이라고 잘못 판단할 수가 있다"고 국과수 법의관들을 공격했다.[88]

한편, 검찰은 박 씨의 시신 부검을 담당한 국과수 박재홍 법의관과 서울대 법의학과 이윤성 교수를 증인으로 내세웠다. 박 법의관은 "시신은 목 부위 피부 상처 외에 결막 출혈도 있었다. 이는 목 졸려 죽었을 때 생기는 흔적"이라고 밝혔다. 이에 폴라넨 박사는 검찰 측의 반박 심문에서 증거로 제출된 부검 사진을 본 뒤에는 "내가 (변호인 측에서) 받은 사진은 상태가 안 좋아서 결막 출혈이 없었다고 잘못 판단한 것 같다"고 한 걸음 물러서기도 했다.[89]

다음은 법정에서 원피고 측 증인들에 대한 심문 내용들이다(보도자료).[90]

- 피고인 측 이정훈 변호사=박 씨가 사망 당일 오전 6시 41분(백 씨가 집을 나간 시각) 이전에 죽었다는 증거가 있나?
- 박 법의관=확신하기는 어렵다. 그러나 시신의 반점 색깔 등을 볼 때 숨진 지 10시간 이상이 흐른 것으로 보인다.
- 이 변호사=목 주변 피부가 까진 것을 목졸림에 의한 의한 타살의 근거로 제시했다. 박 씨가 욕조에서 혼자 몸부림치다 까질 수도 있지 않나?
- 박 법의관=지금 말싸움하자는 건가. 매끈한 욕조 면에서는 피부가 벗겨지지 않는다.

---

88) http://news.chosun.com/site/data/html_dir/2011/07/22/2011072200120.html(2015.01.14. 검색).

89) http://news.chosun.com/site/data/html_dir/2011/07/22/2011072200120.html(2015.01.14. 검색).

90) http://article.joins.com/news/article/article.asp?total_id=5830738&cloc=olink|article|default(2015.01.14. 검색).

이 변호사가 집요하게 물고 늘어지자 방청석에 있던 박 씨의 친척들 사이에선 "저 변호사는 사람도 아니다"라는 말까지 나왔다. 오후 5시, 피고인 측의 가장 중요한 증인인 폴라넨 교수가 증인석에 앉았다. 폴라넨 교수는 본인이 직접 부검한 사례를 인용하며 설명했다.

- 폴라넨 교수=목이 졸려 죽은 시신은 일관된 특징이 없다.(사인을 밝히려면) 굉장히 주의해서 봐야 하고 다른 경우를 항상 고려해야 한다. 목 부분의 상처는 죽은 뒤에도 나타날 수 있다.
- 이 변호사=박 씨가 숨진 자세는 질식사의 전형적인 형태 아닌가?
- 폴라넨 교수=그렇다. 모든 증거를 종합해 봤을 때 타살로 단정하기에는 부족하다.

그러나 국내 법의학자들의 생각은 달랐다. 검찰 측 증인으로 출석한 이윤성 교수(서울대 의대)는 "부검 결과와 정황 증거 등을 볼 때 타살 가능성이 크다"고 말했다.

- 조남철 검사=박 씨가 목이 졸려 죽었다고 보는 근거는?
- 이 교수=두 가지다. 숨진 박 씨가 술에 만취했거나 약물에 중독된 정황이 없다. 또 목 주변에 눌린 흔적이 선명하다.
- 조 검사=피고인 측의 논리로는 박 씨의 얼굴 · 팔 · 다리 등에 난 상처를 설명할 수 없는 것 아닌가?
- 이 교수=그렇다. 피해자의 몸에 난 상처들은 박 씨가 죽기 전에 어떤 식으로든 누구와 다퉜음을 암시하고 있다.

양측의 공방이 오전 11시부터 10여 시간 계속되면서 이날 예정됐던 서중석 국과수 법의학부장에 대한 신문은 다음 기일로 미뤄졌다. 서 부장은 "침대에선 박 씨의 소변이 나왔는데 정작 박 씨가 숨진 채 발견된 욕조에선 소변이 전혀 발견되지 않는 등 현장에도 이상한 점이 많다"면서 "폴라넨 교수는 단편적인 팩트만을 갖고 국과수와 한국의 법의학을 잘못 평가하고 있는 것 같다", "우리나라는 부검 하나만큼은 미국보다 더 철저하게 한다"면서 "재판의 결과를 지켜봐 달라"고 했다.91)

결국 이 사건은 법원이 검찰 측의 손을 들어주며 일단락됐다. 경찰은 숨진 박 씨의 최초 발견자이자 남편인 백 씨를 유력한 살인 용의자로 지목했고, 7개월의 치열한 법정

91) http://news.chosun.com/site/data/html_dir/2011/07/22/2011072200120.html(2015.01.14. 검색).

공방 끝에 법원은 "아내는 물론 태아까지 사망케 했음에도, 알리바이를 만드는 등 자기 방어에 몰두했다"며, 2011년 9월 15일 피고인에게 징역 20년형을 선고했다.[92] 그러나 백 씨 측이 "판결이 법의학적으로 논리적이지 못하다"며 2심 법원에 항소했다.

2) 항소심(2심): 서울고등법원 징역 20년 선고

만삭의 부인을 숨지게 한 혐의로 기소된 의사 백모 씨는 항소심 첫 공판에서도 무죄를 주장했다. 2011년 11월 9일 서울고등법원 형사6부(부장판사 이태종) 심리로 열린 공판에서 피고 측 변호인은 "목 내부 출혈이라는 국립과학수사연구원의 감정 결과만으로 백 씨가 아내의 목을 졸라 살해했다고 인정한 원심 판단은 잘못됐다"며 "이상 자세에 의한 질식사에서도 목 내부 출혈이 있을 수 있다"고 주장했다. 변호인은 또 "사망 시각과 장소 등이 명확하지 않고 범행 동기 또한 추측에 의한 것이다"고 덧붙였다. 반면 검찰은 "변호인 측에서 주장하는 부분은 모두 1심에서 다퉜던 부분으로 증거에 의해 원심 재판부가 이미 판단한 내용"이라며 "피고인의 항소를 기각해 달라"고 맞섰다.[93] 검찰은 피고인이 아내와 임신 중인 아이까지 살해한 잘못이 있다고 밝히면서, 1심에서 징역 20년을 선고받은 피고인에게 무기징역을 구형했다. 2011년 12월 23일, 서울고등법원(항소심)은 피고인에게 1심과 같이 징역 20년을 선고했다. 재판부는 숨진 부인의 몸에서 살해된 흔적이 발견됐고, 범행 뒤 백 씨가 의도적으로 가족과 연락을 끊은 점 등 여러 정황을 고려할 때 살인 혐의가 인정된다고 밝혔다.[94]

3) 상고심(3심): 대법원 파기 환송

2012년 6월 28일 대법원 1부(주심 이인복 대법관)는 '만삭 의사 부인 살해사건' 상고심에서 1·2심에서 유죄가 인정돼 징역 20년을 선고받았던 남편 백모(32) 씨에 대해 "유죄로 인정하기 어렵다"고 판단했다. 즉, "피고인이 목을 졸라 살해했다는 객관적 증거와 이에 기초한 치밀한 논증의 뒷받침이 없어 유죄로 인정할 수 없다.…더욱 치밀한 추론과 검증이 필요하다"고 판시하면서, 원심의 성급한 유죄 판단을 문제 삼고, 사건을 서울고등법원으로 파기 환송했다.[95]

---

92) http://www.koreahealthlog.com/news/newsview.php?newscd=2011121600023(2014.04.07. 검색).
93) http://www.nocutnews.co.kr/news/4224309(2015.01.14. 검색).
94) http://www.ytn.co.kr/_ln/0103_201112231517410080(2015.01.14. 검색).
95) http://www.seoul.co.kr/news/newsView.php?id=20120629008011(2015.01.14. 검색).

이 사건의 핵심 쟁점은 질식사의 원인이었다. 1·2심에서 백 씨에게 피해자 목 부위의 피부 까짐과 다툼 중 생긴 상흔 등을 이유로 "목눌림에 의한 질식사(扼死)가 맞다"며 유죄로 판단했다. 그런데, 대법원은 "질식에 의한 사망은 맞지만, 목눌림(扼死)에 의한 것인지가 명확하지 않다"고 판단을 달리했다. 즉, "피해자는 발견 당시 욕조에서 질식사가 발생할 수 있는 자세로 누운 채 발견됐기 때문에 유죄로 판단하려면 '목졸림'에 대한 확실한 증거가 있어야 하는데 부족하다. 재판부는 "이번 사건을 유죄로 판단하려면 단순 질식사가 아닌 '액사(扼死)'라는 것이 확인돼야 한다"면서 "확신을 갖게 할 정도의 객관적인 증거에 기초한 치밀한 논증 없이 공소 사실을 유죄로 인정할 수 없다"고 밝혔다. 범행 동기에 대해서도 신중한 판단을 요구했다. 원심은 당시 백 씨가 전문의 자격시험을 본 뒤 합격 여부와 수도권에서의 군의관 근무 여부가 불투명하게 돼 박 씨와 다툼이 있었고, 평소 컴퓨터 게임에 지나치게 빠져 있어 부부 사이에 갈등이 있었다는 점 등을 범행 동기로 판단했다. 이에 대해 재판부는 "부부 사이에 다툼의 동기가 될 수는 있지만 살인의 동기가 되기에는 매우 미약하다"고 판단했다.96)

'만삭 의사부인 살인사건' 1, 2심과 대법원 판단

쟁 점	검찰, "목눌림에 의한 질식사(액사)" vs 피고인, "실신 후 이상자세에 의한 질식사"	
구 분	1, 2심	대 법
목 부위 피부까짐	액사의 특유 소견	사후손상 가능성
피해자 사체의 외상	다툼 중 방어흔	사망 직전 욕조에 넘어지며 생긴 상처, 사망 후 발생한 시반성 출혈 가능성
피해자 실신 가능성	피해자 병력, 건강상태 봤을때 가능성 없다	갑상선염으로 가능성 있다
사망 시각	피고인이 집을 나선 오전 6시41분전	6시41분 이후 사망 가능성, 원심 증언은 객관성 부족
침대 패드 소변 흔적	사건 발생 한달 후 1m×1m 크기의 피해자 소변 흔적 발견됐다는 증언	사건 발생 현장에서 누구도 소변 흔적 발견 못해 증명력 없다
다툼의 동기	전문의 시험 스트레스로 동기 충분	살인 동기로 미약

사망 시각으로 제시된 '오전 6시 41분'에 대해서도 "원심이 인정한 박 씨의 평소 기상 시각 등이 박 씨 친동생의 진술과 일치하지 않아 피해자의 사망 시기를 추정할 수 있는 결정적 요소로 보기 어렵다"면서 "피고인이 먼저 집을 나선 이후 피해자가 욕실에

96) http://www.segye.com/content/html/2012/06/28/20120628023330.html(2015.01.14. 검색).

서 출근 준비를 시작하다 사망에 이르게 됐을 가능성이 여전히 남아 있다"고 판단했다. 이어 "의문점이 있는 부검의의 소견 등을 토대로 목을 졸라 살해했다는 공소 사실을 유죄로 인정한 것은 법리를 오해해 심리를 다하지 않았거나 논리를 비약한 위법이 있다" 고 덧붙였다.[97] "이상 자세에 의한 질식사의 가능성도 크다," "목졸림으로 발생했다는 침대 패드의 소변 자국은 사건 발생 한 달 뒤에 증언이 나왔는데, 당시 사건 현장에서는 전혀 그런 언급이 없어 증명력이 떨어진다"고 설명했다. 대법원 관계자는 "대법원이 무죄라고 확정한 것은 아니다. 유죄로 보기엔 의문점이 많기 때문에 추가 심리를 하라는 취지"라고 말했다.[98]

4) 파기 환송심(4심): 서울고등법원 징역 20년 선고

서울고등법원 형사7부(재판장 윤성원 부장판사)는 2012년 12월 7일 임신 중인 아내를 목졸라 살해한 혐의(살인)로 기소된 의사 백모 씨에 대한 파기 환송심(2012노1944)에서 원심과 같이 징역 20년을 선고했다.

2012년 6월 대법원은 피해자의 사망 원인이 액사(손에 의한 목눌림 질식사)라는 점을 치밀하게 다시 검증할 필요가 있다는 취지로 사건을 서울고법으로 돌려보냈지만, 재판부는 추가 심리를 통해 피해자의 사망 원인이 액사(扼死, 타살)에 의해 발생했고, 범인이 백 씨라는 점이 충분히 증명됐다고 판단했다. 재판부는 1심부터 논란이 돼온 사망 시간에 대해서도 검찰의 손을 들어줬다. 검찰은 백 씨가 집에 있던 오전 3시에서 6시 41분 사이에 박 씨가 사망했다고 주장했지만, 대법원은 이 부분도 면밀한 검토가 필요하다고 판단한 바 있다. 재판부는 "(재판 과정에서 제시된) 헨스게 도표(Henssge nomogram)[99]에 대입한 사망 추정 시각이 6시 41분 이후인 것은 현장이 아닌 영안실에서 온도를 잘못 측정했기 때문"이라며 "시체 강직・시반 형성에 기초한 추정 시각과 피해자의 모습 등을 고려하면 6시 41분 이전 사고를 당했을 가능성이 더 크다"고 판단했다.[100]

---

97) http://www.seoul.co.kr/news/newsView.php?id=20120629008011(2015.01.14. 검색).

98) http://www.segye.com/content/html/2012/06/28/20120628023330.html(2015.01.14. 검색).

99) 헨스게 도표는 사후 체온 변화를 고려해 사후 경과 시간을 추정하기 위한 것이다. 변사자의 직장(곧창자) 온도를 이용해, 직장 온도 하강에 영향을 미치는 여러 가지 변수를 반영한다. 즉, 이 표를 사용하기 위해서는 주변 온도, 변사자 체중, 체중 보정을 위한 각종 변수(변사자의 착의 상태, 공기 흐름 유무, 물에 젖었는지 유무 등)을 정확하게 파악해야 한다. 헨스게 도표는 주변 온도가 23℃ 초과일 때 사용하는 것과 23℃ 이하일 때 사용하는 것 두 종류가 있다.

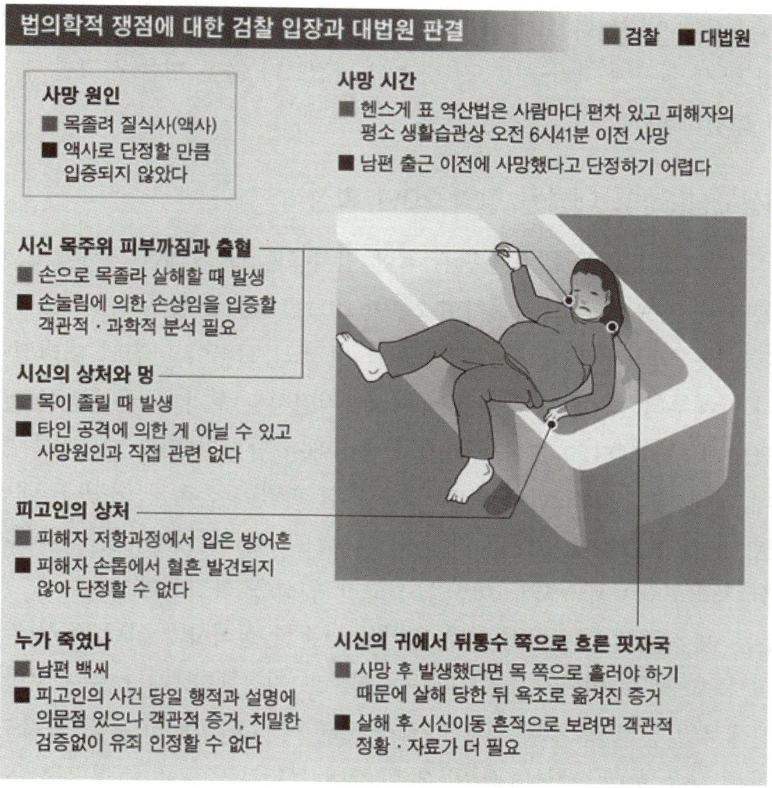

법의학적 쟁점에 대한 검찰 입장과 대법원 판결[101)]

재판부는 판결문에서 "피해자의 목 부위 피부 까짐과 오른 턱뼈 주변의 멍과 내부 출혈 등 다른 상처들을 보면 피해자가 살아 있을 당시 입은 손상으로 보인다"며, "이러한 소견들은 백 씨가 주장하는 '이상 자세에 의한 질식사' 과정에서는 생길 수 없는 것으로 판단한다"고 밝혔다. 이어 "피해자의 머리 정수리 부위 열상과 그 주변 다섯 군데 이상의 내부 출혈, 피해자 얼굴에 찢기거나 멍든 다수의 상처는 피고인과 다투는 과정에서 발생한 것으로 보인다"고 설명했다. 재판부는 "백 씨와 피해자의 여러 상처와 침대 이불과 패드에서 발견된 혈흔은 다툼의 흔적으로 보이고, 백 씨가 사건 이후 당일 아침부터 오후 늦게까지 전화를 전혀 받지 않는 등 의문스러운 행동을 보였다"며 "여러 정황에 비춰보면 백 씨가 피해자와 말다툼과 몸싸움을 하다가 우발적으로 목을 졸라

---

100) http://news.hankooki.com/lpage/society/201212/h2012120802342521950.html(2012.12.08. 검색).
101) 중앙일보, 대법 "증거 부족" … 만삭 의사부인 사망사건 다시 원점, 2012.06.29.(2021.09.30. 검색).

살해했다는 점이 인정된다"고 덧붙였다. 검사의 양형 부당 주장에 대해서는 "법률상 불이익 변경 금지 원칙에 따라 환송 전 항소심 판결보다 높은 형을 선고할 수 없다"며 받아들이지 않았다.102)

5) 재상고심(5심): 대법원 징역 20년 확정

2013년 4월 26일 대법원은 5번 판결 끝에 만삭 아내를 살해한 의사에게 20년 징역형을 확정했다. 반전에 반전을 거듭하며 2년여(2011년 3월 23일 구속 기소 → 2013년 4월 26일)를 끌어온 '만삭의 의사 부인을 살해한 사건'의 결론이 마침내 내려졌다. 백 씨는 경찰 수사 단계부터 "박 씨가 욕실에서 미끄러지면서 기도가 막혀 사망한 것"이라고 혐의를 일관되게 부인했다. 1, 2심과 파기 환송심에서 남편인 백모(33) 씨를 범인으로 선고한 것에 대해 대법원이 2번째 판단 끝에 원심 판단에 손을 들어줬다. 대법원 2부(주심 김소영 대법관)는 26일 만삭의 아내 박모(당시 29세) 씨를 살해한 혐의로 기소된 백 씨에 대한 재상고심에서 '징역 20년'을 선고한 원심을 확정했다.103)

재판부는 이 사건의 쟁점이던 사망 원인을 단순한 질식사가 아닌 '액사(손에 의한 목눌림 질식사: 타살)'로 판단하고 백 씨를 범인으로 지목했다. 재판부는 "사망한 부인 박 씨의 시신에서 발견된 목 부위 피부 까짐과 오른 턱 주변 멍, 바로 밑 물렁조직층 출혈, 오른 목빗근 근육 출혈, 갑상연골 왼 위뿔 주변 물렁조직 국소 출혈 등은 타인에 의한 인위적인 외력 흔적으로, '액흔'(액사 특유의 소견)이라고 볼 수 있다"고 판단했다. 재판부는 이어 "뒤통수 외부 상처와 내부 출혈, 얼굴에 난 상처 등은 액사 과정에서 난 상처일 가능성이 크고 백 씨의 이마와 양팔 부위 상처는 박 씨와의 물리적 다툼 과정에서 생긴 것으로 보인다. 박 씨가 욕실에서 실신 등으로 이상 자세에 의해 질식사했다고 볼 수 없다"며 원심이 인정한 사실 관계를 그대로 받아들였다.

특히 재판부는 사건 당일 백 씨의 이상한 행동을 유죄 판단의 결정적 요인으로 판단했다. 재판부는 "사고 당시 백 씨가 현장에 없었다는 사실이 증명되지 않고 박 씨의 평소 출근 습관과 시신 발견 당시의 모습이 일치하지 않는 점, 박 씨 행적에 대한 백 씨의 진술에 신빙성이 없는 점, 백 씨의 당일 행적이나 태도가 의심스러운 점, 제3자 침입 가능성이 낮은 점, 우발적 · 충동적 살해 동기가 인정되는 점 등을 종합하면 백 씨가 박 씨의 목을 졸라 살해한 사실이 충분히 인정된다"고 설명했다.

---

102) http://www.lawtimes.co.kr/LawNews/News/NewsContents.aspx?serial=69996(2015.01.14. 검색).
103) http://news.hankooki.com/lpage/society/201304/h2013042617522121950.html(2014.04.07. 검색).

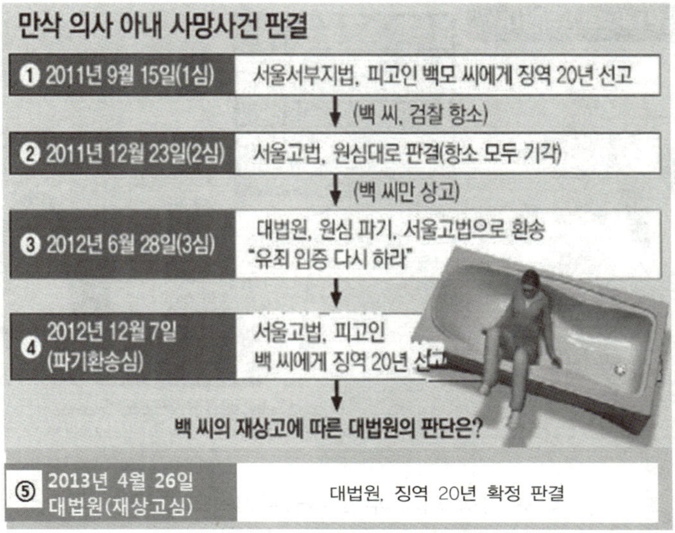

만삭 의사 아내 사망사건 판결

3. 사건의 쟁점과 분석

만삭 의사 부인 살인사건의 핵심은 결국 타살 혹은 사고사 여부를 가려내는 것이었다. 피해자의 집 욕조에서 발견된 시신을 중심으로 머리, 목, 손(피해자의 손톱 포함) 등에 나타난 상처에 대한 법의학적 · 법과학적 해석, 최초 범행 장소, 사망 시점의 확인 그리고 범행 동기 등이 확인돼야 했다. 그뿐만 아니라 액사(扼死, 목눌림, 타살) 여부를 포함해 정확한 사인 규명은 정밀한 법의학적 부검을 통해 이뤄져야 했던 사건이다. 사건 초기부터 피고인은 사고사(事故死)라고 일관되게 주장했던 바, 외력(목눌림)에 의한 질식사를 확인해야 했던 것이야말로 이 사건의 핵심이다. 중요한 쟁점은 다음과 같다.

- 사망 원인: 목눌림에 의한 질식사 vs. 실신 후 기도가 막힌 일반적인 질식사
- 사망 시간: 피고인이 집 나서기 전 사망 vs. 피고인이 집 나간 뒤 사망했을 가능성
- 살해 동기: 전문의 시험을 앞두고 부부싸움 끝에 우발적 살인 v. 출산 한 달 앞둔 피해자 죽일 이유 없음.
- 외부인 침입 가능성: CCTV 영상 확인 통해 외부인 침입 가능성 배제

그리고 타살가능성을 보여주는 많은 단서가 다음과 같이 확인됐는데, 피고인 목에

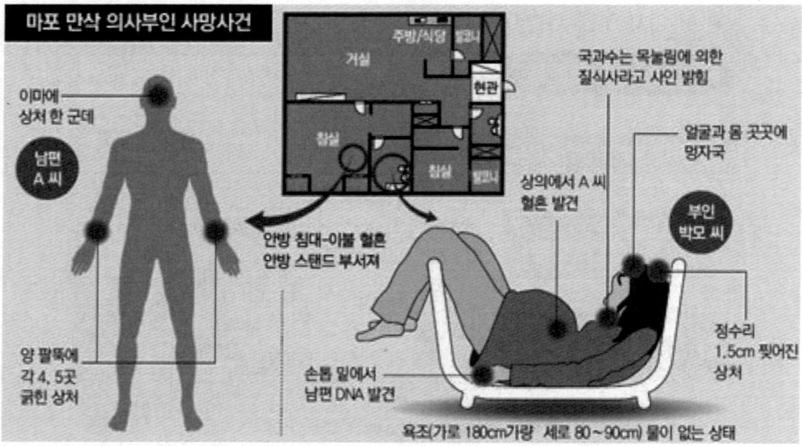

마포 만삭 의사 부인 사망사건 개요도[104)]

자료: 동아일보(2011.02.12.).

할퀸 자국으로 보이는 손톱 자국, 피해자 얼굴에 보인 멍(피하 출혈), 피해자의 손톱에서 피고인의 DNA 검출, 파손된 안방 보조등, 피해자의 체육복에서 남편의 혈흔 및 DNA 검출, 사건 당일 피고인의 행적(수차례 수신된 전화를 받지 않고, 평소와 다른 특이한 행동을 보이거나 사실과 다르게 진술함), 거짓말탐지기를 통한 특정 단어에 대한 양성 반응 등이었다.

특히 이 사건은 1995년 발생한 치과 의사 모녀 살인사건 이후, 유사한 부분(피해자－아내, 발생 장소는 집안 내부/욕실, 피고인의 직업, 법의학 지식 유무, 외국 법의학자 증인 채택, 쟁점, 사법부의 신중한 판단－5심 등)이 많아서 세간의 관심을 끌었다. 앞선 사건을 둘러싼 학습 효과와 지속적으로 과학수사 역량을 축적한 덕분에 실체적 진실 발견을 통해 형사사법 정의가 실현된 사건으로 평가된다.

104) http://news.donga.com/3/all/20110212/34760691/1(2015.01.14. 검색).

참고 문헌

국내 문헌

강대영 · 강현욱 · 곽정식 외(2012). 『법의학』, 서울: 정문각.

경찰교과서편찬위원회(1970). 『경찰교과서(간부용): 수사 · 정보』, 부평: 경찰전문학교.

경찰대학(1978). 『搜査警察』, 부평: 경찰대학.

경찰청(2006). 『경찰백서 2006』, 서울: 경찰청.

______(2018). 『수사는 경찰, 기소는 검찰』, 서울: 경찰청.

______(2020a). 『과학수사 Ⅰ』, 서울: 경찰청.

______(2020b). 『과학수사 Ⅱ』, 서울: 경찰청.

곽대경(2001). "경찰수사를 위한 범죄심리 연구의 활용 방안," 『한국경찰학회보』 제3호, 용인: 한국경찰학회

김재환(2013). 『형사소송법』, 서울: 법문사.

김형청(1991). 『搜査實務全書』, 서울: 진명문화사.

______(2008). 『수사학』, 서울: 대명출판사.

김호(2003). "『신주무원록』과 조선 전기의 검시," 『법사학연구』 제27권, 한국법사학회.

문국진(1990). 『法醫檢視學』, 서울: 청림출판.

문국진 · 강창래(2011). 『법의관이 도끼에 맞아 죽을 뻔했다』, 서울: 알마.

박경식(1999). 『경찰수사론』, 용인: 경찰대학교.

박노섭 · 이동희 · 이윤 · 장윤식(2013). 『범죄수사학』, 용인: 경찰대학출판부.

배종대 · 홍영기(2020). 『형사소송법』, 서울: 홍문사.

백형구(1994). 『형사소송법강의』, 서울: 박영사.

법무연수원(2014). 『범죄백서 2013』, 용인: 법무연수원.

______(2021). 『범죄백서 2020』, 진천: 법무연수원.

서보학(2005). "검찰 · 경찰 간의 합리적 수사권 조정 방안," 『검 · 경 수사권 조정에 관한 공청회 자료집』.

서울지방경찰청(2001). 『법의 · 감식 용어집』, 서울: 서울지방경찰청.

송광섭(1999). "수사 체제의 문제점과 수사권 독립," 『수사연구』 9월호.

수사연구사(2003). "허원근 일병 사망사건－법의학 공개토론회," 『수사연구』, 서울: 수사연구사.
신동운(1993). 『형사소송법』, 서울: 법문사.
______(2014). 『신형사소송법』 제5판, 서울: 법문사.
우상덕(1987). 『법의학』, 서울: 최신의학사.
유영찬(2002). 『법과학과 수사』, 서울: 현암사.
윤중진(1995). 『법의학』, 서울: 고려의학.
이삼재(1983). 『科學搜査入門』, 서울: 정문출판사.
이윤성(2013). 『법의학의 세계』, 파주: 살림출판사.
이재상(1999, 2001, 2013). 『형사소송법』, 서울: 박영사.
이재상·조균석·이창온(2021). 『형사소송법』, 서울: 박영사.
이창현(2014). 『형사소송법』, 서울: 입추출판사.
임동규(2013). 『형사소송법』, 서울: 법문사.
임준태(2005). "지리학적 프로파일링을 통한 연쇄살인사건 분석," 『한국공안행정학회보』 제19호』, 서울: 한국공안행정학회.
______(2016). "정부3.0과 수사구조의 정상화 모색: 캐나다 수사절차상 경·검 관계와 시사점," 『한국경찰학회보』, 18(2).
임준태 외 (2004). 『OECD국가와 치안역량 비교를 통한 21세기 경찰 발전 방안』, 서울: 형사정책연구원(미공개 보고서).
허영(2020). 『한국헌법론』, 서울: 박영사.

국외 문헌

Arcaro, Cino(2000). *Criminal Investigation*, 3rd ed., Scarborough, Ontario: Nelson Thomson Learning.
Abrahamsen, David(1960). 『범죄심리학』(張秉琳 역), 서울: 박영사.
Bennett, Wayne W. & Hess, Kären M. (2004). *Criminal Investigation*, 7th ed., Belmont, CA: Wadsworth/Thomson Learning.
Block, Peter & Weidman, Donald(1975). *Managing criminal investigations: Perspective package*, Washington, DC: US. Govevment Printing Office.
Bryant, Clifton D.(ed.)(2003). *Handbook of Death and Dying: Volume One The Presence of Death*, Thousand Oaks, CA: Sage Publications, Inc.
Bundesministerium des Innern, *Polizeiliche Kriminalstatistik(PKS)*(2013). Berlin. 2014.
Burnstein, Harvey(1999). *Criminal Investigation: An Introduction*, Upper Saddle River, New Jersey: Prentice－Hall.
Darby, Warren(1984). "Criminalistics," in: *Forensic Sciences－Law/Science, Civil/Criminal*, Wecht, Cyril H.(ed.), Vol. 3, New York: Matthew Bender.
Ferllini, Roxana(2000). *Silent Witness*, Willowdale, Ontario: Firefly Book.

Finkbeiner, Walter E., Ursell, Philip C., & Davis, Richard L.(2009). *Autopsy Pathology: A Manual and Atlas*, 2nd ed., Philadelphia, PA: Saunders Elsevier.

Fisher, Barry A. J., Tilstone, William J., & Woytowicz, Catherine(2009). *Introduction to Criminalistics: The Foundation of Forensic Science*, Burlinton, MA: Elsevier Academic Press.

Gauner, Bryan A.(ed.)(2004). *Black's Law Dictionary*, 8th ed., St. Paul, MN.: Thomson West.

Geberth, Vernon J.(Dec. 1993). "Final Exit Suicide Investigations," *Law and Order*, 41(12): 67−70.

Gilbert, James N.(2001). *Criminal Investigation*, 5th ed., Upper Saddle River, New Jersey: Prentice−Hall.

Greenberg, Bernard, Ellion, Carola V., Kraft, Lois P., & Proctor, H. Steven(1977). *Felony decision model: An analysis of investigative element of information*. Washington, DC: US. Government Printing Office.

Houck, Max M.(2007). *Forensic Science: Modern Methods of Solving Crime*, Westport, CT: Praeser Publishers.

Jeffery, C. Ray(1977). *Crime Prevention Through Environmental Design*, Sage Publications Inc.: Beverly Hills, and London.

Lyman, Michael D.(1999). *Criminal Investigation: The Art and the Science*, 2nd ed., Upper Saddle River, New Jersey: Prentice−Hall.

Macey, Samuel L.(2010). *Encyclopedia of Time*, New York: Routledge.

Moore, Peter(2004). *The Forensics Handbook*, New York: Barnes & Noble Books.

Nemeth, Charles P.(2003). 『탐정학개론』(임준태 · 이동영 공역), 서울: 좋은세상.

Osterburg, James W. & Ward, Richard H.(2000). *Criminal Investigation*, 3rd ed., Cincinnati, OH: Anderson Publishing Co.

______(2010). *Criminal Investigation: A Method for Reconstructing the Past*, 6th ed., New Providence, NJ: Lexis Nexis.

Owen, David(2002). *Hidden Evidence*, 4th ed., Willowdale, ON: Firely Book.

Palmiotto, Michael J.(2004). *Criminal Investigation*, 3rd ed., Dallas: University Press of America.

Platt, Richard (2003). *Crime Scene*, London: Dorling Kindersley.

Ramsland, Katherin(2001). *The Forensic Science of CSI*, New York: Berkley Boulevard Books.

Saferstein, Richard(2001). *Criminalistics: an introduction to forensic science*, 7th. ed., Upper Saddle River, NJ: Prentice−Hall.

Schwerde, Wolfgang(1989). "Gerichtliche Medizin und Kriminalistik," in: *Zeitschrift fuer Rechtsmedizin*. 102: 421−428.

Shkrum, Michael J. & Ramsay, David A.(2007). *Forensic Pathology of Trauma: Common Problems for the Pathologist*, Totowa, NJ: Human Press Inc.

Swanson, Charles R., Chamelin, Neil C., & Terirto, Leonard(2000). *Criminal Investigation*, 7th ed., Boston, MA: McGraw−Hill.

Thibault, Edward, Lynch, Lawrence M., & McBride, R. Bruce (2004). *Proactive Police Management*,

6th ed., Upper Saddle River, NJ: Pearson Prentice－Hall.

Weihmann, Robert(1996). *Kriminalistik: Ein Grundriss fuer Studium und Praxcis.*

Weiland, Bernd(1996). *Einfuehrung in die Praxis des Strafverfahrens*, 2. Aufl.

Weston, Paul B., Lushbaugh, Charles, & Wells, Kenneth M.(2000). *Criminal Investigation: Basic Perspectives*, 8th ed., Uppers Saddle River, NJ: Prentice－Hall.

Wilson, Orlando W., McLaren, Roy Clinton, Fyfe, James J., Greene, Jack R., & Walsh, William F.(1997). *Police Administration*, 5th ed., Boston et al., McGraw－Hill.

Wirth, Ingo & Strauch, Hansjuerg(2000). *Rechtsmedizin: Grundwissen fuer die Ermittlungspraxis*, Heidelberg: Kriminalistik Verlag.

日本 警察廳(1971).『犯罪捜査』, 東京: 日本警察協會.

―――(2003).『警察白書 平成 15年版』, 東京: 警察廳.

笹內純一(1965).『實務 犯罪捜査法』, 東京: 立花書房.

植松正(1955).『犯罪心理學』, 東京: 朝倉書店.

大判 1982.9.14, 82도 1479(全合) [공보 692호 980면]

Andrews v. State, 533 So. 2d 841(Fla. Dist. Ct. App.1988).

Daubert v. Merrell Dow Pharmaceuticals, 509 U.S. 579 (1993); 113 S. Ct. 2786; 125 L. Ed. 2d 469.

Frye v. United States, 293 F. 1013 (D.C. Cir. 1923).

인터넷 자료

경기방송, 2004년 11월 2일자 보도.

경향신문, 2006년 4월 7일자.

국민일보, 2006년 3월 24일자.

국정브리핑, 2005년 11월 29일자.

뉴시스, 2004년 10월 29일자.

동아일보, 2004년 7월 14일자; 2004년 7월 18일자; 1996년 6월 27일자; 2006년 3월 25일자.

레이디경향, 2006년 4월 7일자.

브레이크뉴스, 2004년 11월 3일자; 2006년 1월 16일자.

서울신문, 2004년 3월 23일자.

세계일보 2014년 9월 15일자; 2004년 12월 15일자.

시사저널, 2005년 11월 10일자.

연합뉴스, 2007년 4월 1일자; 2006년 2월29일자; 2003년 9월 8일자; 2007년 4월 1일자; 2006년 9월 27일자; 2001년 3월 6일자; 2004년 12월 15일자; 2002년 11월 27일자.

영남일보, 2002년 11월 13일자.

오마이뉴스, 2004년 4월 20일자.

YTN, 2004년 2월 10일 보도; 2004년 11월 26일 보도.
월간조선 1999년 2월호[심층추적: 치과 의사 모녀 살인사건 수사와 재판의 드라마].
조선일보 2004년 3월 11일자; 1996년 7월 2일자; 2004년 2월 8일자; 2004년 2월 9일자.
주간조선, 2004년 11월 17일자.
중앙일보 2000년 04월 16일자; 2001년 02월 19일자; 1996년 6월 27일자.
한겨레, 2004년 2월 8일자.
한겨레21, 1999년 2월 25일, 제246호.
한국경제신문, 1999년 12월 6일자.
한국일보, 2003년 02월 27일자; 2006년 1월 24일자.

찾아보기

저자 소개

임준태(林俊泰, Lim, Joon-Tae)

동국대학교 경찰사법대학장 겸 경찰행정학부 교수(법학박사, Dr. jur.)
서울보성고등학교졸업
국립경찰대학교 법학과 졸업(5기, 법학사)
연세대학교 행정대학원(사법행정전공, 행정학석사)
동국대학교 법무대학원(미국법전공, 법학석사)
독일 Freiburg 법과대학 법학박사(Dr. jur. Polizeiwissenschaft u. Kriminologie)
연세대학교 대학원 법학박사(형사법 전공)
Penn State Law School LLM(미국법학석사)
–University of Toronto Faculty of Law Visiting Scholar(2017)
–School of Criminology at Simon Fraser University in Canada Visiting Scholar(2006)
–Justice Institute of British Columbia in Canada Visiting Scholar(2003)
–Sam Houston University at Texas in USA Visiting Scholar(2001)
–Max–Planck Institute for Public and International Law at Heidelberg in Germany Visiting Scholar(2002)

[경력]
연세대・고려대 법무대학원 및 행정대학원 외래교수
경희대법과대학 겸임교수
대통령소속 지방자치발전위원회 자치제도분과위원회 자문위원(2014)
대통령소속 지방행정체제개편추진위원회 자치경찰 소위원회 실무위원(2012)
국무총리실 정책평가위원회 전문위원
한국스마트치안학회장(2020~현재)
한국국가정보학회 부회장(2021~현재)
한국사이버안보법정책학회 부회장(2018~현재)
한국경찰연구학회 회장 역임(2008~2009)

치안정책연구소 연구관 및 연구위원
아시아경찰학회(AAPS) 이사(Committee Member)
한국형사정책학회 이사
한국공안행정학회 이사
한국형사정책학회 감사(2010)
국회입법고시, 행정고시 및 5급 승진시험 출제위원
경찰청『경찰 60년사』집필위원, 경찰청정보국 자문위원
삼성화재 보험범죄방지자문위원
수사전문화과정수료(한국)

Forensic Behavioral Science, Crime Scene Investigation, Geographic Profiling in BCIT, Canada

[저서]
『독일형사사법론』,『법과학과 범죄수사론』,『비교경호제도론』,『프로파일링』,『범죄통제론』,『범죄예방론』,『경찰행정학(9인 공저)』,『비교수사제도론(5인 공저)』,『경찰학개론(9인 공저)』,『비교경찰제도론(9인 공저)』,『탐정학개론(2인 공역)』

[연구 논문]
-미국 등 형사소송법상 영장발부절차의 시사점
-G8국가 경호시스템 분석을 통한 경찰경호 발전 방안 연구
-한국 경호경찰의 발전방안에 관한 연구
-한국 정보기관의 발전 방향에 관한 연구
-동서독 통일 후 동독경찰의 민주화 과정
-뉴욕경찰의 범죄통제전략에 관한 고찰
-독일 경찰제도와 수사구조에 관한 연구
-각국의 유치장 운영 실태 및 개선 방안
-캐나다 경찰에 관한 연구
-독일 민간경비산업의 현황 및 과제
-21세기 미래지향적 교통경찰 조직에 관한 연구
-각국 경찰의 수사비 책정에 관한 연구
-선진 외국 경찰의 치안활동 사례 및 적용 방안
-강력범죄에서의 범인상 추정기법(Criminal Profiling) 도입에 관한 연구
-연쇄살인사건의 공간적 특성분석에 관한 연구
-지리학적 프로파일 기법을 이용한 연쇄강력범죄수사
-과학수사 기반 구축을 위한 법과학교육 활성화 방안
-지리학적 프로파일링을 통한 연쇄살인사건분석
-효율적 범죄대책을 위한 바람직한 검찰, 경찰 관계 구상
-집회시위 시 발생하는 소음의 합리적 규제기준에 관한 연구
-파출소제도 개선과 순찰근무 효과성 강화 방안 연구
-The 12th International Society of Criminology(1998). "Crime Reporting Behaviour in Korea and Germany -A comparative Study in German and Korean Police."
-The 1st AAPS Annual Conference(2000) in Seoul, Korea
-The 3th AAPS Annual Conference(2002) in Hong Kong
-The 14th International Society of Criminology(2005). "Better Policing in Crime Prevention

through the Police Training," Philadelphia, USA
–The 4th AAPS Annual Conference(2003). "Comparative Study on Security Guard Training Program between Korea and Germany," Seoul, Korea
–DAAD Seminar 2003 in Seoul, "The Role of Private Security for the Internal Security"
–The 5th AAPS Annual Conference(2004) in Texas, USA
–The 6th AAPS Annual Conference(2005) in China
–The 14th International Environmental Criminology and Crime Analysis(ECCA) Symposium July 25–28, 2006, Vancouver, Canada
–The European Society of Criminology Conference(Aug. 26–29, 2006), Tübingen, Germany
–The 8th AAPS Annual Conference(2007) in Seoul, Korea
"Investigate Serial Offender Cases Through the Geographic Profiling Method," Seoul, Korea
–The 15th International Society of Criminology(July 2008), "Serial offender profiling and their spatial characteristics," Barcelona, Spain
–The 10th AAPS Annual Conference(2009) in Taiwan
–The 11th AAPS Annual Conference(2010) in Korea

[외국형사사법기관 연수]
–미국 Sam Houston State University in Texas Criminal Justice College Visiting Scholar
–미국 뉴욕시 경찰청(NYPD) 실무 연수
휴스턴경찰청(HPD in Texas)
Harris County Sheriff's Department(Texas) 연수
시애틀경찰청(SPD), 워싱턴주 검찰청(WDA) HITS부 연수
Pennsylvania Center County Court
State College Police Station
–영국 내무부, Bramshill Police College, New Scotland Yard 견학
–독일연방내무성, 독일연방수사청(BKA)에서 실무 연수
–연방국경수비대(BGS) 동·서부지역 사령부 연수
바덴뷔르템베르크주 경찰대학 및 주(州)경찰학교, 작센주 경찰대학
프라이부르크지방경찰청, 경찰서에서 실무 연수
메클렌부르크–포포메른주 경찰대학/경찰학교, 노이브란덴부르크경찰서
–베를린 경찰청 방문: 동·서독 경찰의 통합과정 연구
–독일 막스플랑크연구소(MPI, 국제법 및 공법연구소)에서 연구
슈파이어 및 하이델베르크 경찰서 견학
–스위스 바젤경찰청(Polizei–Baselland), 베른경찰청(Kantonspolizei–Bern) 실무 연수
–캐나다 브리티시 컬럼비아주 법무연수원(JIBC) 및 경찰학교 Visiting Scholar
- 밴쿠버 경찰청(VPD) 연수
- 캐나다 연방경찰(RCMP) 브리티시 컬럼비아주 지역대 연수

–일본 황궁경찰본부, 경찰청, 오사카현 경찰본부 견학
–홍콩 경찰학교 견학, 중국 인민공안대학, 대만 경찰청

강소영(姜昭瑩, Kang, So-Young)

건국대학교 경찰학과 교수

[학력]
동국대학교 경찰행정학과 경찰학박사

[경력]
현) 경찰청 과학수사·디지털포렌식 자문위원/규제심사위원 등
현) 한국경찰학회 연구위원장 등
전) 경찰대학 치안정책연구소 범죄통계분석센터장·범죄수사연구실 선임연구관
전) 중앙경찰학교, 경찰인재교육원 외래교수 등

개정판

법과학과 범죄수사론

펴낸날 제1판 제1쇄 2015년 2월 2[illegible]일
개정판 제1쇄 2022년 2월 23일
지은이 임준태 · 강소영
펴낸이 임춘환
펴낸곳 도서출판 **대영문화사**
주소 (본사) 사무실: 경기도 고양시 일산서구 주화로 70
우신프라자 307호 (우 10387)
(본사) 물류센터: 경기도 고양시 일산서구 덕산로
107번길 68-50 (우 10205)
등록 1975년 12월 26일 제3-16호
전화 (031) 913-3062, (031) 914-3884~5
팩스 (031) 913-3839
홈페이지 http://www.dymbook.co.kr

ISBN 978-89-7644-859-0
값 38,000원